Das mehrsprachige Klassenzimmer

Manfred Krifka / Joanna Błaszczak / Annette Leßmöllmann /
André Meinunger / Barbara Stiebels / Rosemarie Tracy /
Hubert Truckenbrodt (Hrsg.)

Das mehrsprachige Klassenzimmer

Über die Muttersprachen unserer Schüler

Herausgeber
Manfred Krifka
Joanna Błaszczak
Annette Leßmöllmann
André Meinunger
Barbara Stiebels
Rosemarie Tracy
Hubert Truckenbrodt

ISBN 978-3-642-34314-8 ISBN 978-3-642-34315-5 (eBook)
DOI 10.1007/978-3-642-34315-5

Die Deutsche Nationalbibliothek verzeichnet diese Publikation in der Deutschen Nationalbibliografie; detaillierte bibliografische Daten sind im Internet über http://dnb.d-nb.de abrufbar.

Springer VS

Planung und Lektorat: Frank Wigger, Stefanie Adam
Redaktion: Regine Zimmerschied
Cartoons: Maria Cristina Pavesi, www.kanonenfrau.blogspot.de
Satz: TypoDesign Hecker, Leimen
Einbandabbildung: Monkey Business Images/shutterstock
Einbandentwurf: deblik, Berlin

Gedruckt auf säurefreiem und chlorfrei gebleichtem Papier

Springer VS ist eine Marke von Springer DE. Springer DE ist Teil der Fachverlagsgruppe Springer Science+Business Media.
www.springer-vs.de

Inhaltsverzeichnis

Vorwort

Mit diesem Buch laden wir Sie zu einer Reise durch die bunte Welt der Sprachen ein, die in deutschen Klassenzimmern gesprochen werden. Wir wollen Sie auf den Schatz hinweisen, der dort schlummert. Wenn Sie Lehrerin oder Lehrer sind, wollen wir Ihnen auch Hintergrund dafür zur Verfügung stellen, etwas von diesem Schatz zu heben, beispielsweise in einer Projektstunde. Wir wollen Ihnen auch zeigen, dass Fehler im Deutschen durch Übertragung aus anderen Sprachen entstehen können. Mehr zu diesen Anliegen erfahren Sie in den einleitenden Kapiteln 1 und 2.

Wir empfehlen Ihnen, zunächst einen Blick in die ersten drei Kapitel zu werfen. Das einleitende Kapitel 1 liefert Hintergrundinformationen zu diesem Buch sowie zu den relevanten gesellschaftlichen und akademischen Entwicklungen. Kapitel 2 zeigt die Kreativität auf, die in der Mehrsprachigkeit steckt, und setzt sich mit der gesellschaftlichen Wahrnehmung der Mehrsprachigkeit auseinander. In Kapitel 3 werden Vergleichspunkte und Grundlagen für Sprachvergleiche anhand der deutschen Sprache eingeführt. Blättern Sie ein wenig darin, um einen Eindruck zu bekommen, an welchen Stellen Sie später vielleicht noch einmal darauf zurückkommen wollen. Die 15 darauffolgenden Kapitel zu jeweils einer oder zwei Sprachen sind so angelegt, dass Sie entsprechend Ihrer Präferenzen stöbern und hin- und herspringen können. Auf den folgenden Seiten finden Sie weitere allgemeine Hinweise zur Verwendung dieses Buches.

Dieses Buch entstand am Zentrum für Allgemeine Sprachwissenschaft (ZAS) in Berlin, initiiert und betreut durch den Direktor des ZAS, Prof. Dr. Manfred Krifka, unter Mitwirken von Mitarbeitern und mit dem ZAS verbundenen Wissenschaftlerinnen.

Wir haben uns auf unterschiedliche Weise bemüht, Ihnen nicht nur ein anregendes, sondern auch ein möglichst verständliches Buch präsentieren zu können. So haben wir den Kapitelautoren ein vorher erarbeitetes Modellkapitel an die Hand gegeben, welches jetzt als Kapitel 4 im Buch steht. Insbesondere aber haben wir uns für einen aufwendigen Redigierprozess Zeit genommen, der für jedes Kapitel erst dann abgeschlossen war, wenn wir der Meinung waren, dass es für Laien zugänglich ist.

Bei allen Autoren der einzelnen Kapitel bedanken wir uns sehr herzlich für ihre Geduld in diesem Prozess. Unser Dank gilt auch dem Verlag, der uns vielfältig unterstützte, Regine

Das Stück, das Johnny geschrieben hatte und das man zur Weihnachtsfeier in der Turnhalle aufführen wollte, hieß, wie gesagt, „Das fliegende Klassenzimmer". Es bestand aus fünf Akten und war gewissermaßen eine fast prophetische Leistung. Es beschrieb nämlich den Schulbetrieb, wie er in Zukunft vielleicht wirklich stattfinden wird.

Im ersten Akt fuhr ein Studienrat, den Sebastian Frank mit Hilfe eines angeklebten Schnurrbarts naturgetreu darzustellen hatte, samt seiner Klasse im Flugzeug los, um den Geographieunterricht an Ort und Stelle abzuhalten. (...)

Im zweiten Akt landete das Flugzeug am Kraterrand des Vesuvs. Martin hatte den Feuer speienden Berg beängstigend schön auf einer großen Pappe aufgemalt. Man brauchte die Pappe nur vor ein Hochreck zu schieben, damit der Vesuv nicht umfiel – und schon konnte Sebastian, der Herr Studienrat, seinen gereimten Vortrag über das Wesen der Vulkane abhalten und die Schüler über Herkulaneum und Pompeij, die von der Lava verschütteten römischen Städte, ausfragen. Schließlich brannte er sich an der von Martin gemalten Flamme, die aus dem Krater emporschoss, eine Zigarre an, und dann fuhren sie weiter. (...)

Im vierten Akt landete das „Fliegende Klassenzimmer" am Nordpol. Sie sahen die Erdachse aus dem Schnee herausragen und konnten mit eigenen Augen feststellen, dass die Erde an den Polen abgeplattet ist. Sie sandten eine Funkfotografie davon ans Kirchberger Tageblatt, hörten von einem Eisbären, den Matthias, in ein Fell gehüllt, darstellte, eine ergreifende Hymne auf die Einsamkeit zwischen Eis und Schnee, schüttelten ihm zum Abschied die Pranke und flogen weiter.

(Aus: *Das fliegende Klassenzimmer* von Erich Kästner, 1933)

Eine Webseite zu diesem Buch mit Leseproben zu einzelnen Kapiteln und mit zusätzlichen Internetlinks finden Sie unter www.zas.gwz-berlin.de/dmk.html.

Falls Sie Kommentare oder Anregungen haben, schreiben Sie gerne an die E-Mail-Adressen der Kapitelautoren oder an die Herausgeber unter dmk@zas.gwz-berlin.de.

Zimmerschied für die gelungene stilistische Überarbeitung und der Setzerei TypoDesign Hecker GmbH für die gründliche Bearbeitung des komplexen Materials. Wir freuen uns auch über die liebevollen Cartoons in den Kapiteln 1, 3, 4, 5, 6, 9, 11, 13, 16 und 18 von Maria Cristina Pavesi (cristina.pavesi.berlin@gmail.com). Für tüchtige Unterstützung beim Korrekturlesen bedanken wir uns bei Martı Aslandoğan, Dagmar Bittner, Ulrike Brykczynski, Stefanie Düsterhöft, Werner Frey, Noemi Geiger, Julia Götzschel, Mareike Keller, Ilka Kleber, Bernd Pompino-Marschall, Marianna Patak, Dorothea Posse, Kilu von Prince, Kerstin Schwabe, Livia Sommer, Susanne Schröder und Marzena Żygis, und für patente Beratung aus Sicht einer Lehrerin, bei Ilka Kleber. Wir sind auch einander dankbar, denn wir konnten als heterogene Truppe aus Sprachwissenschaftlern, einer Mehrsprachigkeitsspezialistin und einer Wissenschaftsjournalistin in diesem Prozess viel voneinander lernen.

Dieses Buch wurde gefördert durch das Bundesministerium für Bildung und Forschung (Förderkennzeichen 01UG0711) und durch das Land Berlin.

Erwähnen möchten wir noch, dass das vorliegende *Mehrsprachige Klassenzimmer* nicht die erste Hommage dieses Namens an Erich Kästners *Fliegendes Klassenzimmer* ist. So ist dies auch der Titel eines Themenhefts der Zeitschrift *Deutschunterricht* 4/2004 und eines Vortrags von Angelika Wöllstein und Alexandra Zepter auf dem Lehrerinformationstag bei der Jahrestagung der Deutschen Gesellschaft für Sprachwissenschaft 2009 in Osnabrück.

Nun wünschen wir Ihnen viel Spaß beim Stöbern und beim Lesen!

Die Herausgeber

Weitere Verwendungshinweise

Am Ende des Buches finden Sie ein Glossar, einen Überblick über die Lautschrift und einen Index.

Glossar: Begriffe der Sprachbeschreibung sind im Glossar erläutert. Hier finden Sie sowohl allgemeinere Begriffe wie *Nominativ*, *Konsonant* und *Vokal* sowie Begriffe, die in Tabellen verwendet werden wie *Verschlusslaut* und *Reibelaut*, als auch weniger geläufige Begriffe wie *Diphthong* oder *Admirativ* (eine Verbform, die Erstaunen oder Zweifel ausdrückt und im Albanischen vorkommt).

Lautschrift [laʊtʃrɪft]: Ihr englisch-deutsches, französisch-deutsches oder türkisch-deutsches Wörterbuch verwendet eine sprachunabhängige und international eingesetzte Lautschrift (IPA). Sie haben in Kapitel 3 zum Deutschen die Gelegenheit, diese Lautschrift nebenbei zu lernen. In den Beschreibungen der Aussprache nehmen auch die anderen Kapitel dieses Buches (einmal mehr, einmal weniger) Bezug auf diese Lautschrift. Dies erlaubt es Ihnen, die jeweils zusätzlichen Zeichen zu lernen, wenn Sie das wollen. Die Lautschrift wird in diesem Buch stets in eckige Klammern [...] gesetzt, nur in Tabellen nicht, bei denen dazu angegeben wird, dass es sich um Lautschrift handelt. Diese Lautschrift gibt etwa die Laute für *p, t, k, b, d, g, m, n, l* mit denselben Buchstaben wieder: [p, t, k, b, d, g, m, n, l]. Andererseits entspricht *sch* im Deutschen einem Laut, der in der Lautschrift durch [ʃ] dargestellt wird. Das sieht zwar komisch aus, aber Sie brauchen es sich nur einmal zu merken und können es dann in Ihren Wörterbüchern unterschiedlicher Sprachen und in den Kapiteln dieses Buches wiedererkennen. Die meisten dieser Lautsymbole kennen Sie ja sowieso schon. Es ist nicht schwer, sich ein paar weitere einzuprägen. Sie werden merken, dass es Ihnen Sicherheit gibt beim Vergleich der Aussprache unterschiedlicher Sprachen. Am Ende des Buches finden Sie eine Übersicht über die Zeichen.

Index: Der Index erlaubt Ihnen, Textstellen in den Kapiteln aufzufinden, mit Stichwörtern von *Ablativ* und *Affrikate* über *Luther, Martin* bis hin zu *Rätsel* und *Zungenbrecher*.

Klarheit und Sicherheit bei Vergleichen der Aussprache unterschiedlicher Sprachen

Die internationale Lautschrift finden Sie in Ihren Wörterbüchern und Sie können sie in diesem Buch nebenher lernen, wenn Sie es wollen. Viele Zeichen der Lautschrift, etwa *p, t, k, b, d, g, m, n, l,* sind Buchstaben, die Sie schon kennen. In anderen Bereichen gibt Ihnen ein Verständnis der Lautschrift Klarheit und Sicherheit bei Sprachvergleichen. So werden deutsches *sch*, englisches *sh*, französisches *ch*, türkisches *ş* und tschechisches *š* alle gleich ausgesprochen. Diese Aussprache wird in der Lautschrift mit dem Zeichen [ʃ] wiedergegeben. Wenn Sie sich dieses Zeichen merken wollen, wissen Sie gleich, worum es geht, und können alle diese Sprachen darauf beziehen, auch in den Wörterbüchern dieser Sprachen.

Herausgeber

Prof. Dr. Manfred Krifka, promoviert 1986 in München und dann tätig in Tübingen sowie an der Universität von Texas in Austin, arbeitet seit 2000 an der Humboldt-Universität zu Berlin. Dort ist er auch Direktor des Zentrums für Allgemeine Sprachwissenschaft. Sein Forschungsschwerpunkt ist die Semantik – die Regeln, wie sprachliche Ausdrücke verstanden werden, wozu der innere Aufbau von Wörtern und Sätzen beiträgt, aber auch die Umstände, in denen sie gebraucht werden. Er hat zu so verschiedenen Gebieten wie der Kommunikation im Cockpit von Flugzeugen und zu kleinen, bedrohten Sprachen in Melanesien gearbeitet.

Prof. Dr. Joanna Błaszczak promovierte an der Humboldt-Universität zu Berlin und habilitierte an der Universität Potsdam im Fach Allgemeine Sprachwissenschaft. Seit 2008 ist sie Professorin an der Universität Breslau (Uniwersytet Wrocław), wo sie das Zentrum für Allgemeine und Vergleichende Sprachwissenschaft leitet. Ihre Forschungsschwerpunkte sind Syntax und Semantik natürlicher Sprachen sowie Psycholinguistik.

Prof. Dr. Annette Leßmöllmann, promovierte Linguistin und Wissenschaftsjournalistin, ist seit 2013 Professorin für Wissenschaftskommunikation mit dem Schwerpunkt Linguistik am Karlsruher Institut für Technologie (KIT). Sie hat zahlreiche Artikel zum Thema Linguistik unter anderem in der *ZEIT* und in *Gehirn und Geist* (Spektrum der Wissenschaft) verfasst und verknüpft in ihrer Forschung Kognitionswissenschaft und Journalistik.

PD Dr. André Meinunger promovierte in Potsdam und habilitierte 2004 in Leipzig. Er forscht am Zentrum für Allgemeine Sprachwissenschaft in Berlin zum Satzbau im Deutschen im Vergleich zu anderen Sprachen und engagiert sich in der Diskussion zwischen Sprachwissenschaftlern und Sprachpflegern im Hinblick auf Themen wie korrektes Deutsch, Sprachwandel und „Sprachverfall".

Prof. Dr. Barbara Stiebels, die 1995 an der Universität Düsseldorf promovierte, ist seit 2012 Professorin für Allgemeine Sprachwissenschaft an der Universität Leipzig. Zuvor war sie mehrere Jahre am Zentrum für Allgemeine Sprachwissenschaft in Berlin tätig. Ihre aktuellen Forschungsschwerpunkte liegen auf der Sprachtypologie und der Rolle des Lexikons für die Syntax.

Prof. Dr. Rosemarie Tracy promovierte in Göttingen und habilitierte in Tübingen. Seit 1995 hat sie einen Lehrstuhl für Anglistische Linguistik an der Universität Mannheim inne. Sie forscht zu Spracherwerb und Mehrsprachigkeit bei Kindern und Erwachsenen und leitet mehrere Praxisprojekte. Gemeinsam mit Kollegen hat sie das Mannheimer Zentrum für Empirische Mehrsprachigkeitsforschung (MAZEM gGmbH) gegründet.

Prof. Dr. Hubert Truckenbrodt promovierte 1995 am Massachusetts Institute of Technology, arbeitet seit 2008 am Zentrum für Allgemeine Sprachwissenschaft in Berlin und unterrichtet gelegentlich an der Humboldt-Universität. Er forscht an Verbindungen zwischen Satzbau, Satzmelodie und Satzverwendung. 2006 erhielt er den Landeslehrpreis von Baden-Württemberg. Er interessiert sich für Grammatik in der Lehrerausbildung.

Autorenverzeichnis

Adli, Aria, Prof. Dr.
Institut für Romanistik
Humboldt-Universität zu Berlin
Unter den Linden 6
10099 Berlin
E-Mail: aria.adli@hu-berlin.de

Bhatt, Ram Prasad, Dr.
Asien-Afrika-Institut
Indologie – Tibetologie
Universität Hamburg
Alsterterrasse 1
20354 Hamburg
E-Mail: ram.prasad.bhatt@uni-hamburg.de

Błaszczak, Joanna, Prof. Dr.
Center for General and Comparative Linguistics
Institute of English
University of Wrocław
ul. Kuźnicza 22
50-138 Wrocław
Polen
E-Mail: joanna.blaszczak@googlemail.com

Darcy, Isabelle, Dr.
Department of Second Language Studies
1021 E. Third St.
Memorial Hall 301
Indiana University
Bloomington, IN 47405
USA
E-Mail: idarcy@indiana.edu

Feldhausen, Ingo, Dr.
Institut für Romanische Sprachen und Literaturen
Grüneburgplatz 1
Universität Frankfurt
60629 Frankfurt am Main
und
Université Sorbonne Nouvelle – Paris 3
Laboratoire de Phonétique et Phonologie (LPP)
19 rue des Bernardins
F-75005 Paris
E-Mail: ingo.feldhausen@gmx.de

Gagarina, Natalia, PD Dr.
Zentrum für Allgemeine Sprachwissenschaft
Schützenstr. 18
10117 Berlin
und
Institut für deutsche Sprache und Linguistik
Humboldt-Universität zu Berlin
Unter den Linden 6
10099 Berlin
E-Mail: gagarina@zas.gwz-berlin.de

Grewendorf, Günther, Prof. Dr.
Institut für Linguistik
Universität Frankfurt
Grüneburgplatz 1
60629 Frankfurt/Main
E-Mail: Grewendorf@lingua.uni-frankfurt.de

Kaiser, Georg A., Prof. Dr.
Fachbereich Sprachwissenschaft
Universität Konstanz
Fach 189
78457 Konstanz
E-Mail: Georg.Kaiser@uni-konstanz.de

Kallulli, Dalina, Prof. Dr.
Institut für Sprachwissenschaft
Universität Wien
Sensengasse 3a
A-1090 Wien
Österreich
E-Mail: dalina.kallulli@univie.ac.at

Kanbar, Ghazwan, Dr.
Potsdamer Str. 172 B
10783 Berlin
E-Mail: gkanbar@yahoo.com

Krifka, Manfred, Prof. Dr.
Institut für deutsche Sprache und Linguistik
Humboldt-Universität zu Berlin
Unter den Linden 6
10099 Berlin
und
Zentrum für Allgemeine Sprachwissenschaft
Schützenstr. 18
10117 Berlin
E-Mail: krifka@rz.hu-berlin.de

Remberger, Eva-Maria, Prof. Dr.
Institut für Romanistik
Universität Wien
Spitalgasse 2
Hof 8 (Campus)
A-1090 Wien
E-Mail: eva-maria.remberger@univie.ac.at

Repp, Sophie, Prof. Dr.
Institut für Anglistik und Amerikanistik
Humboldt-Universität zu Berlin
Unter den Linden 6
10099 Berlin
E-Mail: sophie.repp@rz.hu-berlin.de

Sauerland, Uli, PD. Dr.
Zentrum für Allgemeine Sprachwissenschaft
Schützenstr. 18
10117 Berlin
und
Department of Linguistics
Harvard University
Cambridge MA 02138
USA
E-Mail: sauerland@zas.gwz-berlin.de

Schrammel-Leber, Barbara, Dr.
treffpunkt sprachen –
Zentrum für Sprache, Plurilingualismus und Fachdidaktik
Karl-Franzens-Universität Graz
Heinrichstraße 26/II
A-8010 Graz
E-Mail: barbara.schrammel@uni-graz.at

Schroeder, Christoph, Prof. Dr.
Institut für Germanistik
Deutsch als Zweit- und Fremdsprache/Linguistik
Universität Potsdam
Am Neuen Palais 10
14469 Potsdam
E-Mail: schroedc@uni-potsdam.de

Şimşek, Yazgül, Dr.
Institut für Germanistik
Deutsch als Zweit- und Fremdsprache/Linguistik
Universität Potsdam
Am Neuen Palais 10
14469 Potsdam
E-Mail: yasimsek@uni-potsdam.de

Skopeteas, Stavros, Prof. Dr.
Fakultät für Linguistik und Literaturwissenschaft
Universität Bielefeld
Universitätsstr. 25
33615 Bielefeld
E-Mail: stavros.skopeteas@uni-bielefeld.de

Szucsich, Luka, Prof. Dr.
Institut für Slawistik
Humboldt-Universität zu Berlin
Unter den Linden 6
10099 Berlin
E-Mail: luka.szucsich@rz.hu-berlin.de

Tracy, Rosemarie, Prof. Dr.
Anglistische Linguistik
Universität Mannheim
Schloss
68131 Mannheim
E-Mail: rtracy@E-Mail.uni-mannheim.de

Trinh, Tue, Prof. Dr.
Department of Linguistics
University of Wisconsin – Milwaukee
3243 N. Downer Ave.
Milwaukee, WI 533211
USA
E-Mail: tuetrinh@uwm.edu

Truckenbrodt, Hubert, Prof. Dr.
Zentrum für Allgemeine Sprachwissenschaft
Schützenstr. 18
10117 Berlin
und
Institut für deutsche Sprache und Linguistik
Humboldt-Universität zu Berlin
Unter den Linden 6
10099 Berlin
E-Mail: truckenbrodt@zas.gwz-berlin.de

Yatsushiro, Kazuko, Dr.
Zentrum für Allgemeine Sprachwissenschaft
Schützenstr. 18
10117 Berlin
E-Mail: yatsushiro@zas.gwz-berlin.de

Zeldes, Amir, Dr.
Institut für deutsche Sprache und Linguistik
Humboldt-Universität zu Berlin
Unter den Linden 6
10099 Berlin
E-Mail: amir.zeldes@rz.hu-berlin.de

Abkürzungen

Sprachen

alb. albanisch
arab. arabisch
BKS Bosnisch/Kroatisch/Serbisch
bulg. bulgarisch
chin. chinesisch
dt. deutsch
engl. englisch
frz. französisch
gr. griechisch
hebr. hebräisch
hin.-u. hindi-urdu
ital. italienisch
jap. japanisch
kor. koreanisch
kurd. kurdisch
lat. lateinisch
pers. persisch
poln. polnisch
port. portugiesisch
rom. romani
rum. rumänisch
russ. russisch
span. spanisch
tsch. tschechisch
türk. türkisch
ukr. ukrainisch
viet. vietnamesisch

Sonstiges

fem. feminin
mask. maskulin
neutr. neutrum

1 Einleitung

Manfred Krifka

1.1 Mehrsprachigkeit in unserer Zeit

Man muss heute kaum noch begründen, weshalb ein Buch mit dem Titel *Das mehrsprachige Klassenzimmer* nötig ist. Einsprachig deutsche Schulklassen bilden inzwischen die Ausnahme – nicht nur in Deutschland, sondern auch in Österreich und der deutschsprachigen Schweiz. Bei über 30 Prozent der schulpflichtigen Kinder in Deutschland sind Vater, Mutter oder beide Eltern eingewandert und sprechen in der Regel eine andere Muttersprache als Deutsch – manchmal durchaus auch neben dem Deutschen. Nach *Bildung in Deutschland 2010* haben in Ballungsräumen wie Frankfurt, München und Stuttgart mehr als die Hälfte aller Kinder und Jugendlichen einen Migrationshintergrund, Tendenz steigend; manche Klassen in großstädtischen Gebieten haben überhaupt keine Kinder mehr, die einsprachig deutsch aufgewachsen sind. Der Dortmunder Forschungsstelle für Kinder- und Jugendhilfestatistik (2011) zufolge spricht ein gutes Drittel dieser Kinder zu Hause kein Deutsch und besucht Kitas, in denen die meisten Kinder zu Hause ebenfalls kein Deutsch sprechen. Für viele ist dadurch der Erwerb des Deutschen, und vor allem der deutschen Schriftsprache, erheblich erschwert.

Die Konsequenzen sind drastisch – für die betroffenen Kinder, aber auch für die Gesellschaft als Ganzes. Denn die mangelnden Deutschkenntnisse beeinträchtigen den Erfolg in der Schule und später im Berufsleben. Die Studie des Expertenrates „Herkunft und Bildungserfolg" für Baden-Württemberg (2011) stellt fest, dass die Leistungsunterschiede beim Lesen zwischen Migrantenkindern und solchen mit deutschen Eltern in der vierten Klasse mit einem Entwicklungsunterschied von etwa einem Jahr korrelieren. In einem ausdifferenzierenden Schulsystem sind diese sprachlichen Probleme ein wichtiger Grund dafür, dass Einwandererkinder in den nicht weiterführenden Schulen überproportional vertreten sind und gerade deshalb weniger Möglichkeiten haben, das Deutsche auch außerhalb des schulischen Unterrichts zu gebrauchen. Nach *Bildung in Deutschland 2012* verlassen etwa 30 Prozent der Jugendlichen mit Migrationshintergrund die Schule vorzeitig – insgesamt sind es hingegen nur etwa zwölf Prozent. Diese institutionellen Diskriminierungseffekte prägen die weiteren Karrieren der Immigrantenkinder in der Wahl der Ausbildung

Deutschkenntnisse sind wichtig

„Mangelhafte Kenntnisse der deutschen Sprache erweisen sich als eine der größten Hürden in der Schullaufbahn. Duch die PISA-Studie gab es in Deutschland erstmals unübersehbare Hinweise dafür, dass die Beherrschung der deutschen Sprache auf einem dem jeweiligen Bildungsgang angemessenen Niveau von entscheidender Bedeutung ist und nicht primär die soziale Lage oder die kulturelle Distanz" (Herwartz-Emden 2007).

und in ihren beruflichen Optionen. Heute haben Personen mit Migrationshintergrund – wozu natürlich auch solche gehören, die in anderen Ländern die Schule besucht haben – zu 40 Prozent keinen berufsqualifizierenden Abschluss, im Gegensatz zu 16 Prozent bei Personen ohne Migrationshintergrund, und sie sind etwa doppelt so häufig erwerbslos wie diese (Statistisches Bundesamt 2012).

Die wissenschaftliche Forschung und die Ausbildung von Lehr- und Erziehungskräften hat auf diese gewaltige gesellschaftspolitische Herausforderung durch die Entwicklung des Faches Deutsch als Zweitsprache (DaZ) reagiert. In ihm werden Konzepte und Methoden erarbeitet, die das Erlernen des Deutschen neben einer anderen Muttersprache unterstützen. DaZ unterscheidet sich insofern von dem traditionellen DaF, Deutsch als Fremdsprache, als es den Erwerb des Deutschen als zweiter Sprache in Deutschland zum Gegenstand hat und den ungesteuerten Spracherwerb, vor allem auch bei Kindern, mit untersucht. Das Fach wird zunehmend in Lehramtsstudiengänge integriert; so hat die Humboldt-Universität zu Berlin in allen lehramtsbezogenen Bachelor- und Masterstudiengängen einen Studienanteil dafür vorgesehen. Baur und Scholten-Akoun (2010) geben einen Überblick über die Situation des Faches Deutsch als Zweitsprache in den verschiedenen Bundesländern.

Arten des Erst- und Zweitspracherwerbs

In der Fachliteratur bezieht man sich mit L1 und L2 auf die Erstsprache („First Language") und die Zweitsprache. Es gibt verschiedene Arten des Zweitspracherwerbs. Beim simultanen Zweitspracherwerb ist das Kind von Anfang an zwei Sprachen ausgesetzt – etwa wenn Eltern verschiedener Muttersprache vorwiegend in ihren jeweiligen Sprachen mit dem Kind reden. Bei Kindern mit Migrationshintergrund wohl häufiger ist die Situation, dass in der Familie eine Sprache gesprochen wird (L1), und das Deutsche (L2) dann zunächst in eher zufälliger Weise durch Spielkameraden und später in der Kita und in der Schule dazukommt. Hier spricht man vom sukzessiven Zweitspracherwerb. Und dann gibt es Kinder, die erst im Schulalter einwandern und das Deutsche auf der Grundlage einer schon entwickelten Muttersprache erwerben.

Es gibt eine ganze Reihe von empfehlenswerten Darstellungen jüngeren Datums zum Erwerb des Deutschen als Zweitsprache durch Kinder und Jugendliche. Hier seien nur einige angeführt. Ahrenholz (2008) stellt viele einschlägige Initiativen vor. Besonders hervorzuheben ist das großangelegte Projekt „Förderunterricht" der Stiftung Mercator für Schüler der Sekundarstufe. Speziell dem Zusammenhang von Migration und Bildungserfolg widmen sich die Artikel in Allemann-Ghionda und Pfeiffer (2008). Schramm und Schroeder (2009) versammeln Einzeluntersuchungen, vor allem auch zum Erwerb der Schriftsprache. Ehlich, Bredel und Reich (2008) stellen ein erweitertes Konzept der „Sprachaneignung" vor, das nicht auf den Erwerb von Lautstruktur, Orthografie, Wortbildung und Satzbau beschränkt ist, sondern auch Kompetenzen der Sprachverwendung umfasst. Dieses Werk berücksichtigt dabei systematisch den Zweitspracherwerb und beschreibt speziell die Aneignung des Deutschen aus der Perspektive russischsprachiger und türkischsprachiger Lerner. Wojnesitz (2010) ist eine Studie zur Mehrsprachigkeit an Schulen aus österreichischer Perspektive. Kniffka und Siebert-Ott (2007) sowie Jeuk (2010) sind als Lehrbücher für DaZ konzipiert. Fürstenau und Gomolla (2010) führen Beiträge zusammen, die auf die Anforderungen und Zielsetzungen des Unterrichts im Kontext der Mehrsprachigkeit eingehen. Die Friedrich-Schiller-Universität Jena unterhält ein Webportal für Deutsch als Zweitsprache: http://www.daz-portal.de/. Zu Perspektiven und Möglichkeiten der interkulturellen Pädagogik, die über linguistische Fragestellungen hinausgehen, hat die Arbeitsstelle Interkulturelle Pädagogik der Universität Münster eine informative Webseite eingerichtet: http://egora.uni-muenster.de/ew/ikp/.

Lehrmaterialien für DaZ
Auch Schulbuchverlage haben heute zahlreiche Materialien für DaZ-Kinder im Angebot, vor allem für Kitas und für die Grundschule. In diesen Werken geht man aber nur selten auf die sprachlichen Probleme von Schülern mit bestimmten Muttersprachen ein.

1.2 Die Konzeption dieses Buches

Das Buch, das Sie in den Händen halten, ist ganz anders konzipiert als die oben genannten Werke. Es will Lehrerinnen und Lehrer, Erzieherinnen und Erzieher aufklären über die Sprachen, die von den Kindern gesprochen werden, die sich das Deutsche als Zweitsprache aneignen, und will damit die oben genannten Arbeiten ergänzen. Es muss sich dabei notwendigerweise auf die häufigsten in deutschen Schulen von Schülern gesprochenen Fremdsprachen beschränken; von Albanisch bis Vietnamesisch finden sich Kurzbeschreibungen von 26 Sprachen. Von seiner Zielsetzung vergleichbar ist es den Büchern Colombo-Scheffold et al. (2010), Schader (2011) und Leonity (2013) sowie den österreichischen *Sprachensteckbriefen* (siehe Literaturliste am Kapitelende). Die Vielfalt zeigt das Interesse an solchen Darstellungen. Jede hat ihre eigenen Schwerpunkte und Stärken, und wir glauben, mit den Unseren hier eine wichtige Bereicherung dieser Literatur anbieten zu können.

Konzeption dieses Buches
Dieses Buch will aufklären über die Sprachen, die von Deutschlands Schülern gesprochen werden.

Das vorliegende Buch will zum einen dazu ermutigen, die von den Schülern gesprochenen Sprachen als einen Reichtum zu betrachten, den man auch im Schulunterricht aufgreifen könnte, etwa im Rahmen von Projektarbeiten. Wir wollen damit zeigen, dass Mehrsprachigkeit etwas Wertvolles ist, nämlich das Beherrschen zusätzlicher Sprachen. Wir möchten vorschlagen, dass von diesem Reichtum hier und da auch in der Schule etwas gezeigt und eingebracht werden kann. Wir glauben, dass die Beschäftigung mit einer anderen Muttersprache sowohl für die muttersprachlichen Schüler selbst als auch für ihre Mitschüler spannend und bereichernd sein kann. Wir können uns auch vorstellen, dass es hilft, innere Barrieren beim Deutschlernen zu überwinden oder gar nicht aufkommen zu lassen, wenn in der Schule ein Bewusstsein dafür vermittelt wird, dass eventuell vorhandene größere Schwierigkeiten beim Erwerb des Deutschen Hand in Hand gehen mit dem Reichtum der Beherrschung einer anderen Sprache. Dies könnte sich in unserer Vorstellung ganz natürlich ergeben

Das erste Ziel dieses Buches
Wir wollen Hintergrundinformation bereitstellen für den offenen und kreativen Umgang mit Mehrsprachigkeit in der Schule.

„Raten Sie niemals: Sprechen Sie mit ihrem Kind Deutsch ohne die Wünsche und Sprachkenntnisse der Eltern zu kennen" – so Anja Leist-Villis in ihrem Ratgeber und unter www.zweisprachigkeit.net. Sie weist darauf hin, dass Eltern am besten in ihrer Muttersprache eine tiefe emotionale Bindung mit ihrem Kind eingehen.

Abbildung 1.1: Das mehrsprachige Klassenzimmer. Von Maria Cristina Pavesi.

über die würdigende Beschäftigung mit diesen anderen Muttersprachen.

Zweites Ziel dieses Buches
Wir wollen Hilfe beim Einordnen sprachspezifischer Probleme beim Deutschlernen geben.

Zum anderen soll das Hintergrundwissen über die Herkunftssprachen der Schüler in Deutschland Lehrerinnen und Lehrern helfen, sprachspezifische Probleme und Fehler beim Deutschlernen einzuordnen und anzugehen. Der Erwerb des Deutschen als Zweitsprache gestaltet sich nämlich je nach der Hintergrundsprache des Kindes durchaus verschieden. Das Kind, das in einer ukrainischsprachigen Familie aufwächst, hat vielleicht wenige Schwierigkeiten mit dem grammatischen Geschlecht von Pronomina im Deutschen, lässt aber definite und indefinite Artikel unter den Tisch fallen, weil diese im Ukrainischen fehlen (z. B. *Dann ist Hund gekommen, und ich habe Angst gehabt, weil Hund gebellt hat*). Hingegen bereitet dem türkischen Kind gerade das Genus, das grammatische Geschlecht, Probleme, weil das in seiner Muttersprache nicht vorhanden ist. Es fällt ihm also besonders schwer zu entscheiden, ob es *die* oder *das Mädchen* heißt. Und das Spanisch sprechende Kind hat möglicherweise mit den Umlauten des Deutschen seine Schwierigkeiten, die das Kind mit türkischem Hintergrund spielend meistert, gibt es dort doch auch zumindest das *ü* und das *ö*. Hinweise dieser Art finden sich in allen Sprachkapiteln dieses Buches.

Mehrsprachigkeit ist auch anderswo der Normalfall
Der bekannte Ornithologe, Geograf und Kulturwissenschaftler Jared Diamond (2010) berichtet aus Papua-Neuguinea: „Als ich einmal mit mehreren Leuten aus dem Hochland kampierte und wir uns gleichzeitig in verschiedenen Sprachen unterhielten, fragte ich jeden Mann nach den Sprachen, in denen er sich unterhalten könnte. Es stellte sich heraus, dass jeder in mindestens fünf Sprachen sprechen konnte; der Sieger war ein Mann, der fünfzehn beherrschte."

Es ist also für Lehrkräfte durchaus wichtig, etwas über die Sprachen zu wissen, die in ihren Klassenzimmern gesprochen werden, um bestimmte Schwierigkeiten ihrer Schüler zu verstehen und ihnen angemessen helfen zu können. Nun werden zwar Grundkenntnisse über besonders häufig vorkommende Sprachen in DaZ-Modulen vermittelt, aber viele erfahrene Lehrerinnen und Lehrer werden in ihrer Ausbildung wenig zum Arabischen oder Italienischen gehört haben, und zu den in Deutschland selteneren Sprachen (wie etwa Albanisch und Vietnamesisch) kommt auch heute die Ausbildung in DaZ meist nicht. Hier will das vorliegende Buch helfen, indem es die Eigenschaften der Sprachen auf zugängliche Weise erklärt und auch auf die jeweiligen Sprachgemeinschaften in Deutschland eingeht.

Das Buch richtet sich vorwiegend an Lehrerinnen und Lehrer, die ihre mehrsprachigen Schülerinnen und Schüler, aber auch deren deutschsprachige Mitschüler sprachlich fördern wollen. Es sollte aber auch für die vorschulische Erziehung relevant sein, deren Bedeutung für das Leben von Kindern mit anderen Muttersprachen gar nicht hoch genug eingeschätzt werden kann. Darüber hinaus haben wir dieses Werk aber auch für alle diejenigen verfasst, die sich für Sprachen, das Phänomen Mehrsprachigkeit oder die deutsche Migrationsdebatte mit ihren sprachlichen Implikationen interessieren oder die selbst Lehrmaterial konzipieren – und natürlich auch diejenigen, die an bildungspolitischen Konzeptionen arbeiten.

Die Auswahl der Sprachen fiel nicht immer leicht. Sie stützt sich auf Statistiken wie den *Migrationsbericht des Bundesamtes für Migration und Flüchtlinge der Bundesrepublik Deutschland* (Bundesministerium des Innern 2012), die jedoch nicht auf die sprachliche Vielfalt in Deutschland eingehen. Und bloße Herkunftsstatistiken können diese Vielfalt nur indirekt wiedergeben. Es bleibt etwa unklar, ob in einer türkischstämmigen Familie Türkisch oder Kurdisch gesprochen wird oder inwieweit eine russlanddeutsche Familie zu Hause das Russische benutzt oder das Deutsche. Wir haben uns ferner vor allem an den Verhältnissen in den Schulen in Deutschland orientiert. Dennoch glauben wir, dass dieses Buch auch für deutschsprachige Schulen in Österreich, der Schweiz, in Italien und Belgien und auch anderswo nützlich sein sollte.

Zu Sprachen, die wir nicht berücksichtigen konnten

Es gibt wichtige Immigrantensprachen, die wir nicht berücksichtigen konnten, weil sie vor allem von lokaler Bedeutung sind – etwa das Tigrinya, die Sprache von Eritrea, in Frankfurt am Main, das Paschtu der afghanischen Migranten in Hamburg oder das Aramäische in der Gegend um Celle. Ganz allgemein fehlen die Sprachen Afrikas südlich der Sahara, und dies, obwohl nach Benndorf (2010) in Deutschland etwa 500.000 Emigranten aus Afrika leben. Allerdings gibt es in Afrika sehr viele Sprachen, und man kann von keiner sagen, dass sie in Deutschland besonders stark vertreten wäre. Sie können auch nicht in einem Sammelartikel abgehandelt werden, da sie sehr unterschiedlich sind. Es fehlen ferner die Sprachen aus der kaukasischen Region wie Georgisch und Armenisch, die baltischen Sprachen Litauisch und Lettisch und die finnugrischen Sprachen Finnisch, Ungarisch und Estnisch. Aber auch auf wichtige benachbarte Sprachen wie Niederländisch, Dänisch und andere skandinavische Sprachen haben wir aus Platzgründen verzichten müssen.

1.3 Zum Inhalt dieses Buches

Den Kapiteln zu den 29 Sprachen haben wir neben diesem einleitenden Kapitel noch zwei weitere Kapitel vorangestellt. Dies ist zum einen das einleitende Kapitel 2 „Mehrsprachigkeit: Vom Störfall zum Glücksfall" von Rosemary Tracy. Die Spracherwerbsforscherin und Autorin populärer Sachbücher (wie Tracy 2008) verdeutlicht, was Zwei- und Mehrsprachigkeit eigentlich heißt. Sie stellt klar, dass dies keineswegs ein Ausnahmezustand ist; heute und wohl schon immer ist ein großer Teil der Kinder mehrsprachig aufgewachsen, haben Jugendliche und Erwachsene neue Sprachen gelernt. Ein nicht

Mehrsprachigkeit: Vorteile und Kosten

Ein simultan oder sukzessiv zweisprachig aufwachsendes Kind wird typischerweise in der Sprachaneignung etwas verzögert sein, wenn man nur eine Sprache betrachtet. Dies betrifft vor allem die Wortschatzentwicklung. Das ist nicht erstaunlich, muss es doch die Wörter von zwei Sprachen erlernen. Doch es erkämpft sich damit, über die Mehrsprachigkeit hinaus, auch wichtige Vorteile. Jared Diamond (2010) berichtet von Untersuchungen, die zeigen, dass mehrsprachige Kinder besser in der Bearbeitung auch nichtsprachlicher Aufgaben sind, die eine Umstellung auf neue Regeln erfordern. Dafür scheint die Aufgabe verantwortlich zu sein, beim Sprechen von einer Sprache auf die andere umzustellen. Mehrsprachige Menschen scheinen aus diesem Grund sogar seltener und später Demenzkrankheiten zu entwickeln.

unerheblicher Teil der Literatur zu Deutsch als Zweitsprache behandelt die Mehrsprachigkeit als eine Art Behinderung, welche den Kindern Chancen verbaut und ganze Bevölkerungsgruppen daran hindert, in den deutschen Mainstream integriert zu werden. Tracys Beitrag macht deutlich, dass die Zweisprachigkeit von Kindern durchaus auch Chancen birgt, die zur Entfaltung kommen können, wenn sie richtig gewürdigt werden. Zur Vertiefung dieses Beitrags empfiehlt sich das kürzlich erschienene populärwissenschaftliche Buch des bedeutenden Schweizer Bilingualismusforschers François Grosjean (2010), das klarstellt, dass gerade die Vernachlässigung der Muttersprache aufgrund gesellschaftlicher Stigmatisierung zu der Situation führen kann, für die in Deutschland gerne der fragwürdige Begriff der „doppelten Halbsprachigkeit" gebraucht wird.

Zum anderen werden in Kapitel 3 von Hubert Truckenbrodt zentrale Eigenschaften des Deutschen auf eine Weise erklärt, die sinnvoll im Unterricht umgesetzt werden kann. Hier werden auch wichtige Begriffe eingeführt, insbesondere zur Lautstruktur und zum Satzbau (also zu Phonologie und Syntax), die dann in den Folgekapiteln zu anderen Sprachen aufgegriffen werden. Des Weiteren wird nebenbei ein Verständnis der internationalen Lautschrift (IPA) vermittelt, die auch in vielen späteren Kapiteln verwendet wird und die allgemein ein nützliches Handwerkszeug bei der lautlichen Seite von Sprachvergleichen ist.

Das vorliegende Buch lädt durchaus zum selektiven Lesen ein; Sie sollten aber möglichst mit diesen beiden Kapiteln beginnen. Ihre Lektüre wird sich dann nach den spezifischen Bedürfnissen richten, die sich, falls Sie Lehrerin oder Lehrer sind, in Ihrer Schule und in Ihrer Klasse ergeben. Wir hoffen, dass wir mit der Auswahl der Sprachen und in der Art und Weise ihrer Darstellung nicht ganz falsch liegen, und sind für Rückmeldungen sehr aufgeschlossen.

Wir präsentieren Ihnen zunächst zwei Sprachkapitel, die uns besonders unterhaltsam erscheinen: Kapitel 4 zum Polnischen und Tschechischen (Joanna Błaszczak) und Kapitel 5 zum Englischen (Sophie Repp). Die übrigen Kapitel folgen in etwa der abnehmenden Anzahl von Sprechern unter den Schülern in Deutschland, wobei außerdem bestimmte Sprachgruppen oder Regionen in aufeinanderfolgenden Kapiteln präsentiert sind. So beginnen wir mit dem durch die Gastarbeiter der frühen BRD bei Weitem am meisten an Schulen vertretenen Türkischen in Kapitel 6 (Christoph Schroeder und Yazgül Şimşek). Wir kommen dann zum Arabischen und Hebräischen in Kapitel 7 (Amir Zeldes und Ghazwan Kanbar) und zu dem in angrenzenden Ländern gesprochenen Persischen und Kurdischen in Kapitel 8 (Aria Adli). Von dort geht es zu den slawischen Sprachen (außer dem bereits vorgestellen Polnischen und Tschechischen) mit Kapitel 9 zum Bosnischen/Kroatischen/Serbischen sowie Bulgarischen (Luka Szucsich) und Kapitel 10 zum Russischen und Ukrainischen (Natalia Gagarina). Noch weiter in die Ferne geht die Reise dann mit dem durch die früheren Vertragsarbeiter der DDR häufig vertretenen Vietnamesisch, vorgestellt in Kapitel 11 zusammen mit dem Chinesischen (Tue Trinh). Hier schließen wir andere Kapitel zu Sprachen aus Asien an, mit Kapitel 12 zum Japanischen und Koreanischen (Uli Sauerland und Kazuko Yatsushiro) und Kapitel 13 zum Hindi-Urdu und Romani (Ram Prasad Bhatt und Barbara Schrammel-Leber). Aus der Ferne kommen wir dann zurück nach Europa. Hier stellen wir Ihnen zunächst häufige Sprachen vor, die aus dem Lateinischen hervorgegangen sind (*romanische Sprachen*), mit Kapitel 14 zum Französischen (Isabelle Darcy und Ingo Feldhausen), Kapitel 15 zum Italienischen und Rumänischen (Günther Grewendorf und Eva-Maria Remberger) und Kapitel 16 zum Spanischen und Portugiesischen (Georg A. Kaiser). Nach einem Zwischenhalt im Albanischen in Kapitel 17 (Dalina Kallulli) beenden wir die Reise bei der Wiege der europäischen Zivilisation mit Kapitel 18 zum Griechischen (Stavros Skopeteas).

Was Sie in den einzelnen Sprachkapiteln finden

In jedem der Sprachkapitel 4 bis 18 finden Sie Allgemeines zur Sprache und ihren Sprechern, gefolgt von Darstellungen zu Schrift und Aussprache, zur Wortbildung und Flexion, zur Satzstruktur, zum Wortschatz und zur Sprachverwendung.

Es wurde viel daran gearbeitet, die Beiträge für unser Zielpublikum und für eine breite Öffentlichkeit zugänglich zu formulieren und interessant zu gestalten. Die Beiträge konzentrieren sich dabei jeweils auf einige zentrale Aspekte der diskutierten Sprachen. Die Textsorte Lexikonartikel, in der bestimmte Themen strikt der Reihe nach und möglichst umfassend abgehandelt werden, war nicht unser Ziel. Es gibt ferner ein Glossar und einen Index, die neben ihrer üblichen Suchfunktion auch bei der Unterrichtsvorbereitung helfen können, etwa wenn man eine Unterrichtseinheit zu Komposita (Zusammensetzung von Wörtern aus anderen Wörtern), zur Bildung von Fragesätzen oder zu Schriftsystemen plant – oder vielleicht auch zu Themen wie Zungenbrechern oder Wortpaaren, die „falsche Freunde" sind.

1.4 Unsere Hoffnungen und weitere Anregungen

Was die Herausgeber und Autoren sich besonders von diesem Buch erhoffen, ist, dass die Sprachenvielfalt in deutschsprachigen Schulen nicht nur als Problem und Herausforderung empfunden wird, sondern durchaus auch als Chance – so, wie dies in dem Beitrag von Rosemarie Tracy deutlich wird. Die

Zeiten, in denen Kindern eine Eselsmütze aufgesetzt wurde, wenn sie in der Schule eine andere Sprache sprachen, sind heute vorbei; es ist aber bei Weitem noch nicht so, dass die Mehrsprachigkeit hinreichend gewürdigt wird. Dennoch ist gerade dies eine wichtige Voraussetzung auch für eine positive Einstellung zur deutschen Sprache und ganz allgemein für die persönliche und schulische Entwicklung der Kinder. In diesem Zusammenhang wollen wir auch das Werk von Basil Schader (2000) hervorheben, das zahlreiche Anregungen aus dem Schweizer Unterricht bringt, die durchaus auf deutsche Klassenzimmer übertragbar sind (vgl. auch den Film von Schader und Roost, 2010). Hier einige von den 95 Beispielen, die Schader im Detail und praxisnah erläutert:

Mehrsprachigkeit in unterschiedlichen Schulfächern aufgreifen
Viele weitere Beispiele lassen sich vorstellen, wobei diese keinesfalls auf den Deutschunterricht beschränkt bleiben müssen. Im Geschichtsunterricht können die Herkunftsländer der Schüler und ihre Beziehungen zu Deutschland stärker berücksichtigt werden; so war August der Starke nicht nur Kurfürst von Sachsen, sondern auch König von Polen-Litauen. Im Mathematikunterricht kann man die Schüler die Zahlwortsysteme ihrer Sprachen zeigen lassen oder auch einmal eine landesspezifische Textaufgabe stellen. Im Biologieunterricht kann man Tier- und Pflanzennamen oder auch Körperteile übersetzen lassen. Welche Sprache verfügt über spezifischere Bezeichnungen von Körperteilen, welche nimmt es nicht so genau, wo kann es zu Missverständnissen kommen?

- „Unser Schulhaus grüßt in allen Sprachen“: Die Kinder gestalten eine Sprechblase mit *Willkommen* oder *Guten Tag* in allen Sprachen und Dialekten, die in der Schule gesprochen werden.
- Das mehrsprachige Namenspiel: Die Kinder sitzen im Kreis, eines gibt jeweils dem anderen den Ball und sagt in seiner Sprache: „Ich heiße X, und wie heißt du?“
- Man sammelt – auch mithilfe der Eltern – Zungenbrecher, Abzählreime, Zauberverse in den Sprachen, die in der Klasse gesprochen werden, und trägt sie vor – durchaus auch „über Kreuz“.
- Kinder gestalten ein gemeinsames Bilderbuch mit einer Geschichte, die in mehreren Ländern spielt und in den Sprachen wechselt, wenn nötig mit einer Übersetzung ins Deutsche.
- Die Schule hält eine mehrsprachige Leseecke bereit, mit Kinderbüchern, vor allem auch Bilderbüchern, in den Sprachen, die in der Schule vertreten sind. Man kann diese Bücher dann zum Beispiel im Unterricht vorstellen lassen.
- Die Schüler sammeln Sprichwörter und Redewendungen ihrer Sprachen und vergleichen und diskutieren sie oder fertigen daraus ein kleines Buch.
- Kinder geben anderen Kindern Minisprachkurse und Workshops in ihren Sprachen.

Wir würden uns freuen, wenn dieses Buch zu einer größeren Wertschätzung der sprachlichen Kreativität führen würde, die in den zwei- und mehrsprachig aufwachsenden Kindern steckt. Dies bedeutet, Kinder durchaus auch in ihrer anderen Sprache zu fördern. Wie François Grosjean argumentiert, führt nämlich gerade die Vernachlässigung der Familiensprache zu Problemen auch in der Schulsprache. Es ist etwa Eltern, die das Deutsche nicht wie eine Muttersprache beherrschen, nicht zu raten, aus falsch verstandener Sorge für ihre Kinder zu Hause nur noch Deutsch zu sprechen (wie es übrigens auch übereifrigen deutschen Eltern abzuraten ist, ihr Kind fördern zu wollen, indem sie auf ihr Schulenglisch als Familiensprache umstellen!). Klassert und Gagarina (2010) haben bei russischen Migrantenkindern gezeigt, dass die Verwendung des Deutschen zu Hause die Deutschkompetenz nicht fördert, aber natürlich die Russischkompetenz schwächt. Die Vernachlässigung der Erstsprache kann problematisch sein, weil es gerade dadurch dazu kommen kann, dass das Kind keine Sprache auf muttersprachlichem Niveau beherrscht. Dabei kann das sprachliche und kommunikative Wissen, das in der Familiensprache erworben wird, das Erlernen der Schulsprache befördern. Gerade auch mit dem Ziel, den Erwerb des Deutschen zu unterstützen, sollten daher Eltern zweisprachiger Kinder aufgefordert werden, den Erwerb der Muttersprache zu fördern – durch anregendes Sprechen mit den Kindern, durch Vorlesen und durchaus auch mit Medien wie Hörstücken und kindgerechten Filmen. Wichtig ist auch, dass das Lesen in dieser Sprache geübt wird, und zwar auch dann, wenn die Familie einen von der Hochsprache entfernten Dialekt spricht. Es gehört unserer Meinung durchaus zu den Aufgaben der deutschen Schulen, den Eltern zu vermitteln, dass Zweisprachigkeit eine gute Sache ist, wenn sie auf natürliche Weise ermöglicht werden kann.

Wert der Familiensprache

Allemann-Ghionda (2008) plädiert dafür, die Familiensprache bei mehrsprachigen Kindern zu fördern: „Für die einzelne Person [...] ist es von großer Bedeutung, sich auch sprachlich anerkannt und respektiert zu fühlen. Dadurch wird die sprachliche Entwicklung gefördert und die Identität stabilisiert. Trifft der umgekehrte Fall ein, wird dem Kind Schaden zugefügt – in sprachlicher wie in identitärer Hinsicht. So gesehen ist die unter Lehrpersonen und Politikern verbreitete Entrüstung darüber, dass Migranten zu Hause ihre eigene Herkunftssprache (und nicht die deutsche Sprache) sprechen, und die Erwartung, dass sie es tun sollten, unrealistisch und aus sprachwissenschaftlicher und pädagogischer Sicht unangebracht."

An diesem Werk waren viele Personen beteiligt. Die Grundidee entstand aus einer Unterhaltung zwischen mir und einem der Beiträger dieses Bandes, Günter Grewendorf, anlässlich des Lehrerinformationstages einer Jahrestagung der Deutschen Gesellschaft für Sprachwissenschaft; ich möchte mich hier bei ihm für die ersten sehr produktiven Gespräche bedanken. Das Konzept wurde von Mitarbeitern des Zentrums für Allgemeine Sprachwissenschaft, Berlin, weiter ausgearbeitet; die Arbeit daran wurde gefördert durch das Bundesministerium für Bildung und Forschung (Förderkennzeichen 01UG0711) und durch das Land Berlin. Als Autoren der Sprachartikel konnten wir Sprachwissenschaftler mit besonderer Expertise zu den hier beschriebenen Sprachen gewinnen, oft auch Muttersprachler, die die Situation der Sprachgemeinschaft in Deutschland gut kennen. Den Herausgebern war es dabei besonders wichtig, dass dabei der Wissenstransfer aus der Linguistik in die Praxis glückt; nicht zuletzt deshalb haben wir uns mit Annette Leßmöllmann eine Wissenschaftsjournalistin mit ins Boot geholt.

Zu Sprachentwicklungsstörungen

Ein mögliches Problem bei mehrsprachigen Kindern: Probleme in der Sprachentwicklung werden nicht erkannt, weil man die damit einhergehenden Symptome dem doppelten Spracherwerb zurechnet. Dies betrifft vor allem die sogenannten spezifischen Sprachentwicklungsstörungen, bei denen Kinder mit sonst normaler Intelligenz verzögert ihre ersten Wörter äußern, auch spät mit Zweiwortäußerungen beginnen und später mit der Grammatik Schwierigkeiten haben. Man nimmt an, dass etwa fünf bis acht Prozent der Kinder auf diese Art in ihrer Sprachentwicklung gestört sind; für sie kann dann die Mehrsprachigkeit zusätzliche Probleme mit sich bringen. Wenn Sie bei einem Kind einen Verdacht auf eine spezifische Sprachentwicklungsstörung haben, sollte das Kind möglichst auch in seiner Muttersprache getestet werden.

Wir hoffen deshalb, dass es Freude macht, dieses Buch zu lesen und darin zu schmökern – trotz der Tabellen mit Sprachlauten und Kasusformen. Wir sind uns natürlich bewusst, dass wir in dieser Hinsicht nicht mit Erich Kästners *Fliegendem Klassenzimmer* konkurrieren können.

Literatur

Ahrenholz B (Hrsg) (2008) Deutsch als Zweitsprache. Voraussetzungen und Konzepte für die Förderung von Kindern und Jugendlichen mit Migrationshintergrund. Fillibach, Freiburg im Breisgau

Allemann-Ghionda C (2008) Zweisprachigkeit und Bildungserfolg der Migrantenkinder vor dem Hintergrund der europäischen Mehrsprachigkeit – Thesen und Forschungsbedarf. In Allemann-Ghionda C, Pfeiffer S (Hrsg) Bildungserfolg, Migration und Zweisprachigkeit: Perspektiven für Forschung und Entwicklung. Timme, Berlin. 23–43

Allemann-Ghionda C, Pfeiffer S (Hrsg) (2008) Bildungserfolg, Migration und Zweisprachigkeit: Perspektiven für Forschung und Entwicklung. Timme, Berlin

Baur RS, Scholten-Akoun D (Hrsg) (2010) Deutsch als Zweitsprache in der Lehrerausbildung. Bedarf – Umsetzung – Perspektiven. Stiftung Mercator

Benndorf R (2010) Afrikanische Migranten in Deutschland und die gesellschaftliche Integration. Vortrag auf dem 1. Nürnberger Afrikakongress. http://www.afro-deutsche.de/aktiv/Benndorf-Vortrag.pdf (Zugriff 1.6.2012)

Bildung in Deutschland 2010; Bildung in Deutschland 2012. Im Auftrag der Kultusministerkonfrenz und des Bundesministeriums für Bildung und Forschung. http://www.bildungsbericht.de.

Brandstetter A (1976) Zu Lasten der Briefträger. Residenz Verlag, Salzburg/Wien [2. Aufl. 1986]

Bundesministerium des Innern (Hrsg) (2012) Migrationsbericht des Bundesamtes für Migration und Flüchtlinge im Auftrag der Bundesregierung. Migrationsbericht 2010. Berlin. http://www.bamf.de

Colombo-Scheffold S, Fenn P, Jeuk S, Schäfer J (Hrsg) (2010) Ausländisch für Deutsche. Sprachen der Kinder – Sprachen im Klassenzimmer. Fillibach, Freiburg im Breisgau

Diamond J (2010) The benefits of multilingualism. Science 330: 332 f.

Dieffenbach H (2010) Bildungschancen und Bildungs(miss)erfolg von ausländischen Schülern oder Schülern aus Migrantenfamilien im System deutscher Bildung. In Becker R, Lauterbach W (Hrsg) Bildung als Privileg. Erklärungen und Befunde zu den Ursachen der Bildungsungleichheit. 4. Aufl. Verlag für Sozialwissenschaften, Wiesbaden. 221–245

Ehlich K, Bredel U, Reich HH (Hrsg) (2008) Referenzrahmen zur altersspezifischen Sprachaneignung. Bundesministerium für Bildung und Forschung, Bonn

Expertenrat Herkunft und Bildungserfolg. Empfehlung für bildungspolitische Weichenstellungen in der Perspektive auf das Jahr 2020. (2011). Max Planck Institut für Bildungsforschung, Berlin.

Fürstenau S, Gomolla M (Hrsg) (2010) Migration und schulischer Wandel: Mehrsprachigkeit. Verlag für Sozialwissenschaften, Wiesbaden

Grosjean F (2010) Bilingual. Life and reality. Harvard University Press, Cambridge, MA

Herwartz-Emden L (2007), Migrant/innen im deutschen Bildungssystem. In Bundesministerium für Bildung und Forschung (Hrsg) (2007) Migrationshintergrund von Kindern und Jugendlichen. Wege zur Weiterentwicklung der amtlichen Statistik. Band 14. 7–24

Jeuk S (2010) Deutsch als Zweitsprache in der Schule. Grundlagen – Diagnose – Förderung. Kohlhammer, Stuttgart

Klassert A, Gagarina N (2010) Der Einfluss des elterlichen Inputs auf die Sprachentwicklung bilingualer Kinder: Evidenz aus russischsprachigen Migrantenfamilien in Berlin. Diskurs Kindheits- und Jugendforschung. Heft 4. 413–425

Kniffka G, Siebert-Ott G (2007) Deutsch als Zweitsprache. Lehren und lernen. Schöningh, Paderborn [3. Aufl. 2012]

Leonity H (Hrsg) (2013) Multikulturelles Deutschland im Sprachvergleich. Das Deutsche im Fokus der meist verbreiteten Migrantensprachen. Ein Handbuch für DaF-Lehrende und Studierende, für Pädagogen/-innen und Erzieher/-innen. Lit Verlag, Berlin

Schader B (2000) Sprachenvielfalt als Chance. Orell Füssli, Zürich

Schader B (Hrsg) (2011) Deine Sprache – meine Sprache. Handbuch zu 14 Migrantensprachen und zu Deutsch. Für Lehrpersonen an mehrsprachigen Klassen und für den DaZ-Unterricht. Lehrmittelverlag, Zürich

Schader B, Roost D (2010). Mehrsprachigkeitsprojekte. Konkrete Beispiele für die Praxis. DVD, Schulverlag Plus, Bern

Schramm K, Schroeder C (Hrsg) (2009) Empirische Zugänge zu Spracherwerb und Sprachförderung in Deutsch als Zweitsprache. Waxmann, Münster

Söhn J (2011) Rechtsstatus und Bildungschancen. Die staatliche Ungleichbehandlung von Migrantengruppen und ihre Konsequenzen. Verlag für Sozialwissenschaften, Wiesbaden

Sprachensteckbriefe. Teil der Webseite „Schule mehrsprachig" des österreichischen Bundesministeriums für Unterricht, Kunst und Kultur: www.schule-mehrsprachig.at

Statistisches Bundesamt (2012) Bevölkerung und Erwerbstätigkeit. Bevölkerung mit Migrationshintergrund, Ergebnisse des Mikrozensus 2011. Fachserie 1 Reihe 2.2. Wiesbaden

Tracy R (2008) Wie Kinder Sprachen lernen. Und wie wir sie dabei unterstützen können. Narr Francke Attempto, Tübingen

Wojnesitz A (2010) „Drei Sprachen sind mehr als zwei". Mehrsprachigkeit an Wiener Gymnasien im Kontext von Migration. Waxmann, Münster

2 Mehrsprachigkeit: Vom Störfall zum Glücksfall

Rosemarie Tracy

2.1 Einleitung

Seit gut einem Jahrzehnt ist das Thema *Sprache* fester Bestandteil bildungspolitischer Debatten und selbst aus der lokalen Presse nicht mehr wegzudenken.

Allerdings liegt dies nicht etwa daran, dass sich die Bildungspolitik und die Öffentlichkeit für Sprache als das soziale und kognitive Phänomen begeistern, von dem die Sprachwissenschaft und ihre Nachbarwissenschaften fasziniert sind. Vielmehr vernimmt man seit Jahren und vor allem infolge des für Deutschland wenig schmeichelhaften Abschneidens bei internationalen Bildungsstudien in erster Linie Klagen über mangelhafte Ausdrucks- und Verstehensfähigkeiten von Kindern und Jugendlichen mit und – zunehmend – ohne Migrationshintergrund. Der Erwerb des Deutschen wird gewissermaßen zum Allheilmittel, zum „Schlüssel" schlechthin für Bildung, Integration und gesellschaftliche Teilhabe. In dieser Diskussion ist auch immer wieder von den Defiziten mehrsprachiger Kinder in allen ihren Sprachen die Rede (vgl. exemplarisch den Beitrag „Schulen im Ausnahmezustand" in der *Welt am Sonntag* vom 19.6.2011), oft als „doppelte Halbsprachigkeit" bezeichnet. Ist Mehrsprachigkeit also ein Hindernis, bestenfalls ein notwendiges Übel während des Übergangs zu einer möglichst optimalen Beherrschung standard- und schriftsprachlicher Ressourcen in nur *einer* Sprache? Oder handelt es sich um einen auf Dauer erstrebenswerten Zustand, in dem auch die jeweiligen Erstsprachen ihre Existenzberechtigung finden und als Mehrwert empfunden werden?

„Schlechtes Deutsch, wenig Disziplin, keine Manieren"
Eine Schlagzeile in der *Rhein-Neckar-Zeitung* vom 9.4.2010.

Im Mittelpunkt meines Kapitels stehen diverse Facetten von Mehrsprachigkeit: Probleme und Herausforderungen für alle Beteiligten, aber auch damit verbundene Chancen für einen modernen Unterricht in sprachlich und kulturell heterogenen Schulklassen, in denen der individuellen Erfahrung mit unterschiedlichen Erstsprachen im wahrsten Sinne des Wortes „eine Stimme" gegeben werden kann. Denn Sprache ist nicht nur *in* unseren Köpfen (unter anderem als Medium unserer Kommunikation mit uns selbst) und *um* uns herum allgegenwärtig. Sie lässt uns auch niemals kalt. Unsere Meinungen über unsere eigenen sprachlichen und kommunikativen Kompetenzen – ob zutreffend oder nicht –, unsere Normvorstellungen und Empfindlichkeiten eignen sich hervorragend als Gesprächsgegenstand für Menschen (fast) jeden Alters und somit auch für unsere Klassenzimmer. Diskussionen über Sprache(n) regen zum Nachdenken und Mitreden an und schärfen, sofern gut angeleitet, analytische und argumentative Kompetenzen. Belege für die Fähigkeit, über Sprache und ihre Verwendung nachzusinnen, finden sich in Hülle und Fülle auch schon in frühester Kindheit, wie die Episode in der Randspalte zeigt.

Frühe Bewusstheit über Sprache und ihre Verwendung

Mutter zu ihrer Tochter:

In the Kita they call it *Frühstück*, don't they?

Hannah (2;4):

Und du heißt das Breakfast.

Die Unterhaltung zwischen einer Mutter und ihrer nicht einmal dreijährigen Tochter Hannah – sie ist zum Zeitpunkt der Erhebung zwei Jahre und vier Monate alt, notiert als 2;4 – wurde im Rahmen eines Forschungsprojekts zum doppelten Erstspracherwerb aufgenommen (Tracy und Gawlitzek-Maiwald 2000; Tracy 2008). Obwohl die von ihr produzierte Äußerung noch nicht in jeder Hinsicht zielsprachlich ist – *nennen* wäre eine angemessenere Verbwahl – , ist Hannah in der Lage, sich explizit dazu zu äußern, welche sprachlichen Formen von der englischsprachigen Mutter und welche in der deutschen Kita verwendet werden. Dieses metasprachliche Bewusstsein ist ein typisches Nebenprodukt früher Mehrsprachigkeit.

In Abschnitt 2.2 gehe ich auf Hintergrundwissen über Mehrsprachigkeit, konzeptuelle Grundlagen und einige gängige Missverständnisse ein. Abschnitt 2.3 betrachtet unterschiedliche Erwerbstypen, mit dem Hauptaugenmerk auf den sprachlichen Kompetenzen im Vorschulalter. Der Grund ist naheliegend, denn schließlich sind es diese Ressourcen, die von Kindern bereits in die Schule mitgebracht werden und die dort nicht nur Wertschätzung, sondern auch Einsatzmöglichkeiten finden sollten. In Abschnitt 2.4 wende ich mich dem *Code-Switching/Code-Mixing* zu, das in der Öffentlichkeit und oft sogar bei denen, die es praktizieren, einen schlechten Ruf hat. Illustriert wird der virtuose und spielerische Umgang mit mehrsprachigen Repertoires. In Abschnitt 2.5 und in meinem Fazit (Abschnitt 2.6) knüpfe ich an die obige Behauptung an, dass die Schule ein geradezu idealer Ort ist und die Schulzeit ein idealer Zeitraum für ein Nachdenken über die von allen Menschen geteilte Fähigkeit, Sprachen zu lernen, über das den natürlichen Sprachen dieser Welt bei aller Vielfalt Gemeinsame und über das menschliche Bedürfnis nach kooperativer Kommunikation. Wenn es gelingt, diesen Freiraum zu nutzen, könnten Schülerinnen und Schüler nicht nur für die Schule, sondern auch für das Leben danach viel lernen.

2.2 Mehrsprachigkeit als Normalzustand

Die Welt als Experimentierfeld

Nimmt man die Welt insgesamt in den Blick, so erkennt man schnell, dass Mehrsprachigkeit die Regel ist und nicht etwa eine Ausnahme. Bei 4000 bis 7000 Sprachen, die in etwa 200 Ländern gesprochen werden, ist der Sprachkontakt zwischen Menschen unterschiedlicher Erstsprachen, aber auch der Sprachkontakt im Kopf Einzelner vor allem eines: Normalität (Grosjean 1982). Infolge von Arbeitsmigration, Flüchtlingsbewegungen und Globalisierung sind auch diejenigen Staaten Europas, die bis in die Gegenwart hinein der Nationalstaatenideologie vergangener Jahrhunderte nachhängen (Eichinger und Plewnia 2008), de facto längst mehrsprachig. Allerdings beherrscht in Ländern und Gegenden, die schon lange offiziell als mehrsprachig gelten (in Europa beispielsweise Belgien, die Schweiz, Südtirol), durchaus nicht jede Bürgerin und jeder Bürger alle offiziellen Sprachen ihres oder seines Landes.

Laut aktueller Mehrsprachigkeitspolitik der Europäischen Union wünscht man sich dreisprachige Bürgerinnen und Bürger, die sich neben ihren jeweiligen Erstsprachen zwei weitere europäische Sprachen aneignen (Europäische Kommission 2008). Dabei übertrifft die realiter in vielen europäischen Städten vorhandene sprachliche Artenvielfalt das Spektrum europäischer Sprachen längst um ein Vielfaches. In deutschen Großstädten leben mittlerweile Sprecherinnen und Sprecher von ungefähr 200 unterschiedlichen Sprachen, wobei es sich bei den wenigsten um Sprachen Europas oder um Sprachen handelt, mit deren Kenntnis man in den Schulen Eindruck machen könnte. Darin und nicht etwa in der Mehrsprachigkeit an sich liegt eines der Kernprobleme der aktuellen Bildungspolitik. Zum einen haben die Sprachen, welche viele SchülerInnen bereits in ihren Köpfen mit in die Schulen bringen, weder als Unterrichtsmedium noch als Unterrichtsgegenstand einen Platz. Zugleich wird Kindern nicht-deutscher Erstsprachen bis zum Schuleintritt immer noch zu wenig Gelegenheit geboten, um sich die in der Schule benötigten sprachlichen Repertoires anzueignen.

Mehrsprachigkeit ist sowohl ein gesellschaftliches als auch ein individuelles Phänomen, und entsprechend vielfältig sind die wissenschaftlichen Perspektiven und Fragen, mit denen man sich in der Forschung beschäftigt. Die Koexistenz von Sprachen in der Gesellschaft und im Kopf einzelner Sprecherinnen und Sprecher bietet zugleich eine Fülle von Gesprächsstoff für diejenigen, die aufgrund eigener Erfahrung dafür prä-

Vorschlag für den Unterricht
Regen Sie Ihre SchülerInnen dazu an, ein Blatt Papier zu nehmen und sich selbst ins Zentrum zu malen und von dort aus wie bei einer Mindmap mittels einzelner Verzweigungen zu notieren, mit wem sie am Vortag oder in der letzten Woche gesprochen haben oder schriftlichen Kontakt hatten, in welcher Sprache, in welchem Dialekt etc. sie kommuniziert haben. Bei der anschließenden Diskussion können Sie fragen, welche Inhalte und sprachlichen Ausdrücke, Redeweisen etc. den einen Zweig vom anderen unterscheiden.

destiniert sind mitzureden – im Grunde wir alle. Unabhängig davon, wie richtig oder falsch wir mit unseren Selbstbeobachtungen liegen: Wir haben definitiv eine Meinung dahingehend, welche Sprache, welcher Stil in unterschiedlichen Kontexten und im Umgang mit diversen GesprächspartnerInnen angemessen ist, auch wenn wir uns nicht immer daran halten! Es gibt eine Fülle von Fragen, die an unsere Intuitionen über Formen, Funktionen und Verwendungsweisen rühren und die man im schulischen Kontext als Sprungbrett für die bewusste Auseinandersetzung mit Sprachen benutzen kann.

Aus sprachwissenschaftlicher Sicht gehen vor allem die Soziolinguistik und die Pragmatik der Frage nach, wie Menschen durch die Wahl von Ausdrucksmitteln und dem Hin- und Herwechseln zwischen Sprachen oder Dialekten Information über ihre Identität, ihre Zugehörigkeit zu Gruppen bestimmten Alters, Geschlechts, einer Region oder eines sozialen Milieus preisgeben und Solidarität oder Distanz gegenüber ihren Gesprächspartnern zum Ausdruck bringen. Aus kognitionswissenschaftlicher und psycholinguistischer Perspektive sucht man zu ergründen, wie die weitgehend unbewussten sprachlichen Kenntnisse, die wir uns im Laufe des Spracherwerbs aneignen, im Kopf organisiert sind und wie sie unser sprachliches Verhalten steuern. Wie wir oben bei der Unterhaltung über die Wörter *Frühstück* und *breakfast* in der Randspalte gesehen haben, sind manche Bereiche dieses Wissens für metasprachliche Reflexion zugänglich, und zwar bereits in der frühen Kindheit. Während es eine vorrangig linguistische Fragestellung ist, wie unterschiedliche menschliche Sprachen beschaffen sind – Beispiele dafür finden sich in allen Kapiteln dieses Buches –, interessiert sich die Psycholinguistik dafür, welche Interaktionen zwischen den koexistierenden sprachlichen Systemen mehrsprachiger Kinder und Erwachsener sich nachweisen lassen und welche Rolle Ähnlichkeiten und Unterschiede zwischen Sprachen dabei spielen. Was für einen Unterschied macht es beispielsweise, wenn eine der beteiligten Sprachen über Artikel verfügt (wie das Deutsche), die andere aber nicht (wie Russisch), ob in der einen Sprache Fragepronomen (*wer*, *wie*, *wo* ...) an den Satzanfang gerückt werden (wie im Deutschen), in anderen Sprachen aber nicht (etwa im Japanischen)? Welche Auswirkungen hat es auf den Spracherwerb, wenn die eine Sprache Präpositionen (*in*, *bei*, *unter* ...) besitzt (wie das Deutsche) und die andere Sprache die gleiche Information durch Suffixe oder Postpositionen kodiert (wie das Türkische)? Beispiele für Kontraste dieser Art finden Sie in Kapitel 4 bis 18 dieses Buches.

Soziolinguistik, Psycholinguistik und zunehmend auch die Neurolinguistik interessieren sich für Antworten auf die Frage, warum kompetente mehrsprachige Menschen ihre Sprachen mischen, das heißt sogenanntes *Code-Switching* betreiben, obwohl sie sich auf eine dieser Sprachen beschränken könnten.

Worin liegt der soziosymbolische Mehrwert gemischter Äußerungen? Füllen mehrsprachige Menschen lexikalische Lücken in beiden Sprachen durch wechselseitige Anleihen? Oder wechseln sie, weil sie meinen, dass sich manchmal in der einen, manchmal in der anderen Sprache trefflicher sagen lässt, was man ausdrücken möchte?

Auch wenn sich, wie eben angedeutet, die Forschung dem Thema Mehrsprachigkeit mit unterschiedlichsten Interessen nähert, wird schnell deutlich, dass man für ein umfassendes Verständnis der Sprachfähigkeit und des menschlichen kommunikativen Verhaltens auf die Beiträge vieler Wissenschaften angewiesen ist. In diesem Sinne ist die Beschäftigung mit Sprache grundlegend interdisziplinär. Manche Einsichten lassen sich durchaus auch schon vorwissenschaftlich, das heißt durch eigene Erfahrung und eher informelle Experimente gewinnen, für die man den Kontext des Klassenzimmers als Arena nutzen kann. Daher hat die Überschrift dieses Abschnitts, in der von der Welt als Experimentierfeld die Rede ist, durchaus ihre Berechtigung.

Code-Switching

Eine deutsche Emigrantin in den USA über ihr Leben:

„Des is grad wie wenn's an uns vorbeigegangen wär, *so, you know, like a movie, nearly.*"

Theoretische Grundlagen, Mythen, Ungereimtes

Als mehrsprachig oder bilingual – beide Termini werden von mir im Folgenden gleichbedeutend gebraucht – darf gelten, wer regelmäßig mehr als eine Sprache verwendet (Grosjean 2008, S. 10) und in der Lage ist, in allen seinen Sprachen Alltagsgespräche zu führen („at least casual conversations on everyday topics in a second language"; Myers-Scotton 2006, S. 65). Man muss also nicht mit zwei Sprachen von Geburt an aufgewachsen sein, um sich mit Fug und Recht als mehrsprachig bezeichnen zu dürfen. Mehrsprachigkeit bedeutet auch nicht, dass man jede einzelne seiner Sprachen auf muttersprachlichem Niveau beherrscht – was immer dies heißen mag, denn schließlich unterscheiden sich auch MuttersprachlerInnen im Grad der Differenziertheit ihres Wortschatzes und hinsichtlich ihrer stilistischen Ressourcen voneinander.

Nicht einmal alle diejenigen, die von Geburt an mehrsprachig aufwachsen, sprechen als Erwachsene beide Sprachen akzentfrei oder verfügen in beiden Sprachen über gleichermaßen differenzierte Stilmittel oder gar schriftsprachliche Ressourcen. Aber auch wer im Erwachsenenalter hoch motiviert eine weitere Sprache lernt, mag diese mit der Zeit flüssiger (wenngleich kaum akzentfrei!) sprechen als Menschen, die im Zuge der Emigration den engen Kontakt zu anderen SprecherInnen ihrer Herkunftssprache verloren haben und ihre Erstsprachen verwenden.

Aus sprachwissenschaftlicher Sicht ist der Versuch, Ein-, Zwei- oder Mehrsprachigkeit kategorisch voneinander abzugrenzen, zum Scheitern verurteilt. Auch ein in einer deutschsprachigen Familie aufwachsendes Kind erwirbt im Laufe der Zeit ein Spektrum von informellen und formellen Stilen, von regionalen Dialekten und dialektal geprägter Umgangssprache bis hin zu standard-, bildungs- und fachsprachlichen Registern. Die Koexistenz von alternativen Ausdrucksmitteln ist daher ein natürliches Ergebnis jeglichen Spracherwerbs und abhängig von individueller Erfahrung mit unterschiedlichen Kontexten, GesprächspartnerInnen und kommunikativen Anforderungen. Wenn in der Sprachwissenschaft von *innerer Mehrsprachigkeit* die Rede ist, hat man diesen Facettenreichtum im Sinn. Dialektale und soziale Varietäten, die man als Laie üblicherweise *einer* Sprache zuordnet (z. B. Bairisch, norddeutsches Platt, Schlesisch, Pfälzisch, Sächsisch, aber auch moderne urbane Varietäten wie das Kiezdeutsch; vgl. dazu diverse Kapitel in Achilles und Pighin 2008, Wiese; 2012), können sich auf der Ebene der Aussprache, im Wortschatz und in Teilbereichen der Syntax (des Satzbaus) erheblich voneinander unterscheiden. Verstehensprobleme legen nahe, in diesem Fall tatsächlich von unterschiedlichen Sprachen auszugehen, auch wenn innerhalb eines Gesprächs der Übergang von einem dialektalen System zum anderen wahrscheinlich weniger auffiele als ein Wechsel vom Deutschen ins Spanische oder Griechische. Der Wettbewerb zwischen koexistierenden Optionen und die Wahl von möglichst angemessenen, da gesellschaftlich erwarteten Ausdrucksformen, ist jedenfalls allgegenwärtig und sollte nicht auf Fälle dramatischerer Formen des Sprachkontakts reduziert werden, an dem typologisch völlig unterschiedliche sprachliche Systeme beteiligt sind, wie beispielsweise im Fall mehrsprachiger Kompetenzen unter Beteiligung von Persisch und Deutsch.

Arbeitsteilung zwischen den Sprachen

Zwei Studierende, beide Sprecher von Spanisch und Deutsch, kommunizieren beim Mittagessen in der Mensa am liebsten auf Spanisch miteinander, der Sprache ihrer Wahl für ihren freundschaftlichen Diskurs. Wenn weitere Freunde, die kein Spanisch verstehen, zu ihnen an den Tisch kommen, wechseln sie spontan ins Deutsche, das sie ebenfalls mit großer Leichtigkeit sprechen. Einer ihrer Kommilitonen hat Besuch aus Frankreich, und nun bemühen sich alle, ihr „schlafendes", lange nicht genutztes Schulfranzösisch zu reaktivieren.

Typisch für die Sprachverwendung mehrsprachiger Menschen ist ein gewisses Maß an Arbeitsteilung: Sprache A wird möglicherweise vorwiegend am Arbeitsplatz gesprochen, Sprache B im Gespräch mit Freunden, und vielleicht kommt eine weitere Sprache im Familienkreis, möglicherweise sogar nur im Kontakt mit einer bestimmten Person, zum Beispiel der Großmutter, zum Einsatz. Wäre man gefordert, den Freunden in Sprache B zu erklären, womit man sich am Arbeitsplatz beschäftigt, würde man möglicherweise mühsam nach angemessenem Wortschatz suchen, und vielleicht könnte nicht einmal ein Blick in ein Wörterbuch helfen, weil es in Sprache B manche Fachtermini nicht gibt.

In der Forschung unterscheidet man unterschiedliche Grade der Aktivierung sprachlicher Ressourcen und bezeichnet sie mit Metaphern wie *(aus-)gewählt, aktiv* oder *schlafend* (Green 1998). Als *ausgewählt* gilt eine jeweils gerade „im Einsatz" befindliche Sprache; *aktiv* bzw. (ko)aktiviert sind diejenigen Sprachen, die prinzipiell einsatzbereit sind. Auf die Konsequenzen dieser Koaktivierung werde ich in Abschnitt 2.4 eingehen. Als *schlafend* bezeichnet man sprachliche Ressourcen, die möglicherweise seit Längerem nicht benötigt wurden und für deren Reaktivierung und flüssige Verwendung man erst einmal etwas mehr Zeit benötigt und Anlaufschwierigkeiten überwinden muss. Das Verhältnis zwischen diesen Sprachen kann sich in Abhängigkeit von den Lebensumständen immer wieder ändern, und bilinguale Menschen empfinden selbst durchaus mal die eine, mal die andere Sprache als dominant und „stärker" entwickelt.

Perfekt ausbalancierte Kompetenzen sind jedenfalls eher die Ausnahme als die Regel. Gleich in mehrfacher Hinsicht sind in den beteiligten Sprachen unterschiedliche Entwicklungsmuster zu erwarten, zum Beispiel bezüglich des Grades der Beherrschung, bezüglich des Prestiges, das mit einer Sprache verbunden ist, hinsichtlich der Verwendungshäufigkeit und der Fülle der Themen, mit denen man in unterschiedlichen Sprachen in Berührung kommt. Ein Ungleichgewicht entsteht möglicherweise schon dadurch, dass manche Kulturen trotz prinzipiell vorhandener Ausdrucksmittel bestimmte Themen tabuisieren, beispielsweise beim Sprechen über Emotionen, Körperteile, -funktionen, Krankheit und Tod. Abgesehen von sozialen Normen mögen SprecherInnen auch sehr individuelle Präferenzen dahingehend entwickeln, in welchen ihrer Sprachen sie über spezifische Themen, mit bestimmten Personen oder schlechthin generell lieber sprechen. Insofern ist Mehrsprachigkeit auch immer ein durch und durch persönliches Phänomen.

Nicht nur Vorlieben, auch sprachliche Kompetenzen selbst und der Zugriff darauf können sich mit der Zeit verändern. Dies sieht man zum einen besonders deutlich an Lernersprachen selbst, das heißt am natürlichen Curriculum des Spracherwerbs. Aber auch bereits gut ausgebaute sprachliche Systeme sind dem Wandel unterworfen, im Bereich des Wortschatzes prinzipiell ein Leben lang. Neben einer durch normales kognitives Altern bedingten Verlangsamung der Sprachverarbeitung gibt es mehr oder weniger dramatische Veränderungen, die durch Schlaganfälle oder andere Hirntraumata und Demenzen hervorgerufen werden. Aber abgesehen von solchen pathologischen Veränderungen wandeln sich sprachliche Systeme im Laufe der individuellen Lebenszeit auch durch den Kontakt mit anderen Sprachen, also infolge von

Erbsprache

Der englische Fachterminus *heritage language* hat sich ursprünglich in den USA für den Wandel von Herkunftssprachen in Einwanderungsgesellschaften etabliert (Polinsky und Kagan 2007). Die Übersetzung *Erbsprache* ist vielleicht nicht die glücklichste, suggeriert sie doch, dass man Sprachen wie eine Brosche oder ein Möbelstück empfangen, aufbewahren und unversehrt an die eigenen Kinder weitervererben könnte. Dies ist natürlich nicht der Fall.

Mehrsprachigkeit. Das bedeutet übrigens auch, dass ein in der Migrationssituation von Kleinkindern erworbenes Russisch, Italienisch oder Arabisch nicht mehr in jeder Hinsicht den Ausgangsdialekten entspricht, die von ihren Eltern zum Zeitpunkt der Auswanderung gesprochen wurden. Diese Kinder wären demnach SprecherInnen einer *Erbsprache*.

Aber nicht nur die Herkunftssprache/Erbsprache verändert sich durch den Kontakt mit neuen Sprachen, auch die Sprachen der in den Heimatländern verbliebenen Menschen verändern sich im Laufe der Zeit. Der Wandel der zurückgelassenen Sprache mag übrigens schon für die Auswanderergeneration selbst bemerkbar sein. Die Deutschamerikanerinnen, die ich in Abschnitt 2.4 zitiere, fielen beispielsweise bei Besuchen in Deutschland durch einen Wortschatz auf, der als veraltet empfunden wurde. Entsprechend kommentierte die Verkäuferin in einer Bäckerei die Wortwahl einer Auswanderin auf Heimatbesuch mit: *Jo mei, des hob ich bschtimmt scho zwanzg Johr nimmer ghört.*

Einstellungen zur Mehrsprachigkeit sind interessanten Schwankungen unterworfen und zeichnen sich außerdem durch eine gehörige Portion Doppelmoral aus. So wird der frühe Erwerb von Sprachen, die innerhalb des Bildungssystems einen Wert haben, weil sie Teil des fremdsprachlichen Kanons sind, von KinderärztInnen und PädagogInnen deutlich positiver gesehen und für sinnvoller erachtet als der Erwerb von Sprachen, die in der Schule keine Existenzberechtigung haben und vor deren SprecherInnen man sich möglicherweise noch dazu aus vielerlei Gründen („Überfremdung", „Migrantenschwemme" etc.) fürchtet. Fremdenfeindlichkeit und Ängste in Zeiten von Kriegen und politischen Konflikten, Arbeitslosigkeit und Einwanderungswellen wirken sich unmittelbar auf Einstellungen zur Mehrsprachigkeit bzw. zu dem beteiligten Sprachenspektrum aus, und entsprechend findet man immer wieder Warnungen vor den Gefahren der Mehrsprachigkeit für das Individuum und für die Gesellschaft (vgl. die gegensätzlichen Positionen von Judd 1992 und Hayakawa 1992 in den USA).

Vor mittlerweile mehr als 20 Jahren äußerte die kanadische Wissenschaftlerin Ellen Bialystok (1991) die Hoffnung, dass man nach Wechselbädern von Negativeinschätzungen und euphorischer Überschätzung endlich dahin gekommen sei, Mehrsprachigkeit als normal zu betrachten. Dies gilt zwar mittlerweile weitestgehend für den fachwissenschaftlichen Diskurs, aber nicht für die Öffentlichkeit, in der Mehrsprachigkeit immer noch mit Skepsis betrachtet wird. Doch auch unter Wissenschaftlern gibt es Stimmen, die zwar Mehrsprachigkeit nicht als nachteilig sehen, die aber im Erhalt von Erstsprachen, die weder in der Schule noch auf dem Arbeitsmarkt nennenswerte Vorteile oder Erträge (z. B. in Form von Einkommen und Status) erbringen, eine Vergeudung zeitlicher Ressourcen und eine Ablenkung von sinnvolleren Aktivitäten sehen (vgl. dazu die kontroverse Diskussion in Gogolin und Neumann 2009). VertreterInnen der heutigen Sprachwissenschaft würden sich allerdings definitiv nicht mehr der Ansicht von Pädagogen und Linguisten des letzten Jahrhunderts anschließen, die vor „[...] Aufwand von Zeit und Kraft auf Kosten anderer Arbeit, Schwächung des Sprachgefühls durch gegenseitige Beeinflussung der beiden Sprachen, Unsicherheit des Ausdrucks, Sprachmengerei, Armut des lebendigen Wortschatzes, Lockerung der geistigen Gemeinschaft mit den Einsprachigen" (Blocher 1910, S. 669) warnten. Im Übrigen muss man auf die „geistige Gemeinschaft mit den Einsprachigen" schon deswegen verzichten, weil Einsprachigkeit selbst nichts anderes ist als eine Fiktion.

2.3 Arten des Spracherwerbs

Ein Überblick

Der Erstspracherwerb ist das Ergebnis des Zusammenwirkens von angeborenen Fähigkeiten und der Stimulierung durch eine sprechende bzw., im Fall gehörloser Kinder, gebärdende Umgebung, dem sogenannten Input. Er verläuft bei normal entwickelten Kindern ungeachtet der jeweiligen Zielsprache, der Intelligenz und unabhängig von Erziehungspraktiken auf bemerkenswert ähnliche Art und Weise (Grimm 2000; Schulz 2007a; Tracy 2008) und ist, von spezifischen Sprachentwicklungsstörungen abgesehen, erfolgreich. Man bezeichnet ihn daher auch als *robust*.

Aber immerhin gehören spezifische Spracherwerbsstörungen mit einer Prävalenz von sechs bis acht Prozent zu den häufigsten kindlichen Entwicklungsstörungen (Rothweiler 2007a; Schulz 2007b). Als *spezifisch* bezeichnet man sie, weil sie sich in sehr selektiven Bereichen der Grammatik manifestieren, vor allem durch verspäteten Sprechbeginn, einen extrem langsamen Aufbau des Wortschatzes, in anhaltenden Auffälligkeiten in der Wortstellung und in der Unfähigkeit, die Kongruenz von Subjekt und Verb herzustellen. Eine Spracherwerbsstörung manifestiert sich immer in allen Sprachen eines Kindes. Die Mehrsprachigkeit eines Kindes ist für die Entstehung der Störung allerdings nicht verantwortlich.

Syntaktisch auffällige Äußerungen von vier- bis sechsjährigen monolingualen Kindern mit einer spezifischen Sprachentwicklungsstörung wären beispielsweise *da weglaufen junge schon wieder* und *junge da schon wieder weglaufe*.

Welche Erwerbsszenarien kann man für das Sprachenlernen unterscheiden und welche Rolle spielt das Erwerbsalter für den jeweiligen Lernerfolg (Anstatt 2007)? Konsens ist, dass die Robustheit des Erstspracherwerbs beim nichtprimären Spracherwerb nachlässt. Mit dem Alter und der biologischen Reife geht die Abnahme der Diskriminationsfähigkeit gegenüber Lauten einher, die in der Erstsprache nicht vorhanden sind. Aber obwohl ältere Lernerinnen und Lerner einer zweiten oder weiteren Sprache nicht mehr in gleichem Maße auf die intuitiven Erwerbsmechanismen der frühen Kindheit zurückgreifen können, so sind sie doch in der Lage, durch bewusste Lernstrategien, Motivation und individuelle Sprachlernbegabungen vieles wettzumachen. Wer sich mit dem Alter insbesondere mit neuen Lautsystemen und den melodisch-rhythmischen Eigenschaften einer Sprache schwertut, kann dennoch mit dem „Herzstück" einer Sprache, ihrem grammatischen Regelwerk, gut zurechtkommen. Es kann auch nicht überraschen, dass insbesondere die von Ausnahmen gekennzeichneten Bereiche einer Sprache eine große Herausforderung darstellen. Man denke beispielsweise an die Feinheiten des deutschen Genus (vgl. auch Kapitel 3). Ganz generell kann man festhalten, dass bei einem möglichst frühen Beginn des Zweitspracherwerbs die Wahrscheinlichkeit einer größtmöglichen Annäherung an muttersprachliche Kompetenzen über alle sprachlichen Ebenen hinweg, von der Aussprache bis zur Grammatik, am größten ist.

Man unterscheidet zwei Typen von *Erstspracherwerb*: den *monolingualen* und den *bilingualen* (doppelten, simultanen) Erwerb. Letzteres ist der Fall, wenn ein Kind von Geburt an regelmäßig mit mehr als einer Sprache Kontakt hat, also beispielsweise mit Spanisch seitens des Vaters und mit Französisch durch die Mutter (Müller et al. 2007; Tracy und Gawlitzek-Maiwald 2000). Wenn die Eltern miteinander sprechen, nutzen sie entweder eine dieser Sprachen als gemeinsame Familiensprache, oder aber sie bleiben auch im Gespräch miteinander jeweils bei ihren Sprachen. Beherrschen Vater und Mutter die jeweils andere Sprache nicht hinreichend, so weichen sie möglicherweise auf eine dritte Sprache als Familiensprache aus. In diesem Fall bietet sich den Kindern die Möglichkeit, dreisprachig aufzuwachsen. Dies heißt allerdings nicht, dass sie später einmal alle drei Sprachen gleichermaßen in Wort und Schrift beherrschen oder dass der Umfang ihres Wortschatzes in jeder einzelnen ihrer Erstsprachen dem des lexikalischen Repertoires einsprachiger Kinder gleichkommt. Ein annähernder Gleichstand – man spricht hier auch von ausbalanciertem Erwerb – liegt nur dann im Bereich des Möglichen, wenn ein Kind in allen Sprachen gleiche Erfahrungen sammeln kann.

Ungeachtet der Bemühungen von Eltern und des vorhandenen Sprachangebots treffen Kinder im Fall des doppelten oder mehrfachen Erstspracherwerbs manchmal sehr individuelle Entscheidungen. Manche weigern sich möglicherweise, eine ihrer Erstsprachen aktiv zu verwenden, weil sie meinen, dass nur Menschen bestimmten Alters oder Geschlechts das Recht haben, eine bestimme Sprache zu sprechen (Tracy 2008; Tracy und Gawlitzek-Maiwald 2000).

Die in der Ratgeberliteratur für den doppelten Erstspracherwerb viel empfohlene Trennung der Sprachen nach dem Prinzip „eine Person – eine Sprache" ist sicher eine gute Daumenregel, aber auch immer ein wenig Fiktion, weil Kinder ihre Eltern natürlich in unterschiedlichen Kontexten und mit den unterschiedlichsten Menschen reden hören. Das heißt, eine Mutter, die zu Hause nur Spanisch spricht, produziert außerhalb des Wohnbereichs vielleicht auch reinstes Sächsisch oder Schwäbisch und am Arbeitsplatz Hochdeutsch. Es ist auch gut, wenn Kinder dies erleben können, denn wenn das gewünschte Ziel eines mehrsprachigen Aufwachsens die flexible Beherrschung mehrerer Sprachen ist, sind Eltern, die sich höflich an die sprachlichen Kompetenzen ihres jeweiligen Gegenübers anpassen können, besonders gute Rollenmodelle. Was das Durchhalten einer familiären Sprachverteilung erschwert, ist, dass in vielen Familien und Sprachgemeinschaften schon vor der Geburt der Kinder keine Sprachentrennung praktiziert wurde oder dass Herkunftssprachen, wie oben angedeutet, bereits in Richtung der Sprachen, mit denen sie in Kontakt stehen, konvergieren. Aus sprachwissenschaftlicher Sicht ist dieser Prozess der *Konvergenz* und *Fusion* allerdings ebenso normal wie die Mehrsprachigkeit selbst und in einer Situation des Sprachkontakts, in der im Laufe der Jahre separate Verwendungsgelegenheiten für die Erstsprachen der Eltern wegfallen, vorhersagbar. Diese Zunahme heterogener Erwerbskontexte ist auch besonders charakteristisch für den folgend besprochenen Erwerbstyp, den frühen Zweitspracherwerb.

Vom doppelten oder simultanen Erstspracherwerb unterscheidet sich der *frühe Zweitspracherwerb* im Vorschulalter vor allem dadurch, dass eine neue Sprache erst hinzutritt, wenn die wichtigsten Grundlagen von Erstsprache(n) schon gelegt sind, also beispielsweise im Alter von drei bis vier Jahren. In Deutschland entspräche dies dem Zeitraum, in dem viele Kinder aus Zuwandererfamilien mit dem Eintritt in eine Kindertagesstätte zum ersten Mal Gelegenheit haben, systematisch mit dem Deutschen in Kontakt zu treten. Trotz dieser zeitlichen Lücke von drei bis vier Jahren, die den Erst- und den frühen Zweitspracherwerb trennen, geht man in der Forschung heute davon aus, dass sich letzterer im Ergebnis und im Erwerbspfad in relevanten Kernbereichen der Grammatik noch mit dem Erstspracherwerb vergleichen lässt, sofern der Kontakt mit authentischen sprachlichen Vorbildern gewährleistet ist (Rothweiler 2007b; Thoma und Tracy 2006; Tracy 2008).

Für Schüler interessant

Die Erinnerung an die eigene familiäre „Sprachpolitik", das heißt an die Vielfalt von Sprachen und Dialekten in der unmittelbaren Umgebung, eignet sich gut als Thema für den Unterricht, ebenso wie die Frage, wie früh man sich als Kind Gedanken dahingehend gemacht hat, wer wohl warum welche Sprache spricht. Dies ist deshalb relevant, weil es Schülerinnen und Schüler anregt, darüber nachzudenken, welche Bereiche ihres Wortschatzes in ihren diversen Sprachen/Dialekten eventuell stärker entwickelt sind als andere. Für Schüler ist es auch interessant, sich über prinzipielle Lücken im Wortschatz einer Sprache auszutauschen. Man denke an deutsch *hungrig/satt* gegenüber *durstig/–*.

Eine mehrsprachige Kindergruppe in einer „Sprache macht stark!"-Kita in Ludwigshafen.

Sprachliche savants/sprachliche Inselkompetenzen

Für den Unterricht eignet sich die Beschäftigung mit dem Thema der Inselkompetenzen, für den sprachlichen Bereich repräsentiert durch sogenannte *linguistic savants*. Hierzu liegt Filmmaterial mit und über den Fall Christopher vor, dessen ungewöhnliche Begabung zum Sprachenlernen von den Linguisten Smith und Tsimpli (1995) jahrelang dokumentiert wurde. Ein Vergleich mit mathematischen Genies, wie sie in dem Film *Rainman* mit Dustin Hoffman thematisiert wurden oder in Dokumentationen über visuelle oder musikalische Extrembegabungen bei gleichzeitiger Beeinträchtigung anderer kognitiver Bereiche verfügbar sind, bietet sich an. Im Internet finden sich zahlreiche Filme mit konkreten Beispielen unterschiedlichster Savants.

Mit SchülerInnen der Oberstufe kann man in diesem Zusammenhang auch das Thema Sprachverlust durch Aphasie ansprechen. Bei mehrsprachigen Betroffenen lassen sich hier menschlich ergreifende und noch wenig verstandene Phänomene feststellen, wenn etwa an einem Tag nur in einer der vor dem Schlaganfall beherrschten Sprachen, am nächsten nur in der anderen Sprache gesprochen werden kann. Als Ausgangspunkt könnte man hier im Deutschunterricht den kurzen Roman *Der Verlust* von Siegfried Lenz wählen, um dann zu thematisieren oder von SchülerInnen recherchieren zu lassen, was man über Aphasien bei mehrsprachigen Menschen weiß.

Schließlich spricht man vom Zweitspracherwerb im Schulalter und (nach der Pubertät) im Erwachsenenalter. Im Fall institutionell vermittelten Unterrichts von Sprachen, die außerhalb des schulischen Kontexts keine oder nur eine geringe Rolle spielen, spricht man vom *Fremdsprachenerwerb*. Eine glasklare Trennung von Zweit- und Fremdsprache ist aber weder möglich noch sinnvoll. Letztlich zählt das Ergebnis, das heißt, das im Kopf repräsentierte System, mehr als der Erwerbsweg. Sprachenlernen beruht immer auf einer Konstruktionsleistung des Individuums und detektivischer Kleinstarbeit.

Wie auch immer die Antwort der Forschung auf die kontrovers diskutierte Frage ausfallen wird, bis zu welchem Alter und Reifungsgrad des Gehirns neue Sprachen noch so erworben werden können, als ob es Erstsprachen wären, so ist doch jetzt schon klar, dass der Mensch nicht auf Einsprachigkeit fixiert ist und sich auch im Erwachsenenalter noch Sprachen mit passablem Ergebnis aneignen kann. Bekannt ist auch, dass manche Menschen ein außerordentliches Talent für den Erwerb von Sprachen haben, und zwar auch dann, wenn sie in anderen kognitiven Bereichen erhebliche Beeinträchtigungen aufweisen.

Was verraten uns mehrsprachige Kinder über ihre Kompetenzen?

Gut belegt ist, dass doppelte Erstsprachlerner Phasen intensiven Mischens ihrer Sprachen durchlaufen können (Genesee et al. 1995, 2007; Gawlitzek und Tracy 1996; Müller et al. 2007; Tracy 2008). War man bis vor einigen Jahrzehnten der Ansicht, dass mehrsprachige Kinder zunächst mit einem einzigen, undifferenzierten Sprachsystem starten und erst im Laufe der ersten Lebensjahre getrennte Systeme ausbilden, so herrscht heute eine andere Ansicht. Bereits den frühesten Wortkombinationen im Alter von etwa 18 Monaten kann man Hinweise darauf entnehmen, dass Kinder sehr wohl entscheidende Unterschiede zwischen ihren Inputsprachen erkennen und aktiv nutzen. Bei Kindern, die mit Deutsch und Englisch als simultanen Erstsprachen aufwachsen, kann man beispielsweise anhand der konsequenten Platzierung von Verben in Zwei- und Mehrwortäußerungen auf die Koexistenz unterschiedlicher Stellungsmuster schließen. Man betrachte dazu die beiden Beispiele in der Randspalte. Sie stammen aus Tonaufnahmen von dem kleinen Mädchen Hannah, die am gleichen Tag, wenngleich in Gesprächen mit unterschiedlichen Gesprächspartnerinnen (englisch- vs. deutschsprachig), angefertigt wurden.

Frühes Wissen um Sprachkontraste

Hannah (2;2) stellt Messer in Tasse.

put de knife in cup

Verb + Objekt

Hannah (2;2) nimmt ein Buch auf.

ich das lesen

Subjekt + Objekt + Verb

Nicht immer entwickeln sich die beiden Sprachen eines bilingualen Kindes im perfekten Gleichschritt. Asynchronien und differenzielle Entwicklungsdynamiken liefern uns sogar besonders eindeutige Belege für eine frühe Sprachentrennung. Während solcher temporärer Asynchronien sind Kinder sehr wohl dazu in der Lage, Lücken in der einen Sprache mithilfe der anderen zu füllen. Im ersten Beispiel in der Randspalte wird eine satzeinleitende Konjunktion des Englischen entliehen, um eine Lücke der deutschen Grammatik zu füllen, und in den beiden anderen Beispielen entstammen die grammatisch fortschrittlichen finiten Modalverben dem Deutschen.

Mithilfe der einen Sprache kann man Lücken in der anderen Sprache füllen

Stani (3;0):	Das darf man *if* man will.
Hannah (2;8):	Mama kannst du *do it up?*
Hannah (2;6):	Soll ich *hit it?*

Kinder sind bemerkenswert früh dazu in der Lage, lexikalische Elemente an die Erfordernisse der jeweiligen Grammatik anzupassen, und zwar unabhängig davon, in welcher Sprache ein bestimmtes Lexem eigentlich beheimatet ist (vgl. Beispiel in der Randspalte, aufgenommen zu einem Zeitpunkt, zu dem Hannahs Englisch seinen Rückstand aufgeholt hat).

Wortformen werden mühelos an die Grammatik der gewählten Sprache angepasst

Hannah (2;9) über ein Spielzeugkrokodil:

Soll ich die *dropp*en? *I've dropped him.*

Kinder zeigen uns auf diese Weise, dass sie einzelne linguistische Ebenen wie „Schichten" austauschen bzw. manipulieren können, wenn es darum geht, eine Struktur möglichst passgenau an die in einem bestimmten Kontext verlangte Sprache anzupassen. In der Episode in der Randspalte unterhalten sich die Geschwister Adam und Laura, beide von Geburt an mit Deutsch und Englisch als doppelten Erstsprachen aufgewachsen, mit einer englischsprachigen Erwachsenen.

Adam spricht ein deutsches Wort englisch aus

Laura (3;2) hüpft durchs Zimmer, singt:

Telefon, Rotzkanon, Telefon, Rotzkanon.

Erwachsene fragt ihren Bruder: What's that in English?

Adam (5;5):
We don't say [ro^{u}dzkənə^{u}n] in English.

Adam überführt hier eine deutsche Wortform in ein mögliches, wenngleich nicht existentes englisches Äquivalent, indem er allein die Ausspracheebene, vor allem die Realisierung der Vokale, modifiziert.

Natürlich kommt es bei Kindern auch zu bilingualen Versprechern (vgl. Beispiel in der Randspalte), die von ihnen spontan oder auch wie im vorliegenden Fall als Reaktion auf die wiederholten Rückfragen der Mutter repariert werden.

Bilinguale Versprecher sind harmlos

Hannah (2;9) möchte eine weiße Schere.

H.:	[hæpfən] wir *white?*
Mutter:	What?
H.:	Haben wir *white scissors?*
Mutter:	Who?
H.:	*Have you got white scissors*, Mami?
Mutter:	White scissors? No.

Kinder sind weder vom simultanen Erwerb zweier Erstsprachen noch vom frühen Zweitspracherwerb überfordert. Die Forschung zum doppelten Erstspracherwerb belegt eindrücklich, dass Kinder zeitgleich mit mehr als einer Sprache umgehen können und dass sich nicht erst eine Sprache bis zu einem gewissen Niveau entwickeln muss, bevor eine zweite ohne Schaden für beide hinzutreten kann. In jedem Fall bedarf es eines verlässlichen, möglichst intensiven und vielfältigen Sprachangebots in sämtlichen beteiligten Sprachen.

Zu Versprechern im Allgemeinen finden sich eine Fülle unterhaltsamer Beispiele und entsprechende Erklärungen in Achilles und Pighin (2008).

Offensichtlich lassen sich entscheidende grammatische Merkmale auch unter erschwerten Bedingungen erschließen, also zum Beispiel beim zeitversetzten Zweitspracherwerb, bei dem Kinder schließlich nicht von Anfang an oder besonders intensiv mit einem anregungsreichen Sprachbad versehen

Durch gewisse Diskrepanzen im Sprachangebot zeichnet sich auch schon der doppelte Erstspracherwerb aus. Schließlich verteilt sich der Input nicht immer völlig „fair" und ausgeglichen auf zwei oder mehr Sprachen.

werden. Umso wichtiger ist es, bei Kindern mit Deutsch als Zweitsprache frühestmöglich, nämlich mit dem Moment des Eintritts in eine Kindertagesstätte, mit einer konsequenten und gezielten sprachlichen Förderung zu starten, um ihnen maximal Zeit zu geben, sich bis zum Schulbeginn umfangreiche sprachliche Ressourcen anzueignen.

Wie sich die Sprachen eines Menschen entwickeln, hängt also von vielen Faktoren ab. Unstrittig ist, dass Kinder das notwendige biologische Rüstzeug für alle möglichen Varianten des Spracherwerbs mit sich bringen. Inwieweit sie es einsetzen können, hängt von der Alltagstauglichkeit und der Reichhaltigkeit des sprachlichen Angebots der Umgebung und damit von der Art und Weise ab, wie man das kindliche Lernpotenzial durch anregungsreichen Input immer wieder positiv herausfordert.

2.4 Mehrsprachigkeit bedeutet Mehrstimmigkeit

Das folgende Zitat aus einer Studie von Inken Keim (2007, S. 208) über die sprachlichen Repertoires einer türkischstämmigen Mädchengruppe zeigt die selbstbewusste Konstruktion der eigenen hybriden Identität sehr deutlich: „... isch könnte nie einen Mann lieben, wenn er meine Sprache nischt kann, die Mischsprache, einen Türken nich und auch keinen Deutschen, isch könnte nie zu einem sagen, ich liebe dich, das klingt so hart, aber seni seviyorum klingt schön."

Mehrsprachige Menschen sind in der Lage, ihre sprachlichen Repertoires mit großer Geschwindigkeit kontextangemessen und adressatenspezifisch einzusetzen. Im Umgang mit monolingualen oder anderssprachigen Menschen müssen sie allerdings die gerade nicht geforderte Sprache im Zaum halten und unterdrücken. Im Kontakt mit anderen Bilingualen, die der gleichen Sprachen mächtig sind, entwickeln sie geradezu polyphone Fähigkeiten, die sich in intensivem Mischen der Sprachen manifestieren können. Von Polyphonie kann man deshalb sprechen, weil die Mischung selbst zusätzlich zu der Bedeutung von Sätzen und Äußerungen wie eine zweite Tonspur Information über SprecherInnen und ihre jeweiligen kommunikativen Intentionen mitliefert. Durch die Mischung gibt man die eigene in sprachlicher Hinsicht hybride Identität und Gruppenzugehörigkeit zu erkennen, man kann Solidarität oder Distanz ebenso zum Ausdruck bringen wie Ironisierung oder Bewunderung.

Über die Markierung von Identität und Einstellungen hinaus kann jede Sprache einen eigenen Part bei der Strukturierung einzelner Äußerungen und Texte übernehmen. Die Fähigkeit, den Sprachwechsel selbst zu funktionalisieren, ist in der Sprachkontaktforschung der letzten Jahrzehnte intensiv erforscht worden (Hinnenkamp und Meng 2005; Myers-Scotton 2006; Gardner-Chloros 2009). Das folgende Transkript beruht auf der Erzählung einer deutschen Auswanderin in den USA, Toni, die im Rahmen eines Forschungsprojekts zum deutsch-englischen Sprachkontakt aufgenommen wurde

(Tracy und Lattey 2010). Toni war zum Zeitpunkt der Aufnahme 82 Jahre alt und im Alter von 19 Jahren von München nach New York ausgewandert.

> Und dann hot mei Doktor, der war von Hamburg, Doktor L., *he was nice and I liked him very much*, der hot zu mir gsogt: „Toni, du hast a deutsche Figur." Na sog i: „Ja, und wie is die?" „No", hot er gsogt, „wenn der Kaiser zu Pferd war, hot er groß ausgschaugt, und wenn er runterkomme is vom Pferd, dann war nix mehr von eam da." *Because he had short legs, like me, you know, a long torso and very short legs.*

Man erkennt, was beide Sprachen (hier Bairisch und Englisch) zur Gesamterzählung beisteuern. Ein Sprachwechsel findet präferiert an einer Satzgrenze statt, wenn Hintergrundinformation (*he was nice and I liked him very much*) oder Erläuterungen (*because he had short legs ...*) gegeben werden. In der folgenden Episode berichtet die gleiche Sprecherin von einer Unterhaltung, die mehr als 60 Jahre zuvor ganz auf Deutsch stattfand. Es handelt sich um ein Gespräch mit der Ehefrau ihres ersten Arbeitgebers in den USA, nachdem sie ihre Kündigung eingereicht hatte.

Sprachwechsel hilft, Erzählungen zu stukturieren
Dieser Sprachwechsel an der Grenze zwischen narrativem Rahmen und erlebter oder berichteter Rede ist in der Forschung mittlerweile gut dokumentiert und wahrscheinlich auch mehrsprachigen SchülerInnen aus eigener Erfahrung vertraut. Über den Sprachwechsel signalisiert man zugleich, ob man sich mit dem Zitierten einverstanden erklärt oder ob man sich davon distanziert und vielleicht besonders erbost oder amüsiert darüber ist, was jemand gesagt hat.

> ... dann hat sei Frau zu mir gesagt, *why are you leaving us now*? Da sog i, *because I would like to laugh once in a while*, und dann hats' g'sagt, *well I'm here too an'* ich leb noch, hots' g'moant. Na hab ich g'sagt, *well, gee ...*

Man erkennt die Koexistenz von standardnahen (*gesagt, ich*) und bairischen Formen (*sog, g'sagt, g'moant, i* etc.), vor allem aber die Rollen im Diskurs, die das Deutsche und das Englische übernehmen: Die eine Sprache liefert den Rahmen, inklusive der Verben des Sagens, während in der anderen zitiert wird.

Von den Eigenschaften der beteiligten Sprachen hängt es ab, wie gut sich ihre jeweiligen Anteile voneinander unterscheiden lassen. *Kognate* (von der Bedeutung und der Aussprache her (fast) identische Formen, z. B. die Präposition *in* in dem Satz *Ich hab ihn* **in** January *gesehen*) maskieren den Wechsel und machen eine Zuordnung von Wörtern zu einer Sprache manchmal unmöglich. Wie schwer es sein kann, den Beitrag jeder Sprache zu bestimmen, zeigt sich auch in den folgenden Beispielen. Im ersten Beispiel hat man den Eindruck, dass die Wortstellung von Anfang an der Grammatik des Englischen folgt, während der Wortschatz hinterherhinkt. Im zweiten Beispiel verhält es sich umgekehrt. Hier wird ein Satzbauplan des Deutschen verzögert mit dem dazu passenden Wortschatz ausbuchstabiert.

> Und scheinbar die Mutter *wasn't a very good housekeeper. And then, the next morning* hob I mer denkt, ...

Nach allem, was bereits über die Koaktivierung von Sprachen in den Köpfen mehrsprachiger SprecherInnen gesagt wurde, würde man nun auch Belege für konkurrierende Satzmuster und Wortformen erwarten. In der Tat findet man sie, produziert von Toni.

> *So life was very* | *we* wir sagn „bunt", ne? Leipziger Allerlei, *that's what it was.*
> [...] dann denk ich oft, we- | *when people complain*, was wir alles ham.
> *I was* hoff*ing äh* hoff*ing äh hoping.*

Im ersten Fall wetteifern ähnlich klingende englische und deutsche Subjekte (*we/wir*). Im zweiten Beleg rivalisieren satzeinleitende Konjunktionen (*wenn/when*). Im dritten Beleg schließlich wurde versehentlich ein deutscher Verbstamm *hoff-* eingesetzt – ein Versprecher, der anschließend in zwei Anläufen korrigiert wird. Die Unsicherheit bezüglich der Wahl von *wenn/when* im zweiten vorangehenden Beispiel ist insofern besonders aufschlussreich, weil sich hier bei Toni tatsächlich Veränderungen ihrer Erstsprache – man spricht hier von *Attrition* (Schmidt 2002; Stolberg und Tracy 2008) – nachweisen lassen. In den folgenden beiden Belegen sieht man, dass das englische *when* in Gestalt des deutschen *wenn* in Kontexten auftaucht, in denen im Standarddeutschen *als* bzw. im Bairischen *wie* verlangt wird.

> Wenn ich ein kleines Mädchen war, bin ich wieder heim.
> *I remember*, wenn der Hit- der Hindenburg gestorben ist.

Hätte Toni in den USA mit ihren Enkelkindern Deutsch anstatt Englisch gesprochen, so entsprächen diese Strukturen vermutlich dem, was die Enkel als Merkmal ihrer Erbsprache Deutsch aufgegriffen hätten. Das Schicksal der deutschen Sprache in Tonis Familie folgte jedoch dem typischen Muster ausgewanderter Erstsprachen in den USA: Während Toni selbst ihr Leben lang viel und gerne Deutsch sprach und gut in einen deutsch-amerikanischen Freundeskreis integriert war, erinnert sich ihre Tochter – mittlerweile selbst Großmutter und mit einem Amerikaner irischer Herkunft verheiratet – nur noch an wenige deutsche Routineformeln. Den folgenden Generationen blieb von ihrer potenziellen Erbsprache vor allem eine positive Einstellung und die liebevolle Bezeichnung *Omi*.

2.5 Das mehrstimmige Klassenzimmer

Es ist verständlich, dass in der Öffentlichkeit vor allem diejenigen Stimmen gehört werden, die in der Sprachenvielfalt und der kulturellen Heterogenität ein Hindernis sehen. Aber dies muss nicht so sein, vor allem dann nicht, wenn es gelingt, zusätzlich zu den Kompetenzen in den Varietäten des Deutschen, die in der Schule benötigt werden, auch noch das in den Köpfen vorhandene metasprachliche Potenzial zu fördern, um über Sprache(n) zu sprechen.

Das Positive an dem Zusammentreffen diverser sprachlicher Ressourcen im Klassenzimmer besteht darin, dass man sprachliche Kompetenzen bereits da hat, wo man sie haben möchte: in einer Arena, in der man sie zusammen mit ihren SprecherInnen näher beleuchten kann, wo man sich gemeinsam über die mannigfachen Unterschiede zwischen Sprachen amüsieren kann, ohne dass man sich damit über die SprecherInnen selbst lustig macht, denn schließlich geht es um die Eigenschaften natürlicher Sprachen schlechthin. Ein wichtiges Lernziel bestünde darin zu verdeutlichen, dass alle Sprachen ungeachtet oberflächlicher struktureller Differenzen und ungeachtet unterschiedlicher kommunikativer Praktiken höchst komplexe Systeme und alle miteinander Ausprägungen der gleichen menschlichen Sprachfähigkeit und unseres gemeinsamen Erbguts sind.

Lektüre zum Kiezdeutsch und zu sprachlicher Variation

Als Lektüre eignen sich in der Oberstufe Kapitel aus dem Buch *Kiezdeutsch. Ein neuer Dialekt entsteht* von Wiese (2012). Instruktiv und gut verständlich sind auch die einzelnen Kapitel in Achilles und Pighin (2008).

Wichtiges Rüstzeug für diesen Vergleich finden Sie in dem vorliegenden Buch. Man kann beispielsweise thematisieren, wo in den einzelnen Sprachen die Verben stehen, ob die Verben in Übereinstimmung mit den Subjekten flektiert werden, ob Artikel oder Präpositionen vorhanden sind.

Erstsprachen als Fremdsprachenleistungen anerkennen

Vgl. auch die Überlegungen von Hopf (2005, S. 248), dem zufolge „die vorhandenen Kompetenzen in den Herkunftssprachen als Fremdsprachenleistungen in die Zeugnisse eingehen" könnten. Wie dies angesichts der Vielfalt von Erstsprachen praktisch und objektivierbar umgesetzt werden könnte, ist unklar. Möglich wäre jedoch im Rahmen eines Faches *Sprache* die Bewertung der analytischen, metasprachlichen Auseinandersetzung mit sprachlichen Eigenschaften. Auch Lehrerinnen und Lehrer ohne eigene Kompetenzen in Japanisch oder Farsi sind in der Lage zu beurteilen, ob eine Schülerin oder ein Schüler eine besonders markante Eigenschaft dieser Sprachen (z. B. bezüglich der Stellung von Verben oder Adjektiven) klar darlegen und durch Hinweis auf eine Quelle stützen können.

Ein weiteres Unterrichtsziel bestünde darin, die natürliche Autorität von SprecherInnen diverser Erstsprachen, einschließlich Dialekten und *Heritage*-Sprachen, ins Rampenlicht zu rücken. Während es kaum realisierbar ist, alle in einem modernen Klassenzimmer präsenten Herkunftssprachen durch muttersprachlichen oder entsprechenden fremdsprachlichen Unterricht zu unterstützen, liegt es durchaus im Rahmen der Möglichkeiten, die Sichtbarkeit und die Wertigkeit dieser Sprachen zu erhöhen.

Als positiver Begleiteffekt sollte sich die Aneignung eines Fachwortschatzes für den Umgang mit Sprachen schlechthin einstellen. Man knüpft an der vorhandenen metasprachlichen Reflexionsfähigkeit mehrsprachiger Schülerinnen und Schüler an und bereitet damit zugleich den Boden für die bewusste Auseinandersetzung mit neuen, im schulischen Kontext vermittelten Fremdsprachen. Während dieser bewusste Umgang mit neuen Sprachen traditionell bereits zum Methodenrepertoire des Fremdsprachenunterrichts gehört, zielen meine

Überlegungen darauf ab, bereits die ersten Grundschuljahre und die in den Köpfen vorhandene sprachliche Vielfalt entsprechend einzubinden.

Der ideale Ort und Ansatzpunkt für einen modernen Sprachunterricht und eine entsprechende Mehrsprachigkeitsdidaktik wäre damit bereits die erste Grundschulklasse, denn hier werden Kinder mit und ohne Migrationshintergrund wohl zum ersten Mal bewusst mit ihren eigenen sprachlichen Lücken und expliziten Lernanforderungen konfrontiert. Es wäre also nicht nur sinnvoll, sondern auch fair, ihnen im Rahmen eines Grundlagenfaches *Sprache und Kommunikation* Gelegenheit zu geben, über Sprachen, das Sprachenlernen und über kommunikatives Verhalten nachzudenken und sich dabei auch allmählich und beiläufig den Wortschatz anzueignen, den man für das Sprechen über Sprache benötigt. Kinder machen sich, wie wir gesehen haben, nicht nur früh Gedanken darüber, wer wohl aus welchen Gründen wie spricht, sondern sie haben auch recht klare Vorstellungen davon, welches Verhalten sie als Lob, als Ermutigung oder als Kränkung empfinden. Manche ihrer Einschätzungen mögen auf Missverständnissen beruhen, zu deren Aufklärung eine gut moderierte Diskussion im Klassenzimmer beitragen kann. Diskussionen über sprachliche Umgangsformen und über gesichtswahrende Strategien sind in mehr als einer Hinsicht pädagogisch zielführend, zumal auch Lehrende selbst ihren eigenen Bedürfnissen der Gesichtswahrung und der Anerkennung Ausdruck verleihen können. Ein von Anfang an analytisch ausgerichteter Umgang mit Sprache in der Schule stünde jedenfalls völlig im Einklang mit dem, was Kinder spontan von sich aus und von klein auf im Umgang mit Sprache zu leisten imstande sind.

Projekt SprachChecker 2008, www.taaltrotters.eu

Filmtipp: *La classe*

La classe (auch: *Entre les murs*), Regie: Laurent Cantet, Frankreich 2008. Der im Jahre 2010 in Cannes ausgezeichnete französische Film *La classe* eignet sich hervorragend, um sich auf einen Schlag das Spektrum sprachlicher Aktivitäten zu vergegenwärtigen, das in der Schule eine Rolle spielt: Sprache als Unterrichtsgegenstand und Erwerbsziel, als Instrument des Aushandelns von Bedeutung und Intentionen, als Instrument des Disziplinierens und der Macht, der Provokation, der Verweigerung, des Ausgeschlossenseins im Fall des Nichtverstehens, als Ausdruck von Hilflosigkeit und Versagensgefühlen auf Schüler-, aber auch Lehrerseite. Es handelt sich um einen sehr packenden Film, der niemanden kalt lassen dürfte!

Das Miteinander und die Vernetzung mehrerer Sprachen im Kopf erlaubt dem Individuum die Teilhabe an verschiedenen sprachlichen und kulturellen Welten, aber auch einen bewussten und spielerischen Umgang mit neuen Varietäten und Hybridformen (Keim 2007; Wiese 2012). Das Gehirn ist jedenfalls kein Behälter, in dem der einer Sprache zur Verfügung stehende Platz beschränkt wäre. Lernzuwächse in der einen Sprache bedeuten keinen Verlust für die andere.

Unterrichtsvorschlag

Die zweieinhalbjährige bilinguale Hannah tut so, als ob sie Zeitung läse. Die Mutter fragt: „You're reading the newspaper, are you?" Hannah: „*Don't* stör mich, nicht mich stören, *in English and German*." Sie könnten im Rahmen des Englischunterrichts darüber diskutieren, was aus Hannahs Sicht deutsche und englische Merkmale dieser Äußerung sind (für weitere Beispiele und ihre Analysen vgl. Tracy 2008).

2.6 Fazit

Mehrsprachigkeit ist kein Störfall. Für die mittlerweile vielen Kinder mit Migrationshintergrund in unserem Bildungssystem ist Mehrsprachigkeit alternativlos: Sie kommen mit ihren Erstsprachen in deutschsprachige Bildungseinrichtungen und benötigen möglichst früh und schnell die Möglichkeit, sich das Deutsche als Zweitsprache anzueignen.

Damit sich Mehrsprachigkeit zum Glücksfall für die Betroffenen entwickeln kann, bedarf es allerdings einer einsichtigen Lernumgebung: früher Beginn, anregungsreiche, sprachlich herausfordernde, anspruchsvolle und wertschätzende Kommunikation. Da Sprache an jeglicher Art von Unterricht instrumentell und konzeptuell beteiligt ist, ist ihre Förderung eine natürliche Querschnittsaufgabe, die sich auf möglichst viele pädagogische Schultern verteilen sollte.

Klar ist auch, dass man von mehrsprachigen Kindern – ebenso wie von Erwachsenen – nicht erwarten kann, dass sie sich in allen Lebenslagen wie zwei perfekte Monolinguale verhalten oder so, wie man sich als Laie perfekte Monolinguale vorstellt. Aus linguistischer Sicht gibt es ohnehin keine „perfekten" Einsprachigen. Mehrsprachige Menschen verfügen auch nicht unbedingt über den gleichen Wortschatz wie zwei Monolinguale zusammengenommen, und sie können sich auch nicht notwendigerweise in beiden Sprachen gleichermaßen stilsicher und differenziert ausdrücken.

Sofern Mehrsprachige ihre Sprachen regelmäßig verwenden, ***koaktivieren*** sich diese gegenseitig. Wie bei einem Staffellauf sind also immer mehrere Akteure, das heißt sprachliche Systeme, streckenweise gleichzeitig im Rennen.

Die Koaktivierung ermöglicht einen reibungslosen Wechsel von der einen Sprache in die andere, eben analog zur Übergabe einer Staffel. Mit mehreren Alternativen im Rennen ergibt sich natürlicherweise auch Konkurrenz, die mehr oder weniger intensives Monitoring seitens der Sprechenden notwendig macht. Denn Mischungen und Sprachwechsel müssen in Situationen, in denen sie unangemessen wären, unterbunden werden, zum Beispiel in Gesprächen mit Menschen, die nicht die gleichen Sprachen beherrschen. Erwartungsgemäß kommt es zu Interferenzen, wenn das Kontrollsystem konkurrierende Satzpläne und Wörter nicht schnell genug abfängt.

Nach heutigem Wissen stellt die permanente Konkurrenz im mehrsprachigen Kopf eine besonders positive Herausforderung für das Gehirn dar. Bei Menschen, die regelmäßig in mehr als einer Sprache kommunizieren, scheinen sich dadurch sowohl das normale kognitive Altern als auch Demenzerscheinungen hinauszuzögern (Bialystok et al. 2004). Positive Effekte der Mehrsprachigkeit zeigen sich auch bei bilingualen Kindern, wenn es um das Lösen von metasprachlichen Aufgaben geht, das heißt, wenn sie gefordert sind, sich auf die Form von Sätzen zu konzentrieren, oder wenn es darum geht, sich in die Vorstellungen anderer hineinzuversetzen.

Für *heaven's Will*en! (Kursivierung zeigt die englische Aussprache an), entstanden durch Konkurrenz von „Um Himmels Willen!" und „For heaven's sake!"

Da Kinder, die mit zwei Erstsprachen aufwachsen, zeitig erkennen, dass man auf ein und dasselbe Objekt oder Ereignis mit unterschiedlichen Bezeichnungen referieren kann, stellt sich bei ihnen früh die Einsicht in die *Arbitrarität* und den konventionellen Hintergrund individueller Zeichen ein. Was in der einen Sprache *Birne* heißt, wird in einer anderen Sprache als *pear* bezeichnet. Also könnte man doch auch im Spiel die Bezeichnungen für Sonne und Mond, Tag und Nacht oder beliebige andere Objekte austauschen und sich dennoch blendend verständigen, sofern die jeweiligen GesprächspartnerInnen mit im Bunde sind und den Tausch nachvollziehen können. Diese Einsicht zeigt sich auch bei bewussten Sprachspielen, wenn beispielsweise ein Sechsjähriger kommentiert, dass man eigentlich anstelle von *Thank you very much* doch auch *Thank you very Dreck* sagen könnte.

Thank you very Dreck!
Hier liegen zwei Assoziationsketten vor: einmal aufgrund der identischen Aussprache eine lautliche Koaktivierung von englisch *much* und dem deutschen Nomen *Matsch* und dann innerhalb des Deutschen die Aktivierung der Verknüpfung der bedeutungsverwandten Wörter *Matsch* und *Dreck*.

Mehr als zehn Jahre nach den vergleichenden Bildungsstudien, die das deutsche Bildungssystem in die Kritik gebracht haben, fragen wir uns immer noch, wie unsere vorschulischen und schulischen Einrichtungen sowohl auf die Wissenslücken, aber auch auf die Kompetenzen und multiplen Ressourcen vorbereitet sind, die Kinder mit sich bringen. Es ist höchste Zeit, die Normalität der Mehrsprachigkeit ohne Verteufelung oder Verklärung und unter Verzicht auf hinderliche Mythen und Ideologien anzuerkennen. Auf diese Weise wird aus einem mehrsprachigen und mehrstimmigen in absehbarer Zeit hoffentlich auch ein insgesamt „stimmigeres" Klassenzimmer.

Literatur

Achilles I, Pighin G (2008) Vernäht und zugeflixt! Von Versprechern, Flüchen, Dialekten und Co. Dudenverlag, Mannheim

Anstatt T (Hrsg) (2007) Mehrsprachigkeit bei Kindern und Erwachsenen. Attempto, Tübingen

Bialystok E (1991) Language processing in bilingual children. Cambridge University Press, Cambridge

Bialystok E, Craik Fergus IM, Klein R, Viswanathan M (2004) Bilingualism, aging, and cognitive control: Evidence from the Simon task. *Psychology and Aging* 19: 290–303

Blocher E (1910) Zweisprachigkeit. Vorteile und Nachteile. In Rein, W (Hrsg) Encyklopädisches Handbuch der Pädagogik Bd. 10, Beyer, Langensalza, 665-670

Eichinger L, Plewnia A (Hrsg) (2008) Das Deutsche und seine Nachbarn. Narr, Tübingen

Europäische Kommission (2008) Eine lohnende Herausforderung. Wie die Mehrsprachigkeit zur Konsolidierung Europas beitragen kann. Vorschläge der von der Europäischen Kommission eingerichteten Intellektuellengruppe für den interkulturellen Dialog. Brüssel

Gardner-Chloros P (2009) Code-switching. Cambridge University Press, Cambridge

Gawlitzek-Maiwald I, Tracy R (1996) Bilingual bootstrapping. *Linguistics* 34/5: 901–926

Genesee F, Nicoladis E, Paradis J (1995) Language differentiation in early bilingual development. *Journal of Child Language* 22: 611–632

Genesee F, Nicoladis E (2007) Bilingual first language acquisition. In Hoff E, Shatz M (Hrsg) Blackwell handbook of language development. Blackwell, Oxford. 324–342

Gogolin I, Neumann U (Hrsg) (2009) Streitfall Zweisprachigkeit – the bilingualism controversy. Verlag für Sozialwissenschaften, Wiesbaden

Green, D (1998) Mental Control of the Bilingual Lexico-Semantic System. *Bilingualism: Language and Cognition* 1: 67–81

Grimm H (Hrsg) (2000) Enzyklopädie der Psychologie. Band 3: Spracherwerb. Hogrefe, Göttingen

Grosjean F (1982) Life with two languages. Harvard University Press, Cambridge, MA

Grosjean F (2008) Studying bilinguals. Oxford University Press, Oxford/New York

Hayakawa S (1992) Bilingualism in America: English should be the only language. In Goshgarian G (Hrsg) Exploring language. HarperCollins, New York. 42–47

Hinnenkamp V, Meng K (Hrsg) (2005) Sprachgrenzen überspringen: Sprachliche Hybridität und polykulturelles Selbstverständnis. Narr, Tübingen

Hopf D (2005) Zweisprachigkeit und Schulleistung bei Migrantenkindern. *Zeitschrift für Pädagogik* 51: 236–251

Judd EL (1992) One nation, many tongues. In Goshgarian G (Hrsg) Exploring language. HarperCollins, New York. 51–59

Keim I (2007) Die „türkischen Powergirls". Lebenswelt und kommunikativer Stil einer Migrantinnengruppe in Mannheim. Narr, Tübingen

Müller N, Kupisch T, Schmitz K, Cantone K (2007) Einführung in die Mehrsprachigkeitsforschung. 2. Aufl. Narr, Tübingen

Myers-Scotton C (2006) Multiple voices. An introduction to bilingualism. Blackwell, Malden, MA

Polinsky M, Kagan O (2007) Heritage languages in the „wild" and in the classroom. *Language and Linguistics Compass* 1/5: 368–395

Rothweiler M (2007a) Spezifische Sprachentwicklungsstörung und Mehrsprachigkeit. In Schöler H, Welling A (Hrsg) Sonderpädagogik der Sprache. Hogrefe, Göttingen. 254–258

Rothweiler M (2007b) Bilingualer Spracherwerb und Zweitspracherwerb. In Steinbach M et al. (Hrsg) *Schnittstellen der germanistischen Linguistik*. Metzler, Stuttgart. 103–135

Schmidt, M S (2002) First language attrition, use, and maintenance: the case of German Jews in Anglophone countries. John Benjamins, Amsterdam

Schulz P (2007a) Erstspracherwerb Deutsch: Sprachliche Fähigkeiten von Eins bis Zehn. In Graf U, Moser-Opitz E (Hrsg) Diagnostik am Schulanfang. Schneider Hohengehren, Baltmannsweiler. 67–86

Schulz P (2007b) Verzögerte Sprachentwicklung: Zum Zusammenhang zwischen Late Talker, Late Bloomer und Spezifischer Sprachentwicklungsstörung. In Schöler H, Welling A (Hrsg) Sonderpädagogik der Sprache. Hogrefe, Göttingen

Smith N, Tsimpli I (1995) The mind of a savant. Blackwell, Oxford

Stolberg D, Tracy R (2008) Mehrsprachigkeit im Spannungsfeld von Verlust und Mehrwert. *Babylonia. A Journal of Language Teaching and Learning* 2/08: 19–25

Thoma D, Tracy R (2006) Deutsch als frühe Zweitsprache: zweite Erstsprache? In Ahrenholz B (Hrsg) Kinder mit Migrationshintergrund – Spracherwerb und Fördermöglichkeiten. Fillibach, Freiburg im Breisgau. 58–79

Tracy R, Gawlitzek-Maiwald I (2000) Bilingualismus in der frühen Kindheit. In Grimm H (Hrsg) Enzyklopädie der Psychologie. Band 3: Sprachentwicklung. Hogrefe, Göttingen. 495–535

Tracy R (2008) Wie Kinder Sprache lernen – Und wie wir sie dabei unterstützen können. 2. Aufl. Francke, Tübingen

Tracy R, Lattey E (2010) *„It wasn t easy but* irgendwie äh da hat sich s rentiert, net?": A linguistic profile. In Albl-Mikasa M, Braun S, Kalina S (Hrsg) Dimensionen der Zweitsprachenforschung. Narr, Tübingen. 53–73

Wiese H (2012) Kiezdeutsch. Ein neuer Dialekt entsteht. Beck, München

3 Das Deutsche

Hubert Truckenbrodt

3.1 Einleitung

In diesem Kapitel erhalten Sie einen Überblick über wichtige Eigenschaften und Eigenheiten des Deutschen im Vergleich mit anderen Sprachen. Nach einem einleitenden Abschnitt zur Verbreitung und Geschichte der deutschen Sprache werden das Lautsystem und die Rechtschreibung erklärt, zusammengesetzte Wörter angesprochen und schließlich zentrale Elemente des Satzbaus erklärt. Sie werden das, was Sie über das Deutsche wissen, wiederfinden, aber auch neu einordnen lernen. Ziel ist es außerdem, Sie auf die Kapitel zu anderen Sprachen an Deutschlands Schulen vorzubereiten. Daher werden Ihnen immer wieder Sprachvergleiche begegnen. Außerdem bekommen Sie nebenbei Handwerkszeug für einen kreativen Umgang mit Mehrsprachigkeit an die Hand: die Lautschrift, Wissenswertes zur Entwicklung der auf dem Lateinischen basierten Schriften und ein Verständnis des Satzbaus, das den Vergleich mit anderen Sprachen leicht macht. Am Ende des Kapitels finden Sie Vorschläge für weiterführende Literatur und Angaben zu den verwendeten Quellen.

Der Sprachvergleich des Briefträgers Ürdinger

Der österreichische Autor Alois Brandstetter (1976) lässt den Briefträger Ürdinger über das Klangbild des Französischen räsonieren. „Muß sich der Deutsche, frage ich ihn, vielleicht nur die Nase fester zuhalten als der Italiener, um das Französische rein und perfekt zu sprechen? Das mag helfen, sagt er. Wenn ich aber auch als Italiener oder als Deutscher, als Italiener besser, als Deutscher weniger gut, Französisch sprechen kann, indem ich mir die Nase zuhalte oder eine Wäscheklammer an die Nasenflügel klemme, so heißt das leider nicht, daß ich als Italiener oder als Deutscher oder von welcher anderen Nationalität ich denn auch bin, mit zugehaltener Nase oder mit einer Wäscheklammer am Riecherker das Französische auch verstehen kann. Verstehen nicht, sagt Ürdinger. Ich kann mich stundenlang mit zugehaltener Nase über den französischen Text beugen, er wird mir dadurch nicht verständlicher, ich kapiere nichts, aber auch gar nichts. Aussprache und Bedeutung gehen auseinander, sagt er, im Englischen und im Französischen. Im Deutschen fallen sie zusammen, sagt er, und das ist das Schöne an dieser Sprache."

3.2 Allgemeines zur deutschen Sprache

Verbreitung des Deutschen

Unter den europäischen Sprachen haben natürlich das Englische, das Französische, das Spanische und das Portugiesische besonders viele Muttersprachler weltweit, nicht zuletzt aufgrund der Kolonialgeschichte. (Wir verwenden Muttersprache hier im Sinne von Erstsprache.) Innerhalb der Europäischen Union, zu der auch England gehört, ist aber das Deutsche die meistgesprochene Muttersprache. Das liegt zum einen daran, dass Deutschland das Land mit der höchsten Einwohnerzahl in der Europäischen Union ist (das nächstgelegene Land mit mehr Einwohnern ist Russland), zum anderen daran, dass Deutsch auch in Österreich und der deutschsprachigen Schweiz gesprochen wird.

Das Wort für „deutsch" in anderen Sprachen

Wörter für „deutsch" in anderen Sprachen

a. ähnlich *germanisch*, z. B.
Englisch: *German*
Hindi: *jarman*

b. ähnlich *alemannisch*, z. B.
Französisch: *allemand*
Türkisch: *Almanca*

c. ähnlich *deutsch*, z. B.
Italienisch: *tedesco*
Japanisch: *doitsu-go*

d. urslawische Wurzel *němь* ‚die Stummen' (!), z. B.
Polnisch: *niemiecki*
Russisch: *nemezkij*

Fragen Sie einmal die mehrsprachigen Kinder in Ihrer Klasse, wie das Wort für „deutsch" in ihrer Muttersprache lautet. Die meisten Wörter für „deutsch" in anderen Sprachen fallen in eine der vier in der Randspalte aufgeführten Kategorien.

Die *Germanen* waren diejenigen Stämme nördlich der Alpen, die Julius Cäsar (90–44 v. Chr.), der Gallien eroberte, und seine Nachfolger nicht dauerhaft unterwerfen konnten. Das Deutsche ist eine *germanische Sprache*, also eine jener Sprachen, die aus den Dialekten der damaligen Germanenstämme hervorgegangen sind. Zu dieser Sprachgruppe gehören im Westen auch das Englische und das Niederländische und im Norden die skandinavischen Sprachen (die drei größten sind das Dänische, das Norwegische und das Schwedische).

Die *Alemannen* waren ein Verbund germanischer Stämme, die sich im heutigen Südwesten Deutschlands etablierten. Zahlreiche kriegerische Kontakte mit dem Römischen Reich sind ab dem 3. Jahrhundert überliefert. Man nimmt an, dass der Begriff auf „alle Mannen" (aus unterschiedlichen Stämmen) zurückgeht. Auch die *Teutonen* waren übrigens ein germanischer Stamm, doch das Wort „deutsch" geht nach heutiger Auffassung nicht darauf zurück. Die Slawen breiteten sich im frühen Mittelalter in Osteuropa aus. Offenbar konnten sich unsere Vorfahren im Westen nicht gut mit ihnen verständigen, denn sie erhielten von ihnen einen Namen, der auf das slawische Wort für „stumm" zurückgeht.

Übrigens: Neben den germanischen und slawischen Sprachen ist eine wichtige europäische Sprachfamilie die der romanischen Sprachen. Diese Sprachen entwickelten sich in Gebieten, die die Römer unterwarfen, soweit das Lateinische dort von der Bevölkerung angenommen wurde (Vulgärlatein). Durch den Kontakt mit den Sprachen vor Ort entwickelten sich das Französische, das Italienische, das Spanische etc.

Geschichte der deutschen Standardsprache

Die Anfänge der deutschen Sprache, wie auch der Bezeichnung „deutsch", liegen im frühen Mittelalter. Wie heute gab es damals unterschiedliche Dialekte, zunächst allerdings ohne eine dialektübergreifende gesprochene oder geschriebene Sprache. Schulen für die Allgemeinheit gab es damals nicht. Die wenigen bestehenden Schulen dienten der spezialisierten Ausbildung bestimmter Gruppen: Dom-, Stifts- oder Klosterschulen für die Ausbildung von Geistlichen, Schulen für einen Teil der Adeligen sowie Ritterschulen, an denen praktische Fähigkeiten vermittelt wurden. Wenn in jener Zeit geschrieben wurde, so nur handschriftlich, gewöhnlich in Klöstern und zumeist Latein. Die wenigen deutschen Texte aus dem frühen Mittelalter übernahmen das lateinische Alphabet, das wir ja bis heute verwenden, für die Verschriftlichung.

Es sind zumeist an Klöstern entstandene Texte, etwa Gebete oder frühe Bibelübersetzungen. Insbesondere die Klöster in Fulda, Mainz, Trier und Würzburg (sowie St. Gallen in der heutigen Schweiz) spielten dabei eine Rolle. Man verwendet den Begriff des *Althochdeutschen* für diese ersten Verschriftlichungen deutscher Dialekte, aber auch für die entsprechende Gruppe von Dialekten. Das *hoch* in *Althochdeutsch* (und in den Namen für spätere Sprachformen) ist als *südlich* zu verstehen. Altniederdeutsche Dialekte wurden im Norden gesprochen.

Eine Tendenz, dialektübergreifende Sprache zu verwenden, hatte sich im Hochmittelalter an den Höfen ausgebreitet. In dieser Zeit dehnten die Könige aus dem schwäbischen Adelsgeschlecht der Staufer ihren Einfluss von Schwaben, Bayern und Sachsen weit nach Norden und Süden aus (ca. 1150–1250). Aus dieser Zeit stammen unter anderem das *Nibelungenlied* mit Kriemhild, Brünhild, Siegfried und Hagen, der *Parzival* von Wolfram von Eschenbach, der *Tristan* von Gottfried von Straßburg, Gedichte und mittelalterliche Liebeslieder (*Minnesang*). Man spricht hier vom *Mittelhochdeutschen*. Die Verfasser dieser Texte (wie die meisten Verfasser zu allen Zeiten) bemühten sich um breite Verständlichkeit und vermieden daher stark dialektale Ausdrücke und Wendungen. Der bekannteste Minnesänger, Walther von der Vogelweide, schrieb über seine Freude am Reisen *in allen tiuschen landen* (‚in allen deutschen Landen').

Mittelhochdeutsch

Dû bist mîn, ich bin dîn:
des solt dû gewis sîn;
dû bist beslozzen
in mînem herzen;
verlorn ist das sluzzelîn:
dû muost och immer darinne sîn.

(Aus einem Brief einer Frau, Ende des 12. Jahrhunderts. Viele andere mittelhochdeutsche Texte sind aus heutiger Sicht schwerer zu verstehen.)

Ein bekannter Meilenstein bei der Entstehung einer Standardsprache war Martin Luthers Bibelübersetzung. Sie wurde zunächst in Teilausgaben gedruckt und kam komplett erstmals 1534 heraus. Johannes Gutenbergs Erfindung des modernen Buchdruckes hatte dazu geführt, dass zu Luthers Zeit in vielen deutschen Städten Druckereien betrieben wurden. Eine ganze Luther-Bibel kostete damals etwa den Gegenwert von neun Kälbern. Hochgerechnet hatte dennoch in den Jahren nach der Übersetzung jeder fünfte Haushalt eine Luther-Ausgabe.

Aus der Luther-Bibel 1534

Unser Vater jnn dem himel. Dein name werde geheiliget. Dein Reich kome. Dein wille geschehe auff erden wie im himel. Unser teglich brod gib uns heute. Und vergib uns unsere schulde wie wir unsern schuldigern vergeben. Und füre uns nicht jnn versuchung sondern erlöse uns von dem ubel. Denn dein ist das Reich und die krafft und die herrlichkeit jnn ewigkeit. Amen.

Vorherige Bibelübersetzungen waren oft unverständlich, da sie die lateinischen Vorlagen wörtlich ins Deutsche übertrugen. Luthers Leistung war, zu den ursprünglichen griechischen (neues Testament) und hebräischen (altes Testament) Vorlagen zurückzugehen und ausgehend davon eine sinngemäße Übersetzung in verständlichem Deutsch erstellt zu haben. Luthers Erfolg führte dazu, dass sich die von ihm gewählte am Sächsischen orientierte Ausdrucksweise nachhaltig verbreitete. Heute empfinden wir sie nicht als sächsisch, sondern

Beispiele für Luthers Wahl unter dialektalen Ausdrücken

Topf statt *Hafen*

fett statt *feist*

Hälfte statt *Halbteil*

Lippe statt *Lefze*

Aber nicht alles, was er auswählte, setzte sich durch; so wählte er auch:

freien statt *heiraten*

Hain statt *Wald*

Luthers Arbeit im Trend ihrer Zeit

Es hatten sich im Laufe des Mittelalters Städte entwickelt, deren Bedürfnisse nach kaufmännischer Ausbildung zur Gründung entsprechender Stadtschulen geführt hatten. *Kanzleien* (die Behörden der regionalen Fürsten und Regierungen) führten ab dem 14. Jahrhundert zunehmend deutschen Schriftverkehr ein und bemühten sich um die Ausbreitung ihrer regionalen Varianten (*Kanzleisprachen*). Im ausgehenden Mittelalter gab es eine Welle von Universitätsgründungen. Die Renaissance und der Humanismus nahmen Einfluss auf Mitteleuropa. Zwar war das neue geistige Leben, auch an den Universitäten, zunächst noch primär in lateinischer Sprache, doch bildeten sich auch regionale Versionen des *Frühneuhochdeutschen* in gesprochener Spache und Schrift heraus, auf die Luther aufbauen konnte.

„Schreibe, wie du sprichst"

Das war das Motto von Konrad Duden, der stark zur Vereinheitlichung der deutschen Rechtschreibung beitrug. Trotz gleichzeitig laufender Expertenkonferenzen hatte Duden sein Wörterbuch selbstbewusst als den neuen Standard propagiert. Der Titel war *Vollständiges Orthographisches Wörterbuch der deutschen Sprache – Nach den neuen preußischen und bayerischen Regeln*. Der Erfolg, gegründet auf seine gute Arbeit, gab ihm letztlich recht.

eben als Standard. In den fast 500 Jahren seit Luther haben sich Aussprache und Grammatik des Standarddeutschen nur in Einzelheiten verändert. Die große Verbreitung (für den Einzelnen oft zusätzlich zum Dialekt) und die Verzahnung von geschriebener und gesprochener Sprache, zu der Luther beigetragen hat, scheinen einen bleibenden Standard geschaffen zu haben. Auch auf die Wortwahl hatte Luther einen Einfluss, wie die Beispiele rechts unten auf der vorigen Seite zeigen.

Nach Luther lähmten innere und äußere Kriege bis hin zum zerstörerischen Dreißigjährigen Krieg (1618–1648) das junge deutsche Geistesleben. Erst mit der *Aufklärung* entwickelte sich in Deutschland eine Nationalliteratur, von der uns natürlich besonders Schiller (1759–1805) und Goethe (1749–1832) bekannt sind. Schulen für die Allgemeinheit und eine Schulpflicht wurden auf allgemeines Drängen Luthers hin erstmals im 16. Jahrhundert in Teilen des Südwestens eingerichtet; in anderen Gebieten um das Ende des Dreißigjährigen Krieges; in Preußen (1763) und Bayern (1803) im Zuge der Aufklärung; in Sachsen 1835. In manchen Landesteilen wurden erst im 20. Jahrhundert entsprechende Strukturen geschaffen.

Zur Zeit von Schiller und Goethe gab es noch keine vereinheitlichte Rechtschreibung. Die frühe Literatur der Aufklärung (vor diesen beiden) verwendete allerdings bereits eine weitgehend einheitliche Schreibung, und ein 1781 erschienenes Wörterbuch hatte weitere normierende Wirkung. Grimms Märchen erschienen 1812 und 1815, Wilhelm Buschs Bildergeschichten zwischen 1859 und 1884.

In jener frühen Zeit der Industrialisierung gab es wachsendes Interesse an einer allgemeinverbindlichen Rechtschreibung. Großen Einfluss hatte dabei das 1880 veröffentlichte Wörterbuch von Konrad Duden. Es vermittelte zwischen preußischen und bayerischen Schreibungen und schlug Schreibungen von Fremdwörtern vor. Sein Wörterbuch wurde durch Beschluss des Bundesrates ab 1903 verbindlich für Behörden und Schulen im Deutschen Reich.

In Einzelheiten entwickelte sich die Rechtschreibung weiter. Während der deutschen Teilung gab es einen Ostduden aus Leipzig und einen Westduden aus Mannheim. Zu Beginn der 1950er-Jahre wurde die einflussreiche Stellung des (West-)Dudens durch westdeutsche Verlage, die Wörterbücher mit zum Teil abweichenden Schreibweisen veröffentlichten, infrage gestellt. Die Kultusminister der westdeutschen Länder erklärten daraufhin 1955 den *Duden* für verbindlich in ihren Bundesländern. Debatten um Reformen gab es seit den 1920er-Jahren. Seit 1980 gab es Ost-West-übergreifende Bemühungen, unter Einbeziehung Österreichs und der Schweiz. Unter Beteiligung großer Expertengremien kam es schließlich

1996 zu der bekannten Reform der deutschen Rechtschreibung, mit den Überarbeitungen 2004 und 2006. Seit 2007 ist sie verbindlich an Deutschlands Schulen.

3.3 Schrift und Aussprache des Deutschen

Gesprochene und geschriebene Sprache

Die gesprochene Sprache beherrschen wir, ohne darüber nachdenken zu müssen. Wir haben sie als Muttersprachler unbewusst zu sprechen und zu verstehen gelernt, bevor wir in die Schule gegangen sind. Dazu gehört die Aussprache der Laute unserer Sprache, aber auch die Regelhaftigkeiten des Satzbaus. Das Schreiben der Sprache haben wir dann in der Schule bewusst dazugelernt. Es erlaubt die schriftliche Fixierung von Erfahrungen und Ideen in Sprachform, mit immensen Konsequenzen für unsere Kultur als Ganzes, aber auch für den Einzelnen, für den Schreibenlernen natürlich sehr wichtig ist. Verwenden wir unser Sprachgefühl, so knüpfen wir im Wesentlichen an die gesprochene Sprache an, geschliffen durch Lektüre und Schrift. Im Kopf des Einzelnen gibt es so zwei miteinander verzahnte sprachliche Wissenssysteme: das unbewusste Wissen über die gesprochene Sprache und das eher bewusste, später dazugelernte, über die geschriebene Sprache. Die Schreibkonventionen, die wir gleich besprechen, vermitteln auf der Ebene einzelner Laute bzw. Buchstaben zwischen diesen beiden Wissenssystemen.

Der kreative Umgang mit Mehrsprachigkeit kann von einem Wissen um beide Teile und um die Beziehung zwischen ihnen profitieren: der Aussprache, die von Sprache zu Sprache verschieden ist, und der Orthografie (Rechtschreibung), die sich natürlich auch zwischen den Sprachen unterscheidet. In diesem Sinne wird in diesem Abschnitt ein Verständnis der Laute der gesprochenen Standardsprache entwickelt, wie auch der Regularitäten und der Purzelbäume, mit der die Orthografie sich bemüht, mit der gesprochenen Sprache Hand in Hand zu gehen.

Lateinische Schrift

Viele europäische Sprachen haben sich, zumeist vermittelt über das Schreiben des Lateinischen im Mittelalter, der lateinischen Buchstaben bedient, um ihre Sprachen zu verschriftlichen. Das lateinische Alphabet der Spätantike lautet:

ERRARE HVMANVM EST
(‚Irren ist menschlich') ist hier in der original lateinischen Schrift wiedergegeben, die der Computer leicht produziert, da unsere Schrift auf der Übernahme der lateinischen Buchstaben basiert.

A B C D E F G H I K L M N O P Q R S T V X Y Z

Aus heutiger Sicht war alles da, bis auf *J*, *U* und *W*, auf die wir noch zurückkommen werden. Auch die Kleinbuchstaben (*a*, *b*, *c* ...) werden als lateinische Buchstaben bezeichnet, wenngleich in der Antike zunächst nur Großbuchstaben (*A*, *B*, *C* ...) geschrieben wurden. Die Kleinbuchstaben haben sich seit dem frühen Mittelalter auch für das Schreiben des Lateinischen entwickelt.

Kein *sch*-Laut im Lateinischen!

Wie behelfen sich Schriften, die lateinische Buchstaben verwenden?

Mehrere Buchstaben für einen Laut:

sch im Deutschen (*Schuh*)

sh im Englischen (*shoe*)

ch im Französischen (*chaussure*)

Sogenannte diakritische Zeichen:

š im Tschechischen

ş im Türkischen

Das Ideal der lateinischen Schrift ist, dass ein Buchstabe einem Laut entspricht. Wo die späteren europäischen Sprachen aber andere Laute als das Lateinische in der Aussprache hatten, konnte nicht auf einen lateinischen Buchstaben zurückgegriffen werden, um sie zu schreiben. So gab es im Lateinischen (wie im heutigen Deutschen) nicht die Laute, die das Englische als *th* schreibt, wie am Wortanfang von *thing* (stimmlos) und *this* (stimmhaft), und somit natürlich auch keine Buchstaben dafür. Im Altenglischen verwendete man dafür einen neuen Buchstaben, þ, später eine Kombination aus zwei lateinischen Buchstaben, eben *th*. Ebenso gab es im Lateinischen nicht den Laut, den wir im Deutschen als *sch* schreiben, und so gab es dafür auch keinen lateinischen Buchstaben. Im Deutschen hat sich für diesen Laut die Schreibung *sch* entwickelt (z. B. in *Schuh*). Ähnlich findet sich das *sh* im Englischen (*shoe*) und das *ch* im Französischen (*chaussure* ‚Schuh') für diesen Laut. In anderen Sprachen wurde das lateinische Alphabet um sogenannte *diakritische Zeichen* erweitert. So schreibt man den *sch*-Laut im Tschechischen als *š* (mit einem um 1400 von Jan Hus eingeführten Haken über dem *s*) und im Türkischen als *ş* (seit die moderne Türkei 1928 unter ihrem Gründer Atatürk eine lateinisch basierte Schrift einführte).

Wie wir sehen werden, haben einige der Eigenheiten der deutschen Orthografie damit zu tun, dass das Lateinische nicht genug Buchstaben hatte für das Schreiben der Laute des Deutschen.

Lautschrift

Lautschrift: nützlich im mehrsprachigen Kontext

think [θɪŋk] <*irr* thought, thought> I *tr* 1. denken; 2. glauben, meinen ...

ship [ʃɪp] 1. *s* Schiff, *Am.* Raumschiff; 2. an Bord nehmen ...

Im Zusammenhang mit Sprachvergleichen und dem kreativen Umgang mit Mehrsprachigkeit ist ein Verständnis der internationalen Lautschrift ein nützliches Werkzeug. Wenn Sie sie lesen können, ist es, als würden wir Autoren Ihnen vorsprechen, und zwar unabhängig von der Sprache, aus der das vorgesprochene Wort kommt, denn jedes Zeichen steht für eine bestimmte Aussprache. Sie kennen diese Lautschrift vielleicht aus Wörterbucheinträgen, wie sie am Rand für *think* und *ship* gezeigt sind. Hier sind die Angaben [θɪŋk] und [ʃɪp] in dieser Lautschrift geschrieben. Der englische *th*-Laut wird in der Lautschrift als [θ] geschrieben. Der Laut, der im Deutschen als *sch*, im Englischen als *sh* und im Türkischen als *ş* geschrieben wird, wird in der Lautschrift als [ʃ] dargestellt. [θ] und [ʃ] sehen vielleicht exotisch aus, aber das liegt ebenfalls nur an den fehlenden lateinischen Buchstaben dafür. Denn auch die Lautschrift orientiert sich am Lateinischen, und soweit es dort die entsprechenden Buchstaben und Laute gab, entsprechen die Buchstaben der Lautschrift dem Lateinischen. Somit entsprechen sie zumeist auch der deutschen Orthografie, beispielsweise bei [p, t, k, b, d, g, m, n, l, r, a, e, i, o].

Die Zeichen der Schrift sind in einer internationalen Konvention festgelegt, wie in der Randspalte beschrieben, und so kann man sie immer wieder verwenden, egal ob man ein englisch-deutsches oder französisch-deutsches Wörterbuch von einem der großen deutschen Verlage verwendet oder das *Duden Aussprachewörterbuch*, das ebenfalls auf dieser Konvention basiert. Es ist nicht schwer, sich ein paar zentrale Zeichen einzuprägen, zumal Sie viele der verwendeten Zeichen ja sowieso schon kennen. Diese Lautschrift wird, einmal mehr, einmal weniger, in vielen Sprachkapiteln dieses Buches verwendet. Im Folgenden werden Sie die Lautschrift in ihrer Anwendung auf das Deutsche lernen können, während Sie Grundlagen des deutschen Lautsystems wiederholen oder verstehen lernen. Wie bei den ersten Einsätzen oben wird diese Lautschrift in diesem Buch stets in eckige Klammern gesetzt. Es ist sicher sinnvoll, wenn Sie sich bei der Lektüre manchmal Beispiele hörbar selbst vorsagen, um ein Gefühl dafür zu bekommen, welche ausgesprochenen Laute die einzelnen Buchstaben der Lautschrift wiedergeben. In diesem Kapitel wird dabei oft die Lautschrift für ganze Wörter angegeben, auch wenn Sie erst am Ende des Kapitels alle Zeichen gelernt haben werden.

Die IPA-Lautschrift

Die hier verwendete Lautschrift ist ein internationaler Standard, der von der *International Phonetic Association* gepflegt wird und *International Phonetic Alphabet* heißt. Beides wird IPA abgekürzt. Die Gesellschaft wurde übrigens ursprünglich 1886 von Lehrern in Paris gegründet und hieß anfangs *The phonetic teachers' association*. Damals hat sich die Gesellschaft für die Verwendung der Lautschrift im Fremdsprachenunterricht in der Schule eingesetzt. Sie hat dieses Ziel nicht erreicht und später ihren Namen und ihren Zweck geändert, hin zur Pflege der Lautschrift. Die Herausgeber dieses Buches glauben, dass die Verwendung der Lautschrift im Zuge der Globalisierung und verstärkten Migration eine zweite Chance in der Schule verdient, auf freiwilliger Basis. Sie werden sehen, dass es nicht schwer ist und Ihnen Sicherheit bei Sprachvergleichen gibt.

Überblick über die Konsonanten des Deutschen

In Tabelle 3.1 sehen Sie eine Übersicht über die Konsonanten des Deutschen. Bei vielen Lauten stimmen die Zeichen der Lautschrift und der Schreibschrift überein. In dem Fall ist das Zeichen nur einmal angegeben. Ein *p* in einer Zelle alleine in der Tabelle heißt also, dass die Aussprache von *p* auch in der Lautschrift als [p] angegeben wird. Ansonsten steht beispielsweise „[ʃ] sch" in der Mitte der Tabelle für den Laut, der im Deutschen *sch* geschrieben und in der Lautschrift als [ʃ] angegeben wird.

Tabelle 3.1: Die Konsonanten des Deutschen in Laut- und Schreibschrift (nur eine Angabe bei identischen Zeichen)

artikuliert mit	Unterlippe		vorderer Zunge		hinterer Zunge			Stimmton
artikuliert an	Ob.-lippe	oberen Schneidezähnen	Zahndamm	hinter Zahndamm	hartem Gaumen	weichem Gaumen	Zäpfchen	
Verschlusslaute	p		t			k		stimmlos
	b		d			g		stimmhaft
Nasale	m		n			[ŋ] ng		stimmhaft
Reibelaute		[f] f, v	[s] ß	[ʃ] sch	[ç] ch	[x] ch		stimmlos
		[v] w, v	[z] s					stimmhaft
l und *r*			l				r	stimmhaft
sonstige				j				h

Die Verschlusslaute

p, t, k, b, d und *g*: Der Luftstrom in Mund und Nase wird vollständig unterbrochen.

Man sieht zunächst für die Verschlusslaute *p, t, k, b, d* und *g* am Anfang der Tabelle, dass die Lautschrift dieselben Zeichen [p, t, k, b, d, g] verwendet. Beispielsweise wird das Wort *Pädagoge* als [pɛdago:gə] in der Lautschrift wiedergegeben: Manche Vokale sehen anfangs bestimmt ungewohnt aus, aber die Konsonanten [p, d, g] sind wie in der Orthografie.

Nasale Konsonanten

m, n, und *ng* [ŋ]: Der Luftstrom ist im Mund vollständig unterbrochen, und Luft entströmt aus der Nase. Probieren Sie es aus: Sie können sich während eines *mmmmm*... den Mund zuhalten, ohne dass etwas passiert, nicht aber die Nase.

Die nächste Reihe von Lauten in der Tabelle sind die nasalen Laute, bei denen die Zeichen [m] und [n] auch in der Lautschrift verwendet werden. *Name* ist beispielsweise [na:mə]. Zusätzlich gibt es einen dritten nasalen Laut, der durch eine Verschmelzung von *n* mit *g* in der Aussprache entsteht und beispielsweise als letzter Laut in *Ding* [dɪŋ] und in *Fang* [faŋ] vorkommt. Wenn Sie sich diese Wörter selbst vorsagen, merken Sie, dass das *g* nicht ausgesprochen wird. Vielleicht können Sie erspüren, dass der nasale Laut [ŋ] stattdessen mit der Zungenposition eines *g* artikuliert wird. Das lautschriftliche Zeichen [ŋ] erinnert an die kombinierten Eigenschaften von *n* und *g*. Man sieht in der vollständig verschmolzenen Aussprache einen Aspekt der Selbstständigkeit des Aussprachesystems, unabhängig von der Schrift.

Luft aus dem Mund: Der Normalfall

Alle Konsonanten, die unterhalb der Nasale in der Tabelle stehen, werden mit Luft aus dem Mund, aber nicht aus der Nase ausgesprochen. Auch das können Sie leicht überprüfen, indem Sie sich abwechselnd Mund und Nase zuhalten, etwa bei *ssssss*... oder bei *lllll*...

Am Ende der Tabelle findet sich mit *l, r, j* und *h* wieder eine Reihe von Lauten, deren Darstellung in der Lautschrift der Schreibschrift entspricht. Der Buchstabe *r* wird in unterschiedlichen Sprachen und Dialekten unterschiedlich ausgesprochen. Im Standarddeutschen wird er mit einem Reibegeräusch, das die Zunge am Zäpfchen erzeugt, artikuliert. Die Wiedergabe dieser genauen Aussprache in der internationalen Lautschrift ist [ʁ]. Im Folgenden wird aber von dieser Feinheit abgesehen, und wir verwenden wie viele Lexika und wie das *Duden Aussprachewörterbuch* ein einfaches [r] auch in der

Lautschrift. In dem Wort *Schülerin* [ʃyːlərɪn] sehen Sie das [l] und das [r] in der Lautschrift.

Bei den Reibelauten in der Mitte der Tabelle ist es kein Zufall, dass die Zeichen der Lautschrift von denen der Schreibschrift verschieden sind. Als Vorbereitung für Vergleiche des Deutschen mit anderen Sprachen ist es nützlich, diese Reibelaute in ihrer Aussprache und deutschen Schreibung etwas genauer zu betrachten. Darauf gehen die folgenden Abschnitte ein.

Reibelaute
Ein Reibegeräusch wird erzeugt, indem Luft durch eine schmale Verengung im Mund gepresst wird, zum Beispiel zwischen Unterlippe und oberen Zähnen bei *f* und *v* oder mit der Zunge an den Zähnen beim englischen *th*-Laut [θ]. Bei den anderen Reibelauten macht die Zunge solch eine Verengung an unterschiedlichen Stellen im Inneren des Mundes.

Die Reibelaute f, v und w und der Singtest

Der Schlüssel zu einem Verständnis der Unterschiede zwischen *f/v/w* und zwischen *ss/ß/s* ist die Unterscheidung zwischen stimmhaften und stimmlosen Lauten.

Mithilfe des *Singtests* kann man sich diesen Unterschied leicht klarmachen. Auf [m] kann man leicht eine Melodie produzieren, das ist wie summen: [mmm...mmm...mmm...mmm... mmm] – *tief...mittel...hoch...mittel...tief.* Das funktioniert, weil [m] ein stimmhafter Laut ist und bei stimmhaften Lauten die Stimmhöhe variieren kann. Probieren Sie das bitte ruhig vor dem Weiterlesen aus. Ebenso kann man auf [a] singen: [aaa...aaa...aaa...aaa...aaa] – *tief...mittel...hoch...mittel...tief.* Alle Vokale sind stimmhaft. Nun aber: [f] ist ein stimmloser Laut, und auf stimmlosen Lauten kann man keine Melodie produzieren. Probieren Sie es bitte: [fff...fff...fff...fff...fff]. Man kommt mit der Stimme weder hoch noch runter!

Singtest
Auf stimmhaften Lauten wie *a, i, m, n, l, w* und *s* kann man eine Melodie singen, auf stimmlosen Lauten wie *f, ß, sch, ch,* und *h* nicht.

Bei stimmlosen Lauten gibt es keine Stimmhöhe, und so kann man keine Melodie auf ihnen erzeugen. Dieses stimmlose [f] ist im Deutschen die Aussprache von mit *f* geschriebenen Wörtern wie *fallen, Affe, elf* etc. Nun können wir das mit [v] vergleichen, wie am Anfang von *Vase*: [vvv...vvv...vvv...vvv...vvv] – *tief...mittel...hoch...mittel...tief.* Hier müssten Sie in der Lage sein, wieder eine Melodie zu erzeugen: [v] in *Vase* ist also stimmhaft! Dies ist der entscheidende Unterschied zwischen [f] und [v]. (Falls das bei Ihnen nicht funktioniert hat, kann es sein, dass Sie *Vase* oder [vvv...] im Flüsterton gesprochen haben: Der Flüsterton ist generell die Unterdrückung der Stimmhaftigkeit. Sie könnten es dann nochmals ohne Flüsterton versuchen.)

Wo kommt die Stimme her?
Bei stimmhaften Lauten vibrieren die Stimmbänder. Diese sitzen im Kehlkopf, den wir vorn am Hals als Adamsapfel kennen. Wenn Sie den Finger auf den Kehlkopf legen, während Sie das *vvvvvv...* von *Vase* sagen, erspüren Sie eventuell die Vibration am Kehlkopf. Eine höhere Stimme wird durch schnelleres Vibrieren erzeugt, eine tiefere Stimme durch langsameres Vibrieren. Bei stimmlosen Lauten (wie auch beim Flüstern) vibrieren die Stimmbänder nicht und können daher auch nicht schneller oder langsamer vibrieren. Übrigens kann man die Stimmbänder auch erspüren, wenn man künstlich hustet, sich räuspert oder Schluckauf simuliert. Beim Räuspern klären wir die Stimmbänder, beim Husten machen wir sie zu und auf, und beim Schluckauf halten sie die einströmende Luft schlagartig auf.

Nun zum Verhältnis von Laut und Schrift bei [f] und [v]. In den oben diskutierten Beispielen entspricht das *f* der Schreibschrift der stimmlosen Aussprache [f], und das *v* der Schreibschrift entspricht der stimmhaften Aussprache [v]. Hinzu kommt nun zum einen, dass das deutsche *w* stets [v] ausgesprochen wird, wie in *Wanne* [vanə], *Wiege* [viːgə] und *wer* [veːɐ]. Zum anderen verbirgt sich hinter einem geschriebenen *v* zwar manchmal das stimmhafte [v] wie in dem Beispiel *Vase* oben, oft aber auch ein stimmloses [f] wie in *Vater* [faːtɐ], *viel* [fiːl] und *von* [fɔn].

Rechtschreibreform bei *f*, *v* und *w*?

Fater hat fiel Fogelfutter ferkauft.

Verner, viefiel villst du fon der Vurst?

Oder, je nach Anpassung:

Die Wokabeln Wanille, Wase und Wulkan sind nicht wulgär.

Die Schreibung von *v* für manchmal [f] und manchmal [v] gab es bereits im Mittelalter ohne ersichtlichen Grund. Sie ist inzwischen eine lieb gewonnene Gewohnheit geworden, vermittelt über die uns vertrauten Schriftbilder wie *Vater* ([f]) und *Vase* ([v]). Man merkt gleich an den vorherigen Beispielen, dass eine Rechtschreibreform, die hier einfachere Verhältnisse schaffen wollte, das Schriftbild für unser Gefühl zu radikal verändern würde. Und so müssen die Schulkinder, egal welcher Herkunft, da durch und diese verzwackten Verhältnisse lernen. Später werden wir andere Fälle sehen, in denen Eigenheiten der Orthografie auch einen tieferen Sinn haben.

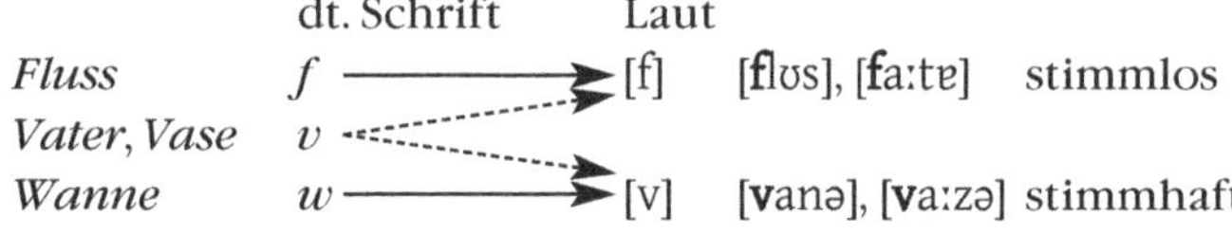

Die Reibelaute ss, ß und s im Deutschen und anderen Sprachen

Wir kommen zu den Reibelauten, die *ss*, *ß* und *s* entsprechen. Zwischen *ss* und *ß* gibt es keinen Unterschied in der Aussprache. Es gibt aber einen Unterschied zwischen *ss*/*ß* und *s*. Der besteht in der Stimmhaftigkeit! Betrachten Sie dazu die folgenden Beispiele:

stimmhaft: *Muse*, *weise*, *Bluse*, *Riese*
stimmlos: *Muße*, *weiße*, *Buße*, *Risse*

Sie können sich und Ihre Schüler von dem Unterschied mithilfe des Singtests überzeugen. Zunächst auf *Riese*: Rie-sss...sss...sss...sss...sss-e – *tief... mittel... hoch... mittel... tief.* Das müsste funktionieren, denn die Aussprache ist hier stimmhaft. Nicht aber bei *Risse*: Ri-ss-ss-ss...ss-ss-ss...ss-ss-ss...ss-ss-ss...ss-ss-ss-e. Hier bleibt man auf der Stelle. Also ist die Aussprache hier stimmlos. Von der Länge her werden *s*, *ß* und *ss* alle gleich lang ausgesprochen, der Unterschied liegt nur in der Stimmhaftigkeit: *s* ist stimmhaft, und *ß*/*ss* ist stimmlos.

ßerver*, *ßingle*, *ßex*, *ßlip

So müsste man diese Fremdwörter mit *s* aus dem Englischen (*Server*, *Single*, *Sex* und *Slip*) schreiben, wenn es dabei nur nach der Aussprache ginge.

Am Wortanfang wird nur *s* geschrieben, nie *ß* oder *ss*. Fast immer wird das *s* hier, wie in der Wortmitte (etwa in *Muse*), auch stimmhaft gesprochen, so in *singen*, *soll* und *sagen*. Nur in einigen Fremdwörtern aus dem Englischen wird es stimmlos gesprochen, so in *Server*, *Single*, *Sex* und *Slip*. Hier müsste man *ßerver*, *ßingle*, *ßex* und *ßlip* schreiben, wenn man *ß* am Wortanfang verwenden könnte und nicht auch die ursprüngliche Schreibung des Englischen wiedergeben wollte.

Für den Vergleich mit anderen Sprachen ist es wichtig zu verstehen, dass das Deutsche bei den *s*-Lauten anders ist als viele andere Sprachen. Dadurch, dass im Deutschen am Wortanfang normalerweise nur das stimmhafte *s* auftritt, ist es natürlich, dass dafür in der Schreibschrift der einfache Buchstabe *s* verwendet wird. Im Vergleich dazu ist das stimmlose *ß*/*ss* der „ungewöhnliche" Fall, sodass für diesen Fall die ausgefalleneren Zeichen *ß* und *ss* gebraucht werden.

Viele andere Sprachen aber verwenden sowohl die stimmlose als auch die stimmhafte Version von *s* am Wortanfang. Die Schreibung ist dabei über die Sprachen hinweg oft ähnlich (aber vom Deutschen leider verschieden): Sie verwendet für den härteren, also stimmlosen Laut (für den wir *ß/ss* schreiben) ein *s* und für den weicheren, also stimmhaften Laut (den wir *s* schreiben) ein *z* (siehe Beispiele in der Randspalte). In diesen Sprachen ist also *z* ein Zeichen für den weicheren Laut. Betrachtet man Wörterbücher in diesen anderen Sprachen, so kann man schnell sehen, dass es viel mehr Wörter gibt, die mit ihrem *s* beginnen, als Wörter mit ihrem *z* am Anfang. In diesen Sprachen ist also der stimmlose *s*-Laut der Normalfall und mit dem einfachen Buchstaben *s* belegt. Der ungewöhnlichere Fall, der stimmhafte Laut, hat den ungewöhnlicheren Buchstaben *z*.

Daher sind wir Deutschen relativ alleine mit unserer Schreibung mit *ß* und *ss* und mit unserer Aussprache von *s*. Wir sind auch relativ alleine damit, wie wir unser deutsches *z* aussprechen, nämlich [ts], wie in *Zoo* [tso:], *Zone* [tso:nə] etc., also ganz anders als in diesen anderen Sprachen. Macht nichts. Wir brauchen nur etwas mehr Geduld, uns an die Lautschrift zu gewöhnen. Denn die Lautschrift orientiert sich an den mehrheitlich-internationalen Verhältnissen. Das deutsche *ß/ss* ist somit ein stimmloses [s] in der Lautschrift, und das deutsche *s* ist ein stimmhaftes [z] in der Lautschrift. Die Aussprache von *Muße* wird so als [mu:sə] wiedergegeben und die von *Muse* als [mu:zə]. *Soll* und *sechs* sind [zɔl] und [zɛks] mit dem stimmhaften [z] der Lautschrift am Anfang, während *Sex* und *Slip* in der Lautschrift [sɛks] und [slɪp] sind, stimmlos am Anfang. Diese Verhältnisse sind in der Randspalte zusammengefasst.

Dafür sind wir auf andere Weise in einer guten Position. Nehmen wir mit jungen Leuten etwa aus der Türkei oder Frankreich einen Sprachvergleich mithilfe der Lautschrift vor, werden sie uns schnell verstehen. Denn wenn sie diese Sprachen schreiben können, kennen sie schon die Belegung von *s* und von *z* in der Lautschrift aus ihrer Schreibschrift.

Übrigens ist das Deutsche auch am Wortende wählerisch in Bezug auf die Stimmhaftigkeit in der Aussprache. Dort sind allerdings alle Reibelaute und alle Verschlusslaute betroffen: Sie werden am Wortende stets stimmlos gesprochen (*Auslautverhärtung*). So wird *s* etwa in *lesen* [le:zn] stimmhaft in der Wortmitte gesprochen, aber in *lies!* [li:s] stimmlos am Wortende. Sie können das leicht mithilfe des Singtests nachvollziehen. Eine Melodie ist möglich bei *lesen*: lesss...sss...sss...sss...sssen. Keine Melodie ist möglich bei *lies!*: liesss...sss...sss...sss...sss! Ähnlich in *rasen* [ra:zn] stimmhaft in der Wortmitte, aber in *Ras nicht so!* [ra:s] ist es stimmlos am Wortende.

s und z in anderen Sprachen

Das Englische unterscheidet etwa ***server, sex, Sue*** und ***see*** mit stimmlosem Anfang („ßerver, ßex, ßue, ßee") von ***zoo*** oder ***zebra*** oder ***zipper*** (gesprochen nicht etwa wie das deutsche *z*, sondern wie es im Deutschen „Suh", „Siebra" und „Sipper" wären, mit stimmhaftem *s*). Ähnlich im Französischen: stimmloses *s* in ***simple, sentir, secours*** („ßimple, ßentir, ßecours"), stimmhaftes *z* in ***zéro, zenith*** und ***zone*** („Sero, Senith, Soon"). Dieser Belegung der Buchstaben, die sich am Lateinischen anlehnt, hat sich auch das Türkische angeschlossen: ***su*** ‚Wasser' und ***süt*** ‚Milch' beginnen mit stimmlosem *s* in der Aussprache („ßu, ßüt"), und ***zaman*** ‚Zeit' und ***zar*** ‚Membran' mit stimmhaftem *s* („Saman, Sar").

Aussprache:	stimmlos („hart")	stimmhaft („weich")
Lautschrift	[s]	[z]
Englisch	*Sue* [su:]	*zoo* [zu:]
Französisch	*simple* [sε̃pl] ‚einfach'	*zero* [zero] ‚Null'
Türkisch	*su* [su] ‚Wasser'	*zar* [zar] ‚Membran'
Deutsch	*Muße, Slip* [mu:sə], [slɪp]	*Muse, soll* [mu:zə], [zɔl]

Auslautverhärtung in anderen Sprachen

Die Auslautverhärtung findet sich übrigens auch in einigen anderen Sprachen, so dem Polnischen, Bulgarischen und Russischen (Kapitel 4, 9 und 10). Wieder andere Sprachen haben diese Regelmäßigkeit nicht, etwa das Englische, das Bosnische/Kroatische/Serbische und das Französische (Kapitel 5, 9 und 14).

Das *x*

In der deutschen Orthografie gibt es zwei Buchstaben, die eine Folge von zwei Lauten darstellen. Neben dem im Text erwähnten *z* für [ts] gibt es noch das *x* für [ks]. Das *x* kommt aus dem Lateinischen, wie in *nox*, lateinisch für ‚Nacht', oder *vox*, lateinisch für ‚Stimme', beide mit [ks]. Hier hat sich bereits das Lateinische nicht an das Ideal gehalten, dass ein Buchstabe einem Laut entspricht. Dies ist auch im Englischen erhalten, etwa in *lax* [læks] ‚nachlässig' und *fix* [fɪks] ‚reparieren'. Das Türkische dagegen hat das lateinische *x* nicht übernommen. Der folgende Schriftzug steht über dem Eingang eines Bekleidungsgeschäfts in Istanbul.

Ähnlich bei *Mais* [maɪs], *Mus* [mu:s] und allen anderen Wörtern, die auf *s* enden. Sie sind ebenso stimmlos am Wortende wie Wörter auf *ß/ss*, welches ja sowieso stimmlos gesprochen wird (*Fuß* [fu:s], *muss* [mʊs]). Diese Regelmäßigkeit findet sich auch bei [v] vs. [f]. In *der brave Junge* sprechen wir [bra:və], aber in *er ist brav* sprechen wir [bra:f]. Auch dies können Sie mit dem Singtest nachvollziehen.

Bei den Verschlusslauten schreiben wir beispielsweise *Rad* mit stimmhaftem *d*, das wir auch aussprechen in *dem Rade* [ra:də]. Im Wortinneren unterscheidet es sich vom stimmlosen *t*, wie in *dem Rate* [ra:tə]. Am Wortende aber sprechen wir das *d* in *Rad*, ohne es zu merken, eigentlich als [t] aus, sodass hier *Rad* und *Rat* beide [ra:t] gesprochen werden. Ähnlich am Wortende bei *Sieb* [zi:p] und *Pflug* [pflu:k] und allen anderen Wörtern, die auf *b*, *d* oder *g* enden. Der Singtest funktioniert bei Verschlusslauten leider nicht richtig, wegen des Verschlusses bei der Artikulation. Die Auslautverhärtung ist Teil unseres unbewussten Wissens über die Aussprache als deutsche Muttersprachler, das heißt, wir sprechen automatisch und ohne es zu merken so.

Die Aussprachen von ch

***Ich*-Laut und *ach*-Laut**

Helles [ç] nach den hellen Vokalen *i*, *e*, *ü*, *ö*:
ich [ɪç]
echt [ɛçt]
rächen [rɛ:çn]
Bücher [by:çɐ]
Köche [kœçə]
Dunkles [x] nach den dunklen Vokalen *a*, *o*, *u*:
ach [ax]
Rache [raxə]
Buch [bu:x]
Koch [kɔx]

Zum Ende unserer Diskussion der deutschen Konsonanten kommen wir hier noch kurz zu den Reibelauten, die dem deutschen *ch* entsprechen. Auch diese Laute waren im Lateinischen nicht vorhanden. Es gibt zwei Aussprachevarianten von *ch*. Nach den hellen Vokalen *i*, *e*, *ü* und *ö* wird ein hell klingender Reibelaut gesprochen. Diese helle Version wird als [ç] in der Lautschrift wiedergegeben. Nach den dunklen Vokalen *a*, *o*, *u* wird ein dunkel klingender Reibelaut gesprochen. Dieser wird als [x] in der Lautschrift dargestellt. Beispiele sind in der Randspalte gezeigt.

Die beiden *ch*-Laute [ç] und [x] sind über die Sprachen hinweg selten und oft ein Problem beim Erwerb des Deutschen später im Leben. Man kann das [ç] als ein geflüstertes *j* annähern. Schwieriger ist es mit dem [x], das weiter hinten im Mund gebildet wird. Wenn man ein *k* bildet und dann den Druck, den die Zunge dabei nach oben ausübt, etwas nachlässt, kann Luft hindurchströmen, und ein Reibegeräusch entsteht. Das Reibegeräusch ist dem [x] sehr ähnlich.

Zusammenfassung: Deutsche Reibelaute

Das Wichtigste zu den deutschen Reibelauten hier nochmal in Kürze: In der Aussprache gibt es jeweils eine stimmlose und eine stimmhafte Version der Reibelaute [f]/[v] und [s]/[z]. Der Singtest hilft beim Erspüren des Unterschieds. In der Orthografie ist *f* stimmloses [f], *w* ist stimmhaftes [v], und *v* ist je nach Wort [f] oder [v]. *ss* und *ß* sind stimmloses [s], und *s* ist stimmhaftes [z]. Die Aussprache von *ch* gleicht sich an die Helligkeit des vorherigen Vokals an und wird hell [ç] und dunkel [x] in der Lautschrift wiedergegeben. Können Sie übrigens mit dem Singtest nachvollziehen, ob [ç] und [x] stimmhaft oder stimmlos sind?

Damit sind wir am Ende unserer Diskussion deutscher Konsonanten angekommen. Dabei haben Sie einige Ausspracheregeln gesehen, an denen man ganz gut merken kann, dass wir deutschen Muttersprachler ein von der Schrift unabhängiges Aussprachesystem in uns tragen, dessen wir uns normalerweise nicht bewusst sind. Hierzu gehören die Verschmelzung von *ng* zu einem Laut [ŋ] in der Aussprache. Es gehört dazu, dass wir am Wortanfang (außer in Fremdwörtern) immer einen stimmhaften *s*-Laut aussprechen, am Wortende aber (als Teil der Auslautverhärtung) immer einen stimmlosen *s*-Laut. Es gehört auch die Angleichung des *ch*-Lautes an die Helligkeit des vorherigen Vokals dazu. Es ist auch Teil dieses unbewussten Aussprachsystems, welche Laute wir überhaupt im Deutschen haben.

Ein erster Eindruck von den Vokalen des Deutschen

Das deutsche Vokalsystem der gesprochenen Sprache hat einen großen Einfluss auf Eigenheiten der deutschen Orthografie. Im Folgenden wird ein Verständnis der Aussprache und der damit zusammenhängenden Eigenheiten der Orthografie entwickelt. Ein erster Überblick über die Vokale des Deutschen ist in Tabelle 3.2 gegeben. Das Bild wird unten noch erweitert.

Die Vokale sind dabei in Gruppen eingeteilt, je nachdem, ob sie hell oder dunkel klingen und ob die Lippen dabei gerundet sind oder nicht. Leserinnen und Leser, die es genauer wissen wollen, finden in der Randspalte einige Zusammenhänge zwischen Erzeugung und Klang der Vokale. Dabei sehen Sie auch, dass die Erzeugung des hellen vs. dunklen Klanges in Tabelle 3.2 mit der Zungenposition zu tun hat.

Die Lippenrundung trägt auch ein wenig dunklen Klang bei, sodass *i* und *e* die hellsten Vokale sind (wegen ihrer Zungenposition), dann kommen *ü* und *ö* (Lippen dazu gerundet), dann *a* (Zunge mittig), dann die dunkelsten Vokale *u* und *o* (Zunge hinten und Lippen gerundet). In der Tabelle wird es also von links nach rechts immer dunkler.

Die fünf Vokale [a, e, i, o, u] gibt es in vielen Sprachen. Es gab sie auch im Lateinischen: *A*, *E*, *I*, *O*, *V*, wobei seit der Spätantike statt *V* auch *U* verwendet wurde. Sie werden im Deutschen mit den lateinischen Buchstaben geschrieben. Dazu kommen zu-

Vokale mit Strohhalm verstehen

Nehmen Sie einen dünnen Strohhalm. Halten Sie den Strohhalm lose in der Hand und legen ihn dabei vorsichtig mit dem vorderen Ende auf Ihre Zunge. Sagen Sie jetzt *uuuu...üüüü*. Mit etwas Übung können Sie merken, wie die nach vorn gehende Zunge den Strohhalm stark nach vorn schiebt. Ähnlich ist es bei *oooo...öööö*. Der Klang der dunklen Vokale in Tabelle 3.2 wird erzeugt, indem die Zunge sich weiter hinten im Mund wölbt, während der helle Klang durch eine Wölbung der Zunge weiter vorn im Mund entsteht.

Mit dem Strohhalm können Sie auch erspüren, dass die Zungenposition bei *iiii...üüüü* dieselbe ist. Hier runden Sie bei *ü* die Lippen. Ein ähnliches Paar sind *e* und *ö*.

Auch bei den vertikalen Unterschieden in Tabelle 3.2 ist die Zunge wichtig: Sie liegt tief im Mund bei *a* und ist stark nach oben gewölbt bei *i* und *ü* (vorn oben) und *u* (hinten oben). Mit dem Strohhalm können Sie erspüren, wie bei *eeee...iiii* die Zunge nach oben geht. Die Mundöffnung unterstützt die Zungenhöhe: Der offene Mund bei *a* macht die Zunge noch tiefer, der weiter geschlossene Mund bei *i* und *u* macht sie noch höher.

Tabelle 3.2: Vokale des Deutschen (erster Schritt)

Klang	hell		dunkel	
Lippen		gerundet		gerundet
Mund weiter geschlossen	[i] *hier*	ü [y] *Hügel*		[u] *Huhn*
	[e] *Heer*	ö [ø] *Höhle*		[o] *Hohn*
Mund offener			[a] *Hahn*	

nächst die beiden deutschen Vokale *ü* und *ö*. Sie werden hier *helle gerundete Vokale* genannt. Es sind die einzigen Vokale, die relativ hell klingen und dabei mit gerundeten Lippen gesprochen werden.

Die Vokale ü und ö

Warum sind *ü* und *ö* selten?

Viele Sprachen und Dialekte vermeiden die Laute für *ü* und *ö*, weil sich dann alle Vokale besonders klar in ihrem Klang unterscheiden: *i* und *e* klingen besonders hell, und *u* und *o* klingen besonders dunkel. Kommen *ü* und *ö* mit einer Zwischenposition dazu, so ist der Kontrast in der Klangfarbe zwischen den Vokalen weniger ausgeprägt.

Das *ü* wird in der Lautschrift als [y] geschrieben, ein wenig wie im Wort *Ypsilon*, das ja mit einem *ü*-Vokal am Anfang gesprochen wird. Die Aussprache von *ö* wird als [ø] in der Lautschrift wiedergegeben, ähnlich wie im Städtenamen *Malmø* im schwedischen Original. Die Aussprache von *Hügel* wird als [hy:gl] wiedergegeben und die Aussprache von *Höhle* als [hø:lə]. Helle gerundete Vokale wie diese beiden gibt es in vielen anderen Sprachen nicht, etwa im Englischen, im Italienischen, Spanischen und Polnischen. Sie fehlten oder fehlen auch in vielen Dialekten des Deutschen. Im Schwäbischen etwa hat man *schee* ohne *ö* für *schön* und *Tiebinga* ohne *ü* für *Tübingen*. Die Hauptstadt von Bayern heißt in ihrem eigenen Dialekt *Minga* ohne *ü* für *München*. Das *Jiddische* ist dem Deutschen verwandt, aber es heißt nicht das *Jüdische*, denn das wäre mit *ü*.

Selbstversuch: Einen nicht-muttersprachlichen Vokal aussprechen

Im Türkischen gibt es einen Laut, der in der türkischen Schrift *ı* geschrieben wird. Er füllt die Zelle zwischen *Hügel* und *Huhn* in Tabelle 3.2, die im Deutschen leer ist. Man bildet ihn, indem man ein [u] spricht und dabei die Lippenrundung wegnimmt, aber die Zungenposition unverändert lässt. Probieren Sie es einmal. So etwas fällt einem sehr schwer.

Manche Sprachen haben wie das Deutsche helle gerundete Vokale, so etwa das Türkische, wo diese Laute, nach dem Vorbild des Deutschen, ebenfalls *ü* und *ö* geschrieben werden. Beispiele sind *Türkçe* [tyrktʃe] ‚türkisch' und *göz* [gøz] ‚Auge'. Auch das Französische hat diese Laute, allerdings mit anderer Schreibweise. Wir finden etwa den *ü*-Laut im französischen Wort *du* [dy] ‚von' und den *ö*-Laut in *ceux* [sø] ‚diese'.

Der Breitmaulfrosch

Sagt der Breitmaulfrosch zum Storch: „Storch, was machst Du denn hier?" Der Storch: „Ich suche Breitmaulfrösche, weil mir die so gut schmecken!" Darauf der Breitmaulfrosch, entsetzt: „Dü gübt's hür nücht!"

Die Instruktionen zum Lernen dieser Laute sind einfach: Bei [e] sind die Lippen nicht gerundet. Bei [o] hat die Zunge eine andere Stellung, und die Lippen sind gerundet. Wenn man nun ein [e] bildet und ohne Veränderung der Zungenstellung die Lippen rundet, erhält man ein *ö*. Ähnlich erhält man ein *ü*, wenn man ein *i* spricht und, wieder ohne Veränderung der Zungenstellung, die Lippen rundet. In dem Witz links in der Randspalte macht das der Frosch. Wie schwierig es aber ist, solchen Instruktionen zu folgen, wenn der Vokal nicht in der

Muttersprache vorkommt, kann man sich mit dem Selbstversuch in der Randspalte (vorige Seite) klarmachen.

Normale, lange und reduzierte Vokale

Nun gibt es im deutschen Vokalsystem der gesprochenen Sprache für die Vokale in Tabelle 3.2 jeweils drei unterschiedliche Versionen. Das klingt kompliziert, aber es wird Ihnen hier schön einfach erklärt. Und wenn Sie sich dabei die Beispiele selbst vorsprechen, haben Sie das schnell begriffen. Diese Versionen zu verstehen, ist hilfreich beim Verständnis einiger deutscher Eigenheiten in der Orthografie und bei Sprachvergleichen für Vokale.

Die ersten zwei Versionen sind schon einmal ganz einfach: Eine Version ist die *normale* Version, die zweite ist eine *lange* Version. Dabei ist die lange Version einfach nur die normale Version, die unter Betonung lang ausgesprochen wird. Das Wort *monoton* beispielsweise ist auf der letzten Silbe betont: *monoTON*. Es enthält drei „o"s, von denen die ersten beiden normal sind, das dritte aber lang ausgesprochen wird, weil es betont ist. Das Wort *Bikini* ist auf der zweiten Silbe betont: *BiKIni*. Von den drei „i"s sind das erste und das letzte normal, während das zweite wiederum lang ausgesprochen wird, weil es betont ist. Ein langer Vokal wird in der Lautschrift mit einem Doppelpunkt hinter dem Vokal geschrieben. So haben wir [monoto:n] und [biki:ni]. Der Unterschied wird in der Randspalte mit weiteren Beispielen verdeutlicht.

Lange normale Vokale, unter Betonung gelängt

monoTON [monoto:n]
fotoGEN [fotoge:n]
FotografIE [fotografi:]
BiKIni [biki:ni]
FOto [fo:to]
MOnat [mo:nat]

Jetzt müssen Sie nur noch die dritte Version verstehen. Diese ist nicht nur eine Variante des normalen Vokals, wie im Falle der langen Version. Stattdessen gibt es für jeden der Vokale in Tabelle 3.2 einen kleinen Bruder mit einer gewissen Eigenständigkeit. Dieser wird hier die *reduzierte* Version genannt. Betrachten wir das zunächst am Beispiel von *o*.

Die reduzierte Version haben wir etwa in *komm!* [kɔm], *Tonne* [tɔnə] oder in *Holz* [hɔlts]. Die reduzierte Version ist hier betont und dabei dennoch sehr kurz. Bei genauerer Untersuchung sieht man, dass die Zunge und die Lippen die Bewegungen, die das *o* ausmachen, nur in reduzierter Weise ausführen, sodass auch eine andere Klangqualität vorliegt. Aufgrund dieser anderen Klangqualität verwendet die Lautschrift ein anderes Zeichen für das reduzierte *o*, nämlich [ɔ]. Das gilt entsprechend auch für die reduzierten Versionen der anderen Vokale.

[ɔ], der kleine Bruder von [o]

Der kleine Bruder des [o] längt sich nicht unter Betonung: *komm!* [kɔm], *Tonne* [tɔnə], *Holz* [hɔlts].

Ob die normale Version oder der kleine Bruder, die reduzierte Version, vorliegt, ist wichtig für die Erkennung von Wörtern. In den Beispielen auf der nächsten Seite liegt der einzige Ausspracheunterschied in den Vokalen: links normal und lang (weil betont), rechts reduziert. Der reduzierte Vokal bleibt da-

Normal vs. reduziert

Folgende Beispiele zeigen alle normalen Vokale mit ihrem kleinen Bruder, der reduzierten Version. Der normale Vokal ist dabei stets unter Betonung gelängt. Der reduzierte, ebenfalls betont, ist nicht gelängt und hat eine abgeschwächte Klangqualität. Wie später diskutiert, werden Doppelkonsonanten wie *tt* nicht länger ausgesprochen, sondern sind ein Zeichen für einen vorangehenden reduzierten Vokal (Beispiele von Ramers 1995).

bei stets auch unter Betonung kurz. Er wird nie gelängt. So ist er unter Betonung nicht nur in seiner Klangqualität, sondern auch in seiner Länge vom normalen Vokal verschieden. Zu den Beispielen ist für alle Vokale die Lautschrift angegeben. Wie bei *o* gibt es auch bei fast allen anderen Vokalen ein anderes Zeichen der Lautschrift für die reduzierte Version, und zwar aufgrund der anderen Klangqualität des reduzierten Vokals. Die Zeichen der Lautschrift dafür kann man sich ganz gut merken, wenn man sich klarmacht, dass fast jedes von ihnen eine „verkümmerte" oder reduzierte Version des jeweiligen Vokalbuchstabens ist.

			Lautschrift		Lautschrift	
	normal	**reduziert**	**normal**	**reduziert**	**normal**	**reduziert**
i	*bieten*	*bitten*	[iː]	[ɪ]	[biːtn]	[bɪtn]
e	*Beet*	*Bett*	[eː]	[ɛ]	[beːt]	[bɛt]
o	*Schoten*	*Schotten*	[oː]	[ɔ]	[ʃoːtn]	[ʃɔtn]
u	*spuken*	*spucken*	[uː]	[ʊ]	[ʃpuːkŋ]	[ʃpʊkŋ]
ü	*Hüte*	*Hütte*	[yː]	[ʏ]	[hyːtə]	[hʏtə]
ö	*Höhle*	*Hölle*	[øː]	[œ]	[høːlə]	[hœlə]
a	*Bahn*	*Bann*	[aː]	[a]	[baːn]	[ban]

Eine Ausnahme ist *a*. Bei *a* hat die reduzierte Version dieselbe Klangqualität wie die normale und die lange Version. So wird nur ein Zeichen der Lautschrift, [a], dafür verwendet.

Schließlich zur Orthografie. Da wir keine zwei unterschiedlichen Buchstaben für *o* haben (oder für die anderen Vokale), gibt die Orthografie den Gegensatz zwischen normalen und reduzierten Vokalen auf andere Weise wieder.

ie, oo, uh

Orthografie für normale Vokale, die unter Betonung gelängt sind.

Zur Kennzeichnung von normalen Vokalen in betonten Silben verwendet die Orthografie Zeichen von Länge. Solch ein Zeichen muss nicht stehen, wie man etwa bei *monoton* [monotoːn] und *Foto* [foːto] sieht. Oft aber wird es in der Orthografie angezeigt. Für ein normales *i* gibt es hierzu die *ie*-Schreibung, wie in *tief* [tiːf] und *viel* [fiːl]. Das *e* in *ie* wird dabei nicht als [e] gesprochen, sondern ist nur ein Zeichen dafür, dass das vorherige *i* lang gesprochen wird. Bei den Vokalen *a*, *e* und *o* kann die Länge auch durch die Doppelung des Vokals angezeigt werden: *Saat* [zaːt], *Beere* [beːrə], *Zoo* [tsoː]. Ansonsten kann die Länge eines Vokals auch durch ein *Dehnungs-h* angezeigt sein, das in diesem Fall nicht als [h] gesprochen wird, sondern nur den langen Vokal anzeigt: *Mohn* [moːn], *Kuh* [kuː], *Bühne* [byːnə]. Und das ist der primäre Zweck der *ie*-Schreibung, der Doppelvokalschreibung und der Schreibung von Vokal + h. Sie zeigen an, dass es sich um einen langen und daher normalen und nicht um einen reduzierten Vokal handelt.

Die *reduzierten* Vokale andererseits kommen häufig vor, wenn auf den Vokal noch zwei oder mehr Konsonanten folgen, wie in *Holz* oder *Wolke*. Folgt nur ein Konsonant, so wird dieser oft doppelt geschrieben, wie in *kommen*, *toll* oder *Tonne*. Dabei ist der doppelt geschriebene Konsonant im Deutschen nie länger in der Aussprache als der einfach geschriebene Konsonant. Das *n* in *Tonne* [tɔnə] ist genauso kurz wie das *n* in *Bohne* [bo:nə]. Stattdessen ist der doppelt geschriebene Konsonant hier das Mittel der Orthografie, um anzuzeigen, dass der vorherige Vokal in seiner *reduzierten* Version ausgesprochen wird.

tt, mm, ..., ck, tz

sind nicht länger als *t*, *m*, *k*, *z*. Die Orthografie zeigt mit ihnen an, dass ein reduzierter Vokal vorangeht.

Ähnlich verhält es sich mit dem *ck* in der Schreibung, das statt *kk* verwendet wird, etwa in *Rock* [rɔk] oder *Socke* [sɔkə]. Es zeigt an, dass der vorherige Vokal in seiner reduzierten Version gesprochen wird. Das *ck* wird ansonsten wie *k* gesprochen, also [k], und ist auch nicht länger als das *k*. Eine weitere Buchstabenkombination dieser Art ist das *tz*, welches statt *zz* geschrieben wird. Es wird genau wie *z* als [ts] gesprochen und zeigt dabei an, dass ein reduzierter Vokal vorangeht, wie in *motzen* [mɔtsn] und *Rotz* [rɔts]. Doppelkonsonanten, *ck* und *tz*, werden im Deutschen immer dann benutzt, wenn ein reduzierter Vokal angezeigt werden soll.

ss und ß

Der Unterschied ist nur ein Zeichen für den vorherigen Vokal.

Hier ordnet sich auch der (in der letzten Rechtschreibreform geregelte) Unterschied zwischen *ss* und *ß* ein. Beide werden nur für die stimmlose Aussprache [s] verwendet, aber wann verwenden wir dafür in der Orthografie *ss*, wann *ß*? Die Regel besagt, dass wir *ss* nach kurzen Vokalen schreiben und *ß* nach langen Vokalen (oder sogenannten Diphthongen; siehe dazu unten). Die kurzen Vokale vor dem *ss* sind letztlich stets reduzierte Vokale, wie in *Ross* [rɔs], *Fossil* [fɔsi:l], *Kuss* [kʊs] oder *Wissen* [vɪsn]. So entspricht die Schreibung als Doppelkonsonant *ss* auch hier dem vorangehenden reduzierten Vokal. Das *ß* schreiben wir nach langem Vokal wie in *groß* [gro:s], *Muße* [mu:sə], *Maß* [ma:s] oder *Straße* [ʃtra:sə].

Die Aussprache eines reduzierten Vokals wird nicht immer in der Orthografie angezeigt. So ist der zweite Vokal in *Jacob* [ja:kɔp] reduziert, ebenso der zweite Vokal in *Slalom* [sla:lɔm], ohne dass dies durch einen Doppelkonsonanten angezeigt wäre.

Zusammenfassung: Normale und reduzierte Vokale

Im Deutschen Aussprachesystem gibt es also zu jedem normalen Vokal eine reduzierte Entsprechung. Der normale Vokal ist unter Betonung lang, der reduzierte Vokal nicht. Der Gegensatz wird in der Orthografie in nicht ganz regelmäßiger Weise ausgedrückt, durch Zeichen von Länge einerseits (*ie*, Doppelvokal, Vokal + h) und durch Zeichen von Reduzierung andererseits (folgender Doppelkonsonant einschließlich *ss* oder folgendes *ck* oder *tz*).

Die Begriffe *reduziert* und *normal* werden in diesem Kapitel neu für den pädagogischen Kontext angeboten. Sie scheinen uns griffig zu sein, und „reduziert" entspricht der tatsächlichen Aussprache dieser Vokale. In der Sprachwissenschaft

Das *ä*

Betrachten wir hier am Rand noch kurz das *ä*. Es kommt oft in Wörtern vor, die mit Wörtern mit *a* verwandt sind, wie in *fällen* [fɛln] (verwandt mit *fallen*) und *Bäcker* [bɛkɐ] (verwandt mit *backen*). Es hat denselben Klangwert [ɛ] wie das reduzierte *e*, etwa in *Hemd* [hɛmd] oder *hell* [hɛl]. Die lange Version von *ä* wie in *Fähre* (verwandt mit *fahren*) und in *Pläne* [plɛːnə] (verwandt mit *Plan*) wird regional mit langem [ɛː] ([fɛːrə], [plɛːnə]) oder [eː] gesprochen ([feːrə], [pleːnə]).

spricht man ansonsten von *ungespannten* (statt *reduzierten*) und *gespannten* (statt *normalen*) Vokalen.

Das Schwa: Der ganz leichte Vokal

Als Letztes hat das Deutsche noch mit einem kuriosen Vokal aufzuwarten, der den schönen Namen *Schwa* trägt. Es ist (neben der langen, normalen und reduzierten Version) eine weitere, ganz leichte Version des Vokals *e*, die in der Lautschrift als [ə] dargestellt wird. Beispiele sind: *gelegenen* [gəleːgənən], *Lage* [laːgə], (ich) *hebe* [heːbə]. Das Schwa ist so leicht, dass es nie in einer betonten Silbe vorkommt. Außerdem hat es die Eigenschaft, normalerweise gar nicht ausgesprochen zu werden, wenn es vor einem [l], [r], [n] oder [m] steht: *Mantel* kann bei genauerer Aussprache mit Schwa als [mantəl] gesprochen werden, es wird aber normalerweise ohne Schwa als [mantl] gesprochen. Ähnlich ist es bei *Laden* [ladən] oder [laːdn] und vielen anderen Wörtern. Aus der Sicht der Schrift mag diese zweite Aussprache als schlampig erscheinen, da das geschriebene *e* hier ignoriert wird. Es hat sich aber in der heutigen gehobenen Standardsprache so eingebürgert und ist etwa im *Duden Aussprachewörterbuch* dadurch anerkannt, dass die Versionen ohne Schwa, also etwa [mantl] und [laːdn], als normale Aussprache angegeben werden. Auch viele der vorangegangenen Beispiele sind so in der Lautschrift wiedergegeben. Aus sprachwissenschaftlicher Sicht ist es ein Aspekt der eigenständigen gesprochenen Sprache, dass das Schwa vor [l], [r], [n] oder [m] normalerweise nicht ausgesprochen wird.

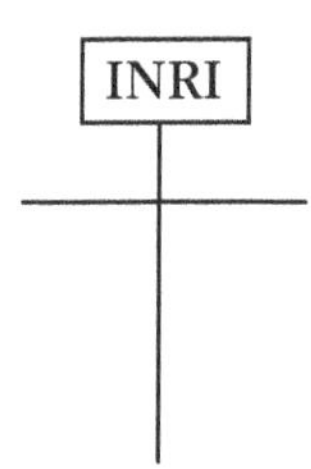

Die Kreuzinschrift INRI steht für *IESVS NAZARENVS REX IVDAEORVM* (‚Jesus von Nazaret, König der Juden').

Das antike Latein verwendete *I* sowohl für unser *i* als auch für unser *j*.

Warum übrigens König der Juden? Jesus war Jude, und wollte die jüdische Religion reformieren. Die Juden durften unter römischer Herrschaft keinen König haben. Die Römer beschuldigten Jesus, der König der Juden sein zu wollen. Mit INRI gab Pontius Pilatus den Rechtsgrund für die Kreuzigung an.

Diphthonge, Gleitlaut [j], r-Vokalisierung und Wortbetonung

Hier seien noch kurz eine Reihe von Lautklassen und Fällen erwähnt, die Ihr Wissen um die Aussprache des Deutschen abrunden. *Diphthonge* sind Folgen von zwei Vokalen, die in derselben Silbe stehen. Sprachen unterscheiden sich darin, welche Lautsequenzen in ihnen als Diphthonge möglich sind. Das Deutsche hat drei Diphthonge; *ei* [aɪ] kommt in den Wörtern *bei* [baɪ], *mein* [maɪn] und *Keil* [kaɪl] vor; *au* [aʊ] findet sich in *Maus* [maʊs], *fauchen* [faʊxn] und *kaum* [kaʊm]; *eu/äu* [ɔɪ] kann man in *euch* [ɔɪç], *leuchten* [lɔɪçtn] und *Mäuse* [mɔɪzə] finden.

Gleitlaute sind Laute, die zwischen den Vokalen und den Konsonanten einzuordnen sind. Im Deutschen gibt es nur einen Gleitlaut, das *j* [j], wie in *ja* [jaː] oder *Jod* [joːt]. Das Englische hat als zweiten Gleitlaut das [w], wie in *will* [wɪl]. Dieser Gleitlaut wird mit einer runden Öffnung zwischen beiden Lippen ausgesprochen. (Einen so ausgesprochenen Laut gibt es im Deutschen nicht. Wie wir gesehen haben, wird das geschriebene *w* im Deutschen [v] gesprochen, das ist ein Reibelaut zwischen Unterlippe und oberen Zähnen. Das deutsche *will* wird [vɪl] gesprochen.) In der Aussprache ist das [j] dem [i] sehr ähnlich und das englische [w] dem [u]. In der lateinischen Schrift der Antike wurde *I* für [i] und [j] und *V* für [u] und [w] geschrieben, wie auch in der bekannten Kreuzinschrift INRI, die in der Randspalte auf der vorigen Seite erklärt ist.

Die Aussprache von *r* variiert zwischen Konsonant und Vokal. Als normaler Konsonant wird es am Wort- und Silbenanfang ausgesprochen, wie in *Rede* [reːdə] und *Baracke* [ba.ra.kə] (hier mit Punkten für die Silbengrenzen). Steht das *r* im Deutschen nach einem Vokal in derselben Silbe, so ändert sich seine Aussprache oft zu einem *a*-ähnlichen Vokal, der in der Lautschrift [ɐ] geschrieben wird: *Tor* [toːɐ], *fuhr* [fuːɐ], *albern* [al.bɐn] (mit nicht ausgesprochenem Schwa).

Die Wortbetonung

folgt in einigen Sprachen einfachen Mustern. Im Polnischen etwa ist sie regelmäßig auf der vorletzten Silbe eines Wortes. Im Deutschen gibt es nicht so ein klares Muster. Im Deutschen kommen sehr viele einsilbige Wörter vor: *Mann, Frau, Kind, Haus, Baum, Buch, rot, gelb grün, schön, groß, liest, läuft, geht* etc. Bei diesen Wörtern trägt natürlich diese eine Silbe die Wortbetonung. Außerdem gibt es sehr viele zweisilbige Wörter, deren zweite Silbe eine Schwa-Silbe ist (mit ausgesprochenem oder manchmal nicht ausgesprochenem Schwa), die die Betonung nicht tragen kann. Bei diesen ist also die erste Silbe betont: *Tante, Onkel, Kanne, Flasche, lesen, laufen, Männer, Frauen, Kinder, rote, gelbe, grüne* etc. Bei den übrigen Wörtern aber folgt die Wortbetonung keinem regelmäßigen Muster. Beispielsweise kann sie bei Wörtern mit drei Silben auf der ersten Silbe liegen wie in *An*anas, auf der zweiten Silbe wie in *Ba***na***ne* oder auf der dritten Silbe wie in *Vita***min**. Die Lautschrift erlaubt das Markieren der betonten Silbe mehrsilbiger Wörter durch einen hochgestellten Strich vor der betonten Silbe: [ˈananas], [vitaˈmiːn], [baˈnaːnə].

3.4 Wörter

Das Deutsche erlaubt eine Vielzahl von Bildungen neuer Wörter und unterschiedlicher Wortformen. In diesem Abschnitt werden drei in vielen Sprachen gängige Arten der Bildung komplexer Wörter umrissen. Außerdem wird auf trennbare Verben eingegangen.

Komposita: Wörter aus mehreren anderen Wörtern

Neue Wörter, die aus mehreren Wörtern zusammengesetzt sind, wie im Falle von *Bauch* + *Landung*, werden *Komposita* genannt. Manche anderen Sprachen, zum Beispiel das Polnische (Kapitel 4), bilden kaum Komposita. Wieder andere Sprachen, etwa das Englische (Kapitel 5), bilden ebenfalls Komposita.

Das Deutsche ist aber für einen besonderen Hang zu Komposita bekannt. Und ganz zu Recht! Wie alltäglich sind für uns Wörter wie *Handschuh*, *Waschbecken* oder *Schulhof*. Wem von uns fällt schon beim Sprechen auf, dass *Haustürschlüssel* oder *Apfelsaftschorle* jeweils aus drei Wörtern zusammengesetzt sind? Wir zucken auch nicht wirklich zusammen, wenn uns aus dem Katalog für Küchengeräte das vierendige *Glaskeramikkochfeld* oder die *Klarspülmangelanzeige* entgegentritt. Eigentlich ahnen wir erst, dass etwas Ungewöhnliches vor sich geht, wenn wir fünf- und sechsköpfige Gebilde schreiben müssen, wie *Unterhaugeschirrspülmaschine* und *Südseesehn-*

Fugenelemente

dekorieren oft die Teile eines Kompositums, insbesondere das *-s*, wie in *Schönheit-s-ideal* und *Freundschaft-s-beweis*. Dabei ergeben sich oft Formen, die nicht klar ergründbar sind. So kann man in *Tag-es-licht* noch *des Tages Licht* erkennen. Aber ein *Hühn-er-ei* stammt im Allgemeinen nur von einem einzigen Huhn, und ein *Ein-partei-en-system* umfasst ganz explizit nur eine Partei, nicht mehrere *Partei-en*.

suchtsschnappschuss – aber auch dann vielleicht nur, weil wir merken, dass die Trennfunktion unseres Textverarbeitungsprogramms nicht eingeschaltet ist. Wie gut, dass manche Komposita mit Bindestrichen geschrieben werden, wie die *Oberweser-Dampfschifffahrts-Gesellschaft*, die einst die *Oberweser-Personen-Dampfschifffahrt* betrieb! Richtig aufhorchen aber würden wir wohl erst, wenn ein Wort länger als eine Zeile ist.

Ein Wort, das länger als eine Zeile ist!

So hat Sophie Repp (Autorin von Kapitel 5) das Wort *Rinderkennzeichnungs- und Rindfleischetikettierungsüberwachungsaufgabenübertragungsgesetz* gefunden, ein Gesetz, das im Jahr 1999 im Landtag von Mecklenburg-Vorpommern eingebracht und im selben Jahr als Wort des Jahres vorgeschlagen wurde. Im Jahr 2013 wurde es wieder aufgehoben.

Betonung in Komposita
Während der rechte Teil des Wortes für die Bedeutung zentral ist, liegt die Betonung stets auf dem linken Teil: *SCHULhof*, *TAGESlicht*, *HÜHNERei*, *GROSSstadt*, *UNIVERSITÄTSstadt*, *BUSreise* und *REISEbus*. Mit Ausnahmen gilt das auch für längere Komposita: *HAUStürschlüssel*, *APFELsaftschorle*, *TEXTverarbeitungsprogramm*.

Aber selbst in diesem Fall regt sich nach einer Weile gebührendem Staunen ein Stimmchen hinten in unserem Kopf und gibt zu bedenken: Naja, so ist das Deutsche eben.

Für die meisten Komposita gilt, dass das erste Wort das zweite Wort näher spezifiziert. Ob Silber*gabel* oder Kuchen*gabel* – beides sind Gabeln und enthalten *Gabel* als rechts stehendes Wort im Kompositum. Die Universitäts*stadt* ist ebenso eine Stadt wie die Küsten*stadt* und die Goethe*stadt*.

Die Bildung von Wörtern durch Präfixe und Suffixe

Wenn ein Lehrer einen Schüler prüft, dann ist der Lehrer der *Prüf-er*, der Schüler ist der *Prüf-ling*, das Geschehen können wir als *das Prüf-en* beschreiben oder als die *Prüf-ung*. Wenn Sabine Czerny das System der Prüfungen kritisiert, kann sie umgangssprachlich mit ihrer Freundin über das dauernde *Ge-prüf-e* oder über die *Prüf-erei* reden. In anderen Zusammenhängen kann man etwas *über-prüfen*, und wenn man das kann, dann ist diese Angelegenheit *über-prüf-bar*.

In allen diesen Fällen liegen Wörter vor, die das Verb *prüf(en)* enthalten. Die Erweiterungen können nachgestellt sein (*Suffix*) wie in *Prüf-er*, vorangestellt (*Präfix*) wie in *überprüfen* oder eine Kombination von beiden (*Zirkumfix*) wie in *Ge-prüf-e*. Im Falle von *das Prüf-en* wird der Infinitiv des Verbs genommen und als Nomen verwendet; hier liegt keine Erweiterung des Wortes vor, und doch ist das Ergebnis ein neues Wort, nämlich ein Nomen.

Betonung bei Präfixen und Suffixen
Viele der Erweiterungen wollen die Betonung nicht, sodass sie auf dem ursprünglichen Verb verbleibt: *PRÜf-er*, *PRÜf-ling*, *PRÜf-ung*, *Ge-PRÜf-e*. Manche Erweiterungen ziehen die Betonung auf sich, so *-erEI* in *Prüf-erEI*, *Schwätz-erEI*, *Schläg-erEI*.

Diese Erweiterungen funktionieren auch mit anderen Wörtern. So ist derjenige, der charakteristischerweise etwas tut, oft mit *-er* ausdrückbar, wie im Sport der *Renn-er*, *Sprint-er*, *Werf-er*, *Schwimm-er*, *Hoch-* und *Weitspring-er* und im sonstigen Leben der *Denk-er*, *Redn-er*, *Sprech-er*, *Trink-er*, *Schläf-er* etc. und eben der *Prüf-er*. In anderen Fällen, wie bei *Prüf-ling*, gibt es nur wenige andere Verwendungen der Erweiterung. Eine verwandte Bildung ist *Schütz-ling*, mit ähnlicher Bedeutung: Wie der Prüfling der zu Prüfende ist, ist der Schützling der zu Schützende. Aber viele Wörter von der Art gibt es nicht, und andere ähnlich klingende Fälle wie *Feig-ling* oder *Däum-ling* zeigen nicht dasselbe Bedeutungsmuster. Insgesamt gibt es im Deutschen viele Dutzend solcher spezielleren oder allgemeineren Erweiterungen, um aus Verben, Nomen, Adjektiven und Adverben andere Wörter einer anderen Wortart (oder manchmal derselben Wortart, wie in *über-prüfen*) zu bilden.

Trennbare Verben

Eine Eigenheit des Deutschen sind trennbare Verben. Präfixe (Vorsilben) bei Verben verbinden sich oft mit einem Verb zu einem neuen Verb. Die Präfixe können dabei betont oder unbetont sein: *be-* ist unbetont, wie in *be-ARbeiten*, *be-LAden*, *be-FÖRdern*; *auf-* ist betont, wie in *AUF-stehen*, *AUF-wecken*, *AUF-stoßen*, *AUF-fordern*. In einem Hauptsatz mit nur einem Verb stehen die betonten Präfixe abgetrennt und alleine am Satzende: Sie *steht früh am Morgen AUF*, sie *weckt jemanden AUF*, sie *stößt etwas AUF*, sie *fordert jemanden AUF*. Die unbetonten Präfixe andererseits werden nicht vom Verb abgetrennt: Sie *be-ARbeitet etwas*, sie *be-LÄDT etwas*, sie *be-FÖRdert jemanden*. Es gibt auch Präfixe, die eine betonte und eine unbetonte Version erlauben: Wir *um-FAHren etwas* (das Verb ist hier *um-FAHren*), wir *fahren etwas UM* (hier ist das Verb *UM-fahren*).

Ein Reh auf der Straße! UMfahren oder umFAHren? Eine Frage der Einstellung (und der Betonung).

Deklination innerhalb eines Satzgliedes

Ist das Deutsche lernbar? Wenn man die Deklination innerhalb eines Satzgliedes betrachtet, kann man daran schon zweifeln.

Es beginnt mit dem *Genus*, also dem grammatischen Geschlecht, das jedes Nomen trägt. Während im Französischen die Sonne maskulin und der Mond feminin ist (*le soleil*, *la lune*), ist es im Deutschen umgekehrt. Das muss man erst einmal für zahllose Nomen wissen. (Auf Faustregeln dazu wird unter „Weiterführende Literatur" am Kapitelende verwiesen.) Je nachdem, welches Genus das Nomen hat, müssen auch die Artikel und Adjektive entsprechend flektiert werden: *ein neu-**er** Schüler*, aber *ein-**e** neu-**e** Schüler-**in***.

Hinzu kommt der *Numerus*, also die Zahl: Geht es um einen oder mehrere? Beim Plural entfallen immerhin die Genus-

Das Englische stellt die Teile eines Satzglieds ohne Schnörkel nebeneinander: *the new student*. Wer Englisch lernt, braucht nur den Artikel (bestimmt oder unbestimmt), gegebenenfalls das Adjektiv, und dazu das Nomen, und fertig ist das Satzglied. Für Plural und Genitiv genügt ein *-s* bzw. *-'s* dazu am Nomen: *the new students*, *the new student's parents*. Beim Deutschen scheint uns, dass man entweder Muttersprachler sein muss, Rechenkünstler oder anderweitig hochbegabt, um die Verhältnisse richtig zu lernen.

Engl. *decline*: 1. ablehnen, 2. deklinieren

Mark Twain in einem ironischen Aufsatz über die Tücken der deutschen Sprache (S. 26):

„[T]here are more adjectives in this language than black cats in Switzerland, and they must all be elaborately declined [...]. Difficult? – troublesome? – theses words cannot describe it. I heard a Californian student from Heidelberg say, in one of his calmest moods, that he would rather decline two drinks than one German adjective."

unterscheidungen am Artikel und am Adjektiv: *(einig-**e**) neu-**e** Schüler, (einig-**e**) neu-**e** Schüler-in-**nen**.*

Vom Satz, also gewissermaßen von außen, kommt der *Kasus* dazu: *Nominativ, Genitiv, Dativ, Akkusativ.* Artikel und Adjektiv und gelegentlich das Nomen unterscheiden sich auch je nach Kasus des Satzgliedes: *ein-**em** neu-**en** Schüler, ein-**er** neu-**en** Schüler-**in**, (einig-**en**) neu-**en** Schüler-n, (einig-**en**) neu-**en** Schüler-in-**nen**.*

In diesen unterschiedlichen Formen kommen manchmal solche vor, die keine Endung haben, beispielsweise *ein* (im Vergleich zu *ein-e, ein-er* etc.). Dies spielt nun eine Rolle beim Sahnehäubchen dieser ganzen Kompliziertheit: dem Unterschied zwischen starker und schwacher Flexion. Geht den Adjektiven ein Artikel mit Endung (wie ***d-er***) voraus, so zeigen sie schwache Flexion. Einige wenige Nomen machen auch mit: ***d-er** tüchtig-**e** jung-**e** Beamt-**e*** oder ***dies-er** tüchtig-**e** jung-**e** Beamt-**e***. Geht ihnen kein Artikel mit Endung voraus, so zeigen sie starke Flexion: *ein-_ tüchtig-**er** jung-**er** Beamt-**er***. Und dafür gibt es je nach Genus, Numerus und Kasus wieder unterschiedliche Formen.

Allgemeiner wird die *Flexion* nicht als das Bilden neuer Wörter eingeordnet, sondern als das Bilden unterschiedlicher Formen desselben Wortes. Bei Artikeln, Adjektiven und Nomen heißt flektieren auch *deklinieren*, bei Verben auch *konjugieren*. Das konjugierte Verb stimmt dabei mit dem Subjekt überein (*Ich leg-e, du leg-st ...*) und spielt auch im Satzbau eine wichtige Rolle, wie wir im folgenden Abschnitt sehen werden.

3.5 Sätze

Der deutsche Hauptsatz funktioniert anders als der Hauptsatz in allen anderen Sprachen in diesem Buch. Für einen sinnvollen Vergleich mit anderen Sprachen teilen wir den deutschen Satz in zwei Teile. Diese werden V2 und SOV genannt, was gleich erklärt werden wird. Der deutsche Satzbauplan ist also V2 + SOV. Dabei ist der erste Teil, V2, für den deutschen Hauptsatz spezifisch und findet sich in keiner anderen Sprache in diesem Buch. Der zweite Teil, SOV, andererseits wird von einigen Sprachen in diesem Buch geteilt und lässt sich in einer allgemeineren Unterteilung der Sprachen in SVO-Sprachen und SOV-Sprachen einordnen. Die beiden Teile werden in den beiden folgenden Abschnitten erklärt.

V2 im Sprachvergleich

V2 steht für *Verbzweit* und beschreibt einen Satzanfang, in dem zunächst irgendein Satzglied steht und darauf das *finite (konjugierte, gebeugte) Verb* folgt. In den folgenden Beispielen ist das finite Verb hervorgehoben:

———V2———|
Daher ***kennt*** *der Peter die Maria.*
Seit Langem ***hat*** *der Peter ein Auto.*
Maria ***gab*** *mir etwas von ihrem Kuchen ab.*

Im Prinzip kann dabei ein beliebiges Satzglied vor dem finiten Verb stehen, wenn auch nicht alle Satzglieder gleich gerne vorn stehen. Besonders gerne stehen dort Satzglieder, die auch sonst gerne weiter vorn im Satz stehen, wie das Subjekt oder eine Zeitangabe:

Peter ***hat*** | *am Dienstag seine Prüfung bestanden.*
Am Dienstag ***hat*** | *Peter seine Prüfung bestanden*

Wenn das Objekt vorher schon erwähnt wurde, rutscht es auch gerne nach vorn:

(Was ist mit Peter?) *Den Peter* ***hat*** | *die Maria schon angerufen.*

Ein betontes Satzglied steht ebenfalls gerne dort vorn, auch wenn es ein Objekt ist:

(Was möchtest du essen?) *Ein WURSTBROT* ***hätte*** | *ich gerne.*

Man kann diese Anfangsposition vor dem finiten Verb auch einfach durch ein bedeutungsloses *es* füllen, damit der V2-Reihenfolge Genüge getan ist:

Es ***hat*** | *jemand angerufen.*
Es ***hat*** | *der Peter die Maria angerufen.*

Wir kommen noch ausführlicher auf die Reihenfolge der Satzteile im zweiten Teil des Satzes zu sprechen. Hier sei aber schon einmal vorweggenommen, dass Verben, die nicht im V2-Teil des Satzes stehen, im zweiten Teil stets nach dem Subjekt und den Objekten stehen. Man sieht das insbesondere in Nebensätzen. Diese haben nämlich keinen V2-Teil vorn, sondern stattdessen lediglich eine einleitende Konjunktion wie *dass* oder *weil.* Die folgenden Nebensätze verwenden *dass.* In solchen Nebensätzen stehen alle Verben am Satzende:

		Subjekt	Objekt	Verb(en)
(Peter glaubt,)	***dass***	*Maria*	*eine Zeitung*	***gekauft hat.***
(Peter glaubt,)	***dass***	*Hans*	*ein Auto*	***hat.***

Wenn aber in einem entsprechenden Hauptsatz der V2-Teil hinzu kommt, „hüpft" das finite Verb nach vorn in die V2-Stellung (und ein Satzglied „hüpft" davor, damit die V2-Stellung stimmt):

———V2———		Subjekt	Objekt	Verb(en)
Es	***hat***	*Maria*	*eine Zeitung*	***gekauft*** .
Hans	***hat***		*eine Zeitung*	***gekauft*** .
Eine ZEITUNG	***hat***	*Maria*		***gekauft*** .

Wie man an den Beispielen sieht, entsteht so eine sehr starke Unterscheidung der Wortreihenfolge zwischen Neben- und Hauptsätzen im Deutschen. Diese Unterscheidung findet sich in vielen anderen Sprachen der Welt nicht. Sie ist charakteristisch für das Deutsche und geht auf den anfänglichen V2-Teil des deutschen Hauptsatzes zurück.

Dabei gibt es auch Verben, die „sich zerreißen", um in die V2-Stellung kommen zu können: die bereits erwähnten trennbaren Verben. Bestimmte Vorsilben (Präfixe) gehen nämlich nicht mit, wenn das konjugierte Verb in die V2-Stellung hüpft. Im folgenden Beispiel etwa kommt die Verbform *aufweckt* vor. Seine Vorsilbe *auf* kommt nicht mit, wenn der konjugierte Teil des Verbs, *weckt,* in die V2-Stellung hüpft. So bleibt das *auf* in der sonstigen Position für Verben, nämlich nach dem Objekt, stehen:

Peter ***weckt*** | *Maria* ***auf*** . *„aufwecken", vgl.:* *Peter* ***hat*** | *Maria* ***aufgeweckt.***
... ***dass*** | *Peter Maria* ***aufweckt***

Ähnlich im folgenden Beispiel, in dem die Verbform *einfällt* auf diese Weise getrennt wird:

Mir ***fällt*** | *etwas* ***ein*** . *„einfallen", vgl.:* *Mir* ***ist*** | *etwas* ***eingefallen.***
... ***dass*** | *mir etwas* ***einfällt***

Man sieht das abgetrennte Präfix auch im nächsten Beispiel, wo als einziges Satzglied ein Subjekt im Satz steht. Dieses Satzglied steht dann am Satzanfang in der V2-Stellung. Das Verb hüpft in die zweite Position, und übrig bleibt dahinter nur die Vorsilbe des Verbs, die das Verb nicht mitgenommen hat:

Maria ***schläft*** | ***ein*** .	*„einschlafen", vgl.:*	*Maria* ***ist*** | ***eingeschlafen.***
		... ***dass*** | *Maria* ***einschläft***

Das Vorhüpfen des Verbs ist übrigens der einzig mögliche Grund, aus dem sich trennbare Verben trennen können.

Die V2-Stellung wird immer eingehalten, auch wenn im darauffolgenden Rest des Satzes nichts mehr übrig bleibt:

Maria ***arbeitet*** |.

Nehmen Sie sich irgendeine Zeitung, ein Buch oder ein Gedicht, und überprüfen Sie die V2-Stellung: Soweit Sie den Aufbau der Sätze am Satzanfang nachvollziehen können, werden Sie sehen, dass es stets so ist: Der Aussagesatz beginnt mit einem Satzglied, gefolgt von dem finiten Verb. Sie selbst verwenden diese Form des Satzes auch hunderte, vielleicht tausende Male am Tag beim Reden.

Die V2-Stellung gibt es außer im Deutschen auch im Niederländischen und in den skandinavischen Sprachen, von denen die bekanntesten das Dänische, das Schwedische und das Norwegische sind. Außer diesen germanischen Sprachen gibt es wenige Sprachen auf der Welt, die die V2-Stellung im normalen Hauptsatz verwenden. Wie erwähnt ist in diesem Buch das Deutsche die einzige Sprache mit der V2-Stellung.

SOV im Sprachvergleich

Nach der anfänglichen V2-Reihenfolge steht natürlich nur noch das, was vom Rest des Satzes übrig ist, denn der V2-Teil wird gefüllt, indem Teile des übrigen Satzes dorthin hüpfen. In einigen der obigen Beispiele sieht man, dass das oft nicht viel vom Rest des Satzes, nach dem V2-Teil, übrig lässt. Dennoch: Wenn mehr vom Satz übrig ist, sieht man sehr gut, dass auch der zweite Teil des Satzes, nach der V2-Reihenfolge, einem Bauplan folgt. Wir können diesen zum einen in Hauptsätzen sehen, wenn die Füllung des anfänglichen V2-Schemas noch genug Satzteile übrig lässt:

——V2——	——SOV——		
	Subjekt	**Objekt**	**Verb(en)**
Gestern ***könnte***	*Maria*	*eine Zeitung*	***gekauft haben.***
Seit Januar ***soll***	*Hans*	*ein Auto*	***haben.***

Mark Twain:

„[I]n einer deutschen Zeitung stellen sie ihr Verb weit weg auf die nächste Seite rüber; und ich habe gehört, dass sie manchmal, wenn sie eine oder zwei Spalten lang aufregende Vorbereitungen und Einschübe aneinandergereiht haben, in Zeitnot geraten und in Druck gehen müssen, ohne überhaupt bis zum Verb gekommen zu sein" (S. 16 f.).

Zum anderen können wir Nebensätze mit *dass* betrachten. Wir haben bereits erwähnt, dass diese statt dem V2-Teil nur eine einleitende Konjunktion wie *dass* haben. Hier ist also nichts aus dem zweiten Teil des Satzes herausgehüpft:

	SOV		
	Subjekt	**Objekt**	**Verb(en)**
(Peter glaubt,) ***dass***	*Maria*	*eine Zeitung*	***gekauft hat.***
(Peter glaubt,) ***dass***	*Hans*	*ein Auto*	***hat.***

Egal wie wir vorgehen, wir beobachten dieselbe Reihenfolge: Im zweiten Teil des Satzes stehen die Elemente in der Reihenfolge *Subjekt vor Objekt vor Verben*. Dies ist unter den obigen Beispielen hervorgehoben. Wenn das Verb mehrere Objekte hat, reihen diese sich auch in das Schema ein:

		Subjekt	**Dativobjekt**	**Akkusativobjekt**	**Verben**
(Peter sagt,)	*dass*	*Maria*	*ihrem Sohn*	*die Zeitung*	*vorlesen wird.*
(Peter sagt,)	*dass*	*Hans*	*seiner Mutter*	*die Burg*	*gezeigt hat.*

Dieses Schema wird auch SOV genannt, was für S(ubjekt)-O(bjekt)-V(erb) steht. Der Satzbauplan des Hauptsatzes kann also in der Formel V2 + SOV zusammengefasst werden. Dabei ist der anfängliche V2-Teil verbindlich. Von der darauffolgenden SOV-Reihenfolge ist stets nur so viel zu sehen, wie die Füllung des Satzanfangs übrig lässt.

*Ich **hab** | ihn **aufsetzt**.*

*Die Eisenbahn **hat** | die Julia **puttmach**.*

In diesen Sätzen eines Dreijährigen aus Clahsen und Smolka (1986) fehlen noch ein paar Silben in den Verbformen, aber der Satzbauplan V2 + SOV steht schon. Die finiten Verben stehen gemäß V2 an zweiter Stelle. Davor steht im ersten Beispiel das Subjekt *ich* und im zweiten Beispiel das Objekt *die Eisenbahn*. Die übrigen Verben (*aufsetzt, puttmach*) stehen gemäß der SOV-Reihenfolge an letzter Stelle.

In der Spracherwerbsforschung hat man herausgefunden, dass dreijährige Kinder, die mit Deutsch als Muttersprache aufwachsen, bei normaler Sprachentwicklung die Reihenfolge V2+SOV schon regelmäßig verwenden. Man sieht daran, dass dieser Satzbauplan ein Teil unserer unbewussten Grammatik der gesprochenen Sprache ist. Die Kinder lernen ihn unbewusst durch Zuhören, lange bevor sie zur Schule gehen. Die geschriebene Sprache folgt derselben unbewussten Grammatik und verwendet diesen Satzbauplan ebenso.

Dies können wir nun mit anderen Sprachen vergleichen. Diese haben normalerweise keinen V2-Teil im Hauptsatz. Stattdessen ist das, was im Deutschen auf die V2-Stellung folgt, in anderen Sprachen der gesamte Hauptsatz. Dabei kann man zwei große Gruppen von Sprachen unterscheiden. So gibt es zunächst eine Reihe von Sprachen, die auch die SOV-Reihenfolge verwenden, beispielsweise das Türkische, das Hindi und das Japanische. Der Hauptsatz hat hier einfach die Form SOV. Ein Beispiel aus dem Türkischen ist hier gezeigt:

Subjekt	**Objekt**	**Verb**
Maria	*Hans-ı*	*gör-dü*
Maria	Hans-AKK	sehen-PRÄTERITUM

‚Maria sah Hans.'

Andererseits gibt es eine große Gruppe von Sprachen, die die Reihenfolge SVO, also Subjekt vor Verb vor Objekt, verwenden. Hierzu gehören das Englische, das Französische, das Italienische, das Spanische und das Chinesische. Englische und französische Beispiele folgen:

Subjekt	**Verben**	**Objekte**
John	*saw*	*Mary.*
John	*has given*	*Mary flowers.*

Subjekt	**Verben**	**Objekte**
Jean	*a vu*	*Marie.*
Jean	*a donné*	*des fleurs à Marie.*

Diese SVO-Reihenfolge sieht manchmal ähnlich aus wie die deutsche V2-Reihenfolge, da in beiden Fällen das Verb an zweiter Stelle steht:

Hans ***sah*** *| Maria gestern.*

Den Unterschied zwischen SVO-Bauplan und V2-Bauplan sieht man, wenn man versucht, das Subjekt hinter das Verb zu stellen und stattdessen ein anderes Satzglied voranzustellen. Das ist in der deutschen V2-Stellung leicht möglich, aber in der Englischen SVO-Stellung vollkommen ausgeschlossen:

Noch einmal Mark Twain
(aus der Sicht seiner englischen Muttersprache): „Deutsche Bücher sind recht leicht zu lesen, wenn man sie vor den Spiegel hält oder sich auf den Kopf stellt – um den Aufbau umzukehren [...].“ (S.14 f.)

Gestern ***sah*** *|* ***Hans*** *Maria.*
Es ***sah*** *|* ***Hans*** *Maria.*

Yesterday* ***saw Hans* *Maria.*
It* ***saw Hans* *Maria.*

Die Sternchen * zeigen dabei an, dass englische Muttersprachler diese Sätze nicht als Englisch akzeptieren würden: Die Sätze sind ungrammatisch. Sie sind für englische Muttersprachler in etwa so schlecht, wie wenn wir im Deutschen sagen würden **Hans Maria sah* – eben nicht der intuitiven Grammatik entsprechend.

In der SVO-Reihenfolge des Englischen muss das Subjekt also wirklich vor dem Verb stehen. In der V2-Reihenfolge ist es flexibel, welches Satzglied vor dem Verb steht. Das kann auch mal das Subjekt sein. Aber selbst dann sagen wir nicht SVO dazu, weil SVO nicht einzelne Sätze beschreibt, sondern einen Satzbauplan, wie das Englische und das Französische ihn verwendet.

Die Satzreihenfolgen der Aussagesätze einer Reihe von Sprachen sind im Folgenden zusammengestellt. Sprachen, die in diesem Buch nicht vertreten sind, stehen in Klammern:

V2 + SOV:	Deutsch, (Niederländisch)
V2 + SVO:	(Dänisch, Norwegisch, Schwedisch)
SOV:	Hindi, Japanisch, Türkisch
SVO:	Chinesisch, Englisch, Französisch

„Denn so wundervoll ist in der Sprache die Individualisirung innerhalb der allgemeinen Übereinstimmung, dass man ebenso richtig sagen kann, dass das ganze Menschengeschlecht nur Eine Sprache, als dass jeder Mensch eine besondere besitzt“ (Wilhelm von Humboldt 1836, S. 47)

Wie man sieht, kann sich V2 sowohl mit SOV als auch mit SVO kombinieren. Sehr viele andere Sprachen lassen sich entweder als SOV oder als SVO einordnen.

3.6 Wortschatz: Unsere Monatsnamen und ihre Herkunft

In den Namen der letzten Monate unseres Kalenderjahres sieht man lateinische Zahlen: *September* (lat. *septem* = 7), *Oktober* (lat. *octo* = 8), *November* (lat. *novem* = 9), *Dezember* (lat. *decem* = 10). Wo kommen diese her? Und wieso stimmen sie nicht mit unserer Nummerierung der Monate überein, in der der September beispielsweise der neunte Monat ist und nicht der siebente?

Dazu müssen wir etwas ausholen. Es ist interessant – und vielleicht eine angenehme Abwechslung nach der Grammatik in diesem Kapitel.

Der Kalender, nach dem wir heute leben, heißt *gregorianischer Kalender*. Aber eigentlich ist unser Kalender von Julius Cäsar und reflektiert sogar noch viele römische Traditionen vor Cäsar. Cäsars Kalender heißt offiziell der *julianische Kalender*, und offiziell leben wir nicht mehr in ihm, sondern eben im gregorianischen Kalender. Aber der Unterschied ist minimal.

Das Jahr 2000: Wie bei Cäsar oder wie bei Papst Gregor XIII.?
Schaltjahre mit 29 Februartagen sind die durch 4 teilbaren Jahreszahlen: 2004, 2008, 2012 etc. Ausnahmen nach dem gregorianischen Zusatz sind die durch 100 teilbaren Jahreszahlen: 1700, 1800, 1900. Unterlassungen der Ausnahme sind die durch 400 teilbaren Jahreszahlen: 1200, 1600 und 2000. Im Jahr 2000 hatten wir also ein Schaltjahr und einen 29. Februar, wie es in Cäsars Kalender vorgesehen gewesen wäre, auch nach den gregorianisch modifizierten Regeln. In unseren Lebzeiten liegt also kein Februar, dessen Länge von den gregorianischen Modifikationen betroffen wäre.

Er besteht lediglich darin, dass im gregorianischen Kalender alle 100 Jahre ein Schaltjahr übersprungen wird (mit der Ausnahme, dass alle 400 Jahre dieses Überspringen unterlassen wird). Das hat Papst Gregor XIII. im Jahr 1582 verfügt, für eine präzisere Anpassung an das natürliche Sonnenjahr. Außerdem folgte auf den 4. Oktober 1582 per Beschluss am nächsten Tag der 15. Oktober 1582, um die Abweichung des Kalenders vom natürlichen Sonnenjahr aus den Jahrhunderten davor auszugleichen. Das ist alles, was zu Cäsars Kalender dazukam. Für Fragen nach den Monatsnamen müssen wir also zu den alten Römern zurückkehren. Denn als Cäsars Kalenderreform 45 v. Chr. vom römischen Senat verabschiedet wurde, war darin alles andere aus unserem heutigen Kalender bereits vorhanden: die zwölf Monate von Januar bis Dezember, jeweils mit genau der Anzahl von Tagen, wie wir sie heute kennen. Auch der Februar hatte, wie heute, 28 Tage, aber alle vier Jahre 29 Tage, mit einem zusätzlichen Schalttag. Ebenso waren die Monatsnamen unsere heutigen, allerdings mit zwei Ausnahmen, denen wir uns zunächst zuwenden.

Juli und August
Nach Julius Cäsar und Kaiser Augustus.

Die Monatsnamen, die Cäsar sämtlich aus dem vorherigen römischen Kalender übernommen hatte, hatten auch Zahlennamen für die beiden Monate vor dem September: Quintilis und Sextilis, der ‚Fünfte' und der ‚Sechste', also genauso „falsch" nummeriert wie die daran anschließenden späteren Monate. Den Fünften und den Sechsten haben wir heute nicht mehr. Auf Cäsars Kalenderreform hin beschloss der römische Senat, einen Monat zu Ehren von Cäsar umzubenennen: *Julius*, im Deutschen *Juli*. Sie nahmen dazu den Fünften, also den ersten der Monate mit den langweiligen Zahlennamen, der auch der Geburtsmonat von Cäsar war.

Nach der Ermordung Cäsars und einigen Kämpfen um die Herrschaft im Römischen Reich setzte sich Octavian durch. Er erhielt vom römischen Senat den Titel *Augustus* („der Erhabene"). Er war der erste Kaiser Roms. Auch zu seinen Ehren beschloss der römische Senat, einen Monat umzubenennen, unseren heutigen *August*. Der Sechste passte aus vielen Gründen. Er war nicht nur der nächste langweilige Zahlenname, sondern auch der Monat nach dem Juli (so wie Augustus nach seinem Großonkel und Adoptivvater Cäsar das Römische Reich lenkte); er hatte noch nicht einmal weniger Tage als der Monat von Cäsar, auch schon in Cäsars Kalender, und schließlich waren eine Reihe glücklicher Ereignisse in Augustus Leben in diesen Monat gefallen.

Kaiser Augustus in der Bibel

Vielleicht kennen Sie Kaiser Augustus aus der Weihnachtsgeschichte nach Lukas. Gemäß dem Lukas-Evangelium führte Kaiser Augustus Steuern auf Besitz ein, die am Geburtsort jedes Steuerpflichtigen berechnet wurden. „Und jedermann ging, dass er sich schätzen ließe, ein jeglicher in seine Stadt. Da machte sich auf auch Josef aus Galiläa aus der Stadt Nazareth in das jüdische Land zur Stadt David(s), die da heißt Bethlehem, darum dass er von dem Hause und Geschlechte David(s) war, auf dass er sich schätzen ließe, mit Maria seinem vertrauten Weibe, die war schwanger." (Luthers Übersetzung, hier in der Orthografie angepasst)

Auch Cäsars Kalender war keine Neuerfindung. Er hatte vielmehr versucht, viele Elemente aus dem vorherigen römischen Kalender zu erhalten. Er passte dabei den vorherigen, eher an den Mondzyklen orientierten Kalender auf das von den Ägyptern übernommene Wissen um die genaue Länge des Sonnenjahres an. Insbesondere hatte Cäsar auch den Jahresbeginn und alle Monatsnamen von dem vorherigen römischen Kalender übernommen. Blicken wir also weiter zurück, in die Zeit vor Cäsar.

Die römische Legende schreibt die Anfänge eines frühen römischen Kalenders Romulus, dem Gründer Roms, zu. Dieser frühe Kalender begann zunächst mit dem Monat März (nicht schlecht, mit der ersten Sonnenwärme, nicht wahr?). In ihm waren die ersten vier Monate nach römischen Göttern benannt: der März nach dem Kriegsgott Mars, der April (hier gibt es unterschiedliche Versionen) war der Liebesgöttin Venus gewidmet und kommt möglicherweise von einem früheren römischen Namen Aphrilis für die griechische Liebesgöttin Aphrodite. Der Mai war nach der griechischen Göttin der Fruchtbarkeit Maia benannt und der Juni nach der Göttin Juno, der Beschützerin und Beraterin des Staates, die auch im Speziellen Fürsorgerin für die Frauen Roms war. Juno war zudem Schwester und Gattin des obersten Gottes Jupiter.

März bis Juni

Nach den römischen Göttern Mars, eventuell Aphrilis/Aphrodite, Maia, Juno.

Da der Kalender zunächst nur zehn Monate hatte (und eine nicht in Monate aufgeteilte Winterzeit vor dem nächsten Jahr), folgten darauf die oben erwähnten Zahlenmonate bis Dezember, dem damals zehnten Monat. Mit dem Jahresbeginn im März stimmten natürlich die Zahlen vom Fünften über den September bis zum Dezember. Dort kommen sie also her.

September bis Dezember

Aus der Frühzeit der Römer, als es ein Jahr mit zehn Monaten von März bis Dezember gab.

Das Jahr erhielt aber bald darauf zwei zusätzliche Monate, und der Jahresanfang wurde noch lange vor Cäsar auf den Januar gelegt. Der Januar ehrt den römischen Gott Janus, den

Januar und Februar

„Januar" ist benannt nach dem römischen Gott Janus, „Februar" nach dem römischen Reinigungsfest Februa.

Gott der Anfänge, Enden und Übergänge, der mit zwei Gesichtern abgebildet wird: eines in die Vergangenheit, eines in die Zukunft blickend – ein passender Gott für den Jahresbeginn. Der Februar ist nach dem römischen Reinigungsfest Februa benannt (lat. *februare* ‚reinigen'). Dies hat mit Aberglauben und Ängsten vor Geistern zu tun, die die Römer offenbar auch anfangs davon abgehalten haben, den Winter überhaupt mit Monaten zu belegen.

Auch war man abergläubisch in der Vermeidung von geraden Zahlen, und über lange Zeit hatte lediglich der Reinigungsmonat Februar eine gerade Anzahl von Tagen, nämlich 28. Die übrigen Monate hatten über lange Zeit und bis zu Cäsars Reform 29 oder 31 Tage. Cäsar erhielt den Februar mit 28 Tagen und die vier Monate mit 31 Tagen und stockte die Monate mit 29 Tagen auf entweder 30 oder 31 auf. Da beispielsweise Juli (Quintilis) und Oktober schon vorher 31 Tage hatten, wurde der August (Sextilis) von 29 auf 31 Tage aufgestockt und der September von 29 auf 30 Tage.

Quellen und weiterführende Literatur

Allgemeines: Barbour und Stevenson (1988), Ernst (2005) (besonders zur Lektüre empfohlen), Speyer (2010) sowie Wikipedia-Einträge *Deutsche Sprache*, *Deutsche Sprachgeschichte*, *Bildungssystem in Deutschland* und Angaben zu den Einwohnerzahlen europäischer Länder (Zugriff jeweils 6.4.2012). Mark Twains humorig-ironische Lästereien über die Komplexitäten der deutschen Sprache: Twain (2010). Das Gedicht *Dû bist mîn* findet sich in Moser und Tervooren (1981).

Laut und Schrift: Internationale Lautschrift: *Duden Aussprachewörterbuch* sowie das *Handbook of the International Phonetic Association* (IPA 1999). Zur Orthografie im Verhältnis zum Lautsystem: Fuhrhop (2006); siehe auch die Erklärung der Rechtschreibregeln im *Duden Rechtschreibung*. Akademische Einführung in das Lautsystem des Deutschen: Hall (2000).

„Singtest" ist kein in der Linguistik bekannter Begriff. Diese Art, sich die Stimmhaftigkeit klarzumachen, stammt vom Autor dieses Kapitels.

Wortbildung und Satzbau: Duden Grammatik. Faustregeln für das Genus deutscher Nomen kann man in Köpcke und Zubin (1996) finden. Zum Spracherwerb des Deutschen sei einführend Tracy (2008) empfohlen.

Monatsnamen: Judge (2004) und Stern (2012) sowie die deutsch- und englischsprachigen Wikipedia-Einträge zum *römischen*, *julianischen* und *gregorianischen Kalender* und zu den Monatsnamen (Zugriff jeweils 8.3.2013).

Literatur

Barbour S, Stevenson P (1988) Variation im Deutschen. De Gruyter, Berlin

Clahsen H, Smolka KD (Hrsg) (1986) Psycholinguistic evidence and the description of V2 phenomena in German. Foris, Dordrecht

Duden. Das Aussprachewörterbuch (2006) Dudenverlag, Mannheim/Leipzig/Wien/Zürich

Duden. Die Grammatik (2009) Dudenverlag, Mannheim/Leipzig/Wien/Zürich

Duden. Die Rechtschreibung (2009) Dudenverlag, Mannheim/Leipzig/Wien/Zürich

Ernst P (2005) Deutsche Sprachgeschichte. Eine Einführung in die diachrone Sprachwissenschaft des Deutschen. VUW, Wien

Fuhrhop N (2006) Orthografie. 2. Aufl. Universitätsverlag Winter, Heidelberg

Hall TA (2000) Phonologie: Eine Einführung. De Gruyter, Berlin

IPA (1999) Handbook of the International Phonetic Association. Cambridge University Press, Cambridge

Judge M (2004) The dance of time. The origins of the calendar: A miscellany of history and myth, religion and astronomy, festivals and feast days. Academic Publishing, New York

Köpcke KM, Zubin DA (1996) Prinzipien für die Genuszuweisung im Deutschen. In Lang E, Zifonun G (Hrsg) Deutsch-typologisch. De Gruyter, Berlin. 473–491

Moser H, Tervooren H (1981) Des Minnesangs Frühling: unter Benutzung der Ausgaben von Karl Lachmann und Moriz Haupt, Friedrich Vogt und Carl von Kraus. Hirzel, Stuttgart

Ramers KH (1995) Einführung in die Phonologie. Fink/UTB, München

Speyer A (2010) Deutsche Sprachgeschichte. Vanderhoeck und Ruprecht, Göttingen

Stern S (2012) Calendars in antiquity: Empires, states, and societies. Oxford University Press, Oxford

Tracy R (2008) Wie Kinder Sprache lernen. Francke, Marburg

Twain M (2010) The awful German language. Die schreckliche deutsche Sprache. Nikol, Hamburg [Zweisprachige Neuausgabe des 1880 erschienenen Aufsatzes]

von Humboldt W (1836) Über die Verschiedenheit des menschlichen Sprachbaues und ihren Einfluss auf die geistige Entwickelung des Menschengeschlechts. Königliche Akademie der Wissenschaften, Berlin

4 Das Polnische und das Tschechische

Joanna Błaszczak

4.1 Einleitung

Polnisch (*język polski*) und Tschechisch (*český jazyk*) sind die beiden größten westslawischen Sprachen. Auch in Deutschland werden zwei westslawische Sprachen gesprochen: das Niedersorbische (*dolnoserbska rěc*) und das Obersorbische (*hornjoserbska rěč*) in der Lausitz. Polnisch gehört zur lechitischen Gruppe, zu der auch das Kaschubische (*kaszëbsczi jãzëk*) zählt, bekannt aus Günter Grass' *Blechtrommel*. Tschechisch gehört zur tschechisch-slowakischen Gruppe, die noch Slowakisch (*slovenský jazyk*) sowie eine bis zum ausgehenden Mittelalter von Juden gesprochene Sprache namens Knaanisch enthält.

Das Polnische und das Tschechische sind historisch nah verwandt. Die Sprecher des Polnischen und des Tschechischen können sich einigermaßen gegenseitig verstehen. Noch ähnlicher sind sich Tschechisch und Slowakisch, was vorwiegend auf die gemeinsame Geschichte in der Tschechoslowakei zurückzuführen ist. Aus diesem Grund, und da in Deutschland und selbst in dem der Slowakei benachbarten Österreich weniger Schulkinder mit slowakischem als mit tschechischem Hintergrund leben, konzentrieren wir uns hier auf das Tschechische.

Lautlich sind sich die beiden Sprachen dabei gar nicht so ähnlich. Das Polnische hört sich eher zischelnd an; manche denken an einen Jazz-Schlagzeuger, der mit dem Schlagbesen sachte die Becken bearbeitet. Schon die Begrüßung klingt so: *tschäschtsch,* geschrieben: *cześć*. Dieses Wort kann auch beim Abschiednehmen verwendet werden, es würde also gleichzeitig etwa dem *Hallo* und *Tschüss* im Deutschen entsprechen. Das Tschechische klingt härter, hat einen klaren Akzent und deutliche lange und kurze Vokale – aber auch dieses merkwürdige *r*, das den deutschen Musikredakteur bei dem Namen *Dvořák* ins Schwitzen bringt. Man begrüßt sich, befremdlich für ein Land ohne Küste, mit *ahoj*. Shakespeare hatte allerdings Tschechien eine Küste verpasst, worauf Ingeborg Bachmann in ihrem Gedicht *Und Böhmen liegt am Meer* anspielt. Beide Sprachen scheinen dabei streckenweise ganz ohne Vokale auszukommen. In der Grammatik sind sie sich aber recht ähnlich.

Bekannte Persönlichkeiten

Welche berühmten Persönlichkeiten aus Polen und Tschechien könnten Ihre Schülerinnen und Schüler kennen? Vielleicht die polnischen Fußballer Lukas Podolski und Miroslav Klose oder den tschechischen Nationalfußballspieler Jan Koller, vielleicht auch Eva Herzigová, das Fotomodell. Aber vielleicht fällt ihnen auch die Polin Maria Curie-Skłodowska ein, die das Polonium und das Radium entdeckte und die erste Frau war, die einen Nobelpreis erhielt – nicht nur einen, sondern sogar zwei. Aus der Musik könnten die tschechischen Komponisten Antonín Dvořák und Bedřich Smetana oder der polnische Komponist Frédéric Chopin ein Begriff sein. Unter Umständen kennt auch jemand den tschechischen Schriftsteller Jaroslav Hašek und seinen Roman *Der brave Soldat Švejk*, den polnischen Schriftsteller Henryk Sienkiewicz, den Autor von *Quo vadis*, oder den Science-Fiction-Autor Stanisław Lem und seinen Roman *Solaris*. Aber raten Sie mal, wer als der berühmteste Tscheche überhaupt gilt! Die Lösung finden Sie am Ende dieses Kapitels. 📖[1]

Polnischer Zungenbrecher

W Szczebrzeszynie chrząszcz brzmi w trzcinie i Szczebrzeszyn z tego słynie, że chrząszcz brzmi tam w trzcinie.

‚In Szczebrzeszyn brummt der Käfer im Schilfrohr, und dafür ist Szczebrzeszyn berühmt, dass dort der Käfer im Schilfrohr brummt.'

4.2 Allgemeines zur polnischen und zur tschechischen Sprache

Einiges zur Geschichte Polens

Die Geschichte der Polen bzw. des polnischen Staates beginnt auf dem Gebiet des heutigen Großpolens (auf Polnisch: *Wielkopolska*). Dort wurde im späten 9. bzw. frühen 10. Jahrhundert um die Städte Posen und Gnesen ein Herzogtum gegründet, dessen Namen sich vom westslawischen Stamm der Polanen (poln. *Polanie* ‚Feldbewohner' vom Wort *pole* ‚Feld') ableitet, die sich später zwischen den Flüssen Oder und Weichsel niederließen. Von Anfang an war das Schicksal der Polen eng mit dem der Deutschen und Tschechen verbunden, durch Zeiten des friedvollen Mit- und Nebeneinanderexistierens, aber auch durch kriegerische Auseinandersetzungen. Nicht zufällig ist das Wort *Grenze* ein Lehnwort aus dem slawischen *granica*.

Ein Beispiel: Der polnische Herzog Mieszko I. aus der Dynastie der Piasten, der erste schriftlich erwähnte polnische Fürst, verbündete sich im Jahre 965 mit den christlichen Böhmen, ließ sich nach römisch-katholischem Ritus taufen und heiratete im Anschluss die böhmische Herzogstochter Dobrawa aus dem Geschlecht der Přemysliden. Aber schon einige Jahre später kam es zum Bruch zwischen Polen und Böhmen, als Dobrawa starb und Mieszko die Sächsin Oda von Haldensleben heiratete. Die militärische Unterstützung im Kampf gegen Böhmen kam von der oströmischen Kaiserin Theophanu, die als Regentin für ihren minderjährigen Sohn, Otto III., die Macht im Reich übernahm. Im Gegenzug führte Mieszko im Namen des Kaisers als „Markgraf des Reiches" einen Heidenfeldzug gegen die Elbslawen an.

Diese Ereignisse waren nicht nur für die frühen polnisch-deutsch-tschechischen politischen Beziehungen bezeichnend, sondern auch für die frühen Sprachkontakte. Es kam zu Entlehnungen aus dem Deutschen (d. h. natürlich aus dem Althochdeutschen). Vor allem wurde religiöser Wortschatz ins Polnische übernommen, zum Teil durch Vermittlung des Tschechischen, zum Beispiel *kościół* ‚Kirche' < tschechisch *kostel* < althochdeutsch *kastel* < lat. *castellum*; oder

Sprecher und Sprachsituation

Es gibt heute etwa 38 Millionen Polnischsprecher in Polen. Dazu kommt noch eine große Zahl von 15 bis 18 Millionen im Ausland, davon etwa zwei Millionen in Deutschland. Sie werden hier nicht unbedingt als „polnische Minderheit" wahrgenommen, was nicht nur an der großen Heterogenität der polnischsprachigen Einwanderergruppe liegt, sondern auch politische Gründe hat. Die „Ruhr-Polen" zum Beispiel, die sich ab ca. 1870 im Zuge der Industralisierung an Rhein und Ruhr, aber auch in anderen Gebieten (z. B. in Berlin) niedergelassen haben, waren im staatsbürgerlichen Sinne eigentlich Deutsche aus den östlichen Provinzen Preußens (Ost- und Westpreußen, Posen, Schlesien). Sie haben sich in der Regel dann auch rasch in die ortsansässige Bevölkerung integriert – nicht zuletzt durch den Fußball, wie die Gründung des Vereins Borussia Dortmund durch Söhne polnischer Einwanderer zeigt. Außer einem polnischen Familiennamen besitzen ihre Nachkommen nicht mehr viel Polnisches. Anders gestaltete sich die Situation nach dem Zweiten Weltkrieg, als „Aussiedler" (seit 1975 „Spätaussiedler") aus den früheren Ostgebieten nach Deutschland kamen, darunter auch Menschen mit doppelter Identität, die mit beiden Sprachen aufgewachsen waren. Die jüngere Generation dieser Gruppe, die sogar teilweise noch ein polnisches Abitur gemacht hatte, hat hier in Deutschland viele Aspekte ihrer Mentalität und Kultur in die Gesellschaft eingebracht. Neben der deutschen Sprache verwendet sie jedoch genauso selbstverständlich ihre Muttersprache, Polnisch. Das Jahr 1989/1990 stellt auch einen Wendepunkt im Migrationsgeschehen zwischen Polen und Deutschland dar. Danach war die legale Zuwanderung aus Polen nach Deutschland für Polnischsprachige ohne deutschen Pass nur beschränkt möglich. Für diese Personen sind daher die Eingliederung in die deutsche Gesellschaft und die Aneignung der deutschen Sprache oft problematisch.

Das Polnische ist heute eine homogene Sprache. Dennoch lassen sich regionale Varianten (oder gar Dialekte) finden, wenn man genau hinhört. Während etwa im Standardpolnischen Doppelkonsonanten „lang" ausgesprochen werden (d. h., es dauert ein bisschen länger, bis der Verschluss gelöst wird), sodass sich ***lekki*** [lɛkki] ‚leicht' von ***leki*** [lɛki] ‚die Arzneimittel' unterscheiden lässt, fehlt dieser Kontrast in den Dialekten von Großpolen und Schlesien.

Wenden wir uns nun dem Tschechischen zu. Als offizielle Landessprache wird es von den etwa zehn Millionen Einwohnern des Landes gesprochen. Hinzu kommen noch rund zwei Millionen im Ausland, vor allem als Minderheiten in den USA, Kanada, Australien, Rumänien, Serbien, Kroatien, Bosnien, Bulgarien und Österreich. In Österreich sind die Tschechen eine offiziell anerkannte Minderheit. Slowakisch wird von etwa fünf Millionen in der Slowakei und einer knappen weiteren Million im Ausland gesprochen.

Auch wenn in Tschechien bei offiziellen Anlässen, beispielsweise Nachrichten im Fernsehen oder Festreden, das reglementierte Hochtschechisch (*spisovná čeština*) gesprochen wird, gilt dieses teils als archaisch, teils als künstlich. Die tatsächlich gesprochenen Mundarten weichen stark davon ab. Dabei werden in Tschechien dialektal zwei Hauptgruppen unterschieden: die böhmischen und die mährischen Dialekte. Darüber hinaus gibt es eine gemeinsame Umgangssprache, das Gemeinböhmische (*obecná čeština*), das im gesamten tschechischen Sprachraum verbreitet ist.

4.3 Schrift und Aussprache

Polnisch

Polnisch wie Tschechisch verwenden das lateinische Alphabet, aber mit Zusatzzeichen – im Polnischen *ć*, *ś*, *ź*, *ż*, *ł*, *ó*, *ń*, *ą* und *ę*. Die Buchstaben *q*, *v* und *x* kommen nur als Abkürzung (z. B. V für *Volt*, poln. *wolt*) oder in Fremdwörtern vor. Meistens werden sie durch *kw*, *w* und *ks* ersetzt (z. B. in *kwiz* ‚Quiz' oder in dem Namen *Aleksander*).

Der kleine Strich bei *ą* und *ę* wird „Ogonek" genannt; dieses „Schwänzchen" zeigt Nasalität an. Der Strich über *ć*, *ś*, *ź*, *ń* (aber nicht bei *ó*!) bezeichnet die „erweichten" oder palatalisierten Entsprechungen der Laute, die durch die Buchstaben *c*, *s*, *z* und *n* dargestellt werden. Der schwebende Punkt bei *ż* drückt den Laut [ʒ] aus (wie etwa bei den deutschen Wörtern *Garage*, *Journalist*). Schließlich drückt der kleine Schrägstrich bei *ł* aus, dass der Gleitlaut [w] gemeint ist. Dieser Laut entspricht etwa dem englischen ***what***. Die polnische Währung, der *złoty*, wird also [zwɔtɨ] ausgesprochen.

Und wie steht es nun mit dem *ó*? Im Polnischen gibt es tatsächlich zwei unterschiedliche Buchstaben für den Laut [u]: das „u otwarte" oder offene *u* (wie in ***ucho*** ‚Ohr') sowie das „u zamknięte" oder geschlossene *u* (wie in ***góry*** ‚Berge'), das auch als „u kreskowane", das heißt bestrichenes *u*, bezeichnet wird. Die Buchstaben *ó* und *u* werden dabei beide wie [u] aus-

biskup ‚Bischof' < althochdeutsch *biskouf*, *msza* ‚Messe' < althochdeutsch *missa*, *ołtarz* ‚Altar' < althochdeutsch *altari*. (Mit < wird hier jeweils das historische Vorgängerwort hinzugefügt.) Das Tschechische nahm eine Mittlerrolle ein, denn Königin Dobrawa hatte böhmische Missionare mitgebracht, die in Polen die christliche Lehre verbreiten sollten. Böhmen wiederum gehörte zur Diözese Regensburg und hatte damit engen deutschen Kontakt.

Einiges zur Geschichte Tschechiens

Tschechien existiert als Staat eigentlich erst seit 1993, als die Tschechoslowakei sich in einem historisch seltenen Vorgang friedlich entzweite. Das heißt aber nicht, dass es davor keine tschechische Geschichte gegeben hätte. Diese beginnt mit dem Großmährischen Reich (*Velkomoravská říše*) im frühen 9. Jahrhundert. Später verlagerte sich das Zentrum des Staates westwärts nach Böhmen. Prag war der Sitz der ältesten tschechischen Fürstendynastie, der schon erwähnten Přemysliden. Während der Herrschaft der Přemysliden kam es zur Herausbildung einer einheitlichen staatsrechtlichen Struktur in Böhmen und zur Angliederung Mährens (Morava) sowie weiterer umliegender Gebiete. Die Dynastie herrschte mehr als 400 Jahre, bis 1310 der böhmische Königsthron von dem Geschlecht der Luxemburger übernommen wurde. Im 13. Jahrhundert erfolgte schon die deutsche Kolonisation, die eine deutschsprachige Bevölkerung nach Böhmen brachte. Die slowakische Sprache war hingegen stark durch das Ungarische geprägt, in dessen Einflussbereich sie gesprochen wurde.

Das polnische Alphabet

Aa	***Ąą***	*Bb*	*Cc*	***Ćć***
Dd	*Ee*	***Ęę***	*Ff*	*Gg*
Hh	*Ii*	*Jj*	*Kk*	*Ll*
Łł	*Mm*	*Nn*	***Ńń***	*Oo*
Óó	*Pp*	*Rr*	*Ss*	***Śś***
Tt	*Uu*	*Ww*	*Yy*	*Zz*
Źź	***Żż***			

(Buchstaben, die im Deutschen nicht vorkommen, sind fett gedruckt.)

gesprochen (vgl. dt. *Utopie*). Ob ein Wort nun mit *ó* oder *u* geschrieben wird, ist meist nur aus seiner Entwicklungsgeschichte zu erklären.

Dieses Problem ist kein Einzelfall. Auch für die Laute [x] und [ʒ] gibt es im Polnischen jeweils zwei unterschiedliche Buchstaben, was ebenfalls nur sprachgeschichtlich motiviert ist. So werden die Buchstaben *ch* (wie im polnischen ***charakter*** ‚Charakter') und *h* (wie im polnischen ***hotel*** ‚Hotel') gleich ausgesprochen, nämlich als [x] wie im deutschen Wort ***Koch***. Auch die Buchstaben *rz* und *ż* haben eine identische Aussprache: entweder als stimmhaftes [ʒ] wie in ***żaba*** ‚Frosch' und ***rzeka*** ‚Fluss' oder als stimmloses [ʃ] wie in ***masaż*** ‚Massage' und ***kalendarz*** ‚Kalender'. Ähnlich wie im Deutschen gibt es eine Auslautverhärtung, das heißt, stimmhafte Verschluss- und Reibelaute wie [d] und [v] werden am Wortende stimmlos als [t] bzw. [f] ausgesprochen.

Von der Schrift kommen wir zu den Sprachlauten. Das Polnische hat über 35 Einzellaute, weniger als das Deutsche mit seinen 46 bis 50 Lauten. Es besitzt weniger Vokale, dafür aber zwölf verschiedene Zischlaute.

Tabelle 4.1 zeigt die Vokale des Polnischen. Es gibt einen Satz Vokale, die die Grundvokale *a*, *e*, *i*, *o*, *u* repräsentieren, sowie drei im Deutschen nicht vorkommende Vokale, die schattiert dargestellt sind. Dazu gehört das [ɨ] *y*, eine Art *u* ohne Lippenrundung. Außerdem besitzt das Polnische als einzige slawische Sprache (neben dem Kaschubischen) zwei nasale Vokale (*ą*, *ę*). Sie entstehen durch die Senkung des weichen Gaumens, sodass die Luft auch durch die Nase entweichen kann. Der nasale Vokal *ę* wird wie *e* mit gleichzeitiger nasaler Artikulation ausgesprochen (ähnlich dem französischen Vokal in *main* [mɛ̃] ‚Hand'); *ą* steht hingegen für den nasalen Vokal *o* (ähnlich dem französischen Vokal in *bon* [bɔ̃] ‚gut'). Was grafisch als kleines Schwänzchen erscheint und in der Aussprache durch Näseln realisiert wird, kann im Polnischen zu Bedeutungsunterschieden führen. Wenn man von ***siostrą*** ‚mit der Schwester' die nasale Artikulation weglässt, erhalten wir ***siostro*** ‚Hallo, Schwester!'; lässt man beim Schreiben das Schwänzchen weg, so erhalten wir ***siostra*** ‚die Schwester'.

Andererseits macht das Polnische bei den Vokalen viel weniger Unterscheidungen als das Deutsche. Es wird nicht zwischen langen und kurzen Vokalen unterschieden, die Vokale werden vielmehr in der Regel kurz und entspannt ausgesprochen. Hingegen unterscheidet das Deutsche eine lange von einer reduzierten (oder ungespannten) Aussprache der Vokale (vgl. die beiden *e* in *geh weg* oder in *Weg* im Vergleich zu *weg*). Im Polnischen gibt es ebenfalls keine hellen gerundeten Vokale wie die deutschen Umlaute *ö* und *ü*. Der Diphthong *eu* wird nicht wie im Deutschen [ɔɪ] ausgesprochen, sondern als [ɛw], sehr ähn-

Tabelle 4.1: Vokale des Polnischen in Laut- und Schreibschrift

Klang	hell		mittel	dunkel	
		nasal			nasal
Mund weiter geschlossen	[i] i		[ɨ] y	[u] u, ó	
	[ɛ] e	[ɛ̃] ę		[ɔ] o	[ɔ̃] ą
Mund offener			[a] a		

lich, als würde man die beiden Buchstaben *e* und *u* so, wie sie sind, nacheinander aussprechen (vgl. dt. *Euro*, poln. [ɛwrɔ]).

Wir kommen nun zu den Konsonanten und damit zu den berüchtigten „Zischlauten". Die polnischen Konsonanten sind in Tabelle 4.2 zusammengestellt. Im Polnischen können die Konsonanten aneinandergereiht werden wie in dem am Anfang illustrierten Zungenbrecher – oder auch im Namen der Autorin. Sie werden teils durch einzelne Buchstaben, teils durch zwei Buchstaben dargestellt: *z, s, dz, c, ż, rz, sz, dż, cz, ź, ś, dź, ć*. Die Konsonanten ohne ähnliche Entsprechung im Deutschen sind in der Tabelle schattiert. So hat das Polnische auch den im Deutschen seltenen Laut *dsch* [dʒ] wie in *Dschungel*. Zusätzlich hat es zum Beispiel *dz* [ʣ] (wie in *dzwon* ‚Glocke') und *dź* [ʥ] (wie in *dźwig* ‚Kran'). Der erste Laut [ʣ] würde sich wie eine gleichzeitige Kombination von *d* und stimmhaftem deutschem *s* anhören (oder als würde man z. B. das deutsche [ts] am Anfang von *Zeit* stimmhaft aussprechen); der zweite Laut [ʥ] ist dem stimmhaften *dsch* wie in *Dschungel* ähnlich, wird aber mit der Zunge weiter oben, am mittleren Teil des Gaumens, ausgesprochen.

Auch die Aussprache des polnischen *r* ist anders: Es wird mit der Zungenspitze gebildet, also „gerollt", wie das ja auch die deutsche Bühnenaussprache verlangt. Und mit anderen slawischen Sprachen unterscheidet das Polnische zwischen „harten" (nichtpalatalisierten) und „weichen" (palatalisierten) Konsonanten. Die weichen werden mit einer höheren Zungenstellung in Richtung des harten Gaumens (des Palatums) ausgesprochen. Das macht auf den Hörer den Eindruck eines mit dem Konsonanten eng verschmelzenden j-Nachschlages. Manchmal unterscheiden sich Wörter nur in ihrer Palatalisierung, wie die beiden Wörter ***pasek*** [pasek] ‚Gürtel' und ***piasek*** [pʲasek] ‚Sand'. In der Lautschrift wird die Palatalisierung durch ein hochgestelltes *j* nach dem palatalisierten Konsonanten dargestellt.

Zur Wortbetonung ist zu sagen, dass diese anders als im Deutschen fast immer auf die vorletzte Silbe fällt. Sie wirkt sich dabei nicht auf die Vokalqualität aus, das heißt, die Vokale bleiben kurz und ungespannt, auch wenn sie betont sind. Eine Ausnahme ist das [u].

Das deutsche Zäpfchen-[ʁ] und das polnische Zungenspitzen-[r]

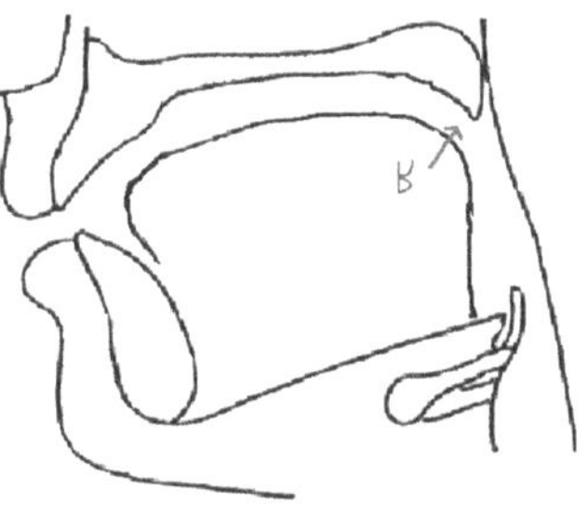

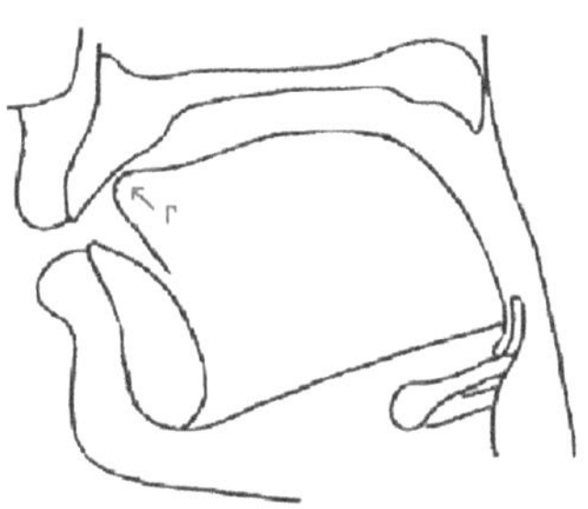

Das Zäpfchen-*r* kommt in den Sprachen der Welt sehr selten vor – kein Wunder, dass polnische und tschechische Kinder damit Schwierigkeiten haben. Auch im Deutschen ist es ein Newcomer: Es hat sich im Französischen seit dem 17. Jahrhundert als ein Sprechmerkmal der „besseren Gesellschaft" von Paris aus ausgebreitet.

Die Symbolkraft des *r*

SOKRATES: Wohlan, meinst Du, wir haben recht oder unrecht mit der Behauptung, dass das *r* zum Schwung, zur Bewegung, zur Rauheit passe?

KRATYLOS: Nach meiner Meinung habt Ihr recht.

Aus: Plato, *Kratylos*.

Tabelle 4.2: Konsonanten des Polnischen in Laut- und Schreibschrift

artikuliert mit	Unterlippe				vorderer Zunge		hinterer Zunge		Stimmton
artikuliert an	Oberlippe		oberen Schneidezähnen		Zahndamm		Gaumen		
		palatalisiert		palatalisiert	dran	etwas dahinter	vorne (Palatum)	hinten	
Verschlusslaute	p	pi			t		ki	k	stimmlos
	b	bi			d		(gi)	g	stimmhaft
Nasale	m	mi			n		[ɲ] ń, ni	([ŋ]) ng, nk	
Reibelaute			f	fi	s	[ʃ] sz	[ɕ] ś, si	[x] ch, h	stimmlos
			[v] w	[vʲ] wi	z	[ʒ] ż	[ʑ] ź, zi		stimmhaft
Affrikaten					[ʦ] c	[ʧ] cz	[ʨ] ć, ci		stimmlos
					[ʣ] dz	[ʤ] dż	[ʥ] dź, dzi		stimmhaft
l und *r*					l r				stimmhaft
Gleitlaute	[w] ł						j		

Wo Laut- und Schreibschrift zusammenfallen, ist nur eine Angabe gemacht. Die Palatalisierung wird in der Schreibschrift durch *i*, in der Lautschrift durch hochgestelltes *j* angegeben; in der Tabelle ist nur die Schreibschrift angegeben. Konsonanten ohne Entsprechung im Deutschen sind schattiert.

Hier verraten wir Ihnen noch einige weitere Ausspracheregeln des Polnischen.

Das *s* wird stets stimmlos ausgesprochen, auch wenn ein Vokal folgt. In *sam* ‚allein, selbst' wird so das *s* ein stimmloses [s] wie im deutschen ***lassen***, ***Reis***, und nicht etwa ein stimmhaftes [z] wie im deutschen ***so***.

Das *z* (wie in ***zamek*** ‚Schloss') entspricht nicht dem deutschen *z* [ts] (wie in ***zaubern***), sondern dem stimmhaften [z] wie im deutschen ***sagen***. Der deutsche Laut *z* entspricht etwa dem *c* wie in ***cena*** ‚Preis' oder (wegen der Auslautverhärtung) dem *dz* wie in *ksią**dz*** ‚Priester'.

Die Konsonantenkombinationen *st* und *sp* werden immer getrennt als Einzelkonsonanten *s* und *t* bzw. *s* und *p* ausgesprochen (vgl. *stado* [stadɔ] ‚Herde'). Die deutschen Folgen von zwei Buchstaben *sp* und *st* (wie in ***sp**azieren* und ***sch**lafen*) würden daher „hanseatisch" als [sp] und [st] realisiert werden.

Auch Doppelkonsonanten werden „lang" gesprochen, das heißt mit verlängerter Verschlussdauer vor der Verschlusslösung. So würde eine Frau namens Anna nicht etwa wie im Deutschen [ana], sondern [anna] angesprochen werden.

Tschechisch

Im Tschechischen gibt es zwei diakritische Zeichen: Die *čárka* (Akut, der kleine Strich von links unten nach rechts oben) markiert lange Vokale. Diese kommen auch in unbetonten Silben vor. Eine besondere Regel gilt dabei für langes *u*: Nur am Anfang eines Wortes wird *ú* geschrieben, sonst heißt es *ů*. Der *háček* (das kleine Häkchen) verändert Zischlaute (z. B. von *s* [s] zu *š* [ʃ] (*sch*)) oder „erweicht" (palatalisiert) *d*, *t*, *n* und *r*. Bei den Buchstaben mit Oberlänge *d* und *t* wird es durch einen Apostroph ersetzt. Wenn nun auf *d*, *n* oder *t* mit Haken ein *e* folgt, wandert der Haken auf das *e*. So wird *ď* + *e* zu *dě* (wie in *loď* – *lodě* ‚Schiff – Schiffe').

Das Tschechische hat fünf Vokale *a*, *e*, *i*, *o*, *u* (Tabelle 4.3), zu denen es allerdings auch (anders als im Polnischen, aber ähnlich wie im Deutschen) jeweils eine lange Variante gibt. Es hat ferner einen Diphthong [ou] sowie zwei weitere, [au] und [eu], die nur in Fremdwörtern oder Interjektionen vorkommen.

Während die Längenunterscheidung im Deutschen für Tschechischsprachige kein Hindernis darstellen dürfte, kann sich als problematisch erweisen, dass im Tschechischen anders als im Deutschen alle Vokale immer deutlich ausgesprochen werden, auch wenn sie kurz sind. So würde auch das zweite *e* in *Eden* deutlich ausgesprochen, nämlich als [ɛ] wie das deutsche *ä* in *hätte*.

Tabelle 4.3: Vokale des Tschechischen in Laut- und Schreibschrift

	hell	mittel	dunkel
Mund weiter geschlossen	[ɪ] i [iː] í		[u] u [uː] ú, ů
	[ɛ] e [ɛː] é		[ɔ] o [ɔː] ó
Mund offener		[a] a [aː] á	

Das Tschechische besitzt 25 Konsonanten. Sie sind in Tabelle 4.4 gezeigt, unter Hervorhebung der Laute ohne deutsche Entsprechung. Das *ň* in *Plzeň* hört sich wie das spanische *ñ* in *señora* an, und das *š* entspricht dem deutschen *sch*. Aber kennen Sie den Unterschied zwischen *ch* und *h* oder zwischen *r* und *ř*? Mehr Informationen über diese eigenartigen Laute wird Ihnen in der Randspalte verraten. Hier nur so viel: Das *ř* ist einer der seltensten Laute, der nur in sehr wenigen Sprachen vorkommt, den Kinder spät erwerben und den auch manche erwachsene Tschechen nicht richtig beherrschen, dazu gehörte auch der verstorbene Präsident Václav Havel.

Das tschechische Alphabet

Aa	***Áá***	*Bb*	*Cc*	***Čč***
Dd	***Ďď***	*Ee*	***Éé***	***Ěě***
Ff	*Gg*	*Hh*	*Ch*	*Ii*
Íí	*Jj*	*Kk*	*Ll*	*Mm*
Nn	***Ňň***	*Oo*	***Óó***	*Pp*
Qq	*Rr*	***Řř***	*Ss*	***Šš***
Tt	***Ťť***	*Uu*	***Úú***	***Ůů***
Vv	*(Xx)*	*(Ww)*	*Yy*	***Ýý***
Zz	***Žž***			

(Buchstaben, die im Deutschen nicht vorkommen, sind fett gedruckt.)

Tschechische Ausspracheübung

tykat (‚duzen')
hartes [t] und kurzes [ɪ]

tikat (‚ticken')
palatales [c] und kurzes [ɪ]

týkat se (‚betreffen')
hartes [t] und langes [iː]

utíkat (‚rennen')
palatales [c] und langes [iː]

Mehr zu *h*, *ch*, *r* und *ř*

Ch entspricht dem deutschen *ach*-Laut (wie in *ach*), also dem stimmlosen Reibelaut [x]. Im Tschechischen gilt es übrigens als ein Buchstabe und kommt im Alphabet nach dem *h*. Das gilt auch für den Wortanfang (vgl. *trochu* ‚ein bisschen' und *chodba* ‚Gang, Flur, Korridor').

Das *h* dagegen (wie in *hora* ‚Berg' und *záhada* ‚Problem, Rätsel') entspricht dem stimmhaften im Kehlkopf gebildeten Reibelaut [ɦ], allerdings wird er weiter oben als etwa das deutsche *h* in *halten* gebildet.

Tabelle 4.4: Konsonanten des Tschechischen in Laut- und Schreibschrift

artikuliert mit	Unterlippe		vorderer Zunge		hinterer Zunge		Stimmbändern	
artikuliert an	Oberlippe	oberen Schneidezähnen	Zahndamm		Gaumen			
			dran	etwas dahinter	vorn	hinten		Stimmton
Verschlusslaute	p		t		[c] t'	k		stimmlos
	b		d		[ɟ] d'	g		stimmhaft
Nasale	m		n		[ɲ] ň	([ŋ]) ng, nk		
Reibelaute		f	s	[ʃ] š		[x] ch		stimmlos
		v	z	[ʒ] ž	[j] j		[ɦ] h	stimmhaft
Affrikaten			[ts] c	[tʃ] č				stimmlos
l und *r*			l r	[r̝] ř				stimmhaft

Aber Achtung! *h* ist im Tschechischen niemals stumm, es wird auch vor und nach Konsonanten und im Auslaut ausgesprochen. So werden Sie ein *h* sowohl in *hbitý* [ɦbiti:] ‚flink, behänd, flott', *lehnout (si)* [lɛɦnout] ‚(sich) hinlegen', *lhát* [lɦa:t] ‚lügen/Unwahrheit sagen' als auch in *práh* [pra:x] ([x] wegen Auslautverhärtung) ‚Schwelle' oder *pruh* [prux] ‚Streifen' hören.

Wussten Sie, dass *h* im Tschechischen sprachgeschichtlich ein *g* vertritt? So entspricht das *h* im tschechischen Wort *noha* ‚Bein, Fuß' dem *g* in dem polnischen Äquivalent *noga*. (Der Laut und Buchstabe *g* kommt dagegen fast nur in Fremdwörtern vor.)

Das *r* wird im Tschechischen mit der Zungenspitze gerollt (mit mehr Schlägen als das deutsche Zungenspitzen-*r*). Aber wie soll man sich die Aussprache von *ř* (wie eben im Namen des berühmten Komponisten *Dvořák*) vorstellen? Artikulieren Sie bitte *ž* [ʒ] (oder *š* [ʃ]) bei gleichzeitig rollender Zunge (wie bei *r* [r]). (Dieser Laut hat eine Ähnlichkeit, aber nur entfernt, mit dem deutschen *rsch* wie in *Barsch*.)

Es gibt Wörter, die ganz ohne Vokal auskommen: *blb* ‚Blödmann', *vlk* ‚Wolf', *prst* ‚Finger' oder *krk* ‚Hals, Kehle' – verwandt mit *Gurgel*. Das ist nicht ganz so exotisch, wenn man weiß, dass *l* und *r* Vokalen gleichgestellt sind. Ähnliches kann man in süddeutschen Mundarten beobachten, wie im bairischen *Radl* oder im schweizerdeutschen *odr*. Im Deutschen gibt es solche Silben auch, etwa in der Aussprache von *Mantel* [man.tl̩], aber die Betonung muss im Deutschen auf einen zusätzlichen Vokal im selben Wort fallen können.

Tschechischer Zungenbrecher

Třista třicet tři stříbrných stříkaček stříkalo přes třista třicet tři stříbrných střech.

‚333 silberne Feuerwehren schossen über 333 silberne Dächer.'

Tschechischer vokalloser Satz

(Vielleicht notieren Sie sich zur Sicherheit vor dem Aussprechen die Nummer eines HNO-Arztes.)

Strč prst skrz krk!

‚Steck den Finger in den Hals!'

Die Wortbetonung im Tschechischen ist ganz einfach: Sie liegt immer auf der ersten Silbe, ganz unabhängig von der Länge des Vokals. Üben Sie das mal mit *Dvořák*: kurze, aber betonte erste Silbe, lange, aber unbetonte zweite. Oft können sogar Präpositonen die Betonung anziehen (z. B. ***ve** městě* ‚in (der) Stadt' und nicht **ve **městě***).

Schwierigkeiten für Deutschlerner: Aussprache und Rechtschreibung

Fehlleistungen im Bereich der Rechtsschreibung können durch negativen Transfer aus dem Polnischen oder Tschechischen hervorgerufen werden. Das kann die Schreibung von Fremdwörtern und Eigennamen betreffen; so könnten Fehlleistungen polnischsprachiger Schülerinnen und Schüler wie **Metal* oder **inteligent* aus der direkten Übertragung aus dem Polnischen resultieren (wo diese jeweils korrekt *metal* und *inteligent* geschrieben werden). Das letzte Beispiel weist auf eine weitere Fehlerquelle hin: Nach den Regeln der polnischen Orthografie können „harte" Konsonanten (fast) nie vor *i* stehen. Mit anderen Worten: Der Vokal *i* [i] kommt nur nach weichen Konsonanten, der Vokal *y* [ɨ] nur nach harten vor. So würde ein Polnischsprachiger vermutlich die deutschen Wörter *hin* oder *Kind* am liebsten als **hyn* bzw. **Kynd/Kynt* schreiben.

Weitere Schwierigkeiten entstehen aus dem Fehlen einer Längenunterscheidung bei Vokalen. Regeln wie „ß nach langen Vokalen" (wie in *bloß*) können nicht richtig angewendet werden, weil ein Polnischsprachiger die Vokallänge einfach nicht hört. Auch in der gesprochenen Sprache kann das zu Missverständnissen führen, wie etwa im Fall von *Schall* vs. *Schal* oder *Miete* vs. *Mitte*. Ähnlich verhält es sich mit Lauten, die im Polnischen nicht vorkommen oder in der Schrift anders dargestellt werden. So werden zum Beispiel die nicht vorhandenen gerundeten, vorderen Vokale durch die nächstähnlichen ersetzt, der *Gürtel* wird zum **Girtel*.

In der gesprochenen Sprache gibt es eine Reihe von weiteren Abweichungen. Zu nennen wäre hier das gerollte polnische *r*; der deutsche Hauchlaut [h], der in Anlehnung an die Muttersprache als Reibelaut [x] realisiert wird; die nicht bekannten vorderen, gerundeten Vokale (*ö, ü*); das komplizierte Vokalsystem mit Längen- und Artikulationskontrasten. Auch die andersartige Realisierung der Konsonantenkombinationen [st], [sp] oder Doppelkonsonanten kann zu Fehlleistungen führen. Ferner kann die Aussprache von Konsonanten gefolgt durch *i* von der üblichen deutschen Norm abweichen; *pi, bi* etc. werden im Polnischen nämlich immer palatalisiert, also „weich" ausgesprochen. Auch die unterschiedliche Aussprache des *ch*-Lautes in Wörtern wie *ich* und *Dach* stellt ein Problem dar.

Ein weiteres Problem sind die im Polnischen unbekannten, im Deutschen dagegen sehr verbreiteten Vorkommen des sehr reduziert klingenden Lautes Schwa [ə] in unbetonten Silben. So würde ein Polnischsprachiger in Wörtern wie *Handel* oder *Wagen* das e deutlich aussprechen, statt es wie in [han.dəl] bzw. [va.gən] reduziert als Schwa auszusprechen. Ferner gibt es unterschiedliche Angleichungsregeln von Lauten an der Wort- und Silbengrenze. Ein polnischer Sprecher würde die Verbindung von *kauf* und *dir* in *kauf dir was* stimmhaft aussprechen – [kauv diːɐ vas] statt [kauf diːɐ vas] – und damit den Regeln der rückwärtsgerichteten Angleichung im Polnischen folgen, nach welchen der nachfolgende Konsonant die Aussprache des vorangehenden beeinflusst. Auch die unterschiedlichen Betonungsmuster können zu Problemen führen. Ein Polnischsprachiger wird tendenziell immer die vorletzte Silbe betonen wollen (vgl. poln. *Bar**ba**ra* statt dt. ***Bar**bara*). Wenn man nicht intuitiv weiß, wohin der Akzent fällt, oder wenn man den Akzent einfach nicht „hört", kann dies – neben der falschen Akzentsetzung – zu Missverständnissen führen, zum Beispiel bei der Unterscheidung zwischen ***über**setzen* vs. *über**setzen***. Ähnliche Schwierigkeiten hat der tschechische Muttersprachler, der tendenziell auch deutsche Wörter auf der ersten Silbe betonen wird und daher **Per**son statt Per**son** sagen wird.

„Wörtertausch"

Polen, Tschechen und Deutsche hatten schon sehr früh sprachlichen Kontakt. Deswegen wanderten einige Begriffe in die jeweils andere Sprache. Welche deutschen Wörter erkennen Sie in den folgenden polnischen und tschechischen Wörtern? Die Lösung finden Sie am Ende dieses Kapitels. 🕮[2]

Polnisch: *bursztyn, cel, drut, farba, grunt, jarmark, knajpa, ładować, malarz, olej, panierować, ratusz, szlafrok, talerz, urlop, waga, wihajster, zupa, żeglarz*

Tschechisch: *brýle, cíl, farář, sál, žold*

Kennen Sie Wörter, die das Deutsche aus dem Polnischen und dem Tschechischen übernommen hat? Beispiele finden Sie am Ende dieses Kapitels. 🕮[3]

Von Wortmonstern zu Wortzwergen

Wir haben es bereits im Kapitel 3 erwähnt, das längste tatsächlich im Druck gebrauchte Wort im Deutschen, das *Rinderkennzeichnungs- und Rindfleischetikettierungsüberwachungsaufgabenübertragungsgesetz,* kurz RkReÜAÜG. Im benachbarten Polen würde dieses Wortungetüm fachgerecht in gut verdauliche Teile zerlegt werden: *ustawa o przeniesieniu zadań dotyczących nadzoru znakowania bydła i etykietowania mięsa wołowego* bzw. *ustawa o przeniesieniu obowiązków nadzoru znakowania bydła i etykietowania mięsa wołowego.*

Wörtlich heißt das: ‚Gesetz über (die) Übertragung (von) Aufgaben, die (die) Überwachung (der) Kennzeichnung (von) Rindern und Etikettierung (von) rindlichem Fleisch betreffen' bzw. ‚(das) Gesetz über (die) Übertragung (von) Pflichten (der) Überwachung (der) Kennzeichnung (von) Rindern und Etikettierung (von) rindlichem Fleisch'.

4.4 Wörter

Wortbildung

Das Deutsche zeigt bekanntlich eine notorische Vorliebe für die Wortzusammensetzungen. Hingegen spielt die Komposition im Polnischen und Tschechischen, und ganz allgemein in slawischen Sprachen, eher eine marginale Rolle. Stattdessen finden wir im Polnischen und Tschechischen oft Beschreibungen mit mehreren Wörtern. Während der Deutschsprachige in einer *Bahnhofskneipe* einen *Geflügelsalat* isst und dazu vielleicht einen *Apfelsaft* trinkt und sich nach der *Abfahrtszeit* seines Zuges erkundigt, wird eine Polnischsprachige in einer *knajpa dworcowa* sitzen, *sałatka z drobiu* essen, dazu einen *sok jabłkowy* trinken und sich nach der *czas odjazdu* ihres Zuges erkundigen. Wörtlich spricht die Polin also von einer ‚bahnhöflichen Kneipe', dem ‚Salat aus Geflügel', dem ‚apfelnen Saft' und der ‚Zeit der Abfahrt'. Manchmal entspricht aber auch einem deutschen zusammengesetzten Wort ein einfaches Wort im Polnischen. ‚Briefumschlag' zum Beispiel heißt *koperta* und die ‚Ehefrau' *żona*. Und auch für die zusammengesetzten Farbwörter ‚himmelblau' und ‚dunkelblau' gibt es einfache Farbbezeichnungen: *błękitny* bzw. *granatowy*. Das Wort ‚blau' ist ebenfalls einfach und davon verschieden; es heißt *niebieski.*

Bei den seltenen Wortzusammensetzungen handelt es sich meist um Lehnübersetzungen wie in *przedpokój* (*przed-pokój*, wörtlich ‚Vor-Zimmer'). Was gänzlich fehlt, sind Verbalkomposita wie etwa *krankschreiben, bausparen, hochrechnen* oder *schwingschleifen.* Das Deutsche ist wegen seiner Wortzusammensetzungsungeheuer (!) berüchtigt – denken Sie etwa an *Fußballweltmeisterschaftsqualifikationsspiele* (*rozgrywki kwalifikacyjne do mistrzostw świata w piłce nożnej*, wörtlich: ‚qualifizierende Spiele für Meisterschaften der Welt im füßigen Ball'). (Hier handelt es sich um ein Adjektiv: *Nożna* wird vom Substantiv *noga* abgeleitet. *Noga* kann im Polnischen sowohl „Bein" als auch „Fuß" bedeuten. Eine direkte Übersetzung von „Fuß" wäre dann *stopa* im Polnischen; siehe auch Abschnitt 4.6.) Im Polnischen ist die Komposition wesentlich auf zwei Glieder beschränkt; mehrgliedrige Komposita finden sich allenfalls in den Fachsprachen.

Auch im Polnischen gibt es hingegen die Wortderivation. Eine ist besonders beliebt: die Diminution, die Bildung von Verkleinerungsformen. Darin übertrifft das Polnische und auch das Tschechische verkleinerungsfreudige Dialekte des Deutschen wie das Schwäbische um Längen. Dem Diminuierungsdrang sind keine Grenzen gesetzt, denn die Verkleinerungsform kann sogar auf Wörter angewendet werden, die bereits diminuiert sind, wie in *wóz* ‚Wagen' ⇒ ***wózek*** (wörtlich: ‚kleiner Wagen', aber eigentlich ,Wagen', z. B. ein Kinderwagen) ⇒ *wózeczek* ,Wägelchen'. Mit der Diminuierung bezieht man sich aber nicht nur auf kleine Dinge. Vielmehr ist sie ein Mittel zur Verniedlichung, Intimisierung, aber auch zur Ironisierung. So wird oft aus einem *wuj/wujek* ,Onkel' ein *wujaszek* ,Onkelchen', mit dem man vielleicht gern am Abend ein *piwko/piweczko* ,Bierchen' (von *piwo* ,Bier') trinkt. Ein untauglicher *profesor* wird zu *profesorek* und eine Möchtegernschauspielerin wird abwertend *aktoreczka* (von *aktorka* ,Schauspielerin') genannt. Scherzhafterweise kann man im Polnischen sogar von Verbalnomina wie *pływanie* ,Schwimmen' ein Diminutivum bilden; dann ist ein kleines Quantum gemeint: *pływanko* ,ein bisschen Schwimmen'.

Eine besondere Form der Diminuierung sind Koseformen, für die das Polnische eine besondere Vorliebe zeigt. So wird Mutti im Polnischen zu *mama, mamusia, matusia, matuś, matusieńka, mamunia, matuń* oder *matuchna*. Besonders Vornamen sind dafür anfällig. Eine Frau namens Danuta kann *Danusia, Danuśka, Danuś, Danulka, Danka, Dana* oder *Daneczka* genannt werden; spricht ein Bekannter sie als *Danuta* an, gilt das schon fast als distanziert. Man kann bei all diesen Koseformen noch einen Zusammenhang mit der vollen Form *Danuta* erkennen. Aber raten Sie mal, von welchem Namen *Ola* eine Koseform sein könnte. Die Lösung finden Sie am Ende dieses Kapitels. 🕮[4]

Tschechen sind hingegen besonders hartnäckig, wenn es um die Kennzeichnung weiblicher Formen geht. Wie in anderen slawischen Sprachen kann man von einem Familiennamen eine weibliche Form, meist durch das Suffix *-ová*, ableiten – ähnlich wie dialektal auch im Deutschen, *die Filserin* für Frau Filser. Aber in Tschechien wird dieses Prinzip auch auf ausländische Namen angewandt – so liest man in der Zeitung über *Angela Merkelová*.

Flexion

Wenn Sie zufällig Polnisch können, müssen Sie vielleicht bei dem Satz „... in einer ***knajpa*** *dworcowa* sitzen, eine ***sałatka z*** *drobiu* essen, dazu einen ***sok*** *jabłkowy* trinken ..." schmunzeln. Im Deutschen wird der Fall meist am Artikel angezeigt (*eine, einer* ...). Im Polnischen und Tschechischen gibt es keine Artikel, und der Fall wird am Nomen (d. h. am Substantiv) angezeigt. Insofern ist der Kasus in diesem deutsch-polnischen Satz immer „doppelt gemoppelt".

Im Polnischen und Tschechischen gibt es zudem drei Fälle mehr als im Deutschen. Zu Nominativ, Genitiv, Dativ und Akkusativ treten der Instrumental, der Lokativ und der Vokativ

Genug ist genug (nach einer wahren Begebenheit)

Po zjedzeniu zamówionej i wyczekanej pizzy przywołuję kelnera. – Rachuneczek? – pyta kelner. Potwierdziłem. – Płaci pan gotóweczką? Tego było już za wiele, więc postanowiłem dać mu do myślenia. – Nie, karteczką – odrzekłem. Popatrzył dziwnie ... Nie wiem, czy zrozumiał ... .

(Nachdem ich die bestellte Pizza, auf die ich lange warten musste, gegessen hatte, rufe ich den Kellner: – Rechnungchen? – fragt der Kellner. Ich bestätigte. – Zahlen Sie mit Bargeldchen? Das war schon zu viel des Guten, ich beschloss deshalb ihm zu denken zu geben. – Nein, mit Kärtchen – erwiderte ich. Er schaute mich komisch an. Ich weiß nicht, ob er das verstanden hat ... .)

Tierische Kosenamen

Wussten Sie, dass man sich im Polnischen viel häufiger als im Deutschen tierischer Kosenamen bedient? Und wie es nicht anders zu erwarten ist, handelt es sich bei all diesen tierischen Kosenamen natürlich um Diminutiva. So wenden sich Polnischsprachige gern mit *Kotku* ,Kätzchen', *Żabko* ,Fröschchen', *Myszko* ,Mäuschen', *Misiu* ,Bärchen', *Króliczku* ,Häschen' [eigentlich: ,Kaninchen'] oder *Rybko* ,Fischlein' an ihre Liebsten.

Ein Lückentext zur Diminution

Jest duży kot i mały kotek.
Wysoki płot i niski ... .
Gruba jest książka, cieńka ... .
Szeroka wstążka, wąska ... .
Długa jest rzeka, a krótka ... .
Nitka jest cieńka, cieńsza ... .
Głęboki dół, lecz płytki ... .
Silny jest wół, a słabszy ... .

(Es gibt eine große Katze und ein kleines Kätzchen,
einen hohen Zaun und ein niedriges ... .
Dick ist ein Buch, dünn ist ein ... .
Breit ist ein Band, schmal ist ein ... .
Lang ist ein Fluss, und kurz ist ein ... .
Ein Faden ist dünn, noch dünner ist ein ... .
Tief ist eine Grube, aber flach ist ein ... .
Stark ist ein Ochse, doch schwächer ein ... .) 🕮[5]

Nicht nur Deutsch ist eine schwere Sprache

Im Polnischen gibt es auch innerhalb eines grammatischen Geschlechts (Genus) unterschiedliche Deklinationsklassen. So werden feminine Nomina, die auf einen Vokal enden, wie *sałatka* ‚Salat', anders dekliniert als solche mit konsonantischer Endung, wie *sól* ‚Salz'. Man vergleiche *sałatka* (NOMINATIV)/*sałatki* (GENITIV)/*sałatkę* (AKKUSATIV) mit *sól* (NOMINATIV)/*soli* (GENITIV)/*sól* (AKKUSATIV = NOMINATIV). Es spielt auch eine Rolle, auf welchen Vokal ein Femininum endet: Solche auf *-a* (wie *sałatka* ‚Salat') haben andere Kasusendungen als solche auf *-i* (wie *gospodyni* ‚Wirtin'); vgl. *sałatka* (NOMINATIV)/*sałatki* (GENITIV ≠ NOMINATIV) vs. *gospodyni*(NOMINATIV)/*gospodyni* (GENITIV = NOMINATIV). Selbst innerhalb der Feminina, die auf gleichen Vokal enden, gibt es Unterschiede. Die Wahl der Kasusendung hängt nämlich auch vom Stammauslaut ab. Hier ist relevant, ob der Konsonant vor dem Vokal hart oder weich auslautet, das heißt, auf einen nichtpalatalisierten Konsonanten (wie in *kobiet-a*,Frau') oder auf einen palatalisierten (wie in *filozofi-a* ‚Philosophie'). Beispiele hierfür sind *kobieta* (NOMINATIV)/*kobiety* (GENITIV)/*kobiecie* (DATIV) (GENITIV ≠ DATIV) vs. *filozofia* (NOMINATIV)/*filozofii* (GENITIV)/*filozofii* (DATIV) (GENITIV = DATIV). Sie müssen sich das alles nicht merken – aber Sie ahnen vermutlich, dass das Flexionssystem des Polnischen und auch des Tschechischen das des Deutschen, das ja auch nicht gerade einfach ist, an Formenreichtum bei Weitem übertrifft.

hinzu. So würde etwa in unserem Beispiel die Bahnhofskneipe im Lokativ erscheinen: *w knajpie dworcowej*. Auch Eigennamen müssen im Polnischen und Tschechischen dekliniert werden. So müsste man sich im Tschechischen an einen Mann namens *Honza* mit *Honzo* (VOKATIV) wenden. Und unser Honza würde vielleicht dann *s Marií* ‚mit Maria' (INSTRUMENTAL) gern ausgehen wollen.

Es gibt nicht nur mehr Fälle als im Deutschen, es gibt auch wesentlich mehr unterschiedliche Typen von Kasusendungen. Sprachwissenschaftler sprechen hier von Deklinationsklassen. Ein Beispiel: In der Bahnhofskneipe isst unser Reisender einen Salat und trinkt dazu einen Saft. Beide Verben verlangen eine Akkusativergänzung. Im entsprechenden polnischen Satz würde es *sałatkę* ‚Salat (AKKUSATIV)' und *sok* (ohne Endung) ‚Saft (AKKUSATIV)' heißen müssen. Hier spielt das grammatische Geschlecht eine Rolle: Feminine Nomina wie *sałatka* ‚Salat' haben andere Kasusendungen als die maskulinen wie *sok* ‚Saft'. Es gibt darüber hinaus natürlich noch die Neutrasubstantive, die auch über ihre eigenen Deklinationsklassen verfügen. Das Polnische und Tschechische haben nämlich – wie das Deutsche auch – drei grammatische Geschlechter (Genera).

Für die Flexion der Maskulina spielt eine Rolle, ob sie belebt sind (wie *pan* ‚Herr' oder *kot* ‚Katze') oder unbelebt (wie *las* ‚Wald' oder *dom* ‚Haus'). Bei unbelebten Maskulina sind Akkusativ und Nominativ identisch, bei belebten Maskulina aber verschieden – da gleicht der Akkusativ dem Genitiv. Im Deutschen spielt die Belebtheit auch eine Rolle, aber nur bei wenigen maskulinen Nomina. So unterscheiden wir beim Drachen, dem Fabeltier, zwischen Nominativ und Akkusativ (vgl. *Der Drache speit Feuer* und *Siegfried tötet den Drachen*). Beim Fluggerät allerdings nicht: *Der Drachen steigt auf* und *Siggi lässt den Drachen steigen*.

Im Plural spielt neben der Belebtheit auch die Unterscheidung zwischen männlichen und „nichtmännlichen Personen" eine Rolle. Zu der ersten Gruppe gehören nur Maskulina, die männliche Personen bezeichnen (wie *pan* ‚Herr'); zu der zweiten alle anderen Nomen – Maskulina, die keine Personen bezeichnen (wie *kot* ‚Katze' und *las* ‚Wald'), aber auch alle Feminina und Neutra. Die Zugehörigkeit zu der einen oder der anderen Gruppe bestimmt die Form des zugehörigen Adjektivs, Pronomens (*oni* oder *one*), Zahlwortes oder Verbs:

„männliche Gruppe"	„nichtmännliche Gruppe"
*Ci **trzej mili** panowie **przyszli**.* ‚Diese drei netten Männer kamen.'	*Te **trzy miłe** panie **przyszły**.* ‚Diese drei netten Frauen kamen.'
*Te trzy panie i **jeden pan** przyszli.* ‚Diese drei Frauen und **ein Mann** kamen.'	*Te **trzy małe** koty **przyszły**.* ‚Diese drei kleinen Katzen kamen.'

Und was passiert bei Subjekten, die gemischte Gruppen bezeichnen, wie in dem Beispiel links unten in der Tabelle? Sobald auch nur ein einziger Mann dabei ist, finden wir die „maskuline Personenform". Wenn Sie dahinter sprachlichen Sexismus sehen, liegen Sie sicher nicht ganz falsch.

Schwierigkeiten für Deutschlerner: Wortbildung und Flexion

Polnisch- oder Tschechischsprecher sollten keine allzu großen Schwierigkeiten mit Kasus und Genus des Deutschen haben, schließlich ähneln sich die Sprachen da. Allerdings gibt es zahlreiche Unterschiede im Detail, die Schwierigkeiten bereiten. Im Deutschen zeigt sich die Flexion vor allem im Artikel – und der fehlt im Polnischen wie im Tschechischen. Zwar gibt es artikelähnliche Ausdrücke wie Possessiv-, Indefinit- und Demonstrativpronomen, die teilweise ähnliche Bedeutungen haben. Ihr grammatischer Status ist aber ein anderer. So kann ein Demonstrativpronomen anders als der definite Artikel nicht in generischen (allgemeingültigen) Aussagen verwendet werden (vgl. *Der Elefant hat einen Rüssel* vs. *Ten słoń ma trąbę* ‚Dieser Elefant hat einen Rüssel'). Im zweiten Satz kann es sich anders als im ersten nur um einen bestimmten Elefanten handeln, nicht aber um „Elefanten an sich" (als Gattung).

Das Erlernen der Regeln, wann ein bestimmter und wann ein unbestimmter (oder gar kein) Artikel verwendet wird, erweist sich als schwierig. Polnische oder tschechische Deutschlerner lassen Artikel oft auch in deutschen Sätzen weg, und es ist sinnvoll, hierfür besondere Übungen anzubieten. Aber nicht nur das Erlernen der Gebrauchsregeln ist schwierig, auch das Lernen der Formen selbst. In vielen Fällen stimmt das grammatische Geschlecht eines Nomens im Polnischen oder Tschechischen nicht mit dem des entsprechenden Nomens im Deutschen überein. Beispiele: *sałata* (feminin) vs. *Salat* (maskulin), *kot* (maskulin) und *Katze* (feminin), *dom* (maskulin) und *Haus* (neutrum). Da im Polnischen und Tschechischen das Genus durch eine entsprechende (typische) Endung meist eindeutig gekennzeichnet ist, kommen bedeutungsdifferenzierende Genusunterschiede viel seltener vor als im Deutschen – also Fälle wie *Band* (mask, fem. oder neutr.), *Gehalt* (mask. oder neutr.), *Kiefer* (mask. oder fem.) oder *Steuer* (fem. oder neutr.) usw.

Das Deutsche unterscheidet nicht nur im Artikel, sondern auch in der Adjektivflexion, ob ein Nominalausdruck definit oder indefinit ist. Da das Polnische und Tschechische diesen Unterschied nicht ausdrückt, wird sich auch das Erlernen der sogenannten starken und schwachen Adjektivflexion (vgl. *irgendein/ein/dein kluger Schüler* vs. *dieser/der/jeder kluge Schüler*) als problematisch erweisen.

Wie im Deutschen so muss auch im Polnischen und Tschechischen das Verb (Prädikat) mit dem Subjekt übereinstimmen. Anders aber als im Deutschen kann man nicht nur die Person und den Numerus, sondern – zum Beispiel bei Vergangenheitsformen – auch das Genus des Subjekts am Verb erkennen (vgl. *(on) mówił* ‚er sprach' vs. *(ona) mówiła* ‚sie sprach').

Ein weiterer Unterschied besteht darin, dass es beim Verb eine reichere Formenvielfalt gibt als im Deutschen mit seinen Zusammenfällen wie *ich/er sprach* oder *wir/sie sprachen*. Eine Folge davon ist, dass das Subjekt des Satzes oft nicht genannt werden muss. Das stellt eine weitere Fehlerquelle dar: Sprecher slawischer Sprachen tendieren allgemein dazu, das Subjekt auch im deutschen Satz wegzulassen. Sie äußern Dinge wie *Maria ist gekommen. Sagte, dass keine Zeit hat.*

4.5 Sätze

Besonderheiten der Wortstellung

Die Wortstellung ist im Polnischen und Tschechischen relativ frei. Das heißt aber nicht, dass die Wörter beliebig aneinandergereiht werden können. So dürfen im Tschechischen unbetonbare Ausdrücke nicht am Satzanfang erscheinen, zum Beispiel das Hilfsverb *být* ‚sein', das bei der Bildung des Perfekts auftritt. Sie folgen stattdessen in der Regel der ersten betonten Konstituente im Satz, wie in dem Beispiel in der Randspalte.

Im Polnischen gibt es keine Perfektformen mit Hilfsverben; sie wurden im Laufe der Zeit zu einfachen Vergangenheitsformen reduziert, die aus einem Partizip (dem sogenannten *l-Partizip*, weil es auf *l* endet) und einer Person-Numerus-Endung bestehen. Interessanterweise können derartige Person-Numerus-Endungen zumindest im umgangssprachlichen Gebrauch vom Verb (Partizip) getrennt und woanders im Satz platziert werden, zum Beispiel am Dativpronomen. Das erinnert ein wenig an Fälle wie *wenn-st komm-st* ‚wenn du kommst' im Bairischen, wo wir ebenfalls eine Personanzeige, das *-st*, an einem Wort am Satzanfang finden, allerdings bleibt die Personanzeige in diesem Fall auch beim Verb bestehen. Das polnische *-śmy* ist ein „Klitikum", ein Ausdruck, der im Status zwischen dem eines freien Wortes und einer bloßen Flexionsendung changiert. Klitika sind „weniger" als echte Wörter, weil sie nicht frei vorkommen, sondern sich an andere Wörter anlehnen müssen; sie sind jedoch „mehr" als Flexionsendungen, weil sie an verschiedene Arten von Wörtern angehängt werden können. Die deutsche mündliche Umgangssprache und vor allem die Dialekte besitzen auch Klitika. In dem bairischen Beispiel ist das erste *-st* ein Klitikum, das zweite eine Flexionsendung. Dass solche Klitika nicht alleine, etwa am Satzanfang, stehen dürfen, zeigt das letzte, ungrammatische Beispiel in der Randspalte. Im Deutschen finden wir ein ähnliches Phänomen mit dem schwach betonten Pronomen *es*, das als Objekt nicht am Satzanfang erscheint: Wir können den Satz *Wir haben es ihm geschenkt* nicht umwandeln in **Es haben wir ihm geschenkt*, allenfalls die Variante mit dem starken Pronomen, *Das haben wir ihm geschenkt*, ist möglich.

Zwei Arten, auf Tschechisch *Wir haben es ihm gegeben* zu sagen

Dali	*jsme*	*to*	*jemu.*
gegeben	Hilfsverb	es	ihm
PLUR.MASK	1.PLURAL	AKK	DAT

‚Wir haben wir es IHM gegeben.'

Jemu	*jsme*	*to*	*dali.*
ihm	Hilfsverb	es	gegeben
DAT	1.PLURAL	AKK	PLUR.MASK

‚Ihm haben wir es GEGEBEN.' oder ‚IHM haben wir es gegeben.'

Wie man auf Polnisch *Wir haben es ihm gegeben* sagen kann – und wie nicht

Dali-śmy	*to*	*jemu.*
gegeben	dies	ihm
PLUR.MASK-1.PL	AKK	DAT

Jemu-śmy	*to*	*dali.*
Ihm	es	gegeben
DAT-1.PL	AKK	PLUR.MASK

****Śmy***	***dali***	*to*	*jemu.*
1.PL	gegeben	es	ihm
	PLUR.MASK	AKK	DAT

Wortstellungsmöglichkeiten in Hauptsätzen

(W sobotę)	*Jan*	*(w sobotę)*	***musi***	*(w sobotę)*	***pracować***	*(w sobotę).*
(am Samstag)	Jan	(am Samstag)	muss	(am Samstag)	arbeiten	(am Samstag)

‚Jan muss am Samstag arbeiten.'

Maria	*powiedziała,*	*że*
Maria	sagte,	dass

(w sobotę)	*Jan*	*(w sobotę)*	***musi***	*(w sobotę)*	***pracować***	*(w sobotę).*
(am Samstag)	Jan	(am Samstag)	muss	(am Samstag)	arbeiten	(am Samstag)

‚Maria sagte, dass Jan am Samstag arbeiten muss.'

Die Wortstellung im Deutschen ist zwar ebenfalls relativ frei, aber im Aussagesatz muss das finite Verb in der Zweitposition erscheinen. Für den Satz *Jan muss am Samstag arbeiten* haben wir daher nur Varianten wie *Am Samstag muss Jan arbeiten*; das Polnische hingegen hat hier wesentlich mehr Freiheiten, etwa das Adverbial *am Samstag* zu platzieren (siehe Randspalte unten auf der vorherigen Seite). Die slawischen Sprachen kennen auch nicht die Unterscheidung des Deutschen von Verbzweitstellung in Hauptsätzen und Verbendstellung in Nebensätzen (siehe Kapitel 3).

Auch die Stellung der Ausdrücke innerhalb einer Nominalgruppe ist freier als im Deutschen. So können zum Beispiel Adjektive dem Nomen vorangehen oder folgen. Oft hat das auf die Bedeutung keinen Einfluss: ***nocny*** *dyżur* (wörtlich: ‚nächtlicher Dienst') und *dyżur* ***nocny*** bedeuten beide ‚Nachtdienst'. In anderen Fällen hat dies aber durchaus Folgen. Wenn Sie beim Frisör eine Pferdeschwanzfrisur haben wollen, so sollten Sie einen ***koński*** *ogon* (wörtlich: ‚pferdenen Schwanz'), aber nicht einen *ogon* ***koński*** verlangen – Letzteres hat nur die wörtliche Bedeutung im Sinne von ‚Schwanz eines Pferdes'.

Schwierigkeiten für Deutschlerner: Wortstellung

Faustregel: Jede deutsche Satzstruktur würde auch auf Polnisch und Tschechisch einen guten Satz ergeben, aber nicht umgekehrt. Zu erwarten sind daher Übertragungsfehler wie *Morgen Jan geht einkaufen.* Die SOV-Stellung in deutschen Nebensätzen kann ein besonderes Problem darstellen. Sie müssen sich darauf gefasst machen, dass Polnisch- und Tschechischsprecher die Hauptsatzstellung auf die Nebensatzstellung übertragen und Sätze äußern wie *Maria sagt, dass Peter geht morgen einkaufen.*

Im Deutschen kann man Nominalgruppen spalten – wie in *Politiker kennt er viele* oder *Bücher hat er keine gelesen.* Auch damit gehen slawische Sprachen freier um und erlauben beispielsweise die Entsprechung zu **Wessen hast du Auto gesehen?* (richtig: *Wessen Auto hast du gesehen?*). Entsprechende Fehler sind bei Deutschlernern zu erwarten.

Besonderheiten der Kasusverwendung

Da Polnisch und Tschechisch über die vier Kasus des Deutschen hinaus drei weitere Fälle besitzen, gibt es selbstverständlich auch andere Regeln der Kasusverwendung. Der Instrumentalkasus entspricht in etwa den *mit*-Satzgliedern im Deutschen, die sowohl das Instrument einer Handlung ausdrücken können, wie in *Gerda aß den Salat mit dem Löffel*, und den sogenannten Komitativ, wie in *Gerda aß den Salat mit Fritz.* Der Lokativ wird nicht nur beim Ortsbezug verwendet, sondern zum Beispiel auch, um auszudrücken, dass jemand *über jemanden* spricht. Weil er allgemein nur mit Präpositionen verwendet wird, nennt man diesen Kasus auch Präpositiv.

Der Vokativ schließlich dient zur Anrede. Das Deutsche hat hier keine eigene Kategorie, sieht man von dem altmodischen *o* ab, das nur noch in Ausdrücken wie *O Gott!* vorkommt. Aber einen Reflex dieser grammatischen Kategorie der Anrede gibt es im Deutschen durchaus: Der Artikel wird weggelassen. Wir sagen: *Mensch! Wach auf!*, nicht **Der Mensch! Wach auf!*. Und das Süddeutsche, das den Artikel bei Eigennamen verwendet, lässt diesen bei der Anrede weg.

Aber auch bei den Kasus, die Polnisch und Tschechisch mit dem Deutschen teilen, gibt es Unterschiede. Der Genitiv wird im Polnischen häufig im Zusammenhang mit der Negation verwendet. Wird ein Verb negiert, so erscheint sein direktes Objekt im Genitiv und nicht im Akkusativ (siehe Randspalte). Im Deutschen kommt dies manchmal in emphatischer Bedeutung vor: *Ich habe gar nichts von Anna bemerkt*. Darüber hinaus kann der Genitiv anstelle des Akkusativs auch in nichtnegierten Sätzen vorkommen, was eine besondere Interpretation im Sinne von „ein Teil von" oder „ein wenig" auslöst. Dies wird als partitiver Genitiv bezeichnet. Der Genitiv spielt schließlich eine Rolle in der Kombination von Substantiven mit Zahlwörtern. Substantive, die nach Zahlwörtern ab 5 stehen, erscheinen nämlich im Genitiv Plural. Man sagt also wörtlich ‚vier Eier', aber ‚fünf der Eier'. Um die Verwirrung komplett zu machen, gilt dies aber nur, wenn die Nominalgruppe im Nominativ, Genitiv oder Akkusativ steht.

Und da wir gerade bei den Zahlen sind: Im Tschechischen, aber nicht im Polnischen werden die Zahlen von 21 bis 99 auf zweierlei Art und Weise gebildet: auf die „slawische" Art (vgl. *dvacetčtyři*, wörtlich: ‚zwanzig vier') oder auf die „deutsche" Art (vgl. *čtyřiadvacet* ‚vier**und**zwanzig').

Im Tschechischen gibt es auch Varation in der Zuweisung von Kasus, nämlich zwischen dem Nominativ und dem Instrumental in prädikativen Kopulasätzen mit *být* ‚sein'. Der Nominativ wird für dauernde oder feste Eigenschaften verwendet, der Instrumental hingegen für kurzlebigere oder für hypothetische. Wenn jemand einen Beruf wie den des Bankkaufmanns gelernt hat, ist dies eher eine dauerhafte Eigenschaft; wenn jemand Geld mit einer Bank verdient, wird dies als eher kurzlebig angesehen (auch schon vor der Bankenkrise). Allerdings gibt es keine festen Regeln diesbezüglich und die Instrumental- vs. Nominativverwendung unterliegt einer starken stilistischen oder sogar individuellen Variation. Im Polnischen ist – mit einigen wenigen Ausnahmen – der Instrumental die übliche Form.

Wie schon erwähnt, dient der Instrumentalkasus auch zur Anzeige des Komitativs, mit dessen Hilfe man Personen benennt, die bei einer Handlung mitgewirkt haben. Man sagt nicht ‚Maria und ihr Bruder', sondern ‚Maria mit ihrem Bruder'. Diese

Genitiv im Polnischen

Jan	*kupił*	***ten***	***dom.***
Jan	kaufte	dies	Haus
		AKKUSATIV	

‚Jan kaufte dieses Haus.'

Jan	*nie*	*kupił*	***tego***	***domu.***
Jan	nicht	kaufte	dies	Haus
			GENITIV	

‚Jan kaufte dieses Haus nicht.'

Jan	*kupił*	***chleb.***
Jan	kaufte	Brot
		AKKUSATIV

‚Jan kaufte (das) Brot.' oder ‚Jan kaufte den/einen Brotlaib.'

Jan	*kupił*	***chleba.***
Jan	kaufte	Brot
		GENITIV

‚Jan kaufte (etwas) Brot.'

Genitiv bei Zahlwörtern: Tschechisch

čtyři	*hrady*	*pět*	*hradů*
vier	Burgen	fünf	Burgen
NOM	NOM.PL	NOM	GEN.PL
‚vier Burgen'		‚fünf	Burgen'

na	*pěti*	*hradech*
auf	fünf	Burgen
	LOK	LOKATIV

‚auf fünf Burgen'

Nominativ und Instrumental im Tschechischen

Petr	*je*	***bankéřem.*** / ***bankéř.***
Peter	ist	Bankier / Bankier
		INSTRUMENTAL / NOMINATIV

‚Peter ist Bankier (= verdient derzeit Geld mit einer Bank)/Bankkaufmann.'

Já	*jsem*	***tvůj***	***otec.***
Ich	bin	dein	Vater
		NOMINATIV	

‚Ich bin dein Vater.'

Kdybych	*byl*	***tvým***	***otcem***	*já, …*
Wenn	wäre	dein	Vater	ich
		INSTRUMENTAL		

‚Wenn ich dein Vater wäre, …'

Formen sind auch im Deutschen möglich, in den slawischen Sprachen aber häufiger. Die Fehlermöglichkeiten, die sich hier ergeben, sind von subtiler Natur: Bestimmte Konstruktionen könnten systematisch zu selten oder zu häufig verwendet werden. Man beachte übrigens (siehe Beispiel in der Randspalte), dass nach einem Subjekt wie ‚Maria mit ihrem Bruder' das Verb, anders als im Deutschen, im Plural kongruiert, als wäre das Subjekt ‚Maria und ihr Bruder'. Im Deutschen hieße es: *Maria* ***ging*** *mit ihrem Bruder zur Lehrerin*.

Bei den Präpositionen des Ortes und der Richtung gibt es im Tschechischen und Polnischen eine ähnliche Alternation wie die im Deutschen zwischen Dativ und Akkusativ, nur dass hier Lokativ und Akkusativ wechseln.

Da wir gerade über Bewegung sprechen: In slawischen Sprachen gibt es zwei verschiedene Verben für ‚gehen' und für andere Verben der Bewegung, wie ‚fahren' oder ‚laufen': im Polnischen zum einen *iść* für zielgerichtetes und zum anderen *chodzić* für nicht zielgerichtetes oder wiederholtes Gehen. Das erste verwendet man, um etwa ‚Ich gehe jetzt zur Post' auszudrücken, das zweite für ‚Montags gehe ich immer zur Post' oder ‚Heute bin ich den ganzen Tag einfach nur gegangen'.

Komitativ im Tschechischen

Marie	*s*	*bratrem*
Marie	mit	Bruder
NOM		INSTRUMENTAL
šli	*za*	*učitelkou.*
gingen	zu	Lehrerin
PL		INSTRUMENTAL

‚Marie und ihr Bruder gingen zur Lehrerin.'

Ort und Richtung im Polnischen

Ona	*tańczy*	*na*	***dachu.***
sie	tanzt	auf	Dach
			LOKATIV

‚Sie tanzt auf dem Dach.'

Ona	*wchodzi*	*na*	***dach.***
sie	steigt	auf	Dach
			AKKUSATIV

‚Sie steigt auf das Dach.'

Schwierigkeiten für Deutschlerner: Kasusgebrauch

Auch wenn polnisch- oder tschechischsprachige Lerner des Deutschen mit Kasus vertraut sind – im Polnischen und Tschechischen gibt es ja schließlich sogar mehr Fälle als im Deutschen – kann das Erlernen des richtigen Kasusgebrauchs durch die Muttersprache erschwert sein. Um einige Beispiele zu nennen: Wenn eine polnische Schülerin statt *Ich begleite dich* sagt: **Ich begleite dir*, oder Fehler macht wie in **Ich will dir nicht stören* oder **Ich will mir dem Bild anschauen*, dann liegt es daran, dass die entsprechenden Verben im Polnischen (*towarzyszyć, przeszkadzać, przyglądać się*) den Dativ und nicht den Akkusativ verlangen.

Als schwierig kann sich auch das Erlernen des Kasusgebrauchs nach bestimmten Präpositionen erweisen, insbesondere in Fällen, in denen eine Alternation möglich ist. Denken Sie beispielsweise an folgende Kontraste: *Er geht in die Schule* (AKKUSATIV) vs. *Er ist in der Schule* (DATIV). Im entsprechenden polnischen Satz müsste man zwei unterschiedliche Präpositionen verwenden: *(On) chodzi do szkoły* (GENITIV) vs. *(On) jest w szkole* (LOKATIV).

Weitere Besonderheiten der Grammatik

In Talkshows wird manchmal heiß diskutiert, wer wen hintergangen hat. Und während die Frage im deutschen Fernsehen ***Wer hat wen hintergangen?*** lautet, fragt man sich in Polen wie in Tschechien: ***Kto kogo*** *zdradził* (wörtlich: ‚Wer wen betrog?'). Beide Fragewörter (Interrogativpronomen) werden vorangestellt. Es können sogar mehr als zwei Fragewörter sein, wie das tschechische Beispiel ***Kdo komu co*** *dal?* (wörtlich: ‚**Wer wem was** gab?') zeigt.

Verneinung im Polnischen

Nikt	*nigdzie*	*nigdy*	*nikogo*	*nie*	*widział.*
niemand	nirgendwo	niemals	niemanden	nicht	sah

‚Niemand sah jemals irgendwo jemanden.'

Mehrfache Verneinung auch im Mittelhochdeutschen

Mich	*en-mac*	*getrœsten*	*niemen.*
mich	nicht-kann	trösten	niemand

‚Mich kann niemand trösten'.

Stellung des Verneinungswortes

Nie	*musiała*	*o*	*tym*	*wiedzieć.*
nicht	muss	über	dies	wissen
	PRÄT.FEM.SG		LOC	INFINITIV

‚Es muss nicht sein, dass sie davon gewusst hat.'

Musiała	*o*	*tym*	***nie***	*wiedzieć.*
muss	über	dies	nicht	wissen

‚Es muss so sein, dass sie davon nicht gewusst hat.'

Die mehrfache Fragewortvoranstellung ist nicht das Einzige, was Polen und Tschechen gern mehrfach tun. Sie verneinen auch mit Leidenschaft. Der tschechische Satz ***Nikdo** knihu **nekoupil*** (wörtlich: ‚Niemand kaufte das Buch nicht') heißt nicht etwa, dass sich alle um das Buch gerissen haben, sondern dass keiner es gewollt hat. Negationswörter können fast beliebig oft im Satz auftreten (siehe Randspalte oben). Das Verb muss dabei eine negierte Form tragen (z. B. *nie widział* ‚nicht sah'), aber auch alle anderen unbestimmten Wörter wie *jemanden, irgendwo* und *jemals* sind negative „N"-Wörter. Das ähnelt den englischen *any*-Pronomen, wie in *I have seen **nobody*** vs. *I have **not** seen **anybody***. Dieses Phänomen wird als „Negationsharmonie" bezeichnet, denn die indefiniten Pronomen und Adverbien scheinen ja mit der Verb- bzw. Satznegation zu harmonieren. Wenn Sie einen süddeutschen Dialekt sprechen oder sich vielleicht noch an das Mittelhochdeutsche oder das Lateinische erinnern können, wird Ihnen das alles vertraut vorkommen. Auf Bairisch sagt man ja auch: *Niamand is ned kema* ‚Niemand ist gekommen'.

Die Negationsharmonie hat eine unerfreuliche Konsequenz. Einer der ältesten Witze der Menschheit lässt sich damit nicht mehr richtig darstellen. Wäre Odysseus Pole gewesen, hätte er gegenüber dem Zyklopen Polyphem nicht so viel Erfolg gehabt. Der Satz *Niemand hat mir das Augenlicht geraubt* ist, wörtlich übersetzt, im Polnischen nicht mehrdeutig, sondern ungrammatisch.

Auf der anderen Seite ist Polnisch aber ausdrucksstärker als das Deutsche. Ein Satz wie *Sie muss davon **nicht** gewusst haben* ist ambig, hat also zwei Bedeutungen, wie in der Randspalte gezeigt. Diese Mehrdeutigkeit wird im Polnischen dadurch aufgelöst, dass die Negation einmal vor dem Modalverb, das andere mal vor dem Infinitiv steht.

Eine weitere Hürde für polnischsprachige Deutschlerner stellen Konstruktionen mit Infinitiv + Akkusativ dar (z. B. *Sie sieht ihn laufen/Er hört uns singen*), denn diese gibt es im Polnischen nicht. Ein Polnischsprachiger würde hier stattdessen sinngemäß sagen müssen: ‚Sie sieht ihn, **wie** (er) läuft' bzw. ‚Er hört uns, **wie** (wir) singen', das heißt, man müsste einen eingebetteten finiten Satz benutzen. Im Tschechischen gibt es entsprechende Konstruktionen mit Infinitiv + AKK, aber sie stehen trotzdem in freier Variation mit durch *jak* ‚wie' eingeleiteten Nebensätzen.

Polen und Tschechen haben einen besonderen Hang zum Gebrauch von Reflexivpronomen, auch mit Verben, die im

Schwierigkeiten für Deutschlerner: Negation

Als Polnisch- oder Tschechischsprachiger muss man sich kontrollieren, um im Deutschen keine Sätze folgender Art zu produzieren: **Keiner hat ihm hier nichts angetan.* Aber das ist nicht alles. Im Polnischen und Tschechischen steht das Verneinungswort *nie* bzw. *ne* (das Gegenstück zu *nicht*) unmittelbar vor dem Verb. Das heißt, nichts darf zwischen die Negation und das Verb treten – nicht einmal ein Reflexivpronömchen (vgl. *Jan* ***się*** *nie myje*, wörtlich: ,Jan **sich** nicht wäscht', aber nicht **Jan nie* ***się*** *myje*) oder ein kurzes Adverb (vgl. *Jan* ***teraz*** *nie pracuje*, wörtlich: ,Jan **jetzt** nicht arbeitet', aber nicht **Jan nie* ***teraz*** *pracuje*; dieser Satz würde (unter Umständen) nur unter einer speziellen (kontrastiven) Lesart akzeptabel, im Sinne von ,Jan arbeitet nicht jetzt, sondern zu einer anderen Zeit', wörtlich: ,Jan nicht jetzt arbeitet').

Im Tschechischen erscheint die Negation sogar als Präfix *ne-* in das Wort integriert: Es trägt den Wortakzent, da das Tschechische ja allgemein auf der ersten Silbe des Wortes betont. Ein Beispiel: *Nepracoval jsem* ,nicht.gearbeitet.SG.MASK bin.1.SG', ,Ich habe nicht gearbeitet'. Sprecher des Mittelhochdeutschen hätten damit kein Problem gehabt, für Tschechisch- und Polnisch-Sprecher stellt sich aber die Frage: Wohin mit dem *nicht* im Deutschen, das ja durchaus an verschiedenen Stellen auftreten kann, wie die folgenden Beispiele zeigen:

Hans wird das Buch nicht lesen.
Hans liest das Buch nicht.
Hans hat damit nicht gerechnet.
Hans hat nicht damit gerechnet.
Hans war zum Glück nicht krank.

Weitere Schwierigkeiten ergeben sich im Zusammenspiel von Negation mit den sogenannten „Gradpartikeln" wie *sogar*. Wenn ein Deutscher sogar nach dem Feierabend an die Arbeit denkt und nicht einmal am Wochenende ausruhen kann, denkt ein Polnischsprachiger sogar nach dem Feierabend an die Arbeit, und sogar am Wochenende kann er nicht ausruhen. In beiden Fällen (affirmativen und negativen) wird also das gleiche Wort *nawet* verwendet. Man vergleiche auch den folgenden Kontrast: (1) *Sie hat* ***sogar*** *die Notizen gelesen* vs. (2) *Sie hat* ***nicht mal*** *die Notizen gelesen.* Im Polnischen wird in beiden Fällen die Partikel *nawet* verwendet: (1) *Ona przeczytała* ***nawet*** *notatki* vs. (2) *Ona nie przeczytała* ***nawet*** *notatek.*

Deutschen nicht reflexiv gebraucht werden können. So kann der Pole ,sich gehen' oder ,sich sein/sich leben', wie in der Randspalte gezeigt wird. Mit der letzteren Formel fangen gewöhnlich Märchen an. Dabei ist die Form des Reflexivpronomens für alle Personen gleich – man sagt also nicht nur ,Er sieht sich im Spiegel', sondern auch ,Ich sehe sich im Spiegel' und ,Du siehst sich im Spiegel'. Diese Formidentitäten stellen zusätzliche Quellen von Schwierigkeiten für Deutschlerner dar, da das Deutsche ja bei der 1. und 2. Person das einfache Personalpronomen wählt.

Reflexiva im Polnischen

Idź ***sobie*** *wreszcie!*
geh sich endlich
IMP.2.SG DATIV
,Geh doch endlich!'

Jest ***sobie*** *prostym człowiekiem.*
ist sich einfach Mann
3.SG DAT INSTRUMENTAL
,Er ist ein einfacher Mann.'

Żył ***sobie*** *dziad i baba.*
lebte sich Alter und Alte
3.SG.MASK DAT
,Es lebten einmal ein alter Mann und eine alte Frau.'

Haben Sie das gewusst?
Das Wort *Čechy* ist eigentlich das tschechische Wort für Böhmen (d. h. ohne Mähren und Tschechisch-Schlesien), es wird aber fälschlicherweise manchmal auch für das ganze Tschechien verwendet. Das tschechische Wort für Tschechien ist dagegen *Česko*. Aber die Adjektive für „tschechisch" und „böhmisch" sind seltsamerweise identisch: *český*. Da fragt man sich natürlich, woher denn die Bezeichnung „Böhmen" eigentlich kommt. Dafür stand der keltische Stamm der Bojar Pate, der im 4. Jahrhundert das Gebiet des heutigen Tschechien besiedelte und dessen lateinischer Name Boiohaemum war. Die Kelten wurden dann von den einwandernden Slawen verdrängt oder assimiliert, aber keltisches Brauchtum – oder das, was man dafür hält – wird heute wieder gern gepflegt.

Höflichkeit im Polnischen: Möglichkeiten, „*Wissen Sie, dass ...?*" zu sagen.

Czy pani wie, że ...?
ob Dame weiß, dass ...?

Czy pan wie, że ...?
ob Herr weiß, dass ...?

Czy państwo wiedzą, że ...?
ob Herrschaften wissen, dass ...?

Czy wujek wie, że ...?
ob Onkel weiß, dass ...?

Czy ksiądz wie, że ...?
ob Pfarrer weiß, dass ...?

4.6 Wortschatz und Sprachverwendung

Beim Wortschatz fallen im Vergleich zum Deutschen sowohl Unter- als auch Überdifferenzierungen auf. Dass das Polnische drei Wörter für ‚blau' kennt, wurde schon erwähnt. Ähnlich wird nicht etwa lediglich zwischen Nichte und Neffe unterschieden. Nein, es wird weiterhin differenziert, ob die Nichte bzw. der Neffe ein Kind vom Bruder oder von der Schwester der jeweiligen Person ist: *siostrzenica* (‚Nichte schwesterlicherseits', ‚Schwestertochter')/*bratanica* (‚Nichte brüderlicherseits, Bruderstochter') und dementsprechend auch *siostrzeniec* (‚Neffe schwesterlicherseits, Schwestersohn')/*bratanek* (‚Neffe brüderlicherseits, Bruderssohn').

Weniger genau nehmen es die Sprachen mit dem Bezug auf die Gliedmaßen des Menschen: Wie oben schon gesagt, bedeutet *noha* im Tschechischen sowohl ‚Bein' als auch ‚Fuß', und *ruka* ist sowohl ‚Hand' als auch ‚Arm'. Im Polnischen (und ähnlich auch im Tschechischen) gibt es nur ein Wort für ‚Finger' und ‚Zeh': *palec*. Um zu differenzieren, dass zum Beispiel ein Zeh und nicht ein Finger gemeint ist, muss man es explizit angeben (vgl. *palec* ***u nogi*** (‚beim Fuß') versus *palec* ***u ręki*** (‚bei der Hand')).

Sowohl Tschechisch als auch Polnisch haben Höflichkeitsformen. Im Tschechischen ist dies die *vy*-Form, die 2. Person Plural. Im Deutschen hatte ja ebenfalls das *Ihr* diese Funktion inne, bevor es durch *Sie* abgelöst wurde. Im Polnischen dagegen werden in der höflichen Sprechweise die Wörter *pan* ‚Herr', *pani* ‚Dame' oder *państwo* ‚Damen und Herren' verwendet, und das Verb steht in der 3. Person. Es gilt des Weiteren als höflich in Polen, die Lehrer in der Oberschule (dem Polnischen *liceum*) mit ‚Frau/Herr Professor' anzureden.

Abschließend noch eine Bemerkung zu Schimpfwörtern, im Schulkontext nicht ganz unwichtig. Ein bekanntes polnisches (aber eigentlich gemeinslawisches) Schimpfwort ist *kurwa* [kurva]. Es bedeutet eigentlich ‚Hure', und auch wenn es weiterhin vulgär ist, hat es dennoch in letzter Zeit an Stärke verloren. Ein Beispiel aus der Jugendsprache ist das Adjektiv *zajebisty*, das heute ähnlich wie *geil* verwendet wird; es stammt von dem Verb *jebać*, einer sehr vulgären Bezeichnung für ‚Sex haben' (das deutsche Adjektiv *geil* hatte übrigens ursprünglich Bedeutungen wie ‚übermütig, kraftvoll, üppig').

Schwierigkeiten für Deutschlerner: Wortschatz

Als besonders gefährliche Fehlerquelle seien hier sogenannte „falsche Freunde" (*faux amis*) genannt. Es handelt sich hier um Wortpaare, die trotz identischer oder ähnlicher Form Bedeutungsunterschiede aufweisen und so leicht zu Missverständnissen führen können. So könnte man leicht meinen, dass das polnische Wort *kryminalista* eine genaue Entsprechung des ähnlich klingenden deutschen Wortes *Kriminalist* ist. In Wirklichkeit bedeuten sie etwas völlig anderes: Während mit dem deutschen Wort ein Kriminalbeamter gemeint ist, bezeichnet das polnische Wort eher einen Kriminellen. Ein anderes Beispiel: *dramaturg* ≠ *Dramaturg*, sondern poln. *dramaturg* → dt. *Dramatiker*; dt. *Dramaturg* → poln. *kierownik literacki* (wörtlich: ‚literarischer Leiter').

Besonders tückisch sind die sogenannten partiellen falschen Freunde, bei denen sich die Bedeutungen nur teilweise decken. So könnte zum Beispiel das polnische Wort *pilot* identisch mit dem deutschen Wort *Pilot* sein, aber nur, wenn es sich dabei um einen Flugpiloten handelt. Das Wort *pilot* kann im Polnischen aber auch für einen Lotsen, einen Beifahrer (im Rennsport), einen Reiseleiter oder auch eine Fernbedienung verwendet werden, wofür man im Deutschen auf keinen Fall das Wort *Pilot* verwenden würde. Als ob damit schon nicht genug Verwirrung gestiftet wäre, entspricht das deutsche Wort *Pilot* (beim Rennsport) gerade nicht dem polnischen Wort *pilot*. Dafür muss man im Polnischen die Bezeichnung *kierowca wyścigowy* (wörtlich: ‚Rennfahrer') verwenden.

„Falsche Freunde" im Polnischen und Tschechischen

Auch wenn sich Polnisch und Tschechisch oft in ihrem Wortschatz ähneln, sind böse Überraschungen in Gestalt von sogenannten „falschen Freunden" nicht ausgeschlossen. Ein Beispiel: Das polnische Wort *szukać* scheint auf den ersten Blick genau dem tschechischen Wort *šukat* zu entsprechen, aber während das polnische Wort ‚suchen' bedeutet, heißt das tschechische ‚ficken'.

Einige tschechische Sprichwörter

Ani ryba ani rak. (‚Weder Fisch noch Fleisch (wörtlich: ‚Krebs').')

Kdo maže, ten jede. (‚Wer schmiert, der fährt.')

Proč stahovat kalhoty, když brod je ješt daleko. (‚Warum sich die Hose ausziehen, wenn die Furt noch weit weg ist.')

Sekerou okno neumyješ. (‚Mit einem Beil wäscht man kein Fenster.')

Deutsche Redensarten mit „Polen"

Wissen Sie, was die folgenden Redensarten bedeuten und woher sie kommen?

Jetzt ist Polen offen.

Noch ist Polen nicht verloren.

Die Lösung finden Sie am Ende dieses Kapitels. 🕮[6]

Lösungen

🕮[1]

Jára Cimrman, einer der größten tschechischen Dramaturgen, Dichter, Bildhauer, Weltreisenden, Philosophen, Entdecker und Erfinder (er erfand unter anderem die CD, was wohl für „Cimrman's Disc" steht), Kriminalisten, Mathematiker, Politiker und und und – allerdings ein wenig vom Pech verfolgt: Beispielsweise würde er heute als Erfinder der Glühlampe gelten, wäre da Thomas Alva Edison nicht fünf Minuten vor ihm am Patentamt eingetroffen. Und auch vom Nordpol trennten ihn nur wenige Meter (von zirka sechs Metern ist die Rede), als er auf „feindselige Eingeborene stieß", sonst wäre er ganz sicher der erste Mensch am Nordpol gewesen. Und falls Sie jetzt total verwirrt sind und Ihre bisherige Welt durcheinandergerät, seien Sie unbesorgt: Dies ist nur eine fiktive Persönlichkeit.

🕮[2]

Polnisch: *bursztyn* (‚Bernstein'), *cel* (‚Ziel'), *drut* (‚Draht'), *farba* (‚Farbe'), *grunt* (‚Grund, Boden'), *jarmark* (‚Jahrmarkt'), *knajpa* (‚Kneipe'), *ładować* (‚laden'), *malarz* (‚Maler'), *olej* (‚Öl'), *panierować* (‚panieren'), *ratusz* (‚Rathaus'), *szlafrok* (‚Schlafrock'), *talerz* (‚Teller'), *urlop* (‚Urlaub'), *waga* (‚Waage') *wihajster* (Bezeichnung für Gegenstände, deren Name vergessen wurde, von: „Wie heißt er?"), *zupa* (‚Suppe'), *żeglarz* (‚Segler')

Tschechisch: *brýle* (‚Brille'), *cíl* (‚Ziel'), *farář* (‚Pfarrer'), *sál* (‚Saal'), *žold* (‚Sold, Besoldung, Entlohnung')

🕮[3]

Beispiele für deutsche Entlehnungen aus dem Polnischen:
Grenze (*granica*), Gurke (*ogórek*), Peitsche (*pejcz*), *Säbel* (*szabla*), Dalli! (von *dalej* ‚weiter, vorwärts!', Komparativ von *daleko* ‚weit')

Beispiele für deutsche Entlehnungen aus dem Tschechischen:

Roboter (künstliche Menschen aus Karel Čapeks sozialutopischem Drama *R.U.R.* (1930/1921), geschaffen aus *robota* ‚Fronarbeit')

Für Österreich charakteristisch: Buchtel (Dampfnudel, von *buchta*), pomali (langsam, dialektal, von *pomalý*), Kukuruz (Mais, von *sladká kukuřice* ‚süßer Mais')

🕮[4]

Aleksandra (aber auch *Olga*)

🕮[5]

Jest duży kot i mały kotek.
Wysoki płot i niski ***płotek****.*
Gruba jest książka, cienka ***książeczka****.*
Szeroka wstążka, wąska ***wstążeczka****.*
Długa jest rzeka, a krótka ***rzeczka****.*
Nitka jest cienka, cieńsza ***niteczka****.*
Głęboki dół, lecz płytki ***dołek****.*
Silny jest wół, a słabszy ***wołek****.*

(Es gibt eine große Katze und ein kleines Kätzchen,
einen hohen Zaun und ein niedriges **Zäunchen**.
Dick ist ein Buch, dünn ist ein **Büchlein**.
Breit ist ein Band, schmal ist ein **Bändchen**.
Lang ist ein Fluss, und kurz ist ein **Flüsschen**.
Ein Faden ist dünn, noch dünner ist ein **Fädchen**.
Tief ist eine Grube, aber flach ist ein **Grübchen** (Kuhle).
Stark ist ein Ochse, doch schwächer ein **Öchschen**.)

🕮[6]

Jetzt ist Polen offen: „Es herrscht Aufregung; alles ist möglich; die Situation gerät außer Kontrolle". Diese umgangssprachliche Redensart „stammt vermutlich aus der Zeit, als der polnische Adel untereinander heillos zerstritten war und keine effektive Zentralmacht zuließ". Damals war Polen offen für das Eingreifen fremder Mächte. Der Begriff geht möglicherweise auf die polnischen Teilungen in den Jahren 1772 bis 1795 zurück, als die polnischen Nachbarmächte Russland, Preußen und Österreich den Unionsstaat untereinander aufteilten.

Noch ist Polen nicht verloren: „Eine fast unmöglich zu lösende Situation ist doch lösbar." Mit dem Vers „Noch ist Polen nicht verloren" beginnt die polnische Nationalhymne.

Quellen und weiterführende Literatur

Der Textabschnitt über Sprecher und Sprachsituation basiert hauptsächlich auf Kaluza (2002). Dort finden sich wertvolle Informationen zur Migrationsgeschichte der Polnischsprachigen in Deutschland und auch die Feststellung, dass nicht zuletzt wegen der großen Heterogenität der polnischsprachigen Einwanderergruppe die in Deutschland lebenden Polen nicht unbedingt als „polnische Minderheit" wahrgenommen würden (S. 699 f.).

Weiterführende Informationen zur polnischen Sprache und ihrer regionalen Varietäten: *Sprachensteckbrief Polnisch. Eine Information des Bundesministeriums für Unterricht, Kunst und Kultur. Referat für Migration und Schule* (http://www.schule-mehrsprachig.at/fileadmin/schule_mehrsprachig/redaktion/sprachensteckbriefe/pdf/SSB_Polnisch_11.pdf; Zugriff 20.2.2013) und Stone (1990).

Weitere Informationen über die Geschichte Polens und Tschechiens finden Sie unter: *Wikipedia/Geschichte Polens*, des Weiteren Alexander (2008), Davies (2006) sowie http://www.bohemistik.de/tschechischegeschichtemain.html (Zugriff: 20.2.2013).

Mehr Informationen über die Herkunft der Bezeichnungen „Tschechien" und „Böhmen" finden Sie unter *Wikipedia: Tschechien; Tschechien: Geschichte*/http://www.uni-koblenz.de/ist/ewis/czlkgesch.html (Zugriff 20.2.2013)

Für einen Überblick über die frühen deutsch-polnisch-tschechischen Sprachkontakte vgl. Lipczuk (2001, S. 1). Für die Rolle des Tschechischen bei der Entwicklung der polnischen Sprache vgl. Rothstein (1993, S. 686).

Das im Text zitierte Beispiel über die unterschiedliche Realisierung von Doppelkonsonanten in verschiedenen Regionen Polens stammt aus Stone (1990, S. 353). Die Bezeichnung des Hochtschechischen (*spisovná čeština*) als „halb-künstlich und archaisch in vielerlei Hinsicht" findet sich in Short (1993, S. 455). Weiterführende Informationen zur tschechischen Sprache und ihrer regionalen Varianten: *Sprachensteckbrief Tschechisch. Eine Information des Bundesministeriums für Unterricht, Kunst und Kultur. Referat für Migration und Schule.* http://www.sprachensteckbriefe.at/fileadmin/sprachensteckbriefe/pdf/SSB_Tschechisch_11.pdf und Short (1993).

Schrift und Aussprache (Polnisch), benutzte Quellen und weitere Informationen: *Sprachensteckbrief Polnisch*, *Wikibooks: Polnisch/Phonetik*, *Wikipedia: Polnische Sprache*, Engel (1999), Laskowski (1972), Rothstein (1993), Stone (1990); Beispiele zur Unterscheidung zwischen palatalisierten und nichtpalatalisierten Konsonanten sind aus Laskowski (1972, S. 13).

Schrift und Aussprache (Tschechisch), benutzte Quellen und weitere Informationen: *Sprachensteckbrief Tschechisch*, *Wikibooks: Tschechisch/Alphabet*, *Wikipedia: Tschechische Sprache*, Short (1993); Beispiele zur tschechischen Ausspracheübung sind dem *Sprachensteckbrief Tschechisch* entnommen.

Informationen zu Fehlleistungen im Bereich der Rechtschreibung und Aussprache, inklusive Beispiele: Lietz (2006, insbesondere S. 323), *Sprachensteckbrief Polnisch*.

Wortbildung und Flexion, weiterführende Informationen zum Polnischen: Laskowski (1972), Stone (1990), Rothstein (1993), Engel (1999); zum Tschechischen: Short (1993); ausführliche Diskussion der Wortbildung und zitierte Beispiele: Engel (1999); das Beispiel mit *Angela Merkelová* ist aus *Sprachensteckbrief Tschechisch*.

Der Randtext „Genug ist genug (nach einer wahren Begebenheit)": http://lukaszrokicki.pl/2011/09/13/zdrobnienia-zdrobnionka-funkcjonalne-i-niefunkcjonalne/ (Zugriff 29.9.2013); der Lückentext zur Diminution: http://przedszkole36.bielsko.pl/index.php?option=com_content&view=article&id=198:zdrobnienia—wiersz-t-fiatowska&catid=58:zabawy&Itemid=96 (Zugriff 29.9.2013); Informationen zu tierischen Kosenamen im Polnischen und

Deutschen: http://www.edarling.pl/swiat-singli/pieszczotliwe-okreslenia-kochankow (Zugriff 29.9.2013), http://www.beliebte-vornamen.de/4621-tierische-kosenamen.htm (Zugriff 29.9.2013).

Besonderheiten der Wortstellung, benutzte Quellen: Short (1993) (hieraus stammen auch die Beispiele zu „Zwei Arten, auf Tschechisch ‚Wir haben es ihm gegeben' zu sagen" (Short 1993, S. 494 f.)); Beispiele zur Stellung der Adjektive innerhalb der Nominalgruppe im Polnischen und ausführliche Diskussion dazu in Willim (2000a; 2002bb; 2001), Rutkowski (2007), Cetnarowska, Pysz und Trugman (2008).

Besonderheiten der Kasusverwendung, benutzte Quellen (Polnisch): Sadziński (1995/96, S. 48 f.), Swan (2002, S. 333), Saloni und Świdziński (1985), Rozwadowska und Willim (2004); benutzte Quellen (Tschechisch): *Wikipedia/Tschechische Sprache*, *Sprachensteckbrief Tschechisch* (hieraus stammen auch die Beispiele zum Genitiv bei Zahlwörtern im Tschechischen), Short (1993) (hieraus stammen die Beispiele zu Nominativ und Instrumental sowie zu Koordination und Komitativ im Tschechischen; S. 500 ff.).

Informationen zu Fehlleistungen beim Kasusgebrauch: Lietz (2006).

Weitere Besonderheiten der Grammatik, Informationen zur Negation und der Witz über Odysseus: Bernini und Ramat (1996, S. 173); Informationen und Beispiele zum Thema Negation und Modalverben: Engel (1999, S. 679); tschechische Beispiele aus: *Sprachensteckbrief Tschechisch* und Short (1993, S. 510).

Benutzte Quellen im Abschnitt über Wortschatz und Sprachverwendung: Stone (1990), Rothstein (1993), Short (1993). Die polnischen Beispiele über die Möglichkeiten, „Wissen Sie, dass ..." zu sagen, sind dem *Sprachensteckbrief Polnisch* entnommen. Informationen über Schimpfwörter aus *Wikipedia/Polnische Sprache*.

Informationen zu Fehlleistungen im Bereich Wortschatz (Thema: „falsche Freunde"): Lietz (2006, S. 322, S. 327 ff.).

Weiterführende Literatur zum Thema deutsch-polnische Sprachkontakte, Lehnwörter, „falsche Freunde" bei der Übersetzung: Drechsler (1996), Czarnecki (2000a; 2000b), Lipczuk (2000; 2001; 2002), Lipczuk et al. (1995; 1997a; 1997b).

Ich bedanke mich bei Andrea Pešková für das Beispiel für polnisch-tschechische „falsche Freunde".

Die Beispiele für tschechische Sprichwörter kommen aus: *Sprachensteckbrief Tschechisch. Eine Information des Bundesministeriums für Unterricht, Kunst und Kultur. Referat für Migration und Schule*.

Lösung 🕮[1]: *Wikipedia/*http://pl.wikipedia.org/wiki/J%C3%A1ra_Cimrman (Zugriff 20.2. 2013)

Lösung 🕮[2] und 🕮[3]: Czarnecki (2000a; 2000b), Drechsler (1996), Lipczuk (2001); *Wikipedia/Tschechische Sprache*.

Lösung 🕮[6]: http://www.redensarten-index.de/suche.php?suchbegriff=Dann+ist+Polen+offen%21&bool=relevanz&gawoe=an&suchspalte%5B%5D=rart_ou&suchspalte%5B%5D=bsp_ou (Zugriff 20.2.2013), http://de.wikipedia.org/wiki/Dann_ist_Polen_offen (Zugriff 20.2.2013)

Literatur

Alexander M (2008) Kleine Geschichte Polens. 2. Aufl. Reclam, Stuttgart

Bernini G, Ramat P (1996) Negative sentences in the languages of Europe. A typological approach. In Bossong G, Comrie B (Hrsg) Empirical approaches to language typology, Band 16. De Gruyter/Berlin/New York

Cetnarowska B, Pysz A, Trugman H (2008) How fixed is the position of classificatory adjectives in Polish? Manuskript. Third Annual Meeting of the Slavic Linguistics Society, Columbus, Ohio, 8.6.2008

Czarnecki T (2000a) Tausend Jahre deutsch-polnischer Sprachkontakte. Probleme mit der Chronologie der deutschen Lehnwörter im Polnischen. In: Akten des Millenniums-Kongresses Warschau 2000. Warschau

Czarnecki T (2000b) Die ältesten deutsch-polnischen Sprachkontakte. In Wiesinger P (Hrsg) Akten des X. Internationalen Germanistenkongresses Wien 2000. Band 3. Peter Lang, Bern. 61–65

Davies N (2006) Im Herzen Europas – Geschichte Polens. 4. Aufl. Beck, München

Drechsler U (1996) Wie fest ist deutsches Lehngut im Polnischen verwurzelt? Studia i materiały. Germanistyka XII, Zielona Góra. 43–49

Engel U (1999) Deutsch-polnische kontrastive Grammatik. Groos, Heidelberg

Kaluza A (2002) Zuwanderer aus Polen in Deutschland. *UTOPIE kreativ* 141/142, Juli/August 2002: 699–709

Laskowski R (1972) Polnische Grammatik. Wiedza Powszechna, Warschawa

Lietz G (2006) „Deutsch-polnisches Kriminalistenseminar". Falsche Freunde im Fremdsprachenunterricht. Convivium. 321–345 (X 5)

Lipczuk R (2000) „Fałszywi przyjaciela tłumacza" w słownikach niemiecko-polskich. [„Falsche Freunde des Übersetzers" in deutsch-polnischen Wörterbüchern.] In Kątny A, Hejwowski K (Hrsg) Problemy frazeologii i leksykologii. Olecko. 13–21

Lipczuk R (2001) Deutsche Entlehnungen im Polnischen – Geschichte, Sachbereiche, Reaktionen. In Leuschner T (Hrsg) *Linguistik Online* 8, 1/01

Lipczuk R (2002) „Faux Amis" in den deutsch-polnischen Wörterbüchern. In Wiesinger P (Hrsg) Akten des X. Internationalen Germanistenkongresses Wien 2000. Band 2. Peter Lang, Bern. 299–304

Lipczuk R, Bilut-Homplewicz Z, Kątny A, Schatte C (1995) Niemiecko-polski słownik tautonimów. [Deutsch-polnisches Wörterbuch der Tautonyme.] Warschau

Lipczuk R, Kamińska E, Malinowska A, Nerlicki K, Hofer F (1997a) Von Artisten, Illusionisten, Kriminalisten und anderen falschen Freunden. Übungen und Texte für das Sprachpaar Polnisch-Deutsch. Teil I: Buchstaben A–K. Szczecin

Lipczuk R, Nerlicki K (1997b) Von Piloten, Pionieren, Potentaten und anderen falschen Freunden. Übungen und Texte für das Sprachpaar Polnisch-Deutsch. Teil II: Buchstaben L–Z. Szczecin

Rothstein RA (1993) Polish. In Comrie B, Corbett GG (Hrsg) The Slavonic languages. Routledge, London/New York. 686–758

Rozwadowska B, Willim E (2004) The role of the accusative/partitive alternation in aspectual composition in polish. *Poznań Studies in Contemporary Linguistics (PSiCL)* 39: 125–142 [Papers from the Syntax Session at the 34th *Poznań* Linguistic Meeting, hrsg. von P. Tajsner & J. Witkoś.]

Rutkowski P (2007) The syntactic properties and diachronic development of postnominal adjectives in Polish. In Compton R, Goledzinowska M, Savchenko U (Hrsg) Formal Approaches to Slavic Linguistics: The Toronto Meeting 2006. Michigan Slavic Publications, Ann Arbor. 326–345

Sadziński R (1995/96) Die Kategorie der Determiniertheit und Indeterminiertheit im Deutschen und Polnischen. Wydawnictwo Wyższej Szkoły Pedagogicznej, Częstochowa

Saloni Z, Świdziński M (1985) Składnia współczesnego języka polskiego. 2. Aufl. Państwowe Wydawnictwo Naukowe, Warschau

Schader B (2004) Sprachenvielfalt als Chance. 101 praktische Vorschläge. Bildungsverlag EINS/Orell Füssli, Zürich

Short D (1993) Czech. In Comrie B, Corbett GG (Hrsg) The Slavonic languages. Routledge, London/New York. 455–532

Stone G (1990) Polish. In Comrie B (Hrsg) The world's major languages. Oxford University Press, New York/Oxford. 348–366

Swan OE (2002) A grammar of contemporary Polish. Slavica, Bloomington, IN

Willim E (2000a) Analiza zestawień z przymiotnikiem w minimalistycznym modelu gramatyki generatywnej. *Polonica* 20: 37–70

Willim E (2000b) Some aspects of the grammar and interpretation of adjectival modification. In Bański P, Przepiórkowski A (Hrsg) Proceedings of generative linguistics in Poland 1. IPI PAN, Warschau. 156–167

Willim E (2001) On NP-internal agreement: A study of some adjectival and nominal modifiers in Polish. In Zybatow G, Junghanns U, Mehlhorn G, Szucsich L (Hrsg) Current issues in formal Slavic linguistics. Lang, Frankfurt am Main. 80–95

Ich bedanke mich bei Radek Šimik und Andrea Peškova für die Überprüfung der tschechischen Beispiele sowie für ihre wertvollen Kommentare. Ich danke auch Marzena Żygis fur ihre Kommentare zum polnischen Teil des Artikels.

5 Das Englische

Sophie Repp

5.1 Einleitung

Das Englische gehört zu den westgermanischen Sprachen. Es ist die dominante oder offizielle Sprache in mehr als 60 Ländern und auf jedem Kontinent vertreten. Das Englische ist auch in Deutschland Teil des Alltags vieler Menschen. Gleichzeitig wünschen sich viele, besser mit dem Englischen umgehen zu können. In diesem Kapitel stellen wir einerseits die englische Sprache in ihren wichtigsten Eigenschaften vor. Andererseits wollen wir auf Details und auf Kuriositäten zu sprechen kommen, die vielleicht nicht jeder kennt, die aber zum sprachlichen Alltag von Englischsprechern und daher auch von englischsprachigen Schülerinnen und Schülern gehören. Wussten Sie zum Beispiel, dass es im Englischen eine reiche Tradition an Kinderreimen gibt, die sogenannten *nursery rhymes*? Ihre Texte scheinen oft unsinnig zu sein, viele können aber auf historische Ereignisse zurückgeführt werden. Der Reim von *Humpty Dumpty* beschreibt wahrscheinlich eine große Kanone, die im englischen Bürgerkrieg des 17. Jahrhunderts benutzt wurde. Lewis Carroll hat die Figur des Humpty Dumpty – auf Deutsch heißt er *Goggelmoggel* – mit der Geschichte *Alice hinter den Spiegeln* berühmt gemacht.

Ein englischer Kinderreim

Humpty Dumpty sat on a wall,
Humpty Dumpty had a great fall.
All the King's horses, and all the King's men
Couldn't put Humpty together again!

Humpty Dumpty saß auf dem Wall
Humpty Dumpty tat 'nen tiefen Fall
auch der König mit all seinen Mannen
brachte Humpty nicht mehr zusammen.

(Übersetzung aus Wikipedia)

5.2 Allgemeines zur englischen Sprache

Die historische Verbreitung des Englischen

Den Status als Weltsprache verdankt die englische Sprache vor allem zwei Faktoren: der Expansion der britischen Kolonialmacht ab dem Ende des 16. Jahrhunderts und der Entwicklung der USA als führende ökonomische Macht des 20. Jahrhunderts. Dadurch ist die Zahl der Muttersprachler heute je nach Schätzung 50- oder fast 70-mal so hoch wie zur Regierungszeit Elisabeths I. (1558–1603).

Die Mehrheit der englischen Muttersprachler lebt heute in Nordamerika, dessen Kolonialisierung und Besiedlung durch englische Auswanderer im 16. Jahrhundert begann. Legendär ist die Landung von puritanischen Siedlern im Jahre 1620, die

Sprecher des Englischen

Als die Regierungszeit von Elisabeth I. zu Ende ging, gab es zwischen fünf und sieben Millionen englische Muttersprachler. Sie lebten fast ausschließlich auf den Britischen Inseln. 1952, als Elisabeth II. den Thron bestieg, nutzten etwa 250 Millionen Menschen das Englische als Muttersprache. 80 Prozent von ihnen lebten nicht auf den Britischen Inseln. Heute schätzt man die Zahl der Muttersprachler weltweit auf 340 Millionen. Hinzu kommen mindestens 350 Millionen Menschen, die Englisch als Zweitsprache sprechen.

auf der berühmten *Mayflower* über den Ozean gekommen waren, um ihre Religion frei ausüben zu können.

Die südliche Hemisphäre erreichte das Englische, als James Cook im Jahre 1770 den australischen Kontinent erkundete. Etwa zur gleichen Zeit dehnte sich in Indien der Einfluss der britischen Ostindien-Kompanie aus, einer Kapitalgesellschaft englischer Kaufleute, die 1600 von Königin Elisabeth I. das Recht auf das Handelsmonopol in Südasien erhalten hatte. Im 19. Jahrhundert errichtete die Ostindien-Kompanie auch Standorte in Südostasien, etwa in Hongkong und Singapur.

Erste Kontakte der Briten mit Westafrika gab es schon Ende des 15. Jahrhunderts. Nach der Entdeckung Amerikas war dort die Nachfrage nach billigen Arbeitskräften groß. Daher begannen zunächst die Spanier und dann die Briten, Sklavenhandel in großem Ausmaß zu betreiben. Dadurch verbreitete sich die englische Sprache in Westafrika. Bis zum Beginn des 19. Jahrhunderts war sie zu einer *Lingua Franca* in einem Gebiet mit Hunderten von einheimischen Sprachen geworden, in dem sich daneben auch englischbasierte Pidgin- und Kreolsprachen entwickelten (siehe nächster Abschnitt).

Sechs ostafrikanische Staaten, die einst unter britischer Fahne standen, haben heute Englisch als Amtssprache.

Ostafrika wurde im 19. Jahrhundert politisch und wirtschaftlich für die Briten interessant. Gegen Ende des Jahrhunderts errichteten sie so wie andere europäische Kolonialmächte Protektorate, etwa in Malawi, Uganda und Kenia. Es ließen sich viele britische Emigranten nieder; ein einflussreicher Teil der Bevölkerung bestand somit aus englischen Muttersprachlern.

Standardvarietäten für das Englische

- britisch-irisches Englisch
- allgemeines amerikanisches Englisch
- ostasiatisches Englisch (z. B. Hongkong, Singapur, Malaysia)
- südasiatisches Englisch (z. B. Indien, Pakistan, Bangladesch)
- afrikanisches Englisch
- karibisches Englisch (z. B. Jamaika, Trinidad)
- kanadisches Englisch
- australisches/neuseeländisches/südpazifisches Englisch

Dialekte

Nicht zu verwechseln mit den Standardvarietäten sind die Dialekte, etwa das Londoner Cockney. Anders als in den USA, in Kanada, Australien oder Neuseeland unterscheiden sich die Dialekte Großbritanniens stark voneinander und haben eine starke soziale Identifikationsfunktion.

Sprecher und Sprachsituation heute

Ein wichtiges Kennzeichen des heutigen Englisch ist, dass es keinen regional neutralen und angesehenen Standard gibt, der weltweit als Hochsprache anerkannt wäre. Englisch verfügt vielmehr über mehrere Varietäten und ist daher eine sogenannte *plurizentrische* Sprache.

In Sprachkursen wird oft südbritisches Englisch unterrichtet, das auch *Received Pronounciation* heißt und von vielen Engländern als *the Queen's English* (‚das Englisch der Königin'), *Oxford English* oder *BBC English* bezeichnet wird. Aber auch das sogenannte *General American* (allgemeines amerikanisches Englisch) ist eine prominente Varietät. Es kommt dem Englisch am nächsten, das im mittleren Westen der USA gesprochen wird.

Die verschiedenen Standards und auch die Dialekte unterscheiden sich am meisten in der Aussprache. Es gibt aber auch Unterschiede in Schreibung, Wortschatz und Grammatik. Wir werden in den jeweiligen Kapiteln darauf zu sprechen kommen.

Darüber hinaus gibt es englischbasierte Pidgin- und Kreolsprachen. Diese entstehen durch den Kontakt von zwei oder mehreren Sprachen, die meist nicht verwandt sind. Typischer Hintergrund solcher Sprachkontakte waren Handels- und Arbeitsbeziehungen während der Kolonialzeit, wobei der Wortschatz der entstehenden Pidginsprache vor allem durch die Sprache der jeweiligen Kolonialmacht geliefert wurde. Wird die Pidginsprache von Kindern als Muttersprache erworben, dann entsteht eine Kreolsprache. Grammatik und Lautsystem der neuen Sprache sind deutlich anders als die der Basissprachen. Das folgende Beispiel entstammt dem Bislama, das in der südpazifischen Republik Vanuatu gesprochen wird. Die englische Basis ist hier gut zu erkennen.

Englischbasierte Kreolsprachen

Englischbasierte Kreolsprachen werden gesprochen zum Beispiel im Südpazifik (z. B. Bislama in Vanuatu, Tok Pisin in Papua-Neuguinea), in Nordaustralien (Kriol), auf den Antillen (auf den Bahamas, auf Barbados), in Afrika (Kamtok in Kamerun, Kru-Englisch in Liberia), in Mittelamerika und in der Karibik (Jamaika-Kreolisch). Manche von ihnen sind Amtssprachen, wie etwa Bislama in Vanuatu. Tok Pisin in Papua-Neuguinea ist nicht Amtssprache, spielt aber eine sehr wichtige Rolle als Verkehrssprache, da mit etwa 800 einheimischen Sprachen eine extrem große Sprachenvielfalt vorliegt.

Bislama – eine englischbasierte Kreolsprache

Bislama:	*Mande*	*kaja*	*wan*	*gudfala*	*fis*	*fo*	*yu.*
Englisch:	Monday	catch	one	goodfellow	fish	for	you
Deutsch:	Monday	fangen	ein	gut.Kamerad	Fisch	für	du

‚Monday wird einen schönen Fisch für dich fangen.‘

In Deutschland genießt die englische Sprache ein großes Prestige. Es ist fast selbstverständlich, dass man etwas Englisch kann. Und obwohl hier die Anzahl der Englischsprecher im Vergleich zu anderen Nationalitäten nicht so groß ist, sind sie vor allem in größeren Städten kulturell sehr präsent: Es gibt Zeitschriften und Webseiten speziell für Englischsprachige, wie das Stadtmagazin *Exberliner* in Berlin, die Stadtmagazin-Webseite *Munichfound.com* in München, englischsprachiges Theater wie das *English Theatre Berlin* und Buchläden für englischsprachige Literatur.

Englischsprecher in Deutschland

Anzahl von Ausländern einiger vorwiegend englischsprachiger Nationen und Regionen im Jahre 2009 in Deutschland (Quelle: Statistisches Bundesamt)

Vereinigtes Königreich	95 852
Irland	9 899
Nordamerika	111 464
Südafrika	4 531
Australien und Ozeanien	11 397
Indien	45 638

Geschichte der englischen Sprache

Die Geschichte der englischen Sprache beginnt mit der angelsächsischen Eroberung Britanniens im 5. Jahrhundert. Durch die einfallenden Pikten bedroht, und von den römischen Herren, die sich auf den Kontinent zurückzogen, im Stich gelassen, riefen die keltischen Briten Truppen aus Kontinentaleuropa zu Hilfe. Innerhalb kurzer Zeit kamen allerdings mehr Angeln, Sachsen und Jüten nach Südostengland als erwartet, woraus Konflikte entstanden. Die Neuankömmlinge drängten die einheimische Bevölkerung zurück und besiedelten große Teile des heutigen Englands.

Die Eroberer wurden von den Einheimischen als *Sachsen* (*saxones*) bezeichnet, doch setzte sich im Laufe des 7. Jahr-

Die wichtigsten altenglischen Handschriften

- *Kirchengeschichte des englischen Volkes (Historia ecclesiastica gentis Anglorum).* Übersetzung durch den Benediktinermönch Beda Venerabilis (7./8. Jahrhundert)
- *Beowulf.* Heldenepos in Stabreimen, Ende 8. Jahrhundert, überlebt hat eine Abschrift aus dem Jahr 1000
- *Angelsächsische Chronik.* Sammlung chronologischer Aufzeichnungen wichtiger Begebenheiten und Ereignisse des jeweiligen Jahres, ab Ende 9. Jahrhundert

Altenglische Wortstellung näher am Deutschen

Im Altenglischen stand das Verb oft am Ende des Satzes, genauso wie im deutschen Nebensatz. So heißt es etwa in einer altenglischen Passage von Matthäus 2, 9: *tha hi* ***thæt gebod gehyrdon***... Der deutsche Satz wäre ganz ähnlich: *da sie* ***das Gebot gehört*** *(hatten)*... Im modernen Englisch kann das Verb im Nebensatz nicht mehr hinter dem Objekt stehen: *when they had* ***heard the bidding***...

Normannischer Einfluss auf die Schreibung

qu statt altenglisch *cw* (*queen* statt *cwen*) und *ou* statt *u* (altenglisch *hus* wurde zu *hous(e)*). *gh* wurde statt *h* geschrieben (z. B. in *night*), *ch* statt *c* (altenglisch *cirice*, mittelenglisch *church*).

Neue Konventionen waren die Verdoppelung langer Vokale (z. B. *see*) und die Benutzung mancher Deklinations- bzw. Konjugationsendungen, die ja im Verschwinden begriffen waren, um die Länge des vorhergehenden Vokals anzuzeigen. So zeigt das *-e* im mittelenglischen Wort *stane* ‚Stein' an, dass das *a* lang gesprochen wird.

hunderts die Bezeichnung *Angeln* (*anglii*) durch. In den wichtigsten altenglischen Handschriften wird bereits die Bezeichnung *Englisc* für die angelsächsische, also die altenglische Sprache benutzt. Die einwandernden Angeln, Sachsen und Jüten nannten die einheimischen Kelten ironischerweise *wealas* (‚Ausländer'), woher sich die moderne Bezeichnung *Wales* ableitet.

Altenglisch war dem heutigen Deutsch ähnlicher als dem heutigen Englisch. Es hatte vier grammatische Fälle (eigentlich fünf, aber Dativ und Instrumental fielen in der Form meist zusammen). Die Fälle wurden durch Endungen an Artikel, Adjektiv und Substantiv markiert. Die Substantive hatten grammatisches Geschlecht, nämlich männlich, weiblich oder sächlich. Die Verben wurden konjugiert. Die Wortstellung war verhältnismäßig frei.

Durch die Tätigkeit von Missionaren aus Irland und Rom gelangten viele lateinische Wörter ins Altenglische (z. B. *school* ‚Schule', *organ* ‚Orgel', *rose* ‚Rose'). Fortdauernde Angriffe dänischer Wikinger und die anschließende Besiedlung durch die Dänen zwischen dem 9. und dem 10. Jahrhundert brachten Einflüsse aus dem Skandinavischen, genauer, aus dem Altnordischen. Viele Ortsnamen in Nord- und Ostengland sind altnordisch (z. B. Derby, Rugby, Althorp). Die Wörter *egg* ‚Ei', *cake* ‚Kuchen', *steak* oder *window* ‚Fenster' kommen ebenfalls aus dem Skandinavischen.

Der Wortschatz des Englischen sollte sich mit der normannischen Eroberung ganz drastisch verändern. Französisch wurde nun wichtig, da die wirtschaftliche und soziale Elite Französisch sprach. Eine Loslösung Englands von Frankreich geschah erst durch Konflikte mit der französischen Krone, welche zum Hundertjährigen Krieg (1337–1453) führten. Dadurch wurde das Französische zurückgedrängt, und bei der Parlamentseröffnung 1362 wurde erstmals das Englische benutzt. In den 350 Jahren nach der normannischen Eroberung im 11. Jahrhundert fanden 10 000 neue Wörter aus dem Französischen Eingang in das Englische. Im modernen Englisch werden ungefähr 85 Prozent des altenglischen Wortschatzes nicht mehr benutzt.

Im Übergang vom Altenglischen zum Mittelenglischen fanden weitere wichtige sprachliche Veränderungen statt. Belegt sind sie allerdings erst in den Schriften von Geoffrey Chaucer (1343–1400). Insbesondere die Deklinations- und Konjugationsendungen verschwanden in dieser Zeit. Somit wurde die Wortstellung wichtiger, um deutlich zu machen, welcher Ausdruck Subjekt und welcher Objekt im Satz war. Im Mittelenglischen finden wir schon die feste Wortstellung Subjekt-Verb-Objekt, die das moderne Englisch kennzeichnet.

Was die Schreibung betrifft, so ist sie in mittelenglischen anders als in altenglischen Schriften sehr unregelmäßig. Zum Beispiel findet man das Wort *might* ‚könnte' in 20 verschiedenen Schreibweisen (*maht, mayht, micht, miȝten, myhtes, mist*...). Die Gründe sind vielfältig: So war etwa die Bevölkerung mobiler, wodurch sich die Dialekte stärker mischten. Normannische Schreibkonventionen wurden übernommen, neue Konventionen wurden entwickelt, und die Laute der Sprache veränderten sich systematisch.

Ab Ende der mittelenglischen Periode und vor allem in der frühneuenglischen Periode änderte sich das englische Vokalsystem dann dramatisch. Alle langen Vokale änderten ihren Klang in der sogenannten *frühneuenglischen Vokalverschiebung*. Grob gesagt, wurden nun alle Vokale weiter oben, das heißt mit der Zunge näher am Gaumen, ausgesprochen, und wenn dies nicht möglich war, wurden sie in Diphthonge verwandelt.

Der Beginn der frühneuenglischen Periode wird oft mit dem Beginn des Buchdrucks gleichgesetzt, welcher für die Standardisierung der Sprache und die Reflexion über sie eine enorme Rolle spielte. 1476 errichtete William Caxton (1415/22–1492) die erste Druckerei auf englischem Boden. Caxton war auch als Übersetzer und Verleger tätig und setzte sich als geschäftstüchtiger Kaufmann mit Schreibstandards auseinander, die eine Verbreitung der Schriften deutlich erleichtern können.

Für die Standardisierung der englischen Sprache war auch das Erscheinen der *King James Bible* im Jahre 1611 wichtig, da diese landesweit in Gottesdiensten benutzt wurde. Jakob I. hatte, angeregt durch die Reformation, bei 50 Universitätsgelehrten die Übersetzung einer Bibel in Auftrag gegeben. Das erklärte Ziel der Übersetzung war ein konservativer, „würdiger" Sprachgebrauch.

Ein anderer wichtiger Einfluss in der frühneuenglischen Periode waren die populären Werke von William Shakespeare (1564–1616). Diese haben zur Verbreitung insbesondere von neuerem Vokabular und von bestimmten Redewendungen beigetragen.

Für den Wortschatz des Frühneuenglischen war darüber hinaus wichtig, dass die ersten 150 Jahre dieser Periode in das Zeitalter der Renaissance fielen und damit in ein Zeitalter erneuten Interesses an klassischen Sprachen und klassischer Literatur, aber auch an den Naturwissenschaften und den Künsten. Auch die ersten Erkundungen Amerikas und Afrikas fallen in diese Zeit. All diese Entwicklungen zeitigten große Wirkung auf das Vokabular des Englischen. Mehr als 50 Sprachen bildeten die Quelle für Wörter, die heute zum alltäglichen englischen Wortschatz gehören.

Änderung der Aussprache der Vokale

Zwischen dem 16. und 18. Jahrhundert änderte sich die Aussprache des Englischen. So wurde ein langes [e] nun als [i] gesprochen, wie in *geese* ‚Gänse'. Ein langes [i] wurde zu einem Diphthong gemacht, wie [aɪ] in *time* ‚Zeit'. Ein langes [o] wurde nun [u] ausgesprochen, wie in *goose* ‚Gans'. Auch das lange [u] wurde diphthongisiert, sodass daraus [aʊ] wie in *house* ‚Haus' entstand.

Redewendungen, die das erste Mal in Shakespeares Werken erscheinen

Make a virtue of necessity. (Perikles)
‚Aus der Not eine Tugend machen.'

Brevity is the soul of wit. (Hamlet)
‚Kürze ist die Seele des Geistreichen.', also: ‚In der Kürze liegt die Würze.'

Love is blind. (*Der Kaufmann von Venedig*)
‚Liebe ist blind.'

There's a time for all things. (*Die Komödie der Irrungen*)
‚Jedes Ding hat seine Zeit.'

The empty vessel makes the greatest sound. (Heinrich V.)
‚Hohle Töpfe haben den lautesten Klang.'

Einige neue Lehnwörter im Frühneuenglischen

system, temperature, vacuum, exist (Latein)

ticket, tomato, passport (via oder aus dem Französischen)

barricade, hurricane, mosquito (Spanisch/Portugiesisch)

coffee, yoghurt (Türkisch)

ketchup (Malaiisch)

turban (Persisch)

Nach dieser Zeit sind die Veränderungen, die das Englische durchlief, nicht mehr so dramatisch. Lediglich die Aussprache einiger einzelner Wörter, die Konjugation einiger unregelmäßiger Verben und der Gebrauch mancher Präpositionen haben sich geändert.

5.3 Schrift und Aussprache

Die Aussprache des Englischen unterscheidet sich je nach Varietät und Dialekt sehr stark. Insbesondere an den Vokalen erkennen englische Muttersprachler sehr schnell, wo ein anderer Sprecher des Englischen herkommt. Man kann daher nicht sagen, welche Vokale „*die* Vokale des Englischen" sind.

Tabelle 5.1 zeigt das Vokalsystem für das südbritische Englisch. Beispielwörter für die Vokale werden in Tabelle 5.3 gegeben.

Das südbritische Englisch (*Received Pronounciation oder BBC English*) hat etwas weniger Vokale als das Deutsche. Es gibt kein [œ] wie in *öffnen* und kein [ø] wie in *Föhn*. Dafür gibt es das [ɜː], das etwas weiter hinten als [œ] gesprochen wird und in *bird* ‚Vogel' oder *nurse* ‚Krankenschwester' vorkommt. Das südbritische Englisch kennt auch keinen gerundeten geschlossenen hellen Vokal wie in *üben* oder *üppig* und kein geschlossenes [o] wie in *Ofen*. Das englische [ɑ] wird generell dunkler, das heißt weiter hinten ausgesprochen als das deutsche [a]. Anders als im Deutschen gibt es aber zwei verschiedene kurze ä-ähnliche Laute: [e] und [æ]. Bei letzterem wird der Mund weiter geöffnet. Es gibt also – was für deutsche Lerner schwierig ist – einen Unterschied zwischen dem Wort *bet* [bet] ‚wetten' und dem Wort *bat* [bæt] ‚Fledermaus'.

Tabelle 5.1: Vokale des südbritischen Englisch in Lautschrift

Klang	hell	dunkel	
Lippen			gerundet
Mund weiter geschlossen	iː, ɪ		uː, ʊ
	e, ə, ɜː		ɔː
Mund offener	æ	ʌ, ɑː	ɒ

Tabelle 5.2 enthält die Diphthonge des südbritischen Englisch. Auch die drei deutschen Diphthonge [ɔɪ], [aɪ] und [aʊ] kommen hier vor.

Tabelle 5.2: Diphthonge des südbritischen Englisch in Lautschrift, mit Beispielen

Schlusslaut	ə	ɪ	ʊ
	ɪə *here, beer, clear* **ʊə** *sure* **eə** *air*	**eɪ** *they, late, laid* **ɔɪ** *boy, foil* **aɪ** *cry, right*	**əʊ** *boat, pole, so* **aʊ** *how*

Neben den Vokalen variiert das *r* sehr stark. Im britischen Englisch, in Australien, Neuseeland, Südafrika und Teilen der USA wird es nur gesprochen, wenn es vor einem Vokal erscheint, also zum Beispiel in *carer* ‚Pfleger', aber nicht in *care* ‚Pflege'. Wird das *r* nicht ausgesprochen, kann an seine Stelle ein reduzierter Vokal treten (ein sogenanntes *Schwa* wie im deutschen *Suppe*). Dadurch entsteht ein Diphthong, also zum Beispiel care = [keə]. Das *r* kann aber auch einfach wegfallen, wie in *car* ‚Auto', das mit einem langen dunklen [ɑ] gesprochen wird. Insbesondere in den meisten Teilen der USA, in Schottland und Irland wird das *r* dagegen immer ausgesprochen, und zwar zusätzlich mit etwas nach oben zurückgebogener Zungenspitze. Bis zum 18. Jahrhundert wurde das *r* auch im britischen Englisch ausgesprochen, doch dann fand ein Lautwandel statt. Wer das *r* in *car* oder *care* ausspricht, verwendet also eine ältere Sprachstufe des Englischen.

Tabelle 5.3 verzeichnet die Aussprachevarianten einiger Vokale und Diphthonge für fünf große Varietäten. Hier kann man sehen, dass das Vokalsystem eines Sprechers quasi die Visitenkarte für seine Herkunft ist.

Tabelle 5.3: Aussprachevarianten einiger Vokale und Diphthonge in fünf großen Varietäten in Lautschrift

Wort	SBrE	NEBrE	AmE	AusE	NSLE
kit	ɪ	ɪ	ɪ	ɪ	ə
dress	e	ɛ	ɛ	e	e
trap	æ	a	æ	æ	ɛ
lot	ɒ	ɒ	ɑ	ɔ	ɒ
but	ʌ	ʊ	ʌ	ɐ	ɐ
bath	ɑ:	a	æ	ɐ:	ɐ:
face	eɪ	e:	e:	æɪ	æe
thought	ɔ:	ɔ:	ɑ	o:	o:
goat	əʊ	o:	o:	əʉ	ɐʉ
mouth	aʊ	æʊ	aʊ	æɔ	æo
near	ɪə	iɐ	i:r	ɪə	iə
square	eə	ɛ:	e:r	e:	eə
start	ɑ:	ɒ:	ɑr	ɐ:	ɐ:
north	ɔ:	ɔ:	or	o:	o:
cure	ʊə	uɐ	ur	ʉə/o:	ʉə'

SBrE = südbritisches Englisch, NEBrE = nordostbritisches Englisch, AmE = amerikanisches Englisch, AusE = australisches Englisch, NSLE = neuseeländisches Englisch, [ɐ] = ein *a*-ähnlicher Laut, wie dt. *Lehrer*, [ʉ] = ein Laut zwischen [i] und [u], mit gerundeten Lippen.

Tabelle 5.3 zeigt, wie unterschiedlich die Vokale der Weltsprache Englisch ausgesprochen werden. Das *a* in *bath* wird im südbritischen Englisch dunkel und lang, im nordostbritischen Englisch dunkel und kurz und im amerikanischen Englisch mittellang und ins *ä* gehend gesprochen. Das Nordostenglische kennt den kurzen Vokal [ʌ] nicht, welcher in anderen Varietäten, z. B. in *but* ‚aber', vorkommt. Stattdessen erscheint ein kurzes *u* [ʊ] (wie in *pull* ‚ziehen' oder im deutschen *muss*). *But* wird im Norden also [bʊt] ausgesprochen, *love* wird zu [lʊv]. In den letzten fünf Beispielen der Tabelle zeigt sich auch die unterschiedliche Aussprache des *r*.

Bei den Konsonanten ist das englische System dem Deutschen sehr ähnlich. Einen Überblick über die englischen Konsonanten gibt Tabelle 5.4. Die grau unterlegten Felder zeigen die Konsonanten, die es im Deutschen nicht gibt, wie das *th*. Wie alle Reibelaute im Englischen existiert dieser sowohl in einer stimmhaften als auch in einer stimmlosen Variante. Stimmhaft [ð] erscheint er in *they* ‚sie', stimmlos [θ] in *thin* ‚dünn'. Ein weiterer Laut des Englischen, den es im Deutschen nicht gibt, ist das [w] wie in *water*. Bei diesem Laut wird die Zunge zum weichen Gaumen zurückgezogen und die Lippen werden wie beim *u* gerundet – der Buchstabe *w* heißt im Englischen *double u* [dʌbl ju] ‚doppeltes u'. In manchen Dialekten,

Dialekte ohne *th*-Laut

In einigen englischen Dialekten wird das *th*, also [ð] und [θ], durch die Reibelaute [v] und [f] ersetzt. Das gilt etwa für das Cockney, einen Ostlondoner Dialekt, oder in der afroamerikanischen Umgangssprache.

Kein *ich*- und *ach*-Laut

Englische Muttersprachler kennen den *ich*-Laut und den *ach*-Laut nicht und tun sich mit diesen Lauten beim Deutschlernen schwer. Auch die deutsche Aussprache des *r* am Zäpfchen ist schwierig für englische Muttersprachler.

Tabelle 5.4: Konsonanten des Englischen in Laut- und Schreibschrift (nur eine Angabe bei identischen Zeichen)

artikuliert mit	Unterlippe		vorderer Zunge			hinterer Zunge			
an	Oberlippe	oberen Schneidezähnen		Zahndamm	hinter dem Zahndamm	hartem Gaumen	weichem Gaumen	Stimmbändern	Stimmton
Verschlusslaute	p			t			[k] k, c, ch		stimmlos
	b			d			g		stimmhaft
Nasale	m			n			([ŋ])		stimmhaft
Reibelaute		f	[θ] th	s	[ʃ] sh			h	stimmlos
		v	[ð] th	z	[ʒ] s				stimmhaft
l und *r*				l r					stimmhaft
Gleitlaute	[w] ([ʍ]) w								

zum Beispiel im schottischen Englisch, unterscheidet man noch den Laut [ʍ], der die stimmlose Version von [w] ist. Man kann sich das so vorstellen, dass vor dem [w] ein [h] gesprochen wird: [hw]. In diesen Varietäten unterscheidet man also beispielsweise *where* ‚wo' mit [ʍ] von *wear* ‚(Kleidung) tragen' mit [w].

Wenden wir uns als Nächstes der englischen Schreibung zu, der wir schon im Abschnitt zur Geschichte der englischen Sprache einigen Raum gegeben haben. In dem Gedicht *The Chaos* (‚Das Chaos') auf der nächsten Seite wird auf humoristische Weise deren Unregelmäßigkeit beklagt. Das Gedicht erschien 1920 im Anhang der 4. Ausgabe des niederländischen Buches *Drop Your Foreign Accent: engelsche uitspraakoefeningen* (‚Englisch ohne ausländischen Akzent: englische Ausspracheübungen'). Angegeben ist die südbritische Aussprachevariante. Der Apostroph zeigt bei mehrsilbigen Wörtern an, dass die folgende Silbe betont ist. Die Übersetzung rechts darunter ist recht frei, um den Charakter des Textes zu erhalten.

Trotz aller Unregelmäßigkeiten gibt es aber auch Regelmäßigkeiten, die, wie oben gesehen, teilweise historisch motiviert sind und die englische Kinder in der Schule als Regeln lernen. Beispielsweise kann man sich merken, dass die Buchstaben in drei- bis vierbuchstabigen Wörtern mit kurzen Vokalen so gesprochen werden, wie man sie schreibt. Man kann nun an solche kurzen Wörter oft ein stummes *e* anfügen – das soge-

Die ersten 14 Zeilen aus: *The Chaos* von Charivarius (G. N. Trenité, 1870–1946, niederländischer Schriftsteller)

Dearest creature in creation,	'dɪərɪst 'kriːtʃə ɪn kri'eɪʃən
Studying English pronunciation,	'stʌdiɪŋ 'ɪŋglɪʃ prənʌnsɪ'eɪʃən
I will teach you in my verse	aɪ wɪl tiːtʃ jʊ ɪn maɪ vɜːs
Sounds like corpse, corps, horse and worse.	saʊndz laɪk kɔːps kɔː hɔːs ənd wɜːs
It will keep you, Susy, busy,	ɪt wɪl kiːp jʊ 'sjuːzɪ 'bɪzɪ
Make your head with heat grow dizzy;	meɪk jʊə hed wɪθ hiːt graʊ 'dɪzɪ
Tear in eye your dress you'll tear.	tɪə ɪn aɪ jʊə dres jʊl teə
So shall I! Oh hear my prayer:	səʊ ʃæl aɪ əʊ hɪə maɪ preə
Pray console your loving poet,	preɪ kən'səʊl jʊə 'lʌvɪŋ 'pəʊɪt
Make my coat look new, dear, sew it.	meɪk maɪ kəʊt lʊk njuː dɪə səʊ ɪt
Just compare heart, beard and heard,	dʒʌst kəm'peə hɑːt bɪəd ənd hɜːd
Dies and diet, Lord and word.	daɪz ənd 'daɪət, lɔːd ənd wɜːd
Sword and sward, retain and Britain,	sɔːd ənd swɔːd rə'teɪn ənd 'brɪtən
(Mind the latter, how it's written).	maɪnd ðə 'lætə haʊ ɪts 'rɪtən

nannte *magische e* –, welches ein altes Längenzeichen für den vorhergehenden Vokal ist, und die Vokalqualität ändert sich regelhaft, nämlich wie bei der Vokalverschiebung: Aus *can* ‚können' mit [æ] wird *cane* ‚Spazierstock' mit [eɪ], aus *pin* ‚Nadel' mit [ɪ] wird *pine* ‚Kiefer' mit [aɪ]. Englische Kinder lernen, dass das *magische e* den Vokal seinen Namen sagen lässt.

Auch bei der Schreibung der Konsonanten gibt es einige Regeln. Schauen wir uns dabei vor allem Unterschiede zum Deutschen an. Im Englischen wird ein Wort, das am Ende mit *b*, *d*, *g*, *v*, *z* – oder bei stummem *e* mit *be*, *de*, *ge*, *ve*, *ze* – geschrieben wird, auch mit dem entsprechenden stimmhaften Konsonanten ausgesprochen. Es gibt also einen Unterschied zwischen *bed* [bed] ‚Bett' und *bet* [bet] ‚wetten', zwischen *buzz* [bʌz] ‚summen' und *bus* [bʌs] ‚Bus' sowie zwischen *graze* [greɪz] ‚grasen' und *grace* [greɪs] ‚Anmut'. Im Deutschen werden stimmhafte Vokale am Wortende aufgrund der Auslautverhärtung immer stimmlos ausgesprochen (vgl. ***Kleid*** [klaɪt] vs. ***Kleider*** [klaɪdɐ]).

Für die Groß- und Kleinschreibung gilt, dass im Englischen nur folgende Wörter großgeschrieben werden: Wörter am Satzanfang, Eigennamen, geografische Bezeichnungen, Adjektive, die von Namen abgeleitet sind (z. B. *Canadian Whiskey*), Wochentage, Monate, Sprachen, das Wort *I* ‚ich' und Akronyme. Diese Regeln erklären die Schreibung in dem Unsinngedicht *Job's Job*.

Das Chaos (Übersetzung des Auszugs)

Der Schöpfung liebste Kreatur / dass du Englisch lernst. Schau nur, / ich lehre dich in meiner Dichtung / Kläng' wie *Leiche, Korps,* und *Pferd* und noch *schlimmerer* Gewichtung.

Das wird dich, oh du, erfassen / deinen Kopf vor Hitze schwindeln lassen/ Trän' im Aug wirst du dein Kleid zerreißen / so wie ich! Oh hör mein Flehen:

Tröste deinen liebenden Poeten / Mach dass sein Mantel neu aussieht, näh ihn / Vergleich nur *Herz, Bart* und *hörte / Stirbt* und *Ernährung, Herr* und *Wörter*.

Schwert, Rasen, zurückhalten, Britannien / (Schau dir das Letzte an, wie es geschrieben).

Stille Konsonanten und andere Eigenheiten

Bei der Buchstabenkombination *kn* am Wortanfang ist das *k* still. Gleiches gilt für das *p* in der Kombination *ps*. Der berühmte Film *Psycho* von Alfred Hitchcock heißt also [saɪko]. Ein weiterer Unterschied zum Deutschen ist, dass *ng* öfter mit hörbarem [g] gesprochen wird (z. B. in *finger* ‚Finger', *longer* ‚länger'), allerdings auch nicht immer (z. B. in *hanger* ‚Bügel'). Nach kurzem Vokal erscheint ein *l* am Wortende in der Regel doppelt (z. B. *tell* ‚erzählen') und k als *ck* (z. B. *kick* ‚treten'). Es gibt auch generell wie im Deutschen Doppelkonsonanten in der Wortmitte (z. B. *pepper* ‚Pfeffer' oder *kitten* ‚Babykatze'). Das *sch* gibt es im Englischen nicht, der Laut wird mit *sh* wiedergegeben. Das *st* wird als s + t gesprochen, wie in ***Herbst*** und nicht wie in ***Stiel***. Der Buchstabe *z* wird als ein stimmhaftes *s* wie in ***Dose*** ausgesprochen, also nicht wie im deutschen ***Zange***. Beim *qu* wird das *u* nicht wie ein deutsches *w* [v] wie in *Wanne* ausgesprochen, sondern wie das englische [w] in *water* (siehe oben: das ‚doppelte u'). Es gibt allerdings auch Wörter, wo *qu* einfach wie ein [k] gesprochen wird (z. B. in *liqueur* ‚Schnaps').

Beispiel für die Groß- und Kleinschreibung im Englischen

Job's Job (Wikipedia)

In August, an august patriarch
Was reading an ad in Reading, Mass.
Long-suffering Job secured a job
To polish piles of Polish brass.

Hiobs Posten

Im August ein illustrer Patriarch
eine Anzeige las in Reading, Mass.*
Einen Posten erhielt Hiob – der litt schon lang –
polnisches Blech zu polieren, mit Tatendrang.
(*Massachusetts)

Schwierigkeiten für Deutschlerner: Aussprache und Schreibung

Englischsprachige Deutschlerner müssen die deutsche Regel lernen, nach der Substantive groß geschrieben werden. Dafür müssen sie die grammatische Kategorie *Substantiv* erläutert bekommen, die in der englischen Orthografievermittlung nicht so eine zentrale Rolle spielt wie im Deutschen.

Weitere Schwierigkeiten können sich bei der Getrennt- und Zusammenschreibung ergeben, die auch für deutsche Kinder schwer ist. Im Englischen ist die Zusammenschreibung von Komposita unregelmäßig. Es gibt Komposita, die zusammengeschrieben werden, zum Beispiel *blackbird* (schwarz + Vogel = ‚Amsel'), *redhead* (rot + Kopf = ‚Rotschopf'), solche, die mit Bindestrich geschrieben werden, etwa *daughter-in-law* (Tochter + in + Gesetz = ‚Schwiegertochter'), und solche, die getrennt geschrieben werden, etwa *post office* ‚Postamt'. Neubildungen werden in der Regel getrennt geschrieben. Deutsche Komposita wie der berühmte *Donaudampfschifffahrtskapitän* kommen vielen englischen Muttersprachlern wie endlose Wortschlangen vor.

Da die englische Schreibung weit häufiger *c* als *k* für den Laut [k] benutzt, schreiben englischsprachige Kinder oftmals fälschlich *c*. Das gilt gerade für Wörter, die in den beiden Sprachen ähnlich sind, wie *cat* und *Katze*. Weiterhin entstehen Schwierigkeiten beim [aʊ]-Diphthong, den englische Kinder gern wie im Englischen mit *ou* schreiben (z. B. *Hous* statt *Haus*). Die Unterscheidung von *ss*/*s*/*ß* ist schwierig, denn dafür müssen die Schüler heraushören, ob der Vokal vor dem *s*-Laut lang (wie in *saß*) oder kurz (wie in *dass*) ist. Abhängig von der Deutschkompetenz der Kinder wird das unterschiedlich gut erkannt.

Einige deutschspezifische Regeln wie das Dehnungs-*h* bereiten dagegen keine größeren Schwierigkeiten. Buchstabenverdoppelung an der Grenze zweier Silben (*Schwi**mm**er*) ist aus dem Englischen teilweise bekannt. Die Unterscheidung von *v*/*f*/*w* ist für deutsche und englische Kinder ähnlich schwer.

Bei der Auslautverhärtung gibt es die Regel, das entsprechende Wort zu verlängern und dadurch herauszufinden, wie es geschrieben wird: *Hunde* hat hinten ein weiches *d*, also muss *Hund* mit *d* geschrieben werden. Kinder mit englischer Muttersprache haben hier oft das Problem, dass ihnen keine verlängerten Wörter einfallen, an denen sie erkennen könnten, ob Auslautverhärtung vorliegt oder nicht.

5.4 Wörter

Wortschatz

Das Englische kennt Wörterbücher schon etwas länger als das Deutsche. 1755 wurde das *Dictionary of the English Language* von Samuel Johnson (1709–1784) veröffentlicht, das maßgeblich Einfluss auf spätere Publikationen genommen hat. Hintergrund war ein wachsendes Interesse an der Beschreibung der englischen Sprache und der Suche nach einem Standard für das „richtige" oder „gute" Englisch. Im 19. Jahrhundert folgten Dutzende weiterer Wörterbücher und viele Lexika – sowohl in England als auch in den USA. In den USA war das *American Dictionary of the English Language* (1828) von Noah Webster (1758–1843) sehr identitätsstiftend für das US-Englisch. Die Unterschiede in der Schreibung, die wir heute zwischen englischem und amerikanischem Englisch finden, sind von Noah Webster eingeführt worden.

Britische vs. amerikanische Orthografie

BrE	AmE
-re centre ‚Zentrum' (aber auch: *diameter* ‚Durchmesser')	*-er center*
-our colour ‚Farbe' *-ize/-ise organise* ‚organisieren'	*-or color* *-ize organize*

Noch heute ist der *Webster* in seinen Neuausgaben ein Standardreferenzwerk. Im Vereinigten Königreich sind eher die Wörterbücher aus Oxford die Standardreferenz.

Englisch gilt als eine Sprache mit besonders großem Wortschatz. Die Wortschatzgröße lässt sich jedoch prinzipiell schlecht messen, insofern sind solche Aussagen mit Vorsicht zu genießen. Dennoch gibt es im Englischen durch die vielen Entlehnungen viele Synonyme.

Englische Synonyme mit Herkunft

Altenglisch	Französisch	Latein	Übersetzung
rise	*mount*	*ascend*	‚ansteigen'
ask	*question*	*interrogate*	‚fragen'
fast	*firm*	*secure*	‚fest'
kingly	*royal*	*regal*	‚königlich'
holy	*sacred*	*consecrated*	‚heilig'

In der Alltagskommunikation spielen dabei jene Wörter die größte Rolle, die schon die Angelsachsen mit auf die Insel brachten. Denn obwohl die angelsächsischen Wörter nur einen kleinen Teil des englischen Wortschatzes ausmachen, sind sie die am häufigsten benutzten. Angelsächsisch sind zum Beispiel die Funktionswörter *in* ‚in', *on* ‚auf', *be* ‚sein', *that* ‚dass', die Inhaltswörter *father* ‚Vater', *love* ‚Liebe', *name* ‚Name' und die Affixe *mis-*, *un-*, *-ness* und *-less* (wie in ***mis**understand* ‚**miss**verstehen'; ***un**clear* ‚**un**klar'; *clever**ness*** ‚Schlau**heit**'; *speech**less*** ‚sprach**los**').

Unter den ersten 100 häufigsten Wörtern im Englischen sind bis auf wenige skandinavische Entlehnungen (z. B. *they* ‚sie'; *are* ‚sind') alle angelsächsischen Ursprungs.

Wortbedeutung – falsche Freunde

Es gibt im Englischen viele Wörter, die deutschen Wörtern sehr ähnlich sind, aber teilweise ganz andere Bedeutungen haben als das jeweilige englische Original. Man bezeichnet solche Wortpaare auch als „falsche Freunde" (*false friends*). Andere vermeintlich englische Wörter im Deutschen gibt es im Englischen gar nicht, oder sie haben eine vollkommen andere Bedeutung.

Einige dem Deutschen ähnliche Wörter mit einer abweichenden Bedeutung

Englisch	deutsche Bedeutung	Englisch	deutsche Bedeutung
actually	‚eigentlich'	*herb*	‚Kraut'
also	‚auch'	*herd*	‚Herde'
bald	‚kahlköpfig'	*kind*	‚freundlich'
become	‚(etwas beruflich) werden'	*menu*	‚Speisekarte'
billion	‚Milliarde'	*mist*	‚Dunst, leichter Regen'
blend	‚mischen'	*note*	‚bemerken'
brave	‚tapfer, mutig'	*ordinary*	‚üblich, normal'
brief	‚kurz'	*pathetic*	‚lächerlich, jämmerlich'
caution	‚Vorsicht'		
chef	‚Küchenchef'	*pickle*	‚Essiggurke'
decent	‚anständig, ordentlich'	*preservative*	‚Konservierungsmittel'
dome	‚Kuppel'		
dose	‚Dosis'	*qualm*	‚Bedenken, Skrupel'
eventually	‚letztendlich'	*quote*	‚Zitat'
fast	‚schnell, fest'	*Roman*	‚Römer'
gift	‚Geschenk'	*sensible*	‚vernünftig'
gymnasium	‚Sporthalle'	*wink*	‚zwinkern'

Vermeintlich englische Wörter im Deutschen

Deutsch	Bedeutung auf Englisch	„richtiges Englisch"
Barkeeper	–	*bar man, bar tender*
Beamer	‚BMW (das Auto) '	*projector*
Box	‚Schachtel'	*(loud)speaker*
City	‚Großstadt'	*town center, city centre*
Evergreen	‚immergrün'	*old musical standard*
Handy	‚praktisch'	*mobile phone*
Hometrainer	–	*exercise bike*
Kittchen	‚Küche' (‚kitchen')	*prison, jail*
mobben	‚umringen, umlagern' (‚to mob')	*to bully*
Oldtimer	‚Veteran' (‚old-timer')	*vintage car* (BrE), *classic car* (AmE)
Showmaster	–	*host*
Smoking	‚Rauchen'	*tuxedo, dinner jacket*
Tramper	‚Landstreicher' (‚tramp')	*hitchhiker*
Wellness	‚Wohlbefinden'	*wellness hotel: spa, health farm*
(Werbe-)Spot	‚Fleck, Pickel, Punkt'	*commercial, advert*

Wortbildung

Englisch und Deutsch verfügen über die gleichen Wortbildungsmittel, wobei es Unterschiede in der Häufigkeit oder Auffälligkeit bestimmter Strategien gibt. Das Deutsche ist zum Beispiel bekannt dafür, dass es sehr lange zusammengesetzte Substantive bilden kann. Dieses Wortbildungsmittel heißt *Komposition*. Englischsprecher finden diese Art der Wortbildung sehr beeindruckend. Dabei kann man auch im Englischen recht lange Komposita formen. Da Komposita aber nicht unbedingt zusammengeschrieben werden, wirken die Wörter weniger lang.

Neben Substantivkomposita gibt es auch verbale Komposita. Dies sind Verben, die aus mindestens zwei Wörtern bestehen, wobei das rechte ein Verb ist und die Wortklasse bestimmt, zum Beispiel *spoonfeed* (Löffel + füttern = ‚mit dem Löffel füttern', *dryclean* (trocken + reinigen = ‚chemisch reinigen'), *underestimate* (unter + schätzen = ‚unterschätzen'). Schließlich gibt es noch adjektivische Komposita, zum Beispiel *nationwide* (Nation + weit; ‚landesweit'), *deadright* (tod + richtig; ‚völlig recht (haben)').

Neben der Komposition gibt es im Englischen wie im Deutschen die Wortbildung mit Präfixen und Suffixen. Wie im Deutschen kann man damit sehr lange Wörter formen.

Verblüffend für Englischlerner ist die Leichtigkeit, mit der viele englische Wörter in unterschiedlichen Wortklassen benutzt werden können. So kann man vom Verb *to swim* ‚schwimmen' das Nomen *a swim* (in etwa ‚Schwimmereignis') bilden. Man kann also sagen *I went for a swim* (wörtlich: ‚Ich ging für ein Schwimmen', was so viel bedeutet wie ‚Ich war schwimmen'). Diese Art der Wortbildung heißt *Konversion*. Es gibt sie auch im Deutschen. Zum Beispiel gibt es *Verbnominalisierungen* wie bei *das Lachen*. Auch Farbadjektive können leicht nominalisiert werden: *das Blau des Himmels*. Meist kommt jedoch durch *die Flexion* eine formale Änderung am Wort hinzu (z. B. *Öl – ölen, treffen – Treff, gut – das Gute*). Einige englische Versionen sind unten aufgelistet. Man sieht hier auch, dass oftmals nur bestimmte Bedeutungsbestandteile in das neu kreierte Wort übernommen werden.

Eine weitere Wortbildungsstrategie im Englischen ist, Wörter zu kürzen. Statt von einem *laboratory* ‚Labor' spricht man von einem *lab*, statt von einem *delicatessen* ‚Feinkostgeschäft' spricht man von einem *deli*, ein *condo* ist eigentlich ein *condominium* (AmE: ‚Eigentumswohnung'). Populär sind solche Kürzungen auch bei Namen. Kinder erhalten einen mehr oder weniger klassischen Vornamen wie *Elizabeth, Michelle, Christopher* oder *Nicholas*, werden dann aber *Liz* (oder *Beth*), *Shell, Chris* oder *Nick* gerufen – es sei denn, der Rufer will ein ernstes

Ein schönes langes deutsches Substantiv

Rinderkennzeichnungs- und Rindfleischetikettierungsüberwachungsaufgabenübertragungsgesetz. Es war 1999 auf der Liste zur Kür des Wortes des Jahres.

Lange Komposita im Englischen

Beispiele für relativ lange Komposita im Englischen wären *foot-and-mouth disease virus* ‚Maul- und Klauenseuche-Virus', *short-story writer class exam* ‚Kurzgeschichtenautorenkursprüfung', *waste-paper basket manufacturer* ‚Papierkorbhersteller'.

Auch mit Präfixen und Suffixen kann man lange Wörter bilden

establish (gründen, stiften, schaffen, z. B. eine Institution)

***dis**establish* (den etablierten Status einer Institution, insbesondere der Kirche, beenden; genauer: die Kirche vom Staat trennen)

*disestablish**ment*** (Trennung von Kirche und Staat, hier ist in der Regel eine politische Bewegung in den 1860ern in England gemeint)

***anti**disestablishment* (Opposition gegen die Trennung von Kirche und Staat)

*antidisestablishment**ary*** (oppositionell gegen die Trennung von Kirche und Staat)

*antidisestablishmentari**an*** (Person, die oppositionell gegenüber der Trennung von Kirche und Staat eingstellt ist)

*antidisestablishmentarian**ism*** (die Bewegung oder Ideologie, die eine oppositionelle Einstellung gegenüber der Trennung von Kirche und Staat vertritt)

Konversionen im Englischen

Nomen-zu-Verb
film (Film – filmen), *pocket* (Tasche – einstecken), *house* (Haus – beherbergen), *talk* (Gespräch – reden), *ship* (Schiff – schicken), *fool* (Narr – veralbern), *bottle* (Flasche – in eine Flasche einfüllen), *name* (Name – benennen)

Verb-zu-Nomen
fear (fürchten – Furcht), *cheat* (betrügen – Betrüger), *bore* (langweilen – Langweiler)

Adjektiv-zu-Nomen
regular (regelmäßig – Stammkunde), *natural (natürlich – Naturtalent), native* (einheimisch – Einheimischer)

Nomen-zu-Adjektiv
mahogany (Mahagoni – aus Mahagoni/mahagonifarben)

Adjektiv-zu-Verb
open (offen – öffnen), *dry* (trocken – trocknen), *wet* (nass – nässen)

Funktionswort-zu-Nomen
if (wenn – das Wenn), *but* (aber – das Aber), *how* (wie – das Wie), *must* (müssen – (ein) Muss)

Affix-zu-Nomen
Ism (Ismus)

mehrere-zu-einem-Wort
down-and-out (‚unten-und-draußen' = Penner), *down-to-earth* (‚runter-zur-Erde' = nüchtern), *up-and-coming* (‚auf-und-kommend' = aufstrebend)

Wörtchen mit dem oder der Betreffenden reden. Idealerweise wird auf eine Silbe gekürzt, bei Frauennamen sind aber auch Zweisilber beliebt (z. B. *Betty* für *Elizabeth*). Ein Kurzname wird im Gegensatz zum Deutschen nur selten als eingetragener Name gegeben.

Flexion

Aus dem Abschnitt zur Sprachgeschichte wissen wir, dass das Englische im Laufe seiner Geschichte die Flexionsendungen verloren hat. Einige sind aber noch vorhanden. Die Endung *-s* ist dabei besonders vielseitig in ihrer Funktion.

Aussprache des Plural-*s*

[ɪz] nach einem *s*-ähnlichen Laut: *buses* ‚Busse', *beaches* ‚Strände' oder *bushes* ‚Büsche'

[s] nach einem anderen stimmlosen Konsonanten: *cups* ‚Tassen', *pots* ‚Töpfe'

[z] nach einem stimmhaften Konsonanten: *bags* ‚Taschen', *bees* ‚Bienen'

Bei den Nomen unterscheidet das *-s* Einzahl und Mehrzahl. Die Mehrzahl wird in der Regel dadurch gebildet, dass ein *-s* angehängt wird. Lautlich erscheint dieses *-s* in drei Varianten. Es gibt auch unregelmäßige Pluralbildung wie *foot – feet* ‚Fuß – Füße', *woman – women* ‚Frau – Frauen', *mouse – mice* ‚Maus – Mäuse' (aber nur bei normalen Mäusen; drei Mickeymäuse sind *three Mickey Mouses*!). Für deutsche Ohren oft überraschend ist, dass sich manche Nomen in der Einzahl, vor allem im britischen Englisch, im Satz wie Mehrzahlnomen verhalten. Man sagt also *The police* ***have*** *arrested two suspects* ‚Die Polizei **haben** zwei Verdächtige festgenommen'. Dieses Verhalten ist bei Nomen anzutreffen, die Gruppen von Menschen bezeichnen (z. B. *government* ‚Regierung', *staff* ‚Personal'), insbesondere wenn es wichtig ist, dass die Gruppe aus Individuen besteht.

Die Endung *-s* markiert nicht nur den Plural, sondern auch den Genitiv. In der Einzahl erscheint in der Schreibung vor dem *s* ein Apostroph wie in *John's*. Das Singular-*s* entwickelte sich aus der Genitivendung *-es* einiger altenglischer Nomen. Es wird daher auch *Saxon s* („sächsisches s") genannt. Bei den Nomen, deren Plural nicht auf *-s* endet (z. B. *men* oder *women*), erscheint im Genitiv auch ein *-s* mit Apostroph davor. Ansonsten wird hinter das Mehrzahl-*s* ein Apostroph gesetzt (z. B. *of the cities'* ‚der Städte'). Der *s*-Genitiv wird vorrangig bei Lebewesen und Eigennamen benutzt, nicht aber bei Gegenständen und Abstrakta: *John's back* ‚Johns Rücken', *Spain's coast* ‚Spaniens Küste', aber nicht *the house's back* ‚des Hauses Rückseite'. Letzteres wird mit *of* ausgedrückt (*the back of the house*), was sich im Mittelenglischen etablierte.

Der Apostroph wurde im Frühneuenglischen zur besseren Unterscheidung vom Mehrzahl-*s* eingeführt (*the minister's laugh – the ministers are laughing*). Bei Shakespeare gibt es den Apostroph aber noch nicht.

Kurioserweise ist die Benutzung des Apostrophs im Englischen genau an den Stellen oft nicht mehr gebräuchlich, an denen er im Deutschen fälschlicherweise häufig gebraucht wird. So findet man bei Geschäften in Großbritannien oft die Schreibung ohne Apostroph: *Boots* (eine Drogeriekette), *Lloyds* (eine Bank).

Die letzte Domäne der Endung *-s* ist die Markierung von Verben. Diese erhalten, wenn das Subjekt des Satzes 3. Person Einzahl Gegenwart ist, ein *-s*, also *I remember* ‚ich erinnere mich', aber *he/she remembers* ‚er/sie erinnert sich'. In der Vergangenheitsform erscheint die Endung *-ed*: *he remembered* ‚er erinnerte sich'. Diese Endung markiert auch das *Partizip Perfekt*: *he has remembered* ‚er hat sich erinnert'. Sowohl Vergangenheitsform als auch Partizip Perfekt können unregelmäßig gebildet werden (z. B. *he eats – ate – has eaten* ‚er isst – aß – hat gegessen').

Im Vergleich zum Deutschen weist das *Perfekt* im Englischen sowohl formell als auch inhaltlich einige Unterschiede auf. Formell stellen wir fest, dass auch bei Bewegungsverben das benutzte Hilfsverb *have* ‚haben' ist und nicht *be* ‚sein': *he has come* ‚er ist gekommen'. Für die Bedeutung des Perfekts gilt als Faustregel: Das Perfekt wird im Englischen nur benutzt, wenn auf das Ergebnis oder die Folge einer Handlung fokussiert wird, nicht aber, wenn man über Begebenheiten in der Vergangenheit berichtet, wie das im Deutschen oft der Fall ist.

Der Satz *John has lived in London for a year* (wörtlich: ‚John hat in London für ein Jahr gelebt') sagt aus, dass John noch in London lebt. Die deutsche Entsprechung wäre also ‚John lebt seit einem Jahr in London'. Wenn man aber sagt *John lived in London for a year* (wörtlich: ‚John lebte für ein Jahr in London'), dann lebt John inzwischen woanders. Die deutsche Entsprechung wäre ‚John hat ein Jahr lang in London gelebt'.

Ein weiterer Unterschied zwischen dem Deutschen und dem Englischen im Ausdruck von Zeit ist das Vorhandensein der *Verlaufsform* („*Progressivform*") im Englischen, welche sich im Mittelenglischen herausbildete. Im Englischen muss eine Aktivität, die augenblicklich andauert und zeitlich begrenzt ist, speziell markiert werden: durch das Hilfsverb *be* ‚sein' und die Endung *-ing*. *I am eating broccoli* ‚ich bin Brokkoli am essen' heißt also, dass ich jetzt gerade Brokkoli esse. *I eat broccoli* ‚ich esse Brokkoli' bedeutet, dass ich generell Brokkoli esse, das heißt zum Beispiel, dass ich keine Brokkoliallergie habe oder dieses Gemüse nicht ablehne.

Englische Verben ohne Verlaufsform

Bei Verben, die typischerweise lang andauernde Aktivitäten oder Zustände ausdrücken, ist die Verlaufsform ausgeschlossen oder zumindest sehr ungebräuchlich (vgl. **I am hating Jane* ‚ich bin Jane am hassen').

Der letzte Aspekt, den wir hier unter dem Stichpunkt Flexion behandeln wollen, ist die Steigerung der Adjektive. Im Unterschied zum Deutschen gibt es im Englischen neben der Variante, Endungen anzufügen, noch die Form mit *more – most* ‚mehr – am meisten', wobei diese vor allem bei längeren Adjektiven (ab drei Silben) angewendet wird, also *big – bigger*

– *biggest* ‚groß – größer – am größten' vs. *intelligent – more intelligent – most intelligent* ‚intelligent – intelligenter – am intelligentesten'. Adjektive mit zwei Silben verhalten sich, was diese Einordnung betrifft, nicht homogen. Zum Beispiel findet man *quiet* ‚ruhig' und *clever* ‚schlau' in beiden Varianten, *eager* ‚eifrig' erlaubt nur die zweite.

Schwierigkeiten für Deutschlerner: Wortbildung und Flexion

Lange zusammengesetzte Wörter stellen für Lerner mit englischer Muttersprache beim Lesen eine Herausforderung dar, da es ihnen schwerfällt, die Wortgrenzen zu erkennen. Wenn sie sprechen oder schreiben, kommt es auch oft vor, dass Englischsprecher Komposita vermeiden und eher eine Adjektiv-Nomen-Kombination bevorzugen (z. B. „großer Fürst" statt Großfürst). Diese Kombinationen haben aber oft nicht die gewollte Bedeutung. Bei der Wortbildung mit Prä- und Suffixen passiert es leicht, dass englische Vorbilder gewählt werden, die ähnlich aussehen und daher trügerische Hinweise geben: Beispielsweise heißt es englisch *transformation* und deutsch *Transformation*, aber englisch *modernization* und deutsch *Modernisierung* und nicht **Modernisation*.

Das deutsche System für die Beugung der Nomen muss von Englischsprechern komplett neu gelernt werden. Die Schwierigkeiten beginnen hier schon beim grammatischen Geschlecht, das das Englische nicht hat. Das Deutsche ist zwar sehr regelmäßig, wenn man sich zum Beispiel an bestimmten Suffixen orientieren kann (so sind Nomen auf *-ung, -ion, -schaft, -heit* immer weiblich), aber vieles muss auch einfach auswendig gelernt werden.

Da das Englische keine Fälle und kein grammatisches Geschlecht kennt, werden auch *Artikel* und *Adjektive* nicht gebeugt. Es gibt also keine Unterschiede der Art *ein groß**es** Haus – ein groß**er** Sessel – ein**e** groß**e** Frau*. Auch Einzahl und Mehrzahl werden bei Adjektiven und beim bestimmten Artikel nicht unterschieden. Stattdessen heißt es immer *the*. Hinzu kommen die Unterschiede zwischen starker und schwacher Adjektivflexion im Deutschen: Es heißt *irgendein/ein/dein **kluger** Schüler*, aber *dieser/der/jeder **kluge** Schüler*). All dies müssen Englischsprecher also lernen. Das Gleiche gilt für die Konjugation des Verbs, die ja im Deutschen auch viel reicher ist als im Englischen. Die Zeitformen scheinen zwar in beiden Sprachen ähnlich zu sein, es gibt aber feine Unterschiede in Form und Bedeutung.

5.5 Sätze

Wortstellung

Die SVO-Reihenfolge des Englischen

Die Wortstellung des Englischen ist recht rigide *Subjekt – Verb – Objekt* (SVO). Das Objekt steht also so gut wie nie vor dem Verb. Es gibt wenige Ausnahmen, etwa wenn das Objekt besonders betont werden soll – *YOU, I want!* (C. J. Cregg zu Will Bailey in der Serie *West Wing*) – oder wenn das Objekt zur Korrektur benutzt wird wie in: *PETER I saw last week, not JOHN!*

Da es im Englischen kaum grammatische Fälle gibt, werden Unterscheidungen wie *Der Vater grüßte den Lehrer* vs. *Den Vater grüßte der Lehrer* über die Wortstellung getroffen. Der erste Satz heißt im Englischen also *The father greeted the teacher* und der zweite *The teacher greeted the father*. In Sätzen mit zwei Objekten, wie *Der Vater gab dem Lehrer den Brief*, können die beiden Objekte einfach aneinandergereiht werden: *The father gave the teacher the letter*. Das indirekte Objekt kann aber auch mit einer Präposition verknüpft werden, also *The father gave the letter to the teacher* (wörtlich: ‚Der Vater gab dem Brief zu dem Lehrer'). Es gibt aber nicht bei allen Verben diese beiden Varianten.

Betrachten wir als Nächstes die Verbstellung in den eben gesehenen Beispielen. Das Verb steht in einer Position, in der es im Deutschen auch stehen würde: nach dem Subjekt. Man kann ihm im Englischen aber im Gegensatz zum Deutschen beispielsweise eine Orts- oder Zeitangabe voranstellen oder auch Ausdrücke, die etwas über die Sprecherhaltung aussagen, beispielsweise *of course* ‚natürlich', *surprisingly* ‚überraschenderweise' wie in *On Monday the father gave the teacher the letter* oder *Surprisingly, the father gave the teacher the letter.* Das geht im Deutschen nicht: **Am Montag der Vater gab dem Lehrer den Brief; *Überraschenderweise der Vater gab dem Lehrer den Brief.* Im Deutschen muss das Verb also nach dem ersten Satzglied erscheinen (so etwas wie *der Vater* oder *am Montag*). Da Deutsch eine sogenannte *Verb-Zweit-Sprache* ist (Kapitel 3), sagt man auf Deutsch *Am Montag gab der Vater dem Lehrer den Brief.* Das wiederum ist auf Englisch unmöglich: **On Monday gave the father the teacher the letter.* Die SVO-Reihenfolge darf hier im Englischen nicht verändert werden. Das Wörtchen ‚hier' im letzten Satz ist allerdings wichtig. Es gibt nämlich einige Kontexte, in denen auch Englisch Verb-Zweit-Charakteristiken aufweist, etwa in Fragen wie *What have you done?* (‚Was hast du getan?').

Ein weiterer Unterschied in Bezug auf die Verbstellung ist, dass das *finite Verb* im deutschen Nebensatz ganz am Ende des Satzes erscheint. In Hauptsätzen erscheint das Vollverb, wenn es nicht gebeugt ist, in der Regel auch am Ende. Im englischen Satz steht das Verb immer vor dem Objekt. Mark Twain hat mehrfach die Eigenschaft des Deutschen kommentiert, sehr lange Sätze zu bilden und das Verb ans Satzende zu platzieren.

Während ein deutsches Kind auf die Frage *Was willst du tun?* sagen würde ***Kuchen** essen*, würde das englische Kind auf die gleiche Frage hin in der Antwort das Objekt hinter dem Verb platzieren: *eat **cake***.

Mark Twain: Ein Yankee am Hofe des Königs Artus

Wenn der literarisch begabte Deutsche in einen Satz eintaucht, sieht man erst einmal nichts mehr von ihm, bis er schließlich auf der anderen Seite des Atlantiks mit dem Verb im Mund wieder auftaucht.

Deutsch und Englisch unterscheiden sich auch hinsichtlich der sogenannten *Partikelverben* wie ***auf**essen* oder ***aus**gehen*. Diese gibt es im Englischen auch – man nennt sie dort *phrasal verbs*. Im Englischen steht die Partikel hinter dem Verbstamm: *eat **up**, go **out***. Im Deutschen erscheint die Partikel immer am Ende des Satzes und damit nach dem Objekt, wie in *Peter aß den Kuchen **auf**.* Im Englischen gibt es neben dieser auch eine Abfolge, in der die Partikel vor dem Objekt erscheint: *Peter ate **up** the cake/Peter ate the cake **up***. Wenn das Objekt ein Pronomen ist, muss die Partikel allerdings im Normalfall am Ende des Satzes stehen: *Peter ate it up/*Peter ate up it*. Die Reihenfolge im Englischen wird unter anderem dadurch bestimmt, welche Information im Fokus des Interesses steht. Fragt man zum Beispiel *Was hat Peter gemacht?*, kann die Antwort lauten: *Peter ate up the CAKE*. Fragt man aber *Was hat Peter mit dem Kuchen gemacht?*, antwortet man *Peter ate the cake UP*. Wenn also die gesamte Handlung – *den Kuchen aufessen* – von Interesse ist, steht die Partikel vor dem Objekt, und das Objekt wird betont. Wenn die Tätigkeit – *aufessen* – hervorgehoben wird, steht die Partikel hinter dem Objekt und wird betont. Da Pronomen normalerweise nicht betont sind, müssen sie vor der Partikel erscheinen. Wenn man ein Pronomen aber hervorhebt, wie in *Peter signed up HIM not HER* ‚Peter stellte IHN an, nicht SIE', dann kann es auch hinter der Partikel erscheinen.

Schwierigkeiten für Deutschlerner: Wortstellung

Für englische Muttersprachler ist es eine Herausforderung, das Verb im deutschen Satz immer an die zweite Stelle zu setzen. Insbesondere Sätze mit SVO-Stellung und einer Orts- oder Zeitangabe vor dem Subjekt werden gern 1:1 in das Deutsche übertragen: **Gestern ich habe Kuchen gebacken* (*Yesterday I baked a cake*). Für das englische Ohr ist es sehr unnatürlich, dass Verben in deutschen Nebensätzen ganz am Ende erscheinen. Ebenso gewöhnungsbedürftig ist es, dass das Objekt vor dem Verb stehen kann (*Peter habe ich heute gesehen*). Für das Englische gilt außerdem, dass man nicht wie im Deutschen lange Sätze schreibt, um gebildet zu erscheinen.

Die Übertragung der sogenannten *there*-Konstruktion ins Deutsche ist nicht einfach. Im Englischen wird das Verb in Abhängigkeit vom Subjekt gebeugt, wie *There **is** a man outside* (wörtlich: ‚Da ist ein Mann draußen') vs. *There **are** two men outside* (wörtlich: ‚Da sind zwei Männer draußen'). Bei der deutschen Entsprechung mit *sein* ist dies genauso, wie die Übersetzungen dieser beiden Sätze zeigen. Bei Beispielen, wo *es gibt* die angemessene Übersetzung ist, verhält sich dies anders. Hier erscheint immer die Einzahlform: *Da drüben **gibt** es Nüsse* vs. *Da drüben **gibt** es einen Menschenauflauf*. Die Unterscheidung *es gibt – es sind* ist überhaupt schwierig, wie der Gebrauch von *es gibt* im Deutschen generell, denn es kann bei weitem nicht immer mit Englisch *there is* wiedergegeben werden, wie *Es gibt heute Schnitzel zu essen = We are having Schnitzel today* (wörtlich: ‚Wir sind habend Schnitzel heute'), *Das gibt es dort drüben (zu kaufen) = You can get it over there* (wörtlich: ‚Du kannst kriegen es über dort'), *Das gibt es doch nicht! = That's impossible!* ‚Das ist unmöglich!'.

Weitere Besonderheiten der Grammatik: Das kleine Wörtchen „do"

Fragen im Englischen

Aussage zum Vergleich:
Peter kissed Mary. ‚Peter hat Mary geküsst.'

Fragen:
Did Peter kiss Mary? ‚Hat Peter Mary geküsst?'
Should Peter kiss Mary? ‚Sollte Peter Mary küssen?'
Who did Peter kiss? ‚Wen hat Peter geküsst?'
Who kissed Mary? ‚Wer hat Mary geküsst?'

Zwei wichtige Bereiche, in denen Deutsch und Englisch sich unterscheiden, sind Fragebildung und Verneinung. Bei beiden spielt im Englischen das Wörtchen *do* eine prominente Rolle. Beginnen wir mit Entscheidungsfragen. Bei diesem Fragetyp wird im Englischen, wenn der Satz kein *Hilfsverb* enthält, das Wörtchen *do* in konjugierter Form eingesetzt und vor das Subjekt gestellt. Wenn schon ein Hilfsverb vorhanden ist, wird dieses vor das Subjekt gestellt. Bei Ergänzungsfragen, die nach dem Was, Wie, Warum etc. fragen, passiert das Gleiche: Wenn kein Hilfsverb da ist, wird *do* eingesetzt. Zusätzlich wird das Fragewort wie im Deutschen an den Anfang des Satzes gestellt. Wenn nach dem Subjekt gefragt wird, erscheint allerdings kein *do*.

Bei der Verneinung ist es wie bei vielen anderen Phänomenen im Englischen so, dass die älteren Sprachstufen des Englischen dem Deutschen viel ähnlicher sind, als es das moderne Englisch ist. Englisch und Deutsch hatten früher beide ein Wörtchen zur Verneinung, das vor dem Verb erschien. Im Altenglischen war das *no*, das dann zu *ne* reduziert wurde, im Deutschen war es *en*. Zu Beginn des Mittelenglischen kam dann ein zweites Element zur Verstärkung hinzu. Dieses zweite Element wurde dann das eigentliche Verneinungselement, geschrieben *naught*, *noht*, später *nat*, *not*. Der Gebrauch des Wörtchens *ne* ging zurück. In Texten des 14. Jahrhunderts ist es kaum noch zu finden. Diese Entwicklung hat das Deutsche auch so durchlaufen. Hier ist das entsprechende neue Element *nicht* in verschiedenen Schreibungen. Im Englischen ging die Entwicklung nun weiter. Im 15. Jahrhundert begann *do* bei der Verneinung aufzutreten und nach und nach erforderlich zu werden, wenn im Satz ein Hilfsverb fehlte. Noch zu Shakespeares Zeiten war *do* jedoch keineswegs obligatorisch.

Mittelenglische Negation aus der Zeit um 1200

*Þis **ne** habbe ic **nauht** ofearned* (wörtlich: ‚das **nicht** habe ich **nicht** verdient' = ‚das habe ich nicht verdient').

Verneinung

Peter did not kiss Mary. (wörtlich: ‚Peter tat nicht küssen Mary' = ‚Peter küsste Mary nicht.')

Peter has not passed the exam. (wörtlich: ‚Peter hat nicht bestanden die Prüfung' = ‚Peter hat die Prüfung nicht bestanden.')

Da wir nun gesehen haben, wie die Verneinung und wie Fragen gebildet werden, wollen wir uns jetzt den sogenannten *Question-Tags* widmen (‚Frageetiketten'), einer Art Kurzfragen, die im Deutschen oft als *Frageanhängsel* bezeichnet werden. Diese werden benutzt, um in einem Gespräch Zustimmung vom Gegenüber zu erlangen. Sie sind im mündlichen Englisch sehr häufig anzutreffen. Das Frageanhängsel wird mit *do* oder mit einem Hilfsverb gebildet. Wenn der Vorgängersatz positiv ist, kommt eine Negation hinzu, ansonsten ist das Frageanhängsel positiv.

Veränderliche Frageanhängsel

Peter kissed Mary, didn't he? ‚Peter küsste Mary, tat-nicht-er (= nicht wahr?)'

Peter hasn't passed the exam, has he? ‚Peter hat die Prüfung nicht bestanden, hat er (= nicht wahr)?'

Es gibt bei Frageanhängseln große regionale Variation – übrigens wie im Deutschen, denken Sie nur an *gelle?*, *wa?*, *woll?*, *nu wor?*. Auch im Englischen gibt es solche unveränderlichen Anhängsel. Sie werden dort verwendet, wo das Englische vorrangig Zweitsprache ist.

Unveränderliche Frageanhängsel

is it? (Sambia, Südafrika, Singapur):

She's gone to town, is it?

‚Sie ist in die Stadt gegangen, ist es?' (‚nicht wahr?')

isn't it? (Südasien, Westafrika, Papua-Neuguinea)

not so? (Südasien, Westafrika, Papua-Neuguinea)

no? (Südwesten der USA – Einfluss des Spanischen)

right? (Britisches Englisch, USA, Kanada, Neuseeland)

eh? (Britisches Englisch, USA, Kanada, Neuseeland)

Schließlich erscheint das Wörtchen *do* noch, um bestimmte Auslassungen anzuzeigen. Im folgenden Beispiel ist dies die Auslassung von *arrive late* ‚spät ankommen' im zweiten Satzteil. Englisch ist hier in gewissem Sinne eine sehr exotische Sprache, da es nur wenige Sprachen gibt, in denen ein Wörtchen wie *do* diese Funktion hat (z. B. europäisches Portugiesisch, marokkanisches Arabisch, Indonesisch, Mandarin-Chinesisch, Serbisch).

***Do* kann auch Weglassung anzeigen**

John	*arrived*	*late*	*and*	*Peter*	*did*	*too.*
‚John'	‚ankam'	‚spät'	‚und'	‚Peter'	‚tat'	‚auch'

‚John kam spät an und Peter auch.'

Schwierigkeiten für Deutschlerner: Verneinung

Auch bei der Verneinung bereitet die Wortstellung besondere Schwierigkeiten. Während das Verneinungswort (*not*) im Englischen immer direkt nach dem Hilfsverb oder dem Wörtchen *do* erscheint, scheint die Stellung der Negationswörter im Deutschen sehr flexibel zu sein. So steht *nicht* in den folgenden Beispielen mal direkt vor dem Verb, mal weiter vorn (die erste Zeile). Mal erscheint ein Nomen mit dem unbestimmten Artikel *ein* und mit *nicht*, mal erscheint *kein*, und *nicht* fällt weg (die zweite Zeile):

Hans wird das Buch nicht lesen. – Hans wird das Buch nicht in den Garten bringen.
Hans wird ein Buch nicht lesen. – Hans wird kein Buch lesen.

In der ersten Zeile kommt etwa die Regel des Deutschen zum Tragen, dass eine Direktionalangabe wie *in den Garten* im Normalfall weiter hinten als die Verneinung stehen muss (es sei denn, die Direktionalangabe steht am Satzanfang). Dagegen muss ein Nomen mit bestimmtem Artikel wie *das Buch* immer vor dem *nicht* stehen. *Nicht* drängt sich also zwischen die beiden Ausdrücke, was im Englischen unmöglich wäre. Hier heißt es *John will not take the book into the garden.*

In der zweiten Zeile haben die beiden Sätze eine unterschiedliche Bedeutung. Im ersten Satz wird Hans ein bestimmtes Buch nicht lesen. Im zweiten Satz wird Hans gar kein Buch lesen. Dieser Bedeutungsunterschied wird im Deutschen mit unterschiedlichen Negationswörtern (*nicht, kein*) an unterschiedlichen Positionen ausgedrückt. Im Englischen ist dies auch möglich (*not, no*), man kann *not* aber auch mit *some* vs. *any* (beide ‚irgendein') kombinieren:

John will not read some book. – John will not read any book/John will read no book.

5.6 Sprachverwendung

Eine allgemein bekannte Eigenschaft des Englischen ist das Fehlen einer Unterscheidung zwischen einer höflichen und einer weniger höflichen Anredeform wie *Sie* vs. *du* im Deutschen. Was vielleicht weniger bekannt ist, ist die Tatsache, dass sich Englischsprachige eigentlich sehr höflich mit *Sie* bzw. *Ihr* anreden, wenn sie deutsch sprechen.

Im Englischen muss man generell höflicher sein als im Deutschen: Man benutzt sehr viel *please*, *thank you* und *excuse me* ‚bitte, danke, Entschuldigung'. Eine deutsche Bitte muss beispielsweise keineswegs das Wort *bitte* enthalten, um nicht unhöflich zu sein: eine Formulierung mit Modalverb und der Einsatz des Wortes *mal* – wie in *Kannst du mal das Fenster aufmachen?* – sind in vertrauteren Kontexten durchaus akzeptabel. Im Englischen wird solch ein Satz idealerweise durch *please* ergänzt.

You blieb übrig

You stammt von dem altenglischen Ausdruck für *ihr*, das dann später als höfliche Anrede verwendet wurde. Im Altenglischen benutzte man, um eine Einzelperson anzusprechen, das Personalpronomen der 2. Person Einzahl, *thou* ‚du'. Für mehrere Personen benutzte man das Personalpronomen der 2. Person Mehrzahl, *ye* ‚ihr'. Im Mittelenglischen wurde *ye* dann auch als Höflichkeitsform für Einzelpersonen benutzt – wahrscheinlich in Analogie zur *Du-Sie*-Unterscheidung im Französischen (*tu – vous*), die ja eigentlich eine *Du-ihr*-Unterscheidung ist. Ab der frühneuenglischen Periode wurden vorrangig die Akkusativformen der Personalpronomen benutzt, das heißt nicht mehr *thou* und *ye*, sondern *thee* und *you*. *Thee* verschwand im modernen Englisch ab dem 18. Jahrhundert. Übrig blieb *you*.

Wie man *danke* sagen kann

Es gibt viele verschiedene Ausdrucksformen für *danke*, die sich regional unterscheiden:

Formeller:	Informeller:
Thank you.	*Thanks a million.*
Thank you very much.	*Cheers.*
Thanks.	*Ta.* (England, Australien)
Much obliged. ‚Sehr verpflichtet.'	*I owe you one.* ‚Ich schulde dir was.'

Trotz sprachlich größerer Höflichkeit sind Englischsprecher im Allgemeinen schneller dabei als die Deutschen, sich beim Vornamen zu nennen, was aber nicht auf größere Vertrautheit und Offenheit schließen lässt. So ist es zum Beispiel üblich, sich unter Kollegen und auch im Gespräch mit dem Chef oder der Chefin beim Vornamen anzusprechen. Wenn man den Nachnamen benutzt, spricht man Männer mit *Mister* an und Frauen mit *Mrs.* (*Misses*). Die Form *Miss* für *Fräulein* hört man noch, ist aber ähnlich wie das deutsche Pendant aus gesellschaftlichen Gründen nicht mehr adäquat. Es gibt auch noch die Form *Ms.* (sprich [mɪz]) als neutrale Variante, diese wird aber vor allem im schriftlichen Bereich verwendet.

Kommen wir von der Höflichkeit noch kurz zur Unhöflichkeit. Englisch ist reich an Schimpf-, Fluch- und Tabuwörtern, obwohl ein wichtiges Motto der Kindererziehung *No swearing!* ‚Nicht fluchen!' ist. Die stärksten Ausdrücke rekrutieren sich wie auch im Deutschen aus den Bereichen Tiere, religiöse Begriffe, Exkremente und Sexuelles.

Ansprache

Unverheiratete Schullehrerinnen werden von den Kindern typischerweise mit *Miss*… angeredet. Wenn man unbekannte jüngere Frauen anspricht, ist *Miss* die normale Anrede, Männer spricht man mit *Sir* an, Frauen mit *Ma'am*.

„Höflich" schimpfen

Ebenso wie im Deutschen gibt es Wörter, die den echten Schimpfwörtern lautlich ähnlich (wie *Scheibenkleister*), aber eben keine Schimpfwörter sind: *shivers* ‚Frösteln, Bruchstücke' or *shoot* ‚Schuss' für *shit*. Man kann sich für den Gebrauch von Schimpfwörtern auch gleich entschuldigen: *Pardon my French, but you're an asshole!* ‚Entschuldige mein Französisch, aber du bist ein Arschloch!'. Man tut also so, als ob die beleidigenden Worte aus einer anderen Sprache kämen (historisch nicht zufällig ist dies das Französische).

Quellen und weiterführende Literatur

Sehr viele Informationen in diesem Text sind einem sehr schönen und informativen Buch von David Crystal (2003) entnommen, das leider nur auf Englisch erschienen ist. Dieses populärwissenschaftliche Buch vermittelt umfangreiches Wissen über das Englische und enthält viele Illustrationen und Beispiele aus dem Alltagsleben. Auf der folgenden englischen Webseite finden sich Informationen über englische Kinderreime: http://www.rhymes.org.uk/. Wer sich für Sprachbeispiele aus der englischen Sprachgeschichte interessiert, wird bei Thorpe (1868) fündig. Empfehlenswert sind Mark Twains (1889/1983/2004) humorige Bemerkungen zum Deutschen.

Verwendet wurden außerdem zu englischbasierten Kreolsprachen Crowley (1990), zur Aussprache Cruttenden (2001) und Ogden (2009), zu Partikelverben Dehé (2002) und zur Negation Zeijlstra (2004).

Literatur

Crowley T (1990) Beach-la-Mar to Bislama. The emergence of a national language in Vanuatu. Clarendon Press, Oxford

Cruttenden A (2001) Gimson's pronuncation of English. 6. Aufl. Arnold, London

Crystal D (2003) The Cambridge Encyclopedia of the English language. Cambridge University Press, Cambridge

Dehé N (2002) Particle verbs in English: Syntax, information structure, and intonation. Benjamins, Amsterdam/Philadelphia

Ogden R (2009) An introduction to English phonetics. Edinburgh University Press, Edinburgh

Thorpe B (1868) Analecta Anglo-Saxonica. A selection, in prose and verse, from Anglo-Saxon authors of various ages; with a glossary. Designed chiefly as a first book for students

Twain M (1889) A Connecticut Yankee in King Arthur's Court [Neuausgabe z. B. 1983 bei Bantam Classics; deutsche Ausgabe 2004]
Zeijlstra H (2004) Sentential negation and negative concord. LOT Dissertations, Utrecht

Ich danke Anne Roering, Lehrerin an der Berlin Bilingual School in Berlin für ein Gespräch, in dem sie mir ihre Erfahrungen mit englischsprachigen Kindern im Deutschunterricht mitgeteilt hat.

6 Das Türkische

Christoph Schroeder und Yazgül Şimşek

6.1 Einleitung: Der Fez und die Geschichte der Türkei

Kennen Sie den Fez? Wo kommt der eigentlich her? Wenn Sie heute in Istanbul auf den Basar gehen, können Sie einen Fez für weniger als zehn Euro kaufen. Aber es ist nicht legal, ihn in der Türkei zu tragen. Wieso nicht?

Der Fez ist ein Bekleidungsstück aus dem Osmanischen Reich. Istanbul hieß Konstantinopel, als Mehmet der Eroberer es im Jahr 1453 eroberte. Er legte damit den Grundstein für den Aufstieg des Osmanischen Reiches zu einer Weltmacht. Es sollte fast 500 Jahre lang bestehen. Es erlebte einen Niedergang im 19. Jahrhundert und kam zu seinem historischen Ende mit der Niederlage im Ersten Weltkrieg an der Seite Deutschlands. In der Folge der Eroberung Konstantinopels 1453 wurde der Fez als Kleidung von Dienern bei Frauen und Männern beliebt. Im 19. Jahrhundert war er noch stärker verbreitet und löste im Osmanischen Reich per Gesetz den Turban als Kleidung von Reichsbediensteten ab.

Nach dem Ersten Weltkrieg entstand aus den Trümmern des Osmanischen Reiches 1923 ein moderner Nationalstaat, die Republik Türkei. Mustafa Kemal – genannt Atatürk (‚Vater der Türken') – war der Begründer und der erste Präsident der neuen Republik. Er gestaltete sie als ein weltliches, auf Europa hin orientiertes Land. Der Islam blieb Mehrheitsreligion, doch seit 1923 gibt es eine Trennung von Staat und Religion, das heißt, die Religion spielt – im Gegensatz zum Osmanischen Reich – in der Organisation des Staates keine Rolle mehr. Sultane (islamischer Herrschertitel) und Kalifen (religiöser Führertitel) wurden abgeschafft, ebenso das islamische Recht, die Scharia, und in einer Kleiderreform wurden osmanische Kleider wie Fez und Schleier verboten. Es wurden auch der gregorianische Kalender und das metrische System eingeführt.

6.2 Allgemeines zur türkischen Sprache

Geschichte

Erste Hinweise auf das Alttürkische finden sich in runischen Stein-Inschriften aus dem 6. bis 10. Jahrhundert in Zentralasien und im Norden der heutigen Mongolei. Diese entstanden noch bevor die Mongolen die türkischen Gruppen weiter westlich trieben, bis es an der Grenze zwischen dem europäischen und dem asiatischen Kontinent zur erwähnten Eroberung von Konstantinopel kam.

Das Türkische wurde lange mit arabischen Buchstaben geschrieben. Zu den Europa-orientierten Reformen Atatürks gehörte auch eine grundlegende Schrift- und Sprachreform. So wurde ein lateinisches Alphabet (also eines mit Buchstaben, wie wir sie auch im Deutschen verwenden) für das Türkische entwickelt, das seit 1928 verbindlich verwendet wird. Die staatliche Türkische Sprachgesellschaft (*Türk Dil Kurumu*) begann ein ehrgeiziges Projekt der Etablierung einer Standardsprache auf der Basis des Istanbuler Dialekts des Türkischen. Diese sollte sich signifikant von der osmanischen Hochsprache (*Osmanlıca*) unterscheiden, die im Laufe des jahrhundertelangen intensiven Kulturkontakts mit dem Arabischen und dem Persischen viele Elemente aus diesen Sprachen aufgenommen hatte. Die Schrift- und Sprachreform fand zeitgleich mit der Literalisierung der Gesellschaft statt, und so entstand aus dem Zusammenspiel zwischen Republiksgründung, Schrift- und Sprachreform und Modernisierung der Gesellschaft eine hohe symbolische Bedeutung der Standardsprache für die Einheit der Gesellschaft, die spürbar geblieben ist.

Bekannte Persönlichkeiten

Manche haben vielleicht schon einmal den Namen des osmanischen Sultans Süleyman des Prächtigen gehört. Unter ihm erlebte das Osmanische Reich im 16. Jahrhundert seine Blütezeit und den Höhepunkt seiner Macht. Den Beinamen „der Prächtige" haben ihm übrigens europäische Historiker gegeben.

Bekannter aber ist sicher Atatürk, der Republiksgründer.

In der gegenwärtigen Pop- und Musikszene dürfte der Name Tarkan, ein Popsänger, vielen Jugendlichen vertraut sein. Literaturinteressierte kennen sicher den Namen Orhan Pamuk, der im Jahre 2005 den Nobelpreis für Literatur bekam.

In diesem Sinne entstand die Form der Sprache, die wir heute „Türkisch" nennen, mit dem Beginn der Republik.

Sprecher und Sprachsituation

Das Türkische hat rund 80 Millionen Sprecher. Die meisten von ihnen – rund 70 Millionen – leben in der Republik Türkei. Weitere größere Gruppen von Türkischsprechern leben auf Zypern (rund 260 000), in Bulgarien (rund eine Million), in Rumänien (rund 23 000), in der Republik Mazedonien (rund 80 000), in Griechenland (rund 30 000), im Kosovo (rund 20 000), in Australien (rund 40 000) – und in Westeuropa (etwa zwei Millionen!).

Der überwiegende Teil der Türkischsprecher in Westeuropa lebt in Deutschland. Um wie viele es sich handelt, ist nicht leicht zu bestimmen: Zum einen haben viele Einwanderer die deutsche Staatsbürgerschaft angenommen, sodass sich die Zahl der Türkischsprecher nicht über die türkische Staatsbürgerschaft ermitteln lässt, zum anderen haben sicher nicht wenige das Türkische aufgegeben und sind ganz zum Deutschen übergegangen. Außerdem sprechen viele Migranten aus der Türkei gar nicht Türkisch, sondern eine der dortigen Minderheitssprachen. Laut einer Untersuchung des türkischen Meinungsforschungsinstituts KONDA im Auftrag der Zeitschrift *Milliyet* sprechen mindestens zwölf Prozent der Bevölkerung der Türkei Kurdisch als Muttersprache (KONDA 2006) – man darf allerdings getrost annehmen, dass der tatsächliche Anteil bei über 20 Prozent liegt.

Die Verfassung erkennt nur Türkisch an

Nicht nur die kurdische Sprache, auch kurdische Namen, die Buchstaben wie *Q*, *W* oder *X* enthielten, waren lange Zeit verboten. Erst im Herbst 2013 gab die türkische Regierung bekannt, ein Reformpaket verabschieden zu wollen, das die Aufhebung dieses Verbots vorsieht. Noch immer aber heißt es in § 42 der türkischen Verfassung: „Außer Türkisch darf den türkischen Bürgern in den Bildungsstätten keine weitere Sprache als Muttersprache gelehrt werden."

Türkisch ist die offizielle Sprache in der Türkei und in Zypern (zusammen mit Griechisch) und anerkannte autochthone (eingesessene) Minderheitensprache in Griechenland, Bulgarien und Mazedonien.

Der schriftliche Standard des Türkischen hat ein sehr hohes Prestige unter den Sprechern des Türkischen. Wer Elemente des Osmanischen in seiner Sprache verwendet, wird schnell als „konservativ" abgetan, und wer „reines Türkisch" (*Öz Türkçe*) im Sinne der Sprachreform verwendet, tut sich als „Modernist" hervor. Auch Dialekte haben einen eher niedrigen Status. Ähnlich erlebt man es, dass Türkischsprecher in Deutschland von sich selbst sagen, dass sie die Sprache nicht gut sprechen – obwohl sie sie tagtäglich verwenden! Diese Sprecher messen ihr gesprochenes, oft dialektales Deutschlandtürkisch auch an dem schriftlichen Standard.

Türkisch in Deutschland

Türkisch ist die mit Abstand am stärksten vertretene Migrantensprache an Deutschlands Schulen. Mittlerweile leben die Sprecher des Türkischen in der dritten Generation hier. Gleichzeitig fand und findet Neuzuwanderung aus der Türkei statt, heute vor allem durch Heirats- und Bildungsmigration. So ist Türkisch eine vitale Sprache in Deutschland, auch als Sprache von Printmedien (Büchern, Zeitschriften), Fernseh- und Radiosendern, öffentlichen Bekanntmachungen, Schildern, Ankündigungen und in der Werbung. Es ist auch eine Prestigesprache in multiethnischen Jugendgruppen, wo es zum guten Ton gehört, wenigstens ein paar türkische Wörter oder Wendungen zu können. Auch wird es in Gebieten Deutschlands mit einer höheren Anzahl von Türkischsprechern in Schulen unterrichtet: als Partnersprache an einigen zweisprachigen Schulen, in zweisprachigen Alphabetisierungsprojekten, im Herkunftssprachenunterricht in der Primarstufe, als zweite Fremdsprache in der Mittel- und Oberstufe, bis hin zum Leistungskurs in der Oberstufe. Türkischkompetenzen werden auch in manchen Berufsausbildungen gefördert, neuerdings zum Beispiel im pflegerischen und touristischen Bereich.

Die überwiegende Mehrheit aller Türkischsprecher in Deutschland ist (mindestens) zweisprachig, das heißt, sie beherrschen auch die deutsche Sprache. Sie wechseln in ihrem Alltag ständig zwischen Situationen, in denen sie Deutsch sprechen, und solchen, in denen sie Türkisch sprechen, und untereinander switchen sie leicht hin und her.

Beispiele für Sprachmischung bei Türkisch-Deutsch-Zweisprachigen

Zweisprachige Sprecher verwenden nicht nur einzelne Wörter aus dem Deutschen in ihren Äußerungen, sondern sie integrieren diese Wörter in die türkische Struktur, wie in *Bahnhof**a** gittim*. ‚Ich bin zum Bahnhof gegangen'. Dabei ist das an *Bahnhof* angehängte *a* das Dativsuffix des Türkischen. Dieses Prinzip funktioniert mit vielen türkischen Suffixen, so auch mit dem Pluralsuffix wie in *Lehrer**ler*** ‚die Lehrer'. Dabei versucht man soweit es geht auch die Vokalharmonie (siehe Abschnitt *Vokale* unten) einzuhalten; *Lehrer**lar*** wird man entsprechend nicht von Zweisprachigen hören, die mit dem Türkischen gut vertraut sind.

Im Kontakt mit der deutschen Sprache hat sich dabei ein „Deutschlandtürkisch" entwickelt, das sich vom Türkischen in der Türkei um bestimmte grammatische Nuancen unterscheidet. Ein Beispiel ist die Verwendung von Subjektpronomen, die im Türkischen normalerweise weggelassen werden können, nicht aber im Deutschen. Hier gleicht sich das Deutschlandtürkisch dem Deutschen an, insofern eine stärkere Tendenz zu beobachten ist, Subjektpronomen zu verwenden. Ein weiteres Beispiel sind Strategien, deutsche Wörter in türkische Sätze zu integrieren, etwa in *einschreiben yapmak* ‚sich einschreiben lassen' und *radieren yapmak* ‚ausradieren' mit dem türkischen Verb *yapmak* ‚machen'. Und natürlich gibt es deutsche Lehnwörter, die sich fest in das Deutschlandtürkische eingenistet haben, wie *uban*, *arbaytsam(t)*, *kollege* und *polisay*.

6.3 Aussprache und Schrift

Die Einführung der Lateinschrift erfolgte fünf Jahre nach der Gründung der Republik am 1. November 1928 per Gesetz. Das Alphabet hat 29 Buchstaben. Bei der Festlegung des Alphabets wurden keine Buchstabenkombinationen zugelassen (wie *sch* für [ʃ] im Deutschen). Großschreibung wird ähnlich wie im Englischen nur verwendet, um den Satzanfang zu kennzeichnen und Eigennamen hervorzuheben.

Konsonanten

Viele Konsonanten werden wie im Deutschen geschrieben und ausgesprochen: *p, b, t, d, k, g, m, n, f, v, h, l, r*. Leichte Abweichungen in der Aussprache gibt es dabei bei *k*, das meist etwas weiter vorn als im Deutschen ausgesprochen wird, bei *l*, das sich in seiner Aussprache und Klangfarbe stärker an benachbarte Vokale (und manchmal Konsonanten) anpasst, und bei *r*, das mit einem Stups der vorderen Zunge am Zahndamm gebildet wird. Das *v* wird konsistent stimmhaft wie im Deutschen bei *Vase* (nicht stimmlos wie in *Vater*) ausgesprochen. Beispiele für diese ganz oder fast gleich ausgesprochenen Buchstaben sind im Folgenden in türkischer Schrift angegeben:

Buchstabe	Beispiel	Übersetzung
P, p	*patates*	‚Kartoffel'
B, b	*bina*	‚Gebäude'
T, t	*tatlı*	‚süß'
D, d	*dede*	‚Großvater'
K, k	*kilit*	‚Schloss'
G, g	*gün*	‚Tag'
M, m	*Mayıs*	‚Mai'
N, n	*nasıl*	‚wie'
F, f	*fikir*	‚Gedanke'
V, v	*vazo*	‚Vase'
H, h	*bahçe*	‚Garten'
L, l	*lahana*	‚Kohl'
R, r	*rüya*	‚Traum'

Manche konsonantischen Laute, die im Türkischen wie im Deutschen (zumindest in Fremdwörtern) vorkommen, werden mit anderen Buchstaben geschrieben:

Buchstabe	Aussprache wie	Lautschrift	Beispiel	Übersetzung
Ş, ş	*sch*	[ʃ]	*şehir*	‚Stadt'
C, c	*dsch*	[ʤ]	*cam*	‚Glas'
Ç, ç	*tsch*	[ʧ]	*çay*	‚Tee'
S, s	*ß/ss*	[s]	*siyah*	‚schwarz'
Z, z	*s* in *sie, Muse*	[z]	*zaman*	‚Zeit'
J, j	*j* in *Jargon*	[ʒ]	*jel*	‚Gel'
Y, y	*j* in *ja*	[j]	*yaprak*	‚Blatt'

So kommen alle konsonantischen Laute des Türkischen (fast oder ganz gleich, wie beschrieben) auch im Deutschen vor. Umgekehrt verfügt das Deutsche jedoch über einige konsonantische Laute, die das Türkische nicht hat. So kommen die Verschmelzung von *n* und *g* zu dem Laut [ŋ] (z. B. in *Zange* [tsa**ŋ**ə]) und die beiden Aussprachen von deutschem orthografischen *ch* (dunkles [x] wie in *Sache* [za**x**ə] und helles [ç] wie in *sicher* [zɪ**ç**ɐ]) in der Standardlautung des Türkischen nicht vor. Dies kann primär türkischsprachigen Deutschlernern Schwierigkeiten bereiten. Es hat bei vielen bilingualen Sprechern zu einer typischen Aussprachestrategie geführt, bei der das deutsche helle [ç] durch *sch* [ʃ] (genauer: einer Variante dieses Lautes) ersetzt wird. So finden wir beispielsweise häufig *isch* statt *ich*. Inzwischen ist diese Aussprache allerdings – insbesondere in urbanen Regionen Deutschlands – allgemeiner Teil der Jugendsprache geworden, und nicht nur bilinguale Sprecher des Türkischen und Deutschen variieren häufig beide Aussprachen *ich* und *isch*.

Etwas ungewöhnlich ist der türkische Buchstabe ğ, „weiches G (*yumuşak ge*)" genannt. Er wird ähnlich wie das deutsche Dehnungs-*h* zum Anzeigen eines vorangehenden langen Vokals verwendet. Steht er aber zwischen zwei hellen Vokalen, so zeigt er ein verbindendes [j] in der Aussprache an:

Buchstabe	Beispiel	Lautschrift	Übersetzung
ğ	*değil*	[dejil]	‚nicht'
	oğul	[oːul]	‚Sohn'

Wussten Sie, dass ...
der Name der Stadt Istanbul eine Anpassung des griechischen Ortsnamens Stambul an die türkische Silbenstruktur ist? In *Stambul* hätte die erste Silbe *Stam* zwei Konsonanten am Anfang. In *Is.tan.bul* hilft der zusätzliche Vokal *i* am Anfang dabei, dass alle Konsonanten in regelmäßigen türkischen Silben unterkommen können.

Türkische Wörter lassen sich in Silben unterteilen, mit jeweils einem Vokal in ihrer Mitte und typischerweise maximal einem Konsonanten davor und maximal einem Konsonanten danach: Konsonant – Vokal – Konsonant. Die meisten Wörter, die mit zwei Konsonanten enden, wie *zevk* ‚Vergnügen, Spaß', sind Lehnwörter aus anderen Sprachen. Das heißt, dass etwa am Wortanfang normalerweise nur ein Konsonant und keine Konsonantenfolge stehen kann. Die Konsonantenfolge beispielsweise in *Strumpf* [ʃtrumpf] ist für türkischsprachige Deutschlerner entsprechend schwer nachzuvollziehen; oft behelfen sie sich in der Aussprache derartiger Strukturen mit dem Einsatz eingefügter Vokale, mittels derer neue Silben geschaffen werden, oder es werden Konsonantenfolgen vereinfacht. *Strumpf* kann so in türkischer Aussprache zu [ʃuturumf] werden.

Wie das Deutsche hat das Türkische die Auslautverhärtung: Am Wortende werden Verschlusslaute wie [b, d, g] und Reibelaute wie [z, v] stimmlos ausgesprochen, also als [p, t, k] bzw. [s, f]. Anders als im Deutschen aber wird die Auslautverhärtung im Türkischen in der Schrift wiedergegeben. So sieht man das stimmhafte *b* in *kitab-ım* ‚mein Buch' (wörtlich: ‚Buch-mein'). Am Wortende aber wird es *p* geschrieben und gesprochen: *kitap* ‚Buch'. Zum Vergleich: Im Deutschen haben wir etwa *Dieb-e*, gesprochen [diːbə], wo man das stimmhafte [b] am Ende des Stammes in der Aussprache hört. Auch im Deutschen sprechen wir das [b] am Wortende als [p] aus: [diːp] im Singular. Diese Änderung wird aber im Deutschen in der Rechtschreibung nicht wiedergegeben: Wir schreiben *Dieb*. Würden wir nach den türkischen Regeln schreiben, so würden wir *Diep*, *Diebe* schreiben (wie wir es sprechen) statt *Dieb*, *Diebe* (einheitlich mit *b*, wie es die deutsche Rechtschreibung vorsieht). Auch in anderen Fällen gibt die türkische Rechtschreibung solche Variationen wieder, in denen die deutsche Rechtschreibung Einheitlichkeit bei der Schreibung eines Wortstammes oder einer Endung vorsehen würde.

Vokale

Sieben der acht türkischen Vokale werden wie im Deutschen geschrieben und ausgesprochen: *a, e, i, o, u, ö, ü* [ɑ, e, i, o, u, ø, y]. Das *a* wird dabei etwas dunkler als im Deutschen ausgesprochen. Ein *ä* gibt es nicht in der Schrift. Dafür kommt im Türkischen der Vokal *ı* [ɯ] hinzu. Er ist dunkel und ungerundet, so als würde man ein *u* ohne Lippenrundung aussprechen. Ein wenig ähnelt er dem deutschen Schwa [ə] (am Ende von *Kanne* [kanə]), wird aber mit der Zunge weiter hinten und mit mehr Muskelspannung ausgesprochen. Das türkische Alphabet unterscheidet außerdem auch bei der Großschreibung zwischen *i* und *ı* (*İ* vs. *I*).

Buchstabe	Aussprache wie	Lautschrift	Beispiel	Übersetzung
İ, i	*i*	[i]	*iki*	‚zwei'
I, ı	(*Kanne*)	[ɯ]	*ışık*	‚Licht'

Im Deutschen gibt es auch reduzierte (ungespannte) Vokale sowie den stark reduzierten Vokal Schwa [ə]. Im Türkischen hat nur [e] eine reduzierte Variante [ɛ], ansonsten gibt es keine reduzierten Versionen der Vokale und kein Schwa. Auch verfügt das Türkische nicht wie das Deutsche über Diphthonge (z. B. [aɪ] in *ein*). Lange Vokale kommen im Türkischen lediglich in persischen und arabischen Lehnwörtern vor. Türkischsprachige Deutschlerner haben entsprechend oft Schwierigkeiten, die Unterschiede zwischen langen Vokalen und kurzen reduzierten Vokalen im Deutschen (z. B. *Höhle* [hø:lə] vs. *Hölle* [hœlə]) zu hören und nachzuvollziehen.

Ein herausragendes Merkmal türkischer Vokale ist die Art und Weise, wie sie im Wort lautlich harmonisieren – die *Vokalharmonie*. Zum Verständnis der Vokalharmonie zeigt zunächst Tabelle 6.1 die Symmetrie der türkischen Vokale: Eine Hälfte von ihnen ist hell, die andere Hälfte dunkel. Unterteilt man sie anders, so ist die Hälfte gerundet, die andere Hälfte ungerundet. Noch einmal anders unterteilt sind die Hälfte von ihnen „hohe" Vokale (die Zunge ist hoch im Mund und der Mund ist weiter geschlossen), und die andere Hälfte sind „nichthohe" Vokale, bei denen die Zunge niedriger und der Mund offener ist.

Nun zur Vokalharmonie. In sehr vielen Wörtern (mit systematischen Ausnahmen) gleichen sich die Vokale an vorangehende Vokale im Wort an. Innerhalb eines Wortstammes gibt

Türkische Vokalharmonie

So sehen vokalharmonische Stämme aus:
Nomen: *erik* ‚Pflaume', *arı* ‚Biene', *kelebek* ‚Schmetterling',
Adjektive: *ufak* ‚klein', *güzel* ‚schön', *kırmızı* ‚rot'.

So funktioniert die Vokalharmonie, wenn Endungen an einen Stamm angehängt werden:
Anhängen des Pluralsuffixes *-lar/-ler* („kleine Vokalharmonie"):
kedi – *kediler* ‚Katze – Katzen',
kadın – *kadınlar* ‚Frau – Frauen',
el – *eller* ‚Hand – Hände',
kol – *kollar* ‚Arm – Arme',
dal – *dallar* ‚Ast – Äste',
dil – *diller* ‚Sprache – Sprachen'.

Anhängen des Adjektivsuffixes *-li/-lı/-lu/-lü* („große Vokalharmonie"):
sargı – *sargılı* ‚Verband – verbunden',
görgü – *görgülü* ‚Anstand – anständig',
kilit – *kilitli* ‚Schloss – verschlossen',
umut – *umutlu* ‚Hoffnung – zuversichtlich'.

Tabelle 6.1: Vokale des Türkischen

Klang	hell		dunkel	
Lippen		gerundet		gerundet
Mund weiter geschlossen	i	ü	[ɯ] ı	u
Mund offener	e	ö	a	o

es meist entweder lauter helle Vokale (*ü, ö, e, i*) wie in *erik* ‚Pflaume' oder lauter dunkle Vokale (*o, u, a, ı*) wie in *arı* ‚Biene'. Noch ausgeprägter setzt sich diese Harmonie in den Endungen fort. Es gibt zwei Arten von Vokalen in Endungen, entsprechend den beiden Zeilen in Tabelle 6.1: Eine Möglichkeit ist, dass ein Vokal in einer Endung zwischen *e* und *a* variiert, wobei das helle *e* nach hellen Vokalen und das dunkle *a* nach dunklen Vokalen steht („kleine Vokalharmonie"). Endungen können andererseits einen Vokal haben, der zwischen den vier hohen Vokalen *i, ü, u* und *ı* variiert („große Vokalharmonie"). In diesem Fall gleicht sich der Vokal nicht nur in Bezug auf hell vs. dunkel an den vorherigen Vokal an, sondern auch in Bezug darauf, ob er gerundet ist. Ein Ergebnis der Vokalharmonie ist die hohe Frequenz des Vokals *ü* in türkischen Wörtern! Beispiele für die Vokalharmonie sind in der Randspalte gezeigt. Die Vokalharmonie wird in der Schrift wiedergegeben.

Schwierigkeiten für Deutschlerner: Aussprache

Folgen von mehreren Konsonanten insbesondere am Anfang deutscher Wörter sind Sprechern des Türkischen eher fremd und können regelrecht zu Zungenbrechern werden. Türkischsprachige Deutschlerner neigen in solchen Fällen häufig zur Einfügung von Vokalen oder zur Reduzierung von beispielsweise *pf* zu *f*.

Lautunterschiede in den Wortpaarungen wie *Tochter/Töchter* oder *brechen/Bruch* – jeweils einmal mit dem *ach*-Laut [x], einmal mit dem *ich*-Laut [ç] – können von Lernern anfänglich nur schwer erkannt werden.

Diphthonge wie *ai, au, eu* [aɪ, aʊ, ɔɪ], also zwei Vokale in derselben Silbe, kennt das Türkische ebenfalls nicht. Eine anfängliche Schwierigkeit beim Erkennen und bei der Aussprache deutscher Diphthonge wie in der Wortpaarung *Maus* [maʊs] vs. *Mäuse* [mɔɪzə] ist durchaus denkbar.

Vokallänge, die zum Beispiel in dem Wortpaar *Mitte* [mɪtə] und *Miete* [miːtə] auftritt und über die Bedeutungen der deutschen Wörter mitentscheidet, ist dem Türkischen als systematische Unterscheidungsstrategie unbekannt. Es kann bei Muttersprachlern des Türkischen eine längere Zeit dauern, bis sie den Unterschied überhaupt gut hören können.

Schwa und reduzierte Vokale können unerkannt bleiben, in der Aussprache wegfallen oder umgekehrt als nicht reduziert gesprochen werden. Das liegt daran, dass die Aussprache der Silben im Deutschen und im Türkischen jeweils einen anderen Rhythmus beim Sprechen erzeugt. Im Türkischen werden Silben immer etwa gleich lang gesprochen. Der Rhythmus des Deutschen mit unterschiedlicher Silbenlänge ist daher zunächst gewöhnungsbedürftig.

Schwierigkeiten für Deutschlerner: Orthografie

Für einen türkischsprachigen Deutschlerner, der bereits fließend türkisch liest und schreibt, birgt die deutsche Orthografie einige Herausforderungen. Zunächst sind die Folgen mehrerer Buchstaben für einen Laut, wie bei *sch* und *ch*, etwas Neues, ebenso wie die spezifischen Schreibungen der Diphthonge *ei* und *eu* sowie die Buchstaben *ä*, *ß* und *w* – es gibt sie im Türkischen nicht. Auch sind einige Laut-Schrift-Zuordnungen anders gelagert. So steht das deutsche *s* für den weichen, stimmhaften Reibelaut, der im Türkischen durch *z* wiedergegeben wird, und das deutsche *z* steht für die Aussprache [ts]. Das Türkische *f* und *v* stehen regelhaft und der Lautschrift entsprechend, während im Deutschen *w* auch für den letzteren Laut und *v* unregelmäßig für mal den einen, mal den anderen Laut steht (*Vater*, *Vase*). Zu diesen Zusammenhängen verweisen wir auch auf Kapitel 3.

Da die türkische Orthografie auch Änderungen der Aussprache eines Lautes angibt (z. B. *kitap*, *kitab-ım*), muss gelernt werden, dass die deutsche Schreibung hier anders verfährt und solche Aussprachevarianten nicht wiedergibt (z. B. *Dieb*, *Diebe*). Und nicht zuletzt ist das deutsche System der substantivischen Großschreibung für Schreiber (nicht nur) des Türkischen gewöhnungsbedürftig.

6.4 Wörter

Wenn in einem deutschen Satz Verben und Nomen vorkommen, so werden die Verbindungen zwischen ihnen zum einen mit Endungen ausgedrückt, wie in *Passanten klatschten*, wo das Subjekt *Passanten* im Nominativ steht und das Verb *klatschten* mit dem Subjekt in Bezug auf Plural übereinstimmt. Das Verb zeigt auch die Vergangenheit des Geschehens durch die Endung im Präteritum an. Viele der Einzelheiten und Zusammenhänge zwischen den Wörtern werden aber im Deutschen auch durch sogenannte *Funktionswörter* ausgedrückt. Dazu gehören der bestimmte Artikel (*der*, *die*, *das* etc.) und der unbestimmte Artikel (*ein*, *eine* etc.), Personalpronomen (*er*, *sie*, es etc.) und Possessivpronomen (*mein*, *dein*, *sein* etc.), Präpositionen (*von*, *mit*, *durch*, *auf*, *in* etc.), satzeinleitende Konjunktionen (*weil*, *dass*, *wenn*, *ob* etc.) und andere, meist (wie die hier genannten) kurze, unbetonte Wörter im Satz.

Das Türkische verwendet sehr viel weniger Funktionswörter, und viele Sätze im Türkischen enthalten gar kein Funktionswort. Sehr viel mehr wird im Türkischen durch eine Vielfalt von Endungen insbesondere am Nomen und am Verb ausgedrückt. Dabei können auch eine ganze Reihe von Endungen nacheinander vorkommen, wie in den folgenden Beispielen, bei denen das freilich ein bisschen auf die Spitze getrieben ist:

Zwölf Wörter im Deutschen, zwei Wörter im Türkischen

Vejetaryen-leş-tir-eme-dik-ler-imiz-den mi-siniz?

Vegetarier-werden-machen-nicht-können-die-unsere-von etwa-Sie?

‚Gehören Sie zu denen, die wir nicht zu Vegetariern haben machen können?'

kitap ‚Buch'
kitap-lar ‚Büch-er'
kitap-lar-ım ‚meine Bücher'
kitap-lar-ım-da ‚in meinen Büchern'

kitap-lar-ım-da-ki ‚das eine in meinen Büchern'
kitap-lar-ım-da-ki-ler ‚die einen in meinen Büchern'
kitap-lar-ım-da-ki-ler-e ‚zu den einen in meinen Büchern'

Ein Wortstamm kann verbal sein – dann kann er bestimmte Endungen tragen, oder er kann nominal sein – dann kann er bestimmte andere Endungen tragen. Außerdem gibt es Adjektive, die man zum Teil auch an ihren Endungen erkennt.

Nominale Wortbildung

Grundsätzlich formt das Türkische neue Wörter, indem es Endungen an einen Stamm anhängt, zum Beispiel *deniz* ‚das Meer', *denizci* ‚der Seefahrer', *denizcilik* ‚das Seefahrtswesen'. Präfixe kommen kaum vor. Darüber hinaus ist das Türkische hinsichtlich der Kompositabildung ähnlich produktiv wie das Deutsche. Man fügt einfach zwei nominale Stämme zusammen, hängt das Possessivsuffix der 3. Person Singular an das zweite Wort – fertig. So wird aus *kitap* ‚Buch' und *ev* ‚Haus' das Kompositum *kitap evi* ‚Buchhaus/Buchladen' oder aus *duvar* ‚Wand' und *resim* ‚Bild' das Kompositum *duvar resmi* ‚Wandbild'. Aber Achtung: Im Türkischen werden Komposita in der Regel nicht zusammengeschrieben!

Wussten Sie, dass ...

es bei den türkischen Nomen kein grammatisches Genus gibt, nicht einmal bei den Personalpronomen? Wenn es im Kontext des Gesprächs auf eine geschlechtsspezifische Unterscheidung wirklich ankommt, gibt es folgende Möglichkeiten:

- Für weibliche und männliche Lebewesen steht je ein Wort, an dem das Geschlecht erkennbar wird: *kadın* ‚Frau' vs. *adam* ‚Mann', *hemşire* ‚Krankenschwester' vs. *hastabakıcı* ‚Krankenpfleger'.
- Ein vorangestelltes Wort gibt das Geschlecht an: *erkek çocuk* ‚Junge' (wörtlich: ‚Junge Kind'), *kadın öğretmen* ‚Lehrerin' (wörtlich: ‚Frau Lehrer')
- Adjektiv-Substantiv-Verbindungen (entsprechen substantivierten Adjektiven des Deutschen) werden verwendet: *yaşlı kadın* ‚die Alte' (wörtlich: ‚die alte Frau'), *yaşlı adam* ‚der Alte' (wörtlich: ‚der alte Mann').

Die Endungen an Nomen und an Verben erscheinen in einer festen Reihenfolge. Am Nomen ist dies: Stamm + Plural + Possessiv + Kasus. Ein Beispiel ist *çocuk-lar-ımız-a* (Kind-PLURAL-unsere-DATIV) ‚unseren Kindern'. Es gibt sieben Kasus, nämlich den endungslosen *Nominativ*, den *Akkusativ* als Kasus des direkten Objekts, den *Genitiv* als Besitzkasus, den *Dativ* als Kasus des indirekten Objekts und als Kasus, der eine Richtung auf ein Ziel zu anzeigt (‚zu', ‚nach'), den *Lokativ*, der einen Ort angibt (‚in', ‚bei', ‚an'), den *Ablativ*, der eine Richtung von einem Ort weg anzeigt (‚von', ‚aus'), und der *Instrumental*, der eine ‚mit'-Relation angibt. Man sieht hier, dass der Dativ, der Ablativ, der Lokativ und der Instrumental im Türkischen vieles von dem abdecken, wofür im Deutschen Präpositionen eingesetzt werden. Allerdings sind diese Kasus in ihren räumlichen Bedeutungen etwas unspezifischer als die deutschen Präpositionen, und das führt dazu, dass es Lernern mit türkischer Ausgangssprache schwerfallen kann, sich die spezifischen Bedeutungen der deutschen Präpositionen zu erarbeiten. Wenn man beispielsweise im Türkischen den Satz *resim duvarda* (*resim duvar-da* ‚Bild Wand-LOKATIV') sagt, so bedeutet das wahrscheinlich, dass das Bild *an* der Wand hängt. Aber es könnte genauso gut auch bedeuten, dass das Bild irgendwo in der Nähe der Wand ist, etwa an der Wand lehnt: Der Lokativ gibt eben einfach nur den Ort an und dass etwas in einer unbewegten Beziehung zu diesem Ort steht. Es gibt allerdings einige sogenannte *Postpositionen*, also Funktionswörter, die dem Bezugswort nachgestellt werden und mit deren Hilfe man genauere räumliche und zeitliche Beziehungen ausdrücken kann. Man kann sich aber auch mit den etwas gröberen räumlichen Kasusrelationen begnügen.

Auch die Verbendungen haben eine feste Reihenfolge. Wo man im Deutschen sagen würde ‚Arzu kann nicht schlafen', sagt man im Türkischen ‚Arzu schlafen-fähig-nicht-ist', wobei das ‚fähig' und das ‚nicht' hier auch Endungen sind: *Arzu uyu-ya-mı-yor*. Wo man im Deutschen ‚Arzu wird sich selbst loben' oder ‚Arzu und Cem haben einander geschrieben' sagen würde, sagt man im Türkischen ‚Arzu loben-sich-wird' *Arzu öv-ün-ecek* bzw. ‚Arzu und Cem schreiben-einander-haben' *Arzu ve Cem yaz-ış-tılar*, jeweils mit Suffixen, die nicht als eigene Wörter vorkommen können. So werden im Türkischen ganz allgemein unterschiedliche Zeiten des Geschehens (Tempus), Zusätze wie im Deutschen *können*, *dürfen*, *wollen* und *müssen* (Modalverben), die Negation *nicht* und Rückbezug auf sich selbst oder Gegenseitigkeit (*sich*, *einander*) und auch das Passiv am Verb ausgedrückt.

Für das häufigste Wort im Deutschen, den definiten Artikel, hat das Türkische gar keine Entsprechung – auch dies ein Beispiel für die geringe Zahl von Funktionswörtern. Es gibt allerdings einen unbestimmten Artikel, nämlich das (unbetonte) Zahlwort *bir* ‚eins' wie in *bir kadın* ‚eine Frau' oder *genç bir kadın* ‚eine junge Frau'. Er steht übrigens in der Regel nach dem Adjektiv und nicht, wie im Deutschen, davor.

Aber zu jeder Tendenz gibt es Ausnahmen. So gibt es im Türkischen auch zwei häufige Funktionswörter, die im Deutschen nicht vorkommen: Die Wörter *var* ‚es gibt' und *yok* ‚es gibt nicht'. Die Beispiele in der Randspalte zeigen eine interessante Eigenschaft dieser beiden Wörter. Wenn das Nomen, das bei ihnen steht, ohne Pluralmarkierung erscheint, wird es trotzdem entweder als Singular oder Plural verstanden. Erscheint dagegen die Pluralendung, so kann sie auch Totalität ausdrücken, wenn sie mit Massentermen (*Zucker*, *Wasser*, *Elektrik*) kombiniert wird. In dem Satz *Sular yok* (*su-lar yok* – Wasser-PLURAL nicht.existiert) ‚Es gibt kein Wasser' beispielsweise drückt der Plural aus, dass das ganze Leitungswasser abgestellt ist. So etwas hört man im Sommer in Ankara oder Istanbul, wenn die Stadtverwaltung infolge der chronischen Wasserknappheit die Wasserversorgung mal wieder unterbrochen hat.

***var* und *yok* im Türkischen**

Ben-de *resim* *var.*
ich-LOKATIV Bild existiert
‚Ich habe ein Bild/Bilder.'

Ben-de *resim* *yok.*
ich-LOKATIV Bild nicht.existiert
‚Ich habe kein Bild/keine Bilder.'

Resim *var.*
Bild existiert
‚Es gibt ein Bild/Bilder.'

Resim *yok.*
Bild nicht.existiert
‚Es gibt kein Bild/keine Bilder.'

Schwierigkeiten für Deutschlerner: Flexion

Das System der Endungen des Deutschen ist sicherlich eine der größten Herausforderungen. Prinzipiell ist das flektierende Prinzip des Deutschen, also das Prinzip der Verschmelzung von grammatischen Markierungen in einer Endung, für türkische Deutschlerner schwer zu durchschauen. Ebenso schwer nachzuvollziehen sind der Formenreichtum einiger grammatischer Kategorien im Deutschen (z. B. die Pluralbildung beim Nomen), die Kompliziertheiten beim Genus, die Stammveränderungen bei der Flexion bestimmter Gruppen von Nomen und Verben sowie die vielen Funktionswörter (Pronomen, Artikel, Präpositionen, Konjunktionen, Hilfsverben, Modalverben, Partikeln).

6.5 Sätze

Im Unterschied zum Deutschen und in Fortsetzung der starken Tendenz, so viel Grammatik wie möglich mit Endungen auszudrücken, kann im Türkischen auch ein Subjektpronomen wegfallen: Die Person des Subjekts ist ja bereits als Verbendung ausgedrückt! Entsprechend können türkische Sätze ohne Weiteres aus nur einem Wort bestehen – dem Verb nämlich, das alle relevanten Informationen enthält. Beispielsweise sagt man ‚Ich werde mich hinsetzen' so: *otur-acağ-ım* (wörtlich: ‚hinsetzen-FUTUR-ich').

Das Deutsche erfordert dagegen manchmal ein Subjekt, das sich auf gar nichts zu beziehen scheint, wie in ***Es** freut mich sehr* und *Davor hat **es** mir immer gegraut*. Entsprechend schwer ist es, türkischsprachigen Deutschlernern derartige Formen im Deutschen zu vermitteln.

Kommen Satzglieder dazu, so ist die normale Wortstellung im Türkischen SOV (Subjekt – Objekt – Verb), wie in *Maria Hans'ı gördü* ‚Maria sah Hans'. Allerdings ist die Wortstellung nicht festgelegt, sondern stark davon abhängig, ob Satzglieder hervorgehoben werden oder bereits bekannt sind. Hervorgehobene Satzteile, die auch die Satzbetonung tragen, stehen besonders gerne unmittelbar vor dem Verb. Bereits bekannte Satzteile können weiter vorn im Satz stehen, auch wenn dies dann nicht mehr der SOV-Reihenfolge entspricht. In der gesprochenen Sprache werden bekannte und unbetonte Satzteile auch hinter das Verb gestellt: *Maria gördü Hans'ı*. Das klingt etwas informell und findet sich selten in überarbeiteten Texten wie etwa den Nachrichten oder in Artikeln. Insgesamt operiert das Türkische stärker als das Deutsche mit Umstellungen der Reihenfolgen der Satzglieder, während das Deutsche stärker auch das Hinzufügen oder Wegnehmen von Betonung einsetzt.

All dies gilt für alle Satztypen (Aussage-, Frage-, Imperativsätze). Die Wortstellung ist, anders als im Deutschen, kein Mittel, um Satztypen zu unterscheiden: In den deutschen Sätzen *Du siehst das Bild* (Aussagesatz) und *Siehst du das Bild* (Fragesatz) verschiebt sich die Wortstellung. In der türkischen Entsprechung *Sen resmi görüyorsun* (Aussagesatz) und *Sen resmi gördün mü* (Fragesatz) bleibt die Wortstellung konstant. Die Frage wird durch die Fragepartikel, hier *mü*, markiert. Man hört bei solchen Fragesätzen keine Frageintonation (steigender Tonverlauf). Im Deutschen werden dagegen Fragen zumeist hörbar eindringlicher intoniert und haben eine steigende Tonhöhe.

Die Fragepartikel *mi* und ihre Besonderheiten

Resim duvar-da mı?
Bild Wand-LOKATIV FRAGEPARTIKEL
‚Ist das Bild an der WAND?'

*Resim **mi** duvarda?*
‚Ist das BILD an der Wand?'

Die Fragepartikel *mi* (oder *mu, mü, mı* je nach Vokalharmonie) unterscheidet sich übrigens von anderen richtigen Endungen, insofern sie unterschiedliche Positionen im Satz einnehmen kann. Sie wird oft an das Wort angefügt, das in einer entsprechenden deutschen Frage betont wäre. Die Betonung in der deutschen Übersetzung ist in den Beispielen der Randspalte durch Großbuchstaben angezeigt.

Das Türkische verwendet nicht das Verb ‚ist', die *Kopula*. Statt dessen wird durch die Nebeneinanderstellung der entsprechenden Satzglieder klar, dass diese Verbindung gemeint ist, wie in dem Beispiel in der vorigen Randspalte.

Nebensätze im Türkischen unterscheiden sich sehr stark von denen des Deutschen. Das Deutsche bildet Nebensätze mittels der einleitenden Konjunktion (*dass*, *weil* etc.) und der Wortstellung (Verbletztstellung im Gegensatz zu Verbzweitstellung). Das Türkische bildet Nebensätze ohne einleitende Konjunktionen und mithilfe spezieller Endungen am Verb für Nebensätze. Es gibt drei Gruppen solcher Konstruktionen, nämlich (1) Partizipien, die als die Äquivalente von deutschen Relativsätzen beschrieben werden können, (2) Gerundien, auch *Konverben* genannt, die Adverbialsätze bilden, und (3) Nominalisierungen, die Subjekt- und Objektsätze bilden.

An den Partizip-Beispielen lässt sich noch eine weitere wichtige Wortstellungsregelmäßigkeit illustrieren. Innerhalb jedes Satzgliedes steht das Nomen stets als letztes Wort des Satzgliedes. Das bezieht sich auf alle Elemente der Nominalgruppe, also Zahlwörter, Adjektive, Partizipien und Genitivattribute. Dabei wird nur das Nomen dekliniert, die anderen Teile aber nie. So ist es für türkischsprachige Deutschlerner nicht einfach, dass im Deutschen auch die Artikel und Adjektive dekliniert werden, das Nomen selbst aber nur in geringerem Maße.

Nebensätze im Türkischen

Ein Partizip wie ein Relativsatz:

Satın aldığın *resim orada.*
von.dir gekauftes Bild dort
‚Das Bild, **das du gekauft hast**, ist dort.'

Ein Konverb (Gerund) wie eine Zeitangabe:

Eve giderken *resim aldım.*
nach.Hause gehend Bild kaufte.ich
‚**Während ich auf dem Weg nach Hause war**, kaufte ich ein Bild.'

Eine Nominalisierung wie ein Objektsatz:

Adamın duvara resim asmasını *gördüm.*
Mannes.des an.Wand Bild Aufhängen.sein. sah.ich
‚Ich sah, **wie der Mann das Bild an die Wand gehängt hat**.'

Schwierigkeiten für Deutschlerner: Satzbau

Die vielen deutschen Funktionswörter, die im Türkischen durch Suffixe ausgedrückt werden, bereiten dem türkischsprachigen Deutschlerner Probleme, denn all diese Wörter müssen ja richtig eingesetzt und in die richtige Reihenfolge gebracht werden! Da das türkische Verb am Satzende steht, ist auch die deutsche Verbstellung, die in unterschiedlichen Satzarten variiert, ein besonderer Schwierigkeitsbereich. Auch die deutsche Deklination am Artikel und am Adjektiv ist einem türkischsprachigen Deutschlerner schwer zugänglich. Am folgenden Beispiel sieht man, dass im Türkischen Artikel und Adjektiv unverändert bleiben, während sie im Deutschen unterschiedlich dekliniert werden.

Türkisch:	*bir*	*küçük*	*kız*	*bir*	*küçük*	*kız-a*
Deutsch:	ein	klein-es	Mädchen(NOMINATIV)	ein-em	klein-en	Mädchen-DATIV

6.6 Bedeutungen

Tempus- und Aspektformen

Zusammen mit dem Tempus (der Zeitform) wird im Türkischen immer auch ein bestimmter Blick auf die Ausführungsmodalitäten der Handlung transportiert, den *Aspekt*. So gibt es zwei Gegenwartsformen, nämlich den *Aorist* (*-ir/-ır/-ur/-ür*) und die *Verlaufsform* (*-yor*). Wenn man den Aorist verwendet,

Näheres zum Aspekt

Aspektformen des Türkischen tauchen in bestimmten Text- und Gesprächsformen auf, um dem Leser oder Hörer eine bestimmte Sicht auf die versprachlichte Information zu vermitteln; beispielsweise zur Unterscheidung von Wahrheit, Fiktion, Hörensagen, Erlebnis etc. Folglich findet man den Aorist in Sachtexten, die Endung *-miş/-mış/-muş/-müş* in fiktionalen Texten wie Märchen – oder in der gesprochenen Sprache zur Kennzeichnung von Hörensagen. Die Form *-yor* ist beispielsweise typisch für Erzählungen im Alltag, damit werden die Ereignisse, die man erzählt, so präsentiert, als wären sie noch im Verlauf – was die Geschichten spannender macht.

Die magische Endung *-miş/-mış/-muş/-müş* in Anfangs- und Endformeln von Märchen

Märchen im Türkischen beginnen in der Regel mit der Formel *Bir varmış, bir yokmuş* ‚einmal gab es' oder ‚einmal gab es nicht'. Im Gegensatz zum Deutschen *Es war einmal* spielt die türkische Formel damit, dass es sich um Fiktion handelt. Märchen mit einem Happyend haben eine Endformel, die ebenfalls mit der magischen Endung gebildet ist: *Onlar ermiş muradına, biz çıkalım kerevetine*, frei übersetzt: ‚Die haben ihr Glück gefunden, wir gehen beiseite/wir bleiben an unserem Platz'.

ist die ausgedrückte Handlung von allgemeiner Gültigkeit, etwa bei *sigara içerim* ‚ich rauche (gewohnheitsmäßig/gelegentlich) Zigaretten'. Der Aorist kann auch so etwas wie eine vage Absicht ausdrücken: *resmi asarım* ‚ich hänge das Bild (irgendwann) auf', im Gegensatz zur Futurform *-acak/-ecek* (*resmi asacağım*) ‚ich werde das Bild aufhängen', die stärkere Entschiedenheit kennzeichnet. Die Verlaufsform hingegen drückt aus, dass sich die Handlung gerade im Vollzug befindet: *resmi asıyorum* ‚ich hänge das Bild (gerade) auf'.

Dann gibt es noch eine „magische" Endung, das *-miş/-mış/-muş/-müş*. Unmittelbar mit einem verbalen Stamm verbunden, etwa in *resmi asmış*, drückt sie aus, dass der Sprecher selbst keine direkte Evidenz über den Vollzug der Handlung besitzt, weil er nicht dabei war: ‚Er hat das Bild wohl aufgehängt'. Dies ist bei der Wahl des Ausdrucks wichtig: Wenn der Sprecher keine solche direkte Evidenz hat, aber nicht *-miş/-mış/-muş/-müş*, sondern die Vergangenheit mit der Endung *-di/-dı/-du/-dü* verwendet, die eben die direkte Erfahrung ausdrückt, kann er der Lüge bezichtigt werden! Die Form *-miş/-mış/-muş/-müş* ist konsequenterweise auch die gebräuchliche Vergangenheitsform in türkischen Märchen. In Kombinationen mit anderen Tempus- und Aspektformen und zusammen mit nichtverbalen Prädikaten verändert sich die Bedeutung von *-miş/-mış/-muş/-müş* um wieder andere Nuancen.

Wortschatz und Sprachverwendung

Die Lehnwörter einer Sprache sagen viel über die kulturellen Kontakte der Sprechergemeinschaft im Laufe der Sprachgeschichte aus. Über das genuin türkische Vokabular hinaus, dessen Anteil vor allem in der Schriftsprache im Zuge sprachreformerischer Aktivitäten systematisch erhöht wurde, verfügt das Türkische über viele nominale Entlehnungen aus dem Persischen und dem Arabischen, wie *şehir* ‚Stadt' und *şeker* ‚Zucker' aus dem Persischen und *hata* ‚Fehler' oder *fikir* ‚Gedanke/Meinung' aus dem Arabischen. Noch älter und nicht mehr als Entlehnungen erkennbar sind Wörter aus dem Chinesischen und dem Mongolischen, wie *yılan* ‚Schlange' aus dem Chinesischen und *çanta* ‚Tasche' aus dem Mongolischen. Intensiver Kontakt mit den Griechen in Kleinasien hat zur Entlehnung vieler Bezeichnungen für Fische und Meeresfrüchte aus dem Griechischen geführt, etwa *palamut* ‚kleiner Thunfisch' und *ıstakoz* ‚Hummer'. In neuerer Zeit kommen Lehnwörter aus westlichen Sprachen hinzu. Das hohe Prestige des Französischen als Bildungssprache im 19. und frühen 20. Jahrhundert hat zunächst zur Aufnahme neuer Wörter aus dem Französischen geführt, wie etwa *diplomat* ‚Diplomat' (frz. *di-*

plomate) oder *doktor* ‚Doktor' (frz. *docteur*). Erst seit einigen Jahrzehnten, dafür aber umso häufiger, kommen Lehnwörter aus dem Englischen hinzu, zum Beispiel *futbol* ‚Fußball' und *şok* ‚Schock'.

Die Grammatik des Türkischen begünstigt das Entstehen neuer Wörter oder Wortverbindungen. Zum einen lassen sich sehr einfach Komposita bilden durch die Kombination zweier Nomen und das Anfügen des Possessivs an das zweite Wort der Verbindung. Ein zweiter Grund sind die vielen Wortbildungsendungen, mit denen auch der Wortschatz systematisch erweitert wird. Zum Beispiel leitet die Wortbildungsendung *-lik/-lık/-luk/-lük* produktiv unter anderem Nomen aus Nomen ab, wobei das Nomen dann in etwa Institutionalisierung ausdrückt. So wird mithilfe dieser Endung aus *göz* ‚Auge' *gözlük* ‚Brille', aus *kral* ‚König' wird *krallık* ‚Königreich', aus *asker* ‚Soldat' wird *askerlik* ‚Militärzeit'. Und zum dritten verfügt das Türkische über ein paar sogenannte *Leichtverben* (z. B. *etmek* und *yapmak* in der Bedeutung von ‚tun/machen'); mit diesen lassen sich sehr kreativ und produktiv neue Nomen-Verb-Verbindungen und damit neue Verben schaffen. Oft werden auf diese Art Lehnwörter in die Sprache integriert (z. B. *download etmek* ‚downloaden', *makyaj yapmak* ‚sich schminken').

Vergleichende Untersuchungen zeigen darüber hinaus, dass das Türkische (wie das Koreanische, das Japanische, aber auch das Französische und Spanische) zu einer Gruppe von Sprachen (den *verb-framed languages*) gehört, deren Verben weniger die Art und Weise einer Bewegungsausführung ausdrücken als deren Gerichtetheit. Nehmen wir zum Beispiel die Beschreibung eines gerichteten Bewegungsereignisses: Wenn wir im Deutschen sagen *Er stampfte zur Tür hinaus*, dann haben wir mit dem Verb *stampfen* zunächst nur eine ganz bestimmte Art und Weise der Bewegung ausgedrückt, nämlich das langsame, schwere Auftreten des Fußes. *Stampfen* drückt die Art und Weise der Bewegung aus. Dass die Bewegung in einer bestimmten Richtung abläuft, wird in dem Satzglied *zur Tür hinaus* ausgesagt. Wenn wir den Satz ins Türkische übersetzen, würden wir das Verb *çıkmak* verwenden. Dieses bezeichnet aber lediglich eine gerichtete Bewegung aus einem Raum hinaus! Information über die Art und Weise der Bewegung findet dann Platz in einem Adverbial, zum Beispiel *ağır aksak* ‚schwerfällig': Die passende Übersetzung unseres Satzes ist *Ağır aksak kapıdan dışarı çıktı* (wörtlich: ‚schwerfällig bewegte er sich aus der Tür hinaus'). Insgesamt verfügt das Türkische über wesentlich weniger Verben wie beispielsweise *stampfen, stapfen, rumpeln* und *trampeln* als das Deutsche, dafür ist es reich an Verben, die Richtungen eines Bewegungsereignisses angeben: Entfernung vom Standort des Sprechers weg (*gitmek*), zum Standort des Sprechers hin (*gelmek*), nach oben in einen

Ein weiteres vielseitiges Wortbildungssuffix

Das Suffix *-ca/-ce* bzw. *-ça/-çe* kann aus einem Nomen ein Adjektiv formen, wie in *çocuk* → *çocukça* ‚Kind → kindlich' und *deli* → *delice* ‚Wahnsinniger → wahnsinnig'. Ebenso kann man damit aus Adjektiven neue Adjektive formen, mit verstärkter oder auch abgeschwächter Bedeutung, wie in *iyi* → *iyice* ‚gut → besser/gründlich' und *uzun* → *uzunca* ‚lang → länglich'.

Eine spezielle Funktion dieses Suffixes ist es, aus dem Namen für ein Land die Bezeichnung für die entsprechende Sprache zu formen, so wie *Alman* → *Almanca* ‚Deutscher → Deutsch', *Türk* → *Türkçe* ‚Türke → Türkisch'. Wie produktiv das ist, sieht man an der schönen Bildung *Tarzan* → *Tarzanca* ‚Tarzan → Tarzanisch/Kauderwelsch'.

Wie man an den Beispielen sieht, folgt der Vokal des Suffixes – *a* oder *e* – der Vokalharmonie mit dem Stamm. Außerdem wird stimmloses *ç* („tsch") nach stimmlosen Konsonanten wie *k* verwendet: *Türkçe* wird „Türktsche" gesprochen. Stimmhaftes *c* („dsch") erscheint nach stimmhaften Lauten wie *n*: *Almanca* wird „Almandscha" gesprochen.

Wussten Sie, dass ...

das Türkische auch einige Entlehnungen aus dem Deutschen verwendet?

So beispielsweise das Wort *kuruş* ‚Pfennig/Cent'. Es ist zwar lautlich an das Türkische angepasst (vokalharmonisch), entspricht aber ursprünglich dem ‚Groschen' des Deutschen. Auch Wörter wie *otoban* ‚Autobahn' oder *tekniker* ‚Techniker' sind Entlehnungen aus dem Deutschen und lautlich an das Türkische angepasst. Sie sind so häufig gebraucht, dass man sie nicht mehr als fremde Wörter empfindet.

Mehr zu Bedeutungen von Verben

Die Verben *etmek* und *yapmak* ‚machen/tun' gehen wählerisch Verbindungen mit Nomen ein: *telefon etmek* ‚telefonieren' ist richtig, aber *telefon yapmak* geht nicht.

Genauso gibt es bestimmte Zusammenhänge, in denen die beiden Entsprechungen des deutschen Verbs sagen (*demek* und *söylemek* ‚sagen') verwendet werden können. Dabei deckt das Verb *demek* einen weiten Bereich ab, wohingegen *söylemek* eher im Sinne von *mitteilen* gebraucht wird. Für die korrekte Verwendung ist viel Sprecherfahrung im Türkischen nötig, um zu erkennen, in welchen Zusammenhängen die jeweiligen Verben gebraucht werden. Um beispielsweise in einer Erzählung die Äußerung eines anderen Sprechers als wörtliche Rede zu kennzeichnen, wird *demek* verwendet: *„Ben dün kaza geçirdim" dedi.* ‚»Ich habe gestern einen Unfall gehabt« sagte er.' Bei der indirekten Rede allerdings passt *söylemek* besser: *Bir kaza geçirdiğini söyledi.* ‚Er sagte, er habe einen Unfall gehabt.'

Ort hinein (*binmek*), nach unten aus einem Ort hinaus (*inmek*), in einen Raum hinein (*girmek*), aus einem Raum hinaus (*çıkmak*).

Weiterhin gibt es prägnante Unterschiede zwischen dem Deutschen und dem Türkischen bei den Verwandtschaftsbezeichnungen. Grundsätzlich gibt es auch hier wesentliche Übereinstimmungen – im Deutschen sind (1) das Geschlecht, (2) die Generation, (3) der Grad der Verwandtschaft und (4) die Unterscheidung zwischen direkter und durch Heirat zustande gekommener Verwandtschaft wesentliche Kriterien, die die Verwendung unterschiedlicher Bezeichnungen festlegen. Im Türkischen kommen allerdings noch drei weitere Kriterien hinzu, nämlich (5) relatives Alter, (6) Geschlecht der Bezugsperson und (7) Geschlecht der Zwischenglieder – und das treibt die Zahl der Ausdrücke hoch: Kriterium 5 beispielsweise ist verantwortlich für die Unterscheidung zwischen älterem Bruder/älterer Schwester (*ağabey/abla*) und jüngerem Geschwisterkind (*kardeş*). Kriterium 6 und Kriterium 7 sind dafür verantwortlich, dass eine Ehefrau in der Bezeichnung ihrer Schwäger unterschiedliche Begriffe verwendet, je nachdem ob der Schwager Bruder des Ehemannes, Mann der Schwester des Ehemannes oder Mann der eigenen Schwester ist. Weitere drei Begriffe unterscheiden zwischen der Schwägerin als Schwester des Ehemannes, Frau des Bruders des Ehemannes oder Frau des eigenen Bruders. Und das alles ist nochmals zu unterscheiden von den Begriffen, die der Ehemann zur Unterscheidung seiner Schwägerinnen und Schwäger verwendet. Im Ergebnis haben wir sechs türkische Wörter für ‚Schwager' und sechs weitere für ‚Schwägerin'!

Verwandtschaftsbezeichnungen in der Anrede

Sie tauchen als höfliche Formen der Anrede auf; man wertet sozusagen die angesprochene Person auf. Andererseits ist eine Form der Anrede wie *lan* ‚Junge/Kerl/Mann', die man von Jugendlichen in Deutschland häufig hört, keine besonders höfliche Anrede – obwohl *lan* eine Kurzform von *oğlum* ‚mein Sohn' darstellt. In der Sprache der Jugendlichen wird es zu einem Zeichen der eigenen Coolness.

Die Verwandtschaftsbezeichnungen werden im Unterschied zum Deutschen auch in der Anrede der jeweiligen Personen intensiv genutzt. Allgemein verwendet man in der Anrede eher ein Wort, das die Beziehung zwischen dem Sprecher und dem Angesprochenen ausdrückt, als den Namen selbst. In der Regel trägt dieses Beziehungswort auch das Possessivsuffix der 1. Person. So ist beispielsweise *hocam* ‚mein Lehrer' sehr gebräuchlich als Anrede der Lehrerin/des Lehrers in der weiterführenden Schule und der Dozentin/des Dozenten an der Universität – in der Grundschule dagegen verwenden die Kinder *öğretmenim*, was ebenfalls ‚mein Lehrer' bedeutet. Auch einige der Verwandtschaftstermini haben sich in der Anrede verselbstständigt: *teyze* ‚Tante (mütterlichseits)' ist in ländlichen Gegenden sehr gebräuchlich in der Anrede einer unbekannten älteren Frau; *dayı* ‚Onkel (mütterlichseits)' ist das männliche Pendant dazu; *yenge* ‚Schwägerin (Frau des Bruders des Mannes)' und *abla* ‚(ältere) Schwester' können zur Anrede einer gleichaltrigen Frau verwendet werden, *ağabey* ‚Bruder' zur Anrede eines gleichaltrigen Mannes und *kızım*

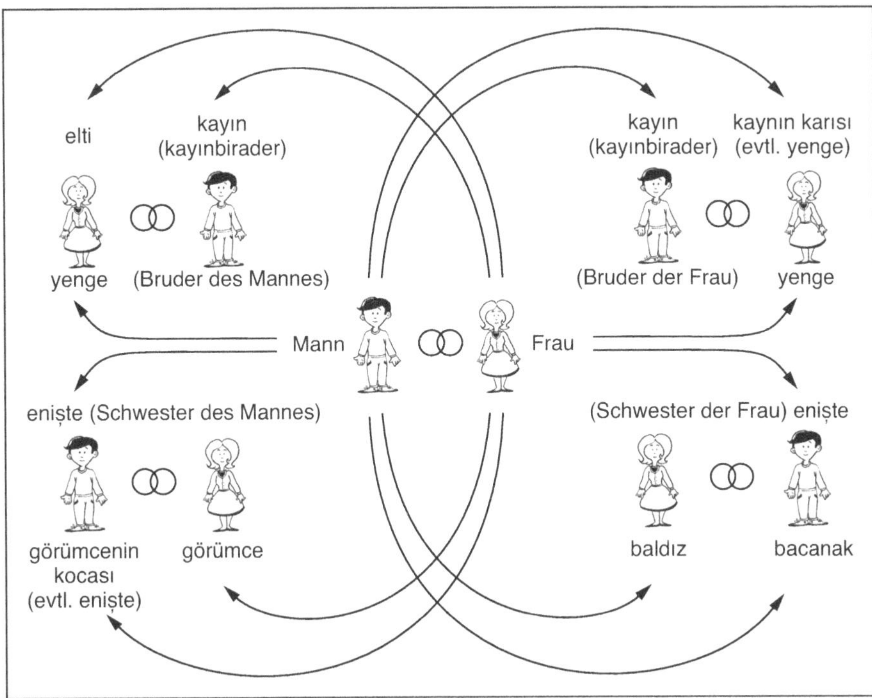

Abbildung 6.1 Türkische Wörter für angeheiratete Verwandtschaft. (Nach Liebe-Harkort 1983)

‚meine Tochter' bzw. *oğlum* ‚mein Sohn' sind üblich zur Anrede eines Kindes; eine Person aus der Großelterngeneration kann sie auch zur Anrede von Personen aus der nachfolgenden Erwachsenengeneration verwenden.

Quellen und weiterführende Literatur

Als ausführlichere grammatische Gesamtdarstellungen zum Türkischen bieten sich Moser-Weithmann (2001), Csató und Johanson (1998), Göksel und Kerslake (2005) und Kornfilt (1997) an; zur Sprachgeschichte siehe Johanson (1998); zu den Sprecherzahlen und der Verbreitung des Türkischen siehe die einschlägigen sprachwissenschaftlichen Enzyklopädien (z. B. Haarmann 2002); zu den Minderheitensprachen in der Türkei siehe Haig (2003) und Zentrum für Türkeistudien (1998); zu Türkisch in Deutschland siehe Boeschoten (2000), Rehbein (2001), Dirim und Auer (2004) sowie Şimşek und Schroeder (2011). Bei der Aussprache und Schrift stützen wir uns hier auf die entsprechenden Kapitel in den Grammatiken von Göksel und Kerslake (2005) sowie Kornfilt (1997), vertieft durch eigene Arbeiten (Şimşek 2012, Menz und Schroeder 2014), die Monografien von Lees (1961) und Özsoy (2004) sowie van der Hulst und van de Weijer (1991). Wichtige deutsch-türkisch kontrastive Arbeiten zu diesem Bereich sind Özen (1985; 1986) und Coşkun (2003). Zu Wörtern und Sätzen siehe die entsprechenden Kapitel in den einschlägigen Grammatiken Moser-Weithmann (2001), Göksel und Kerslake (2005) sowie Kornfilt (1997). Kontrastive grammatische Analysen, die oft auch Fragen des Erwerbs des Deutschen als Zweit- oder Fremdsprache auf türkischer Grundlage ansprechen und somit als Grundlagen für die Formulierung der „Schwierigkeiten für Deutschlerner" dienen, finden sich in Johanson und Rehbein (1999), Rolffs (1997), Tekinay (1987), Neumann (1981), Grießhaber (1999), Cimilli und Liebe-Harkort (1976), Schroeder und Şimşek (2010). Zu den Bedeutungen verweisen wir auf Nilsson (1991), Johanson (1994), Schroeder (2009) und Liebe-Harkort (1983). Eine gut lesbare Einführung in die Zweisprachigkeit türkischer Kinder und Jugendlicher in Deutschland bietet Keim (2012).

Literatur

Boeschoten H (2000) Convergence and divergence in migrant Turkish. In Mattheier K (Hrsg) Dialect and migration in a changing Europe. Lang, Frankfurt am Main. 145–154

Cimilli N, Liebe-Harkort K (1976) Sprachvergleich Türkisch-Deutsch. Schwann, Düsseldorf

Coşkun V (2003) Comparison between the vowels of German and Turkish. *Turkic Languages* 7: 18–29

Csató ÉÁ, Johanson L (1998) Turkish. In Johanson L, Csató, ÉÁ (Hrsg) The Turkic languages. Routledge, London. 203–235

Dirim I, Auer P (2004) Türkisch sprechen nicht nur die Türken. Über die Unschärfebeziehung zwischen Sprache und Ethnie in Deutschland. De Gruyter, Berlin/New York

Göksel A, Kerslake C (2005) Turkish. A comprehensive grammar. Routledge, London

Grießhaber W (1999) Die relationierende Prozedur. Zu Grammatik und Pragmatik lokaler Präpositionen und ihrer Verwendung durch türkische Deutschlerner. Waxmann, Münster/New York

Haarmann H (2002) Sprachenalmanach. Campus, Frankfurt/New York

Haig G (2003) Sprachenvielfalt und Sprachenpolitik am Rande Europas: Die Minderheitensprachen der Türkei. In Metzing D (Hrsg) Sprachen in Europa. Sprachpolitik, Sprachkontakt, Sprachkultur, Sprachentwicklung, Sprachtypologie. Aisthesis, Bielefeld. 167–186

Johanson L (1994) Türkeitürkische Aspekttempora. In Thieroff R, Bollweg J (Hrsg) Tense systems in European languages. Niemeyer, Tübingen. 246–266

Johanson L (1998) The history of Turkic. In Johanson L, Csató, ÉÁ (Hrsg) The Turkic languages. Routledge, London/New York. 81–125

Johanson L, Rehbein J (Hrsg) (1999) Türkisch und Deutsch im Vergleich. Harrassowitz, Wiesbaden

Keim I (2012) Mehrsprachige Lebenswelten. Sprechen und Schreiben der türkischstämmigen Kinder und Jugendlichen. Narr, Tübingen

KONDA (2006) Toplumsal Yapı Araştırması 2006. Biz Kimiz? [„Untersuchung der gesellschaftlichen Struktur 2006. Wer sind wir?"]. Milliyet und KONDA-Institut, Istanbul (online verfügbar)

Kornfilt J (1997) Turkish. Routledge, London

Lees RB (1961) The phonology of modern standard Turkish. Uralic and Altaic Series, Band 6. Indiana University Publications, Bloomington

Liebe-Harkort K (1983) „Bruder ist nicht ağabey – teyze ist nicht Tante": Verwandtschaftsbezeichnungen im Türkischen und Deutschen. *Deutsch Lernen* 1: 42–49

Menz A, Schroeder C (2014) Schrifterwerb in der Türkei (und türkischer Schriftspracherwerb in Deutschland). In Röber C (Hrsg) Schriftsprach- und Orthographieerwerb: Erstlesen und Erstschreiben (Deutschunterricht in Theorie und Praxis (DTP)). Schneider Verlag Hohengehren, Baltmannsweiler

Moser-Weithmann B (2001) Türkische Grammatik. Buske, Hamburg

Neumann R (1981) Sprachkontrast Deutsch/Türkisch im Bereich von Aussprache und Rechtschreibung. *Deutsch Lernen* 2: 3–23

Nilsson B (1991) Turkish semantics revisited. In Boeschoten H, Verhoeven L (Hrsg) Turkish linguistics today. Brill, Leiden u. a. 93–112

Özen E (1985) Untersuchungen zu einer kontrastiven Phonetik. Türkisch-Deutsch. Buske, Hamburg

Özen E (1986) Phonetische Probleme türkischsprachiger Deutschlerner. Teil 1: Der andere Rhythmus. *Deutsch Lernen* 3: 11–55

Özsoy S (2004) Türkçe'nin yapısı I. Sesbilim [„Der Bau des Türkischen I. Phonologie"]. Boğaziçi Üniversitesi Yayınevi, Istanbul

Rehbein J (2001) Turkish in European societies. *Lingua e Stile* 36: 317–334

Rolffs S (1997) Zum Vergleich syntaktischer Strukturen im Deutschen und im Türkischen mittels der Dependenz-Verb-Grammatik: Eine Untersuchung der Nebensatzstrukturen in beiden Sprachen. Ansatz zu einer funktionsorientierten Syntax im Türkischen. Lang, Frankfurt am Main

Schroeder C (2009) *gehen, laufen, torkeln*: Eine typologisch gegründete Hypothese für den Schriftspracherwerb in der Zweitsprache Deutsch mit Erstsprache Türkisch. In Schramm K, Schroeder C (Hrsg) Empirische Zugänge zu Sprachförderung und Spracherwerb in Deutsch als Zweitsprache (Mehrsprachigkeit). Waxmann, Münster/ New York. 185–201

Schroeder C, Şimşek Y (2010) Türkisch. In Krumm HJ, Fandrych C, Hufeisen B, Riemer C (Hrsg) Handbuch Deutsch als Fremd- und Zweitsprache. Neubearbeitung. De Gruyter, Berlin/New York. 718–724

Şimşek Y (2012) Sequenzielle und prosodische Aspekte der Sprecher-Hörer Interaktion im Türkendeutschen. Waxmann, Münster/New York

Şimşek Y, Schroeder C (2011) Migration und Sprache in Deutschland – am Beispiel der Migranten aus der Türkei und ihrer Kinder und Kindeskinder. In Ozil Ş, Hofmann M, Dayıoğlu-Yücel Y (Hrsg) Fünfzig Jahre türkische Arbeitsmigration in Deutschland. V & R unipress, Göttingen. 205–228

Tekinay A (1987) Sprachvergleich Deutsch-Türkisch. Möglichkeiten und Grenzen einer kontrastiven Analyse. Reichert, Wiesbaden

van der Hulst H, van de Weijer J (1991) Topics in Turkish phonology. In Boeschoten H, Verhoeven L (Hrsg) Turkish linguistics today. Brill, Leiden u. a. 11–59

Zentrum für Türkeistudien (Hrsg) (1998) Das ethnische und religiöse Mosaik in der Türkei und die Reflexionen in Deutschland. LIT, Münster

7 Das Arabische und das Hebräische

Amir Zeldes und Ghazwan Kanbar

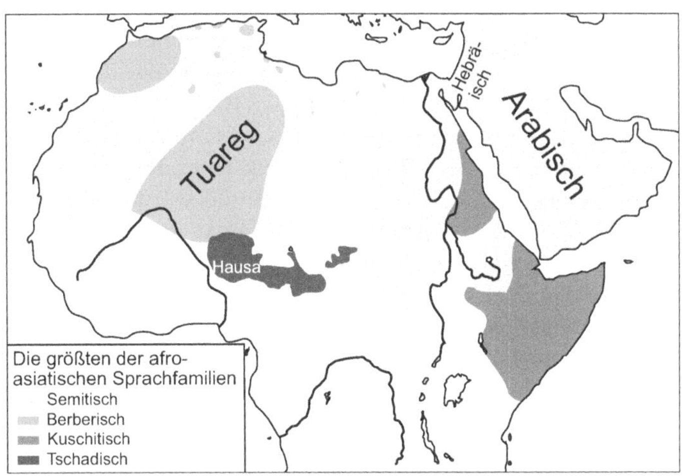

Abbildung 7.1: Die größten der afroasiatischen Sprachfamilien

Andere afroasiatische Sprachen in Vorderasien und Nordafrika

Im Großraum Vorderasien und Nordafrika werden neben den semitischen Sprachen, zu denen Arabisch und Hebräisch gehören, eine Reihe von Sprachen gesprochen, die den semitischen Sprachen strukturell sehr ähnlich sind. Aber etymologisch verwandte Vokabeln finden sich nur sehr wenige. Dazu gehören im Westen die Berbersprachen, die heute in Marokko noch in mehr als einem Drittel aller Familien in der einen oder anderen Weise gesprochen werden. Ein großes Volk der Berber ist das der Tuareg. In Ostafrika findet man die vielen kuschitischen Sprachen, die von der Mehrheit der Bevölkerung in Äthiopien neben der offiziellen (semitischen) Sprache, dem Amharischen, gesprochen werden, sowie in den angrenzenden Ländern Somalia und Eritrea, aber auch in Kenia. In Westafrika gelten als eigenständiger Zweig der afroasiatischen Sprachen auch die tschadischen Sprachen, deren bekanntester Vertreter das Hausa ist, das als Lingua franca in einem großen Gebiet um den Tschadsee dient. Ein weiterer Zweig dieser Sprachfamilie ist das Koptische, das nur noch liturgisch von den christlichen Gemeinschaften in Ägypten verwendet wird. Es ist die jüngste Stufe der altägyptischen Sprache, die allerdings mit einer Variante der griechischen Schrift und nicht mehr mit Hieroglyphen geschrieben wird.

In diesem Kapitel wollen wir unseren Blick auf Vorderasien und Nordafrika richten. In diesem großen geografischen Gebiet werden die sogenannten *afroasiatischen* Sprachen gesprochen, deren Familie mit den meisten Sprechern das *Semitische* ist. Wir konzentrieren uns auf zwei Sprachen dieser Familie, die man auch in Deutschland auf der Straße hören kann: das Arabische und das Hebräische.

Amir Zeldes hat als erster Autor die Gesamtverantwortung für das Kapitel übernommen. Ghazwan Kanbar hat Anteile zum Abschnitt über das Arabische beigetragen.

7.1 Das Arabische

7.1.1 Einleitung

Eine semitische Sprache kennen Sie mit Sicherheit, vor allem, wenn Sie schon einmal in Marokko, Tunesien, Ägypten, Jordanien oder auch in den Vereinigten Arabischen Emiraten Urlaub gemacht haben. Es ist natürlich die Rede von der arabi-

Das Wort *Berlin* in arabischer Schrift

schen Sprache. Im Arabischen heißt sie العربيّة, gesprochen wie *al-arabijja*. Das Beispiel am Rand gibt Ihnen eine Kostprobe der arabischen Schrift. Wir verraten Ihnen an dieser Stelle noch nicht, wie die einzelnen Buchstaben aussehen. Erfreuen Sie sich zunächst einmal einfach nur an den schönen Formen dieser Schrift.

In diesem Teil des Kapitels werden wir Sie in einige „Geheimnisse" der arabischen Schrift einführen und Ihnen auch erklären, warum sich diese Sprache so kehlig anhört. Außerdem werden Sie etwas über den charakteristischen Wort- und Satzbau dieser Sprache erfahren, dessen Grundzüge das Arabische mit anderen semitischen Sprachen teilt.

Die bekanntesten Figuren aus *Tausendundeiner Nacht*:

- Aladin
- Ali Baba
- Scheherazade
- Sindbad

Kennen Sie oder Ihre Schüler noch mehr Figuren und Geschichten?

Übrigens, die Bezeichnung *Semitisch* kommt vom hebräischen Namen *Sem* (Hebräisch שֵׁם *Schem*, einer der drei Söhne Noahs: Genesis 10, 21–31; 11, 10–26) und wurde zuerst im Jahre 1781 von dem Göttinger Philologen August Ludwig von Schlözer verwendet. Die biblische Person Sem gilt als Stammvater der Aramäer, Assyrer, Elamiter, Chaldäer und Lyder. Sie ahnen vielleicht schon: Semitische Sprachen gehören zu den „alten" und am längsten überlieferten Sprachen überhaupt; sie können sich einer fast 5 000 Jahre alten, in schriftlicher Form existierenden Überlieferung rühmen. Umso erstaunlicher mag die Tatsache erscheinen, dass die genaue Zahl und die genaue Klassifikation der semitischen Sprachen eigentlich noch heute als nicht endgültig geklärt gelten.

Weitere semitische Sprachen

Der östliche Zweig des Semitischen mit dem schon lange ausgestorbenen Akkadischen reicht nahezu 5 000 Jahre zurück. Das Südarabische (mit der arabischen Sprache nicht zu verwechseln) ist ein eigener Zweig , zu dem die auf der arabischen Halbinsel gesproche Sprache Mehri gehört (im Jemen und in Oman). Auch die äthiopischen Sprachen sind mit den südarabischen Sprachen verwandt, darunter das in Äthiopien heute mit offiziellem Status versehene Amharische. Vom Nordwestsemitischen ist das (in der Forschung noch wenig geklärte) Ugaritische nur in Spuren erhalten. Das Aramäische, das zu Beginn unserer Zeitrechnung weitverbreitet war (unter anderem damals in Palästina gesprochen), wird heute in modernen Varietäten nur noch in wenigen Enklaven vor allem in Syrien gesprochen. (Zum Hebräischen siehe Abschnitt 7.2)

7.1.2 Allgemeines zur arabischen Sprache

Sprecher und Sprachsituation

In Abschnitt 7.1.1 haben wir immer von der arabischen Sprache gesprochen. Aber gibt es *die* arabische Sprache wirklich? Arabisch wird heute schätzungsweise von 280 Millionen Menschen als Muttersprache gesprochen; dabei erstreckt sich der arabische Sprachraum – geografisch gesehen – von Syrien im Norden bis zum Sudan im Süden, von Mauretanien und Marokko im Westen bis zum Irak und dem arabisch-persischen Golf im Osten.

Bedeutet das also, dass in all den unterschiedlichen Ländern (um nur einige wenige zu nennen: Ägypten, Algerien, Bahrain, Eritrea, Irak, Jemen, Jordanien, Katar, Kuwait, Libanon, Libyen, Marokko, Mauretanien, Palästina, Saudi-Arabien, Sudan, Tunesien, Vereinigte Arabische Emirate) immer die gleiche, für alle arabischen Länder identische arabische Sprache gesprochen wird? Und wenn Sie dabei noch an die zahlreichen arabischsprachigen Enklaven außerhalb dieses Gebiets denken sollten (z. B. in Nigeria, Niger, Mali, Tschad oder auch im Iran, in Afghanistan, Usbekistan oder in der Türkei), dann

Wie unterschiedlich sind die arabischen Varietäten?

Einen schnellen Eindruck davon, wie unterschiedlich die Standardsprache und die jeweiligen Umgangssprachen in den verschiedenen Ländern sind, verschafft folgendes Beispiel. Können Sie die Wörter in den Mundarten denen der Standardversion zuordnen? Was sind die Hauptunterschiede in Aussprache, Wortschatz und Wortstellung? Die Lösung finden Sie am Ende dieses Kapitels. 🕮[1]

Deutsch: ‚Als ich zur Bibliothek ging,
fand ich nichts außer diesem alten Buch.'

Standard: [ʕindama ðahabtu ʔila l-maktabat**i**]
als ging zu der-Bibliothek
[lam ʔadʒid siwa ha:ða: l-kita:b**i** l-qadi:m**i**]
nicht fand außer diesem dem-Buch dem-alten

Tunesien: [waqtalli mʃi:t li l-maktaba]
als ging zu die-Bibliothek
[ma lqi:t-iʃ illa ha l-kta:b l-qdi:m]
nicht fand-nicht außer dieses das-Buch das-alte

Ägypten: [lamma ruħt il-maktaba]
als ging die-Bibliothek
[ma laʔit-ʃ ʔilla l-kita:b il-ʔadi:m da]
nicht fand-nicht außer das-Buch das-alter dieses

Libanon: [lamma reħit ʕa-l-maktebe]
als ging auf-die-Bibliothek
[ma lʔe:t ʔilla ha-li-kete:b li-ʔed:im]
nicht fand außer dieses-das-Buch das-alte

Irak: [lamman riħit l-il-maktaba]
als ging zu-die-Bibliothek
[ma lige:t ɣe:r haðe l-ikta:b il-ʕati:g]
nicht fand außer dieses das-Buch das-alt

Übrigens, die Kasusendungen, die im Standardsatz oben fett gedruckt sind, werden nur in sehr offiziellen Kontexten und beim Vorlesen des Korans verwendet. In der Standardsprache im Alltagsleben, zum Beispiel von Nachrichtensprechern im Fernsehen, werden sie dagegen weggelassen (denken Sie zum Vergleich an das veraltete Dativ-*e* in „Dem deutschen Volk**e**", der Inschrift am Giebel des Reichstags in Berlin).

dürfte Ihr Staunen über diesen vermeintlichen Verbreitungsraum einer einzigen Sprache, des Arabischen, umso größer sein.

Sie mögen es vielleicht schon ahnen: In all diesen Ländern wird natürlich nicht überall eine einzige, vollkommen gleiche arabische Sprache gesprochen. Aber warum geben beispielsweise bei Umfragen nach der von ihnen gesprochenen Sprache in Deutschland 0,8 Prozent der Befragten „Arabisch" an (zum Vergleich: in Österreich 1,2 Prozent, in Belgien 2,7 Prozent und in Frankreich 4,3 Prozent), obwohl sich viele dieser Menschen nicht vollständig untereinander in ihrer Sprache verständigen können? Auf ein deutsches Beispiel übertragen ist es etwa so, als ob Sprecher von Plattdeutsch und Schweizerdeutsch angeben würden, sie sprächen genau dieselbe Sprache. Nun, „Arabisch" meint bei solchen Angaben zumeist die Staatssprache des jeweiligen Heimatlandes, die in der Regel nur in der Schule gelernt wird (die sogenannte Standardsprache, manchmal auch Hochsprache genannt) und bei Muslimen auch die Sprache des religiösen Kanons ist, also die Sprache des Korans.

Das Vorbild des (Schrift-)Arabischen war und ist vor allem die Sprache der religiösen Texte, allen voran des Korans. Dieser wird traditionell in der Moschee-Schule („Koran-Schule") gelesen, gelernt und auch auswendig rezitiert. Daher kommt auch der arabische Name des Koran, der in etwa wie *Kur-Ahn* gesprochen wird ([qurʔaːn]) und aus einem Verb gebildet ist, das wie *kara-a* klingt und ‚lesen, vorlesen' bedeutet ([qaraʔa]).

Übrigens, wussten Sie, dass eine mit dem Arabischen eng verwandte Sprache offiziell als Amtssprache eines europäischen Staates fungiert? Raten Sie mal, um welche Sprache bzw. um welches Land es sich hierbei handelt. Ein kleiner Hinweis: Die Sprache, die Sie erraten sollten, ist die einzige semitische Sprache weltweit, die lateinische Buchstaben verwendet. Die Lösung finden Sie am Ende dieses Kapitels. 📖[2]

Eine besondere Stellung der Schriftsprache in arabischsprachigen Ländern zeigt sich auch darin, dass in der arabischen Welt zwischen der in der Schule gelernten Schriftsprache und der spontan gesprochenen, also in der interaktiven Kommunikation genutzten Sprechsprache, kein Kontinuum angenommen wird; beide werden nicht nur als ganz anders verstanden, sondern die Umgangssprache wird oft als „korrupte" Form von Sprache begriffen, die es in offiziellen Situationen (z. B. bei Interviews in Radio und Fernsehen) zu unterdrücken gilt. Da die Standardsprache hingegen eine sehr hohe Stellung genießt, werden die jeweiligen Varietäten alle als „Arabisch" bezeichnet und nicht etwa Ägyptisch, Marokkanisch usw. Kinder, die mit der Standardsprache als Muttersprache aufwachsen, gibt es dennoch nicht: Man lernt neben der gesprochenen Sprache erst später die Standardsprache kennen und lebt gewissermaßen (mindestens) zweisprachig. Eine solche Situation, *Diglossie* genannt, kommt auch in Verbindung mit der deutschen Sprache vor, und zwar in der deutschsprachigen Schweiz.

Führerschein

In Marokko kann man die Straßenverkehrsvorschriften, die man für die Führerscheinprüfung braucht, auf Standardarabisch, auf Französisch oder in marokkanischem Arabisch kaufen.

Die gesprochene Sprache hat in den unterschiedlichen Ländern verschiedene Namen. So wird das Wort für ‚Sprache' ([luɣa]), auch als ‚die reine (Sprache)' ([(luɣa) fusˤħa]), auf die Standardsprache bezogen und von Begriffen für die im Alltag verwendete Umgangssprache unterschieden (zum Beispiel in Marokko [dæːrʒæ] ‚(die) übliche (Sprache), Umgangssprache', im Libanon meistens [ʕaːmmijja] ‚(die) allgemeine (Sprache)' oder auch [maħkijja] ‚(die) gesprochene (Sprache)'. Trotzdem versteht man unter all diesen Bezeichnungen Varietäten einer „Dachsprache", die einfach Arabisch heißt.

Geschichte

Das Arabische war bis ins 8. Jahrhundert die Sprache der Volksstämme der arabischen Halbinsel. Aus dieser Zeit sind einige Inschriften und einige Stücke aufgezeichneter mündlicher Dichtung überliefert.

Einen anderen Status hat das Arabische durch die Bindung an den Islam erhalten, der im 7. Jahrhundert im heutigen Saudi-Arabien begründet und von dort aus rasch mit militärischen Eroberungen ausgebreitet wurde: im 8. bis 9. Jahrhundert über Nordafrika bis Südeuropa (in Südspanien bis ins 15. Jahrhundert!), aber auch in Zentral- und Südasien (arabische Sprachinseln gibt es heute noch z. B. in Usbekistan und Afghanistan).

Bei dieser Ausbreitung etablierte sich überall Arabisch als Zweitsprache, da die arabisch-stämmige Erobererschicht zahlenmäßig verschwindend gering war. So wurde Arabisch überall neben den einheimischen Sprachen gesprochen: neben Kurdisch im Irak, Aramäisch in Syrien und Palästina, Koptisch in Ägypten, Berberisch in Nordafrika – bis diese Sprachen teilweise nach einer langen Phase der Zweisprachigkeit aufgegeben wurden. In diesen Kontaktverhältnissen etablierte sich in den verschiedenen Regionen eine regionale Verkehrsform wie beispielsweise in Nordafrika. Diese existiert zum Teil auch parallel zu lokalen Dialektvarietäten, die untereinander nicht gut verständlich sind, zum Beispiel das marokkanische und das ägyptische Arabisch.

Wussten Sie, dass ...

das Arabische in Nordafrika erst mit der muslimischen Expansion im 8. Jahrhundert dorthin kam? In einer ersten Eroberungswelle zogen die Araber durch die Region – auf dem Weg zur Eroberung Europas, wo sie in Spanien (Andalusien) und Süditalien auch eigene Reiche errichtet haben. Die autochthone, das heißt ursprünglich dort lebende Bevölkerung Nordafrikas waren die Berber, die zunächst islamisiert wurden, dann auch sprachlich in großem Maße arabisiert. Aber auch heute wird zum Beispiel noch in über einem Drittel aller Familien in Marokko in der einen oder anderen Form Berberisch gesprochen.

Gibt es auf Arabisch betende Christen?

Die Ausbreitung des Arabischen ging zwar mit der des Islams Hand in Hand, aber vor allem im Osten des arabischsprachigen Raumes gibt es auch Christen, die dort selbstverständlich ihre Religion arabisch praktizieren.

7.1.3 Schrift und Aussprache

Die arabische Schrift wird seit etwa Anfang des 6. Jahrhunderts n. Chr. verwendet, wobei sie sich aus älteren Schriftformen entwickelt hat, insbesondere aus einer angepassten Version der aramäischen Schrift, die von den Nabatäern beispielsweise in Petra (Jordanien) verwendet wurde. Man kann ihre Wurzeln auf noch ältere Vorgängerschriften zurückverfolgen, aus denen vor mehr als 3 000 Jahren die griechische, die hebräische und letztendlich auch unsere Schrift hervorgegangen sind. Sie verzaubert uns durch ihre schönen filigranen Linien, die so sanft ineinanderzufließen scheinen, dass sie mitsamt all den zusätzlichen Verzierungen eher an ein Kunstwerk als an eine gewöhnliche Schrift erinnert. Diesen Umstand verdanken wir sicherlich indirekt dem Bilderverbot im Islam, wodurch die Ornamentik und insbesondere auch die anspruchsvolle arabische Kalligrafie einen wichtigen Stellenwert erlangten. In diesem Abschnitt wollen wir ein wenig Licht hinter die sanfte, fließende Schrift des Arabischen einerseits und seinen rauen, kehligen Klang andererseits bringen.

Die arabische Schrift in anderen Sprachen

Dass die arabische Schrift für die arabische Sprache verwendet wird, ist selbstredend. Aber sie wird und wurde auch für andere, nichtsemitische Sprachen benutzt, was mit der Verbreitung des Islams und des Korans zusammenhing. So werden auch das Persische und das Urdu (die Schwestersprache des Hindi) in arabischer Schrift geschrieben, die als *indoeuropäische Sprachen* einer ganz anderen Sprachfamilie entstammen (Kapitel 8 und 13). Das Türkische wurde noch bis 1928 in arabischer Schrift geschrieben.

Konsonanten

So exotisch die Schrift aussieht, so ist sie doch eine Schrift wie die unsere, die in vielen Fällen einen Buchstaben für einen Laut verwendet. Dies gilt insbesondere bei den Konsonanten. Diese sind in der Schrift zentral.

Die Konsonanten werden zum Teil durch unterschiedliche Punkte unterschieden, wie in den folgenden Beispielen. Wir heben die relevanten Buchstaben dabei grau hervor.

b	ب	z. B.	حليب	‚Milch'	[ħali:b] (ähnlich wie *halieb*)
t	ت	z. B.	بيت	‚Haus'	[bait]
th	ث	z. B.	رث	‚zerlumpt, schmutzig'	[rath]

Geschrieben wird, anders als bei uns, von rechts nach links. Daher ist das *t* in dem Wort für ‚Haus', das am Wortende steht, ganz links in dem arabischen Schriftzug. Ähnlich bei dem *th* im Wort für ‚schmutzig'.

Was meinen Sie?

Auch im Deutschen verwenden wir arabische Zahlen. Werden diese im Arabischen auch anders herum von rechts nach links geschrieben? Die Lösung finden Sie am Ende dieses Kapitels. 🕮[3]

Im Deutschen hat jeder Buchstabe zwei Formen, nämlich eine groß- und eine kleingeschriebene, wie etwa „B" und „b". Außerdem wird zwischen Schreib- und Druckschrift unterschieden. In der arabischen Schrift gibt es weder Groß- noch Kleinschreibung und auch keinen Unterschied zwischen Schreib- und Druckschrift. Wenn man so will, wird die Schreibschrift gedruckt.

Die arabische Schrift ist also eine reine Schreibschrift, in der die Buchstaben immer aneinanderhängen, das heißt, bis auf einige Ausnahmen erscheinen die meisten Buchstaben eines Wortes miteinander verbunden. Das verleiht der arabischen Schrift diesen leicht fließenden Charakter, von dem wir bereits sprachen. Diese Art Schrift wird als *Kursive*, *Laufschrift* oder *Kurrentschrift* (vom lat. *currere* ‚laufen') bezeichnet. Die zwei wichtigsten Grundformen der arabischen Schrift sind die eckige *Kufi-Schrift*, deren Name von der irakischen Stadt *al-Kūfa* stammt und häufig für Inschriften in Stein oder für Dokumente verwendet wird, und die runde *Naskhi-* (oder *Naschi-*)*Schrift*, von der es mittlerweile viele unterschiedliche Varianten gibt und die heutzutage vor allem beim Zeitungs- und Buchdruck Verwendung findet.

Wie in vielen Laufschriften der Welt beeinflusst im Arabischen die Position eines Buchstaben im Wort seine Form. Jeder arabische Konsonant hat bis zu vier Formen, je nachdem ob er nach links und/oder rechts mit einem anderen Buchstaben verbunden wird. In vielen Fällen sind die vier Formen ähnlich und unterscheiden sich darin, ob Verbindungen auf der Grundlinie zu den anliegenden Buchstaben eingegangen werden. Insbesondere aber, wenn keine Verbindung zu einem folgenden (also links davon stehenden) Buchstaben eingegangen wird, haben viele Buchstaben einen zusätzlichen dekorativen Schnörkel zur Abrundung. In den folgenden Beispielen sieht man ein nach links verbundenes *b* und ein *b* am Wortende mit der zusätzlichen Abrundung nach links:

b			
	بحر	‚Meer'	[baħr] (ähnlich wie *bachr*)
	باب	‚Tür'	[ba:b]

In den Beispielen geben wir nach dem Wort in arabischer Schrift die Übersetzung und die Aussprache in Lautschrift an, sowie manchmal eine Annäherung an die Aussprache in deutscher Schreibung.

Ähnlich wie das *b* wird das *l* je nach Position anders geschrieben:

l			
	بلبل	‚Nachtigall'	[bulbul]
	ليل	‚Nacht'	[lail]

Das Wort für ‚Nachtigall' ist damit ein Wort, das Sie jetzt ganz lesen können! Die Vokale werden hier nicht geschrieben – dazu kommen wir unten. Die geschriebenen Konsonanten sind damit *blbl*. Das *b* kennen Sie ja bereits aus den vorherigen Beispielen. Nicht vergessen, es geht von rechts nach links, fängt also rechts mit einem *b* an und hört links mit einem *l* auf.

Arabisch auf Ihrem Computer

Sie können in Ihrem Computer die Tastatur auf eine arabische Belegung umstellen. Ihr Computer produziert dann die arabischen Buchstaben, und zwar von rechts nach links! Die Tastenbelegungen sind allerdings nicht vergleichbar, sodass Sie, wenn Sie richtig arabisch schreiben wollten, schon auch eine arabische Tastatur bräuchten.

Die Abrundung kann auch ein ganzer zusätzlicher Schnörkel für sich sein, wie beim *sch*:

sch			
	شمس	‚Sonne'	[ʃams]
	مشمش	‚Aprikose'	[miʃmiʃ] (ähnlich wie *mischmisch*)

Sie kann auch in die andere Richtung zeigen:

kehliges *ch*			
	خوخ	‚Pflaumen'	[xaux] (ähnlich wie *chauch*)

Beim *k* sieht die nach links nicht verbundene Form wieder ganz anders aus – mit zusätzlichem Platz für Dekoration:

Was ist ein Misoak?

Ein Misoak ist ein Hölzchen zum Zähneputzen. Diese wurden bereits zur Zeit des Propheten Mohammed im 6. und 7. Jahrhundert n. Chr. verwendet. Noch heute kommen sie manchmal zum Einsatz, in Gedanken an damals, und werden auch als Geschenke unter religiösen Personen geschätzt.

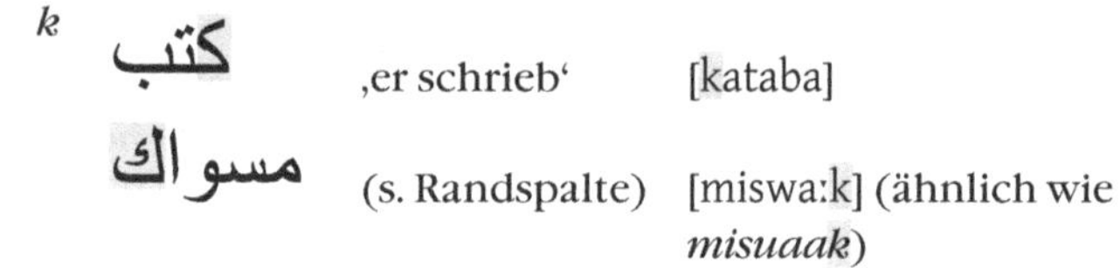

k كتب ‚er schrieb' [kataba]

مسواك (s. Randspalte) [miswa:k] (ähnlich wie *misuaak*)

Kommen wir nun zur Aussprache der Konsonanten im Vergleich mit dem Deutschen. 16 der 28 arabischen Konsonanten gibt es ganz ähnlich in der Aussprache des Deutschen auch. Sie sind in Tabelle 7.1 zusammengestellt. Das *ch* ist dabei dem dunklen *ch* im Deutschen ähnlich, wie im Wort *ach*, nicht dem hellen *ch*, wie im Wort *ich*. Das *dsch* wie im deutschen Wort *Dschungel* ist ein einziger Buchstabe im Arabischen.

Tabelle 7.1: Arabische Konsonanten, die deutschen Konsonanten gleich oder sehr ähnlich sind

Deutsch	m	b	f	n	t	d	ß	s	l	r	sch	dsch	ch	j	k	h
Arabisch	م	ب	ف	ن	ت	د	س	ز	ل	ر	ش	ج	خ	ي	ك	ه
Lautschrift	m	b	f	n	t	d	s	z	l	r	ʃ	ʤ	x	j	k	h

Kein „Papa" im Arabischen

Da es im Arabischen keinen Laut [p] gibt, ist eine deutsche Form wie *Papa* unmöglich. Im Arabischen sagt man *baaba* ‚Papa'. Das standardsprachliche Wort für Vater lautet: *ab* [ʔab] ‚Vater', in Verbindungen bzw. Eigennamen auch *abu-...* [ʔabu-...] ‚Vater von ...'.

Es gibt im Deutschen wie in vielen anderen Sprachen oft Paare von *stimmlosen* und *stimmhaften* Konsonanten (z. B. *p* und *b*). Das Arabische ist in dieser Hinsicht wenig ausgeglichen: Wir finden zwar ein stimmhaftes [b] und ein stimmloses [f], aber es fehlen deren stimmlose bzw. stimmhafte Gegenstücke: Es gibt weder ein stimmloses [p] noch ein stimmhaftes [v].

Und noch ein anderer wichtiger, uns vertrauter Laut fehlt im Standardarabischen, nämlich der Laut [g], der allerdings in manchen der Umgangssprachen vorkommt (z. B. in Ägypten). Anders herum aber gibt es im Deutschen zwar auch den stimmlosen Reibelaut [x] (*Buch* [bux]), aber nicht seine stimmhafte Entsprechung, die in der Lautschrift als [ɣ] dargestellt wird. Dieser klingt für unsere Ohren ähnlich wie das deutsche bzw. französische *r*, wird aber etwas tiefer und kehliger ausgesprochen.

Ein weiterer arabischer Buchstabe steht für den Knacklaut [ʔ]. Im Deutschen wird der Knacklaut etwa im Wort *beerben* zwischen den beiden Vokalen *e* gesprochen: [bəʔɛɐbm]. Im Deutschen ist er mehr ein Effekt der Aussprache, wenn vor einem Vokal kein Konsonant steht. Im Arabischen kann er hingegen auch am Silbenende stehen und hat sogar einen eigenen Buchstaben in der Schrift, zum Beispiel standardsprachlich:

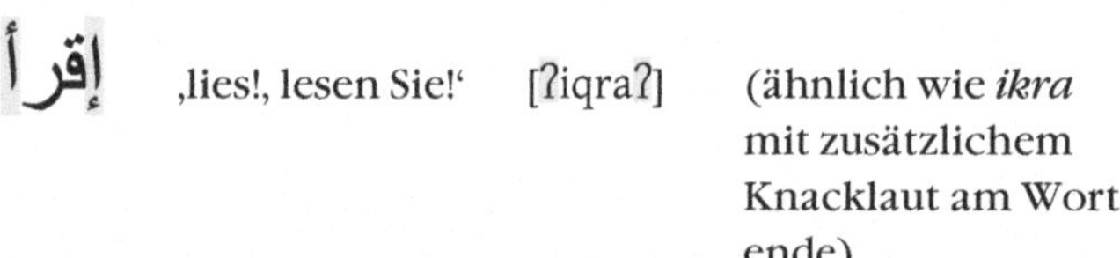

إقرأ ‚lies!, lesen Sie!' [ʔiqraʔ] (ähnlich wie *ikra* mit zusätzlichem Knacklaut am Wortende)

Der Knacklaut ist jedoch auch im Arabischen ein besonderer Laut in der Schrift. Eigentlich wird er von dem kleinen Zeichen namens *Hamza* (ء) am oberen Ende der Linie im hervorgehobenen Buchstaben oben bezeichnet. Wie der Buchstabe unter ihm genau aussieht (hier eine senkrechte Linie), hängt unter anderem von den benachbarten Vokalen ab.

Hinzu kommen einige Laute, die Sie vielleicht aus dem Englischen kennen: der *th*-Laut [θ] wie in ***think***, die stimmhafte Entsprechung [ð] wie in ***the*** und der Gleitlaut [w] wie in ***we***. Tabelle 7.2 zeigt die Laute und Buchstaben, die inzwischen zu den in Tabelle 7.1 erwähnten hinzugekommen sind.

Tabelle 7.2: Eine Reihe weiterer arabischer Konsonanten

Erklärung	stimmhaftes tiefes *r*	Knacklaut wie in *beerben*	th-Laut in *think*, stimmlos	th-Laut in *the*, stimmhaft	w im englischen *we*
Arabisch	غ	ء	ث	ذ	و
Lautschrift	ɣ	ʔ	θ	ð	w

Die verbleibenden sieben Konsonanten sind nun die Laute, die besonders für den kehligen Klang der Sprache verantwortlich sind. Einer davon ist ein Verschlusslaut, der sich ähnlich wie das [k] in *Speckknödel* im Tirolerischen anhört: [q]. Er wird noch weiter hinten als das [k] gebildet, nämlich am Zäpfchen, also ganz hinten am Gaumen. Der nächste Laut ist das stimmlose [ħ], eine Art kratziges [h], das gebildet wird, indem die Zunge nach hinten auf die Rachenwand zu geschoben wird. Er kommt in dem bekannten Personennamen [muħammad] ‚Muhammad' vor. Mit derselben Verschiebung der Zunge nach hinten wird auch seine stimmhafte Entsprechung, der tiefe *Pharyngal* (von Pharynx = Rachen) [ʕ] gebildet, der sich etwas wie ein gequetschtes *a* anhört. Dieser kommt am Anfang des Personennamens Ali vor (arabisch [ʕali:]). Er findet sich auch am Anfang des Namens [ʕala:ʔ addi:n] (wörtlich ‚Erhabenheit der Religion'), den Sie aus *Aladin und die Wunderlampe* kennen.

Außerdem gibt es neben den normalen Lauten [t, d, s, z] jeweils kehlig und etwas dumpf klingende Entsprechungen dieser Laute mit eigenen Buchstaben in der arabischen Schrift. In der Lautschrift werden diese [tˁ, dˁ, sˁ, ðˁ] geschrieben (Letzteres wird in manchen Regionen auch als [zˁ] ausgesprochen). Gleichzeitig mit der normalen Artikulation dieser Laute wird hier noch die Zunge nach hinten in Richtung Rachenwand (und etwas nach oben in Richtung Zäpfchen) geschoben, wodurch der kehlige dumpfe Klang entsteht. [dˁ] kommt in [ramadˁa:n] ‚Ramadan' und [tˁ] in [tˁara:bulus] ‚Tripolis' vor. [sˁ] findet sich in [sˁifr] ‚Null' (dieses Wort ist auch der Ursprung des deutschen Wortes *Ziffer*) und [ðˁ] in [ðˁala:m] ‚Dunkelheit'.

Die kehlig klingenden Konsonanten, die es im Deutschen nicht gibt, und ihre arabischen Buchstaben, sind in Tabelle 7.3 zusammengestellt.

Tabelle 7.3: Kehlig klingende arabische Konsonanten

Erklärung	Verschlusslaut am Zäpfchen	stimmloser Reibelaut im Rachen	stimmhafter Reibelaut im Rachen	kehliges *t*	kehliges *d*	kehliges *ß*	kehliges stimmhaftes *th*
Arabisch	ق	ح	ع	ط	ض	ص	ظ
Lautschrift	q	ħ	ʕ	tˤ	dˤ	sˤ	ðˤ

Vokale

Es gibt nur drei Vokale in der Standardsprache: [a], [i], [u] sowie deren lange Versionen [a:], [i:], [u:]. Im einfachsten Fall kommen Vokale nach einem Konsonanten vor, mit dem sie zur selben Silbe gehören (wie im Deutschen in dem dreisilbigen Wort *Ba-na-ne*). Steht ein kurzer Vokal nach einem Konsonanten, wird er durch einen kleinen nach links unten gerichteten Strich am Ende an dem Konsonantenbuchstaben angezeigt, wie in der linken Spalte der folgenden Beispiele. Ein Kringel wird verwendet, wenn auf den Konsonanten kein Vokal folgt. Steht ein langer Vokal nach einem Konsonanten, so wird er zusätzlich zu den jeweiligen Strichen als eigener Buchstabe geschrieben, wie (grau hervorgehoben) in den folgenden Beispielen in der rechten Spalte. Aber welche Buchstaben verwendet man dazu? Sie sehen es in den grau markierten Bereichen der folgenden Beispiele: Ein langes *i* wird mit einem „j" markiert, ein langes *u* mit einem „w", und das lange *a* wird mit dem Buchstaben bezeichnet, der oben für das Knacklautzeichen eingeführt wurde.

Textvorlesen als eine Prüfungsaufgabe

Das arabische Schriftsystem ist ausgesprochen anspruchsvoll. Daher werden in der Grundschule die Strichlein und Kringel (Vokalzeichen) verwendet, die Sie in den Beispielen rechts sehen. Als Teil der Abschlussprüfung der Grundschule müssen die Schüler zum Beispiel in Marokko traditionell ein Stück eines nicht vokalisierten Textes (d. h. ohne Vokalzeichen) in der Standardsprache lesen. Diese Schlüsselqualifikation kann je nach Land mehr oder weniger selbstverständlich sein: Während die Analphabetismusrate in Marokko nach offiziellen Angaben immer noch nahezu 50 Prozent beträgt, hat der Libanon eine Alphabetisierungsrate von ca. 90 Prozent.

ba	بَ	baa	بَا
bi	بِ	bii	بِي
bu	بُ	buu	بُو
b	بْ	(ohne Vokal in der Aussprache)	

Die kleinen Striche am vorherigen Konsonanten, die bei den Kurzvokalen als einziges Zeichen den jeweiligen Vokal markieren, werden meistens nicht geschrieben. Sie finden sich in Kinder- und Lehrbüchern des Arabischen sowie im Koran (zur genauen Wiedergabe des heiligen Textes). Ansonsten werden sie meist weggelassen, etwa in Zeitungen und in Büchern für Erwachsene. Man muss dann von den Konsonanten und vom Sinn her erschließen, welche kurzen Vokale vor-

Schwierigkeiten für Deutschlerner: Schrift und Aussprache

Das Deutschschreiben kann Schülern mit arabischer Herkunft schwerfallen. Unter den Hauptunterschieden zwischen den Schriftsystemen sind vor allem zu nennen: das Schreiben in eine andere Richtung, die Unterscheidung von Klein- und Großbuchstaben, das Großschreiben der Substantive oder eventuell auch das Mitschreiben der Vokale, denn hierbei ist das deutsche System zur Bezeichnung der Vokallänge und -gespanntheit zu beachten (Doppelschreibung der Konsonanten, um einen kurzen Vokal anzuzeigen; Verhalten des Dehnungs-*h* und mehr; siehe auch Kapitel 3).

Die begrenzte Anzahl der Vokale (zur Erinnerung: nur die drei Vokale *a*, *i* und *u*) macht es einem arabischen Deutschlerner schwer, die korrekte Aussprache von Umlauten zu erwerben. Die Unterscheidung zwischen dt. *e* und *i* oder dt. *o* und *u* ist seltener problematisch, da die meisten arabischen Mundarten auch diese Vokale verwenden (historisch sind diese unter anderem dadurch entstanden, dass Diphthonge aus der klassischen Sprache „zusammengezogen" wurden, d. h., Standardarabisch *ai* wird oft zu e, und *au* wird zu *o*).

Im Bereich der Konsonanten sind besondere Schwierigkeiten bei den im Arabischen fehlenden Lauten zu erwarten, zum Beispiel bei [b] bzw. [v], und je nach Mundart auch bei [g] sowie beim Zäpfchen-*r* oder beim *ich*-Laut.

Auch die Konsonantenverbindungen, besonders am Wortanfang (denken Sie z. B. an das Wort *Strumpf*), können Probleme bereiten, denn im (Standard-)Arabischen kann eine Silbe nur mit einem einzelnen Konsonanten beginnen (aber auch hier verhalten sich die Mundarten unterschiedlich). Wo die Gefahr besteht, dass es zu unerwünschten Konsonantenhäufungen kommen könnte, wird oft ein Hilfsvokal vorangesetzt (wie in dem arabischen Wort *'**u**sṭūl* ‚Flotte', das vom altgriechischen Wort *stólos* stammt) oder zwischen die anlautenden Konsonanten eingefügt (wie in *faransa* ‚Frankreich').

Auch im Bereich der Betonung kann es zu Schwierigkeiten kommen, denn die Betonung ist im Arabischen, anders als im Deutschen, nicht bedeutungsunterscheidend, wie beispielsweise bei den folgenden Wortpaaren: ***ü**bersetzen* vs. *über**setz**en*, ***um**fahren* vs. *um**fah**ren*, etc.

Wir können natürlich mit unseren deutschen Buchstaben auch Wörter aus anderen Sprachen buchstabieren. Wenn wir dabei die Laute der anderen Sprache nicht genau ausdrücken können, so nehmen wir den ähnlichsten Buchstaben, den wir haben. Im Wort *Ramadan* aus dem Arabischen (رمضان [ramadˤa:n], in der Schrift mit den Buchstaben *rmdˤʔn*) etwa entspricht unserem *d* im Arabischen das kehlige [dˤ] (ض in der unverbundenen Form), das wir im Deutschen nicht haben. Wir nehmen dafür den ähnlichsten deutschen Laut bzw. Buchstaben, das *d*. So macht es auch das Arabische, wenn es deutsche Wörter schreibt: Es wird alles in das Laut- und Buchstabensystem der Zielsprache eingebaut. Insbesondere bei den Vokalen kann das zu Veränderungen führen, da alles auf die drei Vokale *a*, *i* und *u* in kurzer oder langer Form reduziert wird. Um dies zu verdeutlichen, sehen Sie links drei deutsche Städtenamen in arabischer Schrift. Die kurzen Vokale werden hier nicht geschrieben. Und nicht vergessen, es geht immer von rechts nach links! Wir heben jeden zweiten Buchstaben grau hervor.

Berlin *birliin*

برلين

N J L R B

Tübingen *tuubiindschin*

N DSCH N J B W T

Köln *kuuln*

كولن

N L W K

handen sein müssen und um welches Wort es sich handelt. Obwohl es nur drei Vokale gibt, entstehen durchaus Verwechslungsmöglichkeiten. Im folgenden Beispiel werden in der üblichen Schrift nur die Konsonanten *r*, *dsch* und *l* geschrieben. Das kann nun *ridschl* ‚Bein' heißen oder *radschul* ‚Mann':

ohne Vokale: رجل mit den Konsonanten [r] ر [ʤ] ج und [l] ل
‚Mann' oder ‚Bein'

mit Vokalen: رَجُل ‚Mann' *radschul* [raʤul]

mit Vokalen: رِجْل ‚Bein' *ridschl* [riʤl]

Die Vokalmarkierungen in den Schriftzügen darunter sind dieselben wie bei *ba*, *bu*, *bi* und *b* auf der vorigen Seite.

Aber, wie Sie sicherlich feststellen, die kleinen Strichlein stören das ästhetische Schriftbild ein wenig. Wir zeigen diese Markierungen in den Beispielen in diesem Text nicht an (so wie arabische Zeitungen das auch nicht tun), es sei denn, wir schreiben das explizit dazu wie in den vorangehenden Beispielen.

7.1.4 Wörter

Wörter aus der Wurzel k.t.b

[**k**a**t**a**b**a] ‚(er) schrieb'
كتب

[ʔal-**k**a:**t**i**b**] ‚der Schreibende'
الكاتب

[ʔal-ma-**k**t**u**:**b**] ‚das Geschriebene'
المكتوب

[ʔal-**k**i**t**a:**b**] ‚das Buch'
الكتاب

Besonderheiten der Wortbildung

Einige zentrale Elemente der Wortbildung funktionieren anders als im Deutschen. Die meisten Wörter lassen sich auf sogenannte *Wurzeln* zurückführen, die aus Konsonanten bestehen. Einige arabische Wörterbücher sind auch nach Wurzeln organisiert. Unterschiedliche Wörter entstehen, wenn verschiedene Vokale, aber auch Vor- und Nachsilben dazukommen. Die Beispiele in der Randspalte zeigen, wie der Wurzel *k.t.b* unterschiedliche Wörter entsprechen. Dabei ist *al* (bzw. am Satzanfang in der Aussprache [ʔal] mit Knacklaut) der bestimmte Artikel, auf den wir noch zurückkommen. Man sieht, dass bei dem Wort ‚(er) schrieb' drei *a* verwendet werden: [kataba]. Bei der Wortbildung ‚der Schreibende' (ähnlich unserem *Partizip I*) haben wir hingegen ein langes *a* und ein kurzes *i* in der Wurzel: [ʔal-ka:tib]. Wieder anders sieht die Form für ‚das Geschriebene' (ähnlich unserem *Partizip II*) aus, [ʔal-maktu:b]. Hier befindet sich in der Wurzel kein Vokal zwischen [k] und [t], aber ein langes [u:] zwischen [t] und [b]. Hinzu kommt eine Vorsilbe [ma]. Bei [ʔal-kita:b] ‚das Buch' wiederum haben wir als ersten Vokal ein [i] in der Wurzel, als zweiten ein langes [a:]. In der Lautschrift in der Randspalte sind die Konsonanten der Wurzel jeweils hervorgehoben.

Schon diese wenigen Beispiele lassen eine besondere Eigenschaft der arabischen Grammatik gut erkennen, nämlich dass die Konsonanten die Träger der Grundbedeutung der Wörter sind, denn sie bilden die Wurzel aller Wörter. So haben alle von der Wurzel *k.t.b* gebildeten Wörter in unseren Beispielen etwas mit schreiben zu tun. Wenn man die Wurzel kennt, kann man leicht verwandte (d. h. zur gleichen Wortfamilie gehörende) Wörter identifizieren. Diese besondere Eigenart der arabischen Grammatik spiegelt sich auch in der Schrift dieser Sprache wider. Wir haben in Abschnitt 7.1.3 darauf hingewiesen, dass kurze Vokale normalerweise nicht mitgeschrieben werden, was oft zu dem Eindruck führt, dass die arabische Schrift nur aus Konsonanten besteht, also eine *Konsonantenschrift* ist. Da wir aber bereits wissen, dass das Arabische sehr wohl über Vokale verfügt, kann diese Tatsache nicht dem Mangel an Vokalen geschuldet sein. Warum werden dann kurze Vokale nicht mitgeschrieben?

Man kann darin einen Ausdruck der Ökonomie sehen. So schreiben wir beispielsweise in Wohnungsannoncen auch nicht alles vollständig aus (um eben Platz zu sparen), was uns aber nicht daran hindert, in dem unvollständigen Wort *Wohng.* das richtige Wort *Wohnung* ohne Weiteres zu erkennen. Dies ist uns mögich, weil uns die Laute, die in dem abgekürzten Wort fehlen, bekannt sind. Folgerichtig kann man annehmen, dass die arabischen Leser in den „unvollständigen" Wörtern die vollständigen ohne Weiteres erkennen können, weil sie die fehlenden Vokale kennen und diese beim Lesen automatisch ergänzen.

Die Kasusendungen der Nomina und der Adjektive, die durch die Kurzvokale markiert werden (vgl. den Beispielsatz in Abschnitt 7.1.2), können manchmal hingegen nicht so leicht ergänzt werden. Da diese Vokalendungen, die in der offiziellen Schriftsprache und vor allem in der Sprache des Korans vorkommen, in keiner Mundart mehr zur Umgangssprache gehören, ist ein gewisser Grad an Bildung nötig, um die Kasusendungen auch bei komplizierten grammatischen Konstruktionen im unvokalisierten Text vorzulesen.

Der arabische Artikel in deutschen Wörtern

Der Artikel *al* findet sich in manchen Fremdwörtern, die wir aus dem Arabischen übernommen haben:

‚Algebra' جبر
dschabr (wörtlich: ‚Wiederherstellung', siehe unten)

‚die Algebra' الجبر
al-dschabr

‚Alkohol' كحول
kuħuul (von *kuħl* ‚dunkelblaues Pulver', siehe unten)

‚der Alkohol' الكحول
al-kuħuul

Bestimmte vs. unbestimmte Nomina und Besonderheiten des Artikels

Die bei der vollständigen Vokalisierung realisierten Kasusendungen unterscheiden bestimmte und unbestimmte Nomina in der Hochsprache, aber nicht mehr im Dialekt. Anders als im Deutschen, wo wir sowohl den bestimmten als auch den unbestimmten Artikel haben, gibt es im Arabischen nur einen, den bestimmten Artikel *al* [ʔal]. Der bestimmte Artikel wird vorn ans Nomen angehängt. Das [ʔa] wird auch nur in dieser initialen Position ausgesprochen. Der Artikel wird dann mit

Wie wurde aus ‚Wiederherstellung' *Algebra* und aus ‚blauem Pulver' *Alkohol*? Nun, *dschabr* entstammt dem Titel eines wichtigen mathematischen Werks, geschrieben im 9. Jahrhundert von dem persischen Mathematiker Muhammad Al-Chwarizmi: „Lehre von den Wiederherstellungen und Vergleichen" (mit Wiederherstellung ist die Ermittlung des Wertes einer Variablen durch Subtraktion und Addition gemeint). Al-Chwarizmis Name ist übrigens auch der Ursprung des Wortes *Algorithmus*. Das Wort *kuħuul* kommt ursprünglich von einem blauen aus dem chemischen Element Antimon gewonnenen Pulver *kuhl*, das man unter anderem zum Schminken verwendet hat. Da die Herstellung dieses Pulvers einen komplizierten Verfeinerungsprozess beinhaltet hat, wurden sein Name und seine Herstellung mit dem Destillieren von Essenzen synonym verwendet. Alkohol ist sozusagen die Essenz der alkoholischen Getränke.

dem Knacklautzeichen geschrieben: أَل. Im Satzinneren wird der Artikel auf [l] verkürzt. Vor etwa der Hälfte der Buchstaben wird das *l* dabei nicht ausgesprochen, stattdessen wird der folgende Laut bzw. Buchstabe verdoppelt (also lang) ausgesprochen. Diese Buchstaben heißen *Sonnenbuchstaben*, weil das Wort ‚Sonne' mit solch einem Buchstaben beginnt:

‚Sonne'	شَمْس	*schams*	[ʃams]
‚die Sonne'	أَلشَّمْس	*aschschams*	[ʔaʃʃams]

Neben den Zeichen für kurze Vokale erkennt man bei der definiten ‚Sonne' auch ein Zeichen namens *schadda*, das ungefähr wie ein hochgestelltes *w* aussieht: ◌ّ. Es zeigt an, dass der Konsonant (hier: *sch*) lang gesprochen wird. Das *l* von *al* wird trotzdem geschrieben, aber nicht ausgesprochen. Zwei weitere Beispiele für den Sonnenartikel sind hier gezeigt:

‚Null'	صِفْر	*ṣifr*	[sˤifr]
‚die Null'	أَلصِّفْر	*aṣṣifr*	[ʔasˤsˤifr]
‚Land'	دَوْلَة	*daula*	[daula]
‚das Land'	أَلدَّوْلَة	*addaula*	[ʔaddaula]

Vor der anderen Hälfte der Buchstaben wird das *l* ausgesprochen und der Buchstabe danach nicht verdoppelt ausgesprochen. Diese Buchstaben heißen *Mondbuchstaben*, weil das Wort für *Mond* sich so verhält:

‚Mond'	قَمَر	*qamar*	[qamar]
‚der Mond'	أَلْقَمَر	*alqamar*	[ʔalqamar]
‚Buch'	كِتَاب	*kitaab*	[kita:b]
‚das Buch'	أَلْكِتَاب	*al-kitaab*	[ʔalkita:b]

Die Sonnenbuchstaben sind die mit der Zungenspitze gebildeten Konsonanten wie [d] oder auch [sˤ] in den Beispielen oben.

Eine weitere Besonderheit des definiten Nomens in der Hochsprache ist, dass der Artikel auch die Kasusendung beeinflusst (sofern diese verwendet wird): Indefinite Nomina erhalten ein zusätzliches *n* (sogenannte Nunation, Arabisch *tanuiin*) nach dem Kasusvokal, das bei dem definiten Nomen fehlt. Das *n* wird in diesem Fall nicht mit dem Buchstaben *n* markiert, sondern mit einem speziellen Vokalstrich, hier zum Beispiel der Nominativ:

‚Buch'	كِتَابٌ	*kitaab-u-n*	[kita:bun]
‚das Buch'	أَلْكِتَابُ	*al-kitaab-u*	[ʔalkita:bu]

Im Akkusativ erhält die Kasusendung ‚-a' auch noch einen zusätzlichen Vokalbuchstaben und einen Doppelstrich als Hilfszeichen:

‚Buch'	كِتَاباً	*kitaab-a-n*	[kita:ban]
‚das Buch'	أَلْكِتَابَ	*al-kitaab-a*	[ʔalkita:ba]

Ähnlich hat die Genitivendung einen Doppelstrich unter dem letzten Buchstaben im Wort:

‚(eines) Buches'	كِتَابٍ	*kitaab-i-n*	[kita:bin]
‚des Buches'	أَلْكِتَابِ	*al-kitaab-i*	[ʔalkita:bi]

Der Genitiv im Arabischen wird anders als im Deutschen auch mit den meisten Präpositionen verwendet, das heißt nach ‚mit', ‚zu' etc. Einen Dativ hat das Arabische nicht.

Determiniert ohne bestimmten Artikel: Status constructus

Im Deutschen sagen wir *das Auto meines Freundes* oder *das Auto von Jan*. Wir können auch *meines Freundes Auto* oder *Jans Auto* sagen. Was dabei auffällt: Sobald der Besitzer vorangestellt wird, trägt das Nomen, das das Besitztum bezeichnet, selbst keinen Artikel (z. B. *Jans Auto*, aber nicht **Jans das Auto*). Etwas Ähnliches passiert in einer Konstruktion, die in semitischen Sprachen allgemein verbreitet ist und die als *Status constructus* bezeichnet wird. Wenn zwei oder mehr Substantive miteinander verbunden werden, darf das erste Wort der Verbindung keinen Artikel tragen. Hat das zweite Wort einen bestimmten (*definiten*) Artikel, so wird das erste Wort auch verstanden, als hätte es einen bestimmten Artikel. Die folgenden Beispiele illustrieren diese besondere Konstruktion. Das erste Wort steht hier im Nominativ, das zweite im Genitiv, wobei die fett gedruckten Kasusendungen in der Umgangssprache fehlen:

baitu malikin Haus Königs	‚ein Königshaus'

***baitu** l-maliki* ,das Königshaus'
Haus des-Königs

Im Deutschen könnte man im zweiten Beispiel ergänzen ***ein** Haus des Königs* oder ***das** Haus des Königs*, aber im Arabischen kann kein Artikel vor der Kombination der Nomen stehen und der Ausdruck wird als ,**das** Haus des Königs' verstanden.

Diese Konstruktion hat oft den Charakter der deutschen Kompositabildung, da dadurch neue Begriffe entstehen können. Mehr dazu erfahren Sie in Abschnitt 7.2.4.

Weitere Besonderheiten

Während es im Arabischen ein einfaches Artikel- und Kasussystem gibt, gibt es viele Unterscheidungen bei Nomen und Pronomen. Etwa wird bei den Pronomen nicht nur *ich*, *du*, *er*, *sie*, *es*, *wir*, *ihr*, und *sie* unterschieden. Vielmehr gibt es auch ein ,du-männlich' (*anta*) und ein ,du-weiblich' (*anti*), ein ,ihr-männlich' (*antum*) und ein ,ihr-weiblich' (*antunna*), ein pluralisches ,sie-männlich' (*hum*) und ein pluralisches ,sie-weiblich' (*hunna*). Außerdem gibt es im Arabischen neben Singular und Plural noch einen *Dual* für genau zwei Personen oder Gegenstände: *kalb* ,Hund' und *kalbaani* ,zwei Hunde'. Der normale Plural *kilaab* bedeutet dann ,mehr als zwei Hunde'. Im letzten Beispiel erkennt man auch, dass die Pluralform nicht nur durch Suffixe gebildet wird, sondern auch durch Vokalwechsel – es werden also im Wort Vokale „verschoben" (*kalb* – *kilaab*). Die Dualform wird dagegen regelmäßig mit einem Suffix gebildet (Nominativ *kalb* + *aani*, Akkusativ und Genitiv: *kalb* + *aini*). Der Dual wird in der Hochsprache auch in den Pronomen markiert. Beispielsweise ist ,ihr-beide' *antumaa* und ,sie-beide' *humaa*. Diese Kategorien werden auch am konjugierten Verb markiert: ,du-männlich schriebst': *katabta*, aber ,du-weiblich schriebst': *katabti* und ,ihr-beide schriebt': *katabtumaa* (Letzteres nur in der Hochsprache).

Die arabische Sprache scheint also recht differenziert zu sein. Ihre wahre Komplexität zeigt sich aber erst in der Vielfalt ihrer Verbformen sowie der *Verbalsubstantive*, Partizipien, Adverbien etc., die aus Verben abgeleitet werden können. Es ist etwa durchaus möglich, für ein Verb mehrere verschiedene Stämme durch die Einbettung der Verbalwurzel in mehrere Vokal- bzw. Affixmuster abzuleiten, ähnlich wie Vokalwechsel im Deutschen den Unterschied zwischen *sinken* und *senken* ausmacht. Das Ausmaß solcher Vokalwechselprozesse ist jedoch im Arabischen viel umfangreicher. Diese sogenannte Stammableitung umfasst etwa 14 unterschiedliche Muster. Allerdings gibt es kein Verb, für das alle Muster existieren, und die genaue Bedeutung des resultierenden Verbs ist

Keine Unterscheidung zwischen ,du' und ,Sie' im Arabischen

Auch wenn im Arabischen nicht zwischen dem familiären ,du' und der Höflichkeitsform ,Sie' unterschieden wird, machen dies die zahlreichen Anredeformen wett. Neben den auch in anderen Ländern üblichen Titeln (wie akademischen Graden) gibt es im arabischen Raum ganz spezielle Titel. So ist es zum Beispiel in traditionellen Gesellschaftsschichten üblich, Mutter und Vater mit dem Titel *Umm* ,Mutter (von)' und *Abu* ,Vater (von)' und dem Namen des ältesten Sohnes (unter Umständen auch der ältesten Tochter) anzusprechen (also etwa *Umm Muħammad* ,Mutter von Muhammad').

Jeder Muslim, der die Pilgerreise nach Mekka vollzogen hat, bekommt die Anrede *Hadsch/Hadscha* ,Pilger/Pilgerin', die dann dem eigentlichen Personennamen vorgeschaltet wird: *ħadsch Muħammad* ,(der Pilger) Muhammad'. Wenn wir schon bei Personennamen sind: Diese können sehr lang sein, denn traditionell bestehen sie aus dem Vornamen der Person und den Namen der väterlichen Ahnen in chronologischer Reihenfolge (also Name des Vaters, Name des Großvaters usw.), die mit dem Wort *ibn* ,Sohn' oder volkssprachlich oft nur *bin* verkettet werden. So heißt beispielsweise der berühmte mittelalterliche Reisende aus Marokko Ibn Battuta: *'Abu 'Abdullah Muhammad bin 'Abdullah bin Batˤtˤuutˤa*. Das heißt ,Muhammad mit Vornamen, Sohn von Abdullah, Sohn von Battuta und selbst Vater von seinem erstgeborenen Sohn Abdullah'.

in diesem System nicht vollständig vorhersagbar. Beispielsweise haben folgende Vokalmuster mit der Wurzel *k.t.b* (die wir bereits kennengelernt haben) die folgenden Bedeutungen:

***k**a**t**a**b**a*	‚er schrieb'
***k**u**t**i**b**a*	‚er wurde geschrieben' (z. B. ‚der Brief')
***k**aa**t**a**b**a*	‚er schrieb (jemanden) an'
*a**kt**a**b**a*	‚er diktierte'
*ta**k**aa**t**a**b**uu*	‚sie schrieben einander, korrespondierten'
*i**k**ta**t**a**b**a*	‚er unterschrieb (meist vor allem eine Spende)'
*ista**kt**a**b**a*	‚er hat schreiben lassen'

Auch viele adverbiale Bedeutungen wie ‚fast', ‚noch', ‚nicht mehr' können im Arabischen durch Verben anstatt durch eigenständige Adverbien ausgedrückt werden, zum Beispiel mit der Negation *maa* ‚nicht', *maa zaala* (wörtlich: ‚nicht hörte-auf' bzw. ‚er hat nicht aufgehört') und zusammen mit einem weiteren Verb: *maa zaala jaktubu* (wörtlich: ‚er hat nicht aufgehört er schreibt', d. h. ‚er schreibt (immer) noch').

Arabische Verben verfügen in jedem Stamm (d. h. über die Stammableitung hinaus) über jeweils zwei Grundformen. Diese werden oft als Perfekt und Imperfekt bezeichnet, wobei diese Bezeichnungen eine etwas andere Bedeutung haben als etwa in der lateinischen oder der französischen Grammatik. Die erste Form drückt eine vollendete Handlung in der Vergangenheit aus (vgl. *kataba* ‚er schrieb/hat geschrieben'). Die zweite Form dagegen dient dem Ausdruck einer unvollendeten Handlung im Präsens oder in der Zukunft (vgl. *jaktubu* ‚er schreibt/wird schreiben'). Um in dieser Form Futur und Präsens eindeutig zu unterscheiden, werden zusätzliche Partikeln verwendet. Diese sind in den verschiedenen Mundarten unterschiedlich, beispielsweise im syrischen Arabisch, wo ‚er schreibt/wird schreiben' *jiktub* lautet:

ʕam bi-jiktub	‚er schreibt gerade'
raħ jiktub	‚er wird schreiben'

Diese Partikeln sind ursprünglich aus Verben entstanden (*ʕam* aus *ʕamila* ‚machte' und *raħ* aus *raaħa* ‚ging').

Weitere Flexionsformen des arabischen Verbs sind die drei Modi des Imperfekts: Indikativ, Konjunktiv und Jussiv (ähnlich wie Imperativ für die 3. Person, ‚möge...'). Diese werden allerdings nur noch in der Hochsprache unterschieden:

Kein Infinitiv im Arabischen

Arabisch ist zwar reich an Verbformen, aber eine Form fehlt dort: der Infinitiv. In dieser Hinsicht ist die arabische Sprache keineswegs eine Ausnahme. Zu den Sprachen ohne Infinitiv gehören auch das Bulgarische, das Albanische und das Griechische (Kapitel 9, 17 und 18).

Wenn der Infinitiv fehlt, was könnte die *Nennform* (Zitierform) des Verbs im Arabischen sein?

Die Lösung finden Sie am Ende dieses Kapitels. 🕮[4]

Indikativ:	[jataʕallam**u**]	‚er lernt'
Konjunktiv:	[(ʔuriːdu ʔan) jataʕallam**a**]	‚(ich will, dass) er lernt'
Jussiv:	[(li-)jataʕallam]	‚(lass ihn) lernen' bzw. ‚er lerne'

Solche Formen fallen in den gesprochenen Varietäten zusammen (alle Modi: [jataʕallam] ‚lernt', d. h. auch nach ‚ich will, dass ...'). Auf andere Formen des Verbs wie Partizipien, *Verbalnomen* und komplexere Mehrwortkonstruktionen können wir hier aus Platzgründen nicht näher eingehen. Mehr zum Aufbau des Satzes mit und ohne Verben erfahren Sie in Abschnitt 7.1.5.

Insgesamt fällt bei den Verbformen im Arabischen auf, dass die verschiedenen Stämme (Gegenwart vs. Vergangenheit) durch den Einschub von Vokalen in die Wurzeln entstehen; Zahl, Person und Geschlecht werden dagegen auch durch Vor- und Nachsilben ausgedrückt: vgl. ***ja**-ktubu* ‚er schreibt' vs. ***ta**-ktubu* ‚sie schreibt' und in der Vergangenheit *katab-**tu*** ‚ich schrieb' vs. *katab-**ti*** ‚du-weiblich schriebst'. Das mag uns an die unregelmäßigen Verben mit Ablaut im Deutschen erinnern, die auch mit Vokalveränderungen einerseits (vgl. *er s**i**ngt – er s**a**ng – er hat ges**u**ngen*) und mit Suffixen andererseits (*sing-**t*** vs. *sing-**st***) ihre Formen bilden. Im Arabischen aber ist diese „Ablautung" die Regel und betrifft dabei mehrere Vokale im Wortinneren gleichzeitig.

Schwierigkeiten für Deutschlerner: Flexion

Als besonders schwierig kann sich das Erlernen der deutschen Fälle erweisen, insbesondere der Gebrauch verschiedener Fälle nach Präpositionen (z. B. *wegen des schlechten Wetters* [Genitiv], *ins Haus hinein* [Akkusativ], *aus dem Haus heraus* [Dativ]). Im Standardarabischen regieren fast alle Präpositionen immer nur den Genitiv, während in der gesprochenen Sprache Kasusmarkierung gar nicht verwendet wird.

Auch die schwierige Unterscheidung zwischen der starken und der schwachen Deklination der Adjektive kann Schülern mit arabischer Herkunft Probleme bereiten (z. B. *diese netten Mädchen, ein nettes Mädchen, mein guter Freund, einige gute Freunde, alle guten Freunde*). In solchen Fällen besteht die Gefahr, dass die Endungen einfach ausgelassen werden.

7.1.5 Sätze

Besonderheiten der Wortstellung

Die Grundwortstellung im Arabischen ist Verb – Subjekt – Objekt, was heißt, dass ein Satz wie *Kam Muhammad zur Tür* oder *Schrieb Muhammad (einen) Brief* auf Arabisch gesprochen ein normaler Aussagesatz ist. Im Deutschen könnten solche verbinitialen Sätze höchstens als Witzanfänge (*Kommt ein Mann zum Friseur ...*) oder – mit entsprechender Satzmelodie – als Fragesätze funktionieren. Übrigens: Im Arabischen werden die Entscheidungsfragesätze durch Fragepartikeln eingeleitet (vor allem die Partikel *hal*, die dann vor dem Satz steht) oder in der gesprochenen Sprache durch die Satzmelodie markiert. Zu beachten ist allerdings, dass in den östlichen Varietäten des Arabischen verbinitiale Grundwortstellung zunehmend durch die Wortstellung Subjekt – Verb – Objekt ersetzt wird.

Wir wissen also jetzt, dass die konservative arabische Schriftsprache die sogenannte verbinitiale Wortstellung quasi verlangt. Dennoch können in Sätzen vor dem Verb bestimmte Elemente stehen, die beispielsweise *thematische* (d. h. aus dem Kontext bereits bekannte) oder auch *fokussierte* (d. h. neue, wichtige) Informationen vermitteln. Neue Information wird am besten durch die entsprechenden Fragen ermittelt: Das, wonach gefragt wird, ist die neue Information (der sogenannte Fokus des Satzes). Folgende Beispiele illustrieren die Wortstellungsoptionen im arabischen Satz:

Wussten Sie, dass ...
es im Arabischen verschiedene Verneinungsformen gibt? In der Schriftsprache verwendet man unterschiedliche Negationspartikeln für das deutsche Wort *nicht*, und zwar je nachdem, ob das Verb in der Gegenwart oder in der Vergangenheit steht (vgl. ***laa** jaktubu* ‚er schreibt **nicht**' vs. ***maa** kataba* ‚er schrieb **nicht**').

أتى محمد [ʔata Muħammad]
‚Muhammad ist gekommen.' (wörtlich: ‚Kam Muhammad.')

سافرت إلى برلين [sa:fartu ʔila Birli:n]
‚Ich bin nach Berlin gefahren.' (wörtlich: ‚Fuhr nach Berlin.')

Was geschah gestern?

أمس أتى محمد [ʔamsi ʔata Muħammad]
‚Gestern kam Muhammad.' (wörtlich: ‚Gestern kam Muhammad.')

Was machte Mohammed?

محمد أتى أمس [Muħammad ʔata ʔamsi]
‚Muhammad kam gestern.' (wörtlich: ‚Muhammad kam gestern.')

Wer kam gestern nach Berlin?

محمد أتى أمس إلى برلين
[Muħammad ʔata ʔamsi ʔila Birli:n]
‚Muhammad kam gestern nach Berlin.' (wörtlich: ‚Muhammad kam gestern nach Berlin.')

Verbale vs. nominale Sätze
Die Sätze, die wir in diesem Abschnitt gesehen haben, waren zwar nicht lang, aber schon mehrgliedrig: Sie enthielten alle das Prädikat (das Verb), das Subjekt und manchmal noch andere Satzglieder. Interessanterweise können Sätze im Arabi-

schen extrem „minimal“ sein und nur aus einem Verb bestehen. Dies ist möglich, weil die Information über das Subjekt im Verb ausgedrückt ist, sodass das Subjekt als solches ausgelassen werden kann, wie die Beispiele unten zeigen. Die Möglichkeit der Auslassung des Subjekts ist dem Leser möglicherweise bereits aus Kapitel 4 bekannt.

أتى [ʔata]
‚Er ist gekommen.‘

سافرت [sa:fartu]
‚Ich bin gereist/weggefahren.‘

Im Arabischen dürfen nicht nur die Subjekte ausgelassen werden. Wie das folgende Sprichwort zeigt, scheint dort das Verb ‚ist‘ zu fehlen. Wie ist das möglich?

غزال	أمه	عين	في	القرد
ghazaalun	*ummihi*	*aini*	*fii*	*alqirdu*
Gazelle	seiner-Mutter	Auge	in	der-Affe

[ʔal qirdu fi: ʕaini ʔummihi ɣaza:lun]
‚Der Affe **ist** im Auge seiner Mutter eine Gazelle.‘
(aber wörtlich: ‚der Affe in Auge seiner Mutter Gazelle‘)

Das sogenannte *Kopulaverb* ‚sein‘ im Arabischen existiert – grammatisch gesehen – eigentlich nur in der Vergangenheit und Zukunft. Dafür wird das temporale Hilfsverb *kaana* ‚war‘ verwendet. Im Präsens wird es nicht gebraucht, es sei denn, der Satzbau macht es aus einem bestimmten Grund formal notwendig (z. B. nach der Konjunktion أن *'an* ‚dass‘, der ein Verb folgen muss). Im Arabischen heißt es also im Präsens einfach ‚ich Schüler‘ (statt ‚Ich bin Schüler‘). Zur Verneinung eines sol-

Die Kopula – einmal da, einmal nicht da

Bei der Verwendung der Kopula (ähnlich dem Verb *sein*) sieht man Ähnlichkeiten zwischen unverwandten Sprachen wie Russisch und Arabisch. Beide Sprachen verwenden einen anderen Kasus, sobald die Kopula als Verb ausgedrückt wird:

Präsens: ‚Er ist ein guter König.‘

On	*dobryj*	*korol'.*		(russ.)
huwa	*malikun*	*dschajjidun.*		(arab.)
er.NOM	König.NOM	gut.NOM		

Vergangenheit: ‚Er war ein guter König.‘

On	***byl***	*dobrym*	*korolem.*	(russ.)
er.NOM	KOP	guter.INSTR	König.INSTR	
Kaana	*(huwa)*	*malikan*	*dschajjidan.*	(arab.)
KOP	(er.NOM)	König.AKK	gut.AKK	

Zukunft: ‚Er wird ein guter König sein.‘

On	***budet***	*dobrym*	*korolem.*	(russ.)
er.NOM	KOP	guter.INSTR	König.INSTR	
yakuunu	*(huwa)*	*malikan*	*dschajjidan.*	(arab.)
KOP	(er.NOM)	König.AKK	gut.AKK	

chen Satzes wird in der Standardsprache die spezielle negative Kopula *laisa* (‚nicht sein') verwendet. In dieser Hinsicht ist das Arabische keineswegs isoliert, die ostslawischen Sprachen verhalten sich ähnlich, beispielsweise das Russische und Ukrainische (Kapitel 10) und auch das Hebräische (Abschnitt 7.2).

Noch eine andere Eigenschaft scheint das Arabische mit ostslawischen Sprachen und natürlich auch mit dem Hebräischen zu teilen, nämlich: das Fehlen des possessiven Verbs *haben*. In diesen Sprachen muss also ein Satz wie *Er hat zwei Autos* wie folgt ausgedrückt werden: *Bei ihm (sind) zwei Autos*, wobei da natürlich noch die Kopula fehlt – deswegen ist die Kopula *sind* hier eingeklammert!

Eine kleine Übung

Wenn *'inda-hu*... so viel wie ‚bei ihm [ist]...' heißt, wie müsste der Satz *Er hat das Buch* auf Arabisch heißen? Und wie würde die Verneinung davon lauten (*er hat das Buch nicht*)?

Die Lösung finden Sie am Ende dieses Kapitels. 🕮[5]

'inda-hu sajjaarataani
bei-ihm Autos.DUAL.NOM
‚Er hat zwei Autos.'

Insgesamt kann man sagen, dass in der arabischen Grammatik die Unterscheidung zwischen dem nominalen und dem verbalen Satzbau (bzw. zwischen dem Nominal- und dem Verbalsatz) sehr ausgeprägt ist.

Der *Nominalsatz* schreibt dem Subjekt eine Eigenschaft zu (z. B. ‚Schüler sein'). Dies wird ohne ein Verb ausgedrückt (vgl. *Muħammad tilmiið* ‚Muhammad (ist) Schüler'). Der *Verbalsatz* hingegen repräsentiert typischerweise ein dynamisches Ereignis mit einem obligatorischen verbalen Prädikat (vgl. die obigen Beispiele vom Typ *Muhammad ist gestern gekommen*).

Der Nominalsatz ist normalerweise zweigliedrig mit einem Subjekt als Thema und einem nominalen Prädikat:

Subjekt	**Prädikat**
huwa	*muʕallim*
3.SG.MASK	Lehrer

‚Er ist Lehrer.' (wörtlich: ‚Er Lehrer.')

Ein Sonderfall liegt vor, wenn das Prädikat dazu dient, das Subjekt zu identifizieren. In diesem Fall wird ein Pronomen eingefügt, das sich in der Grammatik wie eine spezielle Form der Kopula verhält:

Muħammad [***huwa*** *l-muʕallim*]
Muhammad **3.SG.MASK** der-Lehrer
‚Muhammad ist der Lehrer.' (z. B. im Sinne von ‚der Lehrer, den wir jetzt bekommen ...')

Schwierigkeiten für Deutschlerner: Satzbau

Da die Wortstellung im Arabischen im Haupt- und Nebensatz oft gleich ist, könnte die Unterscheidung im Deutschen zwischen der Verb-Zweitstellung und Verb-Letztstellung im Haupt- vs. Nebensatz den Schülern mit arabischer Herkunft schwerfallen. In den folgenden Beispielen haben Haupt- und Nebensatz die Struktur Verb – Subjekt – Objekt.

[jataʕallamu tˤifl-i: l-ʕarabijjat-a]
lernt.IND Kind-mein.NOM das-Arabische.AKK
‚Mein Kind lernt Arabisch.'

[ʔuri:du ʔan jataʕallama tˤifl-i: l-ʕarabijjat-a]
will.1.SG dass lernt.KON Kind-mein.NOM das-Arabische.AKK
‚Ich will, dass mein Kind Arabisch lernt.'

Allerdings gibt es auch im Standardarabischen Wörter, die den Nebensatz einleiten und dabei die Wortstellung beeinflussen, beispielsweise *'anna* ‚dass' (mit Verben des Denkens und des Berichtens), nach dem das Subjekt erscheinen muss, und zwar ausnahmsweise im Akkusativ:

[ʔufakkiru ʔanna l-tˤifla jataʕallamu l-ʕarabijjat-a]
denke.1.SG dass das-Kind.AKK lernt das-Arabische.AKK
‚Ich denke, dass das Kind das Arabische lernt.'

Ein weiterer möglicherweise verwirrender Unterschied liegt in der umgekehrten Abfolge zwischen dem Nomen und dem Adjektiv. Im Arabischen erscheint das Eigenschaftswort nach dem Bezugsnomen, d. h., *ein großes Haus* heißt im Arabischen eigentlich ‚Haus groß': [bait kabi:r]. Als andere potenzielle Fehlerquellen sind die fehlende Kopula im Präsens und die Möglichkeit der Subjektauslassung zu nennen. Es ist zu erwarten, dass Schüler mit Arabisch als Muttersprache häufiger Sätze wie „Herr Mayer Lehrer" oder einfach „Kam gestern" produzieren als Schüler, deren Muttersprachen andere Eigenschaften haben.

7.1.6 Wortschatz

Wörter arabischer Herkunft im Deutschen

Albatros < span. *alcatraz* < arab. [ʔal-ɣatˤtˤa:s] ‚Taucher(-Vogel)'

Alchemie < arab. [al-ki:mja:ʔ] ‚die Chemie' < altgriechisch *χημεία* ‚(Metall-)guss'

Alkali (auch unbestimmt: Kali) < arab. [ʔal-qila] ‚das Geröstete'

Alkoven < arab. [ʔal-qubba] ‚die Kuppel'

Almanach < arab. [ʔal-mana:ax] ‚der Kalender'

Aprikose < arab. [ʔal-barqu:q] < altgriechisch *βρεκόκκια* < lat. *praecox* ‚frühreif'

Im Mittelalter hatte die arabische Wissenschaft in Westeuropa einen Modellcharakter, zu dem auch gehörte, dass über sie die Tradition der antiken griechischen Wissenschaft und Philosophie hier überhaupt erst bekannt wurde (zum Teil aus arabischen Übersetzungen, die wiederum ins Lateinische übersetzt wurden). Als Vermittlungsstelle fungierte das arabische Andalusien, in dem (wie im Übrigen auch in Sizilien) bei den Gelehrten eine Mehrsprachigkeit selbstverständlich war. Diese hatte zur Folge, dass vor allem wissenschaftliche Termini, differenzierte Bezeichnungen für Tiere und Pflanzen (insbesondere auch in der Medizin) sowie Termini aus der militärischen Technik und Rangordnung etc. geprägt wurden. Viele Wörter sind allerdings auch im Arabischen schon Lehnwörter aus dem Persischen, Indischen, möglicherweise sogar Chinesischen. Neben vielen nicht erkennbaren Wörtern arabischer

Herkunft sind im Deutschen durch Entlehnungen aus dem Französischen bzw. aus dem Spanischen besonders Bildungswörter zu finden, die mit der Definitheitsmarkierung *'al-* gebildet sind, worauf wir schon in Abschnitt 7.1.4 verwiesen haben.

Bei zweigliedrigen Wörtern erscheint eine Spur von der Definitheitsmarkierung vor dem zweiten Bestandteil (siehe oben zu den *Constructus*-Formen): *Admiral* < [ʔami:r **l**-...] ‚Befehlshaber **des**...' (beispielsweise [ʔami:r **ar**-raħl] ‚Befehlshaber **der** Flotte') oder *Arsenal* < [da:r **as**ˁ-sˁina:ʕa] ‚Haus **der** Herstellung (Werkstatt)'. Die definite Markierung erklärt auch die islamische Gottesbezeichnung. Das generische Wort für eine Gottheit (auch eine heidnische) ist [ʔila:h] – mit der Definitheitsmarkierung wird daraus der bestimmte, also einzige Gott [**ʔal**-la:h] ‚**der** Gott' wie im muslimischen Glaubensbekenntnis: *laa 'ilaah-a 'illaa l-laah* (wörtlich: ‚nicht [gibt es] einen-Gott außer dem-[einen]-Gott'). ‚Allah' ist also kein Eigenname, wie es meist missverstanden wird – dies wäre ein dem Islam fremdes Konzept.

Mit der Bemerkung zur Gottesbezeichnung können wir auch gleich zur Vorstellung einiger arabischer Begrüßungsformeln überleiten, zum Beispiel [jaʕatˁi:k l-ʕa:fija] ‚(Gott) gebe Dir Gesundheit!' und die passende Antwort dazu [ʔalla: jaʕafi:k] ‚Gott mache Dich gesund!'. Eine der bekanntesten Begrüßungsformeln, die in der gesamten arabischen (und teilweise auch semitischen) Welt verbreitet ist, ist die Standardbegrüßung [ʔas-sala:m-u ʕalaikum] ‚Friede (sei) auf euch', die so gebräuchlich ist wie ‚Guten Tag'. Das *u* in [ʔas-sala:m-u] ist übrigens eine alte Nominativendung, die selbst in den Umgangssprachen in dieser Formel überlebt. Eine etymologisch identische Formel findet man auch auf Hebräisch: [ʃalom ʕalɛixɛm] ‚Friede (sei) auf euch', die es auch im Jiddischen in der Form [ʃɔləm aleixəm] gibt. Die Abschiedsformel (‚auf Wiedersehen') hat ein anderes Wort mit derselben Wurzel: je nach Dialekt [maʕa as-sala:ma] oder [bi-s-sla:ma], das heißt ‚mit' bzw. ‚in Wohlbehaltenheit, Friede'.

Andere Formeln sind Begrüßungen mit der Tageszeit wie (mit unterschiedlichen Aussprachen in jedem Land) [ṣabaħ l-xair] ‚guten Morgen' (wörtlich: ‚Morgen der Güte') und analog dazu [masa:ʔ l-xair] ‚guten Abend' (‚Abend der Güte'). Bei positiven Nachrichten findet sich die Formel [ʔal-ħamd-u li-lla:h] ‚Gott sei Lob', bei Aussagen über Zukünftiges *inschalla* (in der Hochsprache [ʔin ʃa:ʔa l-la:h] ‚wenn Gott will'). ‚Danke' ist [ʃukran] oder mit einer traditionellen Formel [ʔalla:h jiba:rek fi:k] ‚Gott segne Dich' oder [ba:raka l-la:h fi:k] ‚Gott wird Dich segnen' (wörtlich: ‚segnete Gott in Dir'), wo die Perfektform die Vollendung einer zukünftigen Handlung signalisiert (diese Konstruktion ist heute ein Archaismus).

Artischocke < altspanisch *alcarcofa* < arab. [ʔal-xurʃu:f] ‚die Artischocke'

Aubergine < frz. < katalanisch *albergínia* < arab. [ʔal-ba:ðindʒa:n] < pers. [ba:dindʒa:n]

Damast (Stoff) < arab. [dimaʃq] ‚Damaskus'

Elixier < lat. *elixirium* < arab. [ʔal-iksi:r] ‚das Heilpulver' < altgriechisch *χηρίον* ‚Heilmittel'

Harem < türk. *harem* ‚Privaträume' < arab. [ħara:m] ‚verboten'

Joppe < altitalienisch *giubba* ‚Jacke' < arab. [dʒubba] ‚Obergewand mit Ärmeln'

Laute < altokzitanisch *laut* < arab. [ʔal-ʕu:d] ‚Holz(instrument)'

Limone < altfranzösisch *limon* < arab. [laimu:n] ‚Zitrone'

Magazin < ital. *magazzino* < arab. [maxa:zin] ‚(die) Speicher, Lagerräume'

Razzia < frz. *razzia* < algerisch-arab. [ɣa:zia] ‚Angriff, Kriegszug'

Safari < engl. < Suaheli *safari* < arab. [safarijja] ‚Reise'

Safran < span. *azafrán* < arab. [az-zaʕfara:n]

Sirup < lat. *siruppus* ‚dickflüssiger Heiltrank' < arab. [ʃara:b] ‚Trank'

Sofa < frz. und ital. *sofa* < arab. [sˁuffa] ‚Ruhebank'

Tarif < frz. *tarif* < ital. *tariffa* < arab. [taʕri:fa] ‚Bekanntmachung, Preisliste'

Ziffer < frz. *Chiffre* < arab. [sˁifr] ‚Null'

Zucker < ital. *zucchero* < arab. [sukkar] < pers. *šäkär* < altind. *śárkarā* ‚Sandzucker'

Eine Formel, die man besser kennen sollte

Eine wichtige Formel, die man als Gast bei einem Essen, etwa in Marokko, mehrfach wiederholen sollte (schon während des Essens), ist [ʃbəʕ-t] ‚ich bin gesättigt' bzw. [ʃbəʕ-na] ‚wir sind gesättigt', da man sonst unweigerlich von den Gastgebern zum Weiteressen aufgefordert wird: [kul-i]/[kul] ‚iss!' (die Form hängt davon ab, ob man weiblich oder männlich ist).

Wochentage auf Arabisch
'Sonntag' *jaum l-'aħad*
'Montag' *jaum l-'iθnaini*
'Dienstag' *jaum aθ-θulaaθaa*
'Mittwoch' *jaum l-'arbi'aa*
'Donnerstag' *jaum l-chamiis*
'Freitag' *jaum l-dschum'a* (= 'Versammlungstag')
'Samstag' *jaum as-sabt*

Die arabischen Wochentage werden übrigens, außer dem Freitag und dem Samstag, durchgezählt: Sonntag heißt *Tag der 1*, Montag ist *Tag der 2* usw. Nur Freitag heißt 'Tag der Versammlung' (in der Moschee) und Samstag heißt 'Sabbattag' (= 'Ruhetag').

Quellen und weiterführende Literatur zum Arabischen

Zur Einleitung siehe Faber (1997, S. 3–15). Die allgemeinen Angaben im Abschnitt zu Sprechern und Sprachsituation basieren auf Procházka (2006). Die Angaben zu Umfragen kommen aus http://epp.eurostat.ec.europa.eu/portal/page/portal/eurostat/home/.

Eine allgemeine Referenzgrammatik für die arabische Standardsprache ist Ryding (2005). Die Beispiele zu den Unterschieden zwischen den gesprochenen Varietäten basieren auf Bassiouney (2009, S. 21–23). Zu den einzelnen Varietäten empfehlen sich spezielle Grammatiken, beispielsweise Holes (1990) zum Gulfarabischen, Abdel-Massih et al. (2009) zum ägyptischen Arabischen oder Cowell (2005) zum syrischen Arabischen. Die Informationen und Beispiele zum Status constructus sind von Adger (2003, S. 279 f.), Beispiele zu Kopulasätzen im Arabischen und Russischen sind Eriksen (2000) entnommen. Weitere Informationen zu Nominalsätzen/Nominalprädikaten finden sich bei Hengeveld (1992). Mehr zum Thema pronominale Kopulae finden Sie unter anderem in Adger und Ramchand (2001, 2003) sowie Błaszczak und Geist (2000, 2001).

Beispiele deutscher Wörter arabischer Herkunft kommen aus Osman (1982) und Kluge (2011). Ausführungen zu Anredeformen und Namen im Arabischen und zur Frage [3] basieren auf *Sprachensteckbrief Arabisch. Eine Information des Bundesministeriums für Unterricht, Kunst und Kultur, Referat für Migration und Schule.*

Die Literaturliste befindet sich am Kapitelende.

7.2 Das Hebräische

7.2.1 Einleitung

Hebräisch (in der hebräischen Schrift עִבְרִית, mit Endbetonung ausgesprochen: 'Ivrit') ist die drittgrößte semitische Sprache, nach dem Arabischen und dem in Äthiopien gesprochenen Amharischen. Das Hebräische ist mit anderen semitischen Sprachen und insbesondere mit dem Arabischen eng verwandt, sodass diese Sprachen bedeutsame Ähnlichkeiten in Grammatik und Wortschatz aufweisen. Obwohl Hebräisch nach dem Niedergang des Königreiches Judäa in römischen Zeiten fast 2 000 Jahre nur noch als liturgische Sprache des Judentums verwendet wurde, wurde das moderne Hebräische Ende des 19. Jahrhunderts durch einen sogenannten Wiederbelebungsprozess wieder zu einer gesprochenen Sprache, die heute neben dem Arabischen eine der zwei Amtssprachen Israels ist.

7.2.2 Allgemeines zur hebräischen Sprache

Sprecher, Sprachgeschichte und Sprachsituation heute
In Israel sprechen etwa fünf Millionen Menschen Hebräisch als Hauptsprache. Diese bilden im Wesentlichen die jüdische Bevölkerung des Landes, wobei ca. 40 Prozent von ihnen als Einwanderer der ersten Generation zunächst eine andere Muttersprache gelernt haben (der Umfang der Verwendung der ursprünglichen Sprache variiert sehr stark nach Alter und sozialen Bedingungen). Weitere 1,5 Millionen Israelis, hauptsächlich die arabische Bevölkerung, lernen das Hebräische als zweite Sprache, und viele Juden im Ausland lernen neben der Sprache der Bibel, dem Althebräischen, auch die hebräische Umgangssprache Israels als Teil ihres Religionsstudiums.

Wie alt ist das Hebräische etwa? Wieso war es für lange Zeit ausgestorben? Wann ist es wiederbelebt worden?

Das Hebräische entwickelte sich mehr als 1 000 Jahre lang vor Christus in den Königreichen Judäa und Israel. Von der mythologischen Erschaffung der Welt bis in diese Zeit erzählt die Heilige Schrift des Judentums (‚Tanach', von dem die Torah den bekanntesten Teil bildet) auf Althebräisch. Ihr Inhalt ist später weitgehend als Altes Testament auch in die christliche Bibel eingegangen. Im antiken Judentum wurden Judäa und Israel mehrmals von unterschiedlichen Regionalmächten erobert. Die letzte Eroberung erfolgte durch das römische Imperium im 1. Jahrhundert v. Chr. Anfangs erlaubten die Römer noch Strukturen des jüdischen Lebens und zogen über Tribute an römische Statthalter Geld aus der Region. In solch einer Umgebung (in Galiläa, nicht sehr weit von Judäa) lebte Jesus Christus, der Jude war und die jüdische Religion reformieren wollte. Die Muttersprache von Jesus war übrigens nicht Hebräisch, sondern die ebenfalls semitische Sprache Aramäisch, die sich noch vor dieser Zeit aus ihrer Heimat im Norden ausgebreitet hatte. Später, auch als Reaktion auf Aufstände, vertrieben die Römer die jüdische Führungsschicht und lösten die jüdische Sozialstruktur in Judäa auf. Das führte etwa Ende des 2. Jahrhunderts n. Chr. zum Aussterben des Hebräischen als gesprochene Muttersprache. Das Hebräische existierte allerdings weiter als liturgische Sprache der Juden und diente der Verfassung vieler Briefe, Verträge, Chroniken, Wissenschaftsbücher, Gedichte etc. durch das ganze Mittelalter.

In der zweiten Hälfte des 19. Jahrhunderts haben vor allem säkulare jüdische Gelehrte zunehmend versucht, das Hebräische wieder als gesprochene Sprache des jüdischen Volkes einzuführen, was mit der Unterstützung zionistischer Einwanderer im türkisch-osmanischen Palästina (bis 1917) und später auch im britischen Palästina gelang. Die hebräischsprachige jüdische Bevölkerung in Palästina gründete 1948 den Staat Israel, in dem die meisten Muttersprachler des Hebräischen heute leben. Die von der Wiederbelebungsbewegung eingeführte Sprache weist einige Unterschiede im Vergleich zur Sprache der Bibel auf. Sie zeigt viele Einflüsse aus den europäischen Sprachen der Wiederbelebergeneration. Auch hat sie sich seit ihrer Entstehung weiterentwickelt. Dennoch wird das sogenannte moderne bzw. israelische Hebräisch (manchmal auch Ivrit genannt; siehe oben) in Israel nicht als getrennte Sprache angesehen, die vom sogenannten Althebräischen unterschieden werden soll. Die Bibelsprache wird in israelischen Schulen als Register bzw. spezielle, gehobene Schriftform der hebräischen Sprache betrachtet, die die Schüler als Muttersprache ohnehin beherrschen. Dennoch ist es für einen Sprecher des Neuhebräischen ohne Ausbildung nicht möglich, die Bibel ohne Schwierigkeiten zu verstehen, weshalb Bibelunterricht schon ab der dritten Klasse die Eigenschaften der älteren Sprachstufe vermittelt. Der Name „Hebräisch" wird im Rest dieses Kapitels verwendet, um die moderne Sprache Israels zu bezeichnen, ohne dabei auf ihre Verwandtschaft mit der althebräischen Sprache einzugehen.

Wie groß ist Israel eigentlich?

Wissen Sie wie groß Israel ist? Was schätzen Sie – so groß wie Norwegen? Oder doch eher so groß wie die Schweiz? Keineswegs! Tatsächlich ist das Land sogar kleiner als viele deutsche Bundesländer und etwa so groß wie Hessen.

Ein Biss, ein Schluck und ein ... Leck?

Viele Menschen der Gründergeneration Israels beherrschten das Deutsche und der Einfluss der deutschen Sprache ist auch heute noch bemerkbar. Dabei gibt es im Hebräischen auch „Germanismen", die es im Deutschen gar nicht gibt. So haben sich die „Maßeinheiten" Biss und Schluck (z.B. ein Schluck Wasser) auch im Hebräischen etabliert, dazu kommt aber der „Leck", eine Standardgröße für die Kostprobe von Eis. So kann man sagen *'efshar lek me-ha-glida?* wörtlich ‚möglich Leck von dem Eis', oder freier übersetzt: ‚darf ich einen Leck von dem Eis haben?'.

7.2.3 Schrift und Aussprache

Konsonanten

Das Hebräische benutzt als Druckschrift die *aramäische Quadratschrift*, die auch für das klassische Aramäische verwendet wurde. Die Schrift nennt sich quadratisch, da die meisten Buchstaben in eine Quadratform passen. Neben der Quadratschrift gibt es noch eine rundliche Schreibschrift (rechte Spalte unter *Buchstabe* in Tabelle 7.4), die für das Schreiben im Alltag verwendet wird, aber kaum für gedruckte Texte. Beide Schriften enthalten genau dieselbe Menge an Zeichen, nämlich 22 Buchstaben. Wie im Arabischen wird von rechts nach links geschrieben, und es gibt keine Buchstaben für Vokale, sondern nur für Konsonanten (mehr dazu unten). Die Schrift wird auf Hebräisch einfach *Aleph-Bet* genannt, eine Verkettung der Namen der ersten zwei Buchstaben. Tabelle 7.4 zeigt die Buchstaben und ihre Namen neben den jeweiligen Lautwerten im IPA-Alphabet und in einer leichter lesbaren Umschrift. Die Umschrift ist für ungeübte Leser einfacher und wird deshalb im Folgenden verwendet.

Tabelle 7.4: Quadrat- und Schreibschrift des Hebräischen, nebst lateinischer Umschrift, Lautschrift, Name des Buchstaben und gegebenenfalls Schlussform

	Buchstabe		Umschrift	Lautschrift	Name	Schlussform
1	א	א	’	[ʔ]	Aleph	
2	ב	ב	b/v	[b] / [v]	Bet	
3	ג	ג	g	[g]	Gimel	
4	ד	ד	d	[d]	Dalet	
5	ה	ה	h	[h]	He	
6	ו	ו	v	[v]	Waw	
7	ז	ז	z	[z]	Zajin	
8	ח	ח	ḥ	[ħ] ([x])	Chet	
9	ט	ט	ṭ*	[t]	Tet	
10	י	י	j	[j]	Jod	
11	כ	כ	k/x	[k] /[x]	Kaph	ך ך
12	ל	ל	l	[l]	Lamed	
13	מ	מ	m	[m]	Mem	ם ם
14	נ	נ	n	[n]	Nun	ן ן
15	ס	ס	s	[s]	Samech	
16	ע	ע	‘	[ʕ] ([ʔ])	Ajin	
17	פ	פ	p/f	[p] / [f]	Pe	ף ף
18	צ	צ	ṣ*	[t͡s]	Tzadi	ץ ץ
19	ק	ק	q*	[k]	Qoph	
20	ר	ר	r	[ʁ]***	Resch	
21a	שׁ	ש	š**	[ʃ]	Schin	
21b	שׂ	ש	ś**	[s]	Sin	
22	ת	ת	t	[t]	Taw	

* *ṣ*, *ṭ* und *q* stehen für Konsonanten, die im Althebräischen entweder ejektiv ausgesprochen wurden (das ist so ähnlich, als würde man die Luft anhalten und dabei den Laut aussprechen): [sˀ], [tˀ], [kˀ]; oder pharyngalisiert: [sˤ], [tˤ], [kˤ] (kehlig wie im Arabischen). Heutzutage werden sie [ts] (wie im Deutschen *z*), [t] und [k] ausgesprochen.

** Schin (ein *sch*-Laut) und Sin (normales *s*) unterscheiden sich nur durch den Punkt oben rechts bzw. links, obwohl dieser Punkt in der Schrift im Alltag oft weggelassen wird. Sin wurde im frühen Althebräischen als ein Reibelaut mit *l*-ähnlicher Zungenstellung ausgesprochen ([ɬ], wie das walisische ‚ll' beispielsweise in *Llanelli*, einem Ortsnamen). Mittlerweile ist seine Aussprache identisch mit Samech: beide [s].

*** Ähnlich wie im Deutschen hat *r* alternativ dazu auch eine gerollte Aussprache am Zäpfchen [ʀ] und die Zungenspitzenaussprache [r].

Kennen Sie diese Lieder?

Auch wenn Sie denken, Sie hätten Hebräisch noch nie gesprochen gehört, kann es sein, dass Sie es schon als Gesang vernommen haben. Denn Israel nimmt bereits seit 1973 an dem Eurovision Song Contest teil, für den das Land meistens Lieder auf Hebräisch einreicht. Im Wettbewerb gewonnen haben folgende israelische Lieder:

1978 *A-Ba-Ni-Bi* (Izhar Cohen & the Alphabeta)

1979 *Hallelujah* (Gali Atari & Milk and Honey)

1998 *Diva* (Dana International)

Hallelujah (הַלְלוּ־יָהּ) ist übrigens Hebräisch für ‚Preiset den Herrn!'.

Da die hebräische Schrift eine Druckschrift darstellt, haben die Buchstaben meistens nur eine Form: Sie werden nicht verbunden und haben keine besondere Form am Satzanfang (es gibt keine Klein- bzw. Großschreibung). Eine kleine Ausnahme bilden die fünf Buchstaben mit speziellen *Schlussformen*, die ähnlich wie die arabischen Buchstaben eine andere Gestalt annehmen, sofern sie am Wortende stehen (siehe Spalte *Schlussform*).

Es dürfte dem Leser auffallen, dass einige Buchstaben zwei mögliche Laute darstellen (in Tabelle 7.4 durch / getrennt). Dies lag ursprünglich daran, dass sich die Laute über die Zeit wandelten: Die Aussprache der sechs Konsonanten *b*, *g*, *d*, *k*, *p*, *t* hat sich bereits in der Antike, allerdings erst nach Festlegung der Schrift, durch den Einfluss des Aramäischen verändert, sodass jeder dieser Verschlusslaute in der Stellung nach Vokal zu einem entsprechenden Reibelaut wurde: [v], [ɣ], [ð], [x], [f], [θ]. Da viele der von Juden im Mittelalter gesprochenen Sprachen diese Laute nicht hatten und auch die Wiederbeleber des Neuhebräischen im 19. Jahrhundert einige der Laute nicht gut aussprechen konnten, überlebten im Neuhebräischen nur noch die *Alternationen* ב [b]/[v], פ [p]/[f], כ [k]/[x]. Dabei ist die Gesetzmäßigkeit der Alternationen nicht mehr vollständig (ein [b] kann auch nach Vokal stehen etc.). Vielleicht würde es im Hebräischen heute die Laute [ð] (wie engl. *the*) oder [θ] (wie engl. *three*) geben, wenn die wichtigsten Wiederbeleber nicht Osteuropäer, sondern englische Muttersprachler gewesen wären!

Rechts, links und die Himmelsrichtungen in den semitischen Sprachen

Der wichtigste Orientierungspunkt in der Bibelzeit war die Sonne, die im Osten jeden Tag aufgeht. Der „Osten" hieß daher *qedma*, ein Wort, das von der Wurzel ‚vorwärts' abgeleitet ist. Diese Logik spiegelt sich auch in den Namen der anderen Himmelsrichtungen der semitischen Sprachen wider. So entspricht das arabische Wort für ‚Norden', *schimaal*, etymologisch dem hebräischen Wort *smol* ‚links', denn wenn Osten vorwärts ist, liegt der Norden auf der linken Seite. Das Wort für rechts hingegen, Hebräisch *jamin* (wie im Namen *Benjamin* ‚Sohn der rechten (Hand)'), findet man im Namen des südlichsten arabischen Landes: dem Jemen.

Andere Laute, die im Neuhebräischen momentan im Begriff sind zu verschwinden, sind die Pharyngale [ħ] und [ʕ], die es auch im Arabischen gibt (siehe hierzu auch Abschnitt 7.1). Diese Laute werden nur noch von einem Teil der sephardischen Sprecher unterschieden, jener Juden, deren Vorahnen seit dem Mittelalter nach der Vertreibung aus Spanien 1492 in der islamischen Welt lebten und das Arabische als Umgangssprache übernommen haben. Bei den Aschkenasen, das heißt europäischstämmigen Juden, sind diese Laute mit [x] (‚ch', der sogenannte *ach*-Laut) bzw. [ʔ] (Knacklaut, der Laut nach *be*- in *beinhalten*) zusammengefallen (in runden Klammern in Tabelle 7.4). Obwohl die Hebräische Sprachakademie, die die Verwendung der hebräischen Sprache in Israel offiziell reguliert, die Aussprache von [ħ] und [ʕ] empfiehlt, treffen immer weniger Sprecher diese Unterscheidung, die vor allem von Nachrichtensprechern, aber auch im orientalischen Gesang erwartet wird. Im Folgenden werden diese Unterscheidungen der Vollständigkeit halber noch getroffen, obwohl sie mittlerweile nicht mehr zu der üblichsten Aussprache in Israel gehören.

Vokale

Kommen wir nun zum größten Problem der hebräischen Schrift: Es gibt keine Buchstaben für Vokale! Ähnlich wie das Arabische hat das Hebräische eine Konsonantenschrift, wobei die Konsonanten ו [v] und י [j] an einigen Stellen für *o*- oder *u*- bzw. *i*-Vokale stehen sowie ה [h] für *a/e* am Wortende. So schreibt sich zum Beispiel *Berlin* mit einem *j* als vorletztem Buchstaben: ברלין (*brljn*, geschrieben von rechts nach links). Als das Althebräische noch muttersprachlich gesprochen wurde, waren die fehlenden Vokale kein Problem: Man wusste einfach, wie die Worte auszusprechen sind, und die Konsonanten reichten meistens aus, um die Wörter zu erkennen. Erst nach dem Tod des Althebräischen als Alltagsprache musste ein System entwickelt werden, um die normative Aussprache des Bibeltextes darzustellen. Zu diesem Zweck wurden diakritische Zeichen entwickelt, das heißt verschiedene Punkte und Striche unter und über den Buchstaben, die die Vokalisierung der Konsonanten ausdrücken. Diese hatten auch den Vorteil, dass sie die Buchstaben der Heiligen Schrift nicht veränderten. Tabelle 7.5 zeigt, wie die diakritischen Zeichen (Hebräisch נִקּוּד *niqqud*, wörtlich: ‚Punktierung') mit einem Buchstaben (links Lamed, ל [l], rechts Chet, ח [ħ]) kombiniert werden.

Tabelle 7.5: Kombinationen von Buchstaben und diakritischen Zeichen im Alt- und Neuhebräischen

Vollvokale				ehemalige Murmelvokale			
	Althebräisch	Neuhebräisch	Name		Althebräisch	Neuhebräisch	Name
לַ	[la]	[la]	Patach	חֱ	[ħ^ɛ]	[ħɛ]	Chataf Segol
לָ	[lā]		Qamaz	חֲ	[ħ^a]	[ħa]	Chataf Patach
לֹ	[lo]	[lo]	Cholam	חֳ	[ħ^ɔ]	[ħo]	Chataf Qamaz
לֻ	[lu]	[lu]	Qubuz				
לִ	[li]	[li]	Chiriq				
לֵ	[le]	[lɛ]	Zere				
לֶ	[lɛ]		Segol				
לְ	[l/lə]	[l/lɛ]	Schwa				

Bei den Vollvokalen erkennt man, dass das Neuhebräische weniger Vokale unterscheidet, als es Zeichen gibt. Dies liegt daran, dass die Vokalzeichen für die Darstellung der traditionellen Bibelaussprache geschaffen wurden, welche mehrere

Arabische Lehnwörter im Hebräischen

Die arabischen Staatsbürger Israels bilden über 20% der israelischen Bevölkerung. Es ist daher wenig verwunderlich, dass die neuhebräische Sprache Israels eine Vielzahl arabischer Wörter entlehnt hat. So hört man im Hebräischen viele Wörter, die man vielleicht auch aus dem Arabischen kennt, wie etwa *jalla*! ‚los!' (ursprünglich auf Arabisch ‚O Gott!') oder *axla* ‚super' (wörtlich ‚am süßesten' auf Arabisch).

Das Schwa: Ein verlorener hebräischer Vokal

Wussten Sie, dass der Begriff *Schwa*, der auch in der Lautlehre des Deutschen verwendet wird, aus dem Hebräischen stammt? Es handelt sich hierbei um den mittleren Vokal [ə], der im Deutschen nur unbetont und oft am Wortende steht, wie beispielsweise in ‚Sache' [zaxə] oder ‚Güte' [gy:tə]. Dieser Vokal diente im Althebräischen der Vereinfachung von Konsonantengruppen am Silbenanfang, sodass Silben der Form CCV (zwei Konsonanten und ein Vokal) als CəCV ausgesprochen wurden (wobei die genaue Aussprache des Schwa in dieser Zeit ungeklärt ist). Der Name Schwa wird von der Wurzel *š.w.'* abgeleitet, möglicherweise mit der Bedeutung ‚nichts', das heißt ein rein funktionaler Vokal ohne Bedeutung bzw. ein Nullvokal. Heutzutage wird das Schwa nur noch als Punktierungszeichen verwendet, ausgesprochen wird es je nach Position entweder als [ɛ] (auf Hebräisch das sogenannte Schwa-Na' ʕbewegliches Schwa') oder gar nicht (also Nullvokal, sogenanntes Schwa-Nach bzw. ‚ruhendes Schwa').

Arten von *e* sowie Vokallänge unterschieden hat (unter anderem durch Vokalbuchstaben wie *v* = [o:]/[u:] und *j* = [i:]). Im Neuhebräischen fallen diese in die fünf Grundvokale [a, ɛ, i, o, u] zusammen (in der Umschrift wird ein normales *e* für IPA [ɛ] benutzt). Das Zeichen links unten in Tabelle 7.4, das Schwa, wird verwendet, um die Abwesenheit eines Vokals bzw. einen Hilfsvokal zu bezeichnen.

Die ehemaligen Murmelvokale in der rechten Hälfte von Tabelle 7.4 kommen nur mit den Lauten [ʔ, ʕ, h, ħ] bzw. Buchstaben א, ע, ה, ח vor und ersetzen das Schwa, das mit diesen Lauten inkompatibel war (diese konnten im Althebräischen nicht am Silbenende stehen). Die Murmellaute waren wahrscheinlich sehr kurze [ɛ, a, ɔ]-Laute, wobei die Wahl zwischen den Lauten größtenteils von den benachbarten Lauten abhing. Im Neuhebräischen fallen diese jeweils mit [ɛ], [a] bzw. [o] zusammen. In der punktierten Schrift werden diese trotzdem unterschieden.

Der Punkt „Dagesch"

Ein weiteres wichtiges Zeichen in der punktierten Schrift ist ein Punkt im Buchstabeninneren, das *Dagesch*. Dieser Punkt bezeichnete in der Bibelaussprache bei fast jedem Buchstaben eine Dopplung des Konsonanten, beispielsweise לִמֵּד, Althebräisch [limmeð], Neuhebräisch [limɛd] ‚er unterrichtete'. Der Punkt im Buchstaben מּ [m] heißt *dageš ħazaq* ‚starke Schärfung' und weist auf eine doppelte Aussprache des ‚m' hin, ähnlich wie bei den verlängerten Doppelkonsonanten im Italienischen, beispielsweise *mamma* ‚Mutti' (siehe Kapitel 15). Bei den sechs Buchstaben mit Reibelautaussprache hinter einem Vokal (siehe oben) bedeutet der Punkt meistens lediglich, dass die Aussprache als Verschlusslaut realisiert werden soll (sogenannte *dageš qal* ‚leichte Schärfung'). So wird beispielsweise das בּ in בַּיִת bajit ‚Haus' als [b] und nicht als [v] ausgesprochen, da [b] nicht hinter einem Vokal steht. Entsprechend steht ein Dagesch im Buchstabeninneren. Im Neuhebräischen überlebt nur letztere Funktion des Dagesch, da ursprüngliche Doppelkonsonanten nicht mehr verlängert ausgesprochen werden. Das ist ähnlich wie im Deutschen, wo geschriebene Doppelkonsonanten nur als Einzelkonsonanten ausgesprochen werden.

Obwohl das oben beschriebene Punktierungssystem, das Niqqud, eine fast eindeutig aussprechbare Schrift für das Hebräische bereitstellt, wird im Alltagsleben fast nie eine Punktuation verwendet. Dies gilt auch für gedruckte Medien wie Bücher und Zeitungen sowie für Texte im Internet. Ausnahmen bilden Kinderbücher oder Texte für Hebräischlerner sowie fremde Eigennamen oder Begriffe bei ihrer ersten Erwähnung in einem Text, deren Aussprache sonst unvorhersagbar wäre. Wenn man ohne Vokalzeichen schreibt, verwendet man möglichst die Buchstaben ו [v] und י [j], um [o]/[u] bzw. [i] auszudrücken, auch da, wo die punktierte Orthografie darauf verzichtet. Diese Art zu schreiben, nennt sich *ktiv male* ,volle Schreibung', während die punktierte Variante (oder einfach die Orthografie ohne zusätzliche Vokalbuchstaben) als *ktiv ħaser* ,fehlende Schreibung' bezeichnet wird. So schreibt man beispielsweise den Namen David in *ktiv male* mit vier Buchstaben als דויד (,dvjd'), während in der punktierten Schrift drei Buchstaben ausreichen: דָּוִד (,dvd'). Unten wird *ktiv male* an den Stellen verwendet, wo Diakritika nicht erscheinen.

Schwierigkeiten für Deutschlerner: Aussprache

Da das Konsonanteninventar in der Standardaussprache des Hebräischen dem Deutschen sehr nahe steht, erwerben hebräischsprachige Deutschlerner in diesem Bereich häufig eine gute Aussprache. Eine Ausnahme bildet die Aussprache des *ich*-Lautes *ch* [ç], den es in der hebräischen Aussprache nicht gibt. Dieser wird üblicherweise durch [x] oder [ʃ] ersetzt, ähnlich wie in einigen deutschen Varietäten (z. B. in gewissen alemannischen bzw. rheinischen Formen), was das Verständnis meistens nicht stört.

Viel problematischer sind hingegen die Vokale: Da das moderne Hebräisch nur die fünf Grundvokale [a], [ɛ], [i], [o], [u] kennt, werden gerundete Vokale oft falsch ausgesprochen, entweder als Vordervokale, das heißt *ü* als *i* und *ö* als *e*, oder durch den Einfluss der schriftlichen Ähnlichkeit als gerundete Hintervokale, sprich *ü* als *u* und *ö* als *o*. Ein weiterer fehlender Vokal ist der Schwa-Vokal, den es im Althebräischen gegeben hat, der aber heute durch einen *e*-Vokal ersetzt wird (d. h., beide Vokale *e* werden in ,gebe' gleich ausgesprochen). Hinzu kommt die Tatsache, dass Hebräisch keine Vokallängenunterscheidung oder Reduziertheit aufweist, sodass Lang- und Kurzvokale in eine ,Mittellänge' zusammenfallen. So könnte ein hebräischer Muttersprachler beispielsweise ,bitte' und ,biete' gleich aussprechen: [bitɛ]. Aus diesen Fakten ergibt sich folgendes Bild, das die Schwierigkeiten mit der Aussprache gut illustriert:

deutsche Vokale	hebräisch ausgesprochen
[a],[aː]	[a]
[e],[eː],[ɛ],[ø],[øː],[œ],[ə]	[ɛ]
[i],[iː],[ɪ],[y],[yː],[ʏ]	[i]
[o],[oː],[ɔ]	[o]
[u],[uː],[ʊ]	[u]

7.2.4 Wörter

Wortbildung

Die traditionelle hebräische Grammatik unterscheidet zwei zentrale Wortbildungsmechanismen: die Bildung von Wörtern aus Wurzeln und Mustern, die miteinander kombiniert werden, und die Zusammensetzung mehrerer (nominaler) Einheiten zu einem Begriff. Beide Mechanismen funktionieren deutlich anders als die deutsche Wortbildung. In der Wurzelableitung wird eine Wurzel, die meistens drei Konsonanten enthält (manchmal auch mehr), in ein größtenteils vokalisches Muster eingegossen, das Leerstellen für Wurzelelemente enthält. Das Muster heißt bei Verben *Binyan* und bei Nomina und den anderen Wortarten *Mischkal*. Die Muster tragen abstrakte Bedeutungen, wie sie im Deutschen eher durch Endungen ausgedrückt werden würden.

Die Wurzel ***s.ʕ.d*** bedeutet ‚verspeisen'. Können Sie erraten, was das Wort ***mis'ada*** bedeutet? Die Lösung finden Sie am Ende des Kapitels! 🕮[6]

Als Beispiel können wir das Muster *mi – a – a* betrachten, das die Bedeutung ‚Ortsbezeichnung' trägt. Kombiniert man dieses Muster mit passenden Wurzeln, so ergeben sich folgende Nomina:

Muster *mi_ _a_a* ‚Ort' + Wurzel ***z.b.l*** ‚Müll' → ***mizbala*** ‚Mülldeponie'
Muster *mi_ _a_a* ‚Ort' + Wurzel ***r.p.'*** ‚heilen' → ***mirpa'a*** ‚Klinik'

Dieselben Wurzeln können sowohl in der Nomen- als auch in der Verbbildung verwendet werden, und das Zusammenspiel von den Binyanim (Mustern) drückt unter anderem die Unterscheidung von Aktiv und Passiv sowie die Herbeiführung eines Zustands (Kausativmuster) aus. Die Wurzel *r.ħ.q* ‚fern' bildet beispielsweise folgende Wörter:

רָחוֹק	***raħoq***	‚entfernt, weit weg'	(Adjektivmuster: *_a_o_*)
הִרְחִיק	***hirħiq***	‚er entfernte'	(Kausativmuster: *hi_ _i_*)
הֻרְחַק	***hurħaq***	‚er wurde entfernt'	(Passiv-Kausativmuster: *hu_ _a_*)
הִתְרַחֵק	***hitraħeq***	‚er entfernte sich'	(Reflexivmuster: *hit_a_e_*)

Die Bedeutungen der Muster sind manchmal sehr spezifisch: Es gibt sogar Muster für Krankheiten (***daleqet*** ‚Entzündung' < ***d.l.q*** ‚brennen', ***'ademet*** ‚Röteln' < ***'.d.m*** ‚Rot'), Werkzeuge, Behinderungen etc. Allerdings gibt es viele Ausnahmen bei den Nomina, wohingegen die Verben eine wesentlich konsistentere Bedeutung der Musterbildung aufweisen.

Einen getrennten Mechanismus der Wortbildung stellt die Zusammensetzung dar, Hebräisch *smichut* (wörtlich: ‚Nähe'), die in der lateinischen Grammatik des Hebräischen auch unter dem Begriff *Status constructus* bekannt ist. Diesen haben wir bereits in Abschnitt 7.1 kennengelernt. Diese Art der Zusammensetzung ähnelt zunächst der deutschen Kompositabildung sehr stark, da viele neuhebräische Wortschöpfungen Lehnübersetzungen aus dem Deutschen sind (hebräische Zusammensetzungen werden entweder mit Bindestrich oder getrennt geschrieben, nie zusammen):

בֵּית־חוֹלִים *beit-xolim* ‚Krankenhaus' < *bajit* ‚Haus' + *xolim* ‚Kranke'

Zwei Unterschiede mit der deutschen Kompositabildung dürften dem Leser auffallen: (1) Die beiden Teile des Kompositums erscheinen im Hebräischen in umgekehrter Reihenfolge als im Deutschen, sodass Krankenhaus im Hebräischen wörtlich ‚Haus-Kranken' ist (wie beispielsweise in den romanischen Sprachen). (2) Das Wort ‚Haus' ändert sich dabei leicht in der Zusammensetzung und weist eine Kompositionsstammform *beit-* statt *bajit* ‚Haus' auf. Ein ähnliches Phänomen gibt es im Deutschen. So erscheint beispielsweise der Stamm *Bildung* in der Form *Bildungs-* (mit Fugen-*s*) im Kompositum *Bildungsideal*.

Eine bemerkenswerte Tatsache über das Verhalten der sogenannten *Smichut* ist, dass der definite Artikel *ha-*, der sonst immer vor dem Nomen erscheint (*bajit* ‚Haus', *ha-bajit* ‚das Haus'), in Zusammensetzungen vor dem letzten Modifikator steht, das heißt im Inneren der Zusammensetzung:

מְנַהֵל בַּנְק	*menahel bank*	‚Bankleiter' →
מְנַהֵל **הַ**בַּנְק	*menahel* ***ha****-bank*	‚der Bankleiter'
סְגָן מְנַהֵל בַּנְק	*sgan menahel bank*	‚Vizebankleiter' →
סְגָן מְנַהֵל **הַ**בַּנְק	*sgan menahel* ***ha****-bank*	‚der Vizebankleiter'

Eine weitere Besonderheit der hebräischen Zusammensetzung gegenüber deutschen Komposita ist, dass beide Teile des Kompositums pluralisierbar sind. Daher kann man folgende Bedeutungen unterscheiden, die in der deutschen Komposition normalerweise nicht alle unterschieden werden können:

מְנַהֵל הַבַּנְק	*menahel ha-bank*	‚der Bankleiter'
מְנַהֵל הַבַּנְקִים	*menahel ha-bankim*	‚der Bankenleiter (der Leiter von Banken)'
מְנַהֲלֵי הַבַּנְק	*menahalei ha-bank*	‚die Bankleiter'
מְנַהֲלֵי הַבַּנְקִים	*menahalei ha-bankim*	‚die Bankenleiter (die Leiter von Banken)'

Verschachtelung von Nomen und Adjektiven in einem komplexen Wort

[*bat*	[*melex*	*'ašir*]	*jafa*]		
Tochter	König	reicher	schöne		

‚schöne Tochter eines reichen Königs'

[*bat*	[*melex*	[*'am*	*gadol*]	*'ašir*]	*jafa*]
Tochter	König	Volk	großes	reicher	schöne

‚schöne Tochter eines reichen Königs eines großen Volkes'

Darüber hinaus kann man beide Teile mit Adjektiven erweitern, die nach der Zusammensetzung in umgekehrter Reihenfolge erscheinen – *center embedding*, wie in den vorangehenden Beispielen auf der rechten Seite. Mehr als drei Adjektive dieser Art sind für die meisten Sprecher jedoch aufgrund der Komplexität nicht mehr verständlich.

Dass es sich trotz alldem um ein komplexes Wort handelt und nicht um ein Satzglied aus mehreren unabhängigen Wörtern, lässt sich an den speziellen Kompositionsstammformen und an der Verwendung von genau einem Artikel für das ganze komplexe Nomen erkennen. Man kann nicht getrennt angeben, dass ‚der König' definit ist und ‚die Tochter' nicht. Wenn man das angeben will, bildet man ein komplexes Satzglied aus unabhängigen Wörtern mit der Präposition *šel* ‚von': *(ha-)bat šel (ha-)melex* ‚(die) Tochter von (dem) König'.

Flexion

Nomen und Adjektiv flektieren nach Genus (männlich bzw. weiblich) und Numerus (Singular bzw. Plural), ähnlich wie im Deutschen. Weibliche Nomina enden meistens mit *-a* (*'iša* ‚Frau', vgl. das jiddische Lehnwort *Ische* im dialektalen Deutschen) oder *-t* (beispielsweise *šabat* ‚Sabbat'), je nach Muster. Maskuline Nomina enden meistens mit einem anderen Konsonanten. Im Plural erhalten Maskulina in der Regel das Suffix *-im* (vgl. *Kibbuzim*) und Feminina das Suffix *-ot* (*tsarot* ‚Probleme, Ärgernisse'; dieses Suffix wird in Lehnwörtern im Deutschen als *-s* realisiert, vgl. im Deutschen dialektal das jiddische Lehnwort *Zores* ‚Ärger'). Die Pluralisierung kann die Vokalstruktur des Stammes oft ändern, und die Betonung wird in der Regel auf das Suffix verschoben (z. B. *KElev* ‚Hund', Plural *klaVIM* ‚Hunde').

Adjektive kongruieren mit Nomina nicht nur in Genus und Numerus, sondern auch in der Definitheit. Das bedeutet, dass der definite Artikel bei jedem Adjektiv wiederholt wird:

klavim gdolim jafim ‚schöne große Hunde'
Hunde große schöne

ha-klavim ha-gdolim ha-jafim ‚die schönen großen Hunde'
die-Hunde die-großen die-schönen

Da der hebräische Artikel nie flektiert wird (die Form bleibt *ha-* unabhängig von Genus und Numerus), stellt die Veränderlichkeit des deutschen Artikels für hebräische Muttersprachler eine Herausforderung dar.

Die Flexion im verbalen Bereich ist deutlich komplexer. Hier unterscheidet das hebräische Verb in Präteritum und Futur die drei Personen und Numerus sowie Genus in der 2. und 3. Person. Somit gibt es eine unterschiedliche Form für ‚er schrieb' (כָּתַב *katav*) und ‚sie schrieb' (כָּתְבָה *katva*), ‚du wirst schreiben' (Fem. תִּכְתְּבִי *tixtevi*, Mask. תִּכְתֹּב *tixtov*) usw. Die Flexion umfasst also sowohl Vokalwechsel als auch Suffixe und Präfixe (der Wechsel zwischen *k* und *x* in den Beispielen ergibt sich größtenteils durch die Silbenstruktur; Abschnitt 7.2.3). Eine separate Höflichkeitsperson (*Sie*) gibt es jedoch nicht, und die 2. Person Singular (*Du*-Form) wird auch in offiziellen Umständen verwendet (immer mit dem passenden Genus).

Die Präsensformen im Hebräischen basieren auf einem ehemaligen Partizip bzw. Nomen mit einer Bedeutung, wie etwa ‚(der) [Verb]ende'. Sie flektieren deshalb nur nach Numerus und Genus, aber nicht nach Person (ähnlich wie die Vergangenheitsformen im Russischen). Somit heißt אֲנִי כּוֹתֵב *'ani kotev* gleichzeitig ‚ich schreibe' und ‚ich bin ein Schreiber' (wörtlich: ‚ich Schreibender'), was manchmal zu Mehrdeutigkeiten führen kann. Die Komplexität des hebräischen Verbs bedeutet zwar auf der einen Seite, dass die Konzepte der Flexion, die im Deutschen erscheinen, hebräischsprachigen Lernern vertraut erscheinen können. Andererseits bedeutet diese Vertrautheit noch lange nicht, dass die individuellen deutschen Flexionsformen ohne Schwierigkeit erworben werden können.

7.2.5 Sätze

Grundwortstellung

Die Grundwortstellung im modernen Hebräischen ist SVO (Subjekt – Verb – Objekt; siehe Beispiel unten). Allerdings ist im Unterschied zum Deutschen praktisch jede andere Wortstellung möglich. Es ist also zum Beispiel erlaubt, ein Satzelement nach vorn zu stellen, um es hervorzuheben, wenn der Kontext es rechtfertigt. Insbesondere die Wortstellung VSO, die Standardwortstellung der Bibelsprache (und auch des klassischen Arabischen; Abschnitt 7.1.5), findet in der Schriftsprache oft Verwendung (z. B. *Sagte der Mann zu seinem Freund: ...*). Kasus wird am hebräischen Nomen gar nicht markiert, aber Objektnomen mit dem bestimmten Artikel erhalten die zusätzliche Präposition את *'et*. Damit unterscheidet sich die Objektmarkierung im indefiniten und definiten Fall stark – eine bloße Nominalgruppe oder eine Nominalgruppe mit der Präposition ***'et***:

דני קנה בית	*Dani kana bajit*	‚Dani kaufte ein Haus'
דני קנה את הבית	*Dani kana* ***'et*** *ha-bajit*	‚Dani kaufte das Haus'

Da es keine Möglichkeit zur Dativmarkierung gibt, werden indirekte Objekte mit Präpositionen markiert, meistens durch ל *le* ‚zu': *Uri kana le-Dani bajit* ‚Uri kaufte Dani ein Haus' (wörtlich: ‚zu Dani').

Kein sein und haben?

Ähnlich wie das Arabische hat das Hebräische kein Verb *sein* in Verbindung mit einfachen Nomen- bzw. Adjektivprädikaten – wie die meisten Sprachen der Welt! (z. B. das Russische). Die häufigsten Möglichkeiten zur Verbindung von Subjekt und

Ein hebräischer Satz in einem Wort?

Das Hebräische kann so wie das Arabische einen ganzen Satz in einer Wortform ausdrücken. Besonders in der Schriftsprache kann die Flexion des Verbs die Rolle des Subjekts ersetzen, und das Objekt kann mit einer Endung ausgedrückt werden, die gegebenenfalls nur einen Laut bzw. Buchstaben enthält. So besteht die Möglichkeit, den gleichen Inhalt auf folgende zwei Weisen auszudrücken:

אֲנִי רָאִיתִי אוֹתוֹ	*'ani*	*ra'iti*	*oto*
	‚ich	sah	ihn'
רְאִיתִיו	*re'itiv*		
	‚(ich)-sah-**ihn**'		

Im ersten Beispiel sieht man die Möglichkeit, den Satz ähnlich wie auf Deutsch mit drei Wörtern zu bilden. Im zweiten Beispiel drückt die Flexion des Verbs die 1. Person aus (ähnlich wie dt. ‚sehe'), während ‚ihn' durch einen einzelnen Buchstaben bzw. Laut *v* (im Beispiel fett gedruckt) zum Ausdruck kommt.

Prädikat in solchen Fällen sind entweder keine Markierung, die Verwendung eines passenden Personalpronomens wie *hu* ‚er' oder eines Demonstrativpronomens *ze* ‚dieser':

Dani more	‚Dani ist ein Lehrer' (wörtlich: ‚Dani Lehrer')
Dani hu more	‚Dani ist ein Lehrer' (wörtlich: ‚Dani er Lehrer')
la'avod ze bari	‚zu arbeiten ist gesund' (wörtlich: ‚zu-arbeiten dieser gesund')

In der letzten Form kongruiert das Pronomen mit dem Prädikat und nicht mit dem Subjekt, beispielsweise *la'avod zot zxut* ‚zu arbeiten ist ein Recht' (wörtlich: ‚zu arbeiten diese Recht', wobei ‚Recht' weiblich ist und ‚zu arbeiten' männlich). Wann welche Form benutzt wird, hängt von vielen Faktoren ab, darunter Definitheit (die Formen ohne Pronomen werden bei nicht definitem Subjekt vermieden), Belebtheit und generische Aussagekraft (allgemeine Aussagen wie ‚arbeiten ist gesund' oben). In den anderen Zeitformen (Präteritum und Futur) wird meistens das Verb *haja* ‚(er) war' verwendet, um den zeitlichen Bezug des Satzes auszudrücken.

Auch das Verb *haben* gibt es im Hebräischen nicht, wie es auch in vielen anderen Sprachen der Fall ist (z. B. wieder das Russische). Um Besitz auszudrücken, wird im attributiven Fall entweder die Präposition *šel* ‚von' benutzt oder ein *enklitisches* Pronomen, das mit dem Nomen zusammengeschrieben wird (diese Möglichkeit gilt als Mittel der gehobenen Sprache). Diese Pronomina können auch mit *šel* verbunden werden, und beide Möglichkeiten können sogar kombiniert werden (letztes Beispiel unten, eher in der Schriftsprache):

הספר של דני	*ha-sefer šel Dani*	‚Das Buch von Dani'
ספרו	*sifr-o*	‚sein Buch'
הספר שלו	*ha-sefer šelo*	‚sein Buch' (wörtlich: ‚das Buch von ihm')
ספרו של דני	*sifr-o šel Dani*	‚Danis Buch' (wörtlich: ‚sein Buch von Dani')

Eine Aussage über den Besitz verwendet die Partikel *ješ* ‚es existiert, es gibt' bzw. die Negation *'ein* ‚es gibt nicht'. Der Besitzer wird mit *le* ‚zu' markiert:

יש ספר	*ješ sefer*	‚es gibt ein Buch'
יש לדני ספר	*ješ le-Dani sefer*	‚Dani hat ein Buch' bzw. ‚existiert zu-Dani Buch'
אין לו ספר	*'ein lo sefer*	‚er hat kein Buch' bzw. ‚existiert$_{[\text{NEG}]}$ zu-ihm Buch'

Satzgefüge

Das Hebräische hat viele Konjunktionen, die einen Nebensatz einleiten. Die meisten enthalten das Wort ש *še* ‚dass', welches mit dem ersten Wort des Nebensatzes zusammengeschrieben wird. Die Wortstellung im Nebensatz ändert sich grundsätzlich nicht, ganz anders als im Deutschen. Einen wichtigen Unterschied zum Deutschen findet man in Relativsätzen, die ebenfalls mit *še* eingeleitet werden. Anders als das deutsche Relativpronomen ändert *še* seine Form nie, sodass keine Genus- oder Kasusmarkierung stattfinden kann (vgl. dt. *der Mann, der/den/dem/dessen ...*). Stattdessen kann ein Pronomen verwendet werden, das innerhalb des Relativsatzes das davor stehende Nomen wiederaufgreift (*Resumptivpronomen*) und dadurch wie das deutsche Relativpronomen den Bezug zwischen Nomen und Relativsatz klärt (siehe folgende Beispiele).

Eine weitere Besonderheit des Hebräischen ist, dass dieses Pronomen zur Hervorhebung verschoben werden kann, was in den meisten Sprachen mit Resumptivpronomina ausgeschlossen ist (z. B. im Rumänischen).

הספר שקראתי	*ha-sefer še-karati*	‚das Buch, das (ich) las‘
הספר שקראתי אותו	*ha-sefer še-karati 'oto*	wörtlich: ‚das Buch, das (ich) las es‘
הספר שאותו קראתי	*ha-sefer še-'oto karati*	wörtlich: ‚das Buch, das es (ich) las‘

Das Resumptivpronomen ist mit allen Präpositionen kombinierbar, sodass man auf Hebräisch wörtlich sagen kann: הספר שבגללו *ha-sefer, še-biglal-o...* ‚das Buch, das-wegen-ihm ...‘. Damit sind hebräische Nebensatzeinleitungen unter Umständen leichter zerlegbar als komplexe deutsche Wörter wie *weshalb, denen* oder *womit*, die nicht in mehrere Wörter zerlegt werden können (womit ≠ wo + mit, weshalb ≠ wes + halb usw.).

Schwierigkeiten für Deutschlerner: Satzbau

Wie die Sprecher vieler anderer Sprachen könnten hebräische Muttersprachler erhebliche Probleme mit der deutschen Satzstruktur haben (V2, SOV und ihre Kombinationen in unterschiedlichen Satztypen, sowie die Trennbarkeit von Verbformen wie *fange... an* vs. *anfangen*). Diese Probleme sind nicht nur für Hebräischsprecher schwierig, sondern auch für Sprecher strukturell ähnlicher Sprachen wie beispielsweise des Arabischen. Auch die Flexion der *Relativpronomina* (*der, welcher*) wird von Sprechern solcher Sprachen als schwierig wahrgenommen, eine Eigenschaft, die für viele europäische Sprachen selbstverständlich ist (z. B. Polnisch). Nicht zuletzt sind die Kasusflexion und ihre Funktionen, vor allem im Fall des im Hebräischen gar nicht ausgedrückten Dativs, besonders schwierig. Diese könnten neben der allgemeinen Vermittlung von Artikelwörtern und Adjektiven von zusätzlicher Übung profitieren.

Lösungen

🕮[1]
Das Standardarabische hat (in seiner offiziellsten Form) noch Kasusendungen, die in den Mundarten fehlen. Jede Mundart hat ihre eigene Aussprache: vgl. libanesisch [maktebe] neben den anderen Formen [maktaba] ‚Bibliothek' oder das Verb ‚fand': in Tunesien [lqiːt], im Irak [ligeːt], im Libanon [lʔeːt]. Einige Varietäten verwenden eine doppelte Negation (ähnlich wie im Französischen *ne VERB pas*): [maː VERB-ʃ]. Die Stellung des Demonstrativpronomens variiert auch: ‚dieses Buch' zum Beispiel im Libanon und in Tunesien, aber ‚Buch dieses' in Ägypten. Dass es in den unterschiedlichen Ländern auch unterschiedliche Vokabeln gibt, versteht sich von selbst: im Irak [ʕatiːg] ‚alt', aber im Libanon [ʔadiːm] ‚alt'.

🕮[2]
Es handelt sich um das Maltesische (Malti), die Sprache Maltas (die offizielle Amtsprache neben dem Englischen).

🕮[3]
Die Schreibrichtung der Zahlen ist im Arabischen wie im Deutschen von links nach rechts, und zwar unabhängig davon, ob die Zahlen mithilfe von indischen Symbolen oder, wie besonders oft in Nordafrika, mithilfe von arabischen Ziffern geschrieben werden. Übrigens werden die Zahlen im Arabischen genauso wie im Deutschen gesprochen: 25 ist tatsächlich ‚fünf und zwanzig', auf Arabisch [xamsa wa-ʕiʃriːn].

🕮[4]
Im Arabischen wird das Verb in der männlichen 3. Person der Einzahl (Perfekt) zitiert. So heißt im Arabischen die Zitierform statt ‚schreiben' eher ‚(er) schrieb'.

🕮[5]
'inda-hu *l-kitaab*
bei-ihm das Buch
‚bei ihm (ist) das Buch' (→ ‚er hat das Buch')
laisa *'inda-hu* *al-kitaab*
nicht (ist) bei-ihm das Buch
‚bei ihm (ist) nicht das Buch' (→ ‚er hat das Buch nicht')

🕮[6]
Mis'ada kombiniert die Wurzel ***s.'.d*** ‚verspeisen' mit einem Ortsbezeichnungsmuster *mi_ _a_a* und bezeichnet somit einen Ort, an dem man etwas verspeist: ‚ein Restaurant'.

Quellen und weiterführende Literatur zum Hebräischen

Der geschichtliche Überblick über die hebräische Sprache basiert auf Sáenz-Badillos (1993). Grundsätzliche Informationen zu Schrift und Grammatik des modernen Hebräischen finden sich in den englischsprachigen Referenzgrammatiken Amir-Coffin und Bolozky (2005), Schwarzwald (2001) und Glinert (1989). Zur althebräischen Grammatik siehe Krause (2008). Die Vergleiche mit Merkmalen anderer Sprachen sowie Angaben zur relativen Häufigkeit von Sprachtypen auf der Welt sind Dryer und Haspelmath (2011) entnommen. Informationen zur Etymologie deutscher Wörter mit hebräischer Herkunft finden sich im etymologischen Wörterbuch von Kluge (2011), hebräische Etymologien wurden auch mit dem hebräischen Lexikon von Even-Shoshan (1969) abgeglichen. Detaillierte Studien zu einzelnen grammatischen Themen, die oben besprochen wurden, sind: Borer (2008) zur Kompositionskonstruktion (Status constructus), Shlonsky (1992) zu Resumptivpronomina sowie Blanc (1964) zur Phonetik/Phonologie des Neuhebräischen und den verschiedenen Aussprachevariationen. Für weitere Quellen wird auf die in den Grammatiken und in den Aufsätzen zitierte Literatur verwiesen.

Literatur (Arabisch und Hebräisch)

Abdel-Massih ET, Abdel-Malek ZN, Badawi EM, McCarus EN (2009) A reference grammar of Egyptian Arabic. Georgetown University Press, Washington, DC

Adger D (2003) Core syntax: A minimalist approach. Oxford University Press, Oxford

Adger D, Ramchand G (2001) Predication and equation. *ZAS Papers in Linguistics* 26: 1–22

Adger D, Ramchand G (2003) Predication and equation. *Linguistic Inquiry* 34/3: 325–359

Amir-Coffin E, Bolozky S (2005) A reference grammar of modern Hebrew. Cambridge University Press, Cambridge

Bassiouney R (2009) Arabic sociolinguistics. Edinburgh University Press, Edinburgh

Blanc, H (1964) Israeli Hebrew Texts. In: Haiim BR (Hrsg) Studies in Egyptology and Linguistics in honour of H. J. Polotsky. Israel Exploration Society, Jerusalem. 132–152

Błaszczak J, Geist L (2000) Kopulasätze mit den pronominalen Elementen to/ėto im Polnischen und Russischen. *ZAS Papers in Linguistics* 16: 115–139

Błaszczak J, Geist L (2001) Zur Rolle des Pronomen to/ėto in spezifizierenden Kopulakonstruktionen im Polnischen und Russischen. In Zybatow G, Junghanns U, Mehlhorn G, Szucsich L (Hrsg) Current issues in formal Slavic linguistics. Lang, Frankfurt am Main. 247–257

Borer H (2008) Compounds: The view from Hebrew. In Rochelle L, Pavol Š (Hrsg) The Oxford handbook of compounds. Oxford University Press, Oxford. 491–511

Bußmann H (2002) Lexikon der Sprachwissenschaft. 3. Aufl. Kröner, Stuttgart

Cowell MW (2005) A reference grammar of Syrian Arabic. Georgetown University Press, Washington, DC

Dryer MS, Haspelmath M (2011) The world atlas of language structures online. Max Planck Digital Library, München

Eriksen PK (2000) On the semantics of the Russian copular verb byt'. Meddelelser 84, Slavisk-Baltisk Avdeling, Universitetet i Oslo

Even-Shoshan A (1969) Ha-milon he-ħadaš [= Das neue Wörterbuch] Kiryath Sepher, Jerusalem

Faber A (1997) Genetic subgrouping of the Semitic languages. In: Hetzron R (Hrsg) The Semitic languages. Routledge, London

Glinert L (1989) The grammar of modern Hebrew. Cambridge University Press, Cambridge

Harald H (2001) Kleines Lexikon der Sprachen. Von Albanisch bis Zulu. Beck, München

Hengeveld K (1992) Non-verbal predication – Theory, typology, diachrony. De Gruyter, Berlin

Holes C (1990) Gulf Arabic. Routledge, London
Kluge F (2011) Etymologisches Wörterbuch der deutschen Sprache. 25. Aufl. De Gruyter, Berlin/Boston
Krause M (2008) Hebräisch. Biblisch-hebräische Unterrichtsgrammatik. De Gruyter, Berlin/New York
Osman SN (1982) Kleines Lexikon deutscher Wörter arabischer Herkunft. Beck, München
Procházka S (2006) Arabic. In: Brown K (Hrsg), Encyclopedia of language and linguistics. 2. Aufl., Band 1. Elsevier, Oxford. 423–431
Ryding KC (2005) A reference grammar of Modern Standard Arabic. Cambridge University Press, Cambridge
Sáenz-Badillos A (1993) A history of the Hebrew language. Cambridge University Press, Cambridge
Schwarzwald OR (2001) Modern Hebrew (Languages of the World/Materials 127). Lincom Europe, München
Shlonsky U (1992) Resumptive pronouns as a last resort. *Linguistic Inquiry* 23/3: 443–468
Sprachensteckbrief Arabisch. Eine Information des Bundesministeriums für Unterricht, Kunst und Kultur, Referat für Migration und Schule
Versteegh K (2004) From Classical Arabic to the Modern Arabic vernaculars. In Lehmann C, Booij GE, Mugdan J, Kesselheim W (Hrsg) Morphology. An international handbook on inflection and word-formation. Band 2: Morphological change II: Case studies. De Gruyter, Berlin. 1740–1754

8 Das Persische und das Kurdische

Aria Adli

8.1 Einleitung

Das Persische und das Kurdische sind zwei verwandte Sprachen, die jedoch in ihren jeweiligen Hauptsprachgebieten einen sehr unterschiedlichen Status haben.

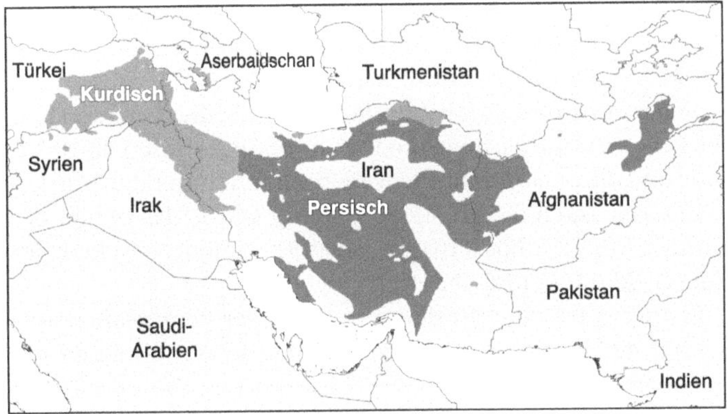

Abbildung 8.1 Gebiete, in denen Persisch bzw. Kurdisch gesprochen wird.

Anders als die angrenzenden Sprachen Arabisch und Türkisch gehören Persisch und Kurdisch zu den indoeuropäischen Sprachen.

Während das Persische die Landessprache des Iran ist, ist das Kurdische die Sprache einer Minderheit ohne eigenen Staat und war in der Geschichte auch politischer Unterdrückung ausgesetzt. In Abbildung 8.1 erkennt man den Kernsprachraum des kurdischen Sprachgebiets, der in der gebirgigen Grenzregion von Türkei, Iran und Irak liegt. Dieser Kernsprachraum ist um einiges größer als Deutschland. Der Iran hat annähernd die fünffache Fläche von Deutschland.

Nach kurzen Einleitungen zu den Kurdischsprechern und zu den Persischsprechern kommen wir zu deren Alphabeten, Lautsystemen, Aspekten der Wortbildung und Aspekten des Satzbaus sowie der Verbbedeutung.

8.2 Allgemeines zur kurdischen und zur persischen Sprache

Das Kurdische und seine Sprecher

Es gibt wenige gesicherte Kenntnisse über die historische Abstammung der Kurden. Einige Historiker führen ihre Wurzeln auf die Meder zurück, die 768–550 v. Chr. das Medische Reich gründeten. Allerdings können nur noch wenige Wörter auf die Sprache der Meder zurückgeführt werden.

Literarisches Schaffen in kurdischer Sprache begann ab dem 16. Jahrhundert an den Höfen der kurdischen Fürsten und in den Moscheeschulen. Im 18. Jahrhundert begann auch der Kontakt des Kurdischen mit anderen europäischen Sprachen, als europäische Händler, Diplomaten, Missionare und Reisende die kurdischen Fürstentümer auf ihrem Weg nach Persien, Indien oder Zentralasien besuchten.

Bedeutung des Kurdischen in der Geschichte
Nach der Eroberung des Byzantinischen Reiches durch die Türken im 13. Jahrhundert und der Errichtung eines eigenen Staates wurde das Türkische eine relativ einflussreiche Sprache in Literatur und Verwaltung dieser Region. Zu dieser Zeit gewann auch das Kurdische allmählich an Einfluss. Dennoch waren im 16. Jahrhundert Arabisch und Persisch nach wie vor die einflussreichen Sprachen der Region und blieben es weiterhin, gleichwohl in unterschiedlicher Gewichtung. Die – vorübergehende – Blütezeit des Kurdischen begann ab dem 16. Jahrhundert an den Höfen der kurdischen Fürsten und in den Moscheeschulen. Wichtige literarische Werke stammen von Malayê Jezirî (1570–1640), Feqiyê Teyran (1590–1660), Ehmedê Xanî (1650–1707), Ismaîl Bayazidî (1642–1709) und Pertev Beg Hakarî (18. Jahrhundert). Der Dichter Haji Qadiri Koyi (1817–1897) kultivierte in seinen Werken den kurdischen Nationalismus und kritisierte diejenigen kurdischen Gelehrten, die Türkisch, Persisch oder Arabisch verwendeten. Die erste kurdische Grammatik wurde interessanterweise nicht von einem Kurden, sondern im Jahr 1787 von einem Europäer namens Garzoni geschrieben.

In der Mitte des 19. Jahrhunderts stürzten die Osmanen und die Perser die kurdischen Fürstentümer. Sie konnten die türkische und die persische Sprache jedoch nicht unter den Kurden etablieren. Nach dem Ersten Weltkrieg wurde das Gebiet der Kurden von Frankreich und Großbritannien zwischen der Türkei, dem Iran und dem Irak aufgeteilt.

Seither waren die Kurden immer wieder Repressalien ausgesetzt, teils als Reaktionen auf kurdische Bemühungen um selbstverwaltete Zonen oder Teilautonomie innerhalb der Länder. Die Geschichte umfasst auch militärische Auseinandersetzungen wie Aufstände der Kurden, Anschläge und Angriffe der militanten Untergrundorganisation PKK, die Bombardierung kurdischer Gebiete in der Türkei und im Nordirak und einen Genozid an den irakischen Kurden unter der Herrschaft des irakischen Diktators Saddam Hussein.

In der Türkei ist etwa ein Fünftel der Bevölkerung kurdisch. Nach langer Einschränkung und Unterdrückung der kurdischen Sprache und Kultur gibt es einen Richtungswechsel, nachdem 2005 Beitrittsverhandlungen mit der EU aufgenommen wurden. Beispielsweise sind Kurden seit 2007 mit einer parlamentarischen Gruppe im türkischen Parlament repräsentiert, 2009 begann ein staatlicher kurdischsprachiger Fernsehsender (TRT 6) zu senden, und der Universität Artuklu in Mardin wurde erlaubt, ein Institut zum Kurdischen und anderen Minderheitensprachen der Türkei einzurichten. Trotz dieser wichtigen Fortschritte bleibt die Situation eher instabil. Die nächsten Jahre und Jahrzehnte werden zeigen, ob sich ein friedlicher, aufgeklärter und respektvoller gegenseitiger Umgang etabliert. Die EU lobt die jüngsten Fortschritte, moniert jedoch nach wie vor, dass der Gebrauch anderer Sprachen als

Türkisch in bestimmten Bereichen des öffentlichen Lebens unter Strafe gestellt ist.

Im Irak machen die Kurden etwa ein Viertel der Bevölkerung aus. Im Norden des Landes haben die Kurden seit mehr als einem Jahrzehnt umfangreiche Selbstbestimmungsrechte. Sie sind heute stark im Parlament vertreten und haben nach dem Irakkrieg einen seit 2005 amtierenden Staatspräsidenten stellen können.

Die Kurden im Iran machen weniger als ein Zehntel der Bevölkerung aus. Die Koexistenz zwischen Kurden und Nichtkurden gestaltete sich hier in den letzten Jahrzehnten friedlicher als im Irak und in der Türkei. Dennoch werden die Beziehungen immer wieder von Spannungen, vor allem in den Grenzregionen, belastet.

Man kann das Kurdische als einen Verbund von teils sehr unterschiedlichen Dialekten begreifen, die oft kaum gegenseitig verständlich sind. Eine kurdische Standardsprache hat sich nicht entwickelt. Daher wird das Türkische häufig zur Verständigung zwischen den Sprechern verschiedener Dialekte verwendet. Sogar die Untergrundorganisation PKK brachte ihre Veröffentlichungen meist auf Türkisch in Umlauf.

Schätzungen zur Zahl der Sprecher des Kurdischen schwanken zwischen 15 und 40 Millionen. Nach den uns zugänglichen Quellen vermuten wir, dass etwa die Hälfte der Sprecher des Kerngebiets in der Türkei leben und je etwa ein Viertel im Irak und im Iran. Außerdem gibt es kurdische Sprecher in Syrien, in der ehemaligen UdSSR, im Libanon sowie ausgewanderte Sprecher in den umliegenden Ländern. Seit etwa 1960/70 findet auch Migration in Richtung westlicher Industrienationen statt. Erstes Ziel der kurdischen Migration nach Europa war Deutschland. Danach setzte unter anderem auch eine Migration in die Beneluxländer, die Schweiz, nach Österreich, Frankreich, Schweden und Großbritannien ein. Die Zahl der Kurden in Deutschland schätzen wir anhand der Statistiken deutscher Ämter auf ca. 450 000 Personen.

Das Persische und seine Sprecher

Der Begriff „Persisch“ wird heutzutage manchmal für die offizielle Sprache des Iran verwendet (das West-Farsi) und manchmal für größere Sprachfamilien, die diese umfassen (Ost- und West-Farsi oder eine noch größere Sprachfamilie).

Die ältesten Quellen in altpersischer Sprache werden in das 6. Jahrhundert v. Chr. datiert. Das in Keilschrift geschriebene Altpersische war die Hauptsprache im antiken Persischen Reich, das sich vom Mittelmeer bis nach Indien erstreckte.

Die „alten“ Perser

Wer sich mit den alten Griechen ein wenig auskennt, kennt auch die alten Perser und die Schlachten zwischen Persern und Griechen. So geht unser heutiger Marathonlauf auf eine Überlieferung zurück, die mit einer solchen Schlacht zu tun hat. Die Griechen schlugen 490 v. Chr. die Perser in der Schlacht bei Marathon, etwa 40 Kilometer von Athen entfernt. Ein griechischer Bote soll darauf nach Athen gelaufen sein, um den Sieg zu verkünden, wonach er vor Erschöpfung starb. Das Theaterstück *Die Perser* des Griechen Aischylos aus dem Jahr 472 v. Chr. (das älteste überlieferte Theaterstück) handelt von einer weiteren Schlacht, bei der die Perser die Niederlage bei Marathon umkehren wollten, allerdings erfolglos waren.

Erfolgreiche antikoloniale Bestrebungen im Iran im 20. Jahrhundert

Mohammad Mosaddeq (1882–1967) war ein Parlamentsabgeordneter, charismatischer Redner und Jurist, der 1951 die Nationalisierung der iranischen Ölindustrie im Parlament durchsetzte. Hierbei wurde er von den traditionell wohlhabenden und einflussreichen Bazarkaufleuten unterstützt. Die Ölindustrie wurde durch die Nationalisierung dem Einfluss der Briten entzogen, die zuvor über die Anglo-Iranische Ölgesellschaft ein System quasikolonialistischer Rohstoffausbeutung betrieben hatten. Mosaddeq war von 1951 bis 1953 Ministerpräsident, als er durch einen von Briten und Amerikanern konspirativ geplanten und von Mohammad Reza Schah unterstützten Staatsstreich gestürzt wurde. Danach wurde Mosaddeq im Iran ein Symbol für antikoloniale und antimonarchistische Kräfte.

Kopfbedeckung und Kleidung der Frauen

Unter den größtenteils muslimischen Iranern und Kurden gibt es eine Vielfalt von ästhetischen und sozialen Normen, was die Kopfbedeckung und Bekleidung der Frauen betrifft. Im schiitischen Iran finden wir etwa den *Tshador*, einen Umhang, der von Kopf bis Fuß verhüllt und häufig in schlichtem Schwarz getragen wird. Daneben gibt es das *Maghne'e*, ein Tuch mit einer Öffnung für den Kopf. Zudem gibt es das *Rusari*, das „normale Kopftuch", das um Haare und Hals gebunden wird. In den großen Städten kann man auch Schals und modische Mützen als Kopfbedeckung sehen. Es macht einen Bedeutungsunterschied, ob das ganze Haar bedeckt ist oder ob der Haaransatz, etwas Haar oder viel Haar sichtbar sind. Der Tshador zeigt normalerweise die Verbundenheit mit traditionell-religiösen Werten. Eine großstädtisch-moderne Wirkung ergibt sich, wenn er offen getragen und darunter modische, etwas tailliert geschnittene Kleidung sichtbar wird.

Im 2. Jahrhundert v. Chr. entwarfen die Perser ihr eigenes Alphabet (*Pahlavi*), das bis zur Eroberung durch die Araber im 7. Jahrhundert n. Chr. Verwendung fand.

Nach der Eroberung von Westasien durch die Araber im 7. Jahrhundert n. Chr. wurde das Arabische die offizielle Sprache in Verwaltung, Handel, Bildung, Wissenschaft und Religion der damaligen islamischen Welt (636–1258). Nur das Persische konnte für sich noch eine wichtige Position in Verwaltung, Literatur und Wissenschaft beanspruchen. In dieser Zeit konnten weitgehend autonome persische Staaten in der Peripherie des Machtgebiets der Araber entstehen.

Aufgrund seiner geografischen Lage (der Iran liegt auf der Seidenstraße, einer alten, wichtigen Handelsstraße zwischen Asien und Europa) gab es in der Geschichte eine Fülle kulturellen Austauschs, aber auch Kriege und Invasionen. Den letzten Invasionsversuch unternahm der Irak im Jahr 1980. Dieser Angriff mündete in einen achtjährigen Krieg, in dem hunderttausende Menschen den Tod fanden. Seit der Entdeckung von Erdöl auf iranischem Territorium im 18. Jahrhundert gab es von russischer und dann besonders von britischer Seite koloniale Bestrebungen zur Kontrolle der Rohstoffvorkommen. Der Iran war bis 1979 eine konstitutionelle Monarchie, zuletzt mit Mohammad Reza Schah als Monarchen an der Spitze der Exekutive. 1979 wurde die Monarchie in Folge der Islamischen Revolution unter Führung des schiitischen Geistlichen Ajatollah Ruhollah Khomeini abgeschafft. Seitdem ist das Verhältnis zwischen westlichen Ländern und der islamischen Republik Iran häufig von gegenseitigem Unverständnis geprägt. Im Westen ist es weitgehend unbekannt, dass eine der Wurzeln der islamischen Revolution antikoloniale Autonomiebestrebungen waren. Der Schah wurde von vielen Iranern als Handlanger westlicher Mächte im Nahen Osten wahrgenommen.

Das Statistikamt des Iran schätzt die gegenwärtige Einwohnerzahl des Iran auf 75 Millionen. Es ist davon auszugehen, dass etwa zwei Drittel Farsi als Erstsprache sprechen. West-Farsi ist die offizielle Sprache des Iran, und so beherrscht der Großteil der übrigen Bevölkerung es zumindest als Zweitsprache. Ost-Farsi wird von etwa der Hälfte der Bevölkerung des benachbarten Afghanistans gesprochen. Man kann die in der Kommunikation wahrgenommene Distanz zwischen West- und Ost-Farsi in etwa mit dem Unterschied zwischen Standarddeutsch und Schweizerdeutsch vergleichen.

Besonders viele iranische Emigranten leben in den USA. Man kann von ca. 350 000 persischen Muttersprachlern in den USA ausgehen. Die Hälfte von ihnen lebt in Kalifornien. Die Zahl der in Deutschland lebenden Muttersprachler des Persischen schätzen wir wiederum auf der Grundlage der amtlichen Statistiken auf ca. 140 000.

8.3 Schrift und Aussprache

Persisch-arabische Schrift

Persisch wird in einer leicht modifizierten Fassung des arabischen Alphabets geschrieben. In Kapitel 7 wird die arabische Schrift eingeführt und erläutert. Hier erwähnen wir lediglich einige wesentliche Gemeinsamkeiten und Unterschiede der persisch-arabischen Schrift.

Die arabische Schrift wird von rechts nach links geschrieben. Wie in unserer lateinischen Schrift entspricht in den meisten Fällen ein Laut einem Buchstaben, wobei die Buchstaben des Arabischen natürlich ganz anders aussehen. Es gibt keine Groß- und Kleinschreibung. Stattdessen hat jeder Buchstabe bis zu vier Formen, je nachdem ob es sich um mit dem vorherigen und mit dem folgenden Buchstaben verbundene Buchstaben handelt. Am Wortende haben viele Buchstaben schöne weite Bögen. All dies ist auch in der persisch-arabischen Schrift der Fall.

Den 28 arabischen Buchstaben werden im persisch-arabischen Alphabet vier Buchstaben hinzugefügt, nämlich *pe* پ, *ʧe* چ, *ʒe* ژ und *gɒf* گ. Wörter, die diese Buchstaben enthalten, sind mit großer Wahrscheinlichkeit auf das *Altpersische* und nicht auf das Arabische zurückzuführen.

Während das Arabische drei Vokale [a, i, u] in jeweils kurzer und langer Form hat, hat das Persische sechs kurze Vokale. Vereinfacht gesagt werden [ɒ, i, u] mit den arabischen Buchstaben für Gleitlaute bzw. lange Vokale geschrieben und, wortintern, die anderen drei [æ, e, o] mit den drei arabischen diakritischen Zeichen für die drei Kurzvokale. Wie im Arabischen werden in der persisch-arabischen Schrift diese diakritischen Zeichen aber vor allem in Kinderbüchern und frühen Schulbüchern verwendet, nicht in Texten für Erwachsene. Ein Beispiel ist das Wort پدر [pedær] ‚Vater', in dem zwei Vokale im Wortinneren ausgesprochen werden. Geschrieben wird das Wort *pdr* (also ein پ, ein د und ein ر). Dem Schriftbild sieht man somit nicht an, ob dies [pedr], [pædr], [pedær], [pædær] etc. ausgesprochen wird.

***Neupersische* Dichtkunst**

Es gibt eine lange und vielfältige neupersische Literaturgeschichte, in der wir die Werke von Ferdowsi (ca. 940–1021), Khayyam (ca. 1048–1131), Rumi (1207–1273) oder Hafis (ca. 1325/26–1389/90) finden, um nur einige Namen zu nennen.

Die folgenden Verse aus dem langen Gedichtwerk „مثنوی" [mæsnævi] ‚Masnavi' des Dichters und Sufis Dschelaladdin Rumi (persisch: „جلال الدين رومی") sollen uns ein wenig mit dieser Kunst vertraut machen. Die Übersetzung von der persischen in die deutsche Sprache dieser Zeilen (Z. 110–116) aus dem ersten Buch des *Masnavi* stammt von der Orientalistin Annemarie Schimmel:

چون قلم اندر نوشتن مي شتافت
چون به عشق آمد قلم بر خود شکافت
هر چه گويم عشق را شرح و بيان
چون به عشق آيم خجل باشم از آن
گرچه‌تفسير زبان‌روشنگر است
ليک‌عشق بي‌زبان‌روشن‌تر است
عقل‌در شرحش‌چو خَر در گل‌بخفت
شرح عشق و عاشقی هم عشق گفت

Die Feder eilt im Schreiben kaum zu halten,
Kommt sie zur Liebe, muss sie gleich zerspalten.
Wie ich die Liebe auch erklären will –
Komm ich zur Liebe, schweig' ich schamvoll still.
Erklärung mag erleuchten noch so sehr,
Doch Liebe ohne Zungen leuchtet mehr!
Verstand: ein Esel, im Morast geblieben –
Erklärung gibt für Liebe, nur das Lieben.

Klassische persische Dichtung hat auch die deutsche Literatur beeinflusst. Ein bekanntes Beispiel ist die von Goethe (1999/1819) ausgedrückte Wertschätzung für Hafis. Ein Teil seiner Gedichtsammlung *West-östlicher Divan* trägt den Titel *Buch Hafis*. Diesem sind die folgenden Verse entnommen:

Und mag die ganze Welt versinken,
Hafis, mit dir, mit dir allein
Will ich wetteifern! Lust und Pein
Sei uns, den Zwillingen, gemein!
Wie du zu lieben und zu trinken,
Das soll mein Stolz, mein Leben sein.

Drei kurdische Schriftsysteme

Das Kurdische wird in drei verschiedenen Alphabeten geschrieben. Im Wesentlichen kann man sagen, dass die Kurden aus der Türkei seit den 1930er/1940er Jahren ein auf dem lateinischen Alphabet basierendes Schriftsystem verwenden, das von den Brüdern Jeladet und Kamuran Bedir Khan von der Prinzenfamilie Azizan entwickelt wurde. (Zuvor wurde das arabische Alphabet verwendet.) Dieses ist dem türkischen Alphabet sehr ähnlich und verwendet die folgenden Zeichen:

Aa Bb Cc Çç Dd Ee Êê Ff Gg Hh Ii Îî Jj Kk Ll Mm Nn Oo Pp Qq Rr Ss Şş Tt Uu Ûû Vv Ww Xx Ẍẍ Yy Zz.

Das Kurdische: Eine Sprache mit drei Schriftsystemen!

Die kurdischen Wörter für *du*, *Kurde* und *schön* sind hier in der lateinischen Schrift (erste Zeile), der kyrillischen (zweite Zeile) und der persisch-arabischen Schrift (dritte Zeile) gezeigt:

tu	K'urd	bedew
тö	К'öрд	бедеw
تو	کـورد	بـه ده و
‚du'	‚Kurde'	‚schön'

Zu ihrer Verbreitung trug wesentlich die zwischen 1932 und 1943 in Damaskus erschienene kurdische Zeitschrift *Hawar* bei.

Die Kurden aus den ehemaligen Sowjetrepubliken verwenden seit 1946 das kyrillische Alphabet, dem die fünf Zeichen ə, *ö*, *h*, *q*, *w* sowie der einigen Zeichen nachgestellte diakritische Apostroph hinzugefügt wurden.

Die Kurden aus dem Irak und dem Iran wiederum verwenden das persisch-arabische Alphabet, das durch diakritische Symbole erweitert wurde.

Die drei kurdischen Alphabete finden sich unter www.loc.gov/catdir/cpso/romanization/kurdish.pdf.

Persische Vokale und Konsonanten

Das Persische besitzt insgesamt sechs Vokale, drei helle und drei dunkle (alle drei mit Lippenrundung ausgesprochen), die in Tabelle 8.1 dargestellt sind.

Tabelle 8.1: Vokale des Persischen in Lautschrift

Klang	hell	dunkel
Mund weiter geschlossen	[i]	[u]
	[e]	[o]
Mund offener	[æ]	[ɒ]

Im Gegensatz zum Deutschen gibt es im Persischen nicht die hellen gerundeten Vokale (*ü* und *ö*), nicht den ganz leichten Vokal Schwa [ə] und auch nicht die Unterscheidung zwischen normalen, langen und reduzierten (ungespannten) Vokalen, sondern nur normale Vokale.

Im Gegensatz zum Deutschen, das nur den offenen Vokal [a] hat, unterscheidet das Persische die beiden offenen Vokale [æ] und [ɒ]. Dabei ist [æ] wie [a], aber heller; es läuft auf ein [e] oder, genauer, auf ein reduziertes [ɛ] zu, ist aber doch von beiden verschieden. Es kommt in den Wörtern در [dær] ‚Tür' und کر [kær] ‚taub' vor. Man beachte, dass dieser Vokal in den beiden Beispielen nicht im Schriftbild erscheint. Das [ɒ] ist wie [a], aber dunkler und gerundet; es läuft in der Hinsicht auf ein [o] oder genauer auf ein reduziertes [ɔ] zu, ist aber doch von beiden verschieden. Es kommt in den Wörtern دار [dɒr] ‚Strick' und کار [kɒr] ‚Arbeit' vor. Die „Feinunterscheidung" zwischen [ɒ] und [æ] in persischen Eigennamen geht dann bei der Übertragung ins Deutsche in Wort und Schrift verloren. Der Vorname des Autors dieses Textes ist آریا [ɒrjɒ], der Nachname عدلی [ædli]. Wie man sieht, unterscheiden sich die Anfangsbuchstaben. In der deutschen Schreibung *Aria Adli* ist dies allerdings nicht mehr sichtbar.

Wenn ein persischer Muttersprachler Deutsch lernt, wird er dabei erst einmal seine persischen Vokale und Betonungsregelmäßigkeiten in der Aussprache verwenden. Beispielsweise wird er bei dem Wort *Lager*, das im Deutschen [ˈlaːgɐ] gesprochen wird, [lɒˈger] sagen, also statt dem deutschen [a] ein [ɒ] (und nicht ein [æ]) und in der zweiten Silbe statt dem [ɐ] ein [e] verwenden, zudem das [r] am Wortende aussprechen (und dies gerollt wie das bairische Zungenspitzen-*r*) und schließlich die Betonung nicht auf die erste, sondern auf die letzte Silbe legen.

Wenn ein deutscher Muttersprachler Persisch lernt, wird er entsprechend die deutschen Vokale verwenden. Das kann durchaus zu Missverständnissen führen. Der Jungenname سامان [sɒmɒn] und der Mädchenname سمن [sæmæn] unterscheiden sich „nur" in der Aussprache des offenen Vokals. Manche iranische Familien geben gerne ihren Kindern ähnlich klingende Namen. Ein deutscher Muttersprachler, der [saman] oder vielleicht auch [zaman] sagt, würde sowohl fragende Blicke vom Mädchen als auch vom Jungen auf sich ziehen, die nämlich nicht wüssten, wer eigentlich gerade gerufen wurde.

Hörbeispiele
Anschauliche Hörbeispiele einzelner Phoneme aus verschiedenen Sprachen der Welt sind in Ladefoged (2005) zusammengefasst. Sprachaufnahmen zu West-Farsi, Ost-Farsi und zum Zentralkurdischen lassen sich im UCLA Phonetics Lab Archive unter http://archive.phonetics.ucla.edu/main2.htm finden. Unter http://web.uvic.ca/ling/resources/ipa/handbook/Persian.zip kann man zudem die digitalen Audiodateien zu den persischen Beispielen aus dem IPA-Handbuch (Majidi und Ternes 1999) abrufen.

Die persischen Konsonanten sind insgesamt den deutschen Konsonanten recht ähnlich. Das Persische hat allerdings keinen *ich*-Laut [ç] wie im Deutschen *ich* [ɪç]. Es hat einen *ach*-Laut wie im Deutschen *ach* [ax] und hat anders als das Deutsche auch eine stimmhafte Version dieses Lautes [ɣ]. Dieser Laut kommt beispielsweise in dem Wort غار [ɣɒr] ‚Höhle' vor. Es unterscheidet sich von dem Wort خار [xɒr] ‚Dorn', das mit der stimmlosen Variante des Lautes beginnt.

Außerdem hat das Persische den Knacklaut [ʔ]. Dieser Konsonant ist ein leichtes Knacken im Kehlkopf. Das Wort بعد [bæʔd] ‚danach' unterscheidet sich von dem Wort بد [bæd] ‚schlecht' nur durch den Einschub dieses Knackens. Man findet es zwar auch im Deutschen, hier am Anfang eines Wortes, das mit einem Vokal beginnt, wie in *Oma* [ʔoːma] oder *Apfel* [ʔapfl] – allerdings würde der Wegfall des Knacklautes im Deutschen nicht zu einer Bedeutungsveränderung führen. Im Deutschen wird dieses Knacken im Kehlkopf also nicht als normaler Konsonant verwendet, im Persischen schon.

Das persische [r] wird wie das [l] mit der Zunge am Zahndamm ausgesprochen. Das *r* des Deutschen wird normalerweise am Zäpfchen ausgesprochen. Es gibt aber auch Dialekte des Deutschen, in denen das *r* wie im Persischen als Zungenspitzen-*r* ausgesprochen wird. Insbesondere in bairischen Dialekten und im Österreichischen finden wir diese rollend klingende Aussprache von *r*. Tabelle 8.2 zeigt die 23 Konsonanten des Persischen in Lautschrift zusammen mit den für sie verwendeten arabischen Buchstaben.

Tabelle 8.2: Persische Konsonanten (Lautschrift und die entsprechenden arabischen Buchstaben)

artikuliert mit	Unterlippe		vorderer Zunge		hinterer Zunge		
artikuliert an	Oberlippe	oberen Schneidezähnen	Zahndamm	hinter Zahndamm	hartem Gaumen	weichem Gaumen	Stimmbänder
Verschlusslaute	[p] پ		[t] ط/ت			[k] ک	stimmlos
	[b] ب		[d] د			[g] گ	stimmhaft
Nasale	[m] م		[n] ن				stimmhaft
Reibelaute		[f] ف	[s] ص/س/ث	[ʃ] ش		[x] خ	stimmlos
		[v] و	[z] ظ/ض/ز/ذ	[ʒ] ژ		[ɣ] ق/غ	stimmhaft
Affrikaten				[ʧ] چ			stimmlos
				[ʤ] ج			stimmhaft
l und *r*			[l] ل [r] ر				stimmhaft
Gleitlaut					[j] ی		
sonstige							[h] ح/ه, [ʔ] ع

Anders als das Deutsche erlaubt das Persische keine Folgen mehrerer Konsonanten am Wortanfang. Solch eine Konsonantenfolge am Wortanfang kommt beispielsweise in dem Vornamen *Svenja* vor. Persischsprecher würden diesen Namen üblicherweise nicht wie im Deutschen [ˈsvɛnja], sondern [esvenˈjɒ] aussprechen. (Man sieht an dem Beispiel auch wieder die Verwendung der persischen Vokale.) Entscheidend ist, dass hier ein [e] am Anfang hinzugefügt wird. Viele solcher Fälle findet man bei Fremdwörtern im Persischen. Zum Beispiel wurde das Wort *Standard* in den persischen Wortschatz aufgenommen, dort allerdings unter der Form استاندارد [estɒndɒrd].

Im Wortinneren (oder auch am Wortende) sind Konsonantenfolgen im Persischen möglich. Die Neigung zur Verwendung der persischen Vokale und zur Hinzufügung eines Vokals vor anfänglichen Konsonantenfolgen sind Teil des persischen Akzents beim Deutschsprechen.

Wortbetonung im Persischen

Die Wortbetonung fällt auf die letzte Silbe des Wortkerns (Stammes) oder auf das Suffix, die Nachsilbe. Es gibt Suffixe, die sich nur dadurch unterscheiden, ob sie die Wortbetonung auf sich ziehen oder nicht, zum Beispiel das unbetonte *-i*, das so etwas wie Unbestimmtheit (Unspezifizität) ausdrückt und in etwa die Bedeutung von *irgendein* hat, bzw. das betonte *-i*, das zur Bildung von Eigenschaftsausdrücken verwendet wird und in etwa die Bedeutung von *-keit* hat. Beispiele hierfür sind das Wort مردی [ˈmær.di] ‚ein Mann' (der nicht näher spezifiziert ist) und das Wort مردی [mær.ˈdi] ‚Männlichkeit'. Im ersten Beispiel ist die erste Silbe, im zweiten Beispiel die zweite Silbe betont. In der Lautschrift steht zu Beginn der Silbe, auf die die Wortbetonung fällt, ein Apostroph. So können zwei Wörter entstehen, die die gleichen Laute verwenden und nur durch ihre Betonung unterschieden werden.

Kurdische Vokale und Konsonanten

Die unterschiedlichen kurdischen Dialekte unterscheiden sich teilweise in ihren Vokalen und Konsonanten voneinander. Zur Illustration des kurdischen Vokal- und Konsonantensystems wird beispielhaft das System des im Irak gesprochenen Sorânî-Dialekts herangezogen. (Am Ende des Kapitels finden Sie Literatur zu den Lauten des Kurdischen in der Türkei.)

Die Vokale des Kurdischen sind denen des Deutschen ähnlicher als die des Persischen. Tabelle 8.3 zeigt die kurdischen Vokale des hier verwendeten Dialekts. Wie im Deutschen gibt es hier das [a] und nicht die persischen Vokale [æ] und [ɒ]. Ebenfalls wie im Deutschen gibt es das Schwa [ə]. Und schließlich gibt es wie im Deutschen für die normalen Vokale [i] und [u] auch zusätzlich die reduzierten (ungespannten) Versionen [ɪ] und [ʊ].

Alle Vokale, die im Kurdischen vorkommen, gibt es auch im Deutschen. Wie in Kapitel 3 beschrieben wird, hat das Deutsche sehr viele Vokale. Außer den Vokalen des Kurdischen hat es noch die hellen gerundeten Vokale (*ü* und *ö*) sowie reduzierte Versionen der Vokale [e] und [o].

Tabelle 8.3: Vokale des Kurdischen in Lautschrift (Sorânî-Dialekt im Irak)

Klang	hell		dunkel
Mund weiter geschlossen	[i] [ɪ]		[u] [ʊ]
	[e]	[ə]	[o]
Mund offener		[a]	

Es gibt 31 Konsonanten im hier verwendeten Dialekt des Kurdischen. Sie sind in Tabelle 8.4 gezeigt.

Tabelle 8.4: Konsonanten des Kurdischen in Lautschrift (Sorânî-Dialekt im Irak)

artikuliert mit	Unterlippe		vordere Zunge		hintere Zunge				
artikuliert an	Oberlippe	oberen Schneidezähnen	Zahndamm	hinter Zahndamm	hartem Gaumen	weichem Gaumen	Zäpfchen	Rachenrückwand	Stimmbänder
Verschlusslaute	[p]		[t]			[k]	[q]		stimmlos
	[b]		[d]			[g]			stimmhaft
Nasale	[m]		[n]			[ŋ]			stimmhaft
Reibelaute		[f]	[s] [sˤ]	[ʧ]		[x]		[ħ]	stimmlos
		[v]	[z]	[ʤ]		[ɣ]		[ʕ]	stimmhaft
l und *r*			[l], [r] [ɫ], [ɾ]						stimmhaft
Gleitlaute	[w]				[j]				
sonstige									[h], [ʔ]

Darunter sind viele Konsonanten, die im Deutschen nicht vorkommen: ein Verschlusslaut [q], der mit der hinteren Zunge am Zäpfchen gebildet wird; zwei Reibelaute [ħ] und [ʕ] (stimmlos und stimmhaft), die dadurch erzeugt werden, dass der Zungenrücken sich nach hinten schiebt und – für deutsche Sprecher ungewöhnlich – an der hinteren Rachenwand ein Reibegeräusch erzeugt! Des Weiteren gibt es im Kurdischen einen kehligen *s*-Laut [sˤ]. Es gibt auch ein [ɫ], das dunkel klingt, im Vergleich zum hell klingenden normalen [l]! Im Kurdischen sind dunkles [ɫ] und helles [l] unterschiedliche Konsonanten. Es gibt auch zwei *r* im Kurdischen: zum einen das rollende [r] aus dem Persischen, das, wie erwähnt, dem bairischen *r* entspricht, zum anderen ein [ɾ], bei dem die Zunge nur einmal kurz am Zahndamm antippt. Auch diese beiden *r* sind unterschiedliche Konsonanten im Kurdischen. Dann gibt es im Kurdischen noch den Gleitlaut [w], der einem [u] ähnlich ist und mit Rundung beider Lippen gesprochen wird. Diesen Laut kennen Sie aus dem Englischen (z. B. in *when* [wɛn]) oder aus dem Französischen (z. B. in *oui* [wi]). Schließlich ist im Kurdischen wie im Persischen der Knacklaut [ʔ], also ein Knacken im Kehlkopf, ein eigener Konsonant.

8.4 Wörter

Wie im Deutschen können auch im Persischen und Kurdischen neue Wörter durch Hinzufügung bestimmter Vorsilben und Endungen gebildet werden. Im Deutschen können wir zum Beispiel durch Anfügung des Elements *-keit* an ein Adjektiv ein neues Substantiv bilden, sodass aus dem Adjektiv *heiter* das Substantiv *Heiterkeit* wird.

Ein Wortbildungselement aus vielen indoiranischen Sprachen (von denen in diesem Buch außer dem Persischen das Hindi/Urdu und das Romani vertreten sind) ist das Element ستان, das im Persischen [estɒn] und im Kurdischen [istan] ausgesprochen wird und ‚Ort von' bedeutet. Es wird an ein Wort angefügt, um eine Ortsbezeichnung bzw. einen Ländernamen zu bilden. Zwei Beispiele aus dem Persischen sind die Bezeichnungen für das Land der Afghanen oder der Tadschiken, nämlich افغانستان [æfɣɒnestɒn] ‚Afghanistan' bzw. تاجیکستان [tɒdʒikestɒn] ‚Tadschikistan'. Ein naheliegendes kurdisches Beispiel ist کوردستان [kurdistan] ‚Kurdistan' (im Sinne der Gesamtheit der Kurdenregionen in der Türkei, im Irak, im Iran und in Syrien). Dieses Wort gibt es auch im Persischen, wo es aber کردستان geschrieben und [kordestɒn] ausgesprochen wird und die gleichnamige Provinz im Westiran bezeichnet.

„Absurd*istan*"
Hin und wieder begegnet man im Deutschen der Wortschöpfung „Absurdistan": Gemeint ist ein fiktiver Staat, in dem „absurde" Verhältnisse herrschen. Nun kann man sich fragen, warum man dafür nicht die Wortschöpfung „Absurdland" oder „Absurdien" wählt. Da deutsche Länderbegriffe, die auf *-istan* enden, bei Staaten aus Süd- und Zentralasien zu finden sind, wird hier eine negativ konnotierte Exotik mit einer bestimmten geografischen Region in Verbindung gebracht.

Ein weiteres interessantes Beispiel für die Wortbildung ist die Anfügung von Verbstämmen. Wenn man zum Beispiel im Persischen an das Substantiv خانه [xɒne] ‚Haus' das Element دار [dɒr] anfügt, welches der Stamm des Verbs *haben* ist, dann erhält man das neue Wort خانه دار [xɒnedɒr] ‚Hausbesitzer'. Anders als beim deutschen Wort *Hausbesitzer* handelt es sich hier nicht um zwei Wörter, die auch eigenständig vorkommen, weil das Element دار [dɒr] kein eigenständiges Wort ist. Hierzu würde es noch eine Verbendung benötigen. Es ist ein wenig so, als würden wir im Deutschen *der Hausbesitz* statt *der Hausbesitzer* sagen. Dieses Suffix finden wir auch im Kurdischen, zum Beispiel im Wort دوکاندار [dukandar] ‚Geschäftsbesitzer'. Hier wurde an das Substantiv دوکان [dukan] ‚Geschäft' das Element دار [dar] angefügt.

Vor und nach einem Verbstamm können im Persischen viele Elemente angefügt werden, was wir an einem Beispiel zeigen wollen: Das Wort نمی دیدمت [nemididæmæt] ‚ich sah Dich nicht' lässt sich wie folgt aufteilen: [ne-mi-did-æm-æt]. Hierbei drückt das Präfix [ne] die Negation aus (‚nicht'). Das Präfix [mi] ist ein sogenannter *Durativmarker*, der ausdrückt, dass die Handlung andauerte oder dass sie wiederholt durchgeführt wurde. (Dies ist in etwa vergleichbar mit der englischen Form *I was seeing you*, im Gegensatz zu *I saw you.*) [did] ist der Vergangenheitsstamm des Verbs ‚sehen'. Das [æm] ist die Endung für die 1. Person Singular (Ich-Form). Das [æt] ist schließlich das direkte Objektpronomen (*dich*), das direkt an das Verb angefügt wird. Dieses Wort beinhaltet also so viele Informationen, dass es einem vollständigen deutschen Satz mit vier Wörtern ‚Ich sah Dich nicht' entspricht. (Und selbst hier fehlt noch die Durativbedeutung!)

In Bezug auf die Form des Verbstammes fällt auf, dass es sowohl im Persischen als auch im Kurdischen immer unterschiedliche Stämme für Gegenwart und Vergangenheit gibt. So lautet zum Beispiel der Präsensstamm für das Verb گه ستن [gestin] ‚beißen' im kurdischen Sorânî-Dialekt گاز [gaz-] und der Vergangenheitsstamm گه ست [gest-]. Im Deutschen gibt es zwar auch Verben mit unterschiedlichen Stämmen im Präsens bzw. Präteritum (etwa *ich gebe*, *ich gab*), dies ist jedoch nicht bei allen Verben so, sondern nur bei den sogenannten *starken* bzw. *unregelmäßigen Verben.*

8.5 Sätze

Bevor wir zum Bau ganzer Sätze kommen, erläutern wir Aspekte des Aufbaus und der Markierung einzelner Satzglieder.

Das Bindeelement Ezafe

In diesem Abschnitt wird die Ezafe erläutert, die man sowohl im Persischen als auch im Kurdischen findet. Dabei werden persische Beispiele zur Illustration verwendet.

Zunächst zur Reihenfolge der Elemente in diesen Sprachen innerhalb des Satzgliedes: Demonstrative Artikel und Zahlwörter stehen (wie im Deutschen) vor dem Nomen, wie die persischen Bespiele این روز [in ruz] ‚dieser Tag' oder سه روز [se ruz] ‚drei Tage' zeigen. Dann gibt es Elemente, die dem Nomen folgen und mit ihm ein Satzglied bilden. In den Beispielen oben auf der nächsten Seite ist das ein Adjektiv in (a), der possessive Zusatz *Morteza* in (b) und eine Ortsangabe zum Nomen in (c). Diese folgen im Persischen und Kurdischen alle auf das Nomen. Die Ezafe ist nun ein Verbindungsglied zwischen dem Nomen und diesen zu ihm gehörigen Elementen. Sie wird

Die Ezafe in Namen
Würde sich der Autor dieses Kapitels ganz normal namentlich vorstellen, dann würde er [ɒrjɒ-je ædli] sagen: ‚Vorname-Ezafe Nachname', mit einem speziellen Bindeglied, das in diesem Abschnitt erläutert wird. Würde er sich aber stattdessen mit [ɒrjɒ ædli] vorstellen, also ‚Vorname Nachname' wie im Deutschen ohne Ezafe, so klingt das, als würde er sich anmaßen, eine berühmte Persönlichkeit zu sein, deren Namen man bereits kennt! Denn nur bereits bekannte Namen stehen ohne Ezafe.

an das (erste) Nomen angehängt und steht so zwischen dem Nomen und dem folgenden Ausdruck. In den hier angeführten Beispielen ist die Ezafe durch die Abkürzung „EZ“ in der Wort-für-Wort-Übersetzung angegeben.

(a) *pers.* ماهی کوچولو
[mɒhi -je kuʧulu]
Fisch -EZ klein
‚kleiner Fisch‘

(b) *pers.* مادر مرتضی
[mɒdær -e mortezɒ]
Mutter -EZ Morteza
‚Mutter von Morteza‘

(c) *pers.* خانه کنار دریا
[xɒne -je kenɒr -e dærjɒ
Haus -EZ neben -EZ Meer
‚Haus am Meer‘

(d) *pers.* ماهی کوچولوی سیاه
[mɒhi -je kuʧulu -je sijɒh]
Fisch -EZ klein -EZ schwarz
‚kleiner, schwarzer Fisch‘

(e) *pers.* ...ان ماهی که کوچولوست
[un mɒhi (~~je~~) ke kuʧulu -st...]
jener Fisch -EZ der klein -ist
‚jener Fisch, der klein ist ...‘

(f) *pers.* عاشق ماهی کوچولو
[ɒʃeq -e mɒhi kuʧulu]
verliebt -EZ Fisch klein
‚verliebt in den kleinen Fisch‘

Im Persischen ist die Ezafe entweder [e] oder [je], abhängig davon, ob davor ein Konsonant oder ein Vokal steht (wobei es auch Unregelmäßigkeiten gibt). Im kurdischen Sorânî-Dialekt wird die Ezafe in der Regel als [i] ausgesprochen.

Wenn mehrere Adjektive zum Nomen gehören, dann tritt die Ezafe auch zwischen den Adjektiven auf, das heißt, jedes weitere Adjektiv wird mit einer neuen Ezafe verbunden wie in (d).

Wenn aber der zum Nomen gehörige Ausdruck ein Relativsatz ist wie in (e), wird er nicht durch eine Ezafe verbunden. Der Relativsatz hat mit seinem Relativpronomen ein eigenes Bindeglied zum Nomen, sodass er die Ezafe nicht zu brauchen scheint.

Die Ezafe verbindet auch Adjektive und Ausdrücke, die zu ihr gehören wie in (f). Darüber hinaus verbindet sie manchmal eine Präposition und ein dazugehöriges Nomen. So sieht man in (c), dass die Ezafe zunächst das erste Nomen mit der folgenden Präposition verbindet und dass dann eine weitere Ezafe die Präposition mit dem zweiten Nomen verbindet. Zwischen Präposition und Nomen steht eine Ezafe bei vielen, aber nicht bei allen Präpositionen.

Die Ezafe verbindet aber nicht Verben mit ihren Objekten oder Subjekten. So ist die Ezafe ein Bindeglied für Wörter innerhalb eines Satzgliedes.

Nun gibt es im Persischen und Kurdischen auch Komposita, also Wörter, die aus zwei Wörtern zusammengesetzt sind. Bei diesen verwendet man keine Ezafe. Zum Beispiel verbinden sich die beiden Wörter زن [zæn] ‚(Ehe-)Frau‘ und پدر [pedær]

Noch einmal Ezafe im Namen

Ein weiteres Beispiel für Ezafe bei Namen ist die Bezeichnung der Hauptfigur in dem persischen Kindermärchen ماهی سیاه کوچولو [mɒhi sijɒh-e kuʧulu] ‚der kleine schwarze Fisch‘. Sie heißt „kleiner Fisch“. Dieser zusammengesetzte Name wird ohne Ezafe gebildet, also ماهی کوچولو [mɒhi kuʧulu] und nicht ماهی کوچولو [mɒhi-je kuʧulu]. Das entspricht dem Beispiel (a), nur ohne Ezafe, wie in Beispiel (f). So wird also der zusammengesetzte Name von dem Ausdruck in (a) unterschieden. Übrigens sind die beiden letzten persischen Schreibweisen identisch, obwohl sie wegen der Ezafe unterschiedlich gesprochen werden. Die Ezafe wird nämlich in der Schrift nur unter bestimmten Umständen wiedergegeben, die mit dem davorstehenden Vokal zu tun haben.

‚Vater' ohne Einfügung der Ezafe zum Kompositum زن پدر [zænpedær] ‚Schwiegervater'. Würde man kein neues, zusammengesetztes Wort bilden, dann würde man پدر زن [pedær-e zæn] ‚Vater der (Ehe-)Frau' sagen.

Markierung von Bestimmtheit und Spezifizität von Satzgliedern

Der „kleine" Unterschied
Im Persischen und Kurdischen wird der Unterschied zwischen *ein kleiner Fisch* und *irgendein kleiner Fisch* mit einem Suffix am Ende des Satzgliedes markiert!

In diesem Abschnitt zeigen wir Ihnen noch ein anderes interessantes Phänomen in Satzgliedern im Persischen und Kurdischen. Zum besseren Verständnis beginnen wir mit ein wenig Hintergrundwissen zum Deutschen. Im Deutschen gibt es bestimmte und unbestimmte Artikel. In dem Satz *Peter sucht den Fisch* wird unterstellt, dass die Gesprächspartner wissen, welcher Fisch gemeint ist. In dem Satz *Peter sucht einen Fisch* wird dies nicht unterstellt. Unabhängig davon kann bei dem letzeren Beispiel *Peter* einen aus seiner Sicht bestimmten *Fisch* suchen (er weiß, welchen er sucht) oder irgendeinen *Fisch*. Diese Unterscheidung lässt sich im Persischen am Objekt markieren.

Aber der Reihe nach. Zunächst hat das Persische wie das Deutsche einen unbestimmten Artikel, im Persischen یک [jek] ‚ein'. Wie im Deutschen steht er am Anfang des Satzgliedes, etwa in یک ماهی کوچولو [jek mɒhi-je kutʃulu] ‚ein kleiner Fisch' (wörtlich: ‚ein Fisch-Ezafe klein'). Dann gibt es im Persischen auch etwas Ähnliches wie unsere bestimmten Artikel, wobei das Persische dafür demonstrative Artikel wie im Deutschen *dieser* verwendet. Auch sie stehen im Persischen vor dem Nomen.

Dazu kommt nun im Persischen eine Markierung für *irgendein*. Sie steht als Suffix ی [-i] oder [-ji], das als Nachsilbe dem gesamten Satzglied angehängt wird. ‚Irgendein kleiner Fisch' ist im Persischen ماهی کوچولویی [mɒhi-je kutʃulu-**ji**]. Dabei kann der unbestimmte Artikel, wie in diesem Beispiel, auch weggelassen werden. Das Gegenteil, dass ein spezifischer kleiner Fisch gesucht wird, wird mit dem Suffix *-o*, *-ro* oder *-jo* und in der geschriebenen oder gehobenen Sprache mit را [-rɒ] angezeigt. Die persische Grammatik erlaubt die Markierung, dass etwas spezifisch ist, allerdings nur für Objekte. In gewisser Weise ist also die Markierung, dass etwas spezifisch ist, gleichzeitig eine Markierung eines Objekts. Dieser Objektmarker (im Folgenden abgekürzt als OM) findet sich beispielsweise in allen Beispielsätzen in dem Abschnitt „Wortstellung im Persischen" unten. Im Persischen findet man keine Kasusmarkierungen wie im Deutschen, sondern gegebenenfalls den Objektmarker.

Im Kurdischen markiert [-ek] am Ende eines Satzgliedes die Bedeutung von ‚irgendein'.

Es gibt noch andere Suffixe, die im Persischen und Kurdischen am Ende eines Satzgliedes stehen. Ein Beispiel sind besitzanzeigende Pronomen wie *mein* in *mein Fahrrad*. Das persische ماهی کوچولوی سیاهت [mɒhi-je kuʧulu-je sijɒh-æt] ‚dein kleiner schwarzer Fisch' endet mit dem Suffix ت [æt] ‚dein'.

Im Kurdischen gibt es ebenfalls ein Suffix für die Markierung von Bestimmtheit. Im Sorânî-Dialekt wird es als *-eke*, *-ke*, *-aka* oder *-a* realisiert, wie in یاریه که [jari-jeke] ‚das Spiel'. Dieses Element wird auch an das Ende des Satzglieds, hier an das Adjektiv, angehängt, wie das Beispiel نسپه سپیه که [esp-e sipi-jeke] ‚das weiße Pferd' zeigt.

Übereinstimmung von Objekten und Subjekten mit dem Verb im Kurdischen

Eine gerade für deutsche Muttersprachler spannende Eigenschaft sind die Übereinstimmungen kurdischer Verben. Zunächst ist es im Kurdischen wie im Deutschen: Wenn man im Satz ein Subjekt, ein konjugiertes (also finites) Verb und vielleicht auch einen prädikativen Ausdruck hat (aber kein Objekt), dann stimmt die konjugierte Form des Verbs mit dem Subjekt überein: ***Ich war** ein Kind*, ***Du warst** ein Kind* etc. Im Deutschen ist das natürlich auch dann so, wenn es ein Objekt gibt: ***Ich sah** sie/dich*, *Du **sahst** sie/mich* etc. Es ist im Deutschen immer das Subjekt, das mit dem finiten Verb übereinstimmt.

Das Kurdische kennt auch die Übereinstimmung mit dem finiten Verb. In (a) ist ein intransitiver Satz gezeigt, also ein Satz, der nur ein Subjekt hat und kein richtiges Objekt. Hier ist es wie im Deutschen: Das finite Verb stimmt mit dem Subjekt überein. Wenn das finite Verb allerdings transitiv ist, also sowohl mit einem Subjekt als auch mit einem Objekt steht, dann zeigt das finite Verb keine Übereinstimmung mit dem Subjekt, sondern mit dem Objekt! So stimmt das Verb in (b) mit dem Objekt *dich* überein und in (c) mit dem Objekt *mich*. Und dies ist im Kurdischen ganz regelmäßig. (Die Beispiele sind aus Haig 2004, S. 80 f.) Das ist in etwa so, als würde man im Deutschen **Ich **sahst Dich*** (Beispiel b) bzw. **Du **sah mich*** (Beispiel c) sagen!

(a)	*kurd.*	*ez*	*zarok*	*bûm*	[nur Subjekt (intransitiv), Vergangenheit]
		PRON.**1.SG**	Kind	war.**1.SG**	
		‚Ich war ein Kind.'			

(b)	*kurd.*	*min*	*tu*	*dîtî*	[Subjekt und Objekt (transitiv), Vergangenheit]
		PRON.1.SG	PRON.**2.SG**	sah.**2.SG**	
		‚Ich sah Dich.'			

(c) *kurd.* *te* *ez* *dîtim* [Subjekt und Objekt (transitiv), Vergangenheit]
PRON.2.SG PRON.**1.SG** sah.**1.SG**
‚Du sahst mich.'

Noch spannender ist folgender Punkt: Wir haben oben dargestellt, dass es unterschiedliche Verbstämme für Gegenwart und für Vergangenheit gibt. Die Übereinstimmung mit dem Objekt findet sich in Sätzen, in denen das Verb in einer Vergangenheitsform steht. Steht das Verb in einer Gegenwartsform, so ist es wie im Deutschen: Das finite Verb stimmt immer mit dem Subjekt überein!

Es gibt übrigens außer dem Kurdischen auch viele andere Sprachen auf der Welt, die Übereinstimmung mit dem Objekt statt mit dem Subjekt zeigen, wenngleich keine Sprachen dabei sind, die wir in der Schule lernen oder die sonst im deutschen Alltag häufig auftreten. Das Baskische und das Tibetische etwa verhalten sich so. Man nennt solche Sprachen *Ergativsprachen*. Auch ist das Kurdische nicht die einzige Sprache, die nur unter bestimmten Umständen Objektübereinstimmung zeigt, unter anderen Bedingungen Subjektübereinstimmung. Das nennt man in der Linguistik *gespaltene Ergativität*. Auch das Hindi-Urdu (Kapitel 13) und das Georgische haben diese gespaltene Ergativität. Im Persischen gibt es hingegen, wie im Deutschen, stets eine Übereinstimmung zwischen Subjekt und Verb.

Wortstellung im Persischen

Die Wortreihenfolge im persischen Satz folgt dem Muster Subjekt – Objekte – Verben (SOV, siehe hierzu auch die sprachvergleichenden Ausführungen in Kapitel 3):

pers. مرتضی علی را دیده.
[mortezɒ æli-rɒ dide]
Morteza Ali-OM sah
‚Morteza sah Ali.'

Freie Angaben, etwa Zeitangaben, stehen in der Regel nach dem Subjekt, manchmal auch nach dem Objekt. Eine spezielle Klasse von freien Angaben (sogenannte Satzadverbien) wie *glücklicherweise* oder *normalerweise* stehen auch häufig am Satzanfang vor dem Subjekt:

pers. خوشبختانه مرتضی دیروز علی را دیده.
[xoʃbæxtɒne mortezɒ diruz æli-rɒ dide]
glücklicherweise Morteza gestern Ali-OM sah.3.SG
‚Glücklicherweise sah Morteza gestern Ali.'

Diese Reihenfolge ist die Normalabfolge der Satzglieder. Wie in vielen anderen Sprachen, auch dem Deutschen, sind außer der Normalabfolge manchmal auch andere Reihenfolgen der Satzglieder erlaubt. Im Persischen sind diese Freiheiten, die Normalabfolge zu verändern, besonders groß. Solche Veränderungen der Abfolge sind dadurch motiviert, dass ein bestimmter Satzteil besonders hervorgehoben wird (er kann dann an den Anfang gestellt werden) oder dass ein Satzteil gewissermaßen im Vergleich zu den übrigen Satzteilen in den Hintergrund gerückt wird (dann kann er entweder an den Anfang oder an das Ende gestellt werden). Die Flexibilität der Reihenfolge sieht man etwa daran, dass das Subjekt oder ein Objekt auch ganz an das Ende, hinter das Verb, gestellt werden kann, wenn es eine bekannte Information darstellt und somit in den Hintergrund tritt. In dem folgenden Beispiel steht das Objekt insofern im Hintergrund des Satzes, als es im vorherigen Satz bereits erwähnt wurde: Auf die Frage مرتضی دوستاشو دید؟ [mortezɒ duʃtɒʃ-o did] ‚Hat Morteza seine Freunde gesehen?‘ kann man somit entweder einfach antworten دیروز علی را دید [diruz æli-rɒ did] ‚Gestern hat er Ali gesehen‘ oder auch Morteza noch einmal erwähnen, jetzt allerdings am Ende (sozusagen in Hintergrundposition) دیروز علی را دید مرتضی [diruz æli-rɒ did mortezɒ] ‚Gestern hat Morteza Ali gesehen‘ oder ‚Gestern hat er Ali gesehen, der Morteza‘.

Wer die Wahl hat, ...

Die folgenden Beispiele zeigen, wie viele Möglichkeiten der Wortstellung sogar in einem kurzen persischen Satz gegeben sind. Es ergeben sich hier viele kleine Bedeutungsnuancen, zum Beispiel im Sinne von Hintergrund und Vordergrund, unter denen man mit viel Fingerspitzengefühl oder stilistischer Raffinesse wählen kann:

مرتضی علی را دیروز دیده.
[mortezɒ æli -rɒ diruz dide]
Morteza Ali -OM gestern sah.3.SG

مرتضی دیروز علی را دیده.
[mortezɒ diruz æli-rɒ dide]
Morteza gestern Ali-OM sah.3.SG

علی را مرتضی دیروز دیده.
[æli-rɒ mortezɒ diruz dide]
Ali-OM Morteza gestern sah.3.SG

دیروز مرتضی علی را دیده.
[diruz mortezɒ æli-rɒ dide]
gestern Morteza Ali-OM sah.3.SG

دیروز علی را دیده مرتضی.
[diruz æli-rɒ dide mortezɒ]
gestern Ali-OM sah.3.SG Morteza

8.6 Bedeutung: Verbgefüge im Persischen und Kurdischen

Im Deutschen gibt es sogenannte Funktionsverbgefüge. So kann man *anzeigen* auch ausdrücken als *zur Anzeige bringen* und *benachrichtigen* auch als *Nachricht geben*. Solche Verbgefüge sind im Persischen (und auch im Kurdischen) sehr viel häufiger als im Deutschen. Viele Bedeutungen, die im Deutschen durch ein einfaches Verb ausgedrückt werden, werden im Persischen (und Kurdischen) zusammengesetzt ausgedrückt. Im Vergleich mit dem Deutschen gibt es im Persischen überhaupt nur eine überschaubare Anzahl von Verben, die nicht auf diese Weise zusammengesetzt werden.

Die Verbgefüge bestehen aus einem einfachen Verb und einem vorangestellten Nomen (zum Teil auch mit Präposition) oder Adverb, wie in den folgenden Beispielen aus dem Persischen und dem kurdischen Soranî-Dialekt zu sehen ist. Dabei wird der Großteil der Bedeutung von dem Nomen oder Adverb beigetragen. Das Verb ist entweder bedeutungsarm, wie ‚machen‘ in (a) und (c), oder seine Bedeutung geht kaum in die Bedeutung des Gesamtausdrucks ein, wie in (b). Die Bedeutung

Ein Schema für Neuschöpfungen
Es entstehen im Persischen auch schnell neue Verbgefüge. Viele neue Begriffe werden nach diesem Schema gebildet, zum Beispiel دیلیت کردن [dilit kærdæn] ‚löschen' (wörtlich: ‚delete machen') aus dem Vokabular der Computernutzung.

von ‚schlagen' ist in diesem Gefüge mehr oder weniger verloren gegangen:

(a) *pers.* کار کردن
[kɒr kærdæn]
Arbeit machen
‚arbeiten'

(c) *kurd.* تام کردن
tam kirdin
Geschmack machen
‚schmecken'

(b) *pers.* حرف زدن
[hærf zædæn]
Wort schlagen
‚sprechen'

(d) *kurd.* را خستن
ra xistin
Weg werfen
‚verteilen'

In vielen Fällen, in denen man im Deutschen ein Verb aus einem Nomen ableiten würde (z. B. Nomen *Erde* → Verb *be-erd-ig-en*), verwendet man im Persischen und Kurdischen eine Kombination aus Nomen und Verb (z. B. Nomen خاک [xɒk] ‚Erde' → خاک کردن [xɒk kærdæn] ‚beerdigen'; wörtlich: ‚Erde machen'). Die gängigsten Verben, die in persische Verbgefüge eingehen, sind کردن [kærdæn] ‚machen', شدن [ʃodæn] ‚werden', دادن [dɒdæn] ‚geben', زدن [zædæn] ‚schlagen', گرفتن [gereftæn] ‚bekommen', خوردن [xordæn] ‚essen'.

Man findet im Persischen auch Verben, die aus Substantiven gebildet wurden, denen die Endung یدن [-idæn] angehangen wurde. Beispiele sind دزدیدن [dozd-idæn] ‚stehlen', in dem das Wort دزد [dozd] ‚Dieb' enthalten ist, oder فهمیدن [fæhm-idæn] ‚verstehen', in dem das Wort فهم [fæhm] ‚Verständnis' enthalten ist. Neue Wörter der Standardsprache entstanden aber schon länger nicht mehr auf diese Art und Weise. Interessanterweise findet man allerdings seit Kurzem neue jugendsprachliche Wörter, die auf diese Art gebildet werden. Es handelt sich hier in der Regel um stilistische bzw. jugendsprachliche Alternativen zu schon vorhandenen „Nomen + Verb"-Gefügen. Zum Beispiel kann man unter Schülern und Studenten im Iran neuerdings die innovative Verbform درسیدن [dærs-idæn] ‚lernen' hören, in der das Nomen درس [dærs] ‚Unterricht' enthalten ist. Diese Verbform wird statt des üblichen Gefüges درس خواندن [dærs xɒndæn] ‚lernen' (wörtlich: ‚Unterricht lesen') verwendet.

Quellen und weiterführende Literatur

Zum Kurdischen: Zur Disparität der kurdischen Dialekte siehe Bordie (1978), Güsten (2009, S. 22), Haig (2007, S. 165), Blau (1989, S. 328). Zur Situation der Kurden: EU (2009, S. 18–31), Akin (1996, Kap. 2), Kendal (1993), Güsten (2009). Zu den kurdischen Sprecherzahlen: Blau (1989), Hassanpour (1993, S. 107), Haig (2007), Lewis (2009), McDowall (1985, S. 7). Zu den kurdischen Sprechern in Deutschland: Akin & Rollan (2008), Blau (1989), Bundesamt für Migration und Flüchtlinge (2010, S. 207, S. 347).

Zum Persischen: Zur Einordnung des Persischen in Sprachfamilien siehe Lewis (2009). Zur Geschichte der persischen Literatur: Yarshater (1988). Zum Dichter und Sufi Rumi: Schimmel (2003). Zur Zahl der Sprecher im Iran: www.amar.org.ir/ sowie Statistical Center of Iran (1998). Zur Zahl der Sprecher in Deutschland: Statistisches Bundesamt (2009, S. 51), Bundesamt für Migration und Flüchtlinge (2010, S. 347). Zur neueren Geschichte des Irans: Dabashi (2007).

Zur persischen Schrift: Behzad und Divshali (2007). Zur ALA-LC-Romanisierung: Barry (1997). Zur Internetnutzung im Iran: ITU (2010, S. 105). Kurdische Alphabete: Barry (1997, S. 114 f.) und im Internet: www.loc.gov/catdir/cpso/romanization/kurdish.pdf. Laute des Persischen: Majidi und Ternes (1999). Zur Phonologie des Kurdischen in der Türkei: Jastrow (1977). Laute des kurdischen Sorânî-Dialekts im Irak: McCarus (1997, S. 696).

Zu Wörtern und Sätzen: Zu Verbformen im Persischen siehe Lazard (1992; S. 130–171, S. 290–300) sowie Alavi und Lorenz (1996). Zu Verbformen im Kurdischen: Blau (1980) und Bynon (1979). Zu Verbgefügen im Kurdischen: Karimi-Doostan (2005), Blau (1980, S. 113–122). Zu Verbgefügen im Persischen: Karimi-Doostan (1997; 2011) und Lazard (1992, S. 294–300). Ezafe im Persischen: Samvelian (2007), Ezafe im Kurdischen: Karimi (2007). Bestimmtheitssuffix im Kurdischen: Blau (1980, S. 44), Dabir-Moghaddam (2006). Objektmarker im Persischen: Karimi (2003). Übereinstimmung des finiten Verbs mit dem Objekt: Haig (2004). SOV-Wortreihenfolge im Persischen: Karimi (2005, S. 124 f.). Keine Bewegung des Frageworts: Adli (2010).

Ausflug ins „Finglische“

Zum Abschluss dieses Kapitels wollen wir Ihnen hier „am Rande“ noch einen iranischen Rap-Text zeigen und Ihnen dabei kurz das Finglisch, das Farsi-Englisch, vorstellen:

> „Das ist Teheran, das ist eine Stadt, in der alles, was man sieht, einen provoziert.
> Es provoziert deine Seele bis zum Müllcontainer, und du verstehst, dass auch du kein Mensch bist, sondern Abfall gewesen bist.
> Hier ist jeder Wolf, und du willst wie ein Lamm sein? Ich werde dir ein wenig Augen und Ohren öffnen!
> Hier ist Teheran, du Idiot, das ist kein Witz. Hier gibt es weder Blumen noch Eis am Stiel.“

Dies ist der Anfang des sozialkritischen Liedes *Ekhtelaf*. In diesem Lied beschreibt der Teheraner Rapper Hichkas in drastischen Worten die soziale Ungleichheit in der iranischen Hauptstadt. Rapper im Iran gehören übrigens zu den sogenannten Untergrundmusikern. Viele nutzen einschlägige Musik- und Videoportale im Internet als Hauptverbreitungsweg für ihre Musik und für ihre Musikvideos.

In der persischen Schrift mit dem persisch-arabischen Alphabet sieht der Text so aus:

اینجا تهرانه، یعنی شهری که هر چی که توش میبینی باعث تحریکه
تحریک روحت تا تو آشغالدونی میفهمی تو هم آدم نیستی یه‌آشغال بودی
اینجا همه گرگن میخوای باشی مثه بره بذار چشم و گوشتو من باز کنم یه ذره
اینجا تهران لعنتی شوخی نیستش خبری از گل و بستنی چوبی نیستش

Wir zeigen Ihnen hier auch noch eine weitere Variante des Textes, in Finglish:

Inja tehrane, yani shahri, ke harchi ke toosh mibini baese tahrike
Tahrike roohet ta tu ashghaldooni, mifahmi to ham adam nisti ye ashghal boodi
Inja hame gorgan, mikha bashi mese bareh, bezar cheshm o gushet-o man baz konam ye zareh
Inja tehrane, la'nati, shookhi nistesh, khabari az gol o bastani choobi nistesh

Literatur

Adli A (2010) Constraint cumulativity and gradience: Wh-scrambling in Persian. *Lingua* 120: 2259–2294

Akin S (1996) Représentations idéologiques et réalités langagières: *Le cas du kurde. Bretagne Linguistique* 10: 143–151

Akin S, Rollan F (2008) Les modes de transmission de la langue kurde dans la communauté kurde de France. *Etudes kurdes* 9: 11–25

Alavi B, Lorenz M (1996) Lehrbuch der persischen Sprache. Langenscheidt, Leipzig u. a.

Barry RK (Hrsg) (1997) ALA-LC romanization tables: Transliteration schemes for non-Roman scripts, Ausgabe 1997 Cataloging Distribution Service, Library of Congress, Washington

Behzad F, Divshali S (2007) Sprachkurs Persisch. ALEFBA, Bamberg

Blau J (1980) Manuel de Kurde. Klincksieck, Paris

Blau J (1989) Le kurde. In Schmitt R (Hrsg) Compendium Lingarum Iranicarum. Reichert, Wiesbaden. 327–335

Bordie JG (1978) Kurdish dialects in Eastern Turkey. In Jazayery MA, Polome EC, Winter W (Hrsg) Linguistic and literary studies in honor of Archibald A. Hill. Band II: Descriptive linguistics. Mouton, The Hague. 205–212

Bundesamt für Migration und Flüchtlinge (2010) Migrationsbericht 2008. Bundesministerium des Innern, Berlin

Bynon T (1979) Zur Struktur des kurdischen Verbs. In Brogyanyi B (Hrsg) Studies in diachronic, synchronic, and typological linguistics: Festschrift for Oswald Szemerenyi on the occasion of his 65th birthday. Benjamins, Amsterdam. 167–178

Dabashi H (2007) Iran: A people interrupted. The New Press, New York

Dabir-Moghaddam M (2006) Internal and external forces in typology: Evidence from Iranian languages. *Journal of Universal Language* 7/2: 29–47

EU (2009) Turkey 2009 progress report. Kommission der Europäischen Gemeinschaften, Brüssel

von Goethe JW (1999/1819) West-östlicher Divan. Reclam, Ditzingen

Güsten S (2009) Die Kurdenfrage in der Türkei. *Aus Politik und Zeitgeschichte* 39/40: 21–26

Haig G (2004) Alignment in Kurdish: A diachronic perspective. Habilitationsschrift, Christian-Albrechts-Universität zu Kiel

Haig G (2007) Grammatical borrowing in Kurdish (Northern group). In Matras Y, Sakel J (Hrsg) Grammatical borrowing in cross-linguistic perspective. De Gruyter, Berlin. 165–183

Hassanpour A (1993) The internationalization of language conflict: The case of Kurdish. In Fraenkel E, Kramer C (Hrsg) Language contact – language conflict. Lang, New York. 107–155

ITU (2012) Measuring the information society 2012. International Telecommunication Union, Genf

Jastrow O (1977) Zur Phonologie des Kurdischen in der Türkei. *Studien zur Indologie und Iranistik* 3: 84–106

Karimi S (2003) Object positions, specificity and scrambling. In Karimi S (Hrsg) Word order and scrambling. Blackwell, Oxford

Karimi S (2005) A minimalist approach to scrambling: Evidence from Persian. De Gruyter, Berlin
Karimi Y (2007) Kurdish Ezafe construction: Implications for DP structure. *Lingua* 117: 2159–2177
Karimi-Doostan G (1997) Light verb constructions in Persian. Doktorarbeit, Essex University
Karimi-Doostan G (2005) Light verbs and structural case. *Lingua* 115: 1737–1756
Karimi-Doostan G (2011) Separability of light verb constructions in Persian. *Studia Linguistica* 65/1: 70–95
Kendal N (1993) L'évolution du kurde en Turquie et en Syrie. Actes du Colloque „Le kurde vers l'an 2000". Université de la Sorbonne-Nouvelle, Paris
Ladefoged P (2005) Vowels and consonants: An introduction to the sounds of languages. 2. Aufl. Blackwell, Oxford
Lazard G (1992) A grammar of contemporary Persian. Mazda Publishers, Costa Mesa, CA
Lewis MP (Hrsg) (2009) Ethnologue: Languages of the world. 16. Aufl. SIL International, Dallas
Majidi MR, Ternes E (1999) Persian (Farsi). In International Phonetic Association (Hrsg) Handbook of the International Phonetic Association: A guide to the use of the International Phonetic Alphabet. Cambridge University Press, Cambridge. 124–125
McCarus EN (1997) Kurdish Phonology. In Kaye AS, Daniels PT (Hrsg) Phonologies of Asia and Africa (including the Caucasus). Eisenbrauns, Winona Lake. 691–706
McDowall D (1985) The Kurds. The Minority Rights Group, London
Samvelian P (2007) A (phrasal) affix analysis of the Persian Ezafe. *Journal of Linguistics* 43/03: 605–645
Schimmel A (2003) Rumi – Ich bin Wind und Du bist Feuer: Leben und Werk des großen Mystikers. Diederichs, Düsseldorf
Statistical Centre of Iran (1998) Report on census of population and housing for 1375 [1996–97] [Farsi]. Statistical Centre of Iran, Teheran
Statistisches Bundesamt (2009) Statistisches Jahrbuch für die Bundesrepublik Deutschland. Wiesbaden
Yarshater E (Hrsg) (1988) Persian literature. State University of New York Press, New York

In Finglisch (Farsi-Englisch) wird unser lateinisches Alphabet verwendet, um Persisch zu schreiben. Es kommt vor allem in der elektronischen Kommunikation (Chat, SMS, E-Mail, Internetforen ...) zum Einsatz. Das Finglisch folgt einer impliziten, losen Norm, sodass es auch Variationen gibt. Manche schreiben beispielsweise den Laut [u] in Anlehnung an die englische Schreibweise als *oo*, andere als *ou*, und gelegentlich findet man auch einfach ein *u*. Man sollte sich in diesem Zusammenhang vor Augen halten, dass im Jahr 2011 21 Prozent der iranischen Bevölkerung Internetnutzer waren. Im Jahr 2010 zählte man nur 16 Prozent, das heißt, es gibt derzeit einen starken Zuwachs. Der Anteil von Internetnutzern dürfte zudem bei der jüngeren, urbanen Generation deutlich höher sein.

Neben Finglisch gibt es übrigens auch einen von Bibliotheken entwickelten Standard für die Übertragung der persischen Schreibung in das lateinische Alphabt. Anders als beim Finglisch werden hier auch eine Reihe von Diakritika (Striche, Bögen, Punkte etc. an den Buchstaben) verwendet, um die präzise Lautform auszudrücken.

9 Das Bosnische/ Kroatische/Serbische und das Bulgarische

Luka Szucsich

9.1 Einleitung

Wenn Sie früher einmal Urlaub in Jugoslawien gemacht haben, dann haben Sie dort vielleicht ein paar Brocken Serbokroatisch aufgeschnappt. Heute dagegen haben Sie es mit Kroatisch oder Serbisch zu tun. Gibt es das Serbokroatische also nicht mehr? Diese Frage ist umstritten, sowohl unter den Sprechern der Sprache als auch unter Sprachwissenschaftlern. „Eine Sprache ist ein Dialekt mit Armee und Flotte." Dieses ursprünglich jiddische Sprichwort beschreibt gut den Status der ersten südslawischen Sprache „Bosnisch/Kroatisch/Serbisch", die hier besprochen wird, und die wir im Folgenden mit BKS abkürzen. Vor dem Zerfall Jugoslawiens war *Serbokroatisch* die Staatssprache des Landes (deswegen „Armee und Flotte"). Es war eine Dachsprache für serbische und kroatische, aber auch bosnische und montenegrinische Dialekte. Nach 1991 entwickelten sich das Serbische, Kroatische, Bosnische und Montenegrinische auseinander, wobei sie aus linguistischer Sicht noch nicht den Status eigener Sprachen beanspruchen können, da sich ihre Sprecher gut miteinander verständigen können. BKS hat sich als Bezeichnung eingebürgert und beinhaltet auch die Variante, die in Montenegro gesprochen wird. Tatsächlich sind die sprachlichen Unterschiede zwischen den Varianten eher marginal und beziehen sich weitgehend auf den Wortschatz. So heißt das Brot in Serbien *hleb*, in Bosnien *hljeb* und in Kroatien *kruh*, die Karotte (oder Möhre) heißt in Serbien *šargarepa*, in Bosnien und Kroatien aber *mrkva*. Für den Kaffee (im Deutschen: *KAffee* oder *KaFFEE*) gibt es drei Varianten: serbisch *kafa,* kroatisch *kava*, bosnisch *kahva*.

Das BKS (*bosanski/hrvatski/srpski jezik*) mit seinen Varietäten, den Staatssprachen Serbiens, Kroatiens, Bosniens und Montenegros, bildet jedenfalls mit dem Slowenischen (*slovenščina*) die westliche Gruppe der südslawischen Sprachen. Beim Slowenischen handelt es sich allerdings in linguistischer Hinsicht um eine eigene Sprache.

Bekannte Persönlichkeiten

Bei bekannten Persönlichkeiten aus Bulgarien, Mazedonien, Serbien, Montenegro, Bosnien/Herzegowina, Kroatien und Slowenien denken die meisten wahrscheinlich zunächst an eine lange Liste von hervorragenden Sportlern und Sportlerinnen, vor allem in den Ballsportarten wie Dimitar Berbatov (bulgarischer Fußballer, u. a. bei Manchester United), Goran Pandev (mazedonischer Fußballer, u. a. beim SSC Neapel), Stefka Kostadinova (bulgarische Olympiasiegerin im Stabhochsprung), Veselin Topalov (bulgarischer Schachgroßmeister), Edin Džeko (kickt bei Manchester City und stammt aus Bosnien-Herzegowina) und viele andere mehr. In Südosteuropa gibt es aber auch ein reiches Kulturleben, etwa hervorragende Schriftsteller wie den Nobelpreisträger Ivo Andrić, der sich in erster Linie als Jugoslawe sah, den Kroaten Miroslav Krleža, die Serbin Biljana Srbljanović, den weltbekannten slowenischen Philosophen Slavoj Žižek, um nur eine kleine Zahl zu nennen. Daneben gibt es eine Vielzahl anderer kulturell bedeutender Persönlichkeiten wie den Verhüllungskünstler Christo (Javašev), der aus Bulgarien stammt, den mazedonischen Regisseur Milčo Mančevski, seinen bosnischen Kollegen Emir Kusturica und die slowenische Avantgarde-Musikgruppe Laibach. Einer der bekanntesten Namen in der Wissenschaftsgeschichte aus diesem Raum war der Erfinder Nikola Tesla, der einer serbisch-orthodoxen k. u. k.-Offiziersfamilie aus dem heutigen Kroatien entstammte und nach dem der Belgrader Flughafen und viele Straßen in Ex-Jugoslawien, unter anderem in Zagreb, benannt sind. Zu erwähnen ist auch Mileva Marić, die erste Frau Albert Einsteins, über deren Beitrag zu Einsteins Theorien teils heftig gestritten wird.

Die östliche Gruppe besteht aus dem Bulgarischem (*български език, bălgarski ezik*) und dem Mazedonischen (*македонски јазик, makedonski jazik*), den Staatssprachen von Bulgarien und Mazedonien. Zwischen diesen Standardsprachen und den regionalen Dialekten findet man zahlreiche Übergangsformen – übrigens auch vom Bulgarischen und Mazedonischen zum BKS. In der Herausbildung der Standardsprachen gab es immer wieder unterschiedliche Tendenzen: Mal wurden Standardsprachen für größere Sprechergemeinschaften propagiert, mal wurden kleinteiligere Lösungen präferiert. Derzeit setzen sich im Bereich des BKS die separatistischen Tendenzen durch.

Ein besonders augenfälliger Unterschied zwischen Sprachen und Varietäten in Südosteuropa ist die Schrift. Einige südslawische Sprachen werden ausschließlich mit lateinischer Schrift (Slowenisch), andere wiederum ausschließlich mit kyrillischer Schrift (Bulgarisch, Mazedonisch) geschrieben. Das BKS verwendet beide Schriften: in Kroatien lateinisch, in Bosnien regional verschieden lateinisch oder kyrillisch und in Serbien und Montenegro sowohl kyrillisch als auch lateinisch. Werbeplakate oder auch Zeitungen in Serbien sind zur Hälfte in lateinischer, zur Hälfte in kyrillischer Schrift gestaltet.

In diesem Kapitel wird für das BKS die lateinische Schrift verwendet und für das Bulgarische (und Mazedonische) die kyrillische mit einer wissenschaftlichen Umschrift ins lateinische Alphabet.

Zungenbrecher im BKS

Na vrh brda vrba mrda.
‚Auf dem Gipfel des Hügels bewegt sich die Weide.'

Bulgarischer Zungenbrecher

Крал Карл и кралица Клара крали кларинети от кралските кларинетисти.
(*Kral Karl i kralica Klara krali klarineti ot kralskite klarinetisti.*)
‚König Karl und Königin Klara stahlen den königlichen Klarinettisten die Klarinetten.'

Auch in der Aussprache gibt es einige Unterschiede. So verfügt Bulgarisch, nicht aber BKS, über den Schwa-Vokal [ə], der so gesprochen wird wie das *e* in *Tonne*. Anders als im Deutschen kommt er auch in betonten Silben vor (geschrieben ъ, transliteriert als *ă*, wie in *български* (*bălgarski*) ‚bulgarisch'). Das BKS wiederum unterscheidet zwischen einem „harten" (nichtpalatalen) und einem „weichen" (palatalen) *tsch*. Ersteres klingt wie das *tsch* in *Kutsche* (*č*, kyrillisch *ч*). Beim letzteren wird die Zunge weg von den Zähnen an den harten Gaumen geschoben (*ć*, kyrillisch *ћ*); es kommt in vielen Namen auf *-ić* vor. Das Mazedonische hingegen hat neben den Lauten к (transliteriert: *k*) und г (transliteriert: *g*), die das Deutsche ebenfalls kennt, auch „weichere" Varianten dieser Laute. Bei ihnen stößt die Zunge an den vorderen Gaumen. Es gibt hierfür eigene kyrillische Buchstaben, die in Alphabeten anderer Sprachen nicht vorkommen: ќ (lat. *ḱ*, in Lautschrift [c]) und ѓ (lat. *ǵ*, in Lautschrift [ɟ]).

9.2 Allgemeines zum BKS und zur bulgarischen Sprache

Sprecher und Sprachsituation

Der Südosten Europas wurde lange Zeit von Zentren außerhalb kontrolliert, wie Istanbul, Venedig oder Wien (auch wenn der kaiserlich-österreichische Außenminister Metternich gesagt haben soll, dass der Balkan mitten in Wien beginnt). Dies hatte Auswirkungen auf die sprachliche Situation. Die Entwicklung von Standardsprachen beginnt erst um die Mitte des 19. Jahrhunderts. Allerdings gibt es eine lange Tradition der Schriftlichkeit, die bereits im 9. Jahrhundert mit der Entwicklung der ersten slawischen Schriftsprache überhaupt einsetzt, dem sogenannten (Alt-)Kirchenslawischen, einer Liturgiesprache vergleichbar dem mittelalterlichen Latein. Anfangs mit der sogenannten glagolitischen, dann mit der kyrillischen Schrift geschrieben, hatte diese Sprache auf das Schrifttum vieler slawischsprachiger Gebiete großen Einfluss.

Das Bulgarische wurde in seiner Geschichte – ähnlich wie in weiten Gebieten das BKS – durch die osmanische Besetzung zunehmend auf die Kommunikation in den Familien und der unmittelbaren dörflichen und städtischen Gemeinschaft sowie auf den kirchlichen Bereich zurückgedrängt. Erschwerend kam hinzu, dass es ab dem letzten Drittel des 18. Jahrhunderts keine eigenständige bulgarisch-orthodoxe Kirche mehr gab: Die bulgarischen Christen wurden dem ökumenischen, also griechischen Patriarchen von Konstantinopel unterstellt. Bei der Entwicklung der Standardsprache setzten sich die ostbulgarischen Dialekte durch. Damit war aber auch der Anstoß für eine separate Entwicklung des Mazedonischen im Westen geschaffen.

Heute wird BKS von bis zu 22 Millionen Menschen gesprochen, vorwiegend in Bosnien und Herzegowina, Kroatien, Montenegro und Serbien. Es ist schwierig, die genaue Zahl zu ermitteln: Viele Nachkommen von Migranten haben die Staatsbürgerschaft der jeweiligen Gastländer angenommen und sich oft auch sprachlich assimiliert, daher gibt es unterschiedliche Schätzungen zu den Zahlen. In Deutschland leben etwa 1,5 Millionen Menschen, die ursprünglich aus Ex-Jugoslawien stammen, wobei der überwiegende Teil einen BKS-sprachigen Hintergrund hat. Neben der Arbeitsmigration aus den 1960er und 1970er Jahren gab es auch zahlreiche Bürgerkriegsflüchtlinge. Daneben gibt es Sprecher in skandinavischen Ländern sowie in Österreich, der Schweiz, Australien, Neuseeland, Kanada, den USA, Argentinien und Chile.

Volkssprache, Standardsprache

In Serbien etablierte sich im 19. Jahrhundert eine Bewegung, die oft mit dem Namen Vuk Stefanović Karadžić (1787–1864) verbunden wird. Sie propagierte eine Annäherung der Schriftsprache an die Volkssprache. Als dialektale Grundlage für die neue Standardsprache wurde der ostherzegowinische Dialekt herangezogen, gesprochen im südlichsten Teil Kroatiens um Dubrovnik, in Teilen Bosniens und der Herzegowina, in Teilen Montenegros und in Westserbien. Kroatien war jahrhundertelang zwischen Habsburg, Venedig, der selbstständigen Republik Dubrovnik und dem Osmanischen Reich zersplittert, deswegen entwickelte sich die Sprache nicht einheitlich: Im 19. Jahrhundert gab es Bestrebungen, eine gemeinsame Sprache mit Serbien auszubilden. Sie erfuhren ihren Höhepunkt in den jugoslawischen Staaten vor und nach dem Zweiten Weltkrieg. Dies wurde allerdings ab dem 20. Jahrhundert von vielen Nichtserben als serbische Dominanz empfunden, und nach dem blutigen Zerfall Jugoslawiens trennten sich die Sprachen.

Eingewanderte Wörter

Dass Südosteuropa lange zur österreichisch-ungarischen Monarchie, zum Osmanischen Reich und zu Venedig gehörte, hatte auch unmittelbare sprachliche Auswirkungen. So gelangte eine größere Gruppe an Lehnwörtern aus dem Deutschen in seiner österreichischen Variante und aus dem Türkischen und aus dem Italienischen in die südslawischen Sprachen. In Belgrad kann man beispielsweise in einer *vešeraj* seine *veš* waschen, in Zagreb bestellt man zur Torte einen *šlag*, und in Sarajevo erzählt man sich gerne den einen oder anderen *vic*. Umgekehrt haben es auch einige südslawische Wörter ins Deutsche geschafft, so etwa das Wort *Jause* für Zwischenmahlzeit vom slowenischen *južina*. Das international prominenteste Wort des BKS ist *Vampir*. Die ersten Berichte über Vampire, die im 18. Jahrhundert den Wiener Zeitungsleserinnen und -lesern das Gruseln lehrten, stammen denn auch aus Serbien und nicht etwa aus Transsilvanien.

Unabhängig von der Frage, ob es sich beim BKS um eine, zwei, drei (oder vier?) Sprachen handelt, ist festzustellen, dass das Sprachgebiet dialektal sehr zersplittert ist. Die Dialekte lassen sich allerdings gruppieren, je nachdem, wie sie den urslawischen Laut, der *Jat* genannt wird (ein langes *e*, als *ě* transliteriert), heute realisieren: Man spricht daher von ekawischen, ikawischen und ijekawischen Dialekten. So gibt es für ‚Fluss' die drei Versionen *reka*, *rika* und *rijeka*. Es gibt auch zwei Standardvarianten: eine ekawische (östliche bzw. serbische) und eine ijekawische (westliche bzw. kroatische/bosnische). Nach der Form des Fragewortes für ‚was' (*što*, *ča* oder *kaj*) spricht man auch von štokawischen, čakawischen und kajkawischen Dialekten.

Der Name *Bulgaren*

Das heutige Bulgarische ist eine slawische Sprache, der Name hingegen kommt von den Proto-Bulgaren, einem Verband unterschiedlicher, meist nomadisierender Gruppen, die zum Großteil Turksprachen gesprochen haben. Dies ist eine Sprachfamilie, der das Türkische als einzige Sprache aus diesem Buch angehört. Die Proto-Bulgaren gründeten im 7. Jahrhundert das Erste Bulgarische Reich und bildeten dessen dünne Oberschicht. Der Großteil der Bevölkerung sprach weiterhin „slawisch". Die turksprachige Oberschicht hat sich recht schnell sprachlich assimiliert; der Name hingegen wurde auf die slawischsprachige Bevölkerung übertragen. Es gibt auch einige wenige Wörter des heutigen Bulgarischen, die auf die proto-bulgarische Turksprache zurückgehen: So wird dies für das Wort *бaщa* (*bašta*) ‚Vater' behauptet.

Nun zum Bulgarischen. Es wird in erster Linie in der Republik Bulgarien von etwa sieben Millionen Menschen gesprochen und ist dort die offizielle Amts- und Verwaltungssprache. Daneben gibt es in Bulgarien mehr als eine Million Angehörige von Minderheiten, die Türkisch, Romani, Griechisch, Rumänisch, Armenisch etc. sprechen. Über Sprecher außerhalb Bulgariens gibt es nur Schätzungen; vermutlich sind es etwa zwei Millionen, die in der Ukraine und in Moldawien, aber auch in Makedonien, Serbien, Rumänien, Griechenland und in der Türkei leben. In Deutschland leben weniger Bulgarischsprecher als Sprecher des BKS, in erster Linie wegen der mangelnden Reisefreiheit vor den 1990er Jahren.

Auch das bulgarische Sprachgebiet ist dialektal deutlich strukturiert. Man unterscheidet zwischen westbulgarischen, ostbulgarischen und den rupzischen Dialekten. Letztere werden u. a. von der bulgarischsprachigen Minderheit im griechischen West- und im türkischen Ostthrakien gesprochen. Es gibt fließende Übergänge zum Mazedonischen und zu den südostserbischen Dialekten. Die Standardsprache basiert in erster Linie auf ostbulgarischen Dialekten, wobei ein markanter Unterschied etwa zu westbulgarischen Dialekten wiederum auf die Entwicklung des oben erwähnten *Jat* zurückzuführen ist. Im Westbulgarischen wurde daraus immer ein *e*-Laut (in der Lautschrift: [ɛ]), etwa in *polena* ‚Wiese'. Im Ostbulgarischen kann es ein *ja*- oder *e*-Laut ([ʲa], [ɛ]) sein: *поляна* (*poljana*) für Wiese im Singular und *полени* (*poleni*) ‚Wiesen'.

9.3 Schrift und Aussprache

Bosnisch/Kroatisch/Serbisch

Die Orthografie des BKS folgt dem Ideal, dass jedes Schriftzeichen, also Buchstabe, einer fixen Aussprache zugeordnet ist. Ändert sich bei einem Wort die Aussprache, weil es beispielsweise mit einem anderen Wort zusammengebaut wird, dann ändert sich auch die Schreibweise. Das ist etwas anders als im Deutschen. Ein Beispiel: Im Deutschen wird das *b* in *des Stabs* als [p] realisiert, stimmhafte Konsonanten wie [b] werden also vor stimmlosen wie [s] ebenfalls stimmlos. Im Gegensatz zum Deutschen wird diese lautliche Anpassung im BKS auch geschrieben: ***Srbin*** heißt ‚Serbe', ***srpski*** heißt ‚serbisch'.

Das Alphabet im BKS

Aa	*Bb*	*Cc*	*Čč*	*Ćć*
Аа	*Бб*	*Цц*	*Чч*	*Ћћ*
Dd	*Dždž*	*Đđ*	*Ee*	*Ff*
Дд	*Џџ*	*Ђђ*	*Ее*	*Фф*
Gg	*Hh*	*Ii*	*Jj*	*Kk*
Гг	*Хх*	*Ии*	*Јј*	*Кк*
Ll	*Ljlj*	*Mm*	*Nn*	*Njnj*
Лл	*Љљ*	*Мм*	*Нн*	*Њњ*
Oo	*Pp*	*Rr*	*Ss*	*Šš*
Оо	*Пп*	*Рр*	*Сс*	*Шш*
Tt	*Uu*	*Vv*	*Zz*	*Žž*
Тт	*Уу*	*Вв*	*Зз*	*Жж*

Die Orthografie unterscheidet auch systematisch zwischen stimmhaften und stimmlosen Lauten, wie *z* und *s*. Aber nicht jede Besonderheit der Aussprache wird erfasst. So kennt das BKS kurze und lange Vokale, die als solche in der Schrift nicht erkennbar sind. In betonten Silben gibt es ferner unterschiedliche *Akzente*. Spricht man das Wort *pas* mit kurzem, fallenden Akzent aus, bedeutet es ‚Hund', während es mit langem fallenden Akzent ‚Gürtel, Taille' bedeutet. Aber weder Länge noch Akzent werden in der offiziellen Orthografie unterschieden.

Ist BKS eine Tonsprache?

BKS ist eine sogenannte Tonakzentsprache. Das heißt, für die Aussprache eines Wortes muss man nicht nur die Position des Akzents kennen und ob er lang oder kurz ist, sondern auch, ob er steigend oder fallend ist. Unter den europäischen Sprachen gibt es weitere Tonakzentsprachen, zum Beispiel Norwegisch und Schwedisch, aber auch in den ripuarischen Dialekten des Deutschen, die sogenannte „rheinische Schärfung", auch Schleifton genannt.

Im lateinischen Alphabet des BKS gibt es zusätzlich die Buchstaben *č*, *ć*, *dž*, *đ*, *lj*, *nj*, *š* und *ž*; dafür fehlen im BKS *ä*, *ü*, *ö* und *ß*. Die Buchstaben *q*, *w*, *x* und *y* kommen ganz selten vor, meist bei ausländischen Namen; im kyrillischen Alphabet gibt es hierfür gar keine Entsprechungen.

Ähnlich wie im Englischen gibt es im BKS keine Auslautverhärtung, das heißt, stimmhafte Laute wie [d] (geschrieben *d*) und [ʒ] (geschrieben *ž*) werden am Wortende nicht stimmlos. So wird *grad* ‚Stadt' nicht wie das deutsche *Grat* ausgesprochen, sondern als [grad]. Allerdings gibt es lautliche Anpassungen. Wir haben dies bereits in ***Srbin*** vs. ***srpski*** gesehen: Ein stimmhafter Konsonant wird stimmlos, wenn ein stimmloser folgt. Umgekehrt wird ein stimmloser Konsonant stimmhaft vor einem stimmhaften. So heißt die Blätterteigtasche, die man bei uns aus der türkischen Küche als *Börek* kennt, im BKS *bure**k***; diesen holt man sich in der *bure**g**džinica*.

In Tabelle 9.1 sind alle Konsonanten des BKS angeführt, in Laut- und Schreibschrift. Konsonanten ohne Entsprechung im Deutschen sind schattiert.

Bevor wir zu den Vokalen kommen, müssen wir auf einen Zwitter hinweisen, das [r]. Wie in einigen anderen slawischen Sprachen auch (etwa dem Slowenischen und Tschechischen) nimmt dieser Laut eine Zwischenstellung zwischen Vokal und Konsonant ein, da er den Kern einer Silbe bilden kann. Dadurch gibt es Wörter, die nur aus Konsonanten bestehen (z. B.

Im BKS schreibt man Internationalismen nur mit einem Buchstaben: *gramatika*, *profesor*. Auch sonst werden doppelte Konsonanten nicht benutzt, um einen vorangehenden kurzen Vokal zu markieren, wie im Deutschen (z. B. *Lotte*, aber *Lot*).

Tabelle 9.1: Konsonanten des BKS in Laut- und Schreibschrift (nur eine Angabe bei identischen Zeichen)

artikuliert mit	Unterlippe		vorderer Zunge		hinterer Zunge		
artikuliert an	Ober-lippe	oberen Schneide-zähnen	Zähnen bzw. Zahndamm		vorderem Gaumen	hinterem Gaumen	Stimmton
			daran	etwas dahinter			
Verschluss-laute	p		t			k	stimmlos
	b		d			g	stimmhaft
Nasale	m		n		[ɲ] nj		stimmhaft
Reibelaute		f	s	[ʃ] š		[x] h	stimmlos
			z	[ʒ] ž			stimmhaft
Affrikaten (Verschluss- + Reibelaut)			[ʦ] c	[ʧ] č	[ʨ] ć		stimmlos
				[ʤ] dž	[ʥ] đ		stimmhaft
l und *r*			l r		[ʎ] lj		stimmhaft
Gleitlaute		[ʋ] v			j		

prst ‚Finger‘, *vrt* ‚Garten‘, ***krv*** ‚Blut‘ oder der Name der Insel *Krk*). Nicht-BKS-Sprecher können sich bei der Aussprache behelfen, indem sie nach *p*, *v* oder *k* ein *i* andeuten. Dabei kann [r] wie die Vokale lang oder kurz sein und einen steigenden oder fallenden Akzent haben (z. B. kurz steigend *Hr̀vāt* ‚Kroate‘, lang steigend ***hŕčak*** ‚Hamster‘, lang fallend *kȓv* ‚Blut‘, kurz fallend *pȑst* ‚Finger‘).

Die Vokallänge wird in der Standardorthografie allgemein nicht markiert, anders als oft im Deutschen durch das Dehnungs-*h*, durch Doppelvokalschreibung oder durch die Buchstabenfolge *ie*. Auch die Akzenttypen fallend/steigend werden nicht markiert, was die größte Schwierigkeit für deutschsprachige BKS-Lerner darstellt. Allerdings gibt es auch viele BKS-Sprecher, die den Akzentunterschied nicht mehr realisieren, so in den Hauptstädten Belgrad und Zagreb, nicht aber in Sarajevo.

Davon abgesehen ist das Vokalsystem im BKS, in Tabelle 9.2 gezeigt, einfacher als im Deutschen. Für die Vokale *a*, *e*, *i*, *o* und *u* ist es ähnlich: Es wird ein langer Vokal unterschieden von einem kurzen, und der kurze ist auch im BKS reduziert (ungespannt) für *e* und o. Anders als im Deutschen aber sind kurzes *i* und *u* im BKS nicht reduziert. Ansonsten verfügt das BKS nicht über die hellen gerundeten Vokale *ü* und *ö*. Auch Diphthonge wie die deutschen *au*, *ei*, *ai*, *eu* und *äu* kommen im BKS, außer in Dialekten, nicht vor.

Feinheiten der Aussprache im BKS

Das *l* wird etwas „dunkler“, *r* mit vibrierender Zungenspitze, *s* immer stimmlos, *v* immer stimmhaft wie in *Wasser* und *h* wie in *Bach* ausgesprochen. Die Laute *p*, *t* und *k* werden, anders als im Deutschen, nicht behaucht. (Sprechen Sie sich die Laute einmal vor: Im Deutschen ist nach ihnen eine Art *h* zu hören. Falls nicht, kommen Sie vielleicht aus Wien – und damit behauchungsmäßig fast vom Balkan.) Das *c* wird wie das deutsche *z* wie in ***Z****entrum* ausgesprochen, das *z* hingegen stimmhaft wie das *s* in *Hase*. Das *č* klingt wie in *Ku**tsch**e*, das stimmhafte Pendant *dž* wie in ***Dsch****ungel*, das *š* wie in ***Sch****lag* und dessen stimmhaftes Pendant *ž* wie das französische *j* in ***j****our* ‚Tag‘. Der Laut *ć* wird mit der Zunge am vorderen, harten Gaumen gesprochen, und das *đ* ist das stimmhafte Pendant dazu. Das *lj* klingt wie das italienische *gl* in *fi**gl**io* ‚Sohn‘ und *nj* wie das spanische *ñ* in *señor* ‚Herr‘.

Tabelle 9.2: Vokale des BKS in Laut- und Schreibschrift

Klang	hell		mittel		dunkel	
Länge	kurz	lang	kurz	lang	kurz	lang
Mund weiter geschlossen	[i] *i*	[iː] *i*			[u] *u*	[uː] *u*
	[ɛ] *e*	[eː] *e*			[ɔ] *o*	[oː] *o*
Mund offener			[a] *a*	[aː] *a*		

Bulgarisch

Das Lautsystem und die kyrillische Orthografie des Bulgarischen ähneln denjenigen des BKS. Das Ideal der Schrift ist dasselbe, wird aber nicht so strikt eingehalten. Stimmhafte und stimmlose Konsonanten werden allerdings auch im Bulgarischen auseinandergehalten. Im Folgenden notiere ich die kyrillischen Buchstaben zuerst und in Klammern die lateinische Transliteration. Übrigens unterscheiden sich die hier verwendeten kursiven (schräggedruckten) kyrillischen Buchstaben manchmal deutlich von den nicht-kursiven kyrillischen Buchstaben.

Das Bulgarische zeigt eine Unterscheidung, die im BKS nicht vorkommt: Fast alle Konsonanten haben eine „harte" (nichtpalatalisierte) und eine „weiche" (palatalisierte) Variante. Bei palatalisierten Konsonanten wird die Zunge zusätzlich in Richtung harten Gaumen angehoben. Dies kann man sich in etwa so vorstellen, dass man einen Konsonanten, etwa [p] oder [t], mit einem ganz kurzen [j] fast zeitgleich ausspricht. In der Lautschrift wird dies als [pʲ] und [tʲ] notiert. In der bulgarischen Orthografie gilt die Regel: Ein Konsonant wird dann palatalisiert ausgesprochen, wenn ihm einer der folgenden Buchstaben oder Buchstabenkombinationen folgt: *я* (*ja*), *ю* (*ju*) oder *ьо* (*jo*). Die drei Buchstaben(-folgen) zeigen tatsächlich nur die Palatalisierung der Konsonanten an und bezeichnen ansonsten die Vokale [a], [u] und [ɔ]. Nach nichtpalatalen Konsonanten werden dieselben Vokale hingegen von den Buchstaben *a*, *y* und *o* repräsentiert. Dieses Prinzip sieht man am Gegensatzpaar *дял* (*djal*) [dʲal] ‚Teil' und *дал* (*dal*) [dal] ‚er gab': Der Vokal ist in beiden Fällen derselbe; im ersten Fall wird jedoch der Konsonant, der mit *д* (d) geschrieben ist, „weich" gesprochen, im zweiten „hart".

Beim Vokalsystem fällt auf, dass die Vokallänge in betonten Silben, anders als im BKS oder auch im Deutschen (vgl. *Weg* vs. *weg*), keine Rolle spielt. Die Vokale in unbetonten Silben werden kürzer gesprochen und etwas angehoben. Die Wörter *роде́н* (*rodén*) ‚geboren' und *ро́ден* (*róden*) ‚einheimisch' unterscheiden sich nur in der Betonung; sie werden gleich geschrieben, aber die unbetonten Vokale werden reduziert und

Feinheiten der Aussprache der Vokale im BKS

Ein wichtiger Unterschied zum Deutschen ist, dass sich im BKS hinter einem unbetonten *e* kein Schwa [ə] verstecken kann. Ein *e* wird also als [ɛ] oder – wenn der Vokal lang ist – als [ɛː] realisiert. So wird der Vorname des kroatischen Fußballers *Mladen Petrić* von vielen Sportreportern in Deutschland als [mladən] oder gar als [mladn] (wie in *baden*) ausgesprochen; tatsächlich wird er mit einem deutlich artikulierten *e* realisiert.

Das bulgarische Alphabet (mit Transliteration in jeder zweiten Zeile)

Аа	Бб	Вв	Гг	Дд
Aa	Bb	Vv	Gg	Dd
Ее	Жж	Зз	Ии	Йй
Ee	Žž	Zz	Ii	Jj
Кк	Лл	Мм	Нн	Оо
Kk	Ll	Mm	Nn	Oo
Пп	Рр	Сс	Тт	Уу
Pp	Rr	Ss	Tt	Uu
Фф	Хх	Цц	Чч	Шш
Ff	Hh	Cc	Čč	Šš
Щщ	Ъъ	Ьь	Юю	Яя
Štšt	Ăă	Jj(ʼ)	Juju	Jaja

angehoben, also [ruˈdɛn] und [ˈrɔdin]. Ferner werden Vokale vor Nasalkonsonanten nasaliert ausgesprochen, was die Orthografie ebenfalls nicht wiedergibt.

In Tabelle 9.3 sind die Vokale und Vokalbuchstaben des Bulgarischen angegeben. Außerdem gibt es für Lautfolgen *ю* (*ju*), *я* (*ja*) und *ьо* (*jo*).

Der Knacklaut am Wortanfang

Im Deutschen gibt es den nicht geschriebenen „Knacklaut" am Anfang von Wörtern wie *Ofen*, *Angst* und *Uhr*. Hören Sie einmal hin: Es knackt ganz tief in der Kehle, kurz bevor der Vokal kommt. Der Knacklaut wird in der Lautschrift als [ʔ] notiert. In den meisten slawischen Sprachen und damit auch im BKS kommt er überhaupt nicht vor oder wenn, dann nur optional. BKS-Sprecher werden also oft wie andere Slawischsprachige die oben erwähnten Wörter anders aussprechen, als Deutschmuttersprachler. Dieser Knacklaut erzeugt umgekehrt bei vielen Nichtmuttersprachlern des Deutschen den Eindruck, dass das Deutsche zackig klingt.

Tabelle 9.3: Vokale des Bulgarischen in Lautschrift und kyrillischer Schreibschrift

Klang	**hell**	**mittel**	**dunkel**
Mund weiter geschlossen	[i] *и* bzw. *e*		[u] *у* bzw. *o*
	[ɛ] *e*	[ə] *ъ* bzw. *a*	[ɔ] *o*
Mund offener		[a] *a*	

Im Vergleich zum Deutschen fehlen die hellen gerundeten Vokale, die als *ö* und *ü* geschrieben werden. Auch fehlen die Diphthonge, und es gibt keinen Unterschied zwischen normalen (gespannten) und reduzierten (ungespannten) Vokalen. Insgesamt ist das Vokalsystem des Bulgarischen also einfacher als das des Deutschen.

Nun zu den Konsonanten in Tabelle 9.4.

Tabelle 9.4: Konsonanten des Bulgarischen in Lautschrift und kyrillischer Schreibschrift

artikuliert mit	Unterlippe				vorderer Zunge			hinterer Zunge			Stimmton
artikuliert an	Oberlippe		oberen Schneidezähnen		Zähnen/Zahndamm			Gaumen			
					dran		dahinter	vorn	hinten		
Artikulationsart		palatalisiert		palatalisiert		palatalisiert				palatalisiert	
Verschlusslaute	[p] *п*	[pʲ] *п*			[t] *т*	[tʲ] *т*			[k] *к*	[kʲ] *к*	stimmlos
	[b] *б*	[bʲ] *б*			[d] *д*	[dʲ] *д*			[g] *г*	[gʲ] *г*	stimmhaft
Nasale	[m] *м*	[mʲ] *м*			[n] *н*			[ɲ] *н*			stimmhaft
Reibelaute			[f] *ф*	[fʲ] *ф*	[s] *c*	[sʲ] *c*	[ʃ] *ш*		[x] *x*	[xʲ] *x*	stimmlos
			[v] *в*	[vʲ] *в*	[z] *з*	[zʲ] *з*	[ʒ] *ж*				stimmhaft
Affrikaten					[ʦ] *ц*	[ʦʲ] *ц*	[ʧ] *ч*				stimmlos
							[ʤ] *дж*				stimmhaft
l und *r*					[l] *л* [r] *р*	[rʲ] *r*		[ʎ] *л*			stimmhaft
Gleitlaut								[j] *й* etc.			

Die Konsonanten ohne eine Entsprechung im Deutschen sind wiederum schattiert. Mit wenigen Ausnahmen haben die Konsonanten des Bulgarischen sowohl eine palatalisierte als auch eine nichtpalatalisierte Variante. Wir erinnern uns: Palatalisierung bedeutet, dass ein Laut „weicher" ausgesprochen wird, mit einem angedeuteten *j* dahinter. Hierfür gibt es aber jeweils nur einen Buchstaben, denn Palatalisierung wird ja durch das folgende Vokalzeichen deutlich gemacht.

Stimmhafte und stimmlose Konsonanten werden konsequent unterschieden: *c* (*s*) = [s] wie in ***Tasse***, *з* (*z*) = [z] wie in ***Hase***, *ш* (*š*) = [ʃ] wie in ***Schnee***, *ж* (*ž*) wie in ***Jeton***, *ч* (*č*) = [tʃ] wie in ***Kutsche***, *дж* (*dž*) = [dʒ] wie in ***Jeans***. Darüber hinaus sind viele Buchstaben in ihrer Aussprache sowohl dem BKS als auch dem Deutschen ähnlich. Wie im BKS werden stimmhafte Verschlusslaute (wie *g* oder *b*) nicht behaucht. Der Buchstabe *ц*

Wie in allen slawischen Sprachen wird die Kombination der Konsonantenbuchstaben *st* und *sp* als [st] und [sp] gesprochen, also nicht [ʃt] und [ʃp] wie im Deutschen. So spricht man das Wort *star* ‚alt' – was die beiden ersten Buchstaben betrifft – wie das englische *star* ‚Stern, berühmter Mensch' aus. Wenn man umgekehrt [ʃt] spricht, schreibt man *št* wie in *štrajk* ‚Streik', ein Wort, das über das Deutsche ins BKS gekommen ist.

Schwierigkeiten für Deutschlerner: Orthografie und Aussprache

Bei der Rechtschreibung des Deutschen können bestimmte Schwierigkeiten auftreten, die auf die orthografischen Regeln des BKS und des Bulgarischen sowie auf das Lautsystem dieser Sprachen zurückzuführen sind. Wie bereits erwähnt, fehlen Doppelkonsonanten, die im Deutschen auch bei vielen sogenannten Internationalismen – Wörtern, die meist auf lateinischer und/oder griechischer Grundlage in vielen Sprachen existieren – geschrieben werden (z. B. *Professor, Kilogramm, Grammatik*; im BKS *profesor, kilogram, gramatika*).

Ein charakteristisches Merkmal aller slawischen Sprachen ist das Fehlen vorderer, gerundeter Vokale (*ö, ü*). Im BKS schreibt man in lateinischen Buchstaben etwa die bayerische Hauptstadt zwar mittlerweile meist *München*, spricht es aber als *Minhen* aus. In der kyrillischen Schrift schreibt man *Минхен*, im Bulgarischen *Мюнхен*, also *Mjunhen*. So wird aus *Ich war in München* im BKS in der Aussprache *Bio sam u Minhenu*. Allgemein laufen Schüler mit slawischem Hintergrund Gefahr, beim *ü* ein *i* wahrzunehmen und zu schreiben.

Bei BKS-Muttersprachlern ergeben sich Schwierigkeiten mit dem Nebensilbenvokal *e*. Ungeübte Deutschlerner tendieren dazu, diesen als „vollwertigen" Vokal auszusprechen: *Beide Vokale* in *gehen* werden dann fälschlicherweise annähernd gleich realisiert.

Ein weiteres Problem ist die Stimmtonanpassung eines Konsonanten an den Folgekonsonanten. Diese Angleichung im Stimmton erfolgt in der Aussprache auch über Wortgrenzen (etwa bei einem Satz wie *Je li burek dobar?* ‚Ist der Börek gut?' (hier wird zwar *k* geschrieben, aber [g] gesprochen). Diese Anpassung wird dann fälschlicherweise auf das Deutsche übertragen. In einem Satz wie *Steck das Buch ein!* kann so das *ck* wie ein *g* ausgesprochen werden, weil es an das folgende *d* angepasst wird.

Und schließlich wird von BKS- und Bulgarischsprechern vor allem der Diphthong *au* im Deutschen oft falsch ausgesprochen. In diesen beiden Sprachen gibt es zwar keine Diphthonge, es gibt aber, wenn auch selten, die Vokalkombination *au*. Das *a* und das *u* werden aber jeweils als Teil einer eigenen Silbe angesehen. Das führt dazu, dass es zu einer „getrennten" Aussprache der Vokale kommt, etwa beim Namen *Claudia*.

(*ц*) wird wie das *z* in ***Zahn*** gesprochen. Und schließlich gibt es einen Buchstaben, der nicht einen, sondern zwei Konsonanten repräsentiert: *щ* (*št*) = [ʃt], das heißt, dies wird wie das *st* in ***Stamm*** gesprochen. Die Kombination *cm* (*st*) hingegen wird, wie im BKS, immer als [st] realisiert.

Im Gegensatz zum BKS gibt es im Bulgarischen die Auslautverhärtung, z. B. *град* (*grad*) ‚eine Stadt' = [grat] und *град**ъ**т* (*grad**ă**t*) ‚die Stadt' = [grəˈdət], die wie im Deutschen nicht geschrieben wird. Auch die Angleichung im Stimmton von Konsonanten an Folgekonsonanten wird nicht geschrieben, im Gegensatz zum BKS, vgl. z. B. BKS *odzad* mit bulg. *отзад* (*otzad*) ‚von hinten' bei gleicher Aussprache, [dz].

9.4 Wörter

Wortbildung

Wortbildung im BKS

BKS	**wörtliche Bedeutung**	**Übersetzung**
jabučni sok	‚apfeliger Saft'	‚Apfelsaft'
točeno pivo	‚(ein)gegossenes Bier'	‚Fassbier'
veličina od(j)eće	‚Größe der Bekleidung'	‚Kleidergröße'
mašina za pranje rublja	‚Maschine für das Waschen der Wäsche'	‚Waschmaschine'
poštar	‚Postler'	‚Briefträger'
zvučnik	‚Lauter'	‚Lautsprecher'

Wie bei allen slawischen Sprachen ist die Komposition, die im Deutschen sehr verbreitet ist (z. B. *Bierfass*, *Fassbier*, *Wirklichkeitsverweigerungsstrategie*), in den südslawischen Sprachen weit eingeschränkter. Beispiele hierfür sind BKS *jugozapad*/bulg. *югозапад* (*jugozapad*) ‚Südwesten' oder BKS *mravojed*/bulg. *мравояд* (*mravojad*) ‚Ameisenbär'(wörtlich: ‚Ameisenfresser'). Eine interessante Form der Komposition im BKS, die man auch aus dem Italienischen kennt, besteht aus einem Verb im Imperativ und einem Substantiv, wie in ital. *portaburro* ‚Butterdose' (wörtlich: ‚trage-Butter'). Beispiele dafür aus dem BKS sind *cepi-dlaka* ‚Haarspalter' (wörtlich: ‚spalte-Haar), *pali-kuća* ‚Brandstifter' (wörtlich: ‚verbrenne-Haus'), *muti-voda* ‚Rechtsverdreher' (wörtlich: ‚mache-trüb-Wasser'), *ispi-čutura* ‚Trunkenbold' (wörtlich: ‚trinke-aus-Flasche'), *probi-sv(ij)et* ‚Vagabund' (wörtlich: ‚durchbreche-Welt'). Das, was im Deutschen mit Komposita ausgedrückt wird, wird in den südslawischen Sprachen mit anderen Mitteln bewerkstelligt, zum Beispiel durch Kombinationen von Adjektiven oder Partizipien und Substantiven, wie in BKS *jabučni sok* ‚Apfelsaft' (wörtlich: ‚apfeliger Saft'), *točeno pivo* ‚Fassbier' (wörtlich: ‚(ein)gegossenes Bier').

Und dann ist durch die Derivation, durch Suffixe oder Präfixe, die Bildung neuer Wörter möglich, wie in BKS *zvučnik* ‚Lautsprecher', aus *zvuk* ‚Laut' + Suffix *-nik*. Es gibt zahlreiche Suffixe, um Nomen aus anderen Nomina, Verben und Adjektiven zu bilden. Hier einige Beispiele aus dem BKS für Suffixe zur Ableitung von Nomina, die Menschen bezeichnen: *-ac* (*tekstil-ac* ‚Textilarbeiter' von *tekstil* ‚Textil'), *-lac* (*sluša-lac* ‚Hörer' von *slušati* ‚hören'), *-telj* (*uči-telj* ‚Lehrer' von *učiti* ‚lehren/lernen'), *-nik* (*nastav-nik* ‚Lehrer' von *nastava* ‚Lehre'), *-ač* (*predav-ač* ‚Lektor' von *predavati* ‚vortragen'), *-ar* (*vlad-ar* ‚Herrscher' von *vladati* ‚herrschen'), *-ičar* (*krit-ičar* ‚Kritiker' von *kritika* ‚Kritik'), *-aš* (*folklor-aš* ‚Folkloretänzer' von *folklora* ‚Folklore'), *-ist(a)* (*flaut-ist(a)* ‚Flötist' von *flauta* ‚Flöte'), *-džija* (*tramvaj-džija* ‚Straßenbahnfahrer' von *tramvaj* ‚Straßenbahn'), *-(j)anin/-čanin* (*Kanađ-anin* ‚Kanadier' von *Kanada*), *-lija* (*Saraj-lija* ‚Bewohner Sarajevos' von *Sarajevo*). Für die Bildung von weiblichen Entsprechungen von Berufsbezeichnungen und Ähnlichem gibt es *-ica* (*učitelj-ica* ‚Lehrerin' zu *učitelj*), *-ka* (*vladar-ka* ‚Herrscherin' zu *vladar*), *-(k)inja* (*kandidat-kinja* ‚Kandidatin' zu *kandidat*).

Jüngelchen und Stückchen

Populär ist auch die Bildung von Diminutiven, also Verkleinerungsformen, die nicht nur kleine, sondern auch junge oder emotional positiv bewertete Menschen, Tiere oder Dinge ausdrücken können, z. B. *komad-ić* ‚Stückchen' von *komad* ‚Stück', *jastuč-ak* ‚kleines Kissen' von *jastuk* ‚Kissen', *crv-uljak* ‚Würmchen' von *crv* ‚Wurm', *momče* ‚Jüngelchen' von *momak* ‚Junge', *tat-ica* ‚Papilein' von *tata* ‚Papa'. Es gibt auch Kombinationen von Diminutivsuffixen, zum Beispiel *komad* ‚Stück' – *komad-ić* ‚Stückchen' – *komad-ić-ak* ‚kleines Stückchen'. Viele Wörter lassen unterschiedliche Suffixe zu. So kann man von *lisica* ‚Fuchs' bilden: *lisič-ić* ‚Füchslein' (also ein kleiner Fuchs) und *lisič-ica* ‚Fuchswelpe' (ein junger Fuchs). Dabei ist kein Suffix auf die Bezeichnung etwa von Jungtieren spezialisiert. So wird von *patka* ‚Ente' mit dem Suffix *-če pače* ‚Entenküken' gebildet, von *lav* ‚Löwe' mit dem Suffix *-ić lavić* ‚Löwenjunges'. Die ganze Angelegenheit ist also reichlich kompliziert – das deutsche *-chen* und *-lein* können da nicht mithalten. Zusätzlich gibt es im BKS auch sogenannte Augmentativa, die besonders große Exemplare bezeichnen, zum Beispiel *nosina* ‚große Nase' von *nos* ‚Nase'; *ptičurina* ‚Riesenvogel' von *ptica* ‚Vogel'.

Flexion

Wer sich mit slawischen Sprachen ein wenig beschäftigt hat, erwartet eine Vielzahl an Kasus, also Fällen, in den südslawischen Sprachen. Das trifft für das BKS und das Slowenische auch zu. In beiden Sprachen gibt es sieben Kasus – Nominativ, Akkusativ, Dativ, Genitiv, Lokativ, Instrumental und Vokativ. Dabei wird der jeweilige Kasus am Nomen und (wenn vorhanden) an den Adjektiven mit Endungen markiert. Artikel, an denen hauptsächlich im Deutschen Kasusunterschiede markiert werden, gibt es im BKS und im Slowenischen nicht. So entspricht dem Deutschen ***der** Freund*, ***dem** Freund*, ***den** Freund* im BKS *prijatelj*, *prijatelj-**u***, *prijatelj-**a***, und ***die** Frau*, ***der** Frau*, ***die** Frau* entspricht *žen-**a***, *žen-**i***, *žen-**u***.

Aus der Perspektive des Deutschen ist ein ungewöhnlicher Kasus der Instrumental, dessen zentrale Bedeutung die namensgebende des Instruments/Mittels ist. So steht *odvijač* ‚Schraubenzieher' in *odvijač**em** otvoriti kutiju* ‚**mit** einem Schraubenzieher die Schachtel öffnen' im Instrumental, makiert durch die Endung *-em*. Beim Lokativ steht die Bezeichnung des Ortes im Vordergrund, in Verbindung mit der Präposition *u* ‚in' oder *na* ‚auf', wie in *u grad**u*** ‚in der Stadt'. Der Vokativ dagegen dient der direkten Anrede von Personen. Im Singular gibt es im BKS eine Vielfalt an Kasusendungen, im Plural sind die Endungen weniger vielfältig. Das Slowenische ist in dieser Hinsicht altertümlicher und hat auch im Plural ein reichhaltigeres Repertoire an Endungen.

Das Bulgarische (wie das Mazedonische) enttäuscht in dieser Hinsicht – oder erfreut einen, wenn man als Sprachlerner Kasusendungen nicht so toll findet: Diese sind nämlich mit wenigen Ausnahmen verschwunden. Der Instrumental und der Lokativ existieren – mit Ausnahme von Formen, die man als „lebende Fossilien" bezeichnen könnte – gar nicht mehr. Dativ und Akkusativ gibt es in erster Linie nur bei Pronomina, etwa *аз* (*az*) ‚ich', *ми* (*mi*) ‚mir' und *ме* (*me*) ‚mich'. Das Bulgarische funktioniert da wie die romanischen Sprachen: Wofür man früher Genitiv und Dativ bemühte, wird heute die Präposition *на* (*na*) verwendet: *майка на Пламен* (*majka na Plamen*) ‚Plamens Mutter' (vgl. dazu BKS: *majka Dražen-**a*** ‚Dražens Mutter') und *Помагам на Пламен* (*Pomagam na Plamen*) ‚Ich helfe Plamen' (vgl. dazu BKS: *Pomažem Dražen-**u*** ‚Ich helfe Dražen').

Im Bulgarischen (und Mazedonischen) gibt es außerdem einen definiten Artikel – eine Ausnahme im Vergleich zu anderen slawischen Schriftsprachen. Dieser Artikel steht jedoch nicht vor dem Nomen, sondern wird an dieses angehängt.

Der definite Artikel im Bulgarischen

Die Formen:

	maskulin	feminin	neutrum
Singular	*-ът* (*-ăt*)/*-ят* (*-jat*) *-а* (*-a*)/*-я* (*-ja*)	*-та* (*-ta*)	*-то* (*-to*)
Plural	*-те* (*-te*)		*-та* (*-ta*)

Beispiele für den fem. Artikel *-ta* (sg.)/*-te* (pl.):
къща (kăšta) ‚ein Haus'
*къща**та** (kăšta**ta**)* ‚das Haus'
*стара**та** къща (stara**ta** kăšta)* ‚das alte Haus'
*хубава**та** стара къща (hubava**ta** stara kăšta)* ‚das schöne alte Haus'
*три**те** хубави стари къщи (tri**te** hubavi stari kăšti)* ‚die drei schönen alten Häuser'
*много хубава**та** стара къща (mnogo hubava**ta** stara kăšta)* ‚das sehr schöne alte Haus'

Zwei maskuline Artikel:
*Учител**ят** дойде.*
(*Učitel**jat** dojde.*)
‚Der Lehrer kam.'

*Поздравихме учител**я**.*
(*Pozdravihme učitel**ja**.*)
‚Wir begrüßten den Lehrer.'

Sobald aber ein Adjektiv mit dem Nomen auftritt, hängt sich der Artikel an das Adjektiv an; bei mehreren Adjektiven an das erste, und wenn ein Zahlwort auftritt, dann an dieses. Wenn ein Adjektiv modifiziert wird (etwa durch *много* (*mnogo*) ‚sehr'), verbleibt der Artikel am Adjektiv – etwas ungewöhnlich, aber durchaus logisch. Ohne Artikel hat das Nomen eine indefinite Interpretation (so wie im Deutschen *ein Kind*). Bei maskulinen Nomen gibt es noch eine kleine Komplikation: Es gibt zwei Formen des Artikels, wobei die erste Form, *-ът* (*-ăt*)/*-ят* (*-jat*) verwendet wird, wenn in anderen Sprachen (etwa dem BKS oder dem Deutschen) ein Nominativ auftritt, also wenn das Nomen die Rolle des Subjekts einnimmt, wie in *Das Kind spielt*. Die zweite Form tritt in allen anderen Verwendungen des Nomens auf, zum Beispiel wenn es ein direktes Objekt ist (*Der Vater tröstet das Kind*), das in anderen Sprachen mit dem Akkusativ markiert ist.

In den südslawischen Sprachen gibt es drei Genera: männlich (maskulin), weiblich (feminin) und sächlich (neutrum), daneben aber auch unterschiedliche Deklinationsklassen. So enden die meisten femininen Nomina auf *-a* wie *čaš-**a*** ‚Tasse', einige aber auf Konsonanten, wie *čast* ‚Ehre'. Auch einige maskuline Nomen haben die Endung *-a*, genauso wie viele männliche Vornamen, wie jener des Autors dieser Zeilen (vgl. auch *Nikol**a***, *Sav**a*** etc.). Sie deklinieren wie Feminina.

In den meisten südslawischen Sprachen hat das Nomen wie im Deutschen zwei Numeri: Singular und Plural. Im Slowenischen gibt es aber auch den sogenannten Dual, also die Zweizahl, die man nutzt, um sich auf zwei Dinge der gleichen Sorte zu beziehen. Formen des Duals sind in Tabelle 9.5 und Tabelle 9.6 gezeigt.

Differentielle Kasusmarkierung
Die zwei Formen des definiten Artikels im Maskulinum mögen als eine Schrulle der Grammatik erscheinen. Tatsächlich aber passen sie in ein weit verbreitetes Muster der Nominativ/Akkusativ-Markierung. In vielen Sprachen werden nämlich Akkusativausdrücke genau dann gesondert ausgezeichnet, wenn sie definit sind oder sich auf eine handelnde Person beziehen. Es gibt Hinweise darauf, dass dies sprachhistorisch vor allem die Maskulina waren. Auch im Deutschen finden wir zum Beispiel nur bei Maskulina eigene Formen: *Der Vater lobt den Sohn*, aber *Die Frau lobt die Tochter*.

Tabelle 9.5: Der Dual im slowenischen Nomen (Nominativformen)

Singular	Dual	Plural
fant ‚Junge'	*(dva) fanta* ‚zwei Jungen'	*fanti* ‚Jungen'

Tabelle 9.6: Verben in der Gegenwartsform (Präsens)

	Singular	Dual	Plural
1. Pers.	*delam* ‚ich arbeite'	*delava* ‚wir zwei arbeiten'	*delamo* ‚wir arbeiten'
2. Pers.	*delaš* ‚du arbeitest'	*delata* ‚ihr zwei arbeitet'	*delate* ‚ihr arbeitet'
3. Pers.	*dela* ‚er/sie arbeitet'	*delata* ‚sie zwei arbeiten'	*delajo* ‚sie arbeiten'

Hier ist ein Beispielsatz, bei dem das finite Verb mit dem Subjekt im Dual übereinstimmt:

Dva	*fanta*	*igrata*	*nogomet.*
zwei	Jungen	spielen	Fußball
	DUAL.MASK	DUAL.PRÄS	

‚Zwei Jungen spielen Fußball.'

Den Dual gab es bereits im Indogermanischen, und er hat sich noch in einer weiteren slawischen Sprache erhalten – dem Sorbischen, das in Deutschland in der Lausitz gesprochen wird. Reste davon erhielten sich auch in anderen slawischen

Sprachen. Ein Beispiel: Im Bulgarischen taucht nach Zahlwörtern eine eigene Form des Nomens auf, die sprachgeschichtlich auf den Dual zurückzuführen ist: *трамвай* (*tramvaj*) ‚Straßenbahn', *трамваи* (*tramvaji*) ‚Straßenbahnen' und – nach dem Zahlwort – *три трамвая* (*tri tramvaja*) ‚drei Straßenbahnen'. Die Endung *-a* ist historisch dieselbe wie im slowenischen Beispiel *dva fanta* ‚zwei Jungen'.

Verbalaspekt im BKS

Gegensatz perfektiv vs. imperfektiv:

Dok	*je*	*prodavao*	*hlače,*	*bio je vrlo ljubazan.*
Während	AUX	PARTIZIP.IMPERFEKTIV	Hose	

‚Während er die Hosen verkaufte, war er sehr freundlich.'

Kada	*je*	*prodao*	*hlače,*	*otišao je kući.*
Nachdem	AUX	PARTIZIP.PERFEKTIV	Hose	

‚Nachdem er die Hosen verkauft hatte, ging er nach Hause.'

Mehrfachpräfigierung:

Is-po-iz-bacivao	*je*	*sve flaše iz kuhinje.*
KOMPL-DISTR-WEG-werfen	AUX	

‚Er hat nacheinander alle Flaschen aus der Küche geworfen.'

Wie in anderen slawischen Sprachen gibt es im BKS und im Bulgarischen die im Deutschen völlig fehlende Kategorie des Verbalaspekts. Es handelt sich, grob gesprochen, um die Sichtweise oder Perspektive auf eine Handlung oder ein Ereignis. Es gibt den vollendeten (perfektiven) und den unvollendeten (imperfektiven) Aspekt. Im perfektiven Aspekt wird ausgedrückt, dass eine Handlung zu ihrem Ende gekommen ist, während der imperfektive Aspekt dies nicht ausdrückt – die Handlung ist danach noch im Verlauf begriffen oder wird wiederholt durchgeführt. Das BKS und das Bulgarische hängen Vor- oder Nachsilben an die Verben, um imperfektive Verben (IMPF) von perfektiven (PF) abzuleiten, und umgekehrt. Einige Beispiele: *prodati* (PF) – *prodavati* (IMPF) ‚verkaufen'; *optužiti* (PF) – *optuživati* (IMPF) ‚anklagen'; *pisati* (IMPF) – ***napi**sati* (PF) ‚schreiben'; *čitati* (IMPF) – ***pro**čitati* (PF) ‚lesen'.

Im BKS und auch im Bulgarischen können mehrere Präfixe gleichzeitig bei einem Verb auftreten und fügen so der Verbbedeutung unterschiedliche Bedeutungsnuancen hinzu.

Im Bulgarischen und Mazedonischen, aber auch im BKS ist das System der Zeiten (Tempora) im Gegensatz zu den anderen slawischen Sprachen sehr ausdifferenziert. Zunächst verfügt das Bulgarische über Zeiten, die wir auch aus dem Deutschen kennen: *Präsens* (*Чета книга* (*Četa kniga*) ‚Ich lese ein Buch'), *Perfekt* (*Чел съм книгата* (*Čel săm knigata*) ‚Ich habe das Buch gelesen'), *Plusquamperfekt* (*Бях чел книгата* (*Bjah čel knigata*) ‚Ich hatte das Buch gelesen'), *Futur* (*Ще чета книгата* (*Šte četa knigata*) ‚Ich werde das Buch lesen') und das *Futur II* (*Ще съм чел книгата* (*Šte săm čel knigata*) ‚Ich werde das Buch gelesen haben'). Die Futurformen im Bulgarischen (und auch das Futur I im BKS) werden mithilfe eines Hilfsverbs gebildet, das – ähnlich wie im Englischen (*I will come*) – von einem *wollen*-Verb abgeleitet ist (z. B. bulg. *ща* (*šta*) ‚ich will', BKS (*ho*)*ću* ‚ich will'). Nur im Slowenischen wird wie in den west- und ostslawischen Sprachen ein Hilfsverb verwendet, das dem Deutschen *werden* entspricht (*bom* ‚ich werde'). Im Gegensatz zum Deutschen gibt es bei der Perfektbildung wie in allen slawischen Sprachen nur ein Hilfsverb, das vom *sein*-Verb abgeleitet ist. *Haben*-Verben spielen bei der Perfektbildung keine Rolle. So heißt es im BKS sowohl *Petar **je** stigao* ‚Petar ist angekommen' als auch *Petar **je** radio* ‚Petar hat gearbeitet'.

Die Tempora des Bulgarischen

1. Präsens
2. Perfekt
3. Plusquamperfekt
4. Futur
5. Futur II
6. Aorist
7. Imperfekt
8. Futurum Präteriti
9. Futurum Präteriti exactum

Neben den erwähnten Tempora gibt es im Bulgarischen auch noch die zwei häufig verwendeten Vergangenheitstempora, *Imperfekt* und *Aorist*. Ersteres bezeichnet eine temporäre oder wiederholte Handlung in der Vergangenheit (*Четях новини* (*Četjah novini*) ‚Ich las Zeitung/war am Zeitung lesen/Ich pflegte Zeitung zu lesen'); letzterer bezeichnet eine vergangene Handlung, die zu einer bestimmten Zeit passierte (*Четох книга* (*Četoh kniga*) ‚Ich las ein Buch'). Und schließlich gibt es noch die selten gebrauchten Zeitformen, das *Futurum präteriti* (*Щях да чета книгата* (*Štjah da četa knigata*) ‚Ich sollte das Buch gelesen haben') und *Futurum präteriti exactum* (*Щях да съм чел книгата* (*Štjah da săm čel knigata*) ‚Ich hätte das Buch gelesen haben sollen') zu nennen. Wie die Übersetzungen zeigen, werden die Entsprechungen im Deutschen mit Modalverben und/oder mit dem Konjunktiv ausgedrückt. Es handelt sich im Bulgarischen jedoch um Tempora.

Als wäre das noch nicht genug, verfügt das Bulgarische auch noch über eine Kategorie, die im Deutschen, aber auch im BKS zumindest in dieser Form fehlt: *Evidentialität*. Damit drückt der Sprecher aus, für wie glaubwürdig er seine eigene Aussage

Etwas für wahr oder unwahr halten: Evidentialität im Bulgarischen

Inferential:

Пламен	*е*	*четял*	*книгата.*
Plamen	*e*	*četjal*	*knigata*
P.	AUX.PRÄS	AORIST.PARTIZIP	das Buch

‚Plamen muss (wohl) das Buch lesen.'

Renarrativ:

Пламен	*четял*	*книгата.*
Plamen	*četjal*	*knigata*
P.	AORIST.PARTIZIP	das Buch

‚Man sagt, dass Plamen das Buch liest.'

Dubitativ:

Пламен	*бил*	*четял*	*книгата.*
Plamen	*bil*	*četjal*	*knigata*
P.	AUX.PERF	AORIST.PARTIZIP	das Buch

‚Man sagt, dass Plamen das Buch liest, was ich nicht glaube.'

Evidentialität im Deutschen

Das Deutsche hat eine Flexionskategorie mit evidentialer Bedeutung, den Konjunktiv I. Dieser wird vor allem verwendet, um in der indirekten Rede wiederzugeben, was jemand anders gesagt hat: *Peter rief an. Er könne nicht zur Schule kommen, weil er Kopfschmerzen habe.*

Der Renarrativ wird im Deutschen durch das Modalverb *sollen* ausgedrückt: *Peter soll geschwänzt haben.* Und der Dubitativ durch das Modalverb *wollen*: *Peter will eine Eins geschrieben haben – wir glauben ihm das aber nicht.*

Was ist ein Sprachbund?

Darunter versteht man eine Gruppe von Sprachen, die Ähnlichkeiten aufweisen, obwohl sie historisch nicht nah verwandt sind. Sprachbünde entstehen durch gegenseitige Beeinflussung, vor allem durch eine große Zahl von mehrsprachigen Sprechern.

„Infinitiversatz" im Bulgarischen

Искам	*да*	*танцувам.*
Iskam	*da*	*tancuvam*
will	dass	tanze
PRÄS.1.P.SG		PRÄS.1.P.SG

‚Ich will tanzen.'

hält. Mit einem neutralen Aussagesatz gibt der Sprecher meist zu verstehen, dass er sich in irgendeiner Weise für die Wahrheit der Aussage verbürgt. Dies gilt auch für das Deutsche. Wenn dies nicht der Fall ist, werden im Deutschen Modalverben oder der Konjunktiv I verwendet. Im Bulgarischen gibt es jedoch neben dem Konjunktiv auch spezielle Evidentialitätsformen: den *Inferential* (man schließt auf eine Handlung aufgrund irgendwelcher Beobachtungen), den *Renarrativ* (man weiß über eine Handlung vom Hörensagen) und den *Dubitativ* (man weiß über eine Handlung vom Hörensagen, bezweifelt aber, dass sie stattgefunden hat).

Bulgarisch und Mazedonisch teilen einige Eigenschaften mit dem Griechischen, Albanischen und Rumänischen – man spricht hier vom „Balkansprachbund". Hierzu gehört zum Beispiel das Fehlen eines Infinitivs. Wo im Deutschen ein Infinitiv verwendet wird, finden wir eine Art *dass*-Satz, durch ein *да* eingeleitet. Auch im Serbischen gibt es den Infinitiv eigentlich nur in der Schriftsprache.

Schwierigkeiten für Deutschlerner: Wortbildung und Flexion

Für Sprecherinnen und Sprecher des BKS stellen die Artikel im Deutschen eine Herausforderung dar. Ein Satz wie *Marko je kupio knjigu* kann ‚Marko hat ein Buch gekauft' oder ‚Marko hat das Buch gekauft' heißen. Das heißt, dass Definitheit (das Hinweisen auf einen bestimmten Gegenstand) nicht immer deutlich markiert wird. Das Bulgarische und das Mazedonische haben zwar einen Artikel, allerdings unterscheidet sich die Position desselben deutlich von jener im Deutschen, woraus sich ebenfalls Schwierigkeiten ergeben können.

Die Bestimmung des Geschlechts ist im Deutschen in erster Linie am Artikel ablesbar. Diese Form der Genusmarkierung ist in slawischen Sprachen unüblich, wodurch Deutschlerner immer wieder mit den grammatischen Geschlechtern durcheinanderkommen. Auch das Erkennen der korrekten Kasusform kann dadurch erschwert werden, dass sie im Deutschen oft nur am Artikel erkennbar ist, nicht jedoch am Nomen oder Adjektiv. Die südslawischen Sprachen, die über Kasus verfügen, haben hingegen vergleichsweise vielfältige Kasusformen am Nomen. Das Bulgarische und Mazedonische wiederum kennen im nominalen Bereich gar keine Kasusendungen. Hier können wiederum bei zentralen Verwendungen des Dativs im Deutschen Schwierigkeiten auftreten, denn das bulgarisch-mazedonische Muster eines Verbs wie *geben* ist: *Der Lehrer gab das Buch an den Schüler.* Die deutsche Möglichkeit, *dem Schüler* zu sagen, ist daher unbekannt.

9.5 Sätze

Besonderheiten der Wortstellung

Die Wortstellung der südslawischen Sprachen ist noch freier als die des Deutschen. Zwar finden wir überwiegend die Stellung Subjekt – Verb – Objekt, alle anderen Wortfolgen sind jedoch auch möglich. Aber Präpositionen gehen einer Substantivgruppe immer voraus (vgl. BKS: ***u*** *našoj školi* ‚in unserer Schule'), und Adjektive stehen fast ausschließlich vor Substantiven (vgl. bulg. ***нов*** *дом* (***nov*** *dom*) ‚ein neues Haus'). Recht strikt ist auch die Abfolge bei einem Phänomen, das es im Standarddeutschen in dieser Form nicht gibt und das im Folgenden kurz beschrieben werden soll.

Wie viele slawische Sprachen besitzen auch die südslawischen Ausdrücke, die sich an ein Wort (einen „Wirt") „anlehnen" müssen und nicht betonbar sind, sogenannte *Klitika*. Die Klitika sind stets Funktionswörter, zum Beispiel Pronomina oder Hilfsverben. Im Hochdeutschen gibt es sie auch – wie das *s* in *gibt's*. Auch das *-t* in *gehst* geht auf ein Klitikon zurück. In Dialekten sind Klitika noch wichtiger, beispielsweise im Bairischen: *Hast'* ***as' m*** *gsagt?* für *Hast du* ***es ihm*** *gesagt?*

Funktionswörter anhängen: Einige Klitika

Pronomen:						
BKS	*ga*	*mu*	*je*	*joj*		
Bulg.	*го (go)*	*му (mu)*	*я (ja)*	*и (i)*		
	‚ihn'	‚ihm'	‚sie'	‚ihr'		
BKS	*me*	*mi*	*te*	*ti*		
Bulg.	*ме (me)*	*ми (mi)*	*те (te)*	*ти (ti)*		
	‚mich'	‚mir'	‚dich'	‚dir'		
Formen des Hilfsverbs *sein*:						
BKS	*sam*	*si*	*je*	*smo*	*ste*	*su*
Bulg.	*съм (săm)*	*си (si)*	*е (e)*	*сме (sme)*	*сте (ste)*	*са (sa)*
	‚bin'	‚bist'	‚ist'	‚sind'	‚seid'	‚sind'

Im BKS wird die volle Form eines Pronomens (z. B. *njega* ‚ihn') nur dann verwendet, wenn man es besonders betonen will, wenn zum Beispiel ein Kontrast ausgedrückt werden soll (*Marko je NJEGA vidio, ne NJU* ‚Marko hat IHN gesehen, nicht SIE'). Sonst tritt die klitische Form (*ga* ‚ihn') auf (*Marko ga je vidio* ‚Marko hat ihn gesehen'). Ähnlich ist es im Bulgarischen.

Interessant ist, dass es keine Klitika der Nominativformen gibt. Stattdessen wird das unbetonte Personalpronomen gleich ganz weggelassen (vgl. BKS *Govorim engleski* ‚Ich spreche Englisch' (wörtlich: ‚Spreche Englisch'). Auch die Hilfsverben im BKS verfügen über klitische und Vollformen, wie das Hilfsverb für das Perfekt im BKS, das auf dem *sein*-Verb beruht.

Das Bulgarische hat bei den Hilfsverben nur klitische Formen. Das BKS hat auch nichtklitische Vollformen, die nur eingeschränkt benutzbar sind, etwa bei Entscheidungsfragen (Ja-nein-Fragen) und vor allem bei Antworten darauf (das *li* im folgenden Beispiel ist eine Fragepartikel, die man meist nicht übersetzt und wenn doch, dann mit ‚denn'): *Jesi li stigao?* ‚Bist du angekommen?' *Jesam* ‚Ich bin'. Die Subjektpersonalpronomina, die in den deutschen Übersetzungen mit *du* und *ich* wiedergegeben sind, fehlen im BKS, weil sie nicht betont sind. Wörtlich heißt es also: *Bist denn angekommen? Bin.*

Wo die Klitika stehen

BKS: ‚Petar hat es ihm gegeben.'

—KLITIKA—

(i) *Petar mu ga je dao.*
Petar ihm es ist gegeben

oder:

(ii) *Dao mu ga je Petar.*
gegeben ihm es ist Petar

Bulgarisch: ‚Vera gab es mir gestern.'

KLITIKA

(i) *Вера вчера ми го даде.*
Vera včera mi go dade
Vera gestern mir es gab

aber:

–KLITIKA–

(ii) *Даде ми го Вера вчера.*
gab es mir Vera gestern

Die Klitika nehmen in den slawischen Sprachen meist fixe Positionen im Satz ein, im BKS beispielsweise immer die zweite Position, das heißt, sie stehen nach dem ersten Satzglied, wie in dem Beispiel in der Randspalte. Ein wenig erinnert dies an die Verbzweitstellung im deutschen Hauptsatz. Innerhalb der Klitik-Gruppe gibt es außerdem strikte Abfolgeregeln: Dativ kommt vor Akkusativ und das Perfekthilfsverb-Klitikon der 3. Person *je* folgt allen pronominalen Klitika. Selbstverständlich gibt es noch andere Abfolgeregeln in einer Klitik-Gruppe im BKS. Es würde zu weit führen, diese hier zu besprechen.

Das Bulgarische hat ähnliche Abfolgeregeln wie das BKS. Im Bulgarischen stehen die Klitika allerdings vor dem Verb (im Beispiel in der Randspalte ist dies *даде* (*dade*) ‚gab' im Aorist). Nur wenn das Verb am Satzanfang steht, müssen ihm alle Klitika folgen.

Seltsamkeiten des Slowenischen

Das Slowenische ist zwar eine „kleine" Sprache, hat aber einiges an linguistischen Leckerbissen zu bieten, so auch bei den Klitika – diesen kleinen Funktionswörtern, die sich an ein Wort anlehnen müssen, wie das *s* in *Wie geht's*?. Man möchte meinen, dass sie als unbetonbare Elemente nie eine vollständige Äußerung („Einwortsatz") bilden können sollten, da eigentlich jede Äußerung eine Betonung, also einen Akzent tragen muss. Im BKS und im Bulgarischen trifft dies auch zu. Wie wir gesehen haben, kann im BKS beispielsweise auf Ja-nein-Fragen nur mit der Vollform des Perfekthilfsverbs geantwortet werden. Auf die Frage *Bist du in der Küche?* kann also geantwortet werden: *jesam* im Sinne von ‚ja' (wörtlich: ‚ich bin').

Anders ist das im Slowenischen: Hier können in bestimmten Fällen klitische Personalpronomina als Antwort auf eine Ja-nein-Frage verwendet werden, wie der Dialog unten zeigt. In der Frage ist das slowenische *ti* (‚du') für das Subjekt nicht ausgedrückt, weil unbetont. Das Seltsame daran ist nicht nur, dass ein Klitikon selbstständig auftreten kann, sondern dass nach dem *ga* (‚ihn') ja gar nicht gefragt wurde.

X: *A* *ga* *poznaš?* Y: *Ga.*
FRAGEPARTIKEL MASK.AKK kennst MASK.AKK
‚Kennst du ihn?' ‚Ja.' (wörtlich: ‚ihn')

Drei weitere Besonderheiten im BKS, im Bulgarischen und im Slowenischen

Wie wir wissen, hat es in der Schweiz Berge. *Es gibt* und *es hat* sind im Deutschen also Varianten, und in manchen Fällen sagt man statt *es gibt* lieber *es hat*, ähnlich wie im Französischen *il y a*. Im BKS kann man die Existenz ebenfalls so ausdrücken. Das entsprechende Verb heißt *imati* ‚haben' und wird in der 3. Person Singular im Präsens verwendet: *ima* ‚(es) hat', bzw. negiert: *nema* ‚(es) hat nicht' (das *es* wird nicht ausgedrückt). Im Perfekt ist nun aber *imati* ausgeschlossen, und stattdessen wird die entsprechende Form von *biti* ‚sein' verwendet (*je bilo* ‚(es) war' bzw. *nije bilo* ‚(es) war nicht').

Was es gibt und was es gab: Existenzsätze im BKS

Na stolu ima sira.
Auf Tisch hat Käse
‚Auf dem Tisch ist Käse.'

Na stolu je bilo sira.
Auf Tisch ist gewesen Käse
‚Auf dem Tisch war Käse.'

Im Bulgarischen kann ein Satzglied durch ein Klitikon „gedoppelt" werden. Das ist ähnlich, wie wenn man im Deutschen sagt: *Die Mädchen, Hans hat* ***sie*** *begrüßt.* Diese im Deutschen eher seltene Konstruktion ist im Bulgarischen sehr verbreitet und muss sogar verwendet werden, wenn ein Objekt dem Subjekt vorangeht.

Doppelung durch ein Klitikon im Bulgarischen

Момичетата Иван ги поздрави.
Momičetata Ivan gi pozdravi.
Mädchen Ivan sie begrüßt
‚Ivan begrüßt die Mädchen.'

Das Slowenische gehört zu den wenigen Sprachen, in denen das Verb im Imperativ in *dass*-Nebensätzen oder in Relativsätzen auftreten kann. Das Deutsche, aber auch die anderen slawischen Sprachen erlauben diese Art von Nebensätzen nicht. Man kann nicht sagen *Mama hat gesagt, dass iss.* Hier hat das Slowenische also abermals eine sprachliche Rarität zu bieten.

Imperative in Nebensätzen im Slowenischen

Mama je rekla da jej.
M. AUX.PERF.3.SG gesagt dass iss
‚Mama hat gesagt, dass du essen sollst.'

9.6 Wortschatz und Sprachverwendung

Wie in anderen slawischen Sprachen auch gibt es im BKS ein ausdifferenziertes System von Verwandtschaftsbezeichnungen, etwa für diverse Onkel und Tanten (Kapitel 4). Ähnliches gilt auch für die Monatsnamen im Kroatischen (und veraltet und nicht mehr gebräuchlich im Slowenischen). Wie im Polnischen und Tschechischen werden im Kroatischen (nicht aber im Serbischen und Bosnischen) slawische Bezeichnungen für die Monate auch offiziell verwendet, wobei es zwischen den slawischen Monatsbezeichnungen erhebliche Unterschiede gibt.

Viele der Monatsnamen haben eine deutlich erschließbare Bedeutung: *listopad* ‚Oktober' heißt wörtlich übersetzt ‚Blätterfall'; *srpanj* ‚Juli' lässt sich von *srp* ‚Sichel' herleiten und verweist auf die Erntearbeit in den Sommermonaten. (Im Tschechischen steht *srpen* für den August, wohl weil man im Norden später erntet. Weshalb aber *listopad* dort den November bezeichnet, wissen wir nicht – herbstelt es in Mitteleuropa vielleicht später? Übrigens: Eine ähnliche Situation finden wir

Monatsnamen im Kroatischen, von Januar bis Dezember

1. *siječanj*, 2. *veljača*, 3. *ožujak*, 4. *travanj*, 5. *svibanj*, 6. *lipanj*, 7. *srpanj*, 8. *kolovoz*, 9. *rujan*, 10. *listopad*, 11. *studeni*, 12. *prosinac*

Höflich fragen im BKS
Oprostite možete li ...? (oder *izvinite),*
Entschuldigt könnt FRAGEPARTIKEL
‚Entschuldigen Sie, können Sie ...?'

im Polnischen. Auch dort heißt August *sierpień* und November ist *listopad*.)

Die höfliche Anrede (das Siezen) in den südslawischen Sprachen funktioniert ähnlich wie in vielen anderen slawischen Sprachen (nicht jedoch im Polnischen; Kapitel 4). Sie entspricht der älteren Version des Deutschen, wonach hochgestellte Personen mit *Ihr* und dem Verb in der 2. Person Plural angesprochen werden (z. B. *Ihr seid wunderschön, Mylady!*). Nachdem das Personalpronomen (im BKS *Vi* ‚Ihr', im Bulgarischen *Вие* (*Vie*) ‚Ihr') meist nicht betont ist, wird es aber oft weggelassen. Für die Anrede im Bulgarischen ist zu beachten, dass es wie in vielen slawischen Sprachen für Namen in der Regel eine männliche und eine weibliche Form gibt. Viele Namen enden auf (*-ов*) *-ov* bzw. (*-ев*) *-ev*; die Variante für Frauen ist (*-ова*) *-ova* bzw. (*-ева*) *-eva*. So könnte die Schwester eines *Кирил Петров* (*Kiril Petrov*) zum Beispiel *Валя Петрова* (*Valja Petrova*) heißen. Verheiratete Frauen tragen nicht selten einen Doppelnamen, wobei der Mädchenname als Erstes genannt wird. Wenn die genannte Valja also mit einem *Иван Котев* (*Ivan Kotev*) verheiratet wäre, könnte sie *Валя Петрова-Котева* (*Valja Petrova-Koteva*) heißen.

Quellen und weiterführende Literatur

Genauere Darstellungen der Standardsprachgeschichte des Serbokroatischen bzw. Bosnischen, Kroatischen und Serbischen, die sich meist auch der komplizierten Sprachenstreitfrage widmen, aber auch zum bulgarisch-mazedonischen Sprachenstreit findet man unter anderem in Bugarski und Hawkesworth (1992; 2003), Greenberg (2004), Okuka (1998), Roudometof (2000) sowie Stone und Worth (1985).

Den Bericht des Kaiserlichen Provisors aus dem *Wienerischen Diarium* vom 21. Juli 1725 über einen angeblichen Vampir namens Peter Plogojoviz (Petar Blagojević) und was diesem widerfuhr, kann man unter folgender Adresse nachlesen: http://de.wikisource.org/wiki/Copia_eines_Schreibens_aus_dem_Gradisker_District (Zugriff 22.5.2012).

In den Quellen sind auch einige Grammatiken angeführt, anhand derer man sich über die Sprachen intensiver informieren kann: zum BKS beispielsweise Alexander (2006), Browne und Alt (2004), Kordić (1997), Kunzmann-Müller (2002); zum Bulgarischen Britze (2003), Hauge (1999), Radeva (2003); zum Mazedonischen Friedman (2002); zum Slowenischen Derbyshire (1993), Greenberg (2008), Jenko (2002). Auch die angeführten Sprachensteckbriefe (Busch o. J., Ilić Marković o. J., Popovska o. J. a und Popovska o. J. b) liefern gute Einstiegsinformationen. Allgemein zu (süd-)slawischen Sprachen sind die Überblickswerke Comrie und Corbett (2006), De Bray (1980), Hinrichs (1999), Kunzmann-Müller (2000) sowie Sussex und Cubberley (2006) empfehlenswert. Weitere Informationen zu Klitika findet man in Franks und Holloway King (2000).

Zur Sprecherzahl des BKS siehe unter anderem die Daten auf der Seite http://de.wikipedia.org/wiki/Kroaten_in_Deutschland (Zugriff 21.2.2013) oder den *Sprachensteckbrief Bosnisch/Kroatisch/Serbisch*, herausgegeben vom österreichischen Bundesministerium für Unterricht, Kunst und Kultur (vgl. http://medienservicestelle.at/migration_bewegt/wp-content/uploads/2011/05/Sprachensteckbrief_BKS.pdf (Zugriff 21.2.2013)).

Literatur

Alexander R (2006) Bosnian, Croatian, Serbian, a grammar: With sociolinguistic commentary. University of Wisconsin Press, Madison

Britze J (2003) Kurzgefasste bulgarische Grammatik für Slawisten. Selbstverlag, Bonn

Browne W, Alt T (2004) A Handbook of Bosnian, Serbian, and Croatian. http://www.seelrc.org:8080/grammar/pdf/compgrammar_bcs.pdf (Zugriff 21.2.13)

Bugarski R, Hawkesworth C (Hrsg) (1992) Language planning in Yugoslavia. Slavica Publications, Columbus

Bugarski R, Hawkesworth C (Hrsg) (2003) Language in former Yugoslav lands. Slavica Publications, Bloomington

Busch B (o. J.) Sprachensteckbrief Slowenisch. bmukk, Wien. http://www.sprachensteckbriefe.at/fileadmin/sprachensteckbriefe/pdf/Sprachensteckbrief_Slowenisch.pdf (Zugriff 21.2.13)

Comrie B, Corbett G (2006) The Slavonic languages. Routledge, London

De Bray R (1980) Guide to the South Slavonic languages. Slavica Publications, Columbus

Derbyshire W (1993) A basic reference grammar of Slovene. Slavica Publications, Columbus

Dvořák B, Zimmermann I (2008) Imperative subordination in Slovenian. In Smirnova A, Curtis M (Hrsg) Issues in Slavic syntax and semantics. Cambridge Scholars Publishing, Newcastle upon Tyne. 14–34

Franks S, Holloway King T (2000) A handbook of Slavic clitics. Oxford University Press, New York/Oxford

Friedman V (2002) Macedonian. LINCOM, München

Greenberg R (2004) Language and identity in the Balkans: Serbo-Croatian and its disintegration. Oxford University Press, Oxford

Greenberg M (2008) A short reference grammar of Slovene. LINCOM , München

Hauge KR (1999) A short grammar of contemporary Bulgarian. Slavica Publications, Bloomington

Hinrichs U (Hrsg) (1999) Handbuch der Südosteuropa-Linguistik. Harrassowitz, Wiesbaden

Ilić Marković G (o. J.) Sprachensteckbrief Bosnisch/Kroatisch/Serbisch. bmukk, Wien. http://medienservicestelle.at/migration_bewegt/wp-content/uploads/2011/05/Sprachensteckbrief_BKS.pdf (Zugriff 21.2.13)

Jenko E (2002) Grammatik der slowenischen Sprache: Eine Einführung. Drava, Klagenfurt

Kordić S (1997) Kroatisch – Serbisch: Ein Lehrbuch für Fortgeschrittene mit Grammatik. Buske, Hamburg

Kunzmann-Müller B (Hrsg) (2000) Die Sprachen Südosteuropas heute. Lang, Frankfurt am Main

Kunzmann-Müller B (2002) Grammatikhandbuch des Kroatischen unter Einschluss des Serbischen. Lang, Frankfurt am Main

Okuka M (1998) Eine Sprache – viele Erben. Bosnien als gordischer Knoten der sprachpolitischen Beziehungen zwischen Serben, Kroaten und Muslimen. Wieser, Klagenfurt

Popovska E (o. J. a) Sprachensteckbrief Bulgarisch. bmukk, Wien. http://www.sprachensteckbriefe.at/fileadmin/sprachensteckbriefe/pdf/Bulgarisch.pdf (Zugriff 22.05.12)

Popovska E (o. J. b) Sprachensteckbrief Makedonisch. bmukk, Wien. http://www.schule-mehrsprachig.at/fileadmin/schule_mehrsprachig/redaktion/sprachensteckbriefe/pdf/Makedonisch.pdf (Zugriff 21.2.13)

Radeva V (2003) Bulgarische Grammatik: Morphologisch-syntaktische Grundzüge. Buske, Hamburg

Roudometof V (Hrsg) (2000) The Macedonian Question. East European Monographs, Boulder

Stone G, Worth D (Hrsg) (1985) The formation of the Slavonic literary languages. Slavica Publications, Columbus

Sussex R, Cubberley P (2006) The Slavic languages. Cambridge University Press, Cambridge

10 Das Russische und das Ukrainische

Natalia Gagarina

10.1 Einleitung

Russisch, *русский язык* (*russkij jazyk*), und Ukrainisch, *українська мова* (*ukrajins'ka mova*), gehören zu den modernen ostslawischen Sprachen. Die dritte im Bunde ist Weißrussisch, *беларуска мова* (*belaruska mova*) oder *тарашкевіца* (*taraškevica*). Generell betrachtet man die ostslawischen Sprachen als „melodische" Sprachen. Das Ukrainische mit seiner stark ausgeprägten Tendenz zu offenen Silben gilt als die melodischste von allen: Die Muttersprachler nennen sie sogar *співуча мова* (*spivuča mova*) ‚melodische Sprache'.

Alle drei verwenden die kyrillische Schrift, jedoch sind die Zahl der Buchstaben sowie das Zeicheninventar unterschiedlich (Abschnitt 10.3). Die ostslawischen Sprachen werden aufgrund ihrer geografischen Verbreitung sowie bestimmter Entwicklungen in Lautsystem, Wortformen und Aussprache von west- und südslawischen Sprachen unterschieden und bilden eine homogenere Gruppe als die beiden anderen slawischen Sprachgruppen. Jedoch weisen Ukrainisch und Weißrussisch mehr gemeinsame Eigenschaften auf; die Ursache hierfür ist das Eindringen von Polen und Litauern im 14. bis 17. Jahrhundert in die Territorien der ostslawischen Völker. Im modernen Ukrainischen und Russischen gibt es sowohl ganz ähnliche oder sogar gleiche als auch sehr unterschiedliche Wörter und Strukturen: Während der Satz *Ich schreibe am Tisch* in beiden Sprachen mit gleichen Wörtern wiedergegeben wird, wird der Satz *Dem Lehrer sind die Schüler nicht egal* im Russischen und Ukrainischen mit jeweils unterschiedlichen Wörtern realisiert, sodass sich die Sprecher der jeweiligen Sprachen hier gar nicht verstehen würden. Entsprechende Beispiele finden Sie in der Randspalte.

Eine typisch ostslawische Eigenschaft ist die *Pleophonie*: Die Lautkombinationen *or/ol/er/el* bekommen einen zusätzlichen Vokal, wenn sie zwischen Konsonanten stehen, wie in *молоко* (***moloko***) ‚Milch' im Russischen/Ukrainischen und ***malako*** im Weißrussischen, im Gegensatz zu ***mleko*** im Polnischen oder ***mlijek*** im Kroatischen. Auch das Inventar der Vokale ist in ostslawischen Sprachen anders. Es gibt keine nasalen Vokale, allerdings kann man Hinweise auf ihre frühere

Russisch und Ukrainisch: Wie verschieden voneinander?

Alle Wörter sind gleich:
Ja pišu za stolom. (russ.)
Ja pišu za stolom. (ukr.)
‚Ich schreibe am Tisch.'

Alle Wörter sind unterschiedlich:
Prepodavatel' neravnodušno otnositsja k vospitannikam. (russ.)
Vykladač nebajduže stavyt'sja do vychovanciv. (ukr.)
‚Dem Lehrer sind die Schüler nicht egal.'

Falsche Freunde: Vergleichen Sie.

Russisch	Ukrainisch	Deutsch
echo	***luna***	Echo
luna	misjac'	Mond
mesjac	misjac'	Monat
voskresen'e	***nedilja***	Sonntag
nedelja	tyžden'	Woche
kupol	***banja***	Kuppel
banja	laznja	Sauna/Dampfbad
vtoroj	***drugyj***	zweiter
drugoj	inšyj	anderer

Konsonanten: Mal so, mal so

Für die ostslawischen Sprachen sind sogenannte Konsonantenalternationen typisch: Ein *t* (Urslawisch: **tj*) im Ukrainischen und im Russischen wird häufig durch ein *č* ersetzt. Daher heißt es im Ukrainischen *світло* (*svitlo*) und im Russischen *свет* (*svet*) für ‚Licht' vs. im Ukrainischen *свічка* (*svička*) und im Russischen *свеча* (*sveča*) für ‚Kerze' (urslawisch: **světja* ‚Licht, Kerze'). Übrigens bedeutet das Sternchen hier nicht, dass die Form ungrammatisch ist, sondern dass es sich um eine rekonstruierte Form handelt.

Existenz finden. Vergleichen wir zwei russische Wörter mit der Endung *ja*: *земля* (*zemlja*) ‚Erde' und *время* (*vremja*) ‚Zeit'. Wenn man diese Nomina dekliniert, werden die Unterschiede deutlich: Im Genitiv bekommen beide die Endung *-i*, aber bei *vremja* tritt zusätzlich ein *en* auf, also *земли* (*zemli*), aber *времени* (*vremeni*). Im Altslawischen stand in *время* (*vremja*) sowie in *имя* (*imja*) ‚Name' der nasale Vokal *ę* am Ende, der jetzt im Genitiv und anderen Nichtsubjektkasus als *en* zum Vorschein kommt. Im Wort *земля* (*zemlja*) dagegen stand der Vokal *ja*.

Weitere Besonderheiten in ostslawischen Sprachen betreffen den Wandel von *e* zu *o* in bestimmten, je nach Sprache spezifischen Positionen und Kontexten, wie etwa in Russisch *зелёный* (*zelënyj*) und Weißrussisch *zjalëny* ‚grün' im Gegensatz zu Tschechisch *zelený* oder Bulgarisch *zelen*. Ein weiterer wichtiger Prozess ist der Ausfall von den *Gleitlauten* ь (*e*) und ъ (*o*) in der schwachen Position (Abschnitt 10.3).

Durch die geografische Verbreitung und die Kontakte der Ostslawen mit skandinavischen Sprachen im Norden (Schwedisch, Norwegisch) und altaischen Sprachen im Osten (Tatarisch, Mongolisch) weisen Russisch, Ukrainisch und Weißrussisch auch lexikalische Entlehnungen auf, die man in anderen slawischen Sprachen nicht findet. Das sind zum Beispiel Wörter skandinavischer Herkunft wie ‚Hering' *сельдь* (*sel'd'*) im Russischen und *оселедець* (*oseledec'*) im Ukrainischen oder ‚Anker' im Russischen *якорь* (*jakor'*) und im Ukrainischen *якір* (*jakir*); Wörter türkischer Herkunft, die die „Vokalharmonie" zeigen (d.h. alle Vokale im Wort haben die gleichen Eigenschaften), wie ‚Trommel' im Russischen/Ukrainischen *барабан* (*baraban*).

Interessanterweise sind für alle ostslawischen Sprachen einige gleichartige Redewendungen typisch, die historisch auf ähnlichen Traditionen oder aber linguistisch auf einer Häufung eigentlich gleichbedeutender Worte basieren (Abschnitt 10.6).

Ostslawische Sprachen werden oft als für deutsche Muttersprachler schwer erlernbar erachtet. Dieser Ruf gründet sich auf einigen grammatischen Eigenschaften, in denen sie sich von germanischen Sprachen deutlich unterscheiden. Als indogermanische Sprachen haben die germanischen und die slawischen Sprachen jedoch auch vieles gemeinsam, etwa die Struktur der Verben, des Kasus- und des Pronominalsystems.

Russische Zungenbrecher

Шла Саша по шоссе и сосала сушку.
(*Šla Saša po šosse i sosala sušku.*)
‚Sascha ging die Chaussee entlang und lutschte am Gebäck.'
Карл у Клары украл кораллы, а Клара у Карла украла кларнет.
(*Karl u Klary ukral korally, a Klara u Karla ukrala klarnet.*)
‚Karl klaute Korallen von Klara, und Klara klaute Klarinetten von Karl.'

Unterschiede gibt es vor allem bei den Lauten, beispielsweise den palatalisierten („weichen") Konsonanten, deren Aussprache für Nichtmuttersprachler als schwer gilt (z. B. russ. *егери* (*egeri*) ‚Jäger.PLURAL'), sowie bei Konsonantenclustern (wie russ. ***сбр**ызнуть* (***sbr**yznut'*) ‚besprühen' oder ***к встр**ече* (**k vstr**eče) ‚zum Treffen').

Bei den Wortformen unterscheiden sich slawische Sprachen durch eine größere Zahl von Endungen, die zu einem reicheren Formeninventar führen, zum Beispiel im Russischen *лампа* (*lampa*), ‚Lampe.NOMINATIV', *лампу* (*lampu*) ‚Lampe.AKKUSATIV' und *лампе* (*lampe*) ‚Lampe.DATIV'. Im Deutschen wird Kasus, wenn überhaupt, eher am Artikel ausgedrückt; so entspricht dem deutschen *der Kapitän – den Kapitän – dem Kapitän* im Russischen *капитан* (*kapitan*) – *капитана* (*kapitana*) – *капитану* (*kapitanu*). Bei den Verbformen erweist sich am schwierigsten der Ausdruck der Abgeschlossenheit oder Nichtabgeschlossenheit einer Handlung, der sogenannte *Aspekt*, den das Deutsche unausgedrückt lassen kann (Abschnitt 10.4). Das Tempus ist hingegen einfach. Es gibt nur eine Präteritumform (Vergangenheitsform), bei der man zu dem auf einem Vokal endenden Stamm ein *-l*, wenn das Subjekt eine männliche Form ist, und eine Endung (dem Genus des Subjekts entsprechend) hinzufügt, zum Beispiel im Russischen *кооперирова-ть* (*kooperirova-t'*) ‚kooperieren' vs. *кооперирова-л* (*kooperirova-l*) ‚(er) kooperierte/hat kooperiert/hatte kooperiert'. Im Ukrainischen wird außerdem – nur regional in der Umgangssprache –noch ein Plusquamperfekt *була ходила* (*bula hodyla*) ‚(sie) war gegangen' verwendet.

Eine ostslawische Besonderheit ist, dass die Flexionsendung *-m* in der 1. Person Singular in diesen Sprachen verloren gegangen ist; im Russischen ist diese Endung nur bei zwei Verben (und von diesen abgeleiteten Wörtern) zu finden: *ем* (*em*) ‚ich esse' und *дам* (*dam*) ‚ich gebe'. Ansonsten drücken die Sprachen die 1. Person mit der Flexionsendung *-u* aus, beispielsweise im russischen/ukrainischen *знаю* (*znaju*) ‚ich kenne/weiß'.

Die Satzglieder in einem slawischen Satz haben im Vergleich zu denen in einem deutschen Satz mehr „Freiheiten" (Abschnitt 10.5).

Wenn man die zahlreichen und voneinander recht verschiedenen deutschen Dialekte als Maßstab nimmt, kann man sagen, dass ostslawische Sprachen insgesamt nur schwach dialektal variieren und dass das Russische, obwohl es in einem riesigen Gebiet gesprochen wird und die fünftgrößte Sprache überhaupt ist, so gut wie keine Dialekte kennt. Man unterscheidet allenfalls die (mittelrussische) Standardaussprache und zwei Mundarten im Norden und im Süden, die sich durch ein klar ausgesprochenes, unbetontes *o* und ein *g*, das als Reibelaut gesprochen wird, unterscheiden. Ukrainisch ist stärker dialektal differenziert als das Russische und im Westen vom Polnischen und im Osten vom Russischen beeinflusst.

10.2 Allgemeines zur russischen und zur ukrainischen Sprache

Geschichte

Die ostslawischen Sprachen haben sich zwischen dem 6. und 11. Jahrhundert vom Urslawischen getrennt und so ausgeprägte Eigenschaften angenommen, dass man von der Entwicklung einer eigenen Sprache reden kann. Bis zum 14. Jahrhundert besaßen die ostslawischen Völker eine gemeinsame Schriftsprache, dann führten die sprachlichen Veränderungen zur Ausgliederung des Russischen aus dieser gemeinsamen Sprache. Historisch bedeutend war hier der Zerfall der Kiewer Rus', des Vorläuferstaates der Ukraine, Weißrusslands und Russlands, unter dem Angriff der Mongolen von Batu Khan.

Namen
In ostslawischen Sprachen sind Namen *dreigliedrig:* So gibt es üblicherweise einen Vornamen, dann kommt der sogenannte *отчество* (*otčestvo*) ‚Vatername' und schließlich der Nachname. Alle drei Teile haben je nach Geschlecht unterschiedliche Endungen: *Frau Valentina Markovna Gurova* und *Herr Valentin Markovič Gurov*

Die Epoche der altrussischen Sprache ab dem 11. Jahrhundert war durch Diglossie geprägt: Chroniken und anspruchsvolle Werke wurden im sogenannten Kirchenslawischen geschrieben, andere Werke in der ostslawischen Umgangssprache. Die älteste erhaltene schriftliche Chronik ostslawischer Völker ist die Nestor-Chronik (russ. *Повесть временных лет* (*Povest' vremennych let*) ‚Erzählung der vergangenen Jahre') vom Anfang des 12. Jahrhunderts.

Bekannte Persönlichkeiten Russlands
Russland ist einfach zu groß, um hier alle bekannten Persönlichkeiten auflisten zu können. Sicher fallen Ihnen Dutzende ein. Es soll hier nur darauf hingewiesen werden, dass der erste Mensch, der die Erde auf einer Umlaufbahn umkreiste, ein Russe war: Юрий Алексеевич Гагарин (Jurij Alekseevič Gagarin). Ein Verwandtschaftsverhältnis zur Autorin des vorliegenden Artikels existiert nicht.

Jurij Gagarin am Tag der Erdumkreisung, 12.04.1961 (heute der Tag der Kosmonauten in Russland).

Auf das Russische haben dann im Laufe der Geschichte Sprachen wie Deutsch, Französisch und Polnisch aus dem Westen und aus dem Osten die Sprachen der Tataren, Mongolen, des oghusischen Stammes der Petschenegen und anderer Völker eingewirkt. Insbesondere das Deutsche hat Einfluss durch viele Entlehnungen im technischen und kulturellen Wortschatz genommen. Das Ukrainische hingegen wurde eher durch das Polnische und Litauische, aber auch durch das Russische beeinflusst.

In der Geschichte der russischen Sprache und des Staates des 18. Jahrhunderts haben Michail Vasil'evič Lomonosov und Alexandr Sergeevič Puškin (wissenschaftliche Transliteration des Namens; mehr zur Transliteration am Ende des Kapitels) eine bedeutsame Rolle gespielt. Lomonosov gilt nicht nur als Theoretiker und Reformator der russischen Sprache, sondern auch als Dichter, Universalgelehrter und Naturwissenschaftler. Er studierte an der Philipps-Universität Marburg und war mit einer Deutschen verheiratet. Lomonosov gründete die Moskauer Staatsuniversität, die später nach ihm benannte wurde.

Puškin, der berühmteste russische Dichter, wurde Ende des 18. Jahrhunderts geboren und erlag 1837 den Schussverletzungen eines Duells. Der beste Schüler eines Elite-Lyzeums in *Царское село (Carskoe Selo)* in der Nähe von St. Petersburg hatte schon dort seine ersten Gedichte geschrieben. Durch seine Unterstützung der adligen Revolutionäre der „Dekabristen", seine freiheitsliebenden, kritisch gegen die Regierung gerichteten Gedichte und atheistischen Sprüche wurde er mehrmals aus St. Petersburg und Moskau vertrieben. Sein berühmtestes Werk, den Versroman *Eugen Onegin*, hat Pëtr I. Čajkovskij zu einer Oper vertont. Die literarische Zeit nach Puškin bis hinein in die sowjetische Zeit ist durch eine ganze Reihe von weltberühmten Schriftstellern wie Fëdor M. Dostojevskij, Anton P. Čechov, Nikolaj V. Gogol', Ivan S. Turgenev, Lev N. Tolstoj, Maksim Gor'kij, sowie Dichtern wie Michail Ju. Lermontov, Sergej A. Esenin und Vladimir V. Majakovskij geprägt.

Alexander S. Puškin, gemalt 1827 von Orest Kiprensky

Als Beginn des modernen literarischen Ukrainischen gilt die Verssatire *Енеїда Enejida* (eine burleske Übertragung von Vergils *Aeneis*) von Ivan Kotljarevs'kyj von 1798. Jedoch findet man ukrainische Elemente schon im kirchenslawischen Schrifttum des 12. Jahrhunderts; diese führten zu einer Sprachform, die man als *проста мова* (*prosta mova*) ‚einfache Sprache' bezeichnet. In der sprachlichen Entwicklung werden drei Perioden unterschieden, die jeweils Einflüsse auf unterschiedliche Bereiche hatten. So fanden in der mittleren Periode Änderungen in den verwendeten Formen statt, zum Beispiel der Verlust des Hilfsverbs.

Im Ukrainischen gibt es drei Dialekte: einen nördlichen, einen südwestlichen und einen südöstlichen, auch in der literarischen Sprache. Der Hauptunterschied zwischen dem nördlichen Dialekt und den beiden südlichen liegt in den Vokalen: Im Norden alternieren *o* und *e* mit Diphthongen, im Süden gibt es nur einfache Vokale. Für die Geschichte und die Entwicklung der ukrainischen Sprache haben Melentij Smotric'kij (Schriftsteller, Gelehrter und Autor der kirchenslawischen Grammatik; 17. Jahrhundert), Ivan Petrovyč Kotljarevs'kyj (Dichter; 19. Jahrhundert), Taras (Hryhorovyč) Ševčenko (der bedeutendste Schriftsteller, Dichter-Lyriker und Maler; 19. Jahrhundert), Ahatanhel Juchymovyč Kryms'kyj (Schriftsteller und Wissenschaftler; 20. Jahrhundert) und Oleksandr Opanasovič Potebnja (Wissenschaftler; 20. Jahrhundert) eine wichtige Rolle gespielt.

Bekannte Persönlichkeiten der Ukraine

Anna, Tochter von Jaroslaw dem Weisen, Königin von Frankreich (11. Jh.)

Bogdan Hmel'nickij, Hauptmann und Politiker (17. Jh.)

Pylyp S. Orlyk, Nationalheld und Kosakenführer (17.–18. Jh.)

Taras Grygorovyč Ševčenko, Schriftsteller, Dichter und Maler (1814–1861)

Lesja Ukrajinka, Dichterin (1871–1913)

Oleksandr Dovženko (1894–1956), Regisseur (das Kino am Potsdamer Platz in Berlin wurde nach dem Titel seines Films *Arsenal* benannt; eine Gedenktafel ist am Haus in der Bismarckstraße 69 zu sehen)

Vitalij und Volodimir Kličko, Boxer

Olena Savčenko, Eiskunstläuferin

Andrij Ševčenko, Fußballspieler

Sprecher und Sprachsituation

Das Russische ist die slawische Sprache mit den weitaus meisten Sprechern. Nach Informationen des Bildungs- und Forschungsministeriums der Russischen Föderation von 2010 wird es von etwa 160 Millionen Muttersprachlern und 110 Millionen Menschen mit Russisch als Zweitsprache gesprochen und liegt damit auf Platz 5 der Rangliste der am häufigsten gesprochenen Sprachen der Welt. Es ist die Amtssprache in Russland, Weißrussland (zusammen mit Weißrussisch), Kasachstan (zusammen mit Kasachisch) und die offizielle regionale Sprache der zur Ukraine gehörenden autonomen Republik Krim (zusammen mit Ukrainisch). Daneben wird auch in den baltischen Staaten Russisch gesprochen. Nach der Wende haben mehrere Millionen russischsprachige Menschen die ehemalige Sowjetunion verlassen und sind nach Amerika, Israel, Australien und Europa emigriert.

Eine große Diaspora findet man auch in Deutschland. Nach den Daten des Statistischen Bundesamtes lernen über 100 000 Schüler bundesweit Russisch als Fremdsprache (Statistisches Bundesamt 2011); damit liegt Russisch an sechster Stelle der in Deutschland unterrichteten Fremdsprachen. Über 10 000 junge Menschen studieren Russisch. Es gibt mehrere Verbände in Deutschland, die sich direkt oder indirekt mit der russischen Sprache beschäftigen sowie unterschiedliche Organisationen und Projekte, die die russische Sprache unterstützen: Der Deutsche Russischlehrerverband (DRLV), der Deutsche Slavistenverband, das Deutsch-Russische Forum (DRF), der Fachverband Russisch und Mehrsprachigkeit sowie unterschiedliche Organisationen, Stiftungen und Projekte, die die russische Sprache unterstützen, zum Beispiel das Russische Haus der Wissenschaft und Kultur in Berlin (RHWK), die Stiftung Russkij Mir, das Projekt „RussoMobil" des Bundesverbands Deutscher West-Ost-Gesellschaften (BDWO e. V.).

Die Zahl der Sprecher des Ukrainischen beträgt nach unterschiedlichen Angaben bis zu 51 Millionen. Etwa zehn Prozent leben außerhalb der Ukraine, nach Angaben des Europäischen *Kongresses* der *Ukrainer* (EKU) sogar über 20 Millionen: Man findet größere ukrainisch sprechende Gemeinden in Kanada und den USA (bis zu drei Millionen Sprecher nach Angaben des Ukrainian Canadian Congress), Südamerika (vor allem Brasilien mit ca. 400 000 Sprechern), Polen (bis zu 500 000 Sprecher), der Slowakei (über 10 000 Sprecher), Russland, Lettland, Kasachstan und in Teilen Rumäniens und Moldawiens.

Außerhalb Weißrusslands mit seiner Bevölkerung von etwa zehn Millionen beherrschen etwa sieben Millionen Menschen das Weißrussische als Erst- oder Zweitsprache; sie leben in Polen, Westeuropa, Nordamerika sowie in Sibirien und Zentralasien.

In Deutschland ist die Zahl der Einwohner mit Russisch als Muttersprache in den letzten Jahren gestiegen und bildet eine Gruppe von derzeit über 4,2 Millionen Menschen. Die erste Immigrationswelle nach Deutschland erfolgte in der Zeit nach der Revolution 1917. Zwischen 1919 und 1923 wohnten in der Kulturmetropole Berlin fast eine halbe Million russischsprachiger Menschen. Es gab sechs russische Banken, drei Tageszeitungen, 20 Buchläden und 87 Verlage. Wladimir Nabokov, der russisch-amerikanische Schriftsteller, auch Literatur- und Schmetterlingsforscher, hat dort insgesamt 15 Jahre bis zum Beginn der nationalsozialistischen Bewegung gelebt. Kaum bekannt ist, dass er seinen Lebensunterhalt während seiner Berliner Zeit nicht nur mit Englisch- und Russischunterricht bestritten hat, sondern auch als Tanzlehrer und Boxtrainer und mit der Veröffentlichung von Schachproblemen und Wortpuzzlen sein Einkommen aufbessern konnte. In Berlin hat er alle seine acht Novellen geschrieben, bei einem Maskenball seine zukünftige Ehefrau kennen gelernt und für die Zeitung *The Rudder* geschrieben.

Die zweite Welle der Emigration von Russland nach Berlin, München und in andere Städte Deutschlands war eine unmittelbare Folge von *перестройка* (*perestrojka*) und *гласность* (*glasnost'*). Heutzutage sind die russischsprachigen Mitbürger Deutschlands von einer recht bunten Herkunft. Neben den Immigranten aus den russischen Kerngebieten, die aus unterschiedlichen Gründen nach Deutschland gekommen oder nach der Wende in Deutschland geblieben sind, gehören dazu ehemalige Russlanddeutsche und Juden, aber auch Georgier, Kasachen, Usbeken und Ukrainer. Für viele dieser Menschen ist die russische Sprache die gemeinsame Kommunikationsform. Inzwischen gibt es eine ganze Reihe von russischsprachigen Zeitschriften wie zum Beispiel die *Berlinskaya Gazeta*, einen Radiosender, eigene russischsprachige Programmanteile in den öffentlich-rechtlichen Fernsehanstalten, Internetseiten sowie deutsch-russische Kindergärten und Schulen. Das einzige Kulturinstitut Russlands in Deutschland (Berlin) organisiert jährlich „Wochen der russischen Sprache" sowie Fortbildungen und Seminare und unterstützt Wettbewerbe und sprachliche Olympiaden.

Die ukrainische Diaspora in Berlin verfügt über die Blog-Zeitung *Immigrada/Immigraniada*, nach deren Angaben etwa eine Viertelmillion ukrainische Bürger und Menschen mit Migrationshintergrund in Deutschland wohnen. Diese ukrainische Diaspora verfügt über einen Kongress der Nationalen Gemeinschaften der Ukraine. Die größte Zahl der Ukrainer findet man in München.

10.3 Schrift und Aussprache

Russisch

Die russischen Buchstaben und deren Transliteration (in Klammern)

Аа (*a*)	*Бб* (*b*)	*Вв* (*v*)
Гг (*g*)	*Дд* (*d*)	*Ее* (*e*)
Ёё (*ë*)	*Жж* (*ž*)	*Зз* (*z*)
Ии (*i*)	*Йй* (*j*)	*Кк* (*k*)
Лл (*l*)	*Мм* (*m*)	*Нн* (*n*)
Оо (*o*)	*Пп* (*p*)	*Рр* (*r*)
Сс (*s*)	*Тт* (*t*)	*Уу* (*u*)
Фф (*f*)	*Хх* (*ch*)	*Цц* (*c*)
Чч (*č*)	*Шш* (*š*)	*Щщ* (*šč*)
ъ (”)	*ы* (*y*)	*Ээ* (*ė*)
ь (’)	*Юю* (*ju*)	*Яя* (*ja*)

Achtung: Das russische *Вв* (*v*) wird wie in *weinen* ausgesprochen.

Die russischen Buchstaben entstammen dem kyrillischen Alphabet, benannt nach dem in Thessaloniki geborenen und im slawischen Raum beheimateten, griechisch-slawischen Missionar Konstantinos mit dem Ordensnamen Kyrillos. Das kyrillische Alphabet besteht aus 33 Buchstaben. Die handgeschriebenen und die gedruckten Buchstaben unterscheiden sich in der grafischen Darstellung.

Sie werden sicher ein paar Buchstaben sofort erkennen, etwa *a, e, o, k, M* und *T*. Aber was bedeuten die anderen? Versuchen Sie sich einmal an den Leseübungen in der Randspalte mit Lehnwörtern aus dem Deutschen.

Zehn Buchstaben werden zur Wiedergabe von sechs betonten Vokalen verwendet, die in Tabelle 10.1 zu sehen sind. Von diesen zehn Buchstaben werden drei wie im Deutschen geschrieben und ähnlich ausgesprochen: *a, e* und *o*; drei weitere haben eine andere Schreibweise und werden wie folgt ausgesprochen: *и* [i], *у* [u], *ы* [ɨ]. Vier Buchstaben repräsentieren jeweils zwei Laute: *ё* (*ë*) steht für *j* + *o*, *е* (*e*) für *j* + *e*, *ю* (ju) für *j* + *u* und *я* (*ja*) für *j* + *a*. Folgen diese Buchstaben aber auf einen Konsonanten, so wird der Konsonant weich (palatalisiert) und diese Buchstaben werden als die entsprechenden Vokale realisiert: *ё* (*’o*), *е* (*’e*), *ю* (*’u*) und *я* (*’a*). Beispiele dafür wären: *Юля* [julʲa] ‚Julia.NOM‘ und *Юлю* [julʲu] ‚Julia.AKK‘.

Leseübungen

дюбель	‚Dübel‘
айсберг	‚Eisberg‘
грунт	‚Grund‘
галстук	‚Halstuch‘
Гамбург	‚Hamburg‘
ландшафт	‚Landschaft‘
шлагбаум	‚Schlagbaum‘
эндшпиль	‚Endspiel’

Tabelle 10.1: Vokale des Russischen in Lautschrift

Klang	**hell**	**mittel**	**dunkel**
Mund weiter geschlossen	[i]	[ɨ]	[u]
	[e]		[o]
Mund offener		[a]	

Das russische Vokalsystem

Das russische Vokalsystem ist im Vergleich zum Deutschen einfacher, da es weder die Unterscheidung von Lang- und Kurzvokalen noch Diphthonge kennt. Jedoch können unterschiedliche Vokalveränderungen in unbetonten Silben zu Schwierigkeiten in der geschriebenen Sprache sowohl bei Mutter- als auch bei Zweitsprachlern führen. So wird das Wort *Fechten* фехтова́ние (*fechtovánie*) mit *i* für den Buchstaben *e* und einem kurzem *a* für den Buchstaben *o* ausgesprochen, etwa wie *fichtavánije*. Und *Schokolade* wird auf Russisch ausgesprochen wie *schakalát* (geschrieben *šokolad*).

In unbetonten Silben treten weitere Vokallaute auf: Das Schwa [ə] oder das [ɐ] wie in *фотограф* (*fotógraf*) [fɐtɔgrəf]. Schwa wird wie ein undeutliches *e* im Deutschen ausgesprochen (z. B. im Wort *haben* [ha:bən]), während [ɐ] wie ein ungenaues *a* klingt (z. B. im Wort *oder* [o:dɐ]). Ferner gibt es ein unbetontes *i* [ɪ] (wie in *дюбель* (*djubel’*) ‚Dübel‘ [dʲubʲɪlʲ]). Diese drei unbetonten Vokale erscheinen je nach Buchstaben, Wort und Betonungsposition anstelle von *a*, *e*, *o* und *i*. Für Deutschsprecher ungewöhnlich ist der Vokal *y* [ɨ] (wie in *вымпел* (*vympel*) ‚Wimpel‘ [wɨmpʲɪl]), der wie ein *u* ohne Lippenrundung gesprochen wird.

Das Konsonantensystem im Russischen ist im Vergleich zum Indogermanischen und Urslawischen reicher geworden. Zur Wiedergabe der 30 Konsonanten werden 21 Buchstaben verwendet, die durch ein *Erweichungszeichen* (russ. *mjagkij znak*) und ein *Verhärtungszeichen* (russ. *tvërdyj znak*) ergänzt werden. Drei kyrillische Großbuchstaben für die Konsonanten *K, M* und *T* werden identisch wie im Deutschen geschrieben und ähnlich ausgesprochen. Die größte Verwirrung für Deutschsprecher schaffen die russischen Buchstaben *B, C, H, P* und *X*, die als *v, s, n, r* und *ch* ausgesprochen werden. Darüber hinaus können die Affrikaten, die im Deutschen mit mehreren Buchstaben dargestellt werden, Schwierigkeiten auslösen (z. B. *šč* für *щ*; Tabelle 10.2).

Es gibt mehrere Versuche, die Transliteration der kyrillischen Buchstaben zu vereinfachen; die am häufigsten verwendete ist die von dem Linguisten und Völkerkundler Wolfgang Steinitz vorgeschlagene Transliteration von 1953, die keine Diakritika kennt. In diesem Kapitel wird jedoch die sprachunabhängige Transliteration ISO 9:1995 verwendet.

Ähnlich wie im Polnischen/Tschechischen (Kapitel 4) hat sich in Bezug auf die Konsonanten eine systematische Opposition herausgebildet, indem die meisten ein Paar aus einem „weichen" und einem „harten" Konsonanten bilden. Bei den ersteren handelt es sich um palatalisierte Konsonanten, bei denen der Zungenrücken sich also weiter oben am Gaumen befindet. In der Umschrift werden sie mit einem Apostroph dargestellt (z. B. *l* und *l'* wie in *стал* (*stal*) ‚er ist geworden' und *сталь* (*stal'*) ‚Stahl' oder *t* und *t' брат* (*brat*) ‚Bruder' und *брать* (*brat'*) ‚nehmen'). In der kyrillischen Schrift wird die Palatalisierung durch die Vokale *я* (*ja*), *e* (*e*), *ё* (*ë*), *ю* (*ju*) und *u* (*i*) aufgezeigt (z. B. *лук* (*luk*) ‚Bogen, Zwiebel' vs. *люк* (*ljuk*) ‚Gullideckel, Luke') oder lässt sich an dem Zeichen *ь* erkennen (z. B. *день* (*den'*) ‚Tag'). Bei den palatalisierten Konsonanten sind oft deutliche Unterschiede in der Aussprache zwischen Nichtmuttersprachlern und Muttersprachlern zu erkennen, da Sprecher des Deutschen einen palatalisierten Konsonanten oft in zwei Sprachlaute zerlegen, einen Konsonanten und einen Gleitlaut *j*. So wird der Name *Катя* von Deutschsprechern als [katʲ.jə] mit einer Silbengrenze zwischen *t* und *j* ausgesprochen, und nicht als [ka.tʲə].

Die Wortbetonung ist, anders als im Polnischen oder Tschechischen (Kapitel 4), frei, das heißt, Wörter können auf unterschiedlichen Silben akzentuiert werden.

„Flüchtige" Vokale

Im Russischen gibt es in einigen Wörtern Vokale, die in bestimmten Formen verschwinden. Sie sind als *beglye glasnye* ‚flüchtige Vokale' bekannt. Hierbei handelt es sich um die Vokale, die aus den altslawischen Gleitlauten stammen und in unbetonten Positionen im gegenwärtigen Russischen nicht mehr zu finden sind. Dies ist beispielsweise bei einigen Formen in der Mehrzahl der Fall:

Russisch		**Deutsch**
SINGULAR	PLURAL	
pen'	*pni*	‚Baumstumpf'
djatel	*djatly*	‚Specht'
zámok	*zámki*	‚Schloss'

Setzen Sie die Reihe fort oder ergänzen Sie die Pluralformen (berücksichtigen Sie dabei, ob der letzte Konsonant weich oder hart ist): *son* ‚Traum', *pesok* ‚Sand', *potolok* ‚Decke', *otec* ‚Vater', *den'* ‚Tag'. Die Lösung finden Sie am Ende dieses Kapitels. 🕮[1]

„Lange" und „kurze" Konsonanten

Im Russischen unterscheidet man zwischen Doppelkonsonanten und einzelnen, also kürzer ausgesprochenen (z. B. bei *длина* (*dliná*) ‚Länge' vs. *длинна* (*dlinná*) ‚lange'). Die Doppelkonsonanten kommen selten vor. Im Ukrainischen hingegen kommen sie häufiger vor und stehen vor der Endung *я* (*ja*) in Neutra-Substantiven (wie *корінння* (*korinnja*) ‚Wurzeln' oder *життя* (*žyttja*) ‚das Leben').

Siehe hierzu auch Kapitel 4.

Wenn die Betonung den Unterschied ausmacht

Wörter, aber auch Wortformen können sich durch die Betonung unterscheiden, wie *мука* (*múka*) ‚Qual' und *мука* (*muká*) ‚Mehl' oder *руки* (*rukí*) ‚Hand.GENITIV' und *руки* (*rúki*) ‚Hände'. Auch der Aspekt des Verbs kann durch die unterschiedliche Betonung differenziert werden: *высыпать* (*vysypát'*) ‚ausschütten.IMPERFEKTIV' und *высыпать* (*výsypat'*) ‚ausschütten.PERFEKTIV'.

Tabelle 10.2: Konsonanten des Russischen und Ukrainischen in Laut- und Schreibschrift sowie Transliteration

artikuliert mit	Unterlippe				vorderer Zunge			hinterer Zunge		Stimmbändern	Stimmton
artikuliert an	Oberlippe		oberen Schneidezähnen		Zahndamm		dahinter	Gaumen			
		palatalisiert		palatalisiert		palatalisiert			palatalisiert		
Verschlusslaute	[p] *п* (*p*)	[pʲ] *п* (*p*)			[t] *т* (*t*)	[tʲ] *т* (*t*)		[k] *к*	[kʲ] *к*		stimmlos
	[b] *б* (*b*)	[bʲ] *б* (*b*)			[d] *д* (*d*)	[dʲ] *д* (*d*)		[g] *г*	[gʲ] *г*		stimmhaft
Nasale	[m] *м* (*m*)	[mʲ] *м* (*m*)			[n] *н* (*n*)	[nʲ] *н* (*n*)					stimmhaft
Reibelaute			[f] *ф* (*f*)	[fʲ] *ф* (*f*)	[s] *с* (*s*)	[sʲ] *с* (*s*)	[ʃ] *ш* (*š*)	[x] *х*	[xʲ] *х*		stimmlos
			[v] *в* (*v*)	[vʲ] *в* (*v*)	[z] *з* (*z*)	[zʲ] *з* (*z*)	[ʒ] *ж* (*ž*)			[ɦ] *г* (*h*)	stimmhaft
Affrikaten					[t͡s] *ц* (*x*)	[t͡sʲ] *ц* (*x*)	[t͡ʃ][1] *ч* (*č*)				stimmlos
					[d͡z] *дз* (*dz*)	[d͡zʲ] *дз* (*dz*)	[d͡ʒ] *дж* (*dž*)				stimmhaft
l und *r*					[l] *л* (*l*)	[lʲ] *л* (*l*)					
					[r] *р* (*r*)	[rʲ] *р* (*r*)					stimmhaft
Gleitlaute	[w] *в* (*v*)							[j] *й* (*j*)			

Lautschrift steht in eckigen Klammern, Transliteration in runden Klammern. Weiße Felder = in beiden Sprachen präsent, hellgrau schattierte Felder = nur im Russischen präsent, dunkelgrau schattierte Felder = nur im Ukrainischen präsent.

[1] Diese Affrikate ist im Russischen stets palatalisiert: [t͡ʃʲ].

Wie im Deutschen gibt es Auslautverhärtung am Ende des Wortes.

Ukrainisch

Das Ukrainische Alphabet und deren Transliteration

Аа (*a*)	*Бб* (*b*)	*Вв* (*v*)
Гг (*h*)	*Ґґ* (*g*)	*Дд* (*d*)
Ее (*e*)	*Єє* (*je*)	*Жж* (*ž*)
Зз (*z*)	*Ии* (*y*)	*Іі* (*i*)
Її (*ji*)	*Йй* (*j*)	*Кк* (*k*)
Лл (*l*)	*Мм* (*m*)	*Нн* (*n*)
Оо (*o*)	*Пп* (*p*)	*Рр* (*r*)
Сс (*s*)	*Тт* (*t*)	*Уу* (*u*)
Фф (*f*)	*Хх* (*ch*)	*Цц* (*c*)
Чч (*č*)	*Шш* (*š*)	*Щщ* (*šč*)
ь (ʼ bzw. *j*)	*Юю* (*ju*)	*Яя* (*ja*)
ʼ (Apostroph)		

Offiziell wurde das ukrainische Alphabet 1927 auf der Internationalen Orthografischen Konferenz in Харків (Charkiv) beschlossen. Ukrainisch verwendet wie das Russische die kyrillische Schrift und kennt 33 Buchstaben.

Jedoch gibt es Unterschiede zwischen den beiden in diesem Kapitel diskutierten Sprachen. Das Ukrainische kennt vier russische Buchstaben nicht: *Ёё* (*ë*), *ъ* (Härtezeichen) (*"*), *ы* (*y*), *Ээ* (*ė*); es verwendet aber dafür vier Buchstaben, die im russischen Alphabet nicht vorhanden sind: *Ґґ* (ausgesprochen wie *g* in *Gast*), *Єє* (*je*), *Її* (*ji*) und *Іі* (*i*). Es gibt vier unterschiedliche Zeichen für *i*; zum Beispiel wird *Її* wie *ji* ausgesprochen, *Іі* (*i*) hingegen wie ein *i* in *liegen*. Dem kyrillischen Zeichen *Ии* entspricht der Laut [ɨ] transliteriert als *y* und ausgesprochen wie das *i* in *Tinte*. Das ukrainische Schriftsystem weist einen Apostroph (') auf, der eine ähnliche Funktion wie ein Härtezeichen ъ im Russischen besitzt: Ein Konsonant, der aufgrund eines nachfolgenden Vokals sonst weich ausgesprochen würde, wird wegen des Härtezeichens hart, also nicht palatalisiert, ausgesprochen.

Im Ukrainischen gibt es sechs Vokale: die vier ungerundeten *a*, *e*, *i* und *y* sowie die zwei gerundeten *o* und *u*. Sie sind in Tabelle 10.3 angeführt. Es gibt ferner sogenannte „jotierte" (mit einem *j*-Laut versehene) Vokalzeichen, die entweder den vorangehenden Konsonanten palatalisieren oder die Kombination *j* + Vokal bezeichnen.

Tabelle 10.3: Vokale des Ukrainischen in Lautschrift

Klang	**hell**	**dunkel**
Mund weiter geschlossen	[i] [ɪ]	[u]
	[ɛ]	[ɔ]
Mund offener		[ɑ]

Das ukrainische Konsonantensystem kennt 23 orthografische Zeichen und entsprechend 23 Grundphoneme, die durch ihre verschiedenen Varianten in der Aussprache die Zahl von 50 Phonemen erreichen (bzw. 32, wenn man die gedehnten Konsonanten nicht mitzählt).

Die Aussprache im Ukrainischen folgt stärker der Orthografie als im Russischen. So wird im Ukrainischen ein unbetontes *o* nicht wie ein reduziertes *a* ausgesprochen, und die Auslautverhärtung fehlt.

Es gibt weitere Unterschiede im Vokalbereich zwischen den beiden Sprachen: Die ukrainischen Vokale werden im Gegensatz zu den russischen durch den *Itavismus* bestimmt, das heißt, in geschlossenen Silben stehen *i*-Vokale. So heißt die ukrainische Stadt *Lviv* im Russischen *Львов* (*l'vov*) aber im Ukrainischen *Львів* (*L'viv*), und das Wort für ‚Ofen' lautet im Russischen *печь* (*peč*) aber im Ukrainischen *піч* (*pič*). Ein weiteres Phänomen ist der *Ikavismus*, durch den sich das ursprüngliche „jat"-*ě* zu *i* im Ukrainischen entwickelt hat: *река* (*reka*) ‚Fluss' im Russischen aber *ріка* (*rika*) im Ukrainischen.

Ein politischer Laut

Eine interessante Geschichte hat der Konsonantenbuchstabe *Ґґ*, der dem [g] entspricht: Eingeführt im Jahre 1619 und aufgegeben während der Sowjetisierung der Ukraine im Jahr 1933, wurde er mit der Unabhängigkeit der Ukraine 1991 wieder „rehabilitiert". Sein zukünftiges Schicksal ist jedoch noch ungewiss. Dieser Laut erscheint überwiegend in Lehnwörtern, die sich dem Ukrainischen angepasst haben. Statt seiner wird in ukrainischen Wörtern eine Art stimmhaftes *h* [ɦ] verwendet, wie in *гра* (*hra*) [ɦrɑ] ‚Spiel'.

Wir wollen noch eine Mischsprache aus dem Ukrainischen und dem Russischen erwähnen: *Suršyk* oder *Suržyk* (aus dem Ukrainischen, übersetzt etwa ‚Körnergemisch'). Sie hat sich im 17. und 18. Jahrhundert herauskristallisiert, es gibt jedoch verschiedene Meinungen bezüglich ihrer Varianten und Eigenschaften.

Schwierigkeiten für Deutschlerner: Aussprache

Da die durchschnittliche Länge der Wörter in russischen Texten zwischen fünf und sechs Buchstaben beträgt, fällt es einem russischen Deutschlerner schwer, die langen deutschen Wörter zu sprechen und zu lesen. Auch die Unterschiede in der Aussprache von *r* im Russischen (gerollt gesprochen) und Deutschen (in der Standardsprache ungerollt als stimmhafter Reibelaut am Zäpfchen ausgesprochen) stellen ein Problem für die Deutschlernenden dar.

Ein weiteres Problem ist die Aussprache bei Wörtern, die sich zwar sehr ähnlich sind, aber im Deutschen und Russischen unterschiedlich ausgesprochen werden. So heißt ‚Autobahn' auf Russisch *aftobán*, und ‚Mango' wird zu *mánga*.

10.4 Wörter

Wortbildung

Ostslawische Sprachen haben viele Lehnwörter angenommen und sie ihrem Sprachsystem angepasst. So erhielten Verben aus dem Deutschen bestimmte Vor- oder Nachsilben (Suffixe) und eine Aspektmarkierung (mit deren Hilfe angezeigt wird, ob eine Handlung abgeschlossen ist oder nicht). Nomina erhielten Suffixe für die Verkleinerungsformen und eine Kasusflexion, sie bekamen also „russische" Endungen.

Durch ein Präfix bekommt etwa das Verb *kontrollieren* eine Art Partner, der die Abgeschlossenheit der Handlung zeigt, wodurch das Paar *контролировать* (*kontrolirovat'*) ‚kontrollieren' vs. *проконтролировать* (*prokontrolirovat'*) ‚fertig/zu Ende kontrollieren' entsteht.

Aus der *Pastete* wird entweder eine große Pastete – *паштетище* (*paštetišče*) – gemacht oder eine kleine – *паштетик* (*paštetik*) – oder eine noch kleinere – *паштетичек* (*paštetiček*). Verkleinerungssuffixe können auch innerhalb eines Wortes kombiniert werden: Auf eine Tochter, *дочь* (doč'), kann man sich etwa mit *дочка* (*dočka*), *доченька* (*dočen'ka*), *дочурка* (*dočurka*) oder *дочурочка* (*dočuročka'*) beziehen (siehe auch Kapitel 4).

Die Beugung der deutschen Eigennamen unterscheidet sich je nach Geschlecht desjenigen, der den Namen trägt: Der männliche Name *Friedrich Müller* wird im Akkusativ zu *Friedricha Müllera*, während der weibliche Name *Dagmar Müller* unverändert bleibt.

Eine Übung: Substantivbildung

Im Deutschen kann man aus dem Verb ‚lesen' das Substantiv ‚Leser' bilden. Ähnlich ist das im Russischen und Ukrainischen, zum Beispiel mit den Suffixen *-tel'* im Russischen bzw. *-ač* im Ukrainischen (russ. *čitat'* – *čita**tel'***, ukr. *čitaty* – *či**tač*** ‚lesen' – ‚Leser'). Bilden Sie selbst das russische und das ukrainische Wort für ‚Hörer' (vom Verb *slušat'* (russ.) und *sluchaty* (ukr.) ‚hören'). Sind im Russischen das Verb *vrat'* ‚lügen' und das Substantiv *vrač* ‚Arzt' möglicherweise verwandt? Die Lösung finden Sie am Ende dieses Kapitels. 📖[2]

Eigennamen im Russischen

Die Eigennamen verändern sich nach dem Geschlecht. Die Mitglieder einer Familie haben somit unterschiedliche Varianten eines Nachnamens:

Aleksandr Lukov (Vater)
Aleksandra Lukova (Mutter)
Valentin Lukov (Sohn)
Valentina Lukova (Tochter)

Eigennamen mit einem *o* am Ende bleiben beim weiblichen und männlichen Geschlecht unverändert: *Julja Morozko* und *Julij Morozko*.

Verniedlichungssuffixe (Diminutiva) im Russischen

*Проконтролируй-**ка***	*быстр-**енько***	*сер-**енький***	*вагон-**чик**.*
Prokontroliruj-ka	*bystren'ko*	*seren'kij*	*vagončik.*
Kontrolliere.IMPERATIV-**PARTIKEL**	schnell.ADVERB-**DIM**	grau.ADJEKTIV-**DIM**	Wagen.NOMEN-**DIM**

‚Kontrolliere Du mal schnell den grauen Wagon.'

Eine der bemerkenswertesten Eigenschaften des modernen Russischen sind die zahlreichen Verniedlichungssuffixe (Diminutiva), die nicht nur mit Substantiven, sondern auch in Kombination mit Adjektiven, Adverbien und sogar Verben auftreten. Diminutiva können entweder bei allen Wörtern oder ganz beliebig bei einzelnen Wörtern hinzugefügt werden, wie das Beispiel am Ende der vorigen Seite zeigt.

Mithilfe dieser Suffixe werden kommunikative Intentionen und stilistische Nuancen ausgedrückt. So kann die Höflichkeit bei einer Bitte mit der Partikel *-ka* beim Verb und mit Diminutiven bei Substantiven oder Adjektiven hervorgehoben werden. Dies kann zusammen mit der Negation die Markierung von Höflichkeit durch Konjunktivformen, wie sie das Deutsche kennt, ersetzen: Der deutsche Satz *Könnten Sie mir ein kaltes Bier geben?* kann etwa als *Не дадите-ка мне холодненького пивка* (*Ne dadite-ka mne cholodnen'kogo pivka?*) (wörtlich: ‚Nicht gebt.PL-PARTIKEL mir kalt.DIM.GEN Bier.DIM.GEN') wiedergegeben werden.

Die ostslawischen Sprachen sind bei Weitem nicht so kompositionsfreudig wie das Deutsche; dafür haben sie ein reicheres System an Wortbildungssuffixen, die auch aktiv mit Lehnwörtern verwendet werden. Vom deutschen Lehnwort *курорт* (*kurort*) ‚Kurort' wurde im Russischen das Verb *курортничать* (*kurortničat'*) mit zwei Bedeutungen (‚sich am Kurort erholen' und ‚sich wie am Kurort benehmen') abgeleitet.

Ein Problem der Wortbildung stellen die präfigierten perfektiven Verben dar. Oft haben sie eine allgemeine, grammatische Bedeutung. So drücken *pro-* und *na-* in den folgenden Beispielen nur die Abgeschlossenheit der Handlung aus: *читать* (*čitat'*) ‚lesen, am Lesen sein' vs. ***прочитать*** (***pročitat'***) ‚etwas fertig gelesen haben', oder *писать* (*pisat'*) ‚schreiben, am Schreiben sein' vs. ***написать*** (***napisat'***) ‚etwas fertig geschrieben haben'. Verschiedene Verben verwenden also unterschiedliche Präfixe. In anderen Fällen bringen sie darüber hinaus auch inhaltliche Bedeutungselemente ins Spiel, so bei *гулять* (*guljat'*) ‚spazieren gehen', das zu ***прогулять*** (***proguljat'***) ‚den Unterricht/Vorlesung verpassen' und ***нагулять*** (***naguljat'***) ‚mit einem unehelichen Kind schwanger sein' verändert werden kann. Russisch hat 27, Ukrainisch 24 Verbpräfixe; unterschiedliche Präfixe im Russischen und Ukrainischen können jedoch eine ähnliche Bedeutung haben. So können zum Beispiel sowohl das ukrainische ***поїхати*** (***pojichaty***) als auch das russische ***уехать*** (***ujechat'***) mit ‚wegfahren' übersetzt werden.

Interessante Fakten

Obwohl das Russische keine Vokalwiederholungen mag, gibt es trotzdem einige Wörter, die sogar drei Vokale aufweisen, zum Beispiel in Zusammensetzungen mit *-šeee* ‚-hals.ADJ': *длинношеее* (*dlinnošeee*) ‚langhalsig' oder im Wort *змееед* (*zmeeed*) ‚Schlangenfresser'.

Das Wort *неделя* (*nedelja*) ‚Woche' kommt von ‚nichts machen', zunächst hatte es ‚Feiertag' bedeutet.

Das einzige einfache (d. h. nur aus einer Wurzel und Endung bestehende) Adjektiv im Russischen ist *злой* (*zloj*) ‚böse'.

Flexion und ihre Bedeutung

Zwar können das Russische und Ukrainische Definitheit ausdrücken – man kann also zwischen ,eine (irgendeine) Studentin' und ,eine bestimmte Studentin' unterscheiden. Allerdings geschieht das nicht mithilfe von Artikeln. Deswegen bereiten die Artikel im Deutschen den Russisch- und Ukrainischsprechern durchaus Probleme und nicht selten werden sie einfach weggelassen.

Wie die meisten europäischen Sprachen sind auch die ostslawischen Sprachen flektierend, das heißt, die Gestalt eines Wortes ändert sich im Satzzusammenhang, und zwar in größerem Maße als im Deutschen. Dafür kennen diese Sprachen jedoch keine Artikel. Darüber hinaus kennt das Russische keine *Kopula* im Präsens und auch keine Hilfsverben im Perfekt (wie *haben* und *sein*). Das Fehlen von Artikeln bedeutet nicht, dass man Definitheit („ein bestimmtes Objekt") oder Indefinitheit („ein Objekt dieser Art") nicht ausdrücken kann: Im Russischen kann für die Indefinitheit das Zahlwort *ein* verwendet werden, das mit dem Bezugsnomen kongruiert (d. h. in den grammatischen Merkmalen Numerus, Kasus und Genus übereinstimmt), wie *odna* (*kakaja-to*) *studentka* ,eine (irgendeine) Studentin'. Ferner kann man eine Art von Definitheit bzw. Begrenztheit bei nicht zählbaren Nomen wie *Wasser* mithilfe des *Genitivus partitivus* ausdrücken: Für ,etwas Wasser trinken' wird demnach der Genitiv verwendet (vgl. *воды* (*vody*) für ,etwas Wasser trinken'). Dagegen würde die Verwendung des Akkusativs *воду* (*vodu*) ausdrücken, dass man das ganze Wasser getrunken hat.

Auch der Aspekt des Verbs (der ausdrückt, ob eine Handlung andauert oder abgeschlossen ist) kann zum Ausdruck von Definitheitsunterschieden herangezogen werden. Die Bedeutung von ,Hast du einen ...' bzw. ,Hast du den Film von Petersen gesehen' wird in etwa im ersten Fall durch ein imperfektives, im zweiten durch ein perfektives Verb ausgedrückt. Die russischen Beispiele sind *Ты смотрел фильм Петерсена?* (*Ty smotrel.* IMPERFEKTIV *fil'm Petersena?*) und *Ты посмотрел фильм Петерсена?* (*Ty posmotrel.* PERFEKTIV *fil'm Petersena?*).

Wortendungen im Russischen: Ein Nonsense-Satz mit grammatischem Pfiff

Glokaja kuzdra šteko budlanula bokra i kudrjačit bokrjonka.
(von Lev V. Ščerba)

Diesen in Russland bekannten Satz versteht niemand, da dessen Wörter nichts bedeuten, also „Nichtwörter" sind. Aber jeder versteht durch die Endungen, dass *glok**aja*** ein feminines Adjektiv ist und *kuzdr**a*** das weibliche Subjekt des Satzes. *Kuzdr**a*** hat dem männlichen Objekt des Satzes dem *bokr* etwas getan, und zwar *šteko* (Adverb). Ihre Handlung war einmalig und ist schon abgeschlossen, also *budlanu**la***, wobei das perfektive Verb im Präteritum verwendet wurde und eine feminine Endung hat. Dieses weibliche Wesen, *kuzdra*, tut außerdem dem Kind des männlichen *bokr*, also dem *bokr**jonka***, etwas im Präsens, nämlich sie *kudrjačit* – und diese Handlung ist noch nicht abgeschlossen. Alle diese Informationen kann man also von den bloßen Endungen „ablesen".

Die Formen der Substantive ähneln denen des alten indoeuropäischen Sprachsystems. Die Nomen haben aber ein etwas einfacheres Deklinationssystem. Bei den Substantiven hat das Russische sechs grammatische Fälle: Nominativ, Genitiv, Dativ, Akkusativ, Instrumental und Lokativ (Tabelle 10.4 und Tabelle 10.5), das Ukrainische (übrigens genauso wie das Polnische) dagegen sieben – zu den erwähnten kommt der Vokativ, der für die Anrede benutzt wird. Der Vokativ im Russischen ist nur noch in der Umgangssprache bei Eigennamen wie *Тань* (*Tan'*) für *Таня* (*Tanja*) und Verwandtschaftstermini wie *мам* (*mam*) für *мама* (*mama*) ,Mutter' sowie im Wort *Боже* (*Bože*) für *Бог* (*Bog*) ,Gott' vorhanden.

Bei der Deklination der drei grammatischen Geschlechter wird auch nach Substantiven unterschieden, die sich auf Belebtes oder Unbelebtes beziehen. So haben zum Beispiel die Wörter ,Pilot' und ,Ton' gleiche Endungen in folgenden Fällen: Bei dem belebten ,Pilot' lautet der Akkusativ wie der Genitiv, und bei dem unbelebten ‚Ton' lautet der Akkusativ wie der Nominativ (siehe auch Kapitel 4).

Tabelle 10.4: Kasusmarkierung im Singular

	‚die schöne Dame'	*krasivaja dama*	‚der Pilot/Ton'	*pilot*	*ton*
Nomimativ	‚die schöne Dame'	*krasiv-aja dam-a*	‚der Pilot/Ton'	*pilot*	*ton*
Genitiv	‚der schönen Dame'	*krasiv-oj dam-y*	‚des Piloten/Tons'	*pilot-a*	*ton-a*
Dativ	‚zu der schönen Dame'	*krasiv-oj dam-e*	‚zu dem Piloten/Ton'	*pilot-u*	*ton-u*
Akkisativ	‚die schöne Dame'	*krasiv-uju dam-u*	‚den Piloten/Ton'	*pilot-a*	*ton*
Instrumental	‚mit der schönen Dame'	*krasiv-oj dam-oj*	‚mit dem Piloten/Ton'	*pilot-om*	*ton-om*
Lokativ	‚auf der schönen Dame'	*krasiv-oj dam-e*	‚auf dem Piloten/Ton'	*pilot-e*	*ton-e*

Das Genus der Substantive ist im Russischen und Ukrainischen einfach zu erkennen. In der Regel enden Maskulina auf Konsonanten (außer z. B. *папа* (*papa*) ‚Vater', *дедушка* (*deduška*) ‚Opa', *юноша* (*junoša*) ‚junger Mann' im Russischen, *батько* (*bat'ko*) ‚Vater' im Ukrainischen), Feminina haben die Endung *-a*, und Neutra enden auf *-o* oder *-e*. Es gibt jedoch in beiden Sprachen „schwierige" Fälle: Das sind die russischen/ukrainischen Nomina mit *ь* am Ende, die sowohl Femininum (z. B. *тень/тінь* (*ten'/tin'*) ‚der Schatten') als auch Maskulinum (z. B. *январь/січень* (*janvar'/sičen'*) ‚der Januar') sein können. Die Genusmarkierung kommt bei den Zahlen ‚eins' und ‚zwei' vor, also im Ukrainischen die Form *dva* für Maskulinum und *dvi* für Femininum: *д**в**а брати* (*dv**a** brati*) ‚zwei Brüder', aber *дв**і** ночі* (*dv**i** noči*) ‚zwei Nächte'.

In Tabelle 10.5 sind die Kasusendungen im Plural sowie die Kongruenz zwischen den Adjektiven und den Substantiven gezeigt. Ist das einfacher als im Deutschen? Beurteilen Sie es am besten selbst.

Tabelle 10.5: Kasusendungen im Plural, Kongruenz zwischen Adjektiv und Substantiv im Russischen

Plural	‚die schönen Damen'	*krasivyje damy*	‚die starken Piloten'	*sil'nyje piloty*
Nom	‚die schönen Damen'	*krasiv-yje dam-y*	‚die starken Piloten'	*sil'n-yje pilot-y*
Gen	‚der schönen Damen'	*krasiv-ych dam*	‚der starken Piloten'	*sil'n-ych pilot-ov*
Dat	‚zu den schönen Damen'	*krasiv-ym dam-am*	‚zu den starken Piloten'	*sil'n-ym pilot-am*
Akk	‚die schönen Damen'	*krasiv-ych dam*	‚die starken Piloten'	*sil'n-ych pilot-ov*
Instr	‚mit den schönen Damen'	*krasiv-ymi dam-ami*	‚mit den starken Piloten'	*sil'n-ymi pilot-ami*
Lok	‚auf den schönen Damen'	*krasiv-ych dam-ach*	‚auf den starken Piloten'	*sil'n-ych pilot-ach*

Im Allgemeinen haben Russisch und Ukrainisch, verglichen mit der deutschen Sprache, ein einfacheres System der Pluralbildung. Bei den meisten Substantiven der unterschiedlichen

Aspekt und Aktionsart

Der Aspekt wird im Russischen wie in den anderen slawischen Sprachen durch Präfixe ausgedrückt. Warum gibt es aber über 20 solcher Präfixe? Sie drücken eben oft etwas zusätzlich zur Abgeschlossenheit aus. Es folgen Beispiele mit летать (*letat'*) ‚fliegen – unidirektional':

подлетать (*podletat'*) ‚anfliegen'

улетать (*uletat'*) ‚abfliegen'

слетать (*sletat'*) ‚herunterfliegen'

перелетать (*pereletat'*) ‚überfliegen'

Das letzte Wort hat dabei auch die Bedeutung: ‚Überstunden machen'.

Wie man an diesen Beispielen sieht, drücken Präfixe im Deutschen ähnliche Bedeutungsnuancen aus. Ist das Deutsche damit eine Aspektsprache? Nein, denn die Präfixe im Deutschen haben immer solche zusätzlichen Bedeutungen, und stehen nie nur für die Abgeschlossenheit einer Handlung.

Deklinationen gibt es eine prototypische Endung *-i* (oder *-y*) oder als zweite Variante die Endung *-a* (Tabelle 10.5).

Unterschiede zwischen Russisch und Ukrainisch gibt es in der Flexion einiger Fälle der Nomina und der Adjektive. Bei Adjektiven gibt es im Russischen sogenannte lange und kurze Formen, wobei Adjektive in Langform das Nomen modifizieren und im Kasus mit dem Nomen übereinstimmen, während Adjektive in Kurzform prädikativ, also als Satzaussage, verwendet werden: im Russischen *зелёная трава* (*zelënaja trava*) ‚das grüne Gras' und *трава зелена* (*trava zelena*) ‚das Gras ist grün'. Im Ukrainischen ist *zelena* hingegen die Hauptform, die der russischen „kurzen" Form ähnlich ist, jedoch als modifizierendes Adjektiv funktioniert: *зелена трава* (*zelena trava*) ‚das grüne Gras'.

Die Formen der Verben im Russischen und Ukrainischen ähneln zu einem gewissen Grad denen des Deutschen; sie zeigen Modus, Tempus, Person, Numerus und den Unterschied zwischen Aktiv und Passiv. Ein wesentlicher Unterschied besteht in der bereits oben erwähnten Kategorie „Aspekt", die dazu dient, eine Handlung als vollendet (perfektiv) oder unvollendet (imperfektiv) zu bezeichnen. Das heißt, jedes Verb hat in Präteritum und Futur zwei Formen – eine perfektive und eine imperfektive (Tabelle 10.6).

Das Futur im Ukrainischen weist mehr Formen als im Russischen auf: Das deutsche ‚(Ich) werde lesen' ist im Ukrainischen *читатиму* (*čytatymu*) und *буду читати* (*budu čytaty*), im Russischen dagegen nur *буду читать* (*budu čitat'*). Das russische Imperfektiv bildet damit das Futur, ähnlich wie das Deutsche, mit einem Hilfsverb und dem Hauptverb im Infinitiv. Die perfektiven Futurformen zeigen in beiden ostslawischen Sprachen ähnliche Endungen wie die imperfektiven Präsensformen (Tabelle 10.6).

Die Präteritumbildung ist einfach: Das finale Suffix des Infinitivs *-t* wird weggelassen und zu dem letzten Vokal des Stam-

Tabelle 10.6: Das Aspekt-/Tempussystem für Tango ‚tanzen' im Russischen

	Präteritum	Präsens	Futur
Imperfektiv	*tanceval tango* ‚(er) tanzte, hat/hatte Tango getanzt'	*tancujet tango* ‚(er, sie, es) tanzt Tango'	*budet tancevat' tango* ‚(er, sie, es) wird Tango tanzen'
Perfektiv	*stanceval tango* ‚(er) hat/hatte Tango bis zum Ende getanzt'	–	*stancujet tango* ‚(er, sie, es) wird Tango bis zum Ende tanzen' (Achtung: Die Form *stancujet* ist eigentlich 3.PERSON.SINGULAR.**PRÄSENS**.PERFEKTIV. Sie hat aber nur eine futurische Bedeutung.)

mes das Suffix *-l* (und dessen Variante für Maskulinum, das Suffix *-v* im Ukrainischen) hinzugefügt. Hinzu kommt eine Anzeige des Genus und Numerus des Subjekts. Ein Beispiel aus dem Russischen: ‚zitieren' *цитировать* (*citirovat'*) wird im Maskulinum Präteritum zu *цитировал* (*citiroval*), im Femininum zu *цитировала* (*citirovala*) und im Neutrum zu *цитировало* (*citirovalo*). Im Plural finden wir eine Form für alle Genera, nämlich *цитировали* (*citirovali*). Die Bildung der Präsensformen ist hingegen nicht ganz so einfach, da wir hier eine Stammänderung finden, die im Russischen in 50 unterschiedlichen Mustern bzw. Klassen auftritt.

Um die Behandlung des Verbs abzuschließen, soll noch erwähnt werden, dass Bewegungsverben in Paaren auftreten, die sich in der Bezeichnung der Richtung unterscheiden. Wenn man etwa sagt, dass man zu einem Kurort geflogen ist, sollte man gleich daran denken, ob man auch zurückgekommen ist. Ist man nur hingeflogen, heißt es im Russischen/Ukrainischen *лететь/летіти* (*letet'/letity*), wenn man aber wieder zurückgekommen ist (oder nicht zielgerichtet fliegt), sagt man *летать/літати* (*letat'/litaty*). Das sagt man übrigens auch, wenn man immer wieder hin- und hergeflogen ist. Es kann auch allgemeiner eine Fähigkeit zu fliegen ausdrücken.

Wie verwendet man demnach im Russischen das Verb ‚rollen' (*katit'* vs. *katat'*) im Satz ‚Hans rollte (zielgerichtet)' und ‚Eva rollte (nicht zielgerichtet, hin und zurück)'? Die Lösung finden Sie am Ende dieses Kapitels. 📖[3]

Gegenwärtige Veränderungen in der Grammatik

Die Demokratisierung der Gesellschaft durch Gorbatschows Politik von *перестройка* (*perestrojka*) ‚Umbau' und *гласность* (*glasnost'*) ‚Offenheit' zog auch sprachliche Veränderungen nach sich.

So veränderten sich im Russischen die strengen Akzentnormen; es wurden nicht nur *йогурт* (*jogúrt*) ‚Jogurt' und *творог* (*tvoróg*) ‚Quark', sondern auch deren Betonungsvarianten *jógurt* und *tvórog* ‚Quark' akzeptiert. Das Neutrum von ‚Kaffee' *кофе* (*kofe*) wurde als korrekt parallel zu traditionellem Maskulinum anerkannt.

Einige Veränderungen fanden aber auch in den Wortformen statt. Bestimmte Formen sind im Verschwinden begriffen; zum Beispiel geht von den zwei Lokativvarianten *в отпуске* (*v otpuske*) und *в отпуску* (*v otpusku*) ‚im Urlaub' die Form auf *-u* verloren. Die Zahl der nichtdeklinierten Wörter wächst: Das Wort *Germanija* ‚Deutschland' wird seit 1995

Das Schloss und sein Schloss

Die beiden Wörter *замок* (*zámok*) ‚das Schloss' (Gebäude) und *замок* (*zamók*) ‚das Schloss' (zum Verschließen) sind über das Polnische und Tschechische aus dem Deutschen übernommen. Sie haben denselben historischen Ursprung wie unser Wort *Schloss*, das schon im Mittelalter diese beiden Bedeutungen hatte.

nach dem Abkommen der Außenministerien Deutschlands und Russlands in der vollen Benennung des deutschen Staates nicht mehr dekliniert. Demnach existiert die lokative Form nun nicht mehr: *в Федеративной Республике Германии* (*v Federativnoj Respublike Germanii*.LOK), sondern nur noch der Nominativ: *в Федеративной Республике Германия* (*v Federativnoj Respublike German**ija***.NOM).

Der Gebrauch des Nominativs weitet sich auf Kosten anderer Kasus aus: Man findet *Он назван как лучший игрок* (*On nazvan kak luč**šij** igrok*) statt *Он назван лучшим игроком* (*On nazvan luč**šim** igrok**om***) ,Er wurde als der beste Spieler.NOM benannt' anstelle von ,Er wurde bester Spieler.INSTR genannt'. Jedoch ist sowohl in der Umgangssprache als auch im Internet zu beobachten, dass nichtdeklinierte Wörter integriert werden: *в казин**ах*** (*v kazin**ach***) statt *в казин**о*** (*v kazin**o***) ,im Kasino'; *на пианин**е*** (*na pianin**e***) statt *на пианин**о*** (*na pianin**o***) ,auf dem Klavier'. Anstelle des Genitivs *ссора друзей* (*ssora druzej*) ,der Streit der Freunde' wird die Konstruktion mit Präpositionen verwendet: *ссора между друзьями* (*ssora meždu druzjami*) ,der Streit zwischen den Freunden'. Statt des Genitivs kommt öfter ein Lokativ vor: *сто нобелевских лауреатах* (*sto nobelevskich laureat**ach***.GENITIV) statt *сто нобелевских лауреатов* (*sto nobelevskich laureat**ov***.LOKATIV) ,hundert Nobelpreisträger'.

Bei Zahlwörtern findet man besonders viele Veränderungen. Vor allem in den Medien werden die Bestandteile von komplexeren Zahlwörtern nicht mehr dekliniert.

Die Satzglieder werden komprimiert: *программа по земле* (*programma po zemle*) ,das Programm zur Landnutzung' statt *программа изменения законов пользования землёй* (*programma izmenenija zakonov pol'zovanija zemlëj*) ,das Programm zur Gesetzesänderung der Landnutzung'.

Im Russischen steigt in den letzten Jahrzehnten die Zahl von Verben, die keine aspektuellen Unterscheidungen vornehmen und durch Entlehnungen und Neubildungen in die russische Sprache kommen, wie in *нервировать* (*nervirovat'*) ,nerven.IMPERFEKTIV/PERFEKTIV' oder *регламентировать* (*reglamentirovat'*) ,reglementieren.IMPERFEKTIV/PERFEKTIV'. In der Medien- und Umgangssprache entstehen außerdem neue Aspektpaare.

10.5 Sätze

Wortstellung

Die Satzglieder in einem slawischen Satz haben im Vergleich zu denen in einem deutschen Satz mehr „Freiheiten". Die Wortstellung wird dabei aber durch die Ziele des Sprechers in der Kommunikation bestimmt. So wird neue Information, die der Sprecher dem Hörer vermitteln will, an das Ende einer Äußerung gesetzt. Dementsprechend wird in dem Satz *Жонглёр на пирамиде балансирует* (*Žonglër na piramide balansiruet*) ‚Der Jongleur balanciert auf der Pyramide' das am Ende stehende Verb hervorgehoben. Es geht also darum, dass der Jongleur balanciert und nicht beispielsweise tanzt. Steht hingegen der Jongleur am Ende des Satzes, wie in *На пирамиде балансирует жонглёр* (*Na piramide balansiruet žonglër*), so ist der Jongleur hervorgehoben. Es geht dann also darum, dass ausgerechnet der Jongleur und nicht der Clown balanciert. Darüber hinaus gibt es die Möglichkeit, in bestimmten Kontexten das Subjekt des Satzes wegzulassen, wenn das Verb die finiten Markierungen enthält. Beispielsweise wäre der Satz *Жонглёр балансирует на пирамиде* (*Žonglër balansiruet na piramide*) ‚Der Jongleur balanciert auf der Pyramide' verständlich und korrekt, auch ohne das Subjekt *der Jongleur*, wenn es durch den vorherigen Kontext klar ist, über wen gesprochen wird.

Auch die zahlreichen Partikel im Russischen, die zusammen mit der Wortstellung und Intonation unterschiedliche pragmatische Funktionen haben, sollten kurz erwähnt werden: So wird beispielsweise in Fragen durch das Einsetzen der zusätzlichen Partikel *li* ein Wort unmittelbar vor der Partikel als Fokus interpretiert, also als ein Satzteil, der für die Satzinformation besonders wichtig ist: *Директор ли отправил по факсу документ?* (*Direktor li otpravil po faksu dokument?*) ‚Ob ein DIREKTOR das Dokument gefaxt hat?' oder *Документ ли директор отправил по факсу?* (*Dokument li direktor otpravil po faksu?*) ‚Ob ein DOKUMENT vom Direktor gefaxt wurde?'.

Partikeln im Russischen

Das Deutsche hat bekanntlich viele Partikeln wie *ja, doch, eben, nur* – das Russische aber auch. Manche haben zwei oder mehrere Bestandteile, wie *kak tak, ne li* und *čto za*.

Ja pošla! – Kak tak pošla?!

‚Ich gehe jetzt! – Wie, du gehst jetzt?!'

Ne poest' li nam gamburger?

‚Wollen wir nicht einen Hamburger essen?'

Čto eto za pogoda?

‚Was ist das nur für ein Wetter?'

Weitere Besonderheiten der Grammatik

Im Russischen kann man mit nur einem Buchstaben differenzieren, ob jemand von einem Menschen getötet wurde oder durch ein Naturereignis ums Leben kam. Sogenannte Wörter der Zustandskategorie werden als Verbformen, Adverbien oder als unabhängige Wortart betrachtet. Die Wörter dieser

Kategorie mit einem finalen Vokal *-o* bezeichnen einen Zustand, haben eine prädikative Funktion im Satz und werden in sogenannten unpersönlichen Konstruktionen verwendet. Um auszudrücken, dass Peter zum Beispiel wegen einer Naturkatastrophe oder durch eine „unbelebte" Umgebung ums Leben gekommen ist, sollte man *Петра убило* (*Petra ubilo*) ‚Peter.AKK tötete' (etwa ‚Den Peter tötete etwas') mit finalem *o* verwenden, wenn aber Menschen Peter getötet haben, sagt man *Петра убили* (*Petra ubili*) ‚Peter.AKK umbringen.PRÄTERITUM.PLURAL'(etwa ‚Man hat Peter umgebracht').

Wie bereits in Abschnitt 10.4 erwähnt, hat das Russische keine Hilfsverben im Präsens. Auch im Ukrainischen kommen solche Konstruktionen nur selten vor. Im Russischen lassen sich folglich Sätze wie *S. Richter ist ein Pianist* so bilden: *С. Рихтер – пианист* (*S. Richter – pianist*); vgl. den ukrainischen Satz *Там є піаніст* (*Tam je pianist*) ‚Dort ist ein Klavierspieler'. Im Präteritum treten solche Sätze dagegen mit einem Kopulaverb (wie *Hans **war** Klempner*) auf, das mit dem Subjekt übereinstimmt.

Auch Possessivkonstruktionen wie *Der Student hat ein Auto* verlangen im Präsens kein Hilfsverb ‚haben' und werden wie folgt konstruiert: *У студента машина* (*U studenta mašina*) ‚bei Student.GEN Auto.NOM' (siehe auch Kapitel 7).

Im Ukrainischen werden Partizipien seltener als im Russischen verwendet und unterliegen stärkeren Restriktionen. Russische Sätze mit Partizipien, die insbesondere von den reflexiven Verben auf *-sja* stammen, werden durch Relativsätze ersetzt, so etwa im Russischen *движущаяся колонна* (*dvižuščjajasja kolonna*) ‚die bewegliche Kolonne' und im Ukrainischen *колона, що (яка) рухається* (*kolona, ščo (jaka) ruchajet'sja*) ‚die Kolonne, die sich bewegt'.

Im modernen Ukrainischen werden immer häufiger die sogenannten *unpersönlichen Konstruktionen* verwendet. Sie sind im Russischen eher selten: ‚Es wurde die gesamte geplante Arbeit gemacht' wird im Ukrainischen *Vykonano usju zaplanovanu robotu* ‚gemacht (wurde) alle.AKK geplante.AKK Arbeit.AKK'.

Besonderheiten der Kasusverwendung

Tri galstuka „Drei des Halstuchs" *Četyre galstuka* „vier des Halstuchs", *Pjat' galstukov* „fünf des Halstuchs", *Dvadcat' četyre galstuka* „24 des Halstuchs", *Dvadcat' pjat' galstukov* „25 des Halstuchs".

Die Bildung von Nomina mit Zahlwörtern ist notorisch kompliziert. Die Zahlwörter für 2, 3, 4, aber auch zusammengesetzte Zahlwörter wie 52, 53, 54 verlangen ein Nomen im Genitiv, und zwar im Singular (!). Bei 5, 6, 7, 8, 9 und entsprechend etwa auch bei 55, 56, 57, 58, 59 steht das Nomen ebenfalls im Genitiv, aber jetzt im Plural, zum Beispiel ‚zwei, drei oder vier Schlagbäume' *два, три, четыре шлагбаума* (*dva, tri, četyre šlagbauma*), aber ‚fünf, achtundzwanzig Schlagbäume' *пять, двадцать восемь шлагбаумов* (*pjat', dvadcat' vosem' šlagbaumov*). Im Ukrainischen treten die Nomina mit den Zahlwörtern 2 bis 4 (auch bei 22, 23, 24 und 32 usw.) hingegen im Nominativ Plural auf: *чотири дочки* (*čotyry dočky*) ‚vier Töchter', *два вікна* (*dva vikna*) ‚zwei Fenster', und bei Zahlwörtern ab 5 im Genitiv Plural: *шість відер* (*šist' vider*) ‚sechs Eimer'. Das gilt aber nur dann, wenn der Nominalausdruck insgesamt im Nominativ- oder Akkusativkasus steht.

Eine bekannte Eigenschaft des Russischen und Ukrainischen ist der Genitiv bei Negation, zum Beispiel mit der Partikel *нет* (*net*) ‚keins, nein'. Die Wörter für *Absatz* im Russischen in den Übersetzungen der Sätze *Der Text hat Absätze* bzw. *Der Text hat keine Absätze* unterscheiden sich lediglich im Kasus: Nominativ in *в тексте – абзацы* (*v tekste – absacy*) und Genitiv in *в тексте нет абзацев* (*v tekste net absacev*). Darüber hinaus sollte man im Russischen beim Gebrauch der Präposition *mit* beim Instrumental aufpassen: *писать маркером* (*pisat' markerom*) heißt ‚schreiben mit dem Marker', *писать с маркером* (*pisat' s markerom*) bedeutet hingegen, nicht besonders sinnvoll, ‚schreiben zusammen mit dem Marker'. Diese Unterscheidung trifft das Deutsche nicht zwingend; wir können sowohl *mit dem Kind einen Brief schreiben* als auch *mit dem Bleistift einen Brief schreiben.* (Wir können allerdings nicht *Mit dem Kind und dem Bleistift einen Brief schreiben.*)

Schwierigkeiten für Deutschlerner: Grammatik

Da es im Russischen keine sogenannten subjektlosen Sätze gibt, ist es sehr mühevoll, das bedeutungsleere *ES* und *MAN* zu lernen:

Солнечно.
(*Solnečno.*)
sonnig.ADVERB
‚**Es** ist sonnig.'

Теперь	*чаще*	*летают.*
(*Teper'*	*časče*	*letajut.*)
jetzt	öfter	fliegen.3.PERSON.PLURAL

‚**Man** fliegt jetzt öfter.'

10.6 Wortschatz und Sprachverwendung

„Ostslawische" Wörter im Deutschen
Im Deutschen findet man ostslawische Entlehnungen, die nach thematischen Gruppen oder aber nach dem Jahr der Entlehnung klassifiziert werden können. Die meisten Entlehnungen stammen aus der Wirtschaft und der Gesellschaft. Als zweitgrößte Gruppe lassen sich Entlehnungen aus der lexikalischen Gruppe „Natur" und „Essen" nennen. Einige Beispiele: 10. Jahrhundert: *zobel* ‚sibirischer Marder'; 16.–17. Jahrhundert: *царь* (*car'*), *кафтан* (*kaftan*); 18.–20. Jahrhundert *указ* (*ukaz*), *кефир* (*kefir*); Postrevolution: *комсомол* (*komsomol*), *спутник* (*sputnik*).

Kennen Sie noch andere Entlehnungen aus dem Russischen oder Ukrainischen im Deutschen? Die Lösung finden Sie am Ende dieses Kapitels. 🕮[4]

Wie schon erwähnt, haben die osteuropäischen Sprachen eine Vielzahl von Lehnwörtern in den unterschiedlichen Epochen übernommen. Insbesondere die deutsche Sprache war für die ostslawischen Sprachen seit jeher ein wichtiger Wortlieferant. Die ersten deutschen Lehnwörter traten schon im 13. Jahrhundert auf, nachdem der Staat Novgorod die ersten Kontakte mit der norddeutschen Hanse hergestellt hatte (z. B. wird das Wort *Spielmann* in der Rjazan'-Urkunde von 1284 erwähnt). Weitere Entlehnungen finden sich ab dem 16. Jahrhundert mit der Entstehung diplomatischer Beziehungen zu Deutschland und mit der wachsenden Popularität der deutschen Militärtaktik (z. B. *Lager*, *Kanzler*, *Ratmann*, *Gefreiter* (*jefrejtor*), *Stab*). Die Einführung des Buchdruckes hat weitere Wörter deutscher Herkunft wie *Matrize* und *Form* ins Russische gebracht. Die Entwicklung des Theaters, bei dem oft deutsche Stücke wörtlich übersetzt und gespielt wurden, hatte ungezählte Entlehnungen aus der deutschen Sprache zur Folge (z. B. *Anschlag* mit den Bedeutungen ‚ausverkauft' und ‚der Aushang'). Auch während der Reformen von Peter dem Großen im 17. Jahrhundert hat die deutsche Sprache zahllose Wörter für die russische Sprache geliefert.

Der folgende Satz würde für jeden russisch-sprachigen Menschen vollkommen klar sein, obwohl alle Nomina und Verben aus dem Deutschen entlehnt sind: *Капельмейстер с бакенбардами, в фартуке и с галстуком, музицирует с оркестром, а вахтёр на стуле ест вафлю и штопает рейтузы* (*Kapel'mejster s bakenbardami, v fartuke i s galstukom, muziciruet s orkestrom, a vachtër na stule est vaflju i štopaet rejtuzy*) ‚Ein Kapellmeister mit Backenbart, in Vortuch (Schürze) und mit Halstuch, musiziert mit dem Orchester, und ein Wächter, der auf einem Stuhl sitzt, isst eine Waffel und stopft seine Reithose'.

Auch das Ukrainische kennt einige deutsche Entlehnungen, wie *dach* ‚Dach', *drit* ‚Draht', *farba* ‚Farbe', *lichtar* ‚Leuchter', *maljuvaty* ‚malen'. Über das Polnische wurden unter anderem *mušlja* ‚Muschel', *al'tanka* ‚Altan' eingeführt sowie zahlreiche direkte polnische Entlehnungen, zum Beispiel *ljustro* (poln. *lustro*) ‚Spiegel', *propozycija* (poln. *propozycja*) ‚Vorschlag', *blakytnyj* (poln. *błękitny*) ‚himmelblau'.

Bei Lehnwörtern ist allerdings Vorsicht geboten. So bezieht sich *Krone* im Russischen auf die Baumkrone oder auf die norwegische Währung, aber nicht auf die Herrscherkrone – das ist *корона* (*korona*), wie das deutsche Wort aus dem Lateinischen. Generell kann die Art und Weise, wie Wörter sich auf die Dinge oder Ereignisse beziehen, recht unterschiedlich sein. So bedeutet das Wort *кóсточка* (*kostočka*) sowohl ‚Kern' als auch ‚Knöchlein' und ‚Grätchen', und das Russische kennt keinen Unterschied zwischen *kennen* und *wissen*, wie Sie im Beispiel in der Randspalte sehen können.

Kennen und wissen im Russischen

Мария знает мою коллегу, но не знает, как ей позвонить по телефону.
(*Maria **znaet** moju kollegu, no ne **znaet**, kak ej pozvonit' po telefonu.*)
‚Maria **kennt** meine Kollegin, **weiß** aber nicht, wie man sie anruft.'

Im Deutschen kann das Wort *Termin* in vielen Kontexten verwendet werden: Man hat zum Beispiel einen ***Termin** beim Arzt* oder einen ***Termin** im Büro*. Im Russischen werden hierfür jeweils unterschiedliche Begriffe verwendet: Im ersteren Fall heißt es ***запись** к врачу* (***zapis'** k vraču*) und im zweiten ***встреча** в бюро* (***vstreča** v bjuro*).

In der heutigen Zeit sind Wörter in die alltägliche und die literarische Sprache gekommen, die früher eine eingeschränktere Verwendung hatten. Das sind Wörter oder Termini aus politischen, sportlichen, technischen oder sogar kriminellen Jargons, die von der Sprache einer speziellen Gruppe in die Sprache der Allgemeinheit übergegangen sind. Demnach beschreibt beispielsweise das Wort *фигурант* (*figurant*) jemanden, der irgendwo ‚figuriert', was früher für die Bereiche Theater und Recht reserviert war.

Die Bedeutung einiger Wörter dehnt sich aus: Während *хит* (*chit*) früher so etwas bedeutete wie ‚ein sehr populäres Musikwerk', also was man mit dem heute etwas altmodisch gewordenen Wort *Schlager* bezeichnet hat, kann es heute jede populäre Ware, ein Lebensmittel oder sogar eine Hauptfigur eines Zeichentrickfilms bezeichnen. Im Allgemeinen ist in der modernen russischen Sprache eine Tendenz zur Verbreitung der Umgangssprache (der *prostorečije*) und deren Elementen in allen Schichten und in den Massenmedien zu beobachten.

Eine Gemeinsamkeit der ostslawischen Sprachen ist die Verwendung von Redewendungen, die stark auf Tautologien (also mehreren gleichbedeutenden Worten) basieren. So wird zum Beispiel die Bedeutung von ‚sehr viel' durch die Redewendung *хоть пруд пруди* (*chot' **prud prudi***) im Russischen und *хоч гать гати* (*choč **hat' haty***) ‚die Gewässer abgrenzen' im Ukrainischen ausgedrückt. Diese Redewendung geht zurück auf das Eindämmen von Wasser – das Wort ***prud*** bedeutet ‚Teich' –, wobei viel Material ohne Wert, wie etwa Holzreste, verwendet wurden. Die wörtliche Bedeutung dieser Redewendungen kennen auch die Sprecher der gegenwärtigen ostslawischen Sprachen nicht mehr.

Feststehende Redewendungen

Feststehende Redewendungen sollte man in der Regel nicht übersetzen, man könnte falsch verstanden werden. In einigen Fällen haben die Phraseologismen in den jeweiligen Sprachen eine ähnliche Bedeutung. So klingt zum Beispiel *Einem geschenkten Gaul schaut man nicht ins Maul* im Russischen ähnlich, mit dem Unterschied, dass man einem russischen Gaul nicht in die Zähne gucken soll. (Das geht bekanntlich darauf zurück, dass man an den Zähnen das Alter und den Gesundheitszustand eines Pferdes erkennt.) Ähnlich ist es bei *nicht alle Tassen im Schrank haben*. Hier sagt ein russischsprachiger Mensch *не все дома* (*Ne vse doma*) (wörtlich: ‚Nicht alle sind zu Hause'). Anders verhält es sich im Fall von *Halt die Ohren steif*. Die russische Entsprechung wäre hier *derži hvost pistoletom* (wörtlich: halt.IMPERATIV Schwanz.AKKUSATIV Pistolet.INSTRUMENTAL', also ‚Halt den Schwanz wie eine Pistole').

Auch alte Bräuche wie das Verbrennen von Abfall wurden in einer Redewendung abgebildet. Nach den Vorstellungen der Ostslawen würden Fremde, die in den Besitz des Abfalls kommen, Macht über die Menschen erhalten, die diesen verursacht haben. Man solle also den Müll nicht wegwerfen, sondern verbrennen, und heute wird mit dem Spruch *выносить сор из избы* (*vynosit' sor iz izby*) im Russischen und *виносити смiття з хату* (*vynosyty smittja z chaty*) im Ukrainischen für ‚Müll wegwerfen' gemeint, man solle von den Konflikten in der Verwandtschaft keinem Fremden erzählen.

Es gibt auch für alle ostslawischen Sprachen typische feststehende Redewendungen, zum Beispiel im Russischen *заморить червячка* (*zamorit' červjačka*) ‚den Wurm töten' mit der Bedeutung ‚etwas essen'. Auf einem alten Brauch der Slawen, den alle kannten, basiert der Spruch *как пить дать* (*kak pit' dat'*) ‚wie zum Trinken geben', der so viel bedeutet wie ‚definitiv, bestimmend'; man durfte es früher nicht ablehnen, jemandem Wasser zu geben, wenn er Wasser brauchte.

Schwierigkeiten für Deutschlerner: Bedeutung und Sprachverwendung

Die Schwierigkeiten sind damit verbunden, dass russische oder ukrainische Wörter einen anderen Bedeutungsbereich haben können als deutsche. So gibt es zum Beispiel im Russischen für *blau* zwei unterschiedliche Wörter: *sinij* (‚dunkelblau') und *goluboj* (‚(hell)blau'). Für *müssen* vs. *sollen* wird öfter nur *nuzhno* verwendet.

Lösungen

[1]

Die Pluralformen sind: *sny*, *peski*, *potolki*, *otcy*.

[2]

Der ‚Hörer' auf Russisch ist *slušatel'* (vom Verb *slušat'*) und auf Ukrainisch *sluchač* (vom Verb *sluchaty*).

Für das Wort ‚Arzt' kennt das Russische zwei Äquivalente: *doktor* und *vrač*. Während *doktor* aus dem Lateinischen übernommen wurde, ist *vrač* slawischer Herkunft. Das Verb *vrat'*, das heute ‚lügen' bedeutet, hieß früher ‚reden'. Der Vergleich mit anderen slawischen Sprachen zeigt, dass *vrač* früher ‚Magier, Heiler' bedeutete, also jemand, der – wie die Menschen früher glaubten – durch ein ‚spezielles' Reden heilen kann.

[3]

‚Hans rollte (zielgerichtet)' wäre übersetzt *Hans katil*, kyrillisch *Ханс катил*. ‚Eva rollte (nicht zielgerichtet, hin und zurück)' ist *Ėva katala*, kyrillisch *Эва катала*.

[4]

Aus dem Ukrainischen sind die Wörter *борщ* (*boršč*) und *дума* (*duma*), ins Deutsche eingegangen, aus dem Russischen im 16./17. Jahrhundert *пирог* (*pirog*) ‚Pirogge' und *степь* (*step'*) ‚Steppe' und im 18./20. Jahrhundert *тройка* (*trojka*), *мамонт* (*mamont*) ‚Mammut' sowie *колхоз* (*kolchoz*).

Quellen und weiterführende Literatur

Für die grafische Wiedergabe der kyrillischen Schrift mit lateinischen Buchstaben (Romanisierung) verwenden wir in diesem Kapitel die sprachunabhängige ISO 9:1995-Form. ISO steht für The International Organization for Standardization. Im Allgemeinen wird in Deutschland die kyrillische Schrift nach DIN 1460 (DIN = Deutsches Institut für Normung) transliteriert. Bekannter ist die Transliteration der russischen kyrillischen Schrift nach dem *Duden*, 22. Auflage, 2000.

Die Standardsprachgeschichte der ostslawischen Sprachen (allgemein) wird in den folgenden Quellen anschaulich dargestellt: Garry und Rubino (2001), Sussex und Cubberley (2006) sowie Sussex (1993). Ein weiteres Standardwerk ist Comrie und Corbett (2006). Im Internet wird man auf http://www.ethnologue.com/ fündig.

Informationen über die Grammatiken des Russischen und Ukrainischen sind in verschiedenen Werken leserfreundlich zusammengefasst. Das Schulbuch von Kirschbaum (2001) ist für Lerner der russischen Sprache empfehlenswert. Detaillierte Beschreibung des morphologischen Systems des Russischen findet man in Isačenko (1968): Die Studierenden nennen sein 706-seitiges Buch „das grüne Ungeheuer". Empfehlenswert sind folgende ukrainische Grammatiken: Rusanovskij (1986), Schweier (1998/2002) und Rudnyčkyj (1943), die trotz ihres hohen Alters durchaus aktuell ist. Eine Grammatik für praktische Anwendungen ist Amir-Babenko und Pfliegl (2005). Informationen über Suržyk, eine Mischung aus Russisch und Ukrainisch, kann man in Kent (2010), Bilaniuk (2004), Masenko (2008) und Stavytska und Trub (2007) nachlesen. Einen Vergleich der russischen und der ukrainischen Grammatik – für die, die Russisch oder Englisch lesen – gibt es in Ozerova (2003) und Kent (2010). Zu Veränderungen im Russischen nach *perestrojka* und *glasnost'* informiert das Buch von Krysin (2008).

Für Tabelle 10.2 wurden folgende Quellen benutzt: Das russische Konsonantensystem wird nach Jones und Ward (1969) angegeben, mit Ausnahme der palatalen Laute [g^j] und [x^j], die bei Jones als Varianten anderer Laute aufgeführt werden, aber hier als eigenständige Phoneme gelten (Knjazev und Požarickaja 2012). Für das ukrainische Konsonantensystem gibt es unterschiedliche Angaben bezüglich des Artikulationsortes. So unterscheiden die Werke von Bilodid (1969), Ponomariv (2001) sowie Žovtobrjukh und Khomenko (2004)) zwischen alveolaren und dentalen Konsonanten, während Schweier (1998) Chopyk (1973) folgt und diese Unterschiede für die folgenden Konsonanten nicht herausstellt: Die Phoneme *d, t, ʒ, z, s, n, l, r, ts* sind dental, und *ǯ, ž, š, tš, j* sind postdental. In Tabelle 10.2. fehlt diese letztere Gruppe der Konsonanten. In Anlehnung an die Einteilung des Konsonantensystems in der ukrainischen Grammatik von Rusanovskij (1986) werden diese Konsonanten mit dem Artikulationsort dental angegeben.

Das Foto von Jurij Gagarin wird hier mit Erlaubnis des Russischen Staatsarchivs für Wissenschaftliche und Technische Dokumentation (Archiv-Nr. 1-13527) reproduziert, das Gemälde von Alexander S. Puschkin mit Erlaubnis der Tretyakovskaya Gallerie in Moskau (Inventar-Nr. 168).

Wer als russischsprachiger Mensch gern Deutsch lernen möchte, kann bei Böttger (2008) nachlesen, in welche möglichen Fettnäpfchen man nicht treten sollte. Auch für deutsche Muttersprachler ist diese Literatur interessant, denn hier wird man auch gut über die russische

Sprache informiert. Steinitz (1953) ermöglicht mit seiner *Russischen Lautlehre* einen leichten Zugang für Deutsche, die Russisch lernen. Man kommt nicht umhin, die akademische Grammatik der russischen Sprache mit dem Kurznamen „Grammatika-80" bzw. „AG-80" zu erwähnen. Das Buch besteht aus zwei Bänden. 1982 ist dem Kollektiv der Autoren der „Grammatika-80", angeführt von N. Ju. Švedova, der Staatliche Preis der UdSSR auf dem Gebiet der Wissenschaft und der Technik verliehen worden.

Die russische Sprache hat einen festen Platz in der deutschen Medienlandschaft. Es gibt ein eigenes Fernsehprogrammpaket in russischer Sprache auf dem RTVi. Und dann gibt es noch eine russische Redaktion beim Sender RBB Funkhaus Europa, die jeden Tag eine Stunde lang sendet und eigene Korrespondenten in fast allen Bundesländern hat. Von besonderem Interesse sind solche Radioprogramme wie die „Ratschläge eines Doktors" und der „Juristische Ratgeber". Die ukrainische Diaspora in Berlin verfügt über eine lesenswerte Blog-Zeitung: *Immigrada/Immigraniada*.

Von den „grammatischen" Online-Quellen sind Ohienko (2001) zur ukrainischen Gramatik und zur russischen Phonetik http://www.philol.msu.ru/~fonetica/index.htm (Zugriff 26.2.2013) sowie http://www.gramota.ru/ (*Russische Sprache für alle*) zu empfehlen.

Literatur

Amir-Babenko S, Pfliegl F (2005) Praktische Kurzgrammatik der ukrainischen Sprache. Buske, Hamburg

Besters-Dilger J, Moser M, Simonek S (Hrsg) (2000) Sprache und Literatur der Ukraine zwischen Ost und West. Lang, Bern

Bilaniuk L (2004) A typology of Suržyk: Mixed Ukrainian-Russian language. *International Journal of Bilingualism* 8: 409–425

Bilodid IK (Hrsg) (1969) Sučasna ukrajinsjka literaturna mova. Vstup. Fonetyka [Modern Ukrainian literary language. Introduction. Phonetics]. Naukova Dumka, Kiew

Böttger K (2008) Die häufigsten Fehler russischer Deutschlerner. Waxmann, Münster/New York/München/Berlin

Bundesamt für Migration und Flüchtlinge, www.bamf.de (Zugriff 27.2.2013)

Chopyk DB (1973) Variant phonemic systems of contemporary standard Ukrainian. *Linguistics. An International Review* 98: 5–19

Comrie B, Corbett G (2006) The Slavonic languages. Routledge, London

DIN 1460:1982 Umschrift kyrillischer Alphabete slawischer Sprachen

Duden (2000) Die deutsche Rechtschreibung. 22. Aufl. Dudenverlag, Mannheim/Leipzig/Wien/Zürich

Gladrow W (1989) Russisch im Spiegel des Deutschen. VEB Verlag Enzyklopädie, Leipzig

Garry J, Rubino C (Hrsg) (2001) Facts about the World Languages. An Encyclopedia of the World's Major Languages, Past and Present. H.W. Wilson, New York. 773–775

Integration in Deutschland 4/2005, 21.Jg., 15. Dezember 2005

Isačenko AV (1968) Die Russische Sprache der Gegenwart. Teil 1. Formenlehre. VEB Max Niemeyer Verlag, Halle (Saale)

ISO 9:1995 Information and documentation – Transliteration of Cyrillic characters into Latin characters – Slavic and non-Slavic languages

Jones D, Ward D (1969) The phonetics of Russian. Cambridge University Press, Cambridge

Kent K (2010) Language contact: Morphosyntactic analysis of Surzhyk spoken in Central Ukraine. *LSO Working Papers in Linguistics* 8: 33–53

Kirschbaum EG (2001) Die Grammatik der russischen Sprache. Cornelsen/Volk und Wissen, Berlin

Knjazev SV, Požarickaja SK (2012) Sovremennyj russkij literaturnyj jazyk: Fonetika, grafika, orfografija, orfoėpija. Akademičeskij proekt, Moskau

Krysin LP (2008) Sovremennyj russkij jazyk. Aktivnyje processy na rubeže XX–XXI vekov. Jazyki slavjanskich kul'tur, Moskau

Masenko L (2008) Surzhyk: Istoriia formuvannia, sučasnyi stan, perspektyvy funktsionuvannia. In Hentschel G, Zaprudski S (Hrsg) Belarusian trasjanka and ukrainian surzhyk: Structural and social aspects of their description and categorization. BIS-Verlag der Carl von Ossietzky Universität Oldenburg, Oldenburg. 39–56

Ohienko I (2001) Istoriia ukrainskoï literaturnoï movy. http://www.litopys.org.ua/ohukr/ohu.htm (Zugriff 24.2.2013)

Ozerova N (Hrsg) (2003) Sopostavitelnaia grammatika russkogo i ukrainskogo iazykov. Naukova Dumka, Kiew

Ponomariv OD (Hrsg) (2001) Sučasna ukrajinska mova [Modern Ukrainian language]. Kiew

Rudnyčkyj J (1943) Lehrbuch der ukrainischen Sprache. Harrassowitz, Leipzig

Rusanovskij VM (1986) Ukrainskaja grammatika. Naukova Dumka, Kiew

Schaller HW (1993) Die Frage der Überganges von der ostslawischen Spracheinheit zum Großrussischen, Ukrainischen und Weißrussischen. *Zeitschrift für Slawistik* 38: 41–52

Schweier U (1998) Das Ukrainische. In Rehder P (Hrsg) Einführung in die slavischen Sprachen. Wissenschaftliche Buchgesellschaft, Darmstadt. 94–109

Schweier U (2002) Ukrainisch. In Okuka M (Hrsg) Lexikon der Sprachen des europäischen Ostens. Wieser, Klagenfurt/Wien/Ljubljana. 535–549

Statistisches Bundesamt (Hrsg) (2011) Bildung und Kultur. Private Schulen. Schuljahr 2011/2011. Fachserie 11, Reihe 1.1. Wiesbaden

Stavytska L, Trub V (2007) Surzhyk: Mif, mova, komunikatsia. In Stavytska L (Hrsg) Ukrainsko-rosĭis'ka dvomovnist'. Pulsary, Kiew. 31–121

Steinitz W (1953) Russische Lautlehre. Akademie-Verlag, Berlin

Sussex R (1993) Slavonic languages in emigration. In Comrie B, Corbett G (Hrsg) The Slavonic languages. Routledge, London

Sussex R, Cubberley P (Hrsg) (2006) The Slavic languages. Cambridge University Press, Cambridge

Švedova N Ju et al. (Hrsg) (1980) Russkaja grammatika. Nauka, Moskva. Neue Auflage: Russkaja grammatika: naučnye trudy. V 2-ch tt. (2005) Bryzgunova EA, Gabučan KV (Hrsg). Institut russkogo jazyka imeni V. V. Vinogradova, Moskau

Žovtobrjukh MA, Khomenko LM (2004) Fonema. In Rusanivsjkyj VM, Taranenko OO (Hrsg) Ukrajinsjka mova: Encyklopedija [Ukrainian Language: Encyclopedia]. 2. Aufl. Ukrajinska encyklopedija, Kiew. 760 f.

Ich bedanke mich herzlich bei Erika Schulz und Julia Puzanova für deren Hilfe mit Literaturrecherchen und Unterstützung beim Schreiben.

11 Das Vietnamesische und das Chinesische

Tue Trinh

11.1 Einleitung

In diesem Aufsatz versuche ich, einige allgemeine Vorstellungen über die Struktur zweier ostasiatischer Sprachen, des Vietnamesischen und des Chinesischen, zu geben. Von diesen hat die zweite ungefähr zehnmal so viele Sprecher (eine Milliarde) wie die erste (90 Millionen). Dem Leser wird es aber auffallen, dass ich ein bisschen mehr über die Sprache reden werde, die viel weniger Sprecher hat. Der Grund hierfür ist nicht nur, dass ich Muttersprachler des Vietnamesischen bin, sondern auch, dass man mich eingeladen hat, dieses Kapitel zu schreiben, weil in Deutschland mehr Kinder vietnamesischer Herkunft an den Schulen sind als Kinder chinesischer Herkunft.

Eine praktische Methode, jemandem eine Fremdsprache zu erklären, ist es, sie mit seiner Muttersprache zu vergleichen. Unter der Annahme, dass der Leser dieses Kapitels ein deutscher Muttersprachler ist, werde ich im Folgenden deshalb oft Vietnamesisch und Chinesisch mit Deutsch vergleichen. Dieser Vergleich erfordert aber ein Vokabular, das zur Beschreibung aller drei Sprachen geeignet ist, das heißt ein Vokabular, das das *Tertium comparationis* ausdrücken kann. Dies ist das Vokabular der theoretischen Sprachwissenschaft. Also werde ich in der Diskussion einige sprachwissenschaftliche Begriffe auf maximal informelle Weise einführen. Meine Hoffnung ist, dass der Leser dadurch die Grammatik des Vietnamesischen und des Chinesischen einfacher und schneller verstehen wird. Die Erklärung dieser Begriffe könnte aber auch dazu führen, dass der Leser ein paar Dinge über das Deutsche lernt.

11.2 Allgemeines zur vietnamesischen und zur chinesischen Sprache

Ähnliche Wörter im Vietnamesischen und Chinesischen

Vietnamesisch	Chinesisch	Deutsch
hoa	*huā*	‚Blumen'
mực	*mò*	‚Tinte'
văn hóa	*wén huà*	‚Kultur'
vật lý	*wù lǐ*	‚Physik'
trung thành	*zhōng chéng*	‚treu'
hòa bình	*hé píng*	‚Frieden'
quốc gia	*guó jiā*	‚Nation'
chính phủ	*zhèng fǔ*	‚Regierung'

Die Herkunft einer Sprache, das heißt ihre genetische Verwandtschaft mit anderen, ist für viele, die es genießen, sich über Sprache und Sprachwissenschaft Gedanken zu machen, von großem Interesse. Eine endgültige Antwort auf die Frage, woher das Vietnamesische kommt, gibt es aber nicht und wird es wahrscheinlich auch nie geben können. Der zurzeit meist akzeptierten Theorie zufolge ist Vietnamesisch eine Mon-Khmer-Sprache, was bedeutet, dass es mit der Sprache von Kambodscha, Khmer, verwandt ist. Mit dem Chinesischen ist es interessanterweise nicht verwandt: Das Chinesische gehört zu der sinotibetischen Sprachfamilie, die unter anderem die Sprachen von Tibet und Myanmar einschließt. Nichtsdestotrotz sind ungefähr 60 Prozent der vietnamesischen Wörter chinesische Entlehnungen, und die Gemeinsamkeiten, die diese Sprachen miteinander haben, betreffen nicht nur den Wortschatz, sondern auch die Aussprache, den Satzbau und die Interpretation sprachlicher Ausdrücke, wie wir sehen werden. Dies ist wahrscheinlich auf die lange Besetzung Vietnams durch China zurückzuführen, die mehr als 1 000 Jahre dauerte und zu einem langen, engen Kontakt zwischen den zwei Sprachgemeinschaften führte. In der Randspalte sind einige vietnamesische Wörter und ihre chinesischen Entsprechungen aufgelistet. Die Ähnlichkeit zwischen ihnen lässt sich klar erkennen.

Es muss betont werden, dass das, was wir Vietnamesisch nennen, nur eine von den vielen Sprachen ist, die in Vietnam gesprochen werden. Es ist die offizielle Sprache und auch die Sprache der größten ethnischen Gruppe, der Kinh. Sie wird in der Tat *tiếng Kinh* (‚Kinh-Sprache') in Kontexten genannt, in denen von anderen Sprachen Vietnams die Rede ist. Das Gleiche gilt für Chinesisch. Es gibt Hunderte von Sprachen in China. Das, was wir unter Chinesisch verstehen, ist die offizielle Sprache und die Sprache der Han, der größten und dominantesten ethnischen Gruppe dieses Landes. Ein anderer Name für Chinesisch in diesem Sinne ist Mandarin, der benutzt wird, wenn die Notwendigkeit besteht, zwischen den verschiedenen Sprachen Chinas zu unterscheiden. Es ist eine Tatsache, dass viele in Vietnam und China Vietnamesisch, das heißt Kinh, und Chinesisch, das heißt Mandarin, können, auch wenn ihre Muttersprache eine andere ist.

Việt

Wussten Sie, dass das vietnamesische Wort für „vietnamesische Sprache" *tiếng Việt* (wörtlich: ‚Sprache Việt') und das für „vietnamesische Person" *người Việt* (wörtlich: ‚Person Việt') ist? Das Adjektiv ‚vietnamesisch' ist also einfach *Việt* auf Vietnamesisch.

Nun, da wir geklärt haben, was mit Vietnamesisch und Chinesisch gemeint ist, wenden wir uns den Begriffen „Vietnam" und „China" zu. In der deutschen Rechtschreibung erscheint Vietnam als ein Wort, aber Vietnam wird im Vietnamesischen eigentlich als *Việt Nam* geschrieben, das heißt als eine Folge von zwei Wörtern. Das zweite Wort, *Nam*, bedeutet ‚der Süden' oder ‚südlich von', und das erste, *Việt*, ist der Name eines alten Volkes, das die heute den Süden Chinas und den Norden Vietnams umfassende Region bewohnte. Die *Việt* teilten sich in etliche unterschiedliche Stämme. Einer von diesen, der *Lạc Việt*, gründete im Jahre 2879 v. Chr. den Staat *Văn Lang*, der von den meisten Historikern als die erste Regierung Vietnams betrachtet wird. Obwohl das Wort *Việt Nam* schon seit dem 16. Jahrhundert in verschiedenen Dokumenten vorkommt, wurde es erst im Jahre 1945 vom Kaiser Bảo Đại zum offiziellen Namen erklärt.

Es herrscht zur Zeit unter Forschern keine Einigkeit darüber, was der Bedeutungsbeitrag von *Nam* in *Việt Nam* ist. Wie gesagt, bedeutet dieses Wort an sich ‚den Süden' oder ‚südlich von'. Einige Forscher behaupten, dass *Nam* als Modifikator von *Việt* die Funktion hat, die *Lạc Việt*, die Vorfahren des heutigen vietnamesischen Volkes, von den anderen *Việt*-Stämmen zu unterscheiden. Die Plausibilität dieser Hypothese besteht darin, dass die *Lạc Việt* tatsächlich südlich von den anderen *Việt* lebten. Andere Forscher sind aber der Meinung, dass *Nam* ‚südlich von China' bedeuten soll, das heißt, dass *Việt Nam* ‚die Việt im Süden' bedeutet, wobei *im Süden* als *im Süden von China* zu verstehen ist. Diese Debatte ist meines Wissens noch nicht beendet.

Anders als *Vietnam*, das seinem originalsprachlichen Pendant *Việt Nam* fast genau entspricht, ist das Wort *China* gar nicht dem Wort ähnlich, das die Chinesen selbst zur Bezeichnung ihres Landes verwenden. China heißt auf Chinesisch *Zhōng Guó*, wobei *zhōng* ‚Mitte' und *guó* ‚Nation' oder ‚Reich' bedeuten. Die deutsche Übersetzung von *Zhōng Guó* ist also ‚Reich der Mitte'.

‚China' auf Vietnamesisch
Offiziell heißt China auf Vietnamesisch *Trung Quốc*, was eindeutig von *Zhōng Guó* stammt. Der volkstümliche Begriff für ‚China' ist aber *Tàu*. Dies ist das Wort für ‚Schiff' im Vietnamesischen, und es wird geglaubt, dass hinter seiner Funktion als Bezeichnung für das „Reich der Mitte" eine historische Tatsache steht: Viele Chinesen kamen nach Vietnam auf Schiffen.

Diese Bezeichnung entstand während der Zhōu-Dynastie (1046–256 v. Chr.) und drückte die damalige Auffassung der Chinesen aus, nämlich dass sie sich in der Mitte der Weltzivilisation befanden. Dieser Gedanke scheint nicht nur den Menschen der Zhōu-Dynastie gefallen zu haben, denn *Zhōng Guó* wurde nach dem Ende derselben weiterhin benutzt. Es gab auch Perioden in der chinesischen Geschichte, in welchen streitende Herrscher ihre eigene Region zum *Zhōng Guó* erklärten und denen ihrer Gegner abwertend andere Namen gaben. Trotzdem wurde *Zhōng Guó* erst nach der bürgerlichen Revolution von 1911, die das Ende der chinesischen Monarchie herbeiführte, zum offiziellen Namen Chinas: Vorher war dieser immer mit dem Namen der jeweiligen Dynastie gleichgesetzt. Zum Beispiel wurde China in der Qín-Dynastie „Qín" genannt, und in der Tat ist es eine verbreitete Annahme, dass dies der Ursprung des Namens „China“ ist, denn *Qín* wird ungefähr *tschin* ausgesprochen.

11.3 Schrift und Aussprache

Die vietnamesische Schrift

Die Nôm-Schrift
In der Nôm-Schrift wurde das berühmteste vietnamesische Literaturwerk, *Truyện Kiều* (‚Die Geschichte von *Kiều*‘), geschrieben. Von 1788 bis 1792 galt die Nôm-Schrift per Dekret des Kaisers Nguyễn Huệ sogar als die offizielle Schrift von Vietnam, die am Hof und in der Schule verwendet werden sollte. Nguyễn Huệ wurde 1792 aber gestürzt, und seine Anordnung wurde nicht weiter beachtet.

Das im heutigen Vietnam verwendete Schriftsystem benutzt das lateinische Alphabet und funktioniert fast genauso wie das deutsche: Einzelne Laute sind durch individuelle Buchstaben oder durch Kombinationen von mehreren individuellen Buchstaben repräsentiert, und ein Wort wird als eine Folge von Buchstaben geschrieben, die seine Aussprache reflektiert. Das gegenwärtige Schriftsystem ist aber nur eines von drei Schriftsystemen, die im Laufe der Geschichte Vietnams verwendet worden sind. Das erste, *chữ Nho* (die Nho-Schrift), ist nichts anderes als die chinesische Schrift. Chinesisch war für viele Jahrhunderte die Hof- und Schriftsprache in Vietnam. Erst im 14. Jahrhundert dachten die vietnamesischen Gelehrten ernsthaft daran, in ihrer Muttersprache zu schreiben, und fingen an, ein für diesen Zweck geeignetes Schriftsystem zu konstruieren. Das Resultat ist *chữ Nôm* (die Nôm-Schrift), eine auf der chinesischen basierende Schrift, die aber die Repräsentation einheimischer vietnamesischer Wörter ermöglichte.

Die Schrift in der Propaganda
Zwei soziopolitische Bewegungen in der Geschichte Vietnams können hierzu als Illustrationen dienen. Die erste war die Gründung einer Schule, *Đông Kinh Nghĩa Thục* (‚Tonkinsche Freie Schule‘) genannt, durch eine Gruppe vietnamesischer Nationalisten, deren Ziel es war, ihre Landsleute aufzuklären. Die Schule bot Gratiskurse allen denjenigen an, die die moderne Schrift lernen wollten. Sie wurde schnell durch die Franzosen geschlossen, die die potenzielle Gefahr für ihre koloniale Macht erkannten. Die zweite Bewegung, *Bình Dân Học Vụ* (‚Volksbildung‘), war die erste Arbeit der ersten Regierung. Initiiert wurde sie durch Ho Chi Minhs Regierung, nachdem sie die Kontrolle des Landes im August 1945 übernommen hatte. Das Ziel war, gegen den Analphabetismus, der zum Staatsfeind personifiziert wurde, zu kämpfen.

Das Wort *nôm* bedeutet etwa ‚umgangssprachlich‘ oder ‚volksmündlich‘, und die Nôm-Schrift sollte ein Schriftsystem sein, das die Alltagssprache darstellen konnte. Beginnend im 15. Jahrhundert wurde die Nôm-Schrift zunehmend beliebter, als mehr und mehr Dichter und Schriftsteller Vietnamesisch für ihre Kompositionen benutzten. Die Nôm- und die Nho-Schrift blieben im Gebrauch bis ins 20. Jahrhundert, bevor sie von *chữ Quốc Ngữ*, der romanisierten Schrift, komplett verdrängt wurden. *Chữ Quốc Ngữ* ist die Schrift des heutigen Vietnams. Ich werde sie im Folgenden einfach „die moderne Schrift“ nennen.

Quốc Ngữ bedeutet ‚Nationalsprache‘ und *chữ Quốc Ngữ* ‚die Schrift für die Nationalsprache‘. Wir können also eine politische Absicht hinter dieser Benennung erkennen, und in der Tat war die moderne Schrift eng verknüpft mit Vietnams Kampf gegen die koloniale Herrschaft Frankreichs, die ungefähr 80 Jahre dauerte, vom späten 19. Jahrhundert bis Mitte des 20. Jahrhunderts. Die vietnamesischen Nationalisten waren darum bemüht, die moderne Schrift zu verbreiten, denn sie glaubten, im Kampf gegen die Franzosen sei es ganz wichtig, das Denken ihrer Landsleute zu ändern. In dieser Hinsicht wurde die moderne Schrift, die viel leichter zu lernen ist als die Nho- und die Nôm-Schrift, zu einem mächtigen Werkzeug der politischen Massenbildung: Nach einer kurzen Lernzeit, erheblich kürzer als die für die Nho- und die Nôm-Schrift erforderliche, konnten die Menschen schon Bücher und Pamphlete lesen, und Propaganda konnte somit viel effektiver verbreitet werden.

Die moderne Schrift trug auf diese Weise zur Konstruktion des vietnamesischen Nationalbewusstseins erheblich bei. Dies ist ein bisschen ironisch, denn die Schrift haben ausländische Missionare erfunden, deren Absicht – zumindest teilweise – es war, Vietnamesen zum Christentum zu bekehren und ihr Land der Herrschaft des Vatikans zu unterwerfen oder desjenigen europäischen Landes, für das sie arbeiteten.

Das erste Wörterbuch für das Vietnamesische

Der bekannteste der Vatikanangehörigen war Alexander de Rhodes, ein Jesuit, der ein Wörterbuch erstellte, das *Dictionarum Annamiticum Lusitanum et Latinum* (‚Vietnamesisch-Portugiesisch-Latein-Wörterbuch'). Dieses wurde 1651 in Rom herausgegeben und war das erste Wörterbuch für Vietnamesisch in der Geschichte. De Rhodes wurde in Avignon, Frankreich, geboren und war ein französischer Staatsbürger. Seine Familie kam aber ursprünglich aus Iberia, Portugal, und war eigentlich jüdischer Abstammung. De Rhodes' Wörterbuch baute auf den Arbeiten mehrerer portugiesischer Missionare auf und leistete einen großen Beitrag zur Systematisierung bzw. Standardisierung der romanisierten Schrift des Vietnamesischen, das heißt der modernen Schrift in unserer Terminologie.

Die chinesische Schrift

Wenden wir uns jetzt der chinesischen Schrift zu. Die meisten von Ihnen haben chinesische Schriftzeichen gesehen, entweder in Büchern oder in Filmen, und sind von ihrer exotischen Schönheit beeindruckt worden. Das chinesische Schriftsystem ist das älteste und vielleicht auch das schwierigste Schriftsystem der Welt: Ein chinesischer Freund hat mir gesagt, dass ein durchschnittlicher Schüler ungefähr zehn Jahre braucht, bis er alles in den Zeitungen lesen kann. Dies mag wohl ein bisschen übertrieben sein, aber es ist schon eine unleugbare Tatsache, dass das Schreiben- und Lesenlernen im Chinesischen viel schwieriger ist als im Deutschen, Englischen oder irgendeiner europäischen Sprache. Um zu verstehen, warum das so ist, lassen Sie uns kurz diskutieren, wie Sprache funktioniert.

Im Wesentlichen bilden alle Sprachen Wörter aus Grundlauten (Phonemen) und Sätze aus Wörtern. Zum Beispiel besteht der deutsche Satz *Das Kind weint* aus drei Wörtern – *das*, *Kind*, *weint* –, wobei jedes dieser Wörter sich wiederum aus mehreren Phonemen zusammensetzt: *das* aus *d*, *a* und *s*, *Kind* aus *k*, *i*, *n* und *d* etc. Das allen Sprachen Gemeinsame ist, dass die Anzahl der Phoneme sowie die der Wörter endlich sind, während die Anzahl der Sätze unendlich ist. Wir können also die Phoneme bzw. die Wörter einer Sprache auflisten, aber nicht ihre Sätze. Ein Schriftsystem, wenn es überhaupt brauchbar sein soll, muss ein Zeichen für jedes Phonem oder für jedes Wort haben, aber nicht für jeden Satz: Wenn es ein Zeichen für jeden Satz hätte, müsste es unendlich viele Zeichen haben und wäre deswegen unlernbar. Eine andere anscheinend allen Sprachen gemeinsame Eigenschaft ist, dass die Anzahl der Wörter viel größer ist als die Anzahl der Phoneme. Deutsch zum Beispiel hat ungefähr 40 Phoneme, aber Zigtausende von

Wörtern. Der Unterschied zwischen dem alphabetischen Schriftsystem, das für Deutsch verwendet wird, und dem chinesischen ist, dass das erstere ein Zeichen für jedes Phonem, während das letztere ein Zeichen für jedes Wort hat. Dies ist der Grund, warum eine Person zehn Jahre braucht, um das Schreiben und Lesen auf Chinesisch zu lernen: Es gibt einfach so viele Schriftzeichen.

Wenn ich sage, Chinesisch benutzt ein Zeichen für jedes Wort, meine ich nicht, dass die chinesischen Schriftzeichen monolitische Einheiten sind, die in keiner strukturellen Beziehung zueinander stehen. Mit anderen Worten: Es ist nicht der Fall, dass jedes Wort durch ein separates Schriftzeichen repräsentiert wird. Viele Schriftzeichen sind Komposita, die aus anderen Schriftzeichen bestehen, und die Komposition kann durch Überlegungen zur Bedeutung und Überlegungen zur Aussprache motiviert werden. Zum Beispiel besteht 林 (*lín* ‚Gehölz') aus zwei Instanzen von 木 (*mù* ‚Baum'), und 明 (*míng* ‚Licht') besteht aus 日 (*rì* ‚Sonne') und 月 (*yuè* ‚Mond'). Es ist offensichtlich, was die Verbindung in diesen Fällen ist. Die Struktur von 林 und 明 kann also über die Bedeutung in Beziehung zu anderen Schriftzeichen gesetzt werden. Wie oben gesagt wurde, kann die Beziehung zwischen verschiedenen Schriftzeichen aber auch dadurch geprägt werden, wie die relevanten Wörter ausgesprochen werden. Zur Illustration betrachten wir das Zeichen 固 (*gù* ‚sicher'), das eine Kombination von 古 (*gǔ* ‚alt') und 囗 (*wéi* ‚Einzäunung') ist: Das erste Element zeigt die Aussprache des Wortes (*gǔ* klingt *gù* ähnlich), und das zweite deutet die Bedeutung an (was eingezäunt ist, ist sicher). Ein ähnlich klingendes Wort ist *gū* ‚Verbrechen'. Das Zeichen für dieses ist 辜, in dem 古 (*gǔ* ‚alt') über 辛 (*xīn* ‚bitter') steht. Wir sehen nochmals, dass eine Komponente des komplexen Zeichens, 古, zur Markierung der Aussprache des Wortes benutzt wird, dessen Bedeutung durch eine andere Komponente angedeutet wird. Zeichen wie 固 oder 辜, die eine Komponente der Aussprache und eine Komponente der Bedeutung enthalten, machen die Mehrheit der chinesischen Schriftzeichen aus.

Viele chinesische Zeichen bestehen aus zwei übereinander gelegten Zeichen, von denen eines die Aussprache andeutet und das andere die Bedeutung andeutet.

Was ist mit den einfachen, das heißt atomischen, Schriftzeichen, die kein anderes Zeichen zum Bestandteil haben? Gibt es beispielsweise Gründe dafür, dass 木 das Zeichen für *mù* ‚Baum' ist und 日 das Zeichen für *rì* ‚Sonne'? Die akzeptierte Antwort ist eine positive: Diese Zeichen sind *Ideogramme*, was bedeutet, dass sie den durch das Wort ausgedrückten Begriff abbilden sollten. Im Falle von ‚Baum' und ‚Sonne' sind die Zeichen stilisierte ikonische Abbilder der unter diese Begriffe fallenden Dinge: 木 ähnelt einem Baum, mit Stamm und Zweigen, und 日 hat sich von einem Kreis mit einem Punkt in der Mitte entwickelt, der die Sonne darstellen sollte. Abstrakta wie Zahlen oder Richtungen sind auf verschiedene kreative Weisen verbildlicht. Beispiele sind 一 (*yī* ‚eins'), 二 (*èr* ‚zwei'), 三 (*sān* ‚drei'), 上 (*shàng* ‚aufwärts') und 下 (*xià* ‚abwärts').

Wir sehen, dass viele chinesische Schriftzeichen aus anderen Zeichen zusammengesetzt sind, und die nicht zusammengesetzten haben doch eine Art Struktur. Trotzdem muss man jedes Zeichen lernen, um lesen und schreiben zu können, denn obwohl wir nachvollziehen können, warum ein bestimmtes Zeichen die Struktur hat, die es hat, können wir nie vorhersagen, dass dem Zeichen genau diese Struktur zukommt und nicht eine andere. Es gibt zum Beispiel keinen Grund dafür, dass das Zeichen für ‚Licht' konstruiert wird, indem man das Zeichen für ‚Sonne' neben das für ‚Mond' stellt, und nicht etwa, indem man einfach eine Kerze zeichnet. Es gibt auch keinen Grund für die Darstellung eines Baumes als 木.

Chinesische Schriftzeichen sind deswegen den Verkehrszeichen ähnlich: Wenn wir sie gelernt haben, verstehen wir, warum sie – oder die meisten von ihnen – so strukturiert sind, wie sie es sind, aber es ist unmöglich, die Struktur eines Verkehrszeichens nur auf der Basis seiner Bedeutung vorherzusagen. Folglich müssen wir jedes einzelne Verkehrszeichen lernen, und dies ist der Grund, warum das Lesen- und Schreibenlernen auf Chinesisch so lange dauert. Nichtsdestotrotz erhält sich das chinesische Schriftsystem durch viele Jahrtausende. Änderungen wurden mehrmals eingeführt, aber die Grundprinzipien bleiben dieselben. Ein klarer Vorteil dieses Systems ist, dass es als ein Kommunikationsmedium für Menschen dienen kann, die so verschiedene Dialekte des Chinesischen sprechen, dass sie sich gegenseitig nicht verstehen. Zum Beispiel wird das Wort für ‚essen' als *chī* in Peking und *sik* in Kanton ausgesprochen. Der Unterschied ist hier ungefähr wie der zwischen dem englischen *eat* und dem deutschen *essen*. Aber *chī* und *sik* werden beide als 吃 geschrieben, das sowohl in Peking als auch in Kanton und sogar in allen Regionen Chinas gelesen und verstanden werden kann.

Chinesische Schriftzeichen sind ähnlich wie Verkehrszeichen: Man muss sie lernen, aber wenn man sie gelernt hat, ergibt ihre Struktur oft auch Sinn.

Wenden wir uns jetzt einer kurzen Diskussion des Lautsystems des Vietnamesischen und des Chinesischen zu. Ich beginne mit Vietnamesisch.

Das Lautsystem des Vietnamesischen

Die vietnamesische Sprache ist eine sogenannte *Tonsprache*, was bedeutet, dass ein vietnamesisches Wort, anders als ein deutsches, nicht allein durch die Angabe identifiziert werden kann, wie die Vokale und Konsonanten in diesem Wort organisiert sind. Linguisten nennen Vokale und Konsonanten *Segmente*. Mit dieser Terminologie können wir sagen, dass

Wörter im Vietnamesischen nicht allein durch ihre segmentale Struktur identifizierbar sind. Um ein vietnamesisches Wort zu identifizieren, muss man andere Aspekte seiner Aussprache beschreiben, zum Beispiel welche Melodie es hat, ob es „knirschend" ausgesprochen werden sollte etc. Diese zusätzlichen Merkmale fasst man unter dem Begriff *Ton* zusammen. Der Ton eines Wortes ist also die gesamte Information zur Aussprache, die für seine Identifikation notwendig ist, sich aber nicht aus seiner segmentalen Struktur ableiten lässt. Tonale Unterschiede sind in der Schrift durch *Diakritika* repräsentiert, das heißt durch die kleinen Markierungen, die über oder unter den Buchstaben geschrieben sind und die Sie überall in vietnamesischen Texten sehen.

Zur Illustration betrachten wir die folgenden Wörter: *bán*, *ban*, *bàn*, *bãn*, *bản* und *bạn*. Jedes dieser Wörter besteht aus einem *b*, gefolgt von einem *a*, gefolgt von einem *n*. Alle sechs haben also die gleiche segmentale Struktur. Sie unterscheiden sich aber im Bezug auf ihren Ton. Das erste, *bán*, wird mit steigender Intonation gesprochen, das heißt, die Tonhöhe steigt an. Das zweite, *ban*, und das dritte, *bàn*, werden mit flacher Intonation, das heißt mit keiner Tonhöhenänderung, gesprochen. Sie unterscheiden sich nur dadurch, dass *ban* eine höhere Tonhöhe hat als *bàn*. Das vierte, *bãn*, wird mit einem schnellen Kehlverschluss beim *a* ausgesprochen, als ob der Sprecher zu sprechen beginnt, dann etwas schluckt und das Sprechen wiederaufnimmt. Das Wort *bản* wird mit sehr tiefer Tonhöhe und mit ganz viel Atem gesprochen, als ob der Sprecher gerade einen Marathon beendet hätte. Das letzte, *bạn*, wird mit einer knirschenden Stimme gesprochen: Die Kehle wird so verengt, dass die Luft zwar durchgeht, aber die durch die Verengung verursachte Reibung ein Geräusch produziert, das dem beim Betreten eines alten Holzbodens ähnelt. Wichtig ist zu wissen, dass diese Formen unterschiedliche Wörter sind: *bán* bedeutet ‚verkaufen', *ban* ‚Ausschuss', *bàn* ‚Tisch', *bản* ‚Dorf', und *bãn* hat keine Bedeutung. Wir sehen also, dass Konsonanten und Vokale nicht alles sind, was zur Identifikation eines Wortes notwendig ist.

Die Beschreibungen der Töne, die ich gegeben habe, sind natürlich ungenau. Ein Phonetiker, der für eine Fachzeitschrift schreibt, würde die vietnamesischen Töne anders beschreiben, nämlich mittels einer technischen Begrifflichkeit, die einer viel präziseren und systematischeren Darstellung mächtig ist. Ich bin selbst kein Phonetiker und nehme an, dass meine Leser, oder zumindest die große Mehrheit von ihnen, auch keine sind. Deswegen werde ich mich mit der obigen informellen Charakterisierung zufriedengeben, mit der ich auch den folgenden Punkt ansprechen möchte. Alle diese Töne, die Sie meiner Beschreibung entnehmen können, kommen auch im gesprochenen Deutsch vor. Zum Beispiel ist die Melodie des Wortes *kommt* in der Frage *Hans kommt?* der von *bán* sehr ähnlich. Wenn Sie um 3 Uhr morgens durch einen Telefonanruf geweckt werden und so müde sind, dass Sie kaum die Kehle öffnen können, dann werden Sie auch *hallo* mit knirschender Stimme sagen. Es gibt außerdem bestimmt Situationen, in denen die anderen Töne beim Sprechen produziert werden.

Warum ist Deutsch dann keine Tonsprache? Die Antwort ist, weil Deutsch die Töne nicht zur Unterscheidung von Wörtern benutzt. Sie können *kommt* mit steigender oder fallender Intonation sagen, mit hoher oder tiefer Tonhöhe, mit klarer oder knirschender Stimme, aber es ist immer noch dasselbe Wort, nämlich *kommt*. Dies ist der entscheidende Unterschied zwischen Vietnamesisch und Deutsch: Das erstere benutzt die Töne, um zwischen verschiedenen Wörtern zu unterscheiden, das letztere, um zwischen verschiedenen Gebrauchsweisen desselben Wortes zu differenzieren. Deswegen ist Vietnamesisch eine Tonsprache, Deutsch hingegen nicht. Dieser Unterschied erklärt auch die Tatsache, dass deutsche Muttersprachler, obwohl sie die fraglichen Töne in ihrer Rede produzieren, große Schwierigkeiten damit haben, zwischen vietnamesischen Wörtern zu unterscheiden, die sich nur in Bezug auf den Ton voneinander unterscheiden. Deutsche Freunde haben mir gesagt, dass *bán*, *ban*, *bàn*, *bãn*, *bản* und *bạn* für sie alle gleich klingen, als ob sie alle ein und dasselbe Wort wären.

Im Deutschen hat der Satz eine Melodie, in den Tonsprachen Vietnamesisch und Chinesisch haben die einzelnen Wörter eine Melodie.

Das Lautsystem des Chinesischen

Was ich über das Lautsystem des Vietnamesischen gesagt habe, gilt meistenteils auch für das Chinesische. Chinesisch ist eine Tonsprache im gleichen Sinne wie Vietnamesisch: Tonale Unterschiede werden zur Identifikation von Wörtern benutzt. Die alphabetische Transkription chinesischer Wörter, wie Sie gesehen haben, verwendet auch Diakritika zur Markierung der Töne. So haben *gŭ* ‚alt', *gù* ‚sicher' und *gū* ‚Verbrechen' alle die gleiche segmentale Struktur, aber verschiedene Töne. Es sollte dabei beachtet werden, dass ein und dasselbe Diakritikum in den zwei Sprachen unterschiedliche Aussprache anzeigen kann. Zum Beispiel klingt das Vietnamesische *gù* ‚Buckel' ganz anders als das chinesische *gù* ‚sicher'. Es gibt in Bezug auf die Töne nun zwei Hauptunterschiede zwischen Vietnamesisch und Chinesisch. Erstens hat Vietnamesisch sechs Töne, Chinesisch nur vier. Zweitens ist im Chinesischen ein Phänomen zu beobachten, das Linguisten *Tonsandhi* nennen: Der Ton eines Wortes kann sich davon abhängig ändern, was der Ton des unmittelbar folgenden Wortes ist. Ein Beispiel ist die bekannte chinesische Phrase, die etwa ‚wie gehts' bedeutet.

Sie besteht aus zwei Wörtern, *nǐ* ,du' gefolgt von *hǎo* ,wohl' und bedeutet buchstäblich ,du wohl?'. Die Phrase wird aber als *ní hǎo* ausgesprochen, wobei das Pronomen einen anderen Ton hat, als wenn es isoliert ausgesprochen wird. Ein anderes Beispiel ist die Phrase *bú duì*, die ,nicht richtig' bedeutet. Das Wort für ,nicht', isoliert gesprochen, ist aber *bù*, nicht *bú*. Sein Ton ändert sich, wenn ihm *duì* unmittelbar folgt. Es gibt natürlich Regeln für Tonsandhi-Prozesse im Chinesischen. Diese zu diskutieren, würde aber den Rahmen dieses Textes sprengen.

Wir haben gesehen, dass eine bestimmte Lauteigenschaft von verschiedenen Sprachen unterschiedlich verwendet werden kann und dass dies zu Lernschwierigkeiten führt. Töne sind nicht die einzige Illustration dieses Punktes. Betrachten wir zum Beispiel den Laut, der im Deutschen durch die Buchstabenfolge *ng* repräsentiert wird. Dieser Laut wird in Wörtern wie ***Klang***, ***sing*** und ***lang*** produziert. Der gleiche Laut existiert auch im Vietnamesischen, und zwar mit der gleichen Verschriftung: ***hang*** ,Höhle' und ***ngô*** ,Mais'. Der Unterschied zwischen den beiden Sprachen ist, dass Vietnamesisch Wörter hat, die mit *ng* anfangen, während Deutsch solche nicht hat. Folglich haben deutsche Muttersprachler Probleme mit Wörtern wie ***ngô***, aber nicht mit Wörtern wie ***hang***. Sie haben also kein Problem damit, *ng* zu produzieren, sondern nur Probleme damit, den Laut in der richtigen Position im Wort zu produzieren, in diesem Fall am Wortanfang.

ng am Wortanfang im Vietnamesischen

Ein anderer Laut des Vietnamesischen, der für Deutsche schwierig zu sein scheint, ist der Vokal *ư*, der in Wörtern wie *hư* ,frech' oder *sư* ,Mönche' auftritt. Vokale werden so produziert, dass wir unseren Mundraum mittels unserer Zunge und Lippen verschieden gestalten. Um *u* zu sagen, runden wir unsere Lippen und schieben die höchste Stelle unserer Zunge, das heißt die Stelle, wo die Zunge dem Gaumen am nächsten ist, rückwärts in Richtung Kehle. Deswegen heißt *u* ein „hinterer gerundeter Vokal". Beim Sagen von *ü* halten wir unsere Lippen gerundet wie beim *u*, schieben aber die höchste Stelle der Zunge nach vorn, in Richtung Zähne. Deswegen heißt *ü* ein „vorderer gerundeter Vokal". Und beim Sagen von *i* bleibt die Zunge wie beim *ü*, die Lippen sind aber ungerundet: *i* ist ein vorderer ungerundeter Vokal. Nun ist das vietnamesische *ư* ein „hinterer ungerundeter Vokal", was bedeutet, dass wir ihn produzieren, indem wir unsere Zunge wie beim *u*, aber unsere Lippen wie beim *i* gestalten. Es ist für Deutsche schwierig, diesen Laut zu produzieren, weil im Deutschen „hinten" immer mit „gerundet" zusammengeht. Wir sehen also, dass die Schwierigkeit beim Lernen einer Fremdsprache manchmal dadurch verursacht wird, dass wir bekannte Elemente auf unbekannte Weise kombinieren müssen, und nicht dadurch, dass wir unbekannte Elemente kennenlernen müssen.

Schwierigkeiten für Deutschlerner: Aussprache

Eine parallele Schwierigkeit konfrontiert Vietnamesen mit dem deutschen vorderen gerundeten Vokal *ü*, der im Vietnamesischen nicht existiert, weil alle vorderen Vokale in dieser Sprache ungerundet sind. Vielleicht haben Sie schon einmal gehört, wie Vietnamesen versuchen, *ü* zu sagen, und stattdessen *u* oder *ui* produzieren. Ebenso problematisch ist für vietnamesische Deutschlerner die Verteilung von *s* und *p*. Beide Laute gibt es im Vietnamesischen, aber anders als im Deutschen kommt *s* nie am Wortende und *p* nie am Wortanfang vor. Deshalb haben viele Vietnamesen damit Schwierigkeiten, deutsche Wörter, die mit *p* beginnen oder mit *s* enden, auszusprechen. Ein deutsches Wort, das beide Fälle illustriert, ist *Pass*. Viele Vietnamesen sprechen dieses Wort als *bat* aus: Sie ersetzen *p* und *s* durch die ähnlichen Laute *b* und *t*, und zwar deswegen, weil im Vietnamesischen *b* am Wortanfang und *t* am Wortende vorkommen können.

11.4 Wörter

Vietnamesische Wörter

Wenn wir die vietnamesische Übersetzung eines deutschen Textes betrachten, werden wir sehen, dass die Übersetzung viel mehr Leerzeichen enthält als das Original. Nehmen wir als Beispiel einen Satz aus dem Kommunistischen Manifest von Marx und Engels: *Die Geschichte aller bisherigen Gesellschaft ist die Geschichte von Klassenkämpfen*. Seine vietnamesische Version ist: *Lịch sử tất cả các xã hội tồn tại từ trước đến ngày nay chỉ là lịch sử đấu tranh giai cấp*. Es gibt acht Leerzeichen im deutschen Satz und 21 im vietnamesischen, obwohl die gesamte Länge der beiden Sätze ungefähr die gleiche ist. Dieser Unterschied zwischen Deutsch und Vietnamesisch rührt daher, wie diese Sprachen die folgende Frage beantworten: Welche linguistischen Einheiten sind getrennt zu schreiben? Die deutsche Antwort ist „Wörter". Die vietnamesische ist „Morpheme".

Acht Leerzeichen in einem deutschen Satz, 21 Leerzeichen in seiner Übersetzung ins Vietnamesische!

Was sind Morpheme? Sie sind Teile eines Wortes, die aus bestimmten analytischen Gründen als dessen „Atome" anzusehen sind. Nehmen wir als Beispiel das Wort *Geschichte*. Viele Linguisten werden Ihnen sagen, dass es gute Gründe gibt anzunehmen, dass dieses Wort aus drei Morphemen besteht: *ge*, *schicht* und *e*. Die vietnamesische Übersetzung von *Geschichte* ist nun *lịch sử*, ein Wort, das aus zwei Morphemen besteht: *lịch* und *sử*. Also sieht das Wort ‚Geschichte' im Vietnamesischen wie zwei Wörter aus. Dramatischer ist das vietnamesische Wort für ‚Klassenkämpfe', *đấu tranh giai cấp*, welches wie vier Wörter aussieht. Der Grund dafür ist, dass das vietnamesische Wort für ‚Kampf' *đấu tranh* und für ‚Klasse' *giai cấp* ist und die Morpheme in jedem dieser Wörter getrennt geschrieben sind.

Sie könnten eine etwas tiefere Frage stellen: Warum setzt Vietnamesisch Leerzeichen zwischen Morpheme und Deutsch zwischen Wörter? Betrachten wir nochmals das Wort *Geschichte*. Wir haben gesagt, dass seine Morpheme *ge*, *schicht* und *e* sind. Versuchen Sie nun, dieses Wort ganz langsam zu sprechen. Sie werden sehen, dass das Wort in drei Teile aufgeteilt wird: *ge*, *schich* und *te*. Der technische Name für diese Teile ist „Silbe". Es ist ein Faktum der menschlichen Sprache, dass jedes Wort als eine Folge von Silben gesprochen wird. Der wichtige Punkt hier ist, dass die Silben von *Geschichte* den Morphemen dieses Wortes nicht genau entsprechen: Das Morphem *e* ist keine Silbe, und die Silbe *te* ist kein Morphem. Wir können also sagen, dass einige Morpheme des Deutschen keine Silben sind. Es stellt sich nun heraus, dass für Vietnamesisch genau das Gegenteil gilt: Vietnamesisch ist eine sogenannte *monosyllabische Sprache*, was bedeutet, dass jedes Morphem dieser Sprache eine Silbe ist. Das Wort *lịch sử* ‚Geschichte' hat zwei Silben, *lịch* und *sử*, die auch die zwei Morpheme dieses Wortes sind. Ähnlich wird *đấu tranh giai cấp* ‚Klassenkampf' als Folge von vier Silben gesprochen, die genau den vier Morphemen des Wortes entsprechen: *đấu*, *tranh*, *giai* und *cấp*. Deutsche Wörter und vietnamesische Morpheme haben also die Eigenschaft gemeinsam, die kleinsten linguistischen Einheiten zu sein, die immer eine Silbe beginnen und eine Silbe beenden. Wenn wir diese Eigenschaft als Kriterium dafür nehmen, in der Schrift von Leerzeichen umgeben zu werden, beantworten wir die oben gestellte Frage, warum Leerzeichen im Deutschen zwischen Wörter, im Vietnamesischen aber zwischen Morpheme gesetzt werden.

Keine Probleme mit Silbentrennung im Vietnamesischen

Die Silben werden immer getrennt geschrieben!

Vietnamesisch ist auch eine *isolierende Sprache*, was bedeutet, dass jedes Morphem dieser Sprache als ein unabhängiges Wort auftreten, das heißt alleine stehen kann. Um zu sehen, dass Deutsch keine isolierende Sprache ist, betrachten wir nochmals das Wort *Geschichte*. Zwei der drei Morpheme dieses Wortes, *ge* und *e*, können nie alleine stehen. Die beiden Morpheme von *lịch sử* hingegen können es: Alleine bedeutet *lịch* ‚Kalender' und *sử* ‚Geschichte' (d. h., das Wort *sử* ist eigentlich synonym mit *lịch sử*). Linguisten differenzieren zwischen gebundenen und freien Morphemen. Gebundene Morpheme sind die, die nicht alleine stehen können, und freie sind die, die das können. Mit dieser Terminologie sagen wir, dass im Deutschen einige Morpheme gebunden und einige frei, im Vietnamesischen aber alle frei sind.

Dies bringt uns zum nächsten Punkt: dem Fehlen von Flexion im Vietnamesischen. Was ist Flexion? Sie ist der Prozess, durch den ein Wort seine Form ändert. Zur Illustration betrachten wir die folgenden Sätze: (1) *Ich kaufe Bier*, (2) *Du kaufst Bier*, (3) *Er kauft Bier*. Intuitiv sind *kaufe*, *kaufst* und *kauft* drei verschiedene Formen eines Wortes. Diese Formen entstehen dadurch, dass das Verb flektiert (oder gebeugt) wird. Im Vietnamesischen flektieren die Verben nicht. Die Übersetzungen der drei obigen Sätze sind: (1) *tôi mua bia* ‚ich kaufe Bier', (2) *mày mua bia* ‚du kaufst Bier' und (3) *nó mua bia* ‚er kauft Bier'. Das Verb *mua* flektiert überhaupt nicht, und dies gilt generell für alle Wörter des Vietnamesischen. Man kann es so sehen, dass Flexion darin besteht, gebundene Morpheme, z. B. die Verbendungen *-e*, *-st* und *-t* an Wortstämme anzuhängen. Dann liegt der Grund dafür, dass das Vietnamesische keine Flexion hat, darin, dass die Sprache allgemein keine gebundenen Morpheme hat. Jedes Wort im Vietnamesischen hat also eine und nur eine Form.

Auch keine Kasusveränderungen bei den Pronomen

tôi	*thích*	*Hans*
ich	mag	Hans
Hans	*thích*	*tôi*
Hans	mag	mich

Wenn man auch Kasusveränderungen von Pronomen als das Hinzufügen von Flexionsendungen einordnet, folgt auch, dass die Pronomen keine Kasusunterscheidungen zeigen.

Wie im Deutschen ist es auch im Vietnamesischen möglich, aus einfachen Wörtern komplexe Wörter, oder Komposita, zu bilden. So wird *đấu tranh* ‚Kampf' mit *giai cấp* ‚Klassen' kombiniert, um *đấu tranh giai cấp* ‚Klassenkampf' zu bilden. Sie können an diesem Beispiel sehen, dass ein Unterschied zwischen Deutsch und Vietnamesisch in Bezug auf die Reihenfolge der Bestandteile des Kompositums besteht. Um es im linguistischen Jargon auszudrücken: Vietnamesische Wörter sind ***kopfinitial***, während deutsche ***kopffinal*** sind. Kopfinitialität bzw. Kopffinalität ist eine Eigenschaft linguistischer Konstruktionen: X ist kopfinitial, wenn der Kopf von X am Anfang von X steht, und X ist kopffinal, wenn der Kopf von X am Ende von X steht. Der Kopf von X ist, intuitiv gesprochen, das zentrale Element in X.

Vietnamesische Komposita

Hier sind einige andere Beispiele. Das vietnamesische Wort für ‚Garten' ist *vườn*, das für ‚Kinder' *trẻ* und das für ‚Kindergarten '*vườn trẻ*. Das Wort für ‚Geschichte' ist *lịch sử*, für ‚Lehrer' *giáo viên* und für ‚Geschichtslehrer' *giáo viên lịch sử*.

Zur Illustration betrachten wir nochmals das Wort *Klassenkampf*. Von der Bedeutung her ist ein *Klassenkampf* ein *Kampf*, nicht eine *Klasse*. Grammatisch ist *Klassenkampf* ein Maskulinum, wie *Kampf*, nicht ein Femininum wie *Klasse*. Es gibt also eine Art „Machtasymmetrie" zwischen den zwei Teilen des Wortes. Diese Asymmetrie wird von Linguisten dadurch erfasst, dass *Kampf* zum Kopf von *Klassenkampf* ernannt wird. Es ist der Kopf eines Kompositums, der seinen Bedeutungskern ausmacht und sein grammatisches Verhalten bestimmt. Der Kopf von *Klassenkampf* steht am Ende dieses Wortes, und deswegen sagen wir, dass dieses Wort ein kopffinales Wort ist.

Schauen wir uns jetzt das vietnamesische Wort für ‚Klassenkampf' an: *đấu tranh giai cấp*. Wie oben gesagt wurde, bedeutet *đấu tranh* ‚Kampf' und *giai cấp* ‚Klasse'. Es stellt sich nun heraus, dass *đấu tranh* auf ganz ähnliche Weise der Kopf von *đấu tranh giai cấp* ist wie *Kampf* der Kopf von *Klassenkampf*. Erstens ist *đấu tranh* der Bedeutungskern von *đấu tranh giai cấp*: Was als *đấu tranh giai cấp* beschrieben werden kann, kann auch als *đấu tranh* beschrieben werden, aber nicht umgekehrt. Dass das grammatische Verhalten von *đấu tranh giai cấp* von *đấu tranh* bestimmt ist und nicht von *giai cấp*, wird durch die folgende Beobachtung belegt. Im Vietnamesischen können einige Nomen direkt mit Numeralien wie *một* ‚eins' oder *hai* ‚zwei' kombiniert werden, einige nicht. Nun stellt sich heraus, dass das Wort *giai cấp* zur ersten Gruppe gehört und das Wort *đấu tranh* zur zweiten: *một giai cấp* ist wohlgeformt, das heißt akzeptabel, aber **một đấu tranh* ist nicht wohlgeformt. Die Kombination zwischen *đấu tranh* und *một* muss durch ein Wort, *cuộc*, vermittelt werden: *một cuộc đấu tranh* ist wohlgeformt und bedeutet ‚ein Kampf'. Solche Wörter wie *cuộc* nennen Linguisten *Klassifikatoren*. Wir werden darauf in Abschnitt 11.6 zurückkommen. Hier genügt es, zu sagen, dass sich in Bezug auf Kombination mit Numeralien *đấu tranh giai cấp* genauso verhält wie *đấu tranh*: *một cuộc đấu tranh giai cấp* ist wohlgeformt, **một đấu tranh giai cấp* dagegen nicht. Wir haben deshalb gute Gründe anzunehmen, dass *đấu tranh* der Kopf von *đấu tranh giai cấp* ist. Dies bedeutet, dass das Wort *đấu tranh giai cấp* ein kopfinitiales ist, da sein Kopf auch sein erstes Element ist. Der Unterschied bezüglich der Köpfigkeit – das heißt der Position des Kopfes – zwischen ‚Klassenkampf' und *đấu tranh giai cấp* veranschaulicht den Unterschied zwischen Deutsch und Vietnamesisch im Allgemeinen: Alle deutschen Wörter sind kopffinal und alle vietnamesischen kopfinitial.

Ein kleines Rätsel

Die Folge *giai cấp đấu tranh* bildet auch ein Wort im Vietnamesischen. Was glauben Sie ist die Bedeutung dieses Wortes? Die Lösung finden Sie am Ende dieses Kapitels. 🕮[1]

In Bezug auf die Wortbildung unterscheiden sich Sprachen nicht nur hinsichtlich der Köpfigkeit komplexer Wörter, sondern auch darin, durch welche formalen Prozesse komplexe Wörter gebildet werden. Wir haben bisher Fälle diskutiert, in denen ein neues Wort durch das Zusammensetzen zweier unterschiedlicher Wörter entsteht. Dieser Prozess heißt *Komposition* und existiert, wie wir gesehen haben, im Deutschen und im Vietnamesischen. Es gibt aber auch Wortbildungsprozesse im Vietnamesischen, die im Deutschen nicht zu finden sind, zum Beispiel die *Reduplikation*. Im Vietnamesischen kann ein neues Wort dadurch gebildet werden, dass ein Wort mit sich selbst oder mit einer ihm ähnlich klingenden Silbe kombiniert wird. Beispiele sind *đêm* ‚Nacht' und *đêm đêm* ‚jede Nacht', *đỏ* ‚rot' und *đo đỏ* ‚rötlich' sowie *sặc* ‚verschluckt' und *sằng sặc* ‚vor Lachen verschluckt'.

Dvandvas

Andere Beispiele von Dvandvas sind *ông bà* ‚Großeltern' (*ông* ‚Großvater' und *bà* ‚Großmutter'), *quần áo* ‚Kleidung' (*quần* ‚Hose' und *áo* ‚Hemd') und *chân tay* ‚Gliedmaßen' (*chân* ‚Bein' und *tay* ‚Arm').

Rätsel

Das vietnamesische Wort für ‚Messer' ist *dao* und das für ‚Gabel' ist *dĩa*. Was glauben Sie ist die Bedeutung des Kompositums *dao dĩa*? Die Lösung finden Sie am Ende dieses Kapitels. 🕮[2]

Ein anderer Typ von komplexen Wörtern im Vietnamesischen, der meines Wissens im Deutschen nicht existiert, sind die *Dvandvas*. Dvandva bedeutet ‚Paar' im Sanskrit und wird zur Beschreibung dieses Worttypus benutzt, weil er im Sanskrit zu finden ist und zuerst von sanskritischen Grammatikern diskutiert und so bezeichnet wurde (siehe auch Abschnitt 13.1). Ein Beispiel von Dvandvas ist das Wort *bố mẹ* ‚Eltern', das aus *bố* ‚Vater' und *mẹ* ‚Mutter' besteht.

Also ist ein Dvandva, das aus einem Nomen N_1 und einem anderen Nomen N_2 besteht, als Oberbegriff zu N_1 und N_2 zu betrachten: *bố mẹ* ‚Eltern' ist der Oberbegriff zu *bố* ‚Vater' und *mẹ*

'Mutter'. Wichtig ist zu bemerken, dass deutsche Wörter wie *Hosenrock*, die sogenannten *Kopulativkomposita*, keine Dvandvas in diesem Sinne sind, obwohl sie in einigen linguistischen Lehrbüchern als solche bezeichnet werden. *Hosenrock* ist kein Oberbegriff zu *Hose* und *Rock*: *Hosenrock* trifft auf Entitäten zu, die eine Hose *und* ein Rock sind, während der Oberbegriff zu *Hose* und *Rock* aber auf Entitäten zutreffen würde, die eine Hose *oder* ein Rock sind, genauso wie *Eltern* auf Entitäten zutrifft, die ein Vater *oder* eine Mutter sind. Der Satz *Ich sehe keine Eltern* bedeutet ja ,ich sehe niemanden, der ein Vater *oder* eine Mutter ist'. Der Satz *Ich sehe keinen Hosenrock* bedeutet aber ,Ich sehe nichts, was eine Hose *und* ein Rock ist'. Es scheint also, dass Deutsch tatsächlich keine linguistischen Konstruktionen hat, die den vietnamesischen Dvandvas entsprechen.

Chinesische Wörter

Wir beenden diesen Abschnitt mit ein paar Worten über das Chinesische, das in Bezug auf die Wortstruktur mit dem Vietnamesischen fast identisch ist. Chinesisch ist auch eine monosilbische und isolierende Sprache: Jedes Morphem entspricht einer Silbe und kann als ein unabhängiges Wort auftreten, und Wörter flektieren nicht. Ich habe erwähnt, dass jedes chinesische Schriftzeichen ein Wort repräsentiert. Es ist eigentlich korrekter zu sagen, dass jedes chinesische Schriftzeichen ein Morphem repräsentiert, denn ein komplexes Wort, das aus zwei oder mehr Morphemen besteht, wird nicht durch ein Schriftzeichen repräsentiert, sondern durch eine Folge von Schriftzeichen, von denen jedes ein Morphem repräsentiert. Ein Beispiel ist das Wort 矛盾 (*máo dùn* ,Widerspruch'), das aus den Morphemen 矛 (*máo* ,Speer') und 盾 (*dùn* ,Schild') besteht.

Und wie Vietnamesisch hat auch Chinesisch Reduplikation und Dvandvas. Beispiele der ersteren sind 人 (*rén* ,Person') und 人人 (*rén rén* ,jede Person'), 小 (*xiǎo* ,klein') und 小小 (*xiǎoxiǎo* ,sehr klein'), 坐 (*zuò* ,sitzen') und 坐坐 (*zuò zuò* ,sitzen für eine Weile'). Dvandvas im Chinesischen sind zum Beispiel 父母 (*fù mǔ* ,Eltern'), aus 父 (*fù* ,Vater') und 母 (*mǔ* ,Mutter') bestehend, oder 兄弟 (*xiōng dì* ,Brüder'), aus 兄 (*xiōng* ,älterer Bruder') und 弟 (*dì* ,jüngerer Bruder'). Der offentsichtlichste Unterschied zwischen Vietnamesisch und Chinesisch in Bezug auf die Wortstruktur hat vielleicht mit der Köpfigkeit von Komposita zu tun: Chinesische Komposita sind kopffinal, genauso wie deutsche.

„Klassenkampf" und „Geschichtslehrer" auf Chinesisch

Das Wort für ,Klassenkampf' ist 阶级斗争 (*jiējídòuzhēng*), wobei 阶级 (*jiējí*) ,Klasse(n)' und 斗争 (*dòuzhēng*) ,Kampf' bedeuten. Ein anderes Beispiel ist das Wort für ,Geschichtslehrer', 历史教员 (*lìshǐ jiàoyuán*), in dem 历史 (*lìshǐ* ,Geschichte') vor 教员 (*jiàoyuán* ,Lehrer') steht. Der Leser mag sich daran erinnern, dass im Vietnamesischen genau die umgekehrte Reihenfolge gilt.

11.5 Sätze: Wortstellung im Vietnamesischen und Chinesischen

Wortstellung im Vietnamesischen

Sinh viên	*giỏi*	*phải*	*đọc*	*sách.*
Studenten	gute	müssen	lesen	Bücher

‚Gute Studenten müssen Bücher lesen.'

Die Kopfinitialität erstreckt sich im Vietnamesischen über die Wörter hin zu *Phrasen*. Was sind Phrasen? In den 1930er Jahren wurde entdeckt, dass die Wörter eines Satzes sich nicht einfach aneinanderreihen, sondern sich auch in abstrakte Einheiten gruppieren: Phrasen. Zur Illustration betrachten wir den Satz *Gute Studenten müssen Bücher lesen.* Ein Linguist würde Ihnen sagen, dass dieser Satz aus einer Nominalphrase, *gute Studenten*, einem Hilfsverb, *müssen*, und einer Verbalphrase, *Bücher lesen*, besteht. Der Grund für die Bezeichnungen „Nominalphrase" und „Verbalphrase" ist der, dass *gute Studenten* viele Gemeinsamkeiten mit Nomen und *Bücher lesen* viele Gemeinsamkeiten mit Verben haben. Was gibt der Phrase *gute Studenten* ihren nominalen Charakter? Klarerweise ist es das Nomen *Studenten.* Es ist auch klar, dass die Phrase *Bücher lesen* ihren verbalen Charakter von dem Verb *lesen* bekommt. Deswegen nennt man *Studenten* und *lesen* jeweils den Kopf dieser Phrasen. Wir können dann sehen, dass Nominal- und Verbalphrasen im Deutschen kopffinal sind. Genau das Gegenteil ist aber im Vietnamesischen zu beobachten, wie das Beispiel in der Randspalte oben zeigt.

Das Nomen *sinh viên* ‚Studenten' und das Verb *đọc* ‚lesen' stehen auf der linken Seite der Nominalphrase *sinh viên giỏi* ‚gute Studenten' und der Verbalphrase *đọc sách* ‚Bücher lesen' im Vietnamesischen, nicht auf der rechten Seite wie im Deutschen. Es ist argumentiert worden, dass dies für alle Phrasen im Vietnamesischen gilt, dass Vietnamesisch also konsequent kopfinitial ist. Dieses Argument zu diskutieren, würde den Rahmen dieses Kapitels sprengen.

Wortstellung im Chinesischen

Hǎo	*xuéshēng*	*děi*	*kàn*	*shū.*
gute	Studenten	müssen	lesen	Bücher

‚Gute Studenten müssen Bücher lesen.'

Die Köpfigkeit der Phrasen im Chinesischen ist etwas interessanter: Nominalphrasen sind kopffinal, Verbalphrasen aber kopfinitial, wie im Beispiel in der Randspalte gezeigt wird.

Außer dem Unterschied in der Köpfigkeit der Nominalphrase ähneln sich Vietnamesisch und Chinesisch in vielen Hinsichten in Bezug auf die Satzstruktur. Zum Beispiel sind beide Sprachen sogenannte *In-situ-Sprachen.* Der lateinische Begriff

„in situ" bedeutet ‚am Platz', und wird von Linguisten verwendet, um Sprachen zu beschreiben, in denen sich Frage- und Aussagesätze bezüglich der Wortreihenfolge nicht unterscheiden. Mit anderen Worten, In-situ-Sprachen sind Sprachen, in denen Wörter für *was, wer, wann* usw. – in der Fachsprache *W-Wörter* genannt – in Fragen „am Platz" bleiben. Diese Bezeichnung entstand aus der Beobachtung, dass Fragesätze in Sprachen wie Deutsch oder Englisch durch *W-Bewegung* geformt werden, das heißt Bewegung des W-Wortes aus seiner *Basisposition* an den Satzanfang. So entsteht die Frage *Was wird Hans lesen?* durch die Bewegung des W-Wortes aus der Objektposition, das heißt der Position von *Bücher* in *Hans wird Bücher lesen* in die satzinitiale Position. Vietnamesisch und Chinesisch hingegen sind In-situ-Sprachen, was bedeutet, dass in diesen Sprachen W-Wörter in Fragen nicht an den Satzanfang gerückt werden. Dies sieht man in den Fragen der Frage-Antwort-Paare in der Randspalte.

Frage- und Aussagesätze im Vietnamesischen und Chinesischen

Vietnamesisch:

(a) *Nó sẽ đọc gì?*
er wird lesen was
‚Was wird er lesen?'

(b) *Nó sẽ đọc sách.*
er wird lesen Bücher
‚Er wird Bücher lesen.'

Chinesisch:

(a) *Tā jiāng kàn shénme?*
er wird lesen was
‚Was wird er lesen?'

(b) *Tā jiāng kàn shū.*
er wird lesen Bücher
‚Er wird Bücher lesen.'

Sie mögen jetzt fragen, warum ich den Begriff „W-Wort" benutze statt des geläufigeren „Fragewort". Der Grund ist, dass W-Wörter mehr Zwecken dienen als nur der Bildung von Fragen. Im Deutschen beispielsweise kann ein W-Wort als ein *Quantor*, oder präziser als ein *Existenzquantor*, fungieren: Wir können den Satz *Ich habe was gesehen* verwenden, um die Bedeutung ‚Ich habe mindestens ein Ding gesehen' (d. h. ‚Für mindestens ein x gilt: Ich habe x gesehen') auszudrücken.

Zu bemerken ist, dass in diesem Gebrauch das W-Wort in situ bleibt. Es stellt sich nun heraus, dass W-Wörter im Vietnamesischen und im Chinesischen auch als Quantoren verwendet werden können, und zwar als *Allquantoren*, das heißt Ausdrücke, die *alles, alle* usw. bedeuten. Die Beispiele in der Randspalte zeigen dies. Lassen Sie uns das Wort *cũng* und das Wort *dou* als bedeutungsleere Funktionswörter (FW) betrachten.

Sätze mit Quantoren im Vietnamesischen und Chinesischen

Vietnamesisch:

Gì nó cũng đọc.
was er FW liest
‚Er liest alles.'

Chinesisch:

Tā shénme dōu kàn.
er was FW lesen
‚Er liest alles.'

Wir sehen, dass das W-Wort, wenn es als Allquantor verwendet wird, nicht in situ bleibt: Im Vietnamesischen bewegt es sich an die Position unmittelbar links von dem Subjekt, im Chinesischen bewegt es sich an die Position umittelbar rechts von dem Subjekt. Wir können also sagen, dass W-Bewegung in allen drei Sprachen (Deutsch, Vietnamesisch und Chinesisch) existiert. Der Unterschied zwischen Deutsch auf der einen und Vietnamesich/Chinesisch auf der anderen Seite ist, dass im Deutschen W-Bewegung zur Bildung von Fragesätzen, aber nicht quantifizierten Sätzen verwendet wird, während für Vietnamesisch und Chinesisch genau das Gegenteil gilt.

Eine andere prominente Eigenschaft des Vietnamesischen und des Chinesischen, die diese Sprachen von dem Deutschen unterscheidet, ist, dass Subjekte und Objekte ziemlich frei weglassbar sind. Wie man auf die Frage ‚Warum trinkst du keinen Tee?' antworten kann, wird in der Randspalte gezeigt. Um

Sätze ohne Subjekte und Objekte im Vietnamesischen und Chinesischen

Vietnamesisch:

(a) *Vì tôi không thích trà.*
weil ich nicht mag Tee
‚Weil ich Tee nicht mag.'

(b) *Vì không thích.*
weil nicht mag
‚Weil ich Tee nicht mag.'

Chinesisch:

(a) *Yīn wǒ bù ài chá.*
weil ich nicht mag Tee
‚Weil ich Tee nicht mag.'

(b) *Yīn bù ài.*
weil nicht mag
‚Weil ich Tee nicht mag.'

beispielsweise ‚Ich mag Tee nicht' auszudrücken, sagt man einfach nur die Negation und das Verb und lässt den Hörer die fehlenden Phrasen verstehen/ergänzen. Dies ist im Deutschen offensichtlich nicht möglich.

Schwierigkeiten für Deutschlerner: Wörter und Sätze

Die Flexion ist vielleicht eine der größten Schwierigkeiten, die Muttersprachler des Vietnamesischen und des Chinesischen mit der deutschen Grammatik haben. Sicherlich haben Sie schon einmal Fehler wie *ein große Buch* oder *ich sprechen Deutsch* gehört. Der Grund scheint in diesem Fall offensichtlich zu sein: Vietnamesisch und Chinesisch haben keine Flexion. Ist es nicht plausibel, sogar selbstverständlich, dass eine grammatische Eigenschaft schwer zu lernen ist, wenn sie in der Muttersprache des Lerners nicht vorkommt? Von einer positiven Antwort hält uns erstmals eine ziemlich merkwürdige Beobachtung ab: W-Bewegung – das heißt, dass das Fragewort am Anfang des Satzes steht, als ob das Element, nach dem gefragt wird, nach vorn bewegt worden sei – stellt kein Problem für vietnamesische und chinesische Deutschlerner dar. Ich bezweifle, dass Sie jemals einen Satz wie *Ich weiß Du wohnst wo* von einem Vietnamesen oder Chinesen hören werden, egal wie schlecht er Deutsch spricht. Warum hat er damit keine Schwierigkeiten, stolpert aber reglemäßig über die deutsche Flexion?

Hier ist eine mögliche Antwort. Nach jahrelanger Debatte sind sich Linguisten größtenteils einig, dass das, was wir hören, eigentlich nicht das ist, was wir interpretieren: Die Bedeutung wird von einer abstrakten Struktur abgelesen, die wir von dem, was wir hören, mithilfe grammatischer Regeln konstruieren. Diese abstrakte Struktur wird *logische Form* (kurz LF) genannt. Manchmal erlauben uns die grammatischen Regeln, aus einer Wortfolge mehrere LF zu konstruieren, das heißt zwei verschiedene Lesarten des Satzes abzuleiten. Der Wortfolge *Hans küsste das Mädchen im Auto* entsprechen zwei LF, von denen eine als ‚Hans küsste das sich im Auto befindende Mädchen' und die andere als ‚Hans küsste sich im Auto befindend das Mädchen' interpretiert wird. Von Belang sind hier zwei Hypothesen über LF, die von Forschern aufgestellt worden sind.

Die erste besagt, dass die Konstruktion von LF die Eliminierung von Flexionsmerkmalen involviert. Mit anderen Worten, wenn wir einen Satz wie *Ich hasse ihn* interpretieren, interpretieren wir *nicht* das Merkmal Nominativ am *ich*, Akkusativ am *ihn* oder 1. Person Singular am *hasse*. Dies bedeutet etwa, dass *Ich hasse ihn* und sein vietnamesisches Pendant, *Tôi ghét nó*, im Bezug auf ihre LF identisch sind, was auch intuitiv nachvollziehbar ist, denn wir haben das klare Gefühl, dass beide Sätze die gleiche Bedeutung ausdrücken. Die zweite Hypothese über LF besagt, dass W-Wörter in Fragen aller Sprachen satzinitial sind. Also wird die Struktur, die wir in unserem Kopf konstruieren – die wir interpretieren, wenn wir die Frage *Hans đọc gì* (wörtlich: ‚Hans lesen was') hören –, eine solche sein, in der sich das W-Wort *gì* am Satzanfang befindet, genauso wie das W-Wort *was* in *Was liest Hans?*. Was bedeuten nun diese Hypothesen im Kontext unserer Diskussion? Sie bedeuten, dass dem Vietnamesischen und Chinesischen Flexion zwar sowohl in der Aussprache als auch in der Interpretation fehlt, die W-Bewegung diesen Sprachen aber nur in der Aussprache fehlt. Falls diese Annahme stimmt, könnte sie der Ausgangspunkt einer Erklärung sein, warum Flexion, aber nicht W-Bewegung vietnamesischen und chinesischen Deutschlernern Schwierigkeiten bereitet.

11.6 Fragen der Bedeutung

Wir haben verschiedene Aspekte des Vietnamesischen und des Chinesischen in Bezug auf die Schrift (Graphematik), die Aussprache (Phonologie), die Wortbildung (Morphologie) und den Satzbau diskutiert. In diesem Abschnitt wenden wir uns einigen Merkmalen dieser Sprachen zu, die reflektieren, wie Ausdrücke interpretiert werden (Semantik) und wie Sprecher sie in verschiedenen Gesprächssituationen benutzen (Pragmatik). Lassen Sie uns mit der Tatsache beginnen, dass die meisten Nomen im Vietnamesischen ohne die Vermittlung eines sogenannten Klassifikators nicht direkt mit einem Numeral kombiniert werden können, wie in der Randspalte am Beispiel des Nomens *sách* ‚Buch' gezeigt. (In der Wort-für-Wort-Übersetzung wird für einen Klassifikator ein „K" angegeben.)

Klassifikatoren des Vietnamesischen

(a) **Tôi mua một sách.*
ich kaufe ein Buch

(b) *Tôi mua một quyển sách.*
ich kaufe ein K Buch
‚Ich kaufe ein Buch.'

Wir könnten sagen, das Wort *quyển* ermöglicht es dem Wort *sách*, zählbar zu werden. Zu bemerken ist, dass *quyển* diese Arbeit auch für etliche andere Wörter leistet (z. B. *vở* ‚Heft', *tạp chí* ‚Zeitschrift' und *hộ chiếu* ‚Pass'). Also heißt ‚ein Heft' *một quyển vở*, ‚eine Zeitschrift' *một quyển tạp chí* usw. Das, was diese Wörter miteinander und mit *sách* ‚Buch' gemeinsam haben, ist, dass sie Dinge bezeichnen, die Seiten haben. In gewisser Weise deutet *quyển* eine Bedeutungsklasse an, und dies ist der Grund, warum man es einen Klassifikator nennt. Ein anderer Klassifikator, den wir in Abschnitt 11.4 kennen gelernt haben, ist *cuộc*.

Weitere Klassifikatoren des Vietnamesischen

Der Leser mag sich daran erinnern, dass *đấu tranh* ‚Kampf' mit *cuộc* kombiniert werden muss, damit es zählbar wird.

(a) **Đó là một đấu tranh.*
das ist ein Kampf

(b) *Đó là một cuộc đấu tranh.*
das ist ein K Kampf

Zu den Wörtern, die *cuộc* zum Klassifikator haben, sind *chiến tranh* ‚Krieg', *thi* ‚Prüfung', *chơi* ‚Spiel', und *đời* ‚Leben' hinzuzuzählen: ‚ein Krieg' heißt *một cuộc chiến tranh*, ‚eine Prüfung' *một cuộc thi*, ‚ein Spiel' *một cuộc chơi* und ‚ein Leben' *một cuộc đời*. Es ist mir aber nicht klar, ob *chiến tranh* ‚Krieg', *đấu tranh* ‚Kampf', *thi* ‚Prüfung' und *đời* ‚Leben' eine kohärente Bedeutungsklasse ausmachen. Vielleicht können wir sagen, dass sie Vorgänge sind, die einen Anfang und ein Ende haben. Aber dies klingt zu vage, und es gibt Wörter, die auch einen solchen Vorgang bezeichnen, die aber *cuộc* nicht zum Klassifikator haben (z. B. *ngủ* ‚Schlaf': ‚ein Schlaf' heißt *một giấc ngủ*, nicht *một cuộc ngủ*). Die Tatsache ist, dass wir aus der Bedeutung eines Nomens nicht ableiten können, was sein Klassifikator ist.

Was ist der Unterschied zwischen dem deutschen Nomen *Buch* und seinem vietnamesischen Gegenstück, *sách*, sodass das Erstere direkt mit einem Numeral kombiniert werden kann, das Letztere aber nicht? Ein Erklärungsansatz geht von der Beobachtung aus, dass es auch im Deutschen Wörter gibt, die nicht direkt mit einem Numeral kombiniert werden können, z. B. *Gepäck* oder *Möbel*. Man sagt nicht **ein Gepäck* oder **ein Möbel*, sondern *ein Gepäckstück* und *ein Möbelstück*. Die Rolle des Wortes *Stück* in diesen Fällen ähnelt der eines Klassi-

Andere Beispiele

Der Klassifikator für Tiere wie *chó* ‚Hund' oder *mèo* ‚Katze' ist *con*, aber *con* ist auch der Klassifikator für *thuyền* ‚Schiff' und *dao* ‚Messer'. Also müssen Lerner des Vietnamesischen für jedes Nomen im Grunde genommen auswendig lernen, welcher Klassifikator mit ihm zusammengeht, fast wie Lerner des Deutschen die Genera (Maskulinum, Femininum, Neutrum) der Nomen auswendig lernen müssen.

fikators: Es macht das Nomen zählbar. Dass *Gepäck* und *Möbel* nicht zählbar sind, wurde auf die Tatsache zurückgeführt, dass diese Nomen „numerusneutral" sind: Sie gelten sowohl für individuelle Dinge als auch für eine Menge von Dingen. Ich kann auf einen einzigen Tisch zeigen und *Das ist mein Möbel* sagen oder auf zwei Tische zeigen und *Das sind meine Möbel* sagen. Das Gleiche gilt für *Gepäck*: Der Satz *Ich habe Gepäck* ist wahr, wenn ich einen einzigen Koffer habe, aber auch wenn ich zwei Koffer habe. Aber ein Nomen wie *Buch* ist nicht numerusneutral: Wenn ich nur ein einziges Buch habe und sage *Ich habe Bücher*, bin ich nicht ehrlich. Nun stellt sich heraus, dass das vietnamesische Gegenstück von *Buch*, nämlich *sách*, sich eher wie *Möbel* verhält: Ich kann *Tôi có sách* (wörtlich: ‚Ich habe Buch') sagen, wenn ich ein einziges Buch habe, aber auch wenn ich mehrere Bücher habe.

Das vietnamesische Nomen *sách* ‚Buch' ist also genauso numerusneutral wie die deutschen Nomen *Gepäck* und *Möbel*, und genauso wie *Gepäck* und *Möbel* kann *sách* nicht ohne einen Klassifkator mit einem Numeral kombiniert werden. Der Unterschied zwischen Vietnamesisch und Deutsch besteht deshalb darin, dass das Erstere viel mehr numerusneutrale Nomen hat als das Letztere.

Klassifikatoren des Chinesischen

(a) **wǒ yǒu yī shū*
ich habe ein Buch

(b) *wǒ yǒu yī běn shū*
ich habe ein K Buch

Das Chinesische ist in dieser Hinsicht dem Vietnamesischen ganz ähnlich. Die meisten Nomen im Chinesischen brauchen einen Klassifikator, um zählbar zu werden, wie in der Randspalte gezeigt.

Und genauso wie sein vietnamesisches Gegenstück ist auch *shū* numerusneutral: *wǒ yǒu shū* (wörtlich: ‚Ich habe Buch') ist wahr, wenn ich ein einziges Buch habe, aber auch wenn ich mehrere Bücher habe.

„Das Buch" auf Vietnamesisch und Chinesisch

Vietnamesisch:

Tôi mua quyển sách.
ich kaufe K Buch
‚Ich kaufe das Buch.'

Chinesisch:

Wǒ mǎi shū.
ich kaufe Buch
‚Ich kaufe das Buch.'

Aber es gibt interessante Unterschiede zwischen Vietnamesisch und Chinesisch. Im Vietnamesischen wird die Bedeutung von ‚das Buch' mit *quyển sách*, das heißt mit einer Klassifikator-Nomen-Kombination, ausgedrückt, im Chinesischen dagegen lediglich mit *shū*, dem Nomen (siehe die Beispiele in der Randspalte).

Wenden wir uns jetzt einer kurzen Diskussion der Pronomen zu. Die Übersicht in der Randspalte zeigt die Pronomen im Chinesischen.

Pronomen im Chinesischen

	Singular	Plural
1. Person (Sprecher)	*wǒ*	*wǒ men/ zán men*
2. Person (Hörer)	*nǐ*	*nǐ men*
3. Person (Anderer)	*tā*	*tā men*

So wie die deutschen Pronomen gliedern sich die chinesischen in drei Personen sowie Singular und Plural. Aber es gibt einige bemerkenswerte Unterschiede. Erstens ist Pluralität ganz transparent durch ein unabhängiges Morphem, *men*, angezeigt. Zweitens gibt es zwei Wörter für ‚wir', *wǒ men* und *zán men*. Der Grund dafür ist, dass Chinesisch zwischen ***inklusivem*** und ***exklusivem*** ‚wir' unterscheidet: *wǒ men* ist exklusiv, was bedeutet, dass es sich auf eine Gruppe bezieht, die den Sprecher, aber nicht den Hörer einschließt. Stellen Sie sich vor, Peter sagt zu Maria, dass er und Hans nach Berlin fahren werden, und zwar mit dem Satz *Wir werden nach Berlin fahren*. Das Wort *wir* in diesem Fall muss als *wǒ men* übersetzt werden; *zán men* hingegen ist inklusiv, was bedeutet, dass es den Hörer mit einschließt. Also wenn das Wort *wir* in Peters Satz als *zán men* übersetzt wird, wird es so verstanden, dass Peter zu Hans und Maria sagt, dass sie alle drei nach Berlin fahren werden. Ein dritter Unterschied zwischen Chinesisch und Deutsch ist, dass es im Chinesischen keine Genusunterscheidung in der 3. Person gibt: ‚Er', ‚sie' und ‚es' werden alle durch ein und dasselbe Pronomen, *tā*, ausgedrückt. Es muss aber bemerkt werden, dass Chinesisch doch eine (künstliche) Unterscheidung in der Schrift macht: 他 ist das Zeichen für ‚er', 她 das Zeichen für ‚sie' und 它 das Zeichen für ‚es', obwohl alle drei dieselbe Aussprache haben, nämlich *tā*.

Nun hat Vietnamesisch ein Pronomensystem, das dem chinesischen sehr ähnlich ist. Dieses ist in der Übersicht in der Randspalte dargestellt. Pluralität wird ebenfalls transparent durch ein unabhängiges Morphem ausgedrückt, in diesem Falle *chúng*. Es gibt auch eine Unterscheidung zwischen inklusivem ‚wir' (*chúng ta*) und exklusivem ‚wir' (*chúng tôi*). Das Besondere an diesem Pronomensystem ist, dass sein Gebrauch äußerst begrenzt ist. Die Vietnamesen benutzen diese Pronomen nur dann, wenn sie mit sehr engen Freunden der gleichen Generation sprechen. In Gesprächen mit Fremden auf der Straße benutzen sie ein anderes Pronomensystem und in Gesprächen mit Familienmitgliedern wiederum ein anderes.

Pronomen im Vietnamesischen

	Singular	Plural
1. Person	*tôi*	*chúng tôi/ chúng ta*
2. Person	*mày*	*chúng mày*
3. Person	*nó*	*chúng nó*

Ein „Vater-Sohn-Gespräch" auf Vietnamesisch

Vater: *Bố muốn con giúp bố*
ich will Du helfen ich
‚Ich will, dass Du mir hilfst.'

Sohn: *Vâng. Con sẽ giúp bố.*
Ja. Ich wird helfen Du
‚Ja. Ich werde Dir helfen.'

Eine detaillierte Diskussion aller dieser Pronomensysteme würde zu weit führen. Deshalb werde ich nur kurz einen kleinen Teil des Pronomensystems beschreiben, das unter Familienmitgliedern verwendet wird, um zu illustrieren, wie anders es sein kann im Vergleich mit dem vietnamesischen Pronomensystem unter engen Freunden. Stellen Sie sich nun vor, ein

Das Pronomensystem für „Vater-Sohn-Gespräche" auf Vietnamesisch

	Der Sprecher ist der Vater	Der Sprecher ist der Sohn
1. Person	*bố*	*con*
2. Person	*con*	*bố*

Vater sagt zu seinem Sohn, dass dieser ihm helfen soll. Ihr Gespräch, wenn sie Vietnamesisch sprechen, könnte so wie in der Randspalte auf der vorherigen Seite sein.

Wir sehen, dass das Wort für ‚ich' *bố* und das für ‚du' *con* ist, wenn der Sprecher der Vater ist. Wenn der Sprecher der Sohn ist, gilt das Umgekehrte. Die Form des Pronomens ändert sich also entsprechend der sozialen Funktion des Sprechers. Siehe die Übersicht am Rand.

Eine Beobachtung

Ein ähnliches Phänomen besteht auch im Deutschen, mit dem Unterschied, dass im Deutschen die Form des Pronomens sich entsprechend der grammatischen Funktion des Sprechers ändert: Das Pronomen in der 1. Person Singular ist *ich*, wenn der Sprecher das Subjekt ist, *mich* wenn der Sprecher das direkte Objekt ist usw.

Dem Leser muss aufgefallen sein, dass die vier Pronomen in der Übersicht in der Randspalte nur zwei verschiedene Wörtern sind, nämlich *bố* und *con*, denn *bố* ist gleichzeitig das Nomen für ‚Vater' und *con* das Nomen für ‚Kind'. In einem Gespräch zwischen Vater und Sohn oder Tochter bezeichnet sich der Vater dann als ‚Vater' und sein Kind als ‚Kind' , das Kind wiederum bezeichnet sich als ‚Kind' und den Vater als ‚Vater'. In der Tat gilt das Gleiche in Gesprächen zwischen einer Mutter und ihrem Kind, zwischen einem Onkel und seinem Neffen usw. Wir sehen, dass das Pronomensystem, das unter Mitgliedern der eigenen Familie benutzt wird, sich sehr von dem Pronomensystem, das unter engen Freunden verwendet wird, unterscheidet.

Lösungen

📖[1]
Das Wort *giai cấp đấu tranh* bedeutet ‚kämpfende Klasse'.

📖[2]
Das Wort *dao dĩa* bedeutet ‚Besteck'.

📖[3]
Huizi könnte Zhuangzi Folgendes sagen: „Du hast gefragt, woher ich weiß, dass Du nicht weißt, dass die Fische sich freuen. Diese Frage kannst Du aber nur stellen, wenn Du weißt, dass Du nicht weißt, dass die Fische sich freuen."

Quellen und weiterführende Literatur

Die Diskussion um die Herkunft des Vietnamesischen und Chinesischen und den Einfluss des Chinesischen auf den vietnamesischen Wortschatz basiert auf Alves (1999; 2005; 2006). Die Information in Abschnitt 11.2, dass *Việt Nam* erst im Jahre 1945 vom Kaiser Bảo Đại zum offiziellen Namen des Landes erklärt wurde, kommt aus Vu (1986). Die Ausführungen zur vietnamesischen Schrift in Abschnitt 11.3 beruhen unter anderem auf Đào (1975) und Nguyễn (1985). Die Informationen zum Rhodes' Wörterbuch basieren auf Phan (1998) und Bangert (1972). Die Ausführungen zur chinesischen Schrift und zum Lautsystem des Chinesischen beruhen hauptsächlich auf den Wikipedia-Einträgen zu „Standard Chinese phonology" und „Chinese character" (Zugriff jeweils am 23. 11. 2012).

Die Diskussion über Dvandvas und Kopulativkomposita basiert auf Altmann und Kemmerling (2000). Die Diskussion über die logische Form in Abschnitt 11.5 basiert auf Huang (1982) und Chomsky (1995). Die Diskussion über Klassifikatoren in Abschnitt 11.6. basiert unter anderem auf Chierchia (1998) sowie Cheng und Sybesma (1999).

Literatur

Altmann H, Kemmerling S (2000) Wortbildung fürs Examen. Westdeutscher Verlag, Opladen

Alves M (1999) What's so Chinese about Vietnamese. In Thurgood, G (Hrsg) Papers from the Ninth Annual Meeting of the Southeast Asian Linguistic Society. 221–242

Alves M (2005) Sino-Vietnamese grammatical vocabulary and triggers for grammaticalization. The 6th Pan-Asiatic International Symposium on Linguistics: Social Sciences Publishing House, Hanoi. 315–332

Alves M (2006) Linguistic research on the origins of the Vietnamese language: An overview. *Journal of Vietnamese Studies* 1: 104–130

Bangert WV (1972) A history of the society of Jesus. Institute of Jesuit Sources, St. Louis

Cheng LS, Sybesma R (1999) Bare and not-so-bare nouns and the structure of NP. *Linguistic Inquiry* 30: 509–542

Chierchia G (1998) Reference to kinds across languages. *Natural Language Semantics* 6: 339–405

Chomsky N (1995) The minimalist program. MIT Press, Cambridge

Đào DA (1975) Chữ Nôm: Nguồn gốc – Cấu tạo – Diễn biến. Nxb Khoa học Xã hội, Hà Nội

Huang JC (1982) Logical relations in Chinese and the theory of grammar. Dissertation, MIT

Nguyễn ĐH (1961) The Vietnamese language. Vietnam Culture Series 2. Saigon Department of National Education

Zhuangzi und die Freude der Fische

Zhuangzi war ein chinesischer Philosoph, der um 365 v. Chr. lebte. Eines Tages, so wird erzählt, ging er mit dem Sophisten Huizi am Ufer eines Flusses spazieren. Zhuangzi sprach: „Die Fische schwimmen gemächlich hin und her. Sie freuen sich!" Huizi sprach: „Du bist nicht die Fische. Woher weißt Du, dass sie sich freuen?" Zhuangzi sprach: „Du bist nicht ich. Woher weißt Du, dass ich das nicht weiß." Huizi sprach: „Das weiß ich nicht, denn ich bin nicht Du. Aber dass die Fische sich freuen, weißt Du auch nicht, denn Du bist nicht sie." Zhuangzi sprach: „Betrachten wir die erste Frage: Woher weiß ich, dass die Fische sich freuen. Diese Frage kannst Du nur stellen, wenn Du weißt, dass ich weiß, dass die Fische sich freuen. Und das hier sage ich: Ich weiß, dass die Fische sich freuen, weil ich am Ufer des Flusses stehe."

Viele Sätze der natürlichen Sprache setzen bestimmte Wahrheiten voraus. Zum Beispiel setzen sowohl der Aussagessatz *Hans weiß, dass Peter raucht* als auch der Fragesatz *Warum raucht Peter?* voraus, dass Peter raucht. Linguisten sagen, dass diese Sätze die *Präsupposition* haben, dass Peter raucht. Nun kann die Frage, woher Zhuangzi weiß, dass die Fische sich freuen, schon so verstanden werden, dass sie die Präsupposition hat, dass Zhuangzi weiß, dass die Fische sich freuen. Was hier infrage gestellt wird, ist also nur, *wie* Zhuangzi etwas weiß, nicht *ob* er es weiß. An dieser Analyse der Frage von Huizi hält Zhuangzi fest, um die Position seines Kontrahenten als absurd darzustellen: Huizi setzt mit seiner Frage etwas voraus, negiert es aber selbst in der darauffolgenden Behauptung. Zu bemerken ist, dass es etliche englische und deutsche Übersetzungen dieser Erzählung gibt, in denen das oben geschilderte Argument, das im chinesischen Original und in der vietnamesischen Übersetzung klar zu erkennen ist, verloren geht.

Ein kleines Rätsel

Eigentlich kann Huizi die Position von Zhuangzi auch als absurd darstellen. Überlegen Sie, wie. Die Lösung finden Sie zwei Seiten weiter vorne in diesem Kapitel. 🕮[3]

Nguyễn TC (1985) Một số vấn đề về chữ Nôm. Nxb Đại học và Trung học Chuyên nghiệp, Hà Nội

Phan HL, Hà VT, Lương N (1991) Lịch sử Việt Nam. Tập 1. NXB Đại học và Giáo dục Chuyên nghiệp

Phan PC (1998) Mission and catechesis: Alexandre de Rhodes and inculturation in seventeenth-century Vietnam. Orbis Books, Maryknoll

Vu NC (1986) The other side of the 1945 Vietnamese revolution: The Empire of Viet-Nam. *Journal of Asian Studies* 45: 293–328

Ich danke Zhang Min für ihre großartige Hilfe mit den chinesischen Daten.

12 Das Japanische und das Koreanische

Uli Sauerland und Kazuko Yatsushiro

12.1 Einleitung

Japanische und koreanische Touristen sind vielen Deutschen ein vertrauter Anblick. Über die Kulturen und Sprachen dieser Region wissen viele jedoch nur wenig. Die Kultur in Japan und in Korea hat sich bis vor weniger als zwei Jahrhunderten weitgehend unabhängig von den europäischen Kulturen entwickelt. Viele in Deutschland haben schon mal den Stil klassischer japanischer Malerei gesehen, wie in dem Bild in der Randspalte. Dieses Bild stammt aus der Edo-Zeit (1603–1868) vor der Öffnung zum Westen hin. In jener Zeit hieß Tokio noch Edo. Seither haben die Japaner und Koreaner gelernt, mit dem Westen zu interagieren und Errungenschaften der westlichen Kultur und Technik aufzugreifen und weiterzuentwickeln, ohne ihre eigenen kulturellen Wurzeln aufzugeben. Wir im Westen finden unsererseits immer wieder Gefallen an Dingen, die aus dem Fernen Osten kommen – seien es Sushi aus Japan oder das Kimchi aus Korea, die Kampfsportarten Judo und Taekwondo oder Mangas, Tamagochis oder Pokemons.

Die Sprachen Japanisch und Koreanisch faszinieren uns zunächst wegen der fremdartig erscheinenden Zeichen. Häufig sieht man Deutsche, die T-Shirts oder gar Tätowierungen mit den fremden, mysteriösen Zeichen tragen. Manchmal stehen die Zeichen allerdings in Spiegelschrift oder sogar auf dem Kopf – Touristen aus dem Fernen Osten lächeln da höflich. Tatsächlich sind die koreanische und japanische Schrift völlig verschieden, und die koreanische ist unserer so ähnlich, dass Sie sie in 30 Minuten lernen können. Die japanische Schrift dagegen haben selbst Japaner erst im Alter von 15 Jahren vollständig gelernt.

Die große Welle vor Kanagawa wurde ca. 1829–1832 von Katsushika Hokusai gemalt.

Kulturelle Bezüge

Wir Deutsche verdanken Korea und Japan viele kulturelle Bereicherungen. Taekwando, das scharfe Kimchi und auch der Elektronikkonzern Samsung kommen aus Korea. Und das älteste bekannte Buch, der buddhistische religiöse Text *Jikji*, wurde 1377 (also 78 Jahre vor Gutenbergs Bibel) mit beweglichen Metallbuchstaben in Korea gedruckt. Die japanische Kultur fasziniert schon viele Kinder mit Nintendos, Gameboy und Pokemon, Manga-Comics und Yugioh-Karten. Viele Deutsche essen Sushi und Tofu oder trinken Sencha-Tee. Und auch viele japanische Unternehmen wie Toyota, Sony und Canon sind in Deutschland erfolgreich. Selbst die populäre Zeichentrickserie *Heidi* wurde schon in den 1970er Jahren unter der Leitung von Isao Takahata in Japan produziert und ist wahrscheinlich unter Kindern heute bekannter als das Buch von Johanna Spyri.

12.2 Allgemeines zur japanischen und zur koreanischen Sprache

Bekannte Persönlichkeiten: Politik, Literatur und Film

Aus Japan und Südkorea stammen auch etliche in Deutschland bekannte Persönlichkeiten in den unterschiedlichsten Bereichen. Der gegenwärtige UN-Generalsekretär, der Koreaner Ban Ki-moon, ist wahrscheinlich der bekannteste unter den koreanischen Politikern. In der gegenwärtigen Weltliteratur ist der Japaner Haruki Murakami mit seinen surrealistischen Erzählungen einer der bekanntesten Autoren und mit über 20 deutschen Übersetzungen auch in Deutschland sehr präsent. Der japanische Schauspieler Ken Watanabe hat auch in einigen Hollywood-Filmen wie *Batman* und an der Seite von Tom Cruise in *Last Samurai* gespielt. Der 1998 verstorbene Regisseur Akira Kurosawa hat das Genre der Samurai-Filme auch in Deutschland bekannt gemacht. Und wenn wir gerade von Filmen sprechen: Das größte Monster aus dem Fernen Osten bleibt wohl Godzilla – die fiktive und etwa 100 Meter große Riesenechse aus Japan, die schon in über 30 Filmen und mindestens einer Fernsehserie Hauptfigur war.

Das Japanische hat heute etwa 120 Millionen Sprecher, vor allem natürlich in Japan. Das Koreanische hat insgesamt etwa 80 Millionen Sprecher, und fast zwei Drittel davon leben in Südkorea, etwa ein Drittel in Nordkorea. In Nord- und Südkorea wird die gleiche Sprache gesprochen, auch wenn es, wie zwischen BRD und DDR zu Zeiten der deutschen Teilung, leichte Unterschiede gibt. Insbesondere werden in Südkorea viele Lehnwörter aus dem Englischen verwendet, die im Norden unbekannt sind.

Japanisch und Koreanisch in einem Kapitel zu betrachten, ist wegen der kulturellen Ähnlichkeiten zwischen den beiden Ländern sinnvoll. Ob die beiden Sprachen aber im sprachwissenschaftlichen Sinne verwandt sind, wird seit Langem diskutiert. Im linguistischen Sinne gelten zwei Sprachen nur dann als verwandt, wenn es eine gemeinsame Vorgängersprache (Protosprache) gab, aus der sich beide Sprachen entwickelt haben. Für Japanisch und Koreanisch wird eine gemeinsame Herkunft von der protoaltaischen Sprache postuliert, von der zum Beispiel auch Mongolisch und Türkisch abstammen. Aber es ist schwierig, genau zu sagen, ob Ähnlichkeiten zwischen Japanisch und Koreanisch auf eine gemeinsame Vorgängersprache hinweisen oder durch die gegenseitige Beeinflussung entstanden sind. Das liegt zum einen daran, dass Korea und Japan eine sehr lange Geschichte engen Kontakts und Konflikts haben. Beispielsweise war Korea von 1905 bis 1945 von Japan besetzt. Zum anderen stehen beide Länder traditionell stark unter chinesischem Einfluss und haben beispielsweise den Reisanbau, den Buddhismus und auch die Schrift aus China übernommen. Die chinesische Sprache ist aber sehr deutlich von Koreanisch und Japanisch verschieden, also kann hier eine Verwandtschaft ausgeschlossen werden.

Verglichen mit dem kulturellen Einfluss ist die Zahl der in Deutschland lebenden Japaner und Koreaner mit ungefähr 53 000 recht klein – das entspricht nicht einmal einem Prozent der in Deutschland lebenden Ausländer. Davon sind etwas über 6 000 im Alter zwischen fünf und 20 Jahren. Außerdem gibt es eine recht große Gruppe eingebürgerter, aus Korea stammender Deutscher.

Nennenswerte Immigration aus Südkorea nach Deutschland fand von 1963 bis 1977 statt. Damals wurden koreanische Männer für den Kohlebergbau und Frauen als Krankenschwestern nach Deutschland angeworben. Insgesamt 18 000 Koreaner sind in dieser Zeit nach Deutschland gekommen, und ungefähr die Hälfte von ihnen hat sich schließlich hier niedergelassen. Viele haben inzwischen die deutsche Staatsbürgerschaft angenommen und bilden die Gruppe der am besten integrierten Einwanderer in Deutschland mit über 70 Prozent Abiturquote in der zweiten Generation.

Die Herkunft der deutschen Ländernamen *Japan* und *Korea* und der daraus abgeleiteten Namen für die Sprachen zeigt jeweils etwas über die interessante Geschichte beider Völker. Keiner dieser Namen wird in den so bezeichneten Ländern selbst verwendet: In Japan lautet der Landesname *Nippon* oder *Nihon*, in Südkorea wird *Hanguk* als Landesname für die gesamte Halbinsel verwendet und in Nordkorea *Choseon*. Der Name *Japan* geht auf den chinesischen Namen für Japan zurück, denn die ersten Kontakte vor Europäern mit Japan fanden über China statt. Schon Marco Polo verwendete den Namen *Cipangu*, bei dem eine Ähnlichkeit zu *Japan* erkennbar ist. Die Aussprache *Japan* kam später aus einem anderen chinesischen Dialekt über das Portugiesische ins Deutsche.

Die Namen *Nippon* und *Nihon* haben die Bedeutung ‚aufgehende Sonne'. Japan sieht sich selbst auch als „Land der aufgehenden Sonne" oder Orient (vom lateinischen *orior* ‚aufgehen'). Von diesen zwei Wörtern ist *Nippon* sehr formell, während *Nihon* die übliche Bezeichnung des Landes in Japan selbst ist. Der Name *Korea* geht auf das Königsgeschlecht der Goryeo zurück, die Korea von 918 bis 1392 regiert haben. Marco Polo und andere Händler haben von dem „Land der Goryeos" gesprochen, was dann zu dem heutigen Namen *Korea* geworden ist. Die nordkoreanische Bezeichnung *Choseon* geht auf *Joseon* zurück, den Namen eines Königreiches im Norden der koreanischen Halbinsel vor ungefähr 4 000 Jahren. Dieser wurde von 1392 bis 1897 als Bezeichnung für das damals geeinte Königreich Korea verwendet. Das südkoreanische *Hanguk* geht hingegen auf den Begriff *Han* (Anführer) zurück. *Han* wurde dann als Name für das gesamte Volk verbreitet und bereits als Teil des Landesnamens von 1897 bis zur japanischen Eroberung 1905 verwendet.

Auch für uns germanische Alemannen (engl. *Germany* und frz. *Allemagne*) aus Deutschland ist das ganz schön kompliziert. Da verwundert es nicht, dass auch der Name für *Deutschland* in Korea und Japan erläutert werden muss. Im Japanischen ist der Landesname *Doitsu*, also die Anpassung des Wortes *deutsch* an die japanische Sprache (mehr zu diesem Thema im folgenden Abschnitt). Heutzutage wird *Doitsu* in Japan mit einer der Silbenschriften, dem Katakana, geschrieben, also als ドイツ. Aber vor 100 Jahren wurde *Doitsu* noch in chinesischen Zeichen als 独逸 geschrieben. Die Koreaner haben aber den Landesnamen *Doitsu* aus dem Japanischen als chinesische Zeichen, also 独逸, übernommen. Dieses Zeichen wurde dann mit

Bekannte Persönlichkeiten: Musik und Sport

In der klassischen Musik gibt es eine Reihe bekannter Japaner, wie die Geigerin Midori (Nachname: Goto) und den Dirigenten Seiji Ozawa sowie die japanisch-deutsche Klavierspielerin Alice Sara Ott aus München. Auch koreanische Popmusiker sind zurzeit weltweit erfolgreich. Rain (Jung Ji-hoon) ist international bekannt, und Psy (Park Jae-sang) landete mit dem Hit *Gangnam Style* einen weltweiten Riesenerfolg. Der koreanische Fußballer Cha Bum-kun feierte in den 1980er Jahren bei Frankfurt und Leverkusen Erfolge und wurde 1999 zu Asiens Spieler des Jahrhunderts gewählt. Unter den gegenwärtig aktiven Sportassen aus dem Fernen Osten sind vielleicht die koreanische Eiskunstläuferin und Goldmedaillengewinnerin Kim Yu-na sowie einige japanische Fußballspieler wie Shinji Kagawa (bis 2012 bei Borussia Dortmund) am bekanntesten.

Bekannte Persönlichkeiten: Nordkorea

Aus dem armen und abgeriegelten Nordkorea kennt man in Deutschland allenfalls den inzwischen verstorbenen Staatsführer Kim Jong-il, vor allem seit dem erfolgreichen Atombombentest Nordkoreas 2006. Sein Sohn Kim Jong-un hat inzwischen die Staatsführerschaft übernommen. Wie Sie sehen, haben wir die koreanische Schreibung der Namen übernommen, die zuerst den Familien- und dann den Vornamen nennt. Im Japanischen ist das genauso, aber es ist üblich, japanische Namen im Deutschen mit dem Familiennamen an zweiter Stelle zu schreiben, wie wir das hier auch machen.

der koreanischen Aussprache versehen. Daher wird *Deutschland* in Korea *Dogil* genannt.

12.3 Schrift und Aussprache

Falls Sie einmal nach Korea reisen, sollten Sie auf jeden Fall die Hangul-Schrift erlernen – Sie schaffen das in ein bis zwei Stunden im Flugzeug. Übrigens ist der 9. Oktober ein öffentlicher Feiertag in Südkorea: der Tag des Alphabets.

Koreaner sind zu Recht stolz auf ihre Schrift *Hangul*. Sie wurde von König Sejong dem Großen in Auftrag gegeben und am 9. Oktober 1446 veröffentlicht, also vor über 560 Jahren. Bis zu diesem Tag wurde in Korea mit chinesischen Zeichen geschrieben. Sejong erkannte aber, dass sich diese für Koreanisch wenig eigneten und außerdem sehr schwer zu erlernen waren, da die chinesische Schrift überwiegend für ein Wort jeweils ein komplexes Zeichen verwendet (also, in linguistischer Terminologie, *logografisch* ist), was Hunderte komplexer Zeichen und jahrelange Übung erfordert (Näheres hierzu im Folgenden; siehe auch Kapitel 11). Ziel der neuen Schrift war es also, sie für die Massen zu öffnen, und im Gegensatz zu manch anderem Regierungsprojekt wurde dieses Ziel voll erreicht. Allerdings hat es über 500 Jahre gedauert. Aber heute werden chinesische Zeichen in beiden Teilen Koreas kaum noch verwendet – in Nordkorea sind sie sogar verboten. Und die Hangul-Schrift ist tatsächlich sehr einfach zu erlernen.

Was ist das Außergewöhnliche an der Hangul-Schrift? Sejong wollte eine Schrift, die nicht wie die chinesische oder die Hieroglyphen jedem Wort ein neues Zeichen zuordnet. Die Erfinder des Hangul, die leider unbekannt geblieben sind, haben sich nicht damit zufrieden gegeben, Sejongs Forderung nur minimal zu erfüllen. Denn minimal hätte die Anforderung eine Schrift erfüllt, die einzelnen Silben jeweils ein Zeichen zuordnet, wie die Silbenschriften im Japanischen, zu denen wir später noch kommen, oder eine Schrift wie die lateinische, die einzelnen Lauten jeweils ein Zeichen zuordnet. Tatsächlich sind die Schöpfer des Hangul so weit gegangen, eine Schrift zu entwerfen, die einzelnen Eigenschaften eines Lautes jeweils ein Zeichen zuordnet. So basiert das koreanische Alphabet auf nur neun Grundzeichen. Für die fünf Grundkonsonanten sind die Zeichen ㄱ *g*, ㄴ *n*, ㅁ *m*, ㅅ *s* und ㅇ, das hinter einem Vokal als *ng* (wie in Samsung) und vor einem Vokal gar nicht ausgesprochen wird. Für die Vokale sind die vier Grundzeichen ein langer Strich entweder horizontal oder vertikal und ein kurzer Querstrich entweder vor oder nach dem langen Strich. Dadurch ergeben sich folgende sechs Vokale: ㅗ *o*, ㅜ *u*, ㅡ *eu*, ㅏ *a*, ㅓ *eo* und ㅣ *i*.

Zu den Grundzeichen gibt es noch drei Regeln, um weitere Grundzeichen zu bilden: (1) Bei den Konsonanten zeigt die Verdoppelung oder Verdreifachung des Zeichens jeweils eine zunehmende Verstärkung des Konsonanten an, wie etwa von ㅁ *m* zu ㅂ *b* und ㅍ *p* und ebenso von ㄴ *n* zu ㄷ *d* und ㅌ *t*. Die Natur der Verstärkung und, wie sie genau geschrieben wird, hängen allerdings vom Einzelfall ab, was bei dem Zeichen für *p* deutlich wird, was als Verstärkung von *m* gesehen wird. Die Verstärkung des lautlosen ㅇ zu ㅎ ergibt übrigens den *h*-Laut. (2) Bei den Vokalen zeigt die Verdoppelung des kleinen Striches an, dass ein kurzer *i*-Laut eingefügt wird. So wird zum Beispiel aus ㅗ *o* der Laut ㅛ *yo*. Ausgesprochen wird der Laut wie bei *Trio* im Deutschen. (3) Schließlich gibt es als Besonderheit noch den Konsonanten ㄹ *r/l*, der als dem ㄴ *n* ähnlich empfunden wird, wobei aber die Zunge seitlich anders steht.

Alle weiteren Hangul-Zeichen ergeben sich nun durch die Kombination dieser Grundzeichen. Dabei werden die Zeichen einer Silbe zusammen in einen Block geschrieben. 한 글 etwa steht für *han-gul*. Um das zu entziffern, sollte man noch wissen, dass Koreanisch heutzutage meist wie das Deutsche von links nach rechts in Zeilen geschrieben wird – traditionell wurde allerdings in Spalten und von rechts nach links geschrieben. Die Zeichen für die zwei Silben *han* und *gul* stehen also nebeneinander. Innerhalb der ersten Silbe stehen links *h* und rechts *a* und darunter das Zeichen für *n* – in dieser Position wird das Zeichen etwas breiter geschrieben, damit das Silbenzeichen zusammenpasst. Bei der zweiten Silbe sind die drei Zeichen für *g*, *eu* und *r/l* alle drei übereinander arrangiert.

Entziffern Sie einige *Hangul*-Wörter

서울
평양
원
태권도
삼성
현대

Die Lösung finden Sie am Ende des Kapitels. 🕮[1]

Die japanische Schrift ist im Vergleich zum koreanischen Hangul wesentlich unübersichtlicher. Im Japanischen werden nämlich drei Schriftsysteme parallel verwendet: zum einen chinesische Schriftzeichen, die *Kanji* genannt und vor allem für viele Inhaltswörter (Nomen und Verben) benutzt werden. Die Zahl chinesischer Zeichen, die japanische Schüler lernen müssen, beträgt zurzeit 1 945, und es ist sogar festgelegt, welche hiervon in jeder Jahrgangsstufe gelernt werden sollen. Es sind aber noch weitere chinesische Zeichen in Gebrauch, vor allem für Namen. Ein umfassend gebildeter Japaner kennt daher über 3 000 chinesische Zeichen. Im Moment wird sogar eine Schreibreform diskutiert, die das Erlernen von fast 200 weiteren chinesischen Zeichen für Schüler zur Pflicht machen würde.

Neben der chinesischen Schrift werden zwei Silbenschriften, *Hiragana* und *Katakana*, benutzt, die jeweils ungefähr 80 Zeichen haben. Hiragana wird von Erwachsenen vor allem für Funktionswörter und Endungen verwendet, Katakana für Fremdwörter. Lesen und Schreiben zu lernen, ist daher eine große Herausforderung für japanische Kinder, obwohl eigentlich Hiragana ausreichen würde, um alle japanischen Wörter zu schreiben, denn die japanische Sprache verfügt tatsächlich über wesentlich weniger verschiedene Silben als viele andere Sprachen. (Englisch und Deutsch haben jeweils über 1 000 verschiedene Silben, Koreanisch etwa 400, Japanisch etwa 160.)

Weniger Dyslexie in Japan?

Lange Zeit ging man davon aus, dass japanische Kinder aufgrund der Einfachheit des Hiragana-Silbenschriftsystems wesentlich seltener an der Lese- und Rechtschreibschwäche Dyslexie leiden. Manche japanische Eltern glauben dies auch heute noch. Dies ist auf eine wissenschaftliche Arbeit von Makita aus dem Jahr 1968 zurückzuführen, in der berichtet wurde, Dyslexie sei in Japan nur etwa ein Zehntel so häufig wie in den USA. Inzwischen hat sich allerdings herausgestellt, dass das Ergebnis von Makita durch unterschiedliche Messmethoden dafür, was Dyslexie ist, zustande gekommen ist. Neuere wissenschaftliche Studien zeigen, dass Dyslexie in Japan ebenso häufig wie in westlichen Ländern vorkommt.

Hiragana zu lernen, fällt japanischen Kindern sehr leicht: Fast alle können bei Beginn der Grundschule bereits Hiragana ohne Probleme lesen. Inzwischen haben Wissenschaftler gezeigt, dass für Kinder eine Silbenschrift leichter zu lernen ist als eine Buchstabenschrift, jedenfalls für Sprachen mit wenigen Silben. Wichtig ist hier, dass diese Untersuchungen nicht nur für das Japanische einen Vorteil der Silbenschrift zeigen: Das japanische Bildungssystem ist bekanntermaßen sehr effizient, und ein Vergleich zwischen Japan und einem anderen Land würde nicht nur zwei Sprachen, sondern auch zwei unterschiedliche Bildungssysteme betreffen. Aber ein Vorteil für die Silbenschrift findet sich auch innerhalb von Äthiopien, wo in einigen Gegenden die *Geez*-Silbenschrift verwendet wird, in anderen aber die lateinische Buchstabenschrift. Also ist der Erfolg der japanischen Kinder mit Hiragana nicht nur durch das Bildungssystem zu erklären, sondern durch die einfache Silbenstruktur der Sprache und die darauf basierende Silbenschrift. Allerdings können japanische Kinder mit fünf Jahren doch erst nur ihre Kinderbücher lesen – diese sind in Silbenschrift geschrieben. Sie müssen dann noch 2 000 weitere Zeichen lernen und können erst mit fast 15 Jahren eine Zeitung lesen.

Schriftzeichen im Vergleich

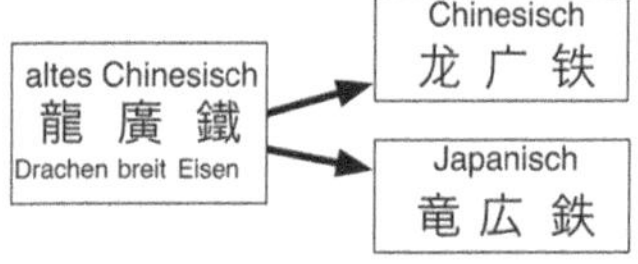

Wie sich chinesische Schriftzeichen in China und Japan auseinanderentwickelt haben, illustrieren die drei Beispiele *Drachen, breit* und *Eisen*.

Die chinesischen Zeichen, auf Japanisch *Kanji*, haben auch Vorteile – vor allem natürlich, wenn man in China ist. Allerdings haben sich in vielen Fällen sowohl das chinesische als auch das japanische Zeichen im Laufe der Jahrhunderte verändert, sodass es manchmal unmöglich ist, eine Ähnlichkeit zu erkennen. Es gibt auch einige Schriftzeichen, die in Japan erfunden worden sind, zum Beispiel 働 (*hatara*) für ‚arbeiten'. Dennoch können Japaner oft die Bedeutung eines geschriebenen chinesischen Textes grob erfassen, ohne auch nur ein Wort der gesprochenen Sprache zu verstehen. Ein weiteres Merkmal ist, dass die chinesischen Schriftzeichen von vielen als besonders schön empfunden werden. In Japan ist die Schönschrift oder Kalligrafie, auf Japanisch *Shooji*, ein Schulfach und wird auch von vielen Erwachsenen als Hobby betrieben. Die lateinische Schrift lernen japanische Schüler übrigens ebenfalls, aber erst in der vierten Klasse.

Einige Beispiele für japanische Kanji-Schriftzeichen zeigen, dass in einfachen Fällen eine Ähnlichkeit zwischen dem Schriftzeichen und dem bezeichneten Konzept besteht – Linguisten sprechen hier von *Ikonizität*. Das zeigen die Beispiele für ‚Fluss', ‚Berg' und ‚Mensch' in der Randspalte auf der nächsten Seite. Aber bei komplizierten Zeichen oder Konzepten ist keinerlei Bezug zu erkennen. Eine gewisse Hilfe stellt folgendes Prinzip dar: Häufig bestehen kompliziertere Zeichen aus zwei Teilen, von denen der eine Teil einen Aspekt der Bedeutung erfasst und der andere die Aussprache des Zeichens bezeichnet (siehe auch Kapitel 11). Aber auch das ist oft nur eine kleine Vereinfachung, und japanische Schüler müssen die Zeichen durch viele intensive Schreib- und Leseübungen verinnerlichen. Zu dem Wissen über ein Zeichen gehört es übrigens auch, Kenntnis darüber zu haben, in welcher Reihenfolge und Richtung genau die einzelnen Striche zu schreiben sind. Das einfachste Zeichen, das für ‚eins', besteht nur aus einem waagerechten Strich, der von links nach rechts auszuführen ist. ‚Zwei' und ‚drei' bestehen aus zwei und drei Strichen, zeigen also noch eine klare Korrespondenz zwischen Zeichen und Bezeichnetem. Bei dem Zeichen für ‚vier' aber ist es mit dieser Korrespondenz vorbei: ‚Vier' besteht aus fünf Strichen. Eines der kompliziertesten Zeichen ist das Zeichen für ‚Depression' (*utsu*) mit 29 Strichen. Es gibt aber auch Zeichen, die nur für Namen gebraucht werden. Als kompliziertestes gilt ein Namenszeichen, das *daito* ausgesprochen wird und 84 Striche hat.

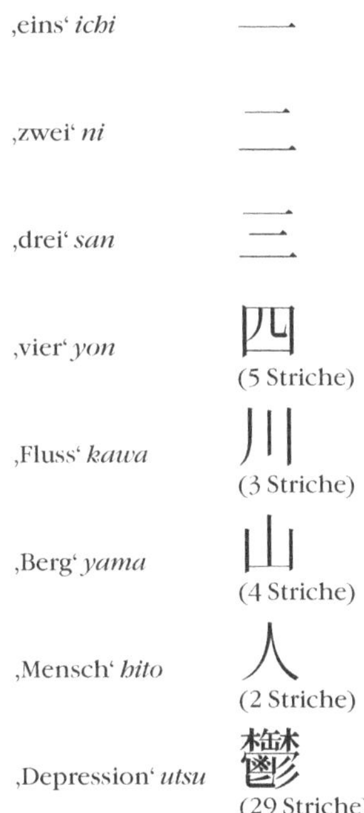

‚eins' *ichi* 一
‚zwei' *ni* 二
‚drei' *san* 三
‚vier' *yon* 四 (5 Striche)
‚Fluss' *kawa* 川 (3 Striche)
‚Berg' *yama* 山 (4 Striche)
‚Mensch' *hito* 人 (2 Striche)
‚Depression' *utsu* 鬱 (29 Striche)

Die geringe Zahl möglicher Silben im Japanischen ergibt sich dadurch, dass die Struktur japanischer Silben stark beschränkt ist. Die meisten Silben bestehen nur aus einem Konsonanten (abgekürzt mit K) und einem Vokal (abgekürzt mit V), und der Konsonant steht vor dem Vokal, woraus sich die Struktur KV ergibt. Am Ende einer Silbe kann zum einen ein *n* vorkommen (manchmal auch als *m* oder wie *ng* ausgesprochen), für den es ein gesondertes Hiragana-Zeichen gibt, und zum anderen kann der Anfangskonsonant der folgenden Silbe verdoppelt werden. *Nip-pon* (einer der japanischen Namen für Japan) mit zwei KVK-Silben ist also ein Extremfall der japanischen Silbenbildung. Typischer sind Wörter wie *Ikebana* oder *Karate*, in denen sich Konsonanten und Vokale abwechseln.

Deutsche Wörter mit vielen Konsonanten in Folge wie *Strumpf* oder *Schrank* bereiten deshalb Japanern oft Schwierigkeiten. Bei deutschen Namen und anderen Lehnwörtern werden aus diesem Grund im Japanischen *u*'s eingefügt, um die KV-Silbenstruktur zu erfüllen. So heißt etwa die deutsche Kanzlerin *Merukeru*, aus *Friedrich* wird *Furiidurichu* und aus *deutsch* wie oben schon erwähnt *doitsu*.

Wissenschaftliche Untersuchungen haben gezeigt, dass einsprachige Japaner Unterschiede wie den zwischen *Merkel* und *Merukeru* überhaupt nicht bewusst wahrnehmen: Ihr Gehirn reagiert auf beide gleich. Erst wenn Japaner längere Zeit intensiven Kontakt mit einer anderen Sprache haben, fangen sie an, solche Unterschiede wahrzunehmen. Lehrer sollten also bei japanischen Schülern hier etwas Geduld aufbringen.

Der Klassiker: *l* und *r*

Allgemein bekannt ist, dass im Japanischen und Koreanischen nicht zwischen *l* und *r* unterschieden wird: Es gibt nur einen Laut *l/r*, der für deutsche Ohren manchmal mehr wie *l* und manchmal mehr wie *r* klingt. Die deutschen *l*- und *r*-Laute klingen für Japaner und Koreaner beide gleich. Das heißt, dass *Land* und *Rand*, *Leim* und *Reim*, *Rose* und *lose* sowie *Schrecken* und *schlecken* für Japaner und Koreaner genau gleich klingen. Auch hier gibt es Untersuchungen, die zeigen, dass der *r/l*-Unterschied von Japanern, die keine weitere Sprache sprechen, gar nicht wahrgenommen wird. Allerdings hilft Abwarten alleine nicht, denn selbst Japaner, die schon über zehn Jahre in den USA gelebt haben, tun sich immer noch schwer, *r* und *l* zu unterscheiden. Ein spezielles Trainingsprogramm, das nachweislich hilft, ist als HVPT (High Variability Phonetic Training) bekannt: Dabei wird geübt, Wörter mit *r* und *l* zu unterscheiden, wobei die Wörter von unterschiedlichen Sprechern gesprochen werden sollten.

Japanische und koreanische Wörter in Sprachen mit lateinischer Schrift zu schreiben, ist auch ein kompliziertes Thema. Diese Übertragung nennt man *Romanisierung*. Es gibt für beide Sprachen eine Vielzahl von bekannten Verfahren, die Sprachen zu romanisieren, die alle ihre Vor- und Nachteile haben. Wir folgen hier für das Koreanische dem Standard, den im Jahr 2000 die südkoreanische Regierung herausgegeben hat. Für Japanisch verwenden wir das *Kunrei-shiki*-System, das auch von japanischen Regierungsbehörden favorisiert wird. Die Romanisierung basiert hierbei auf den zwei Silbenalphabeten, denn im Prinzip lässt sich jedes japanische Wort in diesen schreiben. Für Deutsche ist es recht leicht, viele der romanisierten Wörter auszusprechen und dabei auch nicht allzu falsch zu liegen. Aufpassen sollte man allerdings bei den Buchstaben *s* und *z*. Im Deutschen sind zwei verschiedene Laute relevant: das stimmlose *s* wie in *Muße* oder *sexy* und das stimmhafte *s* wie in *Muse* und dem Anlaut von *sechs*. Die Romanisierung ist nicht speziell für das Deutsche gemacht und verwendet hier dieselben Zeichen wie die Lautschrift (siehe Kapitel 3): Unser stimmloses *ß* (und *ss*) wird als [s] dargestellt und unser stimmhaftes *s* als [z]. So werden zum Beispiel *Sushi* und *Samsung* ausgesprochen als wäre es „ßuschi" und „ßamßung" (wenn man das im Deutschen schreiben könnte), und die Automarke *Suzuki* als wäre es „ßusuki". Wenn Sie also einem japanischen Bekannten von ihrem „Sutsuki"-Wagen erzählen, wird der eventuell erst denken, es handele sich um ein deutsches Fabrikat.

Sowohl in der japanischen Silbenschrift als auch in der romanisierten Schrift wird die Akzentuierung des Japanischen nicht erfasst. Diese ist ähnlich wie die Wortbetonung im Deutschen, die ja auch nicht geschrieben wird. Im Japanischen haben manche Wörter einen Akzent, andere Wörter haben keinen. In der Darstellung hier geben wir diesen mit einem ´ über dem Vokal wieder. Der Akzent ist manchmal entscheidend für die Bedeutung: So führen japanische Restaurants meistens *sáke* (‚Lachs') und auch *sake* (‚Reiswein'). Der Akzent wird mit einem Abfallen in der Satzmelodie (von hoch nach tief) gesprochen. Bei *sáke* (‚Lachs') wird die erste Silbe mit höherem Ton ausgesprochen als die zweite, während bei dem Getränk *sake* die Tonhöhe in der Satzmelodie gleich bleibt. Für Deutsche ist es nicht leicht, das richtig auszusprechen. Andere Wörter, die sich nur durch den Akzent unterscheiden, sind *háshi* (‚Essstäbchen'), *hashí* (‚Brücke') und *hashi* (‚Ecke') sowie *hána* (‚Nase') und *haná* (‚Blume'). Die Akzentunterschiede werden übrigens in unterschiedlichen japanischen Dialekten verschieden ausgesprochen.

Vorsicht im Sushi-Restaurant!

Sáke mit fallender Melodie ist der Lachs. *Sake* mit gleichmäßiger Melodie ist der Reiswein.

Schwierigkeiten für Deutschlerner: Aussprache von Konsonanten

Die wichtigsten Schwierigkeiten im Bereich des Lautinventars sind der Unterschied zwischen *l* und *r* sowie die Häufungen von Konsonantenlauten wie bei *Strumpf*. Während Letzteres nur eine falsche Aussprache wie *schuturumpufu* verursacht, kann die erste Schwierigkeit Missverständnisse auslösen.

12.4 Wörter

Der Wortschatz des Japanischen und Koreanischen lässt sich in drei Klassen einteilen: (1) eigene Wörter der zwei Sprachen, (2) Lehnwörter aus dem Chinesischen und (3) Lehnwörter aus anderen Sprachen, überwiegend aus dem Englischen. In der Praxis sind die Lehnwörter aus dem Chinesischen, die vielleicht den größten Anteil der Wörter ausmachen, von original japanischen oder koreanischen Wörtern nicht mehr zu unterscheiden. Die Wörter der dritten Gruppe sind für Deutsche oft leicht durch ihre Ähnlichkeit zum Deutschen zu erkennen: *Ticketo* ist das Ticket und *computa* ein Computer. Immer wenn im Original mehre Konsonanten in Folge stehen, werden Vokale (meistens *u*, gelegentlich *o*) eingefügt, um die KV-Silbenstruktur des Japanischen zu erreichen. In einigen Fachgebieten sind in Japan in großem Maße Lehnwörter aus dem Deutschen übernommen worden und dann auch nach Korea gelangt. In Chemie, Pharmazie und Medizin stammen beispielsweise die japanischen Namen der Elemente wie *natoriumu* (‚Natrium') und *karutsiumu* (‚Kalzium') aus dem Deutschen. Auch im Alpinismus ist deutscher (bzw. österreichischer) Einfluss deutlich bei Begriffen wie *hyutte* (‚Hütte'), *sukigerende* (‚Ski-Gelände'), *pikkeru* (‚Pickel') und *aisubaan* (‚Eisbahn').

Welche deutschen Wörter erkennen Sie?

a. *arubaito*
b. *wandaafoogeru*
c. *ryukkusakku*
d. *gipusu*
e. *meruhen*
f. *zairu*
g. *syupuuru*
h. *syupurehikooru*
i. *purakato*

Die Lösung finden Sie am Ende des Kapitels. 🕮[2]

Englische und deutsche Fremdwörter werden im Japanischen durch die eingefügten Vokale oft ziemlich lang. Japaner bilden außerdem wie wir Deutschen gern lange Wortzusammenfügungen (sogenannte *Komposita*). Aber sie sind weniger zimperlich dabei, nützliche Neubildungen oder Lehnwörter wieder auf ein brauchbares Maß zurückzustutzen, indem sie einfach hintere Silben der einzelnen Bestandteile weglassen. Im Deutschen gibt es zwar auch die Abkürzung von Wörtern durch Buchstaben wie in *U-Bahn* oder *AB*, aber nicht die Verkürzung auf Silben: Weder *Wama* noch *Waschmasch* für ‚Waschmaschine', weder *Faka* für ‚Fahrkarte' noch *Eiba* für ‚Eisenbahn' würden verstanden werden. Im Japanischen ist der Prozess des Zurückstutzens (in der englischen Fachliteratur *clipping* genannt) hingegen häufig und das Ergebnis vorhersagbar. Somit ist es für Japaner leichter, die Bedeutung einer neuen, noch nicht bekannten Verkürzung zu erschließen. Einige Beispiele für solche Verkürzungen sind:

- *handon* aus *hanbun dontaku* (‚Halb-Feiertag', wie in Deutschland der 24. und 31.12.)
- *anime* aus *animeesyon* (‚animation' – ‚Zeichentrick')
- *irasuto* aus *irasutoreesyon* (‚illustration' – ‚Abbildung')
- *kara-oke* aus *kara* und *okesutora* (‚orchestra' – ‚Orchester')
- *rimo-kon* aus *rimooto konturoru* (‚remote control' – ‚Fernbedienung')
- *han suto* aus *hangaa sutoraiiki* (‚hunger strike' – ‚Hungerstreik')

Manchmal verbirgt die Verkürzung den tatsächlichen Ursprung eines Wortes: *Pokemon* kommt uns sehr japanisch vor, ist aber tatsächlich durch Verkürzung aus dem Englischen *pocket monster* (‚Taschenmonster') entstanden. Hätte man es also als *Taschemon* übersetzen sollen? Für das internationale Verständnis unter Jugendlichen ist *Pokemon* sicher besser.

Einfacher rechnen auf Japanisch und Koreanisch

Wissenschaftliche Untersuchungen haben gezeigt, dass Kinder wesentlich schneller zählen lernen, wenn das Zahlsystem systematisch ist. Außerdem müssen deutsche Kinder beim Rechnen mit mehrstelligen Zahlen darauf achten, die Ziffern nicht zu vertauschen – selbst deutschen Erwachsenen passieren hier häufig *Zahlendreher*, bei denen 84 und 48 durcheinandergeraten. Der Verein Zwanzigeins setzt sich deshalb für eine Reform der deutschen Sprache ein. Das mag vielleicht zu weit gehen. Aber wir wollen Sie als Lehrer ermutigen, japanischen und koreanischen Schülern zu erlauben, Rechenaufgaben in ihrer Muttersprache zu bearbeiten.

Internationale Leistungsvergleiche zwischen Schülern wie PISA und TIMMS zeigen, dass japanische und koreanische Schüler in Mathematik mit zu den besten der Welt zählen. Ein Vorteil beider Länder liegt in ihren Sprachen: das aus dem Chinesischen übernommene Zahlsystem. Zwar wird in beiden Ländern wie bei uns mit arabischen Zahlen gerechnet, aber die Zahlen werden in beiden Sprachen direkter als im Deutschen ausgedrückt. Das gilt sowohl im Hinblick auf die Reihenfolge der Ziffern als auch auf die Systematik des Zahlsystems insgesamt. Schauen Sie sich zunächst die Reihenfolge anhand der Zahl 532 an: Im Deutschen wird die Zahl ausgesprochen als *fünfhundertzweiunddreißig*. Als Rechenaufgabe formuliert wäre das also (5 * 100) + 2 + (3 * 10) wobei das + für „und" steht und das * für „mal". Schwierig ist hier vor allem, dass die Reihenfolge der Ziffern 3 und 2 vertauscht wird. Auf Japanisch wird 532 aber als *go-hyaku-san-juu-ni* ausgesprochen und auf Koreanisch als *oo-payk-sam-sip-i*, was jeweils der Rechenaufgabe (5 * 100) + (3 * 10) + 2 entspricht. Zweitens werden im Deutschen 17 der 89 Zahlen von elf bis 99 nicht völlig systematisch gebildet: die Zahlen 11, 12 sowie 13 bis 19 und die Vielfachen von 10, also 20, 30 bis 90.

Im Japanischen und Koreanischen werden hingegen alle Zahlen nach einer allgemeinen Regel gebildet. Zum Beispiel ist 12 auf Japanisch *juu-ni* (‚zehn, zwei') auf Koreanisch *sip-i* (‚zehn, zwei'). Das heißt, dass japanische und koreanische Kinder nur zehn Wörter und eine Regel lernen müssen, um von 1 bis 99 zu zählen, deutsche Kinder aber 27 Wörter und eine Regel.

12.5 Sätze

Wie das Deutsche sind Japanisch und Koreanisch SOV-Sprachen, das heißt, die normale Abfolge der Satzglieder ist Subjekt – Objekt(e) – Verb(en). Wie in Kapitel 3 zum Deutschen beschrieben kommen im Deutschen zwei Anfangspositionen in der V2-Stellung zu dieser Grundreihenfolge dazu. Das ist im Japanischen und Koreanischen nicht der Fall. Die SOV-Reihenfolge lässt sich in Hauptsätzen und Nebensätzen beobachten.

Im Folgenden sehen Sie den koreanischen Satz ,Inho hat Nami einen Apfel gegeben', wobei *Inho* und *Nami* koreanischen Eigennamen sind, und ,Riku hat Mio einen Apfel gegeben' mit den japanischen Eigennamen *Riku* und *Mio*. Unterhalb von einem koreanischen bzw. japanischen Wort steht jeweils die deutsche Entsprechung. Flexions- und Kasusmorpheme sind durch Abkürzungen in KAPITÄLCHEN angezeigt.

Subjekt	**Objekte**	**Verb**	
Inho-nun	*Nami-eykey sakwa-lul*	*cwu-ess-eyo*	(Koreanisch)
Inho-TOPIK	Nami-DAT Apfel-AKK	geben-VERGANGENHEIT-HÖFLICH	
Riku-wa	*Mio-ni ringo-o*	*age-mashi-ta*	(Japanisch)
Riku-TOPIK	Mio-DAT Apfel-AKK	geben-HÖFLICH-VERGANGENHEIT	

Betrachtet man den Satzbau in kleinen und größeren Ausdrücken über die Sprachen hinweg, so stehen im Englischen Satzteile, die zu einem Wort gehören, oft nach diesem Wort. Beispielsweise stehen die Objekte, die zum Verb gehören, nach dem Verb in der SVO-Reihenfolge des Englischen:

Verb	**Objekte**
give	*Mary an apple*

Ein nominaler Ausdruck, der zu einer Präposition gehört, steht nach der Präposition:

Präposition	**nominaler Ausdruck**
in	*the city*
from	*England*

Ein Relativsatz gehört zum Nomen, zu dem er weitere Angaben macht, und er steht auch nach diesem:

Nomen	**Relativsatz**
the teacher	*who I like*

Koreanisch und Japanisch sind im Vergleich dazu genau spiegelverkehrt. Hier stehen die Elemente, die zu einem Wort gehören, vor diesem Wort. Einige Kostproben: Erstens stehen die Objekte, die zum Verb gehören, vor dem Verb, wie wir oben in der SOV-Reihenfolge gesehen haben. Zum Zweiten finden wir anstelle von Präpositionen, die vor ihrem Objekt stehen, so genannte *Postpositionen* nach dem Objekt. Das Objekt steht also vor der Postposition, zu der es gehört:

nominaler Ausdruck	Postposition	nom. Ausdr.	Postposition
Tokio	*ni*	*Doitsu*	*made*
Tokio	in	Deutschland	aus
‚in Tokio'		‚aus Deutschland'	

Umgekehrte Wortfolge

Bei der Reihenfolge von Verb und Objekt, Präposition und Nomen und auch Relativsatz und Nomen scheinen Japanisch und Koreanisch das genaue Gegenteil des Englischen zu sein.

Dass das Japanische *ni* dieselben Buchstaben wie ‚in' in umgekehrter Reihenfolge hat, ist allerdings Zufall.

Zum Dritten steht auch der Relativsatz vor dem Nomen, zu dem er gehört:

Relativsatz	Nomen
boku-ga sukimasu	*sensei*
‚den ich mag'	‚Lehrer'
‚der Lehrer, den ich mag'	

Koreanisch und Japanisch verwenden beide viele Endungen, die an die Nomen und Verben angehängt werden, um deren grammatische Eigenschaften zu markieren. In den Beispielen oben betrifft das etwa den Kasus und das Tempus des Verbs. Das Kasussystem beider Sprachen ist fast genauso wie im Deutschen: Es gibt den Nominativfall (NOM) für das Subjekt sowie den Akkusativfall (AKK) und Dativfall (DAT) für die Objekte.

Aber es gibt doch auch viele kleinere Unterschiede. So kann anstelle der Kasusendung die sogenannte Topikendung *-wa* stehen. Im Beispiel oben, in dem Inho und Riko jeweils Nami und Mio einen Apfel geben, wird das durch TOPIK angezeigt. Topikendungen drücken etwas aus, das im Deutschen durch Satzbetonung und Wortstellung ausgedrückt wird – nämlich dass der Satz vor allem etwas über dieses Satzglied aussagt. Häufig ist wie in den Beispielen oben das Subjekt des Hauptsatzes das Hauptthema des Satzes. Für den japanischen Satz oben kann man diesen Aspekt im Deutschen wie folgt hervorheben: ‚Was RIKU betrifft, er hat Mio einen Apfel gegeben.' Ein Satz ohne ein mit Topik markiertes Hauptthema klingt in beiden Sprachen etwas merkwürdig. Aber es kann sogar das Verb als Topik markiert werden. Dann wird aus dem japanischen Satz oben *Riku-ga Mio-ni ringo-o age-wa shi-ta*, mit der Topikmarkierung *-wa* am Verbstamm. Auf Deutsch: ‚Was GEBEN betrifft: Riko hat Mio einen Apfel gegeben.'

Japanisch und Koreanisch haben zudem die Eigenschaft gemein, dass Subjekt und Objekt oft weggelassen werden. Natürlich geht das nur, wenn der Hörer sowieso erschließen kann, was das intendierte Subjekt bzw. Objekt ist. Nehmen wir an, Sie fragen mich, was meine Tochter mit der Erdbeere gemacht hat. Im Deutschen würde ich in der Antwort mehrere Pronomen benutzen, wie ‚Ich glaube, dass sie sie gegessen hat'. Hier reicht im Japanischen *tabeta-to omou* ‚gegessen glaube'. Gerade die Personalpronomen *ich* und *du* werden deshalb in Japan und Korea kaum verwendet. Zum einen sind diese oft erschließbar: Wenn jemand sagt ‚müde' (*nemui*), kann man davon ausgehen, dass er von seinem eigenen Empfinden spricht, also selbst müde ist. Fragt er hingegen ‚müde?' (*nemui-ka?*), muss es um die Müdigkeit des Angesprochenen gehen, denn seine eigene Befindlichkeit muss niemand erfragen. Zum anderen gilt die Verwendung von *watashi* (‚ich') und *anata* (‚du') als unhöflich – auch im Deutschen wird manchmal versucht, *ich* am Anfang eines Textes zu vermeiden. Im Japanischen ist die bevorzugte Strategie der Vermeidung von *ich* und *du*, sie gleich ganz wegzulassen. Wenn das nicht geht, ist es außerdem möglich, anstelle von *ich* und *du* den entsprechenden Eigennamen zu verwenden.

Besondere Schwierigkeiten für Deutschlerner: Satzbau und Flexion

Anders als im Deutschen gibt es im Japanischen und Koreanischen keine Übereinstimmung der Verbform mit dem Subjekt. So werden auf Japanisch ‚ich gehe' und ‚du gehst' beide mit dem Verb *ikimasu* übersetzt, davor kann dann noch ein Pronomen stehen, muss aber nicht. Das Verb wird nicht flektiert. Dass im Deutschen Kongruenz zwischen Nomen, Adjektiv und Artikel sowie zwischen Subjekt und Prädikat nötig ist, bereitet daher Japanern und Koreanern oft Schwierigkeiten. Numerus, Definitheit (der Bezug auf ein bestimmtes Objekt wie *das Haus* statt *ein Haus*) und auch Genus werden im Japanischen ohnehin meistens nicht ausgedrückt. Dadurch kommt es zu dem für deutsche Ohren überraschenden Phänomen, dass der Satz *Wakai sensei-ga kiku* (wörtlich: ‚jung Lehrer-NOM zuhören') ganz verschiedene Bedeutungen haben kann, je nach Kontext: *Der junge Lehrer hört zu* oder *Ein junger Lehrer hört zu*, vielleicht auch *Junge Lehrerinnen hören zu* und noch fünf weitere Varianten im Hinblick auf Genus, Numerus oder Definitheit. Für Japaner und Koreaner ist es daher sehr schwierig, in den deutschen Sätzen zwischen *junge* und *junger* die richtige Form zu wählen. Oft fällt es Japanern und Koreanern schwer, den richtigen Artikel zu verwenden (also *ein* oder *der*).

12.6 Sprachverwendung

Aus deutscher Sicht fallen beim japanischen und koreanischen Sprachgebrauch zahlreiche Besonderheiten auf. Einiges, wie die generelle Vermeidung von Pronomen wie *ich* und *du* haben wir oben schon erwähnt. Hier gehen wir nur kurz auf die Ausdrucksmittel für Höflichkeit und Unterschiede zwischen Männer- und Frauensprache ein.

Kim und andere koreanische Nachnamen

Wer häufiger Kontakt mit Koreanern hat, hat sicher bemerkt, dass sehr wenige einsilbige Nachnamen sehr häufig vorkommen. Tatsächlich trägt mehr als jeder fünfte Koreaner den Nachnamen *Kim*. Die Namen *Lee/Rhee* mit knapp 15 Prozent und *Park/Pak* mit über neun Prozent sind auch sehr häufig. Der Grund dafür ist, dass traditionell koreanische Nachnamen aus drei Bestandteilen zusammengesetzt wurden: (1) aus dem Familiennamen, (2) aus einem Generationsnamen, den alle Brüder, Schwestern, Cousins und Cousinen einer Familie tragen, und (3) aus einem Ortsnamen. Um bei diesen drei Bestandteilen trotzdem noch bei einigermaßen kurzen Nachnamen zu bleiben, waren die eigentlichen Familiennamen meist nur einsilbig. Bei der Übersetzung ihres Namens in eine westliche Sprache geben Koreaner aber immer nur diesen eigentlichen Familiennamen als Nachnamen an. Auch heutzutage haben Koreaner oft noch einen Generations- und Ortsnamen, der aber in der westlichen Einteilung des Namens dem Vornamen zugeschlagen wird.

Dass Höflichkeit eine große Rolle in der japanischen und koreanischen Kultur spielt, schlägt sich auch in der Sprache nieder. Natürlich können Sie auch auf Deutsch in vielen Abstufungen höflich und unhöflich sein: Zwischen *Du hast Mist gebaut* und *Ich muss Ihnen leider mitteilen, dass die von Ihnen erbrachte Leistung als ungenügend eingestuft wurde* gibt es viele Nuancen. Allerdings sind nur wenige dieser Unterschiede fest in der deutschen Sprache verankerte Ausdrucksmittel für die Höflichkeit. Der Unterschied zwischen *Du* und *Sie* ist ein Beispiel hierfür – mit diesem Unterschied muss sich jemand, der Deutsch lernt, vertraut machen. Aber viele andere Ausdrucksmittel für die Höflichkeit können Lerner des Deutschen im Allgemeinen verstehen, auch wenn die Verwendung natürlich Übung erfordert. Im Japanischen und Koreanischen sind die Ausdrucksmöglichkeiten für die Höflichkeit in viel stärkerem Maße in der Sprache selbst verankert.

In beiden Sprachen gibt es zwei Arten von Ausdrucksmitteln, die etwas mit Höflichkeit zu tun haben. Zum einen gibt es indirekte Mittel, dem Gesprächspartner gegenüber Respekt zu zeigen (*Höflichkeit* in der Sprachwissenschaft). Im Deutschen ist dies vergleichbar mit dem Unterschied zwischen *Oma* und *Großmutter*: Wenn Sie mit einem Vertrauten oder engen Freund reden, würden Sie wahrscheinlich von Ihrer *Oma* reden, aber bei einem Geschäftsessen wäre Ihre Oma sicher nur ‚meine Großmutter'. Indirekt zeigen Sie dabei Ihrem Gesprächspartner gegenüber höflichen Respekt. Hierbei spielt es keine Rolle, dass Ihre Oma schockiert wäre, wenn Sie sie mit *Großmutter* anredeten. Zum anderen gibt es im Japanischen und Koreanischen aber auch Ausdrucksmittel, die Respekt gegenüber einer im Satz bezeichneten Person anzeigen (*Honorifizierung* in der Sprachwissenschaft). Im Deutschen gibt es wenige Ausdrucksmittel dieses Typs. Der Unterschied zwischen *der ehrenwerte Dirigent* und einfach nur *der Dirigent* zeigt aber wohl, was diesen Typ höflichen Ausdrucks ausmacht. Der *Du/Sie*-Unterschied bei der Anrede passt übrigens in beide Kategorien, da hier der Gesprächspartner und die Person, die man mit diesen Wörtern bezeichnet, identisch sind.

Die Höflichkeit ist aber auch für einige Probleme mitverantwortlich. Ein Beispiel kommt aus der Luftfahrt: Ende der 1990er Jahre galt die koreanische Fluglinie Korean Airlines nach einer Reihe von Unfällen als besonders unsicher und musste Flüge deutlich billiger als die Konkurrenz anbieten, um Passagiere zu gewinnen. Eine erste Statistik zeigte, dass viele der Unfälle durch Fehler der Piloten verursacht wurden. Aber warum waren die koreanischen Piloten schlechter als die aus anderen Ländern? Der Grund hierfür war lange Zeit schleierhaft – die Ausbildung der koreanischen Piloten war so gut wie anderswo. Schließlich fanden Ingenieure des Flugzeugbauers

Boeing nach der Analyse von Tonbandaufnahmen aus den Cockpits von abgestürzten Flugzeugen kurz vor dem Absturz den Grund: Nicht die Piloten sind besonders schlecht, sondern die koreanischen Kopiloten sind zu höflich! So machen die koreanischen Piloten zwar mal einen Fehler, aber nicht häufiger als anderswo. Aber anderswo warnt ihr Kopilot die Piloten klar und deutlich, und die Piloten können ihre Fehler noch rechtzeitig korrigieren. Die koreanischen Kopiloten hingegen bemerkten zwar auch die Fehler ihrer Vorgesetzten, schafften es aber nicht, die Piloten deutlich genug zu warnen.

Ein dramatisches Beispiel aus der Aufnahme eines Black-Box-Flugrekorders: der Landeanflug einer Maschine aus Korea nach Guam im Regen. Der Pilot steuert wegen einer Verwechslung statt auf die Landebahn direkt auf einen Berg zu, der von Wolken verdeckt ist. Er fliegt aber, da ein Gerät ausgefallen ist, auf Sicht, statt sich auf die restlichen noch funktionierenden Geräte zu verlassen, die den Berg anzeigen würden. Es regnet stark, aber für einen Moment reißt die Wolkendecke auf, und die Piloten haben Sicht auf Guam. Der Pilot glaubt, dass sie den Regen hinter sich haben und fliegt weiter auf Sicht. Der Kopilot sieht, dass bald wieder Regen kommen wird, aber statt deutlich zu widersprechen, etwa mit: „Nein, Chef. Gleich kommt wieder Regen", drückt er sich höflich, also indirekt aus: „Der Wetterradar ist sehr nützlich." Er hofft wohl, der Pilot werde selbst auf den Wetterradar schauen. Aber der Pilot versteht diese indirekte Warnung nicht – will sie vielleicht auch nicht verstehen, weil sie an seiner Autorität kratzt –, sondern tut sie als belanglos ab: „Ja, der ist sicher nützlich." Er fliegt weiter auf Sicht, statt den Radar und andere Instrumente einzusetzen. Bald kommt die nächste Regenwolke, und die Piloten sehen nichts mehr. Kurze Zeit später zerschellt die Maschine an dem Berg und alle Flugzeuginsassen werden getötet.

Inzwischen hat Korean Airlines das Problem zu großer Höflichkeit der Kopiloten gelöst, aber mit einer radikalen Maßnahme: Alle Piloten müssen sich im Cockpit auf Englisch unterhalten.

Im Japanischen gibt es zwei häufige Möglichkeiten der Honorifizierung. Die eine wird auf Nomen angewandt: Viele Nomen können mit dem Präfix *o* oder *go* stehen, das Respekt anzeigt. So wird eine Mutter häufig nicht einfach mit *ka-san* (‚Mutter-Frau') angeredet, sondern mit *o-ka-san*, oder ein Arzt mit *o-isha-san* (‚ehrenwert-Arzt-Herr/Frau'). Häufig tritt *o/go* auch mit unbelebten Dingen auf, deren Wichtigkeit der Sprecher anzeigen will, wie *o-mizu* (‚ehrenwertes-Wasser'), *o-cha* (‚ehrenwerter-Tee') oder auch *go-han* (‚ehrenwerter-Reis'). Die zweite Art der Honorifizierung wird im Verb angezeigt, bezieht sich aber auf das Subjekt. Hierbei wird das Präfix *o* auf das Verb angewandt und außerdem die Verbform verändert. Zum

Übermäßige Höflichkeit

Wenn ein Flugzeug abstürzt, weil die Piloten zu höflich miteinander reden, ist das ein klares Beispiel, wo die Höflichkeit zu viel des Guten ist. Weniger folgenschwer, aber häufiger ist es, dass koreanische Frauen beim Sprechen den Mund mit der Hand bedecken, so dass es sehr schwer wird, sie zu verstehen. Zum Glück scheint diese Form der Höflichkeit aber bei jüngeren Koreanerinnen nicht mehr vorzukommen.

Beispiel wird aus *taberu* (‚essen') die Form *o-tabe-ni naru*, wenn der Essende eine Respektsperson zum Beispiel ein Lehrer oder Kunde ist. Häufig gibt es auch spezielle honorifizierende Formen von japanischen Verben – aus *kuru* (‚kommen') die Form *o-ide-ni naru*, wenn der Kommende eine Respektsperson ist, wobei *ide* die honorifizierende Form von *kuru* ist. Daneben gibt es auch das Gegenteil der Honorifizierung: Formen für die Herabsetzung. Diese werden allerdings nur für den Sprecher selbst und Mitglieder seiner Gruppe verwendet, um durch Selbstherabsetzung den anderen zu ehren, so wie bei ‚meine Wenigkeit' im Deutschen.

Symmetrie und Höflichkeit

Im Deutschen werden „Du" und „Sie" meistens symmetrisch verwendet: Wenn ich Sie sieze, siezen Sie mich auch, und wenn Sie mich duzen, darf ich auch zurückduzen. Eine Ausnahme ist die Beziehung zwischen Lehrer und Schüler, wo der Lehrer „Du" sagt, der Schüler aber „Sie". Im Japanischen und Koreanischen wird Höflichkeit viel häufiger asymmetrisch ausgedrückt. Beispielsweise redet eine älterer Studentin eine jüngere anders an, als diese bei ihrer Antwort.

Sowohl in Japan als auch in Korea verändert sich der Gebrauch von Honorifizierung und Höflichkeit. Im Geschäftsleben ist es oft festgelegt, welche Formen Angestellte für die interne und externe Kommunikation verwenden sollen. Eine wichtige Rolle spielt bei der Höflichkeit auch, ob der Sprecher älter oder jünger als sein Gesprächspartner ist. Aber ob zum Beispiel in einem Zeitungsbericht über den japanischen Kaiser Honorifizierung verwendet wird, hängt von der politischen Einstellung der Zeitung ab: Konservative Zeitungen verwenden Honorifizierung, während liberale Zeitungen eher darauf verzichten. Außerhalb des Geschäftslebens sind Japaner oft noch unsicherer, welche Form angemessen ist, als wir bei der Wahl zwischen *Du* und *Sie*. Hinzu kommen modische Veränderungen: Im Koreanischen ist eine Form der höflichen Sprache, die eigentlich seit Längerem kaum noch in Gebrauch war, vor Kurzem durch historische Fernsehserien wieder modern geworden.

Warum Höflichkeit in den ostasiatischen Ländern so viel stärker in der Sprache verankert ist, ist nicht klar. Vielleicht liegt es an der Bevölkerungsdichte: So ist etwa die japanische Kultur über Jahrhunderte dadurch geprägt worden, dass viele Menschen auf sehr engem Raum zusammenleben. Heute wohnen im Großraum Tokio – derzeit dem größten Ballungsgebiet der Welt – über 35 Millionen Menschen, also mehr als das Zehnfache der Einwohnerzahl von Berlin. Natürlich verteilt sich das auf eine größere Fläche als Berlin: 13 500 km^2, fast die Fläche von Schleswig-Holstein. Im Vergleich zum Rhein-Ruhr-Gebiet hat der Großraum Tokio ungefähr die 3,5-fache Bevölkerung auf einer nicht einmal doppelten Fläche. Wenn Menschen so dicht aufeinander gedrängt leben, macht es höflicher Umgang miteinander leichter, Konflikte zu vermeiden.

Eine weitere interessante Eigenschaft des Japanischen ist, dass sich die Sprache von Männern und Frauen in vielen Punkten unterscheidet. Zum einen benutzen japanische Frauen manche Formen häufiger, zum Beispiel höfliche Ausdrucksformen. Zum anderen gibt es eine Reihe von Ausdrücken, die entweder nur von Frauen oder nur von Männern benutzt werden. So gibt es eine Vielzahl von Ausdrücken mit der Bedeutung ‚ich'. Von diesen wird *boku* eher von Jungen verwendet wird, während Mädchen eher *watashi* benutzen.

Geschlecht in der Sprache
Im Japanischen und auch im Koreanischen unterscheiden sich die Sprache von Frauen und die Sprache von Männern viel deutlicher voneinander als im Deutschen. Dafür wird aber im Japanischen und im Koreanischen das Geschlecht selbst sehr selten ausgedrückt. „Schüler" und „Schülerin" oder „Lehrer" und „Lehrerin" werden beide jeweils mit nur einem, geschlechtslosen Nomen ausgedrückt. Im Japanischen lässt sich sogar ‚Junge' und ‚Mädchen' nur als *otokonoko* („Mann-Kind") und *onnanoko* („Frau-Kind") ausdrücken, und das geschlechtsneutrale *ko* (‚Kind') ist viel häufiger.

Lösungen

📖[1]
서울 (*seoul*)
평양 (*pyongyang*)
원 (*won*)
태권도 (*taekwondo*)
삼성 (*samsung*)
현대 (*hyundai*)

📖[2]
a. *arubaito* (‚Arbeit', japanische Bezeichnung für einen Gelegenheitsjob)
b. *wandaafoogeru* (‚Wandervogel')
c. *ryukkusakku* (‚Rucksack')
d. *gipusu* (‚Gips')
e. *meruhen* (‚Märchen')
f. *zairu* (‚Seil')
g. *syupuuru* (‚Spur')
h. *syupurehikooru* (‚Sprechchor')
i. *purakato* (‚Plakat')

Quellen und weiterführende Literatur

Eine wissenschaftliche Grammatik des Koreanischen stammt von Sohn (1999), dem wir auch das Beispiel im Abschnitt zur Grammatik entnommen haben. Zum Japanischen geben Tsujimura (2007) sowie Miyagawa und Saito (2008) einen guten Überblick. Die Angaben zu Japanern und Koreanern in Deutschland haben wir vom Statistischen Bundesamt (2010) sowie Choi und Lee (2010). Zur Dyslexie in Japan ist die erste, inzwischen widerlegte Studie von Makita (1968), und neuere Arbeiten dazu stammen von Hirose und Hatta (1988) sowie Ogino et al. (2011).

Zur Nichtwahrnehmung von Unterschieden wie dem zwischen *Merkel* und *Merukeru* siehe Dehaene-Lambertz, Dupoux und Gout (2000). Zur Wahrnehmung des *l/r*-Unterschieds und zum Training sind die Veröffentlichungen von Takagi und Mann (1995) sowie Lively, Logan und Pisoni (1993) Zahlsysteme unsere Quellen. Zur besseren Lernbarkeit systematischer Zahlsysteme schreibt zum Beispiel Dehaene (1999) in sehr zugänglicher Weise.

Bei den Flächen der Großstädte beziehen wir uns auf die 2007 Revision der World Urbanization Prospects, http://www.un.org/esa/population/publications/wup2007/2007WUP_Highlights_web.pdf (Zugriff 21.2.2013). Die Geschichte zur gefährlichen Höflichkeit im Flugzeug können Sie bei Gladwell (2008) nachlesen. Das Bild am Anfang des Kapitels ist ein Druck des japanischen Künstlers Katsushika Hokusai (1760-1849) und wird hier mit Erlaubnis der *Library of Congress* der USA reproduziert.

Literatur

Choi S-J, Lee YJ (2010) Umgekehrte Entwicklungshilfe – die koreanische Arbeitsmigration in Deutschland. Goethe-Institut Seoul

Dehaene-Lambertz G, Dupoux E, Gout A (2000) Electrophysiological correlates of phonological processing: A cross-linguistic study. *Journal of Cognitive Neuroscience* 12: 635–647

Dehaene S (1999) The number sense: How the mind creates mathematics. Oxford University Press, Oxford

Gladwell M (2008) Outliers: The story of success. Little, Brown & Company

Hirose T, Hatta T (1988) Reading disabilities in modern Japanese children. *Journal of Research in Reading* 11: 152–160

Lively SE, Logan JS, Pisoni DB (1993) Training Japanese listeners to identify English /r/ and /l/. Band II: The role of phonetic environment and talker variability in learning new perceptual categories. *The Journal of the Acoustical Society of America* 94: 1242–1255

Makita K (1968) The rarity of reading disability in Japanese children. *American Journal of Orthopsychiatry* 38/44: 599–614

Miyagawa S, Saito M (2008) The Oxford handbook of Japanese linguistics. Oxford University Press, Oxford

Ogino T, Takahashi Y, Hanafusa K, Watanabe K, Morooka T, Takeuchi A, Oka M, Sanada S, Ohtuska Y (2011) Reading skills of Japanese second-graders. *Pediatrics International* 53: 309–314

Sohn H-M (1999). The Korean language. Cambridge University Press, Cambridge

Statistisches Bundesamt (2010) Bevölkerung und Erwerbstätigkeit: Ausländische Bevölkerung. Ergebnisse des Ausländerzentralregisters

Takagi N, Mann V (1995) The limits of extended naturalistic exposure on the perceptual mastery of English /r/ and /l/ by adult Japanese learners of English. *Applied Psycholinguistics* 16: 379–405

Tsujimura N (2007) An introduction to Japanese linguistics. Wiley-Blackwell, Malden, MA

13 Das Hindi und das Urdu sowie das Romani

Ram Prasad Bhatt
und Barbara Schrammel-Leber

In diesem Kapitel stellen wir Ihnen ausführlich das in Indien gesprochene Hindi und das nahe verwandte und in Pakistan und Indien gesprochene Urdu vor. Außerdem beschäftigen wir uns mit dem Romani, das von den Sinti und Roma in Europa gesprochen wird und mit Hindi und Urdu verwandt ist. Denn die Vorfahren der Sinti und Roma sind vor mehr als 1 000 Jahren aus Indien ausgewandert, und ihre Sprache zeigt noch deutliche Züge dieser Herkunft. Ram Prasad Bhatt ist für Abschnitt 13.1 zum Hindi und Urdu verantwortlich, Barbara Schrammel-Leber für Abschnitt 13.2 zum Romani.

13.1 Das Hindi und das Urdu

13.1.1 Einleitung

Hindi ist neben Englisch die Amtssprache der Indischen Union. Urdu ist die Nationalsprache Pakistans. Die beiden Sprachen sind eng verwandt. Gemäß Lutze (1996, S. 120) können sie als Schwestersprachen verstanden werden, die manchmal in einer Art Hassliebe miteinander verbunden sind.

Hindi und Urdu gehören zur indoeuropäischen Sprachfamilie. Sie sind sozusagen entfernte Cousinen des Griechischen, Albanischen und der germanischen, romanischen und slawischen Sprachen. Innerhalb dieser Sprachfamilie gehören Hindi und Urdu zur Unterfamilie der *indoarischen Sprachen*, die in und um Indien gesprochen werden.

Sagen Ihnen diese Wörter etwas?

ahiṃsā	‚Gewaltlosigkeit'
ārya	‚Arier'
anānās	‚Ananas'
āśram	‚Ashram'
āyurveda	‚traditionelle indische Heilkunst, (wörtlich: ‚Lebenskunst')'
bhālū	‚Bär'
caṭnī	‚Chutney'
jaṅgal	‚Dschungel'
mahārājā	‚Großkönig, Großfürst'
pajāmā	‚Pyjama'
sāṛī	‚Frauentuch'
yog	‚Yoga'
śānti	‚Friede'
tājmahal	‚Tajmahal'

Wie ähnlich sind sich Hindi und Urdu?

Hindi und Urdu zeigen hinsichtlich der Wortformen und des Satzbaus wenige Unterschiede:

Hindi, von links nach rechts zu lesen:

मैं	दिल्ली	में	रहता	हूँ।
maĩ	*dillī*	*mẽ*	*rahtā*	*hū̃.*
ich	Delhi	in	leben-MASK-SG-IMPERF	sein-PRÄS-1.SG

‚Ich wohne in Delhi.'

Urdu, von rechts nach links zu lesen:

ہوں	رہتا	میں	دیللی	میں
.hū̃	*rahtā*	*mẽ*	*dillī*	*ma*
sein-PRÄS-1.SG	leben-MASK-SG-IMPERF	in	Delhi	ich

‚Ich wohne in Delhi.'

Politisch und religiös werden Hindi und Urdu teilweise als Symbole der jeweiligen Gemeinschaft angesehen. Hindi wird als Hindu-Sprache und Urdu als muslimische Sprache betrachtet. Eine vereinigende Sprache der Hindus und Muslime, Hindustani, hatte sich auch entwickelt. Hindi und Urdu haben eine nahezu identische Grammatik, und das Alltagsvokabular ist zum großen Teil identisch. Lautlich sind die beiden Sprachen sehr ähnlich. Das macht es für Hindi- und Urdu-Sprecher möglich, ohne große Anstrengung miteinander zu kommunizieren.

Der augenscheinlichste Unterschied zwischen Hindi und Urdu ist die Verwendung unterschiedlicher Schriftsysteme: Hindi wird mit Devanagari (*Devnāgrī*), einem Silbenalphabet geschrieben (in dem also ein Zeichen eine ganze Silbe repräsentieren kann), Urdu mit einer modifizierten Variante der perso-arabischen Schrift, die im Kern eine Konsonantenschrift ist (also wie das Arabische nur Konsonanten festhält; siehe auch Kapitel 7). Daneben zeigen sich Unterschiede im Lautinventar (Abschnitt 13.1.3) und insbesondere im Wortschatz.

Überdies muss man sich vor Augen halten, dass in Indien und Pakistan viele weitere Sprachen gesprochen werden, das heißt Mehrsprachigkeit eher die Regel als die Ausnahme ist. Schüler aus Indien oder Pakistan können also, obwohl sie kompetente Sprecher des Hindi oder Urdu sind, andere Muttersprachen haben, auf die hier nicht weiter eingegangen werden kann.

Hindi und Deutsch haben auch einiges gemeinsam, zum Beispiel werden die deutschen Laute *a, h, i, k, g, t, d, n, p, b, m, l, s* und *h* im Hindi genauso ausgesprochen wie im Deutschen. Wörter wie *avatār* ‚Inkarnation', *ahiṃsā* ‚Gewaltlosigkeit', *bhagwān* ‚Gott' oder ‚Erhabener' (in den 1970er Jahren wurde der Begriff als Synonym für den indischen Sektenführer *Osho* verwendet) und *gurū* ‚Guru' sind seit den 1970er Jahren auch in Deutschland bekannt. Übrigens heißt anders herum der *Kindergarten* auch in Hindi *Kindergarten*.

Paninis Grammatik des Sanskrit

Die älteste erhaltene Grammatik des Sanskrit ist die älteste Grammatik überhaupt! Sie wurde von Panini (Pāṇinī) verfasst, der wahrscheinlich im 5. oder 4. Jahrhundert v. Chr. lebte und an der berühmten Universität Taxila lehrte. Paninis Werk, die in knapp 4 000 Regeln zusammengefasste Grammatik des klassischen Sankskrit, wurde in Indien zu einer Autorität. In Europa wurde dieses Werk im 19. Jahrhundert im Zuge der britischen Kolonialisierung Indiens bekannt und diente als Vorbild für Grammatikstudien in anderen Sprachen.

13.1.2 Allgemeines zum Hindi und Urdu

Geschichte

Das *Sanskrit* (skrt. *saṃskrita* ‚gereinigt, wohlgeformt, vollkommen') ist das Altindische. Dessen älteste Form ist in den Veden zu finden. Das sind religiöse Texte aus der frühen Hindu-Zeit. Sie sind zwar schon vor 1000–1500 v. Chr. entstanden, aber erst wesentlich später aufgezeichnet worden.

Die Nachfolgersprache des Sanskrit ist das *Prakrit*, das Mittelindische, das etwa vom 6. Jahrhundert v. Chr. bis zum

11. Jahrhundert n. Chr. gesprochen wurde. Im Gegensatz zur klassischen Literatursprache Sanskrit umfasst das Prakrit die Sprache und Dialekte der breiten Bevölkerung.

Während der Zeit des Prakrit waren sowohl der Hinduismus als auch der Buddhismus in Indien maßgebliche Geistesströmungen. Der Einfluss des Buddhismus in Indien kam weitgehend zum Erliegen mit einer islamischen Invasion im 12. Jahrhundert n. Chr. in Nordindien.

Mit der Etablierung der muslimischen Herrschaft in Nordindien setzte sich das Persische als Sprache der Höfe und der höheren Bildung durch. Hindi-Urdu dagegen entwickelte sich als Sprache des Volkes, die Elemente des Persischen, des Arabischen und Türkischen aufnahm. Der erste Rektor des 1800 gegründeten Fort William College in Kalkutta, John Gilchrist, erkannte, dass nicht Persisch, sondern diese Hindi-Urdu-Mischform von der Bevölkerung gesprochen wurde. Er bezeichnete diese Sprache als *Hindustani*, gab ein Wörterbuch heraus und unterrichtete die Beamten der Kolonialverwaltung darin.

Das Wort *Hindi* ist persisch und bedeutet so viel wie ‚indisch'. Das Wort *Urdu* ist vom türkischen Wort *Ordu* abgeleitet und bedeutet ‚Heerlager'. Die Anfangsform der Sprache des Volkes entwickelte sich auf den Marktplätzen und in den Heerlagern.

Allmählich gewann diese Sprache an muslimischen Höfen an Popularität und entwickelte sich auch als eine literarische Sprache. Die muslimischen Sprecher nahmen gerne persische und arabische Ausdrücke in die Sprache auf, die zum Urdu wurde. Die Hindu-Bevölkerung verwendete gerne Wörter aus dem Sanskrit und Prakrit in einer Variante der Sprache, die sich zum heutigen Hindi entwickelte. Die Entlehnung aus dem Sanskrit betonte die kulturelle Eigenständigkeit des Landes und der Bevölkerung.

Wegen der gemeinsamen Grammatik wurden die Begriffe „Hindi", „Urdu" und „Hindustani" lange als gleichbedeutend verwendet, mindestens bis zur Zeit des Dichters Mirza Ghalib (1797–1869), der als größter klassischer Dichter des Urdu gilt und seine Sprache Hindi nannte. Erst im späten 19. Jahrhundert entwickelte sich das Verhältnis von Hindi und Urdu zu einem Konkurrenzverhältnis. Hindi, Urdu oder Hindustani zu sprechen, wurde zur Glaubensfrage, da die Sprachen in jeweils unterschiedlicher Abgrenzung zur britischen Kolonialherrschaft eine bestimmte Identität ausdrücken konnten. So wurde auch im Freiheitskampf gegen die Kolonialherrschaft von Mahatma Gandhi das gemeinsame Hindustani als Symbol der nationalen Identität proklamiert. Seit 1940 verstärkte sich mit der Teilung Britisch-Indiens in Indien und einen muslimischen Teil Pakistan aber auch der Prozess des Auseinanderdividierens, sodass Hindi und Urdu aus politischer Sicht, besonders aus der pakistanischen Sicht, zum Teil als unabhängige Sprachen anzusehen sind. Im täglichen Leben verursachen diese politisch motivierten Positionen aber keine bedeutsamen Verständigungsprobleme.

Bekannte Persönlichkeiten

Mahatma Gandhi (2.10.1869–30.1.1948)

Rabindranath Tagore (7.5.1861–7.8.1941): bengalischer Dichter, Philosoph und Musiker

Mutter Teresa (26.8.1910–5.11.1997): Sie stammte ursprünglich aus einer katholischen albanischen Familie und wurde im Osmanischen Reich geboren (in Üsküp, heute: Skopje, auf dem Gebiet des heutigen Mazedonien)

Nach der Unabhängigkeit beider Teile von der britischen Kolonialherrschaft 1947 wurde Hindi 1950 in der neuen Verfassung als erste Amtssprache Indiens festgelegt. Urdu wurde im Jahre 1949 zur Nationalsprache Pakistans erklärt. Das gemeinsame Hindustani ist heute die Sprache der Bollywood-Filme. Wie erwähnt werden in beiden Ländern auch sehr viele andere Sprachen von großen Bevölkerungsanteilen gesprochen.

Bollywoods Hindi-Filme und die Migranten aus Nordindien spielen eine große Rolle in der Verbreitung des Hindi innerhalb, aber auch außerhalb Indiens. Über die Jahre hinweg hat Hindi eine reiche literarische und kulturelle Tradition entwickelt. Die indische Regierung hat ihm zwei Tage im Jahr gewidmet: Der 14. September wird als *Hindi-Divas* ‚Tag des Hindi' und der 10. Januar als *Viśva-Hindi-Divas* ‚Welt-Hindi-Tag' jedes Jahr mit großer Begeisterung gefeiert.

Sprecher und Sprachsituation

Dem indischen Zensus von 2001 zufolge zählt Hindi mitsamt seinen verschiedenen Dialekte 486 Millionen Muttersprachler; weltweit wird die Zahl der Sprecher auf über 500 Millionen geschätzt. Außerhalb Indiens wird es vor allem auf Mauritius, Surinam, Trinidad, Guyana, den Fidschi-Inseln, in Kenia, im Jemen, in Sambia, den Vereinigten Arabischen Emiraten und in Südafrika gesprochen. In den USA, Kanada und Europa sprechen es die NRIs (*non-resident Indians*). In Deutschland wird Hindi von den Migranten aus Nordindien und der großen Gruppe geflüchteter afghanischer Hindus gesprochen. Unter den Sprachen der Welt rangiert Hindi mit seiner Sprecherzahl heute je nach Zählart auf dem dritten oder vierten Platz. Urdu ist die National- und Amtssprache Pakistans und überdies Amtssprache einiger indischer Bundesländer mit hohem muslimischen Bevölkerungsanteil. Schätzungsweise wird Urdu von über 150 Millionen Menschen gesprochen, darunter von ca. 60 Millionen Muttersprachlern.

In Deutschland wird *Hindustani* bereits seit 1887 gelehrt. Hindi und Urdu werden heute an mehr als 15 deutschen Universitäten unterrichtet und erforscht.

13.1.3 Schrift und Aussprache

Vokale

Hindi hat zehn Vokale, wobei zwischen langen und kurzen Vokalen unterschieden wird. Anders als im Deutschen gibt es keine vorderen gerundeten Vokale (wie in *fühlen*, *füllen*, *Höhle*, *Hölle*). Allerdings wird in Hindi bei den Vokalen noch zwischen einfachen und nasalierten Formen unterschieden; die Nasalierung hat dabei eine bedeutungsunterscheidende Funktion (z. B. अंचल *añcal* ‚die Borte eines Schals' und अचल *acal* ‚fest' oder ‚unbeweglich').

Tabelle 13.1 zeigt den Lautwert der Vokale in IPA-Lautschrift, die Notation in lateinischer Schrift und ein deutsches Beispiel, das den betreffenden Vokal enthält.

Tabelle 13.1: Vokale des Hindi

	hell	**mittel**	**dunkel**
Mund weiter geschlossen	[iː] *ī* ***Spiegel***		[uː] *ū* ***Spule***
	[i] *i* ***Fit*** [ɻ] *ṛ* ***ring***		[u] *u* ***Hund***
	[eː] *e* ***Weg***	[ə] *a* *alte*	[oː] *o* ***Los***
Mund offener	[æː] *ai* ***ähnlich***	[ɑː] *ā* Vater	[ɔ] *au* ***Au****-pair*

Ungewöhnlich ist der Laut *ṛ*, der fast wie [ri] klingt, zum Beispiel in *ṛgveda*. Für die drei Kurzvokale (*a*, *i*, *u*) des Hindi hat das Urdu nur einen.

Konsonanten

Hindi und Urdu beeindrucken durch ihr großes Konsonanteninventar (Tabelle 13.2), mit einigen Besonderheiten im Vergleich zum Deutschen. Betrachten wir zunächst die *retroflexen* Konsonanten. Bei diesen wird die Zunge bei der Artikulation zurückgebogen, die Zungenspitze bzw. das Zungenblatt berührt dabei den Zahndamm mit der Unterseite der zurückgebogenen Zunge. Versuchen Sie es einmal: Rollen Sie die Zungenspitze nach hinten und sprechen Sie *n* oder *t* – es klingt ganz anders als gewohnt. Neben den nichtretroflexen Lauten gibt es retroflexe Verschlusslaute, ein retroflexes *n* (nur in Hindi), retroflexe *r*-Laute und einen retroflexen Reibelaut. In der lateinischen Umschrift werden die retroflexen Laute durch einen Punkt unter dem Konsonantenbuchstaben markiert (z. B. *ṭ*). Ein Wortpaar wie *tāt* ‚Vater' vs. *ṭāṭ* ‚Sitzmatte' illustriert den Unterschied zwischen nichtretroflexen und retroflexen Lauten. Weitere Beispiele mit retroflexen Lauten sind *ṭopī* ‚Kappe', *ṭhīk* ‚OK', *ḍāk* ‚Post', *ḍhol* ‚Trommel' und *prāṇ* ‚Leben, Atem'. Das retroflexe *ṛ* kommt nicht am Wortanfang vor und wird wie *ḍ* ausgesprochen, dabei schlägt die Zungenspitze schnell und leicht an den vorderen Gaumen (z. B. *baṛā* ‚groß'). *ṛh* wird zusätzlich stark behaucht ausgesprochen (z. B. *bāṛh* ‚Flut').

Hindi-Urdu-Zungenbrecher

ū́ṭ ū́cā, ū́cī pū́c^{h} *ū́ṭ kī, pū́c*^{h} *se b*^{h}*ī ū́cī kyā ū́cī pīṭ*^{h} *ū́ṭ kī!*

‚Kamel hoch, Schwanz hoch des Kamels, höher als der Schwanz ist der Rücken des Kamels!'

Für das Verständnis der Behauchung in Hindi-Urdu zunächst ein paar Bemerkungen zum Deutschen. Wenn Sie *Panne* sagen und sich dabei die Hand nahe an den Mund halten, spüren Sie an der Hand einen Luftstoß, den Sie mit der Aussprache des *P* produzieren. Das ist Behauchung. Im Deutschen sind *p*, *t* und *k* am Wortanfang behaucht. Wenn Sie hingegen *Spanne* sagen und wieder Ihre Hand einsetzen, werden Sie keinen vergleichbaren Luftstoß spüren: Da das *p* hier nicht am Wortanfang steht, ist es nicht behaucht. Im Deutschen ist diese Behauchung nicht wichtig für die Unterscheidung der Konsonanten. Im Hindi-Urdu hingegen sind unbehauchte und behauchte Laute unterschiedliche Konsonanten. Das hochgestellte *h* zeigt die Behauchung an:

kāl	‚Zeit'	*k^{h}āl*	‚Haut'
cāl	‚Gang'	*c^{h}āl*	‚Rinde'
sāt	‚sieben'	*sāṭ^h*	‚sechzig'
bāl	‚Haar'	*b^{h}āl*	‚Stirn'

Tabelle 13.2: Konsonanten in Hindi-Urdu

Lippe	Zähne	Retroflexe	harter Gaumen	weicher Gaumen	Zäpfchen	Stimmbänder
[p] *p*	[t] *t*	[ʈ] *ṭ*	[tʃ] *c*	[k] *k*	[q] *q*	?
[p^h] *ph*	[t^h] *th*	[ʈh] *ṭh*	[tʃ^h] *ch*	[k^h] *kh*		
[b] *b*	[d] *d*	[ɖ] *ḍ*	[dʒ] *j*	[g] *g*		
[b^h] *bh*	[d^h] *dh*	[ɖ^h] *ḍh*	[dʒ^h] *jh*	[g^h] *gh*		
[m] *m*	[n] *n*	[ɳ] *ṇ*	[ɲ] *ñ*	[ŋ] *ṅ*		
[ʋ] *v*		[r] *r*	[j] *y*			
		[ɽ] *ṛ*				
		[ɽ^h] *ṛh*				
			[l] *l*			
[f] *f*	[s] *s*	[ʂ] *ṣ*	[ʃ] *ś*	[x] *k̲h*	[ɣ] *g*	ɦ
	[z] *z*					

Die am Zahndamm artikulierten Laute wie *t* rücken in der Aussprache etwas von ihren retroflexen Gegenstücken ab und werden dadurch weiter vorne, bei den Zähnen, artikuliert. Wir verzichten auf die Markierung dieses Abrückens in der Lautschrift.

Hindi wird wie etwa auch Sanskrit (die klassische Sprache Indiens) und Nepali, die Amtssprache Nepals, in der *Devanagari*-Schrift (genauer: *Devanāgarī*) geschrieben. Devanagari gehört zu den Silbenalphabeten. Anders als Buchstabenalphabete werden in ihnen nicht einzelne Laute oder Lautsegmente, sondern ganze Silben festgehalten. Eine solche Schrift findet sich zum Beispiel auch im Japanischen (Kapitel 12).

Ein Silbenzeichen steht zunächst für einen Konsonanten und den folgenden Vokal *a* (in Lautschrift [ə]). Diese Silbenzeichen nennt man *akṣar*. Hat nun eine Silbe einen anderen Vokal als *a*, wird ein entsprechendes diakritisches Zeichen (*mātrā* genannt) verwendet: *kā* wird als *k(a)* mit dem diakritischen Zeichen für *ā* geschrieben, *ki* als *k(i)* mit dem diakritischen Zeichen für *i* usw.:

क	का	कि	कु	के
ka	kā	ki	ku	ke

Wussten Sie, dass ....

in der Devanagari-Schrift die Zeichen im Gegensatz zu der lateinischen Schrift nicht auf der Linie geschrieben werden, sondern vor allem unter der Linie? Die Zeichen „hängen" also an der Linie. Sie werden von links nach rechts geschrieben.

किसी को धक्का देना अच्छा नहीं है!

Kisī ko dhakkā denā acchā nahī̃ hai!

jemand-em Schub geben gut nicht ist

‚Jemanden zu schubsen, ist nicht gut!'

Wie aus der Darstellung ersichtlich, können die diakritischen Zeichen an unterschiedlichen Positionen des Basiszeichens angefügt werden: rechts (z. B. bei *ā*), links (z. B. bei *i*), unterhalb (z. B. bei *u*) und oberhalb (z. B. bei *e*).

Für Vokale, die nicht mit einem Konsonanten stehen, gibt es außerdem Vollformen der Vokalzeichen (z. B. am Wortanfang bei *ām* ‚Mango') oder in Vokalsequenzen (z. B. *o* in *āo* ‚komm' oder *ī* in *bhāī* ‚Bruder'). Tabelle 13.3 zeigt diese Zeichen.

Tabelle 13.3: Vollform der Vokalzeichen

	hell		**dunkel**
Mund eher geschlossen	ī ई		ū ऊ
	i इ ṛ ऋ		u उ
	e ए	a अ	o ओ
Mund offener	ai ऐ	ā आ	au औ

Die Konsonanten sind in Tabelle 13.4 dargestellt. Da Hindi auch komplexere Silben hat als die mit den Silbenzeichen geschriebenen Konsonant-Vokal-Sequenzen, stellt sich die Frage, wie Silben geschrieben werden, in denen mehrere Konsonanten kombiniert werden. In solchen Fällen wendet die Schrift einen Trick an: Sie fügt ein Vokaltilgungszeichen ◌् hinzu. Dadurch wird aus dem Silbenzeichen ein Konsonantenzeichen: Aus ग *g(a)* wird somit ग् *g*. Allerdings wird in Hindi bevorzugt eine andere Strategie gewählt, nämlich die Verwendung von Ligaturen.

Was sind Ligaturen?

Damit sind Verbindungen zweier oder mehrerer Buchstaben gemeint, sodass ein einziges in sich geschlossenes Gebilde entsteht; so wurde im Französischen beispielsweise aus *o* und *e* die Ligatur *œ* oder im Dänischen *æ* aus *ae*.

Für *gda* schreibt man ग्द statt ग् द. Die Ligaturen ignorieren Silbengrenzen. So wird der Sprachname *Hindi* mit der Ligatur für *nd* (न्द) geschrieben, obwohl *n* und *d* durch eine Silbengrenze getrennt sind:

हिन्दी: *h(a) + i nd(a) + ī*

Devanagari gibt die Lautstruktur der Wörter ziemlich lautgetreu wieder. Es gibt nur wenige Ausnahmen, die vor allem den inhärenten Vokal *a* betreffen, der zwar in der Schrift angezeigt, aber nicht ausgesprochen wird: Dies kann am Wortende der Fall sein, wie in *yog* (nicht *yoga*) oder *bhārat* (nicht *bhārata*) ‚Indien', aber auch im Wortinneren, wie in *laṛkī* (nicht *laṛakī*) ‚Mädchen' oder *ādmī* (nicht *ādamī*) ‚Mensch, Mann'. Entsprechend lautet die Bezeichnung für das Silbenalphabet eigentlich *Devnāgrī*.

Urdu wird in einer modifizierten Form der perso-arabischen Schrift *Nastaliq* (genauer *Nastālīq/Naskh*) geschrieben, die in Tabelle 13.5 gezeigt wird.

हिन्दी

‚Hindi', geschrieben in seiner Schrift *Devanagari*

Arabische und persische Lehnwörter werden in der ursprünglichen orthografischen Form geschrieben und nicht gemäß der Aussprache in Urdu. Das Schriftsystem umfasst 37 Zeichen. Wie im Arabischen haben die Zeichen je nach ihrer Position im Wort eine unterschiedliche Gestalt. So sieht beispielsweise der Buchstabe *b* ب anders am Anfang eines Wortes

اردو

‚Urdu', geschrieben in seiner perso-arabischen Schrift *Nastaliq*

Tabelle 13.4: Schreibung der Konsonanten in Devanagari

Lippe	Zähne	Retroflexe	harter Gaumen	weicher Gaumen	Zäpfchen	Stimm-bänder
प *p*	त *t*	ट *ṭ*	च *c*	क *k*	क़ *q*	
फ *ph*	थ *th*	ठ *ṭh*	छ *ch*	ख *kh*		
ब *b*	द *d*	ड *ḍ*	ज *j*	ग *g*		
भ *bh*	ध *dh*	ढ *ḍh*	झ *jh*	घ *gh*		
म *m*	न *n*	ण *ṇ*	ञ *ñ*	ङ *ṅ*		
व v		र *r*	य y			
		ड़ *ṛ*				
		ढ़ *ṛh*				
			ल *l*			
फ़ *f*	स *s*	ष *ṣ*	श *ś*	ख़ *k̲h*	ग़ *g*	ह *h*
	ज़ *z*					

Tabelle 13.5: Perso-arabische Schrift des Urdu

Alphabet	Name in Urdu	deutsches Äquivalent	Alphabet	Name in Urdu	deutsches Äquivalent
ا	ālif	*a*	ص	swad	*ß/ss*
ب	be	*b*	ض	zwā	*s*
پ	pe	*p*	ط	to, toe	*t*
ت	te	*t*	ظ	zo, zoe	*s*
ٹ	ṭe	(retroflexes *t*)	ع	əyn	*e*
ث	se	*ß/ss*	غ	yəyn	Zäpfchen-*r*
ج	jīm	*dsch*	ف	fe	*f*
چ	ce	*tsch*	ق	qāf	*k, q*
ح	baṛī he	*h*	ک	kāf	*k*
خ	xe	*ch* in *Bach*	گ	gāf	*g*
د	dāl	*d*	ل	lām	*l*
ڈ	ḍāl	(retroflexes *d*)	م	mīm	*m*
ذ	zāl	*s*	ن	nūn	*n*
ر	re	Zungen-*r*	ں	nūn guna	*ng*
ڑ	ṛe	(retroflexes Zungen-*r*)	و	vā'o	*w, v*, Vokale *o, u*
ز	ze	*s*	ہ	choṭī he	*h*
ژ	že	*J* in *Jargon*	ء	hamzah	Knacklaut
س	sīn	*ß/ss*	ی	choṭī ye	*j*, Vokale *e, i*
ش	schīn	*sch*	ے	baṛī ye	Vokal *e*
ھ	do cashmī he	(Behauchung)			

(*bagīcā* بگچا) oder in der Mitte eines Wortes (*abar* ابر) aus, als wenn er am Ende eines Wortes (*adab* ادب) steht (siehe auch die Ausführungen zur arabischen Schrift in Kapitel 7). Die Vokale werden entweder über oder unter dem Konsonanten geschrieben, zum Beispiel erscheinen *a* und *u* darüber und *i* darunter. Oft werden in Urdu ebenso wie im Arabischen die Vokale gar nicht geschrieben, sodass die Leser sie aus dem Kontext ableiten müssen. Im Gegensatz zur Devanagari- und zur lateinischen Schrift wird Urdu von rechts nach links geschrieben und gelesen.

Schwierigkeiten für Deutschlerner: Orthografie und Aussprache

Groß- und Kleinschreibung stellt für Hindi-Urdu-Sprecher ein Problem beim Schreiben des Deutschen dar. Vielleicht haben Sie schon beim ersten Durchblättern des Kapitels bemerkt, dass alle Wörter in den Hindi-Beispielen kleingeschrieben sind. Ein Hindi-Urdu-Sprecher muss also lernen, wann etwas großgeschrieben wird. Er muss beispielsweise wissen, dass es einen großen Unterschied macht, ob er ‚zahlen' mit großem *Z* schreibt und somit ‚(die) Zahlen' bezeichnet oder ob er sie mit kleinem *z* schreibt und damit ‚(be)zahlen' meint.

Ein weiteres Problem stellen die Umlaute *ä*, *ö* und *ü* dar, die in Hindi-Urdu fehlen. Eine Hürde für Hindi-Urdu-Sprecher sind auch die retroflexen Laute ihrer Muttersprache. Viele Südasiaten sprechen deutsche Wörter mit Lauten aus, die durch dieses Rollen der Zunge in Richtung des hinteren Gaumens entstehen – mit entsprechenden Lautcharakteristika, die zu Missverständnissen führen können.

Obwohl in jedem Wort in Hindi-Urdu die eine oder andere Silbe etwas mehr betont wird, verändert die Betonung die Bedeutung des Wortes nicht. Dagegen spielt im Deutschen die Betonung eine wichtige Rolle. So gibt es im Deutschen Wortpaare, die sich nur durch ihren Akzent unterscheiden lassen: ***über****laufen* und *über****laufen*** oder ***Ro****man* und *Ro****man*** etc.

13.1.4 Wörter

Nachdem wir die Laut- und Schriftsysteme des Hindi und des Urdu kennen gelernt haben, ist es an der Zeit, etwas über die Struktur der Wörter und Sätze in diesen Sprachen in Erfahrung zu bringen. Wie eingangs erwähnt, sind – grammatisch gesehen – die Unterschiede zwischen Hindi und Urdu irrelevant, deshalb werden wir diese Sprachen nicht einzeln betrachten. Überall dort, wo „Hindi-Urdu" gemeint ist, wird im Folgenden verkürzend von „Hindi" die Rede sein.

Wortbildung

Wie im Deutschen gibt es in Hindi Wortzusammensetzungen (Komposita), aber die wirklich langen, mehrgliedrigen Komposita (von der Sorte *Donaudampfschifffahrtsgesellschaftskapitän*) werden Sie in Hindi vergebens suchen. Was Sie aber auf jeden Fall finden werden, sind einfache, zweigliedrige Komposita. Meistens gibt es in Hindi ein einfaches Wort für das deutsche zusammengesetzte: ‚Schwiegermutter' heißt *sās*, ‚Briefumschlag' *lifāfā* und ‚Regenschirm' *chātā*. Es gibt aber auch Parallelen wie ‚Bahnfahrt' *relyātrā* (*rel* + *yātrā*) und ‚Wassermühle' *pancakkī* (*panī* + *cakkī*).

Die Zusammensetzung von Wörtern kommt hauptsächlich in vier Formen vor: (1) nebenordnende Wortzusammensetzungen, wie *praśnottar* ‚Frage und Antwort' (beide Teile sind also „gleichrangig"); mehr zu diesem Muster finden Sie in der Randspalte; (2) Wortzusammensetzungen, bei denen das erste Kompositionsglied das zweite genauer spezifiziert, wie *viśva-bāzār* ‚Weltmarkt' (ein *Weltmarkt* ist ein spezieller *Markt*); (3) Zusammensetzungen, die wie ein Adjektiv beim Nomen verwendet werden und deren zweiter Teil ein Substantiv ist, wie *timanzilā* ‚dreistöckig'; (4) zusammengesetzte Adverbien wie *hardin* (*har* (Adverb) + *din* (Nomen)) ‚täglich'.

Zu den weiteren interessanten Wortbildungsarten gehört auch die Verdoppelung („Reduplikation") von Wortstämmen, die zu einem Verstärkungseffekt führt. So heißt zum Beispiel *dūr-dūr* ‚weit entfernt'. Auch wird durch die Wiederholung von Synonymen die Bedeutung des einen Wortes durch die Nuance in der Bedeutung des anderen ergänzt, wie in *cālnā-phirnā* (‚laufen-umkreisen') ‚herumlaufen'. Oft werden Wörter aus einem Wort und einer ihm ähnlich klingenden Komponente gebildet, wobei das zweite Wort, das selbst keine Bedeutung hat, dem ersten Wort dennoch eine gewisse zusätzliche Bedeutung verleiht, zum Beispiel *cāy-vāy* ‚Tee und …', wie etwa bei der Bedeutung des deutschen Ausdrucks ‚Kaffeekränzchen' oder wie in ‚Kaffee trinken', was oft auch Gebäck einschließt.

Häufig werden Gegensätze zusammengesetzt, sodass ein neues Wort entsteht: *āj-kal* ‚heute und morgen' = ‚heutzutage'.

Dvandva

Dvandva bedeutet wörtlich ‚zwei und zwei' oder ‚Paar'. Beispiele für diese Zusammensetzung sind *praś-nottar* ‚Frage und Antwort', *hāt^h-pā̃v* ‚Hand und Fuß', *mā̃-bāp* ‚Mutter und Vater', *sās-sasur* ‚Schwiegermutter und Schwiegervater'. Auch im Vietnamesischen und Chinesischen finden sich solche Zusammensetzungen mit diesem Namen (Kapitel 11).

Von Vor- und Nachsilben

Die meisten mit Vorsilben versehenen Wörter stammen aus dem Sanskrit oder Persischen-Arabischen, zum Beispiel ***a**-śānti* (*a* bedeutet ‚ohne' und *śānti* ‚Friede' oder ‚Ruhe') ‚Unruhe', ***nir**-akṣar* (*nir* bedeutet ‚ohne' und *akṣar* ‚Silbe') ‚Analphabet', *gair-zarūrī* (*gair* bedeutet ‚un' oder ‚fremd' und *zarūrī* ‚notwendig' oder ‚wichtig') ‚unwichtig'.

Die weitverbreitetste Wortbildungsart in Hindi ist die mithilfe von Nachsilben. Auch diese Wörter stammen meistens aus dem Sanskrit oder Persischen-Arabischen. Durch ein Suffix können neue Substantive, Adjektive, Adverbien und Verben gebildet werden, zum Beispiel *dhoke-**bāz*** (*dhokā* oder *dhokhā* bedeutet ‚Betrug' und *bāz* ‚Spieler') ‚Betrüger', *dukān-**dār*** (*dukān* bedeutet ‚Laden' und *dār* ‚Besitzer') ‚Ladenbesitzer', *prajā-**tantr*** (*prajā* bedeutet ‚Volk' und *tantr* ‚System') ‚Demokratie', *śānti-**pūrṇ*** (*śānti* bedeutet ‚Friede' und *pūrṇ* ‚vollständig') ‚friedlich'.

Postpositionen statt Präpositionen

Aus** Dehli* heißt in Hindi *dillī **se (‚Dehli aus'), ***im** Haus* – *ghar **mẽ*** (‚Haus im').

Kein Neutrum im Hindi

Im Hindi gibt es wie im Deutschen Singular und Plural, aber anders als im Deutschen nur Maskulinum und Femininum; es fehlen also die Neutra. Ähnliche Situationen finden wir in einer Reihe anderer Sprachen, beispielsweise im Französischen (Kapitel 14).

Flexion

Hindi kennt die gleichen Wortarten wie das Deutsche. Ein Unterschied besteht nur dahingehend, dass Hindi keine Präpositionen, sondern Postpositionen, also nachgestellte Elemente, aufweist.

Das Kasussystem der Nomen des Hindi ist in Tabelle 13.6 illustriert, mit den Kasusformen für das maskuline Substantiv *baccā* ‚Kind, Junge' und für das feminine Substantiv *baccī* ‚Mädchen'.

Der Nominativ und der Vokativ (den man für die Anrede von Personen verwendet) haben jeweils eigene Stammformen. Die Nominativstämme repräsentieren die Grundform der Substantive, die auch *Casus rectus* (wörtlich: ‚aufrechter', ‘ungebeugter' Kasus) genannt wird. Die übrigen Kasusformen werden mit Postpositionen gebildet, also mit kurzen Wörtern nach dem Nomen, und auch *Casus obliquus* (wörtlich: ‚schrä-

Tabelle 13.6: Kasusformen von ‚Junge' und ‚Mädchen'

	Maskulinum		Femininum	
	Singular	Plural	Singular	Plural
Nominativ	*baccā*	*bacce*	*baccī*	*bacciyā̃*
Ergativ	*bacce ne*	*baccõ ne*	*baccī ne*	*bacciyõ ne*
Dativ/Akkusativ	*bacce ko*	*baccõ ko*	*baccī ko*	*baccīyõ ko*
Ablativ/Instrumental	*bacce se*	*baccõ se*	*baccī se*	*bacciyõ se*
Lokativ	*bacce mẽ*	*baccõ mẽ*	*baccī mẽ*	*bacciyõ mẽ*
Genitiv	*bacce kā*	*baccõ kā*	*baccī kā*	*bacciyõ kā*
Vokativ	*bacce!*	*bacco!*	*baccī!*	*bacciyo!*

ger, gebeugter' Kasus) genannt. So wird zum Beispiel der Lokativ, der Kasus für Ortsbezeichnungen, mit der Postposition *mẽ* markiert; in Kombination mit dem Substantiv *kamrā* ‚Zimmer' wählt er die *Obliquus*-Form; *kamre mẽ* heißt dann ‚im Zimmer'.

Auf den besonderen Fall des Ergativkasus kommen wir in Abschnitt 13.1.5 und Abschnitt 13.1.6 zurück.

Die Verben bilden einen Reichtum an Formen. Wie im Deutschen gibt es in Hindi zunächst drei Modi: den Indikativ, den Imperativ und den Konjunktiv. Die 2. Person Plural des Imperativs wird gebildet, indem man an den Stamm ein *o* (unhöfliche Redeweise) oder *ie* (höfliche Redeweise) anhängt: *tum bolo!*; *āp bolie!* ‚Sprich! Sprechen Sie!'. Für die 2. Person Singular wird in einer unhöflichen Sprechweise einfach der Verbstamm verwendet: *bol!* ‚Sprich!'.

Außerdem unterscheidet das Hindi zwischen Gegenwart, Vergangenheit und Futur: *maĩ hū̃* ‚ich bin', *maĩ thā/thī* ‚ich war (mask.sg/fem.sg)', *maĩ hū̃gā/hū̃gī* ‚ich werde sein (mask.sg/fem.sg)', *ham haĩ* ‚wir sind (mask.pl/fem.pl)', *ham the/thī̃* ‚wir waren (mask.pl/fem.pl)', *ham hõge/hõgī* ‚wir werden sein (mask.pl/fem.pl)'.

Schließlich gibt es, wie in slawischen Sprachen, die Aspektunterscheidung zwischen Imperfektiv und Perfektiv (Kapitel 10) sowie, wie im Englischen, eine Verlaufsform (Kapitel 5).

Der Unterschied zwischen Gegenwart und Vergangenheit wird durch das Hilfsverb *hai* ‚ist' und *thā* ‚war' (z. B. *maine usko pānī diyā* **hai** ‚Ich habe ihm/ihr Wasser gegeben' und *maine usko pānī diyā* ***thā*** ‚Ich hatte ihm/ihr Wasser gegeben') gekennzeichnet. Das Verb *cāhie* ‚brauchen, benötigen, sollen' bleibt in seiner Form immer gleich, wie man in den folgenden Beispielen sieht:

Mujh-ko	*pānī*	*cāhie.*
ich.OBLIQUUS-DATIV	Wasser	benötigen

‚Ich brauche Wasser.'

Bei belebten Nomen entspricht das grammatische Genus dem biologischen Geschlecht. Im Deutschen ist das nicht immer der Fall – denken Sie nur an *das Mädchen* oder *das Weib*. Bei unbelebten Nomen dagegen ist das grammatische Genus beliebig, ganz wie im Deutschen. Übrigens, das Hindi-Wort für ‚Kind' ist männlich.

laṛkā (mask.) ‚Junge'
laṛkī (fem.) ‚Mädchen'
bandar (mask.) ‚männlicher Affe'
bandarī (fem.) ‚weiblicher Affe'

aber:
kitāb (fem.) ‚Buch'
seb (mask.) ‚Apfel'
õṭ^h (mask.) ‚Lippe'
ā̃k^h (fem.) ‚Auge'

Ablativ

Der Ablativ hat viele Funktionen. Er kann unter anderem die Herkunft anzeigen (wie in unserem Beispiel oben *dillī* ***se*** ‚aus Dehli') oder den Beginn eines Ereignisses (wie in *itvār se* ‚seit Sonntag'). Aber wir finden den Ablativ auch in Vergleichskonstruktionen (‚mehr als'):

Hāthī	*murge* ***se***	*bahut*	*baṛā*	*hai.*
Elefant	Huhn-ABL	viel	groß	ist

‚Der Elefant ist größer als das Huhn.'

Hamko	*jarman*	*sīkhnī*	*cāhie!*
wir.OBL	Deutsch	lernen.INF	sollen

‚Wir sollten Deutsch lernen!‘

Zusammengesetzte Verben und andere Verbformen

Bemerkenswert sind die vielen Bildungen zusammengesetzter Verben. Beispielsweise hängt sich das Hilfsverb *sein* bei der Bildung der Vergangenheit in seiner konjugierten Form eigentlich hinten an das Hauptverb an, sodass ein komplexes Wort entsteht: *diyā-**hai*** (ich) gegeben-bin ‚ich habe gegeben‘ bzw. *diyā-**thā*** (ich) gegeben-war ‚ich hatte gegeben‘.

Bereits erwähnt wurde die Möglichkeit, mehrere selbstständige Verben zu einem zusammengesetzten Verb zu kombinieren, wie in *khā lenā* ‚essen nehmen‘ = ‚aufessen‘. Ein weiteres Beispiel ist der folgende Satz:

Rām	*gā +*	***uṭ^{h}ā.***
Ram.NOM	singen	aufsteigen.PERF

‚Ram stimmte spontan ein Lied an.‘

Auch ein Adjektiv oder ein Nomen kann in solch eine Verbindung eingehen:

Rām-ne	*kamrā*	*sāf +*	***kiyā.***
Ram-ERG	Zimmer.NOM	sauber	tun.PERF

‚Ram machte das Zimmer sauber.‘

Rām-ne	*ravī-kā*	*pīc^{h}ā +*	*kiyā.*
Ram-ERG	Ravi-GEN	Verfolgung	tun.PERF

‚Ram verfolgte/jagte Ravi.‘

Auch wird das Vorhandensein eines zusätzlichen Verursachers oft über verwandte Verbformen ausgedrückt. So kann ausgehend von dem Verb *k^{h}olnā* ‚etwas öffnen‘ zum einen durch eine andere Verbform ausgedrückt werden, dass es keinen Verursacher gibt: *k^{h}ulnā* heißt ‚sich öffnen‘. In die andere Richtung kann zu *k^{h}olnā* ‚etwas öffnen‘ auch mit *-vānā* noch ein Verursacher hinzugefügt werden: *khul-vānā* heißt ‚jemanden dazu bringen, etwas zu öffnen‘. Dieses Beispiel ist hier noch einmal zusammen mit anderen Beispielen gezeigt:

k^{h}ulnā	*k^{h}olnā*	*k^{h}ulvānā*
‚sich öffnen‘/‚aufgehen‘	‚etwas öffnen‘	‚jemanden/etwas öffnen lassen‘
sīk^{h}nā	*sik^{h}ānā*	*sik^{h}vānā*
‚lernen‘	‚jmd. lehren‘	‚jmd. lehren lassen/jmd. lernen lassen‘

biknā	*becnā*	*bikvānā*	
‚verkauft werden'	‚verkaufen'	‚verkaufen lassen'	
dik^{h}nā/dīk^{h}nā	*dek^{h}nā*	*dik^{h}ānā*	*dik^{h}vānā*
‚erscheinen'	‚sehen'	‚zeigen'	‚zeigen lassen'

Schwierigkeiten für Deutschlerner in Wortbildung und Flexion

Die wichtigsten Unterschiede zwischen Deutsch und Hindi-Urdu betreffen das Genus-, Kasus- und Artikelsystem sowie die Deklination des Adjektivs.

Für einen Hindi-Urdu-Sprecher ist es nicht einfach, sich das deutsche Kasus- und Artikelsystem anzueignen, denn in Hindi-Urdu gibt es nur zwei wichtige Kasus: Casus rectus und Casus obliquus. Artikel wie im Deutschen gibt es in Hindu-Urdu nicht. Zwar wird in Hindi etwas Bestimmtes mithilfe eines Demonstrativpronomens ausgedrückt, wie etwa *dieses* und *jenes*, aber deren Grammatik ist völlig anders.

Das grammatische Geschlecht eines Nomens in Hindi-Urdu stimmt nicht mit dem Deutschen überein. Das Wort *Mädchen* ist ein typisches Beispiel dafür: Neutrum im Deutschen, aber Femininum in Hindi.

Die starke und schwache Deklination des Adjektivs bereitet ebenfalls Probleme. Das Hindi-Urdu hat ein eigenes System der Adjektivflexion, mit ganz anderen Regularitäten.

Für das deutsche Verb *haben* ist in Hindi kein Verb vorhanden, sondern es wird durch eine Postposition, *ke pās*, ausgedrückt.

Im Gegensatz zum Deutschen wird der Genitiv in Hindi sehr häufig verwendet.

13.1.5 Sätze

SOV-Wortstellung

Das Hindi-Urdu verwendet die Reihenfolge SOV der Satzglieder, das heißt, das Verb steht nach dem Subjekt und nach den Objekten. Dies sieht man etwa in dem ersten Beispiel in der folgenden Randspalte. Diese Reihenfolge entspricht der Reihenfolge der Satzglieder im deutschen Nebensatz *dass Ila Anu eine Halskette schickte.*

Dabei ist auch die Umstellung der Satzglieder vor dem Verb möglich, wie die anderen Beispiele in der Randspalte zeigen. Wird das direkte Objekt vorangestellt, so ändert sich allerdings die Bedeutung ein wenig. Wie erwähnt werden keine be-

Wortstellung

[Ilā-ne]$_{SUB}$	*[anū-ko]$_{IO}$*	***[hār]***$_{DO}$	*b^{h}ejā.*
Ila-ERG	Anu-DAT	Halskette.NOM	schicken.PERF

‚Ila schickte Anu eine Halskette.'

[Ilā-ne]$_{SUB}$	***[hār]***$_{DO}$	*[anū-ko]$_{IO}$*	*b^{h}ejā.*
Ila-ERG	Halskette.NOM	Anu-DAT	schicken.PERF

‚Ila schickte Anu die Halskette.'

[Hār]$_{DO}$	*[ilā-ne]$_{SUB}$*	*[anū-ko]$_{IO}$*	*b^{h}ejā.*
Halskette.NOM	Ila-ERG	Anu-DAT	schicken.PERF

‚Ila schickte Anu die Halskette.'

SUB = Subjekt, DO = direktes Objekt, IO = indirektes Objekt

stimmten und unbestimmten Artikel verwendet. Ob ein bestimmter oder ein nicht bestimmter Gegenstand beschrieben wird, ergibt sich aus der Situation, aber zum Teil auch aus der Wortstellung. So wird das nicht vorangestellte direkte Objekt meist unbestimmt verstanden. Im ersten Beispiel in der Randspalte geht es also um eine nicht genauer bekannte oder bestimmte Halskette. Wird das direkte Objekt vorangestellt, wie in den anderen beiden Beispielen, so bezieht es sich auf eine bestimmte Halskette, also eine, von der der Hörer bereits Kenntnis hat.

Wenn das Objekt sich andererseits auf eine Person bezieht, verwendet das Hindi ein anderes Mittel, um die Bezeichnung einer bestimmten Person anzuzeigen: die Kasusendung *-ko* des Akkusativs: *Ilā-ne bacce-**ko** uṭʰāyā* (wörtlich: ‚Ila Kind-AKK hob', also „Ila hob **das** Kind').

Keine Voranstellung des Fragewortes

Anders als im Deutschen werden die Fragewörter in Ergänzungsfragen im Hindi nicht vorangestellt.

Hoṭel	***kahā̃***	*hai?*
Hotel	wo	ist

‚**Wo** ist (gibt es) ein Hotel?'

Das ist übrigens ähnlich wie im Chinesischen und Vietnamesischen (Kapitel 11). Auch das Japanische und das Türkische stellen die Fragewörter nicht voran.

Anders als im Deutschen gibt es keine Voranstellung des Verbs im Hindi-Urdu. Im Deutschen sehen wir die SOV-Stellung zwar auch im Nebensatz, aber im Hauptsatz wird das finite Verb vorangestellt und steht je nach Art des Hauptsatzes entweder an erster Stelle (***Fährst** du morgen mit Maria nach Berlin?*, ***Fahr** morgen mit Maria nach Berlin!*) oder an zweiter Stelle (*Morgen **fahre** ich nach Berlin, Wann **fährst** du nach Berlin?*). Im Hindi dagegen wird die SOV-Reihenfolge im Haupt- und Nebensatz gleichermaßen verwendet.

Kasusalternationen im Hindi-Urdu

Wie erwähnt unterscheidet das Hindi zwischen perfektiven und imperfektiven Verbformen. Die perfektiven Formen drücken eine abgeschlossene, in der Vergangenheit liegende Handlung aus. Die imperfektiven Formen beschreiben mögliche Handlungen in der Zukunft oder Gewohnheiten.

Betrachten wir nun den Kasus des Subjekts bei typischen transitiven Verben. Bei den imperfektiven Verbformen steht das Subjekt im Nominativ, wie wir es vom Deutschen her erwarten würden. Aus der imperfektiven Formenvielfalt sind hier zwei Beispiele gezeigt:

Rām	*ravī-ko*	*pīṭtā*	*hai.*
Ram.NOM	Ravi-AKK	schlagen.IMPERF	sein.PRÄSENS

‚Ram schlägt Ravi.'

Rām	*ravī-ko*	*pīṭegā.*
Ram.NOM	Ravi-AKK	schlagen.FUTUR

‚Ram wird Ravi schlagen.'

Bei den perfektiven Verbformen aber steht das Subjekt nicht im Nominativ-, sondern im Ergativkasus. Wiederum zwei Beispiele:

Rām-ne	*ravī-ko*	*pīṭā.*	
Ram-**ERG**	Ravi-AKK	schlagen.**PERF**	

‚Ram schlug Ravi.'

Rām-ne	*ravī-ko*	*pīṭā*	*t^hā.*
Ram-**ERG**	Ravi-AKK	schlagen.**PERF**	sein.VERGANGENHEIT

‚Ram hatte Ravi geschlagen.'

Bei intransitiven Verben tritt normalerweise der Nominativ im Subjekt auf, nur in manchen Fällen der Ergativ. Dabei wird der Ergativ verwendet, wenn das Subjekt einen Handelnden bezeichnet. Der Nominativ wird verwendet, wenn dem Subjekt etwas zustößt oder etwas mit ihm geschieht.

Impulsiv vs. absichtlich etwas trinken

Ravī	*davāī*	*pī*	*gayā.*
Ravi.**NOM**	Medizin.NOM	trinken	gehen.PERF

‚Ravi trank die Medizin aus (impulsiv, ohne nachzudenken).'

Ravī-ne	*davāī*	*pī*	*ḍālī.*
Ravi-**ERG**	Medizin.NOM	trinken	gießen.PERF

‚Ravi trank die Medizin aus (absichtlich, bewusst).'

Rām-ne	*samajhā.*
Ram-ERG	verstand.PERF

‚Ram verstand.'

Rām	*girā.*
Ram.NOM	fallen.PERF

‚Ram fiel/stürzte schwer.'

Einige Verben erlauben beide Markierungen, wobei die Ergativmarkierung dann eine bewusste, beabsichtigte Handlung unterstellt:

Āmrā	*cīk^{h}ī.*
Amra.**NOM**	schreien.PERF

‚Amra schrie.'

Āmrā-ne	*cīk^{h}ā.*
Amra-**ERG**	schreien.PERF

‚Amra schrie mit Absicht.'

Die Verbformen sind hierbei unterschiedlich: Das Verb zeigt Übereinstimmung mit Subjekten im Nominativ (wie im Deutschen). Mit Ergativsubjekten hingegen stimmt das Verb nicht überein. Sprachen, bei denen der Handelnde im Ergativkasus, der nicht mit dem Subjekt übereinstimmt, ausgedrückt wird, heißen Ergativsprachen. Wenn, wie im Hindi, nur ein Teil der

Grammatik einer Sprache solche Ergativität aufweist, spricht man von gespaltener Ergativität.

Die willentliche Bedeutungskomponente, die Ergativsubjekten innewohnt, finden wir auch in einer anderen Alternation. Wie die folgenden Beispiele zeigen, kann ein Ergativsubjekt mit einem Dativsubjekt alternieren. Mit dem Ergativsubjekt ist damit ein aktives Erinnern (also so etwas wie ‚denken an') gemeint; im Kontrast handelt es sich im Fall des Dativsubjekts um ein passives Erinnern (eher ein zufälliges Einfallen von Gedanken):

Anjum-ne	*kahānī*	*yād*	*kī.*
Anjum-ERG	Geschichte.NOM	Erinnerung	tun.PERF

‚Anjum erinnerte sich an die Geschichte.'

Anjum-ko	*kahānī*	*yād*	*āī.*
Anjum-DAT	Geschichte.NOM	Erinnerung	kommen.PERF

‚Anjum erinnerte sich an die Geschichte.' (wörtlich: ‚Erinnerung kam zu Anjum.')

Kein Verb *haben*

In Hindi gibt es das Verb *haben* nicht, weder als Hilfsverb noch als das den Besitz bezeichnende *haben*. Aber wie wird dann im Hindi ausgedrückt, dass jemand einen Sohn hat?

Betrachten wir schließlich noch den Genitiv. Da das Verb ‚haben' in Hindi fehlt, wird zum Ausdruck possessiver Relationen das Verb ‚sein' mit Genitiv oder Lokativ verwendet. Ähnlich wie im Arabischen, Hebräischen oder Russischen erscheint auch in Hindi das Nomen, das den Besitzer bezeichnet, nicht im Nominativ, sondern im Genitiv oder Lokativ:

Rām-kā	*ek*	*beṭā*	*hai.*
Ram-GEN	ein	Sohn.NOM	sein.PRÄS

‚Ram hat einen Sohn.' (wörtlich: ‚Ein Sohn ist des Ram.')

Rām-kī	*ek*	*behin*	*hai.*
Ram-GEN	ein	Schwester.NOM	sein.PRÄS

‚Ram hat eine Schwester.'

Rām-ke	*tīn*	*bhāī*	*haĩ.*
Ram-GEN	drei	Brüder.NOM	sein.PRÄS

‚Ram hat drei Brüder.'

Rām-kā	*/rām-ke pās*	*ek*	*hī*	*makān*	*hai.*
Ram-GEN	/Ram-LOK	ein	nur	Gebäude.NOM	sein.PRÄS

‚Ram hat/besitzt nur ein Gebäude.'

Die Genitivmarkierung an *rām* variiert hierbei: Im ersten Fall haben wir die Markierung *-kā*, im zweiten Beispiel *-kī* und im dritten *-ke*. Wovon ist die Markierung abhängig? Der Genitiv stimmt hier mit dem Nominativ überein, im ersten Fall mit ‚einen Sohn' (mask.sg.), im zweiten mit ‚eine Schwester' (fem.sg.) und im dritten mit ‚Brüder' (mask.pl.).

Schwierigkeiten für Deutschlerner: Satzbau

Für einen Hindi-Urdu-Sprecher dürften die unterschiedlichen Verbpositionen in deutschen Sätzen nicht einfach zu beherrschen sein, z. B. der Unterschied zwischen Erst-, Zweit- und Letztstellung (*ging der Mann zum Arzt* oder *weil der Mann zum Arzt ging* etc.). Auch die richtige Abfolge der nacheinander folgenden Verben (wie in ... *dass er dies hat machen lassen*, ... *dass er dies nie im Leben wird verstehen können*) muss gemeistert werden.

Des Weiteren ist zu beachten, dass in Hindi das Subjektpronomen weggelassen werden kann; deswegen lassen Hindi-Urdu-Sprecher manchmal auch im Deutschen das Subjekt einfach weg.

Problematisch für einen Hindi-Urdu-Sprecher könnte auch die Negation sein. Hindi hat drei Verneinungspartikeln: *nahī̃*, *na* und *mat*. Alle drei Verneinungen sind präverbal. *Nahī̃* ,nein' steht vor einem Prädikat und ist auch die verneinende Antwort auf eine Frage. *Na* heißt ,nicht' und ist eine höfliche Verneinung, *mat* dagegen ist eine unhöfliche und stärkere Verneinung. Im Imperativ und Konjunktiv kommen *na* oder *mat* vor. Das Hindi-Wort für „nicht" unterscheidet sich von dem deutschen insofern, dass *nicht* im Deutschen durchaus an verschiedenen Stellen auftreten kann. Die Regeln für die Stellung der Negativpartikel wie *nicht* und *kein* in deutschen Sätzen müssen also gesondert geübt werden.

13.1.6 Wortschatz

Zum Schluss kommen wir noch kurz auf einige Besonderheiten des Wortschatzes zu sprechen. Das Hindi-Urdu-Lexikon spiegelt die Vielfalt dieser Sprachen in deren diversen Gestaltungen wider. Hindi und Urdu schöpfen ihren Wortschatz aus vielen anderen Sprachen, wie Sanskrit (*agni* ,Feuer', *ā̃kh* ,Auge', *āp* ,selbst', *āj* ,heute'), Persisch (*garmī* ,Hitze', *sarkār* ,Regierung'), Arabisch (*qasam* ,Schwur', *k͟hayāl* ,Gedanke'), Türkisch (*kaı̃cī* ,Schere', *top* ,Kanone'), Portugiesisch (*almārī* ,Schrank', *cābī* ,Schlüssel') und Englisch (*fon, skūl* ,Schule', *kampyūṭar*) etc. Dadurch ist der Wortschatz dieser Sprachen außerordentlich vielfältig und reich an Synonymen; für ,Himmel' zum Beispiel gibt es in Hindi etwa sechs Wörter: *ambar, gagan, nabh, ākāś, āsmā̃* und *āsmān*. Diese Tendenz ist in Hindi-Urdu auch in dem Jargon der höflichen und unhöflichen Ausdrücke sowie bei den Schimpfwörtern zu sehen. Bei der Verwandtschaft wird in Hindi-Urdu viel präziser unterschieden als im Deutschen. ,Onkel' wird in Hindi als *tāū* (,älterer Bruder des Vaters'), *cācā* (,jüngerer Bruder des Vaters'), *māmā* (,Bruder der Mutter'), *mausā* (,Gatte der Schwester der Mutter') und *phūphā* (,Gatte der Schwester des Vaters') differenziert. Wenig ausdrucksstark ist Hindi-Urdu im Bereich Technologie, obwohl nach der Unabhängigkeit Indiens stets neue Begriffe nach Bedarf erschaffen werden (z. B. *dūrdarśan* ,Fernseher', *gṛhmantrī* ,Innenminister').

Gegenwärtig werden Hindi und Urdu so stark vom Englischen beeinflusst, dass dadurch mittlerweile eine neue Variante, nämlich „Hinglish", entstanden ist. Es wird im Alltag sehr

Höfliche und informelle Anrede in Hindi

Hindi hat genauso wie das Deutsche eine höfliche (*āp* ,Sie') und eine informelle (*tum* ,du/ihr') Anredeform. Zu beachten ist, dass *āp* und *tum* von ihrer Form her Pluralformen sind (3. Person Plural und 2. Person Plural). Es gibt auch die Form *tū* (2. Person Singular). Die Letztere wird bei kleinen Kindern, engen Freunden oder Gottheiten verwendet. Sonst wirkt sie herablassend oder beleidigend.

häufig verwendet, zum Beispiel in hybriden Begriffen wie *fon karnā* ‚telefonieren', *tv dekhnā* ‚fernsehen', *mobile k̲harīdnā* ‚Handy kaufen', *phal-fruit k̲harīdnā* ‚Obst kaufen' verwendet.

Quellen und weiterführende Literatur zum Hindi und Urdu

Abschnitte 13.1.1 und Abschnitt 13.1.2 basieren auf Agnihotri (2007), Humayoun (2006), Koul (2008), Kachru (2008), Naim (1999), Rai (1984) und Shapiro (2003).

Abschnitt 13.1.3 beruht hauptsächlich auf folgenden Quellen: Shapiro (2003), Nespital (1997), Shukla (2001), Kachru (2008), Agnihotri (2007), Asani und Hyder (2008) sowie Matthews und Dalvi (2003).

Abschnitt 13.1.4 beruht hauptsächlich auf Shukla (2001) und verwendet Beispiele aus Mohanan (1994, S. 7 ff., S. 11 f., S. 59 ff., S. 157, S. 270), Butt (1995, S. 9 ff.) und Shapiro (2003, S. 270).

Für Abschnitt 13.1.5 wurden folgenden Quellen, auch für Beispiele, verwendet: Wortstellung in Hindi: Mohanan (1994, S. 6); differenzielle Objektmarkierung: Mohanan (1994, 79 ff.); Dativ vs. Akkusativ *-ko*: Mohanan (1994, S. 85, S. 92 f.), siehe auch Butt (1995); gespaltene Ergativität in Hindi: Mohanan (1994, S. 70); Verbkongruenz in Hindi: Mohanan (1994, S. 102 ff.), siehe auch Bhatt (1995); verschiedene Subjekte in Hindi: Mohanan (1994, S. 139); Verneinungspartikeln in Hindi: siehe Montaut (2004) und Shapiro (2003); Ergativ/Nominativ-Alternation: Butt (1995, S. 15), Mohanan (1994, S. 72, S. 74 f.); Ergativ/Dativ-Alternation: Butt (1995, S. 16); *haben*-Relationen und Genitiv: Mohanan (1994, S. 177 ff.).

Abschnitt 13.1.6 sowie die Informationen zum Wortschatz basieren auf McGregor (1993) und Bahri (1999).

Auch konsultiert und zum Teil als Quelle von Beispielen verwendet wurden: Bußmann (2002) sowie die Wikipedia-Einträge zu *Sanskrit, Hindi, Urdu* sowie *Languages with official status in India* (Zugriff 22.8.2012)

Die Verfassung von Indien finden Sie unter http://lawmin.nic.in/olwing/coi/coi-english/coi-indexenglish.htm.

Die Literaturliste befindet sich am Kapitelende.

13.2 Das Romani

13.2.1 Einleitung

Hört man die Bezeichnung *Romani* zum ersten Mal, vermutet man möglicherweise einen Zusammenhang mit romanischen Sprachen. Solch eine Verwandtschaft gibt es allerdings nicht. Vielleicht wussten Sie, dass Romani eine nicht abwertende Bezeichnung für *Zigeunersprachen* ist, und haben sich dann darüber gewundert, warum wir Hindi-Urdu und Romani in einem Kapitel behandeln. Wie zu Beginn des Kapitels erwähnt, hat dies mit der Herkunft der Vorfahren der Sinti und Roma aus Indien zu tun, die sich noch im heutigen Romani niederschlägt. Im Folgenden werden Sie Näheres zum Romani, seiner Geschichte und seiner heutigen Verbreitung erfahren. Wir werden natürlich auch auf die wichtigsten grammatischen Aspekte des Romani eingehen.

13.2.2 Allgemeines zum Romani

Wie die Sprache und die Sprecher genannt werden

Romanes und *Romani* sind die Allgemeinbezeichnungen für die Sprache der *Roma*, *Sinti*, *Kale* und aller anderen europäischen Bevölkerungsgruppen, die eine indische bzw. indoarische Sprache sprechen oder gesprochen haben. Sie werden häufig unter der meist abwertend verwendeten Bezeichnung *Zigeuner* zusammengefasst.

In weiterer Folge wird ausschließlich *Romani* verwendet. Einzelne Dialekte werden als *Kalderaš-Romani*, *Lovara-Romani*, *Sinti-Romani* etc. bezeichnet. Wie kommt es zu diesen Bezeichnungen?

Die Bezeichnung *Roma* ist ein *Ethnonym* (auch: Volksbezeichnung) und benennt eine ethnische Gruppe, also eine Gruppe von Menschen, die Tradition und Kultur teilen. Weder das Ethnonym *Roma*, das eine Pluralform ist, noch der Singular dazu, *Rom*, haben etwas mit der Hauptstadt von Italien zu tun. *Rom* und das weibliche Äquivalent *Romni* werden bei den meisten Gruppen als Verwandtschaftsbezeichnungen mit der Bedeutung ‚Ehemann' bzw. ‚Ehefrau' sowie als allgemeine Bezeichnung für Personen, die zur Gruppe gehören, also ‚Mann' und ‚Frau' verwendet.

Einige Gruppen bezeichnen sich selbst nicht als Roma, sondern als *Sinti*, *Manuš*, *Romaničal* oder *Kale*. Die Bezeichnung *Sinti* verwenden Gruppen, die relativ früh in den deutschsprachig-mitteleuropäischen Kulturkreis gekommen sind. Bei den Sinti werden die Begriffe *Rom* und *Romni* nur für die Bedeutung ‚Ehemann' und ‚Ehefrau' verwendet, weshalb *Roma* als

Romanes und Romani

Der Begriff *Romanes* (betont auf der letzten Silbe) ist von einem Adverb abgeleitet: *Džanes romanes?* ‚Kannst du Roma?'. Die meisten Roma selbst nennen ihre Sprache Romanes.

Die Bezeichnung *Romani* (betont auf der vorletzten Silbe) leitet sich von einem Adjektiv ab: *romani čhib* ‚Roma-Zunge, Roma-Sprache'. *Romani*, in englischen Texten häufig auch *Romany* geschrieben, wird international verwendet.

Sprachbrücken Romani – Deutsch

Im Deutschen finden sich kaum Romani-Elemente. Dies lässt sich auf die Dominanz des Deutschen und die soziale Distanz der Mehrheitsbevölkerung zu den Romani-Sprechern zurückführen. Nur über Varietäten des Deutschen wie dem Jenischen oder dem Rotwelsch, die häufig als „Geheimsprachen" oder „Gaunersprachen" bezeichnet werden, fanden Elemente aus dem Romani Eingang ins Deutsche oder, genauer, in die „deutsche Umgangssprache".

Bock	< rom. *bokh* ‚Hunger' < altindisch *bubukṣā*	‚keinen Bock auf etwas haben'
Kaschemme	< rom. *kačima* ‚Gasthaus' < slawisch *krčma*	‚schäbiges, zwielichtiges Gasthaus'
Zaster	< rom. *saster* ‚Eisen' < altindisch *śastram*	‚Geld'

Allgemeinbezeichnung für die meisten Sinti nicht akzeptabel ist. Als *Manuš* bzw. *Manouche*, abgeleitet vom Wort für ‚Mensch', bezeichnen sich die heute in Frankreich lebenden Sinti. Den Begriff *Romaničal* findet man häufig bei britischen oder britisch-stämmigen Gruppen, die zum Teil aber auch das Ethnonym *Gypsies* für sich beanspruchen. Das Ethnonym *Kale* ‚Schwarze' findet man bei den lange auf der Iberischen Halbinsel lebenden *Calé* bzw. bei den lange in Skandinavien (Finnland, Schweden) ansässigen *Kaale*. Alle in Zentral- und Osteuropa beheimateten bzw. im 19. und 20. Jahrhundert von dort nach Westeuropa und Übersee ausgewanderten Gruppen bezeichnen sich als *Roma*.

Neben den eben genannten Ethnonymen findet man auch häufig Gruppenbezeichnungen, die auf traditionelle Beschäftigungen oder Eigenschaften ihrer Träger verweisen: *Kalderaš* bedeutet ‚Kupferschmiede' (vom rumänischen *căldărar*), *Bugurdži* ‚Bohrermacher' (vom türkischen *bugurcu*), *Lovara* ‚Pferdehändler' (vom ungarischen *lo* ‚Pferd'), *Arli* oder *Erli* ‚sesshaft' (vom türkischen *yerli*) und *Gurbet* ‚fremd' (vom türkischen *gurbet*). Die Bezeichnung *Vlach* beschreibt Romagruppen, die lange Zeit in der Wallachei (heutiges Rumänien) gelebt haben und heute auf der ganzen Welt verbreitet sind.

In diesem Kapitel wird der Begriff *Roma* als Oberbegriff für alle Gruppen verwendet. Wenn auf spezielle Merkmale einzelner Gruppen eingegangen wird, werden die gruppenintern gebräuchlichen Ethnonyme verwendet.

Die Herkunft der Roma und des Romani

Romani gehört wie Hindi und Urdu zum indoarischen Zweig der indoeuropäischen Sprachfamilie. Es ist die einzige neuindoarische Sprache, die seit dem Mittelalter ausschließlich außerhalb des indischen Subkontinents gesprochen wird. Die indische Herkunft der Roma wurde durch systematische Vergleiche des Romani mit anderen neu-indoarischen Sprachen sowie mit dem Altindischen erwiesen. Aus lexikalischen Besonderheiten des Romani kann man schließen, dass die Roma

Textprobe aus dem Gurbet-Romani

Gurbet-Romani wird in allen Staaten des ehemaligen Jugoslawiens sowie in der Diaspora in ganz Europa gesprochen.

JEK KUĆIN ČIŠAJ SEM ME, *čhudino pe maj šuko agor e lenaći,* *pherdo truš pala lako paj.*	**EIN SANDKORN BIN ICH,** an den äußersten Rand des Flussbetts geworfen, dürstend nach der Strömung des Wassers.
Jekh kućin ćisaj sem me *tala maj baro phabaripe* *e khameso,* *sao rodel than* *tala piri učhalin.*	Ein Sandkorn in der sengenden Hitze der Sonne, das Zuflucht sucht im eigenen Schatten.

über Persien, Armenien und Kleinasien, das Teil des Byzantinischen Reiches war, nach Europa zogen. Der genaue Zeitpunkt, zu dem die Vorfahren der heutigen Roma den indischen Subkontinent verlassen haben, ist nicht bekannt, denn es gibt keinerlei historische Aufzeichnungen darüber. Allerdings geben sprachliche Eigenschaften des Romani Hinweise darauf, dass die Vorfahren der Roma sich zwischen dem 3. und 10. Jahrhundert auf den Weg gemacht haben müssen. Über den Grund für diese Emigration wird bis heute spekuliert.

Nach ihrer Ankunft in Europa im 15. Jahrhundert verteilten sich einzelne Romagruppen im Laufe der Jahrhunderte über die verschiedenen Länder und wanderten im Zuge späterer Migrationsbewegungen teilweise bis nach Nord- und Südamerika und Australien. Die Geschichte dieses Volkes ist von jahrhundertelanger Diskriminierung, Stigmatisierung und Verfolgung geprägt, deren negativen Höhepunkt schließlich der Nazi-Genozid darstellt.

Sprecher und Sprachsituation

Es gibt keine verlässlichen Zahlen dazu, wie viele Menschen in Europa Romani sprechen. Konservative Schätzungen sprechen von über vier Millionen Sprechern in Europa. Daneben gibt es auch Schätzungen, die von sechs bis zehn Millionen Romani-Sprechern ausgehen. Unbestritten ist, dass Romani eine der zahlenmäßig größten Minderheitensprachen in der Europäischen Union ist.

Die oft als typisch für Roma angesehene nomadische Lebensweise ist mehr Symptom der Lebensumstände von Roma in Europa als ein Spezifikum der Roma-Kultur. Stets am Rande der Gesellschaft, konnten sich Roma über lange Zeit nur als selbstständige Handwerker, Händler und Musiker ihr Überleben sichern. Einige Romagruppen gingen diesen mobilen Dienstleistungsberufen bis ins 20. Jahrhundert nach. Spätestens mit dem Verschwinden der Marktkultur und einem flächendeckenden Angebot an Waren und Diensten aller Art auch im ländlichen Bereich wurden die Dienste der Roma obsolet. Heute ist die Mehrheit der Roma in Europa sesshaft, viele Gruppen schon seit mehreren Jahrhunderten.

Dialekte des Romani

Viele Gründe führten dazu, dass sich das Romani in verschiedene Dialekte ausdifferenziert: Dazu gehören die vielen verschiedenen Wanderungsbewegungen der Sprecher dieser Sprache, wodurch sich gewandelte Sprachformen geografisch ausbreiteten. Hinzu kamen der Einfluss von Kontaktsprachen, also etwa dem Deutschen, sowie ein spezifischer Wandel, der auf die Struktur einzelner Dialekte beschränkt ist.

Balkandialekte werden in der Türkei, in Griechenland, in Bulgarien, in der Republik Mazedonien, in Albanien, in Serbien, im Kosovo, in Rumänien, in der Ukraine und im Iran gesprochen.

Südvlach-Dialekte sind in Serbien, in Montenegro, in Kroatien, in Bosnien-Herzegowina, in der Republik Mazedonien, in Südrumänien, in Bulgarien, in Griechenland, in Albanien und in der Türkei verbreitet.

Nordvlach-Dialekte werden in Rumänien, Moldawien, Ungarn und Serbien sowie von Migranten auf der ganzen Welt gesprochen. Zu den am weitesten verbreiteten und bekanntesten Dialekten der Nordvlach-Gruppe gehören *Kalderaš (Kelderaš)*, *Lovari* und der in den USA verwendete Dialekt der *Mačvaja*.

Südliche Zentrale Dialekte finden sich in Ungarn, in der Slowakei, in Nordslowenien, in Ostösterreich, in der Ukraine und in Rumänien.

Nördliche Zentrale Dialekte werden in der Slowakei, in der Tschechischen Republik, in Polen und in der Ukraine gesprochen.

Nordwestliche Dialekte hört man in Deutschland, Österreich, Frankreich, Italien, den Niederlanden, Belgien und Finnland. Zu diesen gehören die *Sinti-Manuš-Dialekte* in Deutschland, Frankreich und den umliegenden Regionen sowie das *Finnische Romani* der *Kaale*.

Nordöstliche Dialekte werden in Polen, Litauen, Lettland, Estland, Russland, Weißrussland und in der Ukraine gesprochen.

Folgende Gruppen können als separate Gruppen definiert werden:

Britisches Romani umfasst *Englisches Romani* und *Walisisches Romani*. Diese Dialekte sind bereits ausgestorben; Überreste davon sind nur als Spezialvokabular im sogenannten *Angloromani* vorhanden.

Iberisches Romani umfasst *Spanisches Romani*, *Katalanisches Romani* und *Errumantxela* (*Baskisches Romani*). Diese Dialekte sind ebenfalls ausgestorben. Die Überreste davon sind nur als Spezialvokabular im sogenannten *Caló* vorhanden.

Viele Romagruppen wurden auch zur Sesshaftigkeit gezwungen, beispielsweise Roma in der Habsburgermonarchie unter Maria Theresia und Josef II. Einige Gruppen sind bis heute zumindest in den Sommermonaten mobil, verbringen die Wintermonate aber auf festen Standplätzen oder in Häusern. Roma gehen heute den verschiedensten Berufen nach. Als Staatsbürger der jeweiligen Länder, in denen Roma ansässig sind, unterliegen die Roma natürlich den Gesetzen des Staates und genießen – zumindest theoretisch – auch die Bürgerrechte des Staates. Dennoch stehen Roma aufgrund von andauernder Diskriminierung bis heute in weiten Teilen Europas am Rande der Gesellschaft und haben oft keinen oder nur schlechten Zugang zum Bildungs- und Gesundheitssystem sowie zum Arbeitsmarkt. Dennoch gibt es in allen Ländern Europas auch Roma, die wie die Mehrheitsbevölkerung leben, eine Schullaufbahn absolviert haben, ein Studium oder eine Berufsausbildung abgeschlossen haben und in diversen Berufen tätig sind.

Bis vor kurzer Zeit war das Romani eine nicht verschriftlichte, ausschließlich mündlich tradierte Sprache. Es gibt keinen kodifizierten Standard und folglich auch keinerlei Normen. Anders ausgedrückt: Im Romani gibt es im Gegensatz zum Deutschen keine Hochsprache, sondern jede Form des Romani ist ein Dialekt. Diese sprachliche, aber auch geografische und soziale Vielfalt resultiert aus der Geschichte der Roma als politisch und wirtschaftlich marginalisierte, ethnisch diskriminierte und verfolgte Gruppe, der ein Überleben nur in Kleingruppen möglich war.

Romani wird bis heute typischerweise für die gruppeninterne Kommunikation verwendet und ist somit auf bestimmte Verwendungsdomänen, wie den familiären Rahmen und den engen Freundeskreis, beschränkt. Für die Kommunikation mit der Mehrheitsbevölkerung (d. h. im Kontakt mit Behörden, in der Schule, am Arbeitsplatz, beim Einkaufen etc.) verwenden Roma deren Sprache. Alle erwachsenen Roma sind somit zumindest zwei-, oft aber auch mehrsprachig, da sie neben Romani und der Amtssprache ihres Wohnsitzlandes oft auch noch Sprachen ihres Herkunftslandes sprechen.

Die Beschränkung des Romani auf bestimmte Verwendungsdomänen sowie das Fehlen einer schriftlichen Tradition sind Gründe, warum das Romani sowohl von der Mehrheitsbevölkerung als auch von den Roma selbst im Vergleich mit anderen Sprachen oftmals als minderwertig betrachtet wird. Das geringe gesellschaftliche Ansehen des Romani führt mitunter dazu, dass die Sprache nicht mehr an die nächste Generation weitergegeben wird.

In den letzten Jahrzehnten ist allerdings eine Expansion des Romani in neue Verwendungsdomänen und Medien beobachtbar. Im Zuge der politischen Selbstorganisation der Roma kommt dem Romani eine wichtige identitätsstiftende Funktion zu: Romani wird heute sowohl mündlich als auch schriftlich bei offiziellen Anlässen wie beispielsweise auf Konferenzen, in politischen Gremien und für Deklarationen verwendet. Dabei fungiert Romani auch als eine Art Lingua Franca, die die Kommunikation zwischen Roma aus verschiedenen europäischen Ländern ermöglicht. Darüber hinaus gibt es eine rege journalistische Tätigkeit im Romani, die zahlreiche Zeitschriften, Zeitungen, Bücher, Radiosendungen, Fernsehbeiträge und Filmproduktionen hervorbringt. Eine weitere wichtige neue Verwendungsdomäne stellen auch neue Medien wie soziale Netzwerke und Chatrooms im Internet dar, die eine Vernetzung von Roma über Landesgrenzen hinweg ermöglichen. Durch weniger rigide Normen in Bezug auf die Rechtschreibung begünstigen sie die Verwendung des Romani als Sprache ohne kodifizierten Standard.

Trotz der großen dialektalen Vielfalt im Romani gibt es keinen Zweifel darüber, dass die einzelnen Dialekte Varietäten einer Sprache sind: Alle Dialekte verfügen über einen homogenen Kern, der den Basiswortschatz und die Wortbildung umfasst. Auch der Satzbau und die Lautung der einzelnen Dialekte zeigen Gemeinsamkeiten, sind aber stark an die Strukturen der Sprache der Mehrheitsbevölkerung im jeweiligen Gastland angeglichen. Des Weiteren gibt es in den einzelnen Romani-Dialekten auch eine große Anzahl von Lehnwörtern aus den jeweiligen Mehrheitssprachen. Diese strukturellen Eigenschaften des Romani sind Folge der Mehrsprachigkeit aller Romagruppen.

In Deutschland setzt sich die Romabevölkerung – wie in allen west- und nordeuropäischen Ländern – aus mehreren Gruppen zusammen, die zu unterschiedlichen Zeiten ins Land gekommen sind. In Bezug auf die Anerkennung als nationale Volksgruppe ist die wichtigste Unterscheidung die zwischen „autochthonen“, also schon lange ansässigen Roma und „allochthonen“ Roma, die erst später eingewandert sind.

Die „deutschen Sinti und Roma“ sind als nationale Minderheit anerkannt. Dazu zählen die Sinti, die bereits seit dem 15. Jahrhundert im deutschsprachigen Raum ansässig sind, und die Vlach-Roma, die Ende des 19. und Anfang des 20. Jahrhunderts eingewandert sind. Nach dem Ende des Zweiten Weltkrieges kamen verschiedene Romagruppen aus Ost- und Südosteuropa nach Deutschland. Später wanderten zudem viele Roma im Rahmen einer gesamteuropäischen Arbeitsmigrationsbewegung Richtung Westeuropa in Deutschland ein. Mit dem Fall des Ostblockes setzte eine neuerliche Migrationswelle von Ost nach West ein, im Zuge derer auch viele Roma, unter anderem aus Polen, nach Deutschland einwanderten. Hinzu kamen viele Kriegsflüchtlinge aus verschiedenen Gebieten des ehemaligen Jugoslawien zur Zeit der Balkankonflikte. In jüngster Zeit mussten einige dieser Roma und deren Nachkommen Deutschland wieder verlassen. Die wichtigsten Roma- und Sinti-Organisationen in Deutschland sind der Zentralrat Deutscher Sinti und Roma e. V. und die Sinti Allianz Deutschland e. V. Das Dokumentations- und Kulturzentrum Deutscher Sinti und Roma in Heidelberg ist eine Fachrichtung des Zentralrates und befasst sich mit der Dokumentation und wissenschaftlichen Bearbeitung der Geschichte, Kultur und Gegenwart der deutschen Sinti und Roma.

13.2.3 Aussprache und Schrift

Aufgrund der sehr jungen Schrifttradition im Romani und der Lebensumstände seiner Sprecher gibt es keine allgemein anerkannte Verschriftlichung für das Romani. Je nach Region werden unterschiedliche Alphabete dafür verwendet: Sehr häufig findet man Romani-Texte im südslawischen Lateinalphabet; es gibt allerdings auch Verschriftlichungen, die auf dem deutschen Alphabet basieren. In Russland und Bulgarien wird die Sprache mit dem landesüblichen kyrillischen Alphabet geschrieben. Eine Schrift, die für alle Dialekte des Romani gilt, hat sich bisher nicht durchgesetzt, da sie für die einzelnen Romagruppen nicht einleuchtend erscheint, denn sie lernen ja jeweils die Schrift der Mehrheitssprache des Landes, in dem sie wohnen.

Im Folgenden wird eine in der Romani-Linguistik gebräuchliche Schreibweise verwendet, die auf dem Südslawischen Lateinalphabet basiert. Dieses Alphabet teilt mit dem deutschen Alphabet viele der lateinischen Buchstaben (etwa *p, t, k, b, d, g* etc.), verwendet aber etwa *š* statt im Deutschen *sch* für diesen Laut, den es im Lateinischen nicht gab (in Lautschrift [ʃ]).

Behauchung unterscheidet Wörter

perav	‚ich falle'
pherav	‚ich fülle'
tav	‚koch!'
thav	‚Faden'
ker	‚mach!'
kher	‚Haus'

Die meisten Laute des Romani finden sich auch in anderen europäischen Sprachen. Eine Besonderheit im europäischen Kontext bilden allerdings die behauchten Laute *ph, th, kh* sowie *čh* (in Lautschrift [pʰ, tʰ, kʰ] sowie [ʧʰ]). Diese werden in Abschnitt 13.1.3 beschrieben. Ob Aspiration vorliegt oder nicht, ist wie im Hindi und Urdu entscheidend für die Unterscheidung von Wörtern. Dies zeigen die Minimalpaare in der Randspalte.

In Tabelle 13.7 auf der nächsten Seite ist der Kernbestand der konsonantischen Laute des Romani dargestellt.

Tabelle 13.7 zeigt auch die Affrikaten, Lautfolgen aus Verschluss und Reibelaut, die als komplexe Laute eingeordnet werden: [ts], geschrieben *c* (vergleichbar dem Deutschen *z*), sowie [tʃ], geschrieben *č*. Mit zusätzlicher Aspiration erhält man die behauchte Affrikate *čh* [ʧʰ]. Fügt man statt Aspiration Stimmhaftigkeit hinzu, hat man [dʒ], das *dž* geschrieben wird.

Die verschiedenen Romani-Dialekte unterscheiden sich auch im Lautbestand. Welche Konsonanten neben dem Kernbestand in einem Romani-Dialekt vorkommen, ist auch von Kontaktsprachen beeinflusst. In Romani-Dialekten, die stark vom Russischen beeinflusst wurden, gibt es zum Beispiel eine Reihe von palatalisierten Konsonanten wie *ť, ď, ś, ź, ć, dź, ŕ* und *ľ*.

Alle Romani-Dialekte haben die fünf Vokale *i, e, a, o* und *u*. Kontaktbedingt sind in einzelnen Dialekten komplexere Vokalsysteme entstanden: So gibt es etwa einen Unterschied zwischen kurzen und langen Vokalen im ungarischsprachigen Gebiet. Diese Unterscheidung gibt es auch im Sinti-Romani, wo die Vokallängung vermutlich auf den Kontakt mit dem Deutschen zurückzuführen ist. Es gibt allerdings nur wenige Minimalpaare (z. B. *jāro* ‚Ei' und *jaro* ‚Mehl'). In manchen Romani-Dialekten finden sich reduzierte (ungespannte) Vokale (z. B. *ê, î* durch den Einfluss des Rumänischen) oder helle gerundete Vokale (z. B. *ö, ü* durch den Einfluss des Türkischen), wie man in der Randspalte oben auf der nächsten Seite sieht.

Im Romani gibt es die Diphthonge [aɪ], [uɪ] und [oɪ]. Durch interne Lautwandelprozesse sowie als Folge von Sprachkontakt entstehen weitere Diphthonge, z. B. [ua] wie in *fuat* < Bairisch *fuat* ‚fort'.

Reduzierte (ungespannte) Vokale im Kalderaš-Romani
gîndisarel < Rumänisch *gîndi* ‚er/sie denkt'
strêino < Rumänisch *străin* ‚Fremder'

Helle gerundete Vokale im Sepečides- und im Arli-Romani
köti < Türkisch *kötü* ‚schlecht' (SR)
bülbüli < Türkisch *bülbül* ‚Nachtigall' (AR)

Tabelle 13.7: Kernbestand der Konsonanten des Romani in Laut- und Schreibschrift (nur eine Angabe bei identischen Zeichen)

artikuliert mit	Unterlippe		vorderer Zunge		hinterer Zunge			Stimmbändern	Stimmton
artikuliert an	Oberlippe	oberen Schneidezähnen	am Zahndamm	etwas hinter dem Zahndamm	hartem Gaumen	weichem Gaumen	Zäpfchen		
Verschlusslaute	p		t			k			stimmlos
	b		d			g			stimmhaft
behauchte Laute	[p^{h}] ph		[t^{h}] th	[tʃ^{h}] čh		[k^{h}] kh			stimmlos
Nasale	m		n						stimmhaft
Reibelaute		f	s	[ʃ] š		x		h	stimmlos
		v	z	[ʒ] ž					stimmhaft
Affrikaten			[ts] c	[tʃ] č					stimmhaft
				[dʒ] dž					
l und *r*			l r				[R] ř		
Gleitlaut					j				

Schwierigkeiten für Deutschlerner: Aussprache

Eine potenzielle Schwierigkeit für Deutschlerner sind die hellen gerundeten Vokale *ü* und *ö*, die nur in wenigen Romani-Dialekten aufgrund von Sprachkontakt mit dem Türkischen vorkommen.

13.2.4 Wörter

Wortbildung

Die Komposition (z. B. Haus + Tür → Haustür) spielt anders als im Deutschen im Romani nur eine marginale Rolle. Neue Wörter werden im Romani durch Anhängen von Endungen (Suffi-

Derivation von abstrakten Nomen im Sepečides-Romani

Verben als Derivationsbasis:

mang-ela ‚er/sie wünscht, will, liebt, bittet'	*mang-ipe* ‚Wunsch, Bitte, Bettelei'
pučh-ela ‚er/sie fragt'	*pučh-ipe* ‚Fragerei'
asa-la ‚er/sie lacht'	*asaj-ipe* ‚Lachen, Gelächter'

Adjektive als Derivationsbasis:

čač-o ‚wahr'	*čač-ipe* ‚Wahrheit'
khin-o ‚müde'	*khin-ipe* ‚Müdigkeit'
tern-o ‚jung'	*tern-ipe* ‚Jugend, Jugendzeit'

xen) gebildet (wie im Deutschen mal(en) + er → Mal-er). Vorne ans Wort angehängt (Präfixe) werden nur die Negation und entlehnte slawische Vorsilben.

Die produktivste Wortbildungsendung bei den Nomen ist *-ipen/-iben* bzw. das funktionsgleiche *-imos*, mit dem abstrakte Nomen von Verben oder Adjektiven abgeleitet werden können. Dies ist in den Beispielen in der Randspalte gezeigt.

Im Romani gibt es keine Infinitivform. Als Zitierform wird die Verbform der 3. Person Singular Präsens verwendet (z. B. *dikh-ela* ‚er/sie sieht', *phen-ela* ‚er/sie sagt', *asa-la* ‚er/sie lacht').

Eine weitere produktive Nachsilbe ist *-oro*, das zur Ableitung von Diminutivformen verwendet wird (z. B. *rakl-o* ‚Bub' > *rakl-oro* ‚kleiner Bub', *džukl-o* ‚Hund' > *džukl-oro* ‚Welpe, kleiner Hund').

Ein sehr wichtiger Wortbildungsmechanismus im Romani ist die Genitivderivation: Genitivformen fungieren wie Adjektive als Attribute eines Nomens und kongruieren mit diesem in Genus und Numerus. Solche Genitivkonstruktionen bezeichnen oft Sachverhalte, die im Deutschen mit einem Kompositum ausgedrückt werden, zum Beispiel *dilengo kher* ‚Irrenhaus' (*dil-o* ‚dumm', Genitiv Plural *dil-engo*, *kher* ‚Haus'; wörtlich: ‚der Dummen Haus') oder *bakresko mas* ‚Schaffleisch' (*bakr-o* ‚Schaf', Genitiv Singular *bakr-esko*, *mas* ‚Fleisch'; wörtlich: ‚des Schafes Fleisch').

‚Land des Käses' und ‚Stadt des Salzes'

Im Sinti-Romani werden Genitivkonstruktionen für den Ausdruck von Ortsnamen verwendet: *kiralengro them* ‚Schweiz', wörtlich: ‚Land des Käses' (*kiral* ‚Käse', Genitiv Plural *kiral-engro*, *them* ‚Land') oder *loneskaro foro* ‚Salzburg', wörtlich ‚Stadt des Salzes' (*lon* ‚Salz', Genitiv Singular *lon-eskro*, *foro* ‚Stadt'). Alleinstehende, nominal verwendete Genitivformen sind im Sinti-Romani ein Mittel der Wortneuschöpfung. Besonders häufig findet man diese Wortbildungsart zur Bezeichnung dessen, der mit etwas zu schaffen hat, wie *graj-engro* ‚Pferdehändler' (*graj* ‚Pferd'), *mas-engro* ‚Fleischer' (*mas* ‚Fleisch'), *drom-engro* ‚Briefträger' (*drom* ‚Weg'), *veš-eskro* ‚Förster' (*veš* ‚Wald') etc. Das ist ein wenig so, als würde man im Deutschen sagen ‚der der Pferde', ‚der des Fleisches' etc.

Entlehnungen aus anderen Sprachen

Ein weiterer wichtiger Mechanismus für die Bereicherung des Wortschatzes im Romani ist die Entlehnung von Wörtern aus anderen Sprachen. Jedes Wort der aktuellen Kontaktsprache ist ein potenzielles Romani-Lexem, das bei Bedarf integriert werden kann. Romani verfügt sowohl im Nominal- als auch im Verbalbereich über spezielle Vor- und Nachsilben, die zur Integration von entlehnten Wörtern verwendet werden. Im Sinti-Romani werden feminine Nomen aus dem Deutschen mit *-a* integriert, maskuline mit der Endung *-o*: *blum-a* ‚Blume', *amt-o* ‚Amt'. Zur Integration von Verben wird im Sinti-Romani die Nachsilbe *-ev-* verwendet: *bet-ev-el* ‚er/sie betet', *flext-ev-el* ‚er/sie flechtet', *flik-ev-el* ‚er/sie flickt'. In Vlach-Romani-Di-

Tabelle 13.8: Bildung von transitiven und intransitiven Verben im Sepečides-Romani

Bildung transitiver Verben	**Bildung intransitiver Verben**
Bildung aus Verben	
dara-v-ela ‚er/sie ängstigt jemanden‘ < *dara-la* ‚sich fürchten‘	*phurd-jo-la* ‚es weht‘ < *phurd-ela* ‚er/sie bläst‘
per-av-ela ‚er/sie lässt etwas fallen, bringt etwas zu Fall‘ < *per-ela* ‚er/sie fällt‘	*phand-jo-la* ‚er/sie wird gefesselt, eingesperrt‘ < *phand-ela* ‚er/sie fesselt, bindet; schließt ein‘
naš-av-ela ‚er/sie jagt weg, vertreibt‘ < *naš-ela* ‚er/sie läuft weg, flüchtet‘	*pučhl-jo-la* ‚er/sie wird gefragt‘ < *pučh-ela* ‚er/sie fragt, prüft‘
Bildung aus Adjektiven	
čuč-ar-ela ‚er/sie leert, leert aus‘ < *čuč-o* ‚leer‘	*čuč-jo-la* ‚er/sie wird/ist leer‘ < *čuč-o* ‚leer‘
lol-jar-ela ‚er/sie rötet‘ < *lolo* ‚rot‘	*lol-jo-la* ‚er/sie wird rot‘ < *lol-o* ‚rot‘
dinl-ar-ela ‚er/sie macht jemanden verrückt‘ < *dilin-o* ‚dumm, verrückt‘	*buxl-jo-la* ‚er/sie wird breit, verbreitert sich‘ < *buxl-o* ‚breit‘

alekten wird *-isar-* für die Integration von Verben verwendet: *ažut-isar-el* ‚er/sie hilft‘ < Rumänisch *ajuta*, *jert-isar-el* ‚er/sie verzeiht, vergibt‘ < Rumänisch *ierta*.

Flexion

Das Romani besitzt die zwei Genera *Maskulinum* und *Femininum*, die zwei Numeri *Singular* und *Plural* sowie *acht Kasus*.

Ein eindeutig indoarisches Merkmal der Nominalflexion ist das zweistufige Kasussystem, das heißt die Unterscheidung eines *Casus rectus* (Nominativ) und eines *Casus obliquus* (Obliquus) (siehe hierzu auch Abschnitt 13.1). Vom Obliquus werden alle weiteren fünf sekundären Kasus – Dativ, Ablativ, Lokativ, Instrumental/Soziativ und Genitiv – abgeleitet. Während der Instrumental für das Instrument, das für eine Handlung benutzt wird, verwendet wird, zeigt der formgleiche Soziativ an, dass man etwas gemeinsam mit einer anderen Person macht. Der Vokativ stellt eine Sonderform dar und steht außerhalb des zweistufigen Kasussystems. In Dialekten in Kontakt mit Sprachen, die keine spezielle Vokativform besitzen, wird der Vokativ meist durch die Nominativform realisiert. Die Beispiele in der Randspalte geben einen Eindruck von der Nominalflexion im Romani. Die fett gedruckten Markierungen zeigen die Obliquusendungen an, die übrigen Kasusendungen sind kursiv gedruckt. Maskuline Nomen wie *manuš* ‚Mensch‘, *khor-o* ‚Krug‘ (beide maskulin) verwenden im Singular die Obliquusendung *-es-* statt *-a-*, aber ansonsten dieselben Obliquus-Kasusendungen.

Außerdem gibt es einen Akkusativ. In diesem wird die Unterscheidung zwischen belebten und unbelebten Entitäten ausgedrückt, die im Deutschen nicht in der Grammatik zum

Eine Besonderheit der Verben im Romani ist die Bildung transitiver und intransitiver Verben durch unterschiedliche Endungen. Diese können aus anderen Verben, aber auch aus Adjektiven abgeleitet werden. In Tabelle 13.8 markiert *-(a)v-/-ar* die Bildung eines transitiven Verbs und *-jo-* die Bildung eines intransitiven Verbs. *-(e)l(a)* ist die Verbendung der 3. Person Singular Präsens. (Hier in Klammern angegebene Vokale kommen nur in manchen Dialekten oder nur bei manchen Verben vor.)

Nominalflexion von ‚Mädchen‘

Singular:

Nominativ	rakl-*i*
Obliquus	rakľ-**a**
Dativ	rakľ-**a**-*ke*
Ablativ	rakľ-**a**-*tar*
Lokativ	rakľ-**a**-*te*
Instrumental/ Soziativ	rakľ-**a**-*sa*
Genitiv	rakľ-**a**-*kero*
Vokativ	rakľ-*ije*

Plural:

Nominativ	rakľ-*a*
Obliquus	rakľ-**en**
Dativ	rakľ-**en**-*ge*
Ablativ	rakľ-**en**-*dar*
Lokativ	rakľ-**en**-*de*
Instrumental/ Soziativ	rakľ-**en**-*ca*
Genitiv	rakľ-**en**-*gero*
Vokativ	rakľ-*ale(n)*

Ausdruck kommt. Bei unbelebten Entitäten wird im Romani für den Akkusativ die Form des Nominativs verwendet. Bei belebten Entitäten bildet der Obliquus den Akkusativ. Man sagt also *Dikh-av manuš-es* ‚Ich sehe einen Menschen' (mit der Obliquusendung *-es*), aber *Dikh-av khor-o* ‚Ich sehe einen Krug' (mit der Nominativform und ohne die Obliquusendung) (siehe hierzu auch die Ausführungen zu Belebtheit und Kasus in Abschnitt 4.4 unter „Flexion" sowie die Ausführungen zu Objektmarkierung im Hindi in Abschnitt 13.1.5).

Schwierigkeiten für Deutschlerner: Wortformen

Eine Herausforderung für Deutschlerner ist sicher der korrekte Gebrauch der Fälle in Abhängigkeit von den jeweiligen Verben. Auch das Erlernen des grammatischen Geschlechts von Substantiven und die korrekte Abwandlung der bestimmten Artikel könnten eine Schwierigkeit für Deutschlerner darstellen.

13.2.5 Sätze

SOV im Hindi, SVO im Romani

Hindi:

maiñne	*laṛkī*	*dekhī.*
ich	Mädchen	sah

‚Ich sah ein Mädchen.'

Romani:

(me)	*dikhlom*	*rakľa.*
ich	sah	Mädchen

‚Ich sah ein Mädchen.'

Während die Wortbildung dem Indischen nahesteht, ist der Satzbau des Romani stark von europäischen Sprachen, insbesondere dem Griechischen, geprägt. So dominiert im Romani – im Gegensatz zum Hindi und Urdu mit SOV-Stellung – im neutralen Aussagesatz die (S)VO-Stellung. Ein Beispiel ist in der Randspalte gezeigt.

Subjektpronomen müssen im Romani nicht unbedingt explizit ausgedrückt werden. Die Information, wer das Subjekt des Satzes ist, ist in der Verbendung enthalten. Im Beispiel in der Randspalte drückt die Endung *-om* des Verbs *dikh-l-om* eindeutig aus, dass das Subjekt des Satzes die 1. Person Singular, also *ich*, ist. Die Position von explizit ausgedrückten Subjekten variiert im Romani zwischen SV-Stellung und VS-Stellung. Die SV-Stellung, die wie oben erwähnt im neutralen Aussagesatz vorkommt, wird auch verwendet, um einen Kontrast oder eine Überraschung in Bezug auf das Subjekt auszudrücken. So wird in einem Satz wie *rakli sine* (wörtlich: ‚ein Mädchen es war', also SV-Stellung), die Tatsache betont, dass es sich um ein Mädchen handelte: ‚Es war ein *Mädchen*!'

Die VS-Stellung wiederum wird häufig verwendet, um thematisch an die vorangegangene Handlung anzuschließen, wie in *taj phen-el i rakli.* (wörtlich: ‚und sagt das Mädchen', also VS) was so viel heißt wie ‚und das Mädchen sagt'. Sehr untypische Eigenschaften für Romani als neu-indoarische Sprache sind der Gebrauch von Präpositionen, bestimmten Artikeln und Relativsätzen. Während diese sprachlichen Strukturen in europäischen Sprachen wie Deutsch oder Italienisch auftreten, kommen sie in den neu-indoarischen Sprachen auf dem indischen Subkontinent grundsätzlich nicht vor. Wie in Abschnitt 13.1 erwähnt, gibt es im Hindi und Urdu keine Präpositionen, sondern Postpositionen. Wie im Deutschen werden im Romani also Orts- und Richtungsangaben dem Nomen vorangestellt, wie *ando veš* ‚im Wald'. Auch kennen andere neu-indoarische Sprachen keine bestimmten Artikel, wie wir sie zum Beispiel im Deutschen oder Romani vorfinden. Diese Eigenschaften des Romani gehen sehr wahrscheinlich auf den Einfluss des Griechischen auf das Romani zurück.

Schwierigkeiten für Deutschlerner: Wortstellung

Die deutsche Kombination aus V2-Stellung und SOV-Stellung stellt sicher eine Schwierigkeit für Deutschlerner dar, da es diese Komplexität weder im Romani noch in den slawischen Sprachen gibt.

13.2.6 Wortschatz und Fragen der Bedeutung

Der Wortschatz des Romani besteht aus mehreren Schichten. Die Hauptunterscheidung ist die zwischen dem voreuropäischen und dem europäischen Wortschatz. Die indischen Ursprungswörter und die Entlehnungen aus dem Persischen, Armenischen und Byzantinisch-Griechischen bilden den voreuropäischen Wortschatz. Dieser umfasst ca. 700 Wurzeln aus dem Indischen, ca. 100 aus dem Persischen und anderen iranischen Sprachen, mindestens 20 aus dem Armenischen und bis zu 250 aus dem Griechischen. Diese mehr als 1 000 Wurzeln sind jedoch in keinem Dialekt vollzählig vorhanden. Der europäische Teil des Wortschatzes besteht aus späteren Entlehnungen aus den verschiedensten europäischen Kontaktsprachen, wobei Entlehnungen aus dem Südslawischen die letzte in allen Romani-Dialekten vorhandene Schicht bilden.

Voreuropäischer und europäischer Wortschatz des Romani

kham	< indisch: *gharma*	‚Sonne'
veš	< iranisch: *veša*	‚Wald'
khoni	< armenisch: *khoni*	‚Fett'
drom	< griechisch: *drómos*	‚Weg'
praxo	< slawisch: *prax*	‚Staub'
lumja	< rumänisch: *lume*	‚Welt'
kolopa	< ungarisch: *kalap*	‚Hut'
berga	< deutsch: *Berg*	‚Berg'

Bis zum slawischen *praxo* kann man in der Randspalte – wie erwähnt – von einem gemeinsamen Wortschatz sprechen. Die weiteren Wurzeln sind spezifisch für die jeweiligen Dialekte: Das aus dem Rumänischen entlehnte *lumja* gehört zum lexikalischen Bestand des Kalderaš-Romani, das ungarischstämmige *kolopa* wird im Lovara-Romani verwendet, das aus dem Deutschen übernommene *berga* im Sinti-Romani. Ein wesentliches Merkmal des Romani ist die unterschiedliche Behandlung von Wörtern des voreuropäischen oder europäischen Wortschatzes in der Grammatik: Es gibt zum Beispiel unterschiedliche Nominativ-, Plural- und Obliquusendungen für Wörter aus den beiden Wortschatzgruppen.

Zum Abschluss dieses Kapitels kommen wir kurz auf Namen und Anredeformen im Romani zu sprechen. Wie alle anderen Europäer haben auch Roma einen Vor- und einen Nachnamen. In fast allen Ländern wurden sie gezwungen, sich an örtliche Regeln und Gesetze zu halten und somit statt den früher häufig verwendeten Romanamen *bürgerliche* Namen anzunehmen. Typisch für das Romani ist, dass vor den jeweiligen Personennamen der bestimmte Artikel gesetzt wird: der maskuline Artikel *o* vor männliche Namen, der feminine Artikel *e* oder *i* vor weibliche Namen (z. B. ***o** Hansi*; ***i** Mitzi*), lediglich in der direkten Anrede entfällt dieser (wie im Deutschen, siehe „Besonderheiten der Kasusverwendung" in Abschnitt 4.5).

Als Anrede für eine einzelne Person wird *tu* (‚du‘) verwendet, für mehrere Personen *tume* bzw. *tumen* (‚ihr‘). Die Verwendung des Pluralpronomens *tume(n)* für die höfliche Anrede einer Person kommt wie in den meisten europäischen Sprachen auch im Romani vor, spielt bei der Kodierung von Höflichkeit aber nur eine untergeordnete Rolle.

Die höfliche Anrede innerhalb der Romagemeinschaft ist weitaus differenzierter als im Deutschen. Je nach Alter des Gesprächspartners oder der Gesprächspartnerin verwendet man Anredeformen, die Verwandtschaftsbeziehungen ausdrücken. Einen Jungen bzw. einen Mann, der jünger oder ungefähr im selben Alter ist wie die Sprecherin oder der Sprecher selbst, spricht man mit *phrala* (‚Bruder‘) an, zu einem etwas älteren Mann sagt man *kako* (‚Onkel‘). Einen Mann ab ca. 65 Jahren nennt man auch *papo* (‚Großvater‘). Zu einem sehr jungen Mädchen sagt man *mi čhaj* (‚meine Tochter‘), eine gleichaltrige Frau wird *phene* (‚Schwester‘) und eine etwas ältere Frau *bibije* (‚Tante‘) genannt. Diese Formen auf *-a* und *-e* entsprechen dem Vokativ. Es ist aber auch möglich, statt des echten Vokativs (also statt *phrala!*) *mo phral!* (‚mein Bruder‘) und (statt *phene!*) *mi phen!* (‚meine Schwester‘) zu sagen.

Zahlen aus dem Indischen und aus dem Griechischen

Während die Zahlen von 1 bis 6 sowie 10 indischen Ursprungs sind, wurden die Zahlen von 7 bis 9 aus dem Griechischen entlehnt. Im Folgenden ist dies für die Dialekte Lovara-, Kalderaš-, Gurbet- und Arli-Romani gezeigt:

1: *jek(h), jek(h), jek(h), jek*
2: *du(j), duj, duj, duj*
3: *trin, trin, trin, trin*
4: *štar, štar, štar, štar*
5: *panž, panž, pandž, pandž*
6: *šov, šov, šov, šov*
7: *efta, (j)efta, efta, efta*
8: *oxto, oxto, oxto, ofto*
9: *i(n)ja, inja, inja, enja*
10: *deš, deš, deš, deš*

Begrüßen und Verabschieden

Sehr viel Wert legen Roma auf respektvolle Umgangsformen miteinander – vor allem älteren Personen gegenüber. In der Romakultur wünscht man dem Begrüßten typischerweise *Glück und Gesundheit.* Ein wesentlicher Unterschied zum Deutschen ist auch, dass es im Romani spezielle Verabschiedungsformeln für den Weggehenden und den Bleibenden gibt. Die folgenden Beispiele sind aus dem Kalderaš-Romani.

Begrüßungen:
T'aves sasto/sasti taj baxtalo/baxtali! (m/f) ‚Dass du gesund seist und glücklich!‘
T'aves vi tu! ‚Das seist du auch!‘
T'aven saste taj baxtale! ‚Dass ihr/Sie gesund seid/sind und glücklich!‘
T'aven vi tume! ‚Das seid/seien ihr/Sie auch!‘
Lašo ďes! ‚Guten Tag!‘
Majmištoŕo! – Maj najis! ‚Es soll dir besser gehen! – Danke!‘
Droboj tu(t)! Droboj tume! ‚Leben sollst du! Leben sollt ihr/sollen Sie!‘

Verabschiedungen:
Aś Devlesa! Aśen Devlesa! ‚Bleib/t mit Gott!‘ (sagt der Gehende)
Ža Devlesa! Žan Devlesa! ‚Geh/t mit Gott‘ (sagt der Bleibende)
Devlesa! ‚Mit Gott!‘

Quellen und weiterführende Literatur zum Romani

Die Inhalte von Abschnitt 13.2 basieren zu einem großen Teil auf den Webseiten des romani PROJEKT (http://romani.uni-graz.at/romani) und dem Sprachensteckbrief Romani (http://www.schule-mehrsprachig.at/index.php?id=229). Eine weitere nützliche Internetressource ist die lexikalische Datenbank ROMLEX mit Online-Übersetzungsfunktion (http://romani.uni-graz.at/romlex). Detailliertere Ausführungen zur Geschichte und Kultur der Roma bieten zum Beispiel die *Factsheets on Roma* (http://romafacts.uni-graz.at). Die Informationen zu den Besonderheiten der Namen und Anrede stammen aus dem Sprachführer von Heinschink und Krasa (2004), der einen anregenden Einstieg in das Romani bietet und zahlreiche kulturspezifische Erläuterungen enthält. Das derzeitige sprachwissenschaftliche Standardwerk zum Romani ist Matras (2002). Einen weniger technischen Einstieg in die Sprache bietet der Band von Bakker und Kyuchukov (2000). Das Gedicht *Jek kućin ćišaj sem me* (*Ein Sandkorn bin ich*) stammt aus Jovanović (2006). Einen authentischen Einblick in die mündliche Erzähltradition der Roma gibt der Band *Die schlaue Romni – E bengali Romni* von Fennesz-Juhasz et al. (2003), der in einer Reihe von zweisprachigen Märchenbüchern erschienen ist. Stojka (2000) ist ein beeindruckender autobiografischer Bericht über das Leben einer Roma-Familie in Österreich vor, während und nach dem Zweiten Weltkrieg. Informationen zu deutschen Sinti und Roma bietet das Dokumentations- und Kulturzentrum Deutscher Sinti und Roma (http://www.sintiundroma.de/) des Zentralrates deutscher Sinti und Roma e. V. sowie die Sinti Allianz Deutschland (www.sintiallianz-deutschland.de).

Literatur (Hindi-Urdu und Romani)

Agnihotri RK (2007) Hindi: An essential grammar. Routledge, London

Asani SA, Hyder SA (2008) Let's study Urdu: An introduction to the script. Yale University

Bahri H (1999) English-Hindi dictionary. Rajpal & Sons, Delhi

Bakker P, Kyuchukov H (Hrsg) (2000) What is the Romani language? University of Hertfordshire Press, Hatfield

Bhatt RM (1995) Code-Switching and the Functional Head Constraint. In Fuller JM et al. (Hrsg) *Proceedings of Eastern States Conference On Linguistics 94*. DMLL, Ithaca, N.Y. 1–12

Bhatt R (2005) Long distance agreement in Hindi-Urdu. *Natural Languages and Linguistics Theory* 3. 757–807

Bossong G (2004) Analytizität und Synthetizität: Kasus und Adpositionen im typologischen Vergleich. In Hinrich U (Hrsg) Die europäischen Sprachen auf dem Wege zum analytischen Sprachtyp. Harrassowitz, Wiesbaden. 431–452

Bußmann H (2002) Lexikon der Sprachwissenschaft. Kröner, Stuttgart

Butt M (1995) The structure of complex predicates in Urdu. CSLI Publications, Stanford, CA

Fennesz-Juhasz C, Cech P, Halwachs DW, Heinschink MF (Hrsg) (2003) Die schlaue Romni – E bengali Romni. Märchen und Lieder der Roma – So Roma phenen taj gilaben. Drava, Klagenfurt

Gatzlaff-Hälsig M (2003) Grammatischer Leitfaden des Hindi. Buske, Hamburg

Gumperz JJ, Naim CM (1960) Formal and informal standards in the Hindi regional language area. In Ferguson CA, Gumperz JJ (Hrsg) *Linguistic diversity in South Asia: The International Journal of American Linguistics* 26/2: 92–118

Heinschink M, Krasa D (2004) Romani Wort für Wort. Band 177. Reise Know-How Verlag, Bielefeld

Humayoun M (2006) Urdu morphology, orthography and lexicon extraction (Master-of-Science-Abschlussarbeit). Chalmers-Universität, Göteborg

Jovanović I (2006) Vom Wegrand – Dromese rigatar. Drava, Klagenfurt

Kachru Y (1966) An introduction to Hindi syntax. Department of Linguistics, University of Illinois, Urbana
Kachru Y (2008) Hindi-Urdu-Hindustani. In Kachru BB, Kachru Y, Sridhar SN (Hrsg) Language in South Asia. Cambridge University Press, Cambridge. 81–102
Koul ON (2008) Modern Hindi grammar. Dunwoody Press, Kensington, MD; http://iils.org/pdf/ModernHindiGrammar.pdf
Lutze L (1996) Hindi: Pragmatik einer Sprache. In Kapp DB (Hrsg) Nānāvidhaikatā: Festschrift für Hermann Berger. Harrassowitz, Wiesbaden. 119–131
Matras Y (2002) Romani: A linguistic introduction. Cambridge University Press, Cambridge
Matthews D, Dalvi MK (1997, 2003, 2010) Complete Urdu. Hachette India, Noida
Matthews D, Dalvi MK (2003) Teach yourself Urdu: Complete course. McGraw-Hill, London
McGregor RS (1974) A history of Indian literature: Hindi literature of the 19th and early 20th centuries. Harrassowitz, Wiesbaden
McGregor RS (1993) Oxford Hindi-English dictionary. Oxford University Press, London
Mohanan T (1994) Argument structure in Hindi. CSLI Publications, Stanford, CA
Montaut A (2004) A grammar of Hindi. Lincom Europa, München
Naim CM (1999) Introductory Urdu. Band 1: South Asia language & area center. University of Chicago, Chicago
Nespital H (1997) Dictionary of Hindi verbs. Lokbharati Prakashan, Allahabad
Ohala M (1999) The syllable in Hindi. In van der Hulst H, Ritter N (Hrsg) The syllable: views and facts. De Gruyter, Berlin. 93–112
Rai A (1984) A house divided: The origin and development of Hindi/Hindavi. Oxford University Press, Delhi
Schmidt RL (2003/2007) Urdu. In Cardona G, Jain D (Hrsg) The Indo-Aryan languages. Routledge, London. 286–350
Shapiro MC (2003) Hindi. In Cardona G, Jain D (Hrsg) The Indo-Aryan languages. Routledge, London. 250–285
Sharma A, Vermeer HJ (1987) Hindi-Deutsches Wörterbuch. Groos, Heidelberg
Shukla S (2001) Hindi morphology. Lincom Europa, München
Sternefeld W (2000) Grammatikalität und Sprachvermögen. Anmerkungen zum Induktionsproblem in der Syntax. In Bayer J, Römer C (Hrsg) Von der Philologie zur Grammatiktheorie: Peter Suchsland zum 65. Geburtstag. Niemeyer, Tübingen. 15–44
Stojka M (2000) Papierene Kinder. Glück, Zerstörung und Neubeginn einer Roma-Familie in Österreich. Molden, Wien

Ein herzliches Dankschön an meinen Kollegen PD Dr. Heinz-Werner Wessler für das Korrekturlesen und für seine Vorschläge. Meiner Frau Ritu Bhatt danke ich ebenfalls ganz herzlich für ihre wertvollen Anregungen.

R.P.B.

14 Das Französische

Isabelle Darcy und Ingo Feldhausen

14.1 Einleitung

Das Französische gehört zu den größten Sprachen Europas und verfügt über den Status einer Weltsprache. Es ist eine von etwa 13 romanischen Sprachen.

Insgesamt werden die romanischen Sprachen auf fünf Kontinenten gesprochen. Die sprecherreichsten romanischen Sprachen sind Spanisch, Portugiesisch, Französisch, Italienisch und Rumänisch. Andere romanische Sprachen sind Sardisch, Rätoromanisch, Franko-Provenzalisch, Okzitanisch, Katalanisch, Friaulisch, Aragonesisch, Ladinisch, Galicisch sowie viele Regionalvarietäten. Abbildung 14.1 gibt einen Über-

Wie viele romanische Sprachen gibt es?

Die Frage ist nicht leicht zu beantworten. Es gibt zahlreiche regionale Varianten, auch Varietäten genannt, Substandardvarietäten oder Dialekte, die keinen Standardstatus haben und dennoch je nach Quelle zu den romanischen Sprachen gezählt werden können. Die Stellung des Aragonesischen (gesprochen in Spanien) und des Friaulischen (gesprochen im östlichen Norditalien, manchmal zum Ladinischen gezählt) ist zum Beispiel strittig.

Abbildung 14.1: Die romanischen Sprachen in Europa. Abkürzungen: Arag. = Aragonesisch; Ast. = Asturleonesisch; Fr.-Prov. = Franko-Provenzalisch; Fri. = Friaulisch; Gal. = Galicisch; Istr. = Istriotisch; Kors. = Korsisch; Lad. = Ladinisch; Port. = Portugiesisch; Rät. = Rätoromanisch; Sard. = Sardisch. Außerdem wird die Stadt *Santiago de Compostela* als *Santiago C.* abgekürzt. © Joan Borrás-Comes, Isabelle Darcy und Ingo Feldhausen

Bekannte Franzosen
Kunst und Literatur:
Claude Monet (1840–1926), Vater des Impressionismus
Victor Hugo (1802–1885), Autor des Romans *Der Glöckner von Notre Dame*
Antoine de Saint-Exupéry (1900–1944), Autor von *Der kleine Prinz*
Wissenschaft:
Louis Braille (1809–1852), Erfinder des Blindenalphabets
Louis Pasteur (1822–1895), Entdecker des Penicillins und der Pasteurisierung
Pierre Curie (1859–1906) und seine aus Polen stammende Ehefrau Marie (1867–1934), Entdecker der Radioaktivität
Gustave Eiffel (1832–1923), Ingenieur des Eiffelturms
Heilige:
Jeanne d'Arc (ca. 1412–1431)
Politiker:
Napoléon Bonaparte (1769–1821), französischer General und Kaiser
Charles de Gaulle (1890–1970), französischer General während des Zweiten Weltkrieges, organisierte die Résistance und wurde nach dem Krieg Präsident
Robert Schuman (1886–1963), einer der Gründer der Europäischen Union und Vater der deutsch-französischen Freundschaft

blick über die Verbreitung der romanischen Sprachen in Europa. Die Grenzen Frankreichs sind etwas dicker umrandet.

Französisch ist – wie die anderen romanischen Sprachen – größtenteils aus dem gesprochenen Latein (Vulgärlatein) entstanden. Dieses wurde in Gallien und anderen Gebieten Südeuropas zu Zeiten der römischen Eroberung gesprochen. Auch wenn es schwierig ist, sich bei der Beschreibung der französischen Sprache nur auf Frankreich zu beschränken, prägt doch die Kultur Frankreichs viele Teile der frankophonen Welt. Die weltweite Diversität der frankophonen Kultur sollte dennoch nicht unterschätzt werden.

Aus Frankreich stammen viele bekannte und wichtige Persönlichkeiten. Ihre Schüler dürften einige von ihnen kennen. Der Eiffelturm ist vermutlich jedem ein Begriff. Aber wissen die Schüler auch, dass der Turm nach Gustave Eiffel, seinem Erbauer, benannt worden ist? Auch die Erzählung *Der kleine Prinz* dürfte vielen etwas sagen und somit auch der Name des Autors: Antoine de Saint-Exupéry. Weniger bekannt ist hingegen der Politiker Robert Schuman (mit einem *n*, anders als der Komponist). Dennoch sind seine Taten für unsere heutige Gesellschaft von Bedeutung: Schuman, 1886 in Luxemburg geboren, wurde französischer Ministerpräsident und später Präsident des Europäischen Parlaments. Er gilt zusammen mit Jean Monnet als Gründervater der Europäischen Union und der deutsch-französischen Freundschaft, die seit der Europa-Erklärung vom 9. Mai 1950 besteht. Aufgrund der Arbeit von Schuman und Monnet wurde am 22. Januar 1963 der deutsch-französische Freundschaftsvertrag von Bundeskanzler Adenauer und dem französischen Staatspräsidenten de Gaulle in Paris unterzeichnet.

14.2 Allgemeines zur französischen Sprache

Sprecher und Sprachverbreitung

Französisch wird nach jüngeren Schätzungen der *Internationalen Organisation der Frankophonie* (OIF) weltweit von ungefähr 130 bis 145 Millionen Sprechern entweder als einzige Muttersprache oder als Zweitsprache gesprochen. Unter *Frankophonie* versteht man die Gesamtheit der französischsprachigen Länder und Gebiete.

Es ist relativ schwer zu zählen, wie viele Muttersprachler es genau gibt. Ein Kriterium ist, die Muttersprachlichkeit als die erste gelernte Sprache oder als die Sprache, die täglich zu Hause gesprochen wird, zu definieren. Die meisten Muttersprachler leben in Frankreich, in Kanada (Provinz Québec und New Brunswick), in der Schweiz und in Belgien. Viele Französischsprecher, die Französisch bilingual als Zweitsprache haben, leben im französischsprechenden Afrika. Die Zahl der bilingualen Sprecher ist möglicherweise sogar höher als die der monolingualen Muttersprachler.

Die OIF trennt nicht zwischen Muttersprachlern und Leuten, die zusätzlich zum Französischen noch eine oder mehrere andere Sprachen benutzen. Sie trennt allerdings zwischen Frankophonen (Sprecher, die Französisch als einzige Erstsprache oder als Zweitsprache haben) und *Teil*-Frankophonen (Sprecher, deren Beherrschung des Französischen eingeschränkt ist).

Die in vielen Quellen angegebene globale Zahl der Frankophonen und Teilfrankophonen reicht bis zu 220 Millionen. Wenn man zudem noch diejenigen berücksichtigt, die mit dem Französischen in Kontakt sind, kommt man sogar auf eine Zahl von 500 Millionen Menschen.

Französisch ist die einzige offizielle Sprache in Frankreich und 14 anderen Staaten. In 17 weiteren Staaten wird Französisch als offizielle Sprache zusammen mit einer oder mehreren anderen gesprochen. Insgesamt genießt das Französische den Status als offizielle (oder kooffizielle) Sprache in ungefähr 30 Staaten.

Das Französische zählt nach dem Englischen zu den politisch bedeutendsten Sprachen. Es wird in vielen strategisch wichtigen Bereichen gesprochen. Dazu gehört seine Verwendung als Verwaltungssprache, als Unterrichtssprache, als Sprache der Armee, der Justiz, der Medien, des Handels usw. Es ist eine der offiziellen Sprachen der Vereinten Nationen (UN), der Europäischen Union, des Weltfußballverbands FIFA, des Internationalen Strafgerichtshofs (Cour pénale internationale), des Roten Kreuzes, von Interpol, des Weltpostvereins (Union postale universelle), der NATO und verschiedener anderer Bereiche.

Französisch als offizielle Sprache

Europa: Belgien*, Frankreich, Kanalinseln* (U.K.), Monaco, Schweiz*, Aosta-Tal* (Italien), Luxemburg*, Vatikanstadt*

Afrika: Benin, Burkina Faso, Burundi*, Kamerun*, Zentralafrikanische Republik*, Republik Kongo (Brazzaville), Demokratische Republik Kongo, Elfenbeinküste, Djibouti*, Gabun, Guinea, Äquatorialguinea, Mali, Ruanda*, Senegal, Tschad*, Togo, Niger

Amerika: Kanada (Québec*, New Brunswick*), Vereinigte Staaten (Louisiana*, Maine*), Haiti*, Guadeloupe**, Guyana**, Martinique**, Saint-Pierre-et-Miquelon**

Indischer Ozean: Komoren*, Madagaskar*, Mayotte**, Réunion**

Ozeanien: Neukaledonien**, Vanuatu*, Wallis-et-Futuna**, Französisches Polynesien* **

* Diese Länder bzw. Städte verfügen neben dem Französischen über weitere offizielle Sprachen.

** Französische Überseegebiete.

Geschichte

Für viele Franzosen gelten die Gallier (deren Vorstellung für viele durch den Charakter von Asterix geprägt ist) als die einzigen „anerkannten“ Vorfahren. *Nos ancêtres, les Gaulois* (‚Unsere Vorfahren, die Gallier‘) ist ein Satz, den jedes französische Kind immer wieder hört. Das ist natürlich nur die halbe Wahrheit. Genauso wenig ist es korrekt zu glauben, dass Französisch ausschließlich auf das Vulgärlatein zurückzuführen ist. Wie Henriette Walter sagt, ist das Französische die „germanischste aller romanischen Sprachen“. Das unterstreicht der Name der

Sprache selbst – Französisch. Ein Name, der auf die fränkischen Eroberer zurückgeht. Tatsächlich ist das heutige Französisch eine Mischung vieler Einflüsse.

Als Gallien ab ca. 125 v. Chr. von den Römern erobert wird, leben in dem Gebiet verschiedene Völker mit eigenen Sprachen, zum einen die Kelten, aber auch andere, nichtkeltische Völker wie Aquitanier (Vorfahren der heutigen Basken), Liguren und Iberer. Im Gegensatz zu den Basken werden die Gallier ihre Sprache nach und nach zugunsten des Lateins aufgeben.

Keltische Einflüsse

Über die keltische Sprache weiß man leider nur wenig. Allerdings gibt es einige Wortstämme (geschätzte 240), die Eingang in die vulgärlateinische Sprache fanden. Besonders aus den Bereichen der Landwirtschaft und der Transportmittel wurden Wörter übernommen – und bestehen noch im heutigen Französisch (z. B. *charrue* ‚Pflug').

Durch die römische Eroberung gelangt das Latein zunächst in den Süden, in die heutige Provence. Später verbreitet sich die Romanisierung durch Cäsar auch bis in den Norden Galliens. Die keltische Sprache wird langsam durch das Lateinische ersetzt.

Um das Jahr 58 v. Chr. ist Gallien (fast) vollständig von den Römern besetzt. Das Gallische wird zugunsten des gesprochenen Lateins aufgegeben. Die Völkerwanderungen, die im 3. Jahrhundert im Zuge des Einmarsches der Hunnen in Ostmitteleuropa stattfinden, bringen große Veränderungen im galloromanischen Sprachraum mit sich. Vor allem die Franken haben einen großen Einfluss. Dieser verstärkt sich insbesondere durch die Bekehrung des Frankenkönigs zum Katholizismus am Ende des 5. Jahrhunderts. Dieses Ereignis ist deswegen so bedeutend, weil daraufhin auch seine Untertanen katholisch werden und die Sprache der eroberten Völker lernen: das (gallo-romanisierte) Latein. Es entsteht eine neue Zeit der Zweisprachigkeit Lateinisch/Germanisch, die sich im Königreich verbreitet. Sie prägt die entstehende französische Sprache stark. Im Bereich des Wortschatzes ist der germanische Einfluss besonders bei den Farbbezeichnungen bemerkenswert. Das Lateinische konnte zwar zwischen *matt* und *glänzend* (*albus* ‚mattes Weiß' vs. *candidus* ‚glänzendes Weiß') unterscheiden, aber viele Farbtöne nicht präzise benennen.

Das farbenfrohe Volk der Franken gibt dem Französischen Farbe

Wussten Sie, dass viele der heutigen Farbbezeichnungen in den romanischen Sprachen aus dem Germanischen stammen? Haben Sie vielleicht schon die Ähnlichkeit zwischen dem deutschen *blau* und dem französischen *bleu* bemerkt? Beide Wörter sind tatsächlich verwandt.

Auch das heutige französische Wort *blanc* ‚weiß' entstammt dem Germanischen, und zwar der Form *blank*. Auch *blond* ‚blond' und *gris* ‚grau' (mit dem Wort *Greis* verwandt) waren nicht ursprünglich romanisch. Diese Farbbezeichnungen sind auch in anderen romanischen Sprachen vorhanden, doch in keiner romanischen Sprache sind die germanischen Einflüsse so stark wie im Französischen. Viele Wörter aus Bereichen wie Krieg, Seefahrt, Alltagsleben, Küche und Landwirtschaft sind ebenfalls dem Germanischen der Franken entnommen.

Die fränkischen Einflüsse schlagen sich auch im Lautsystem (etwa das sogenannte *h aspiré*) sowie in der Wortstellung nieder (z. B. die Stellung der Adjektive vor den Nomen: *une grande maison* ‚ein großes Haus'). Viele französische Ortsnamen zeugen davon: Im Norden, der deutlich unter fränkischem Einfluss stand, findet man Orte wie *Longchamp* (‚langes Feld', mit germanischer Wortstellung), im Süden, wo der germanische Einfluss viel schwächer bleibt, eher *Champlong* (‚Feld lang', mit romanischer Wortstellung).

Völkerwanderung, Zweisprachigkeit – viele unterschiedliche Faktoren haben Einfluss auf die Sprache, die wir heute Französisch nennen. Die Frage, die nun aufkommt, ist genauso logisch wie wichtig: Ab wann wird denn – trotz der starken Bewegung in der Sprache – offiziell von einer eigenen, nicht mehr als Vulgärlatein angesehenen Sprache gesprochen, die wir als das heutige Französisch kennen? Interessanterweise kann man die Frage relativ einfach beantworten.

Alles beginnt mit einer Feststellung und dem beherzten Eingreifen des Kaisers. Im 8. Jahrhundert stellt man plötzlich ein Phänomen in der Entwicklung der Sprache fest, und es ist klar, dass man hier einschreiten muss. Aber was ist passiert? Man bemerkt, dass die geschriebene lateinische Sprache erheblich von der im Kaisertum gesprochenen Sprache abweicht. Es geht sogar so weit, dass selbst die Gelehrten dieser Zeit die alten lateinischen Schriften nicht mehr verstehen.

Der germanische Kaiser Karl der Große handelt umgehend. Er holt den Gelehrten Alcuin aus York nach Tours, um den Mönchen das „hohe" Latein wieder beizubringen und ihm etwas von seiner Reinheit wiederzugeben. Damit fängt die *Renaissance Carolingienne* an, die karolingische Renaissance, die das entstehende Französisch stark prägen sollte. Eine einheitliche Schrift, die *Carolina*, wird entwickelt, um das Schreiben und Lesen zu vereinfachen.

Im 9. Jahrhundert wird dann deutlich, dass die gesprochene Sprache des Volkes eine andere ist als die der Kirche. Auf dem Konzil von Tours 813 wird dem Klerus vorgegeben, für die Predigten die Volkssprachen, also „die romanischen und teutonischen Rustikalsprachen" (*in rusticam romanam linguam aut thiotiscam*) zu benutzen – ein Zeichen, dass das Volk das geschriebene Latein der Bibel schon lange nicht mehr versteht. Als Geburtsdatum dieser romanischen Volkssprache gelten die *Straßburger Eide* von 842, der erste Text des Altfranzösischen (und des Altdeutschen) überhaupt.

„Doppelte" Formen
Karl der Große ließ das klassische Latein wieder aktiv und bewusst einführen, um es vor dem Verfall zu schützen. Das ist der Grund dafür, dass im heutigen Französisch oft zwei Formen aus derselben lateinischen Wurzel koexistieren: zum einen die „rustikale" Form, also die Form, die der gesprochenen Sprache angehörte, und zum anderen die „neue alte" Form, also die Form, die auf dem klassischen Latein basierend neu gebildet worden ist. Typische Beispiele dieses interessanten sprachpolitischen Eingreifens sind *frère* vs. *fraternel* ‚Bruder' vs. ‚brüderlich' oder *œil* vs. *oculaire* ‚Auge' vs. ‚augen-' oder *eau* vs. *aquatique* ‚Wasser' vs. ‚wasser-'.

Das Französische als solches gibt es im 9. Jahrhundert noch nicht, es ist zu dem Zeitpunkt nur eine der „rustikalen" Volkssprachen. Erst durch das Edikt von Villers-Cotterêts von 1539 wird einer dieser Volkssprachen, dem Franzischen, ein privilegierter Status als offizielle Sprache gegeben. Seit dem Hochmittelalter hat der Staat in Frankreich immer die Entwicklung der französischen Sprache geprägt, kontrolliert und kodifiziert. Sprachgeschichtlich spricht man im Zeitraum von 842 bis etwa 1340 von Altfranzösisch (*l'ancien français*) und von 1340 bis etwa 1610 von Mittelfranzösisch (*le moyen français*).

Ab dem 10. Jahrhundert kristallisieren sich Paris und die *Ile de France* langsam als politisches und kulturelles Bildungszentrum des Königreiches heraus. Ihr Dialekt, das Franzische (*le francien*) genießt ein besonderes Prestige. Zu dieser Zeit gibt es allerdings immer noch kein einheitliches Französisch, und die Kommunikation zwischen den einzelnen Teilen des Königreiches ist daher manchmal recht schwierig. Das Königreich unterteilt sich nämlich grob in drei große Sprachbereiche: die Sprachen im Norden, die als *langues d'oïl* klassifiziert werden, die Sprachen im Süden, die sogenannten *langues d'oc*, sowie die Sprachen in den Alpen bzw. im mittleren Westen, bei denen es sich um franko-provenzalische Sprachen/Dialekte handelt. Die Namen *langues d'oïl* und *langues d'oc* leiten sich von der zu dieser Zeit in den jeweiligen Gebieten üblichen Bezeichnung für ‚ja' ab (galloromanisch *oïl*, okzitanisch *òc*). Um dem Kommunikationsproblem zu entgehen, agiert erneut der Staat: Am 15. August 1539 erlässt François I. das Edikt von Villers-Cotterêts. Durch dieses Gesetz wird das Latein durch das Französische als Kanzleisprache ersetzt. Nun ist nur noch das Franzische als *langage maternel francoys* (‚die franzische Muttersprache') erlaubt. Eine Konsequenz davon ist auch, dass die Verwendung der Regionalsprachen (*patois*) ausgeschlossen wird. Seither ist das Französische Amtssprache in Frankreich. Allerdings ist es oft nur die erzwungene Schriftsprache, während im täglichen Sprachgebrauch die *patois* weiterhin bevorzugt werden. Somit markiert das Jahr 1539 zu einem gewissen Grad auch die Trennung zwischen geschriebener und gesprochener Sprache.

Durchsetzung des Französischen als Sprache in Schule und Verwaltung

Gegen Ende der Revolution wird das Französische im Schulunterricht vorgeschrieben und 1880 im Rahmen der Bildungsgesetze von Jules Ferry gesetzlich implementiert. Er ist der Initiator und Verteidiger der kostenlosen, nichtkonfessionellen und obligatorischen Grundschule (*l'école gratuite, laïque et obligatoire*). Gesetze dieser Art sowie die Ausbreitung der Industrialisierung, die Landflucht und die Entstehung eines immer stärker werdenden nationalen Bewusstseins zwischen 1830 und 1848 tragen nachhaltig zur Bildung einer „französischen, republikanischen Identität" bei, die mit der Verwendung des Französischen einhergeht.

Das Deixonne-Gesetz

Seit dem Deixonne-Gesetz von 1951 dürfen vier weitere, zum Teil romanische Sprachen auch an Schulen und Gymnasien unterrichtet werden: das Bretonische, das Katalanische, das Okzitanische und das Baskische. Dieses Gesetz ist inzwischen durch den *Code de l'Éducation* ersetzt worden. Das Unterrichtsprogramm für 2010 umfasst das Bretonische, das Katalanische, das Okzitanische, das Baskische, das Korsische und die elsässisch-mosellanische Regionalsprache. Heutzutage werden viele Regionalsprachen an Schulen unterrichtet und dürfen sogar als eigenes Fach für Abiturprüfungen gewählt werden.

Gut hundert Jahre nach Villers-Cotterêts wird 1635 die *Académie Française* durch Kardinal Richelieu gegründet, die sich mit der „Vereinheitlichung und Pflege der französischen Sprache" beschäftigt. Trotzdem werden noch bis weit nach der Revolution von 1789 die Regionalsprachen stark verwendet. Das ist besonders im Süden der Fall, wo sich die *langues d'oc* (auch Okzitanisch genannt) deutlich vom Französischen unterscheiden. Dennoch ist die sprachliche Vereinheitlichung durch das Französische unaufhaltsam auf dem Vormarsch.

Die klare Trennung zwischen schriftlichem und mündlichem Gebrauch hält bis zu Beginn des 20. Jahrhunderts an. Schließlich nimmt der intensive Gebrauch der *patois* zur Zeit des Ersten Weltkrieges stark ab. In den Schulen wurde bis in die 1950er Jahre hart gegen sie vorgegangen; sie wurden verhöhnt und ihre Verwendung bestraft. Bemerkenswert ist allerdings, dass seit den 1950er Jahren eine Rückbesinnung auf die Regionalsprachen sichtbar wird.

Auch auf europäischer Ebene hat sich das Französische ausgebreitet. Ab dem 17. Jahrhundert wird Französisch die *Lingua franca* des europäischen Adels, zunächst in Mitteleuropa, im 18. und 19. Jahrhundert auch in Osteuropa; zahlreiche Gallizismen gelangen dadurch in das Deutsche und andere Sprachen Europas. Auch weltweit verbreitet sich das Französische durch die koloniale Expansion.

Mit dem Aufkommen der europäischen Nationalismen im 18. und 19. Jahrhundert fängt dagegen die Entwicklung der Nationalsprachen an, und das Französische wird in den höheren Gesellschaftsschichten immer öfter durch die jeweiligen Nationalsprachen ersetzt. Auch der Aufstieg des englischsprachigen Vereinigten Königreiches zur vorherrschenden Kolonialmacht hat das Französische zurückgedrängt. Durch den Aufstieg der USA zur Weltmacht im 20. Jahrhundert entwickelt sich Englisch schließlich zur Welthauptsprache. Dennoch ist das Französische weiterhin von großer Bedeutung.

Die Franzosen revanchieren sich mit Wörtern, die sie dem Deutschen schenken

Viele Wörter in den Bereichen der Architektur, der Mode und der Küche sind dem Französischen entnommen (sogenannte *Gallizismen*): Kostüm, Bouillon, Krokette, Champignon, Krokant, Fassade, Balkon, Etage, Garage, Allee, Chaussee und auch Manieren, Noblesse, Kavalier, Etikette oder Konversation.

Kennen Sie weitere?

14.3 Aussprache und Schrift

Vokale, Konsonanten und Akzent

Das Französische hat insgesamt 36 Einzellaute: 16 Vokale (Tabelle 14.1), 17 Konsonanten und drei Gleitlaute. Die Schattierungen in Tabelle 14.1 zeigen, welche Vokale aus der Sicht des Deutschen ungewöhnlich sind, im Lautsystem des Deutschen also nicht vorkommen. Außer einem dunkleren *â*-Laut (wie in *pâte* [pɑt] ‚Teig') sind dies die vier Nasalvokale [ɛ̃], [œ̃], [õ] und [ɑ̃], wobei die Nasalität in der Lautschrift durch die Tilde ˜ über dem Vokalzeichen angezeigt ist. Nasalvokale kommen in vielen Oppositionen zwischen männlicher und weiblicher Form vor, wie in den Wortpaaren *divin* – *divine* [divɛ̃] – [divin] (‚göttlich', maskulin – feminin); *brun* – *brune* [brœ̃] – [bryn] (‚braun', maskulin – feminin) oder *Jean* – *Jeanne* [ʒɑ̃] – [ʒan] (‚Johann' – ‚Johanna').

Tabelle 14.1: Die französischen Vokale in Laut- und Schreibschrift

Klang	hell				mittel	dunkel		
		nasal	gerundet	nasal + gerundet		gerundet	nasal + gerundet	
Mund weiter geschlossen	[i] i		[y] u			[u] ou		
	[e] é		[ø] eu		[ə] e	[o] o	[õ] on	normal
	[ɛ] è	[ɛ̃] in	[œ] eu	[œ̃] un		[ɔ] o		reduziert
Mund offener					[a] a	[ɑ]* â	[ɑ̃]* an	

* nicht gerundet

Die Entstehung der Nasalvokale begann im Altfranzösischen. Dort gab es zunächst nur die normalen Vokale im Lautsystem, aber sie wurden nasalisiert ausgesprochen, wenn sie vor einem nasalen Konsonanten standen (z. B. *m* oder *n*), wie [fin], [fini]. Aus ihnen entstanden zur Zeit des Mittelfranzösischen nasale Vokale als eine eigene Art von Vokalen im Lautsystem. Ein wichtiger Aspekt für die Eigenständigkeit der Nasalvokale war die Verschmelzung des (nasalierten) Vokals mit dem folgenden *m* oder *n*, sofern die nasalen Konsonanten in derselben Silbe standen. Durch die Verschmelzung wurde das

Französischer Zungenbrecher

Si six cent scies scient six cent saucisses, six cent six scies scieront six cent six saucissons.

[sisisɑ̃sisisisɑ̃sosis sisɑ̃sisisirõsisɑ̃siso-sisõ]

‚Wenn sechshundert Sägen sechshundert Würste sägen werden, werden (auch) sechshundertsechs Sägen sechshundertsechs trockene Würste sägen.'

Weitere Zungenbrecher

Si huit fruits cuits lui nuisent, donnez-lui huit fruits crus.
[siɥifrɥikɥilɥinɥiz donelɥiɥifrɥikry]
‚Wenn acht gekochte Früchte ihm/ihr schaden, (dann) gebt ihm/ihr acht rohe Früchte.‘

Je veux et j'exige d'exquises excuses.
[ʒəvøzeʒɛgziʒədɛkskizəzɛkskyz]
‚Ich will und verlange süße Entschuldigungen.‘

Les chaussettes de l'archiduchesse sont elles sèches? Archisèches!
[leʃosɛtədəlarʃidyʃɛsəsõtɛlsɛʃ arʃisɛʃ]
‚Sind die Socken der Erzherzogin trocken? Erz-trocken!‘

Ta tante tond tant tonton que ta tonte attend.
[tatãttõtãtõtõkətatõtatã]
‚Deine Tante rasiert so lang den Kopf deines Onkels, dass deine Rasur warten muss.‘

Einige der Zungenbrecher verfügen über Laute, die im Deutschen keine Entsprechung haben. Der erste Zungenbrecher oben auf dieser Seite weist den Gleitlaut [ɥ] auf, der einem *ü* ähnlich ist, aber sofort in den darauffolgenden Vokal übergeht und *ui* geschrieben wird. Ein Beispiel ist *suint* [sɥɛ̃] ‚Wollfett‘. Gleitlaute haben diesen Namen, weil sie sozusagen von einem Vokal zu einem anderen „gleiten". Das Französische verfügt über drei Gleitlaute. Neben dem gerade Erwähnten gibt es noch das [w], das wie *u* anfängt, aber sofort in den unmittelbar folgenden Vokal übergeht und beispielsweise in den Wörtern *oui* [wi] ‚ja‘, *whisky* [wiski] ‚Whisky‘, *oie* [wa] ‚Gans‘ oder *point* [pwɛ̃] ‚Punkt‘ vorkommt. Auch dieser Laut existiert nicht im Deutschen. Und es gibt das [j], das auch im Deutschen existiert (z. B. in *ja*). Die Nasalvokale, die vor allem im letzten Zungenbrecher relevant sind und schon besprochen wurden, kommen im Deutschen ebenfalls nicht vor. Ein weiterer Laut, der keine deutsche Entsprechung hat, ist das *gn* [ɲ] (bei dem die Zunge am vorderen Gaumen anliegt). Es ähnelt dem *nj* in *Anja* und kommt in Wörtern wie *agneau* [aɲo] ‚Lamm‘ oder auch *panier* [paɲe] ‚Korb‘ vor.

m oder *n* nicht mehr separat ausgesprochen, und so entwickelte sich damals das heutige *fin* [fɛ̃] ‚Ende‘. Die neuen nasalen Vokale standen jetzt im Gegensatz zu nichtnasalen Vokalen, die auch dann nicht mehr nasalisiert ausgesprochen wurden, wenn ein *m* oder *n* am Anfang der nächsten Silbe folgte (z. B. *fini* [fi.ni] ‚beendet‘, mit einem Punkt für die Silbengrenze). Die Anzahl der Nasalvokale, die es im Altfranzösischen gab, wurde im Mittelfranzösischen kleiner. In *fin* beispielsweise wurde der durch Verschmelzung entstandene nasale Vokal [ĩ] „nach unten gezogen" (wenn wir es mit Bezug auf Tabelle 14.1 formulieren) und [fɛ̃] ausgesprochen.

Parallel dazu entwickelte sich [ỹ] in *yn* zu [œ̃], was im gegenwärtigen Französisch für viele Sprecher weiter zu [ɛ̃] wurde, wie in *un* ‚ein‘. Auch *en* wurde „nach unten gezogen", wurde also zunächst zu [ẽ] und dann zu [ã] bzw. [ɑ̃] wie in *vendre* ‚verkaufen‘. Die Orthografie spiegelt hier noch den Stand vor der mittelfranzösischen Vereinfachung der nasalen Vokale wider, sodass die Aussprache der nasalen Vokale im Verhältnis zur Orthografie bis heute „nach unten gezogen" ist. Übrigens haben manche Nasalvokale ihre Nasalität in der Aussprache wieder verloren (z. B. bei *fine* [fin] ‚feine‘ und *une* [yn] ‚eine‘). Beim Verlust der Nasalität wurde jedoch das „Nach-unten-Ziehen" manchmal nicht rückgängig gemacht, wie bei *femme* [f**a**m] ‚Frau‘ und in *évidemment* [evid**a**mɑ̃] ‚selbstverständlich‘. Hier wird bis heute „nach unten gezogen" ausgesprochen (also [a]), obwohl die Nasalität, die dafür einst verantwortlich war, inzwischen verschwunden ist.

Anders herum hat das französische Vokalsystem einige Unterscheidungen nicht, die im Deutschen vorhanden sind. Wie in Kapitel 3 erläutert unterscheidet das Deutsche zwischen normalen, langen und reduzierten (in der Fachliteratur: ungespannten) Vokalen. Im Französischen ist die Vokallänge nur für [a] und [ɑ] relevant. Darüber hinaus gibt es im Französischen reduzierte Versionen nur von *e*, *ö* und *o*, nicht aber von *i*, *ü* und *u*, während das Deutsche für alle diese Vokale auch reduzierte Versionen hat. Das Französische hat also nicht die Unterscheidung zwischen langem *i* wie in *bieten* und reduziertem *i* wie in *bitten* oder auch langem *u* wie in *Mus* und reduziertem *u* wie in *muss*. Wo das Französische entsprechende Unterscheidungen hat, bei *e*, *ö* und *o*, zeigt Tabelle 14.1 die reduzierten (ungespannten) Vokale unterhalb der entsprechenden normalen (gespannten) Vokale.

Tabelle 14.2 zeigt die französischen Konsonanten. Die Schattierungen deuten an, wo das Französische Konsonanten hat, die im Deutschen nicht vorkommen (siehe hierzu auch die Beispiele in der Randspalte).

Die Zahl der französischen Konsonanten ist aber geringer als die Zahl der deutschen Konsonanten. Zum Beispiel ist dem

Französischen der Wechsel zwischen den beiden Lauten [ç] und [x] wie in *ich* und *ach* unbekannt. Der *ich*-Laut wird von Französischsprechern oft zum lautlich benachbarten [ʃ] angeglichen (deswegen können Frankophone Probleme mit der Unterscheidung der beiden Wörter *Kirche* und *Kirsche* haben). Der *ach*-Laut wiederum wird eher zum hinteren Zäpfchen-*r*, wodurch *Bach* zu *Bar* wird oder manchmal auch zu [bak]. Des Weiteren sind dem Französischen die Verschmelzung von *ng* zu [ŋ] in der Aussprache (wie in ***bringen***), der Hauchlaut [h] (wie in ***heute***) und der Knacklaut [ʔ] unbekannt. Schauen wir uns den Knacklaut und das [h] etwas genauer an.

Tabelle 14.2: Die französischen Konsonanten in Lautschrift und die typischen Varianten in Schreibschrift (nur eine Angabe bei identischen Zeichen*)

artikuliert mit	Unterlippe		vorderer Zunge		hinterer Zunge			Stimmton
artikuliert an	Oberlippe	oberen Schneidezähnen	Zahndamm	etwas dahinter	Gaumen		Zäpfchen	
					vorne	hinten		
Verschlusslaute	p		t			[k] c		stimmlos
	b		d			g		stimmhaft
Nasale	m		n		[ɲ] gn			stimmhaft
Reibelaute		f	[s] s	[ʃ] ch				stimmlos
		v	[z] z	[ʒ] j				stimmhaft
l und *r*			l				r	stimmhaft
Gleitlaute	[w] oi [ɥ] ui			[j] i/y/-ille				stimmhaft

* Bei „[s] s" und „[z] z" sind beide angegeben: Das französische *s* wird [s] ausgesprochen, also wie im Deutschen *ß*. Das französische *z* wird [z] ausgesprochen, also wie im Deutschen *s*. Das *r* wird am Zäpfchen gerollt, genau genommen ist es [ʀ].

Das Französische kennt keinen Knacklaut, der im Deutschen am Anfang vieler Wörter obligatorisch ist (wie in [ʔ]*Abend*, [ʔ]*auch*, [ʔ]*oder*), auch wenn er sich nicht besonders in den Vordergrund drängt. Dieser Laut wird von vielen Frankophonen systematisch weggelassen, und seine Abwesenheit trägt maßgeblich zum „weichen französischen Akzent" bei.

Ein naher Verwandter des Knacklautes ist jedoch im Französischen vorhanden: das *h-aspiré* ‚behauchtes *h*'. Trotz des Namens hat das Französische keinen eigentlichen Hauchlaut wie im Deutschen, wo er mit dem Buchstaben *h* dargestellt wird. Doch gibt es im Französischen einige Wörter, die am Wortanfang ein *h* haben, das sich quasi wie ein Knacklaut verhält. Das *h* blockiert dann die *Liaison* und das *Enchainement*

Heute Abend haben Ernst und Heinrich auch hart gearbeitet

Dieser Satz ist für französischsprechende Deutschlerner zu Beginn des Lernens fast unmöglich auszusprechen. Aber warum?

Ganz einfach: In diesem Satz lösen sich der Knacklaut und das [h] regelmäßig ab – und genau mit diesen Lauten hat der Französischsprecher besondere Probleme. Im Deutschen werden zwei Wörter oft durch den Knacklaut [ʔ] voneinander getrennt, auch „harter Vokaleinsatz" genannt (wie in *heute* [ʔ]*Abend*); im Französischen dagegen werden sie eng zusammen ausgesprochen, durch Phänomene wie *Liaison* („Anbindung") und *Enchaînement* („Ankettung"), die dazu führen, dass das Französische beim Hören so schön „fließt".

(siehe Abschnitt „Besonderheiten: Liaison"). Schülern wird jahrelang eingetrichtert, dass man *les haricots* [le ariko] ‚die Bohnen' ohne Liaison sagen soll und nicht *les-z-haricots* [lezariko] (mit Liaison), trotzdem machen es viele. Ein anderes Beispiel ist *les héros* [le ero] ‚die Helden', was ebenfalls nicht mit Liaison (*les-z-héros* [lezero]) ausgesprochen wird (sonst würde es wie *les zéros* ‚die Nullen' klingen).

Natürlich gibt es auch Laute, die beide Sprachen gemeinsam haben. Aber auch hier kann es feine Unterschiede geben, die von Bedeutung sind. Das Deutsche und das Französische haben beispielsweise dieselben Verschlusslaute. Um [p] oder [b] auszusprechen, müssen beide Lippen geschlossen werden. Bei den stimmlosen Lauten [p, t, k] kann beim Lösen des Verschlusses eine kleine Explosion entstehen, der eine Behauchung folgt. Diese nennt man *Aspiration*.

Im Deutschen werden die stimmlosen Laute [p], [t] und [k] behaucht ausgesprochen, und das unterscheidet sie in der Aussprache von den stimmhaften Lauten [b], [d] und [g]. Im Französischen ist das anders: Hier wird gar nicht oder nur sehr wenig behaucht. Die Laute müssen sich also durch ein anderes Merkmal unterscheiden. Das ist das Vibrieren der Stimmbänder: Bei den stimmhaften Lauten [b], [d] und [g] vibrieren diese, bei stimmlosen nicht. Der Unterschied ist für französische Muttersprachler gut hörbar, für deutsche Ohren aber nicht. Fehlt die Aspiration, klingt ein [p] und [t] in deutschen Ohren jeweils wie [b] und [d]. Dadurch wird beispielsweise *Pein* (ohne Aspiration) als *Bein* verstanden.

Eine weitere Auffälligkeit: Im Deutschen werden alle stimmhaften Verschluss- und Reibelaute am Ende des Wortes stimmlos ausgesprochen (Auslautverhärtung). Ein Franzose wird beim Sprechen auch die voll-stimmhaften Konsonanten am Ende des Wortes aussprechen und beim Verstehen deutsche Wörter verwechseln, gerade bei gleich lautenden oder sehr ähnlichen Wortpaaren (*Rat/Rad, bunt/Bund, rinnt/Rind, Bart/Bad, Wirt/wird* etc.). Zum Glück sind diese Wortpaare im Deutschen nicht so häufig vertreten.

Ein ganz anderer Konfliktbereich eröffnet sich bei der Betrachtung des Wortakzents. Damit ist die am stärksten wahrgenommene Silbe eines Wortes gemeint (die in den folgenden Beispielen mit fetten Buchstaben gekennzeichnet ist). So ist es beispielsweise im Deutschen ein grundlegender Unterschied, ob ich mit dem Auto das Kind *um**fah**re* oder ***um**fahre*. Das Französische hat die Eigenschaft, dass sich die Betonung eines Wortes immer am rechten Rand des Wortes befindet, das heißt auf der letzten ausgesprochenen Silbe (*cul**ture*** ‚Kultur', *cultu**rel*** ‚kultur-', *culturelle**ment*** ‚kulturell'). Außerdem ist sie wenig ausgeprägt, das heißt, die Unterschiede in der Aussprache zwischen betonten und unbetonten Silben sind klein. Die unbetonten Vokale/Silben werden nicht so stark reduziert, wie es beispielsweise im Englischen der Fall ist, sondern behalten ihre Qualität. Die Betonung ist hingegen stärker auf der Satzebene vorhanden. Sie befindet sich immer am Satzende, wobei die letzte Silbe betont wird – hauptsächlich durch Dehnung. Dies wird auch in Lehnwörtern sichtbar, die aus dem Französischen ins Deutsche übernommen wurden: Im Deutschen tragen sie den Akzent wie in ihrer französischen Aussprache auf der letzten Silbe (*Bal**lon***, *Cou**sin***, *Tri**kot***, *Cou**rage***).

Schwierigkeiten für Deutschlerner: Aussprache

1. *Vokale:* Insbesondere bei den drei geschlossenen reduzierten Vokalen [ɪ], [ʊ] und [ʏ] des Deutschen ist mit Angleichungen an die normalen Vokale [i], [u] und [y] zu rechnen. Weiterhin ist der Unterschied zwischen dem langen und dem kurzen [ɛ] (wie etwa in dt. *näht* [nɛ:t] vs. *nett* [nɛt]) unbekannt – es ist anzunehmen, dass frankophone Deutschlerner diesen Unterschied erst spät lernen werden. Die deutsche Aussprache der Endung -*er* als [ɐ] (*r-Vokalisierung* wie in *Messer* [mɛsɐ] oder *jeder* [je:dɐ]) ist dem Französischen ebenfalls unbekannt und kann zu einer Angleichung zu [-œr] führen.
2. *Konsonanten:* Aspiration ist ein Problem für Französischsprecher. Die Realisierung der stimmhaften und stimmlosen Verschlusslaute [p, t, k, b, d, g] kann auch vom Französischen beeinflusst sein, wodurch für deutsche Ohren zum Beispiel ein [p] wie ein [b] klingt, was in der fehlenden Aspiration begründet ist. Der *ach*-Laut [x] wird zu [r] (*Bach* – *Bar*), und *ich* wird oft als *isch* ausgesprochen ([ç] wird zu [ʃ]). Der Nasal [ŋ] wird auch oft als [ng] realisiert, wie in *singen* – dies ist auch der Fall mit Wörtern wie *Camping*, die das Französische anderen Sprachen entnommen hat. Auch bekannt ist die Schwierigkeit der Französischsprecher, das gehauchte [h] auszusprechen. Sie sprechen es entweder überhaupt nicht aus oder ersetzen es durch einen Knacklaut.
3. *Auslautverhärtung:* Die Auslautverhärtung ist im Französischen nicht vorhanden. Daher muss diese Besonderheit gelernt werden. Auch wenn sie daran nicht gewöhnt sind, sollte die Auslautverhärtung keine größeren Schwierigkeiten für frankophone Deutschlerner darstellen, nachdem sie erst einmal darauf hingewiesen worden sind. In der Worterkennung können allerdings mehr Probleme auftreten.
4. *Wortbetonung:* Dieses Merkmal kann besondere Schwierigkeiten auslösen, da französische Deutschlerner den Wortakzent oft weder richtig wahrnehmen noch aussprechen können. Dieser Umstand kann zu Verständnisschwierigkeiten bei deutschen Gesprächsteilnehmern führen. Die Interferenzen bestehen auf diesem Gebiet in einer zu schwachen Hervorhebung der einzelnen Wörter und in einer Verlagerung der Betonung an das Satzende. Diese französische „Färbung" der Aussprache ist zum Teil sehr schwer aufzuheben. Allerdings schaffen junge Deutschlerner dies bedeutend besser.

Die Schrift

Das französische Alphabet hat 26 Buchstaben und ist dem Deutschen sehr ähnlich. Die deutschen Umlautbuchstaben *ä*, *ü* und *ö* sowie das „scharfe s" *ß* gibt es im Französischen allerdings nicht. Das Französische wiederum hat fünf Diakritika (kleine Zeichen, die über oder unter einem Buchstaben stehen), durch die weitere 13 Zeichen im französischen Buchstabeninventar entstehen.

Die Funktion der Diakritika besteht darin, den Buchstaben einen anderen Wert zu geben. Die drei Akzentzeichen im Französischen sind der Akut (*accent aigu*) *é*, der Gravis (*accent grave*) *è* und der Zirkumflex (*accent circonflexe*) *ê*. Anders als im Lateinischen oder Spanischen markieren diese Diakritika nicht den Wortakzent oder die Betonung, sondern betreffen die Aussprache oder sind in gewissem Sinne nur eine orthografische „Verzierung". Für den Buchstaben *e* sind sie beispielsweise sehr wichtig, denn sie unterscheiden die verschiedenen Aussprachen: Ohne Akzent bleibt das *e* meist unausgesprochen oder unbetont [ə], mit Akzent wird es zum [e] oder zum [ɛ]. So wird beispielsweise zwischen normalem [e] wie in ***Ehre*** und offenerem [ɛ] wie in *Bett* oft durch *accent aigu* und *accent grave* unterschieden: *été* [ete] ‚Sommer' vs. *problème* [problɛm] ‚Problem'. Im Allgemeinen entspricht *é* dem Laut [e], während *è* und *ê* dem Laut [ɛ] entsprechen. Der Gravis kann auch mit den drei Vokalbuchstaben *a*, *e* und *u* kombiniert werden: Er unterscheidet zum Beispiel zwischen dem Verb *a* ‚hat' (3. Person Singular) und der Präposition *à* ‚an/um' oder zwischen dem Artikel *la* ‚die' und dem Adverb *là* ‚da/dort' – denn der Gravis kann auch grammatische Funktionen anzeigen. Der Zirkumflex ist ein Längungszeichen. Er kann mit allen Vokalbuchstaben kombiniert werden. Für viele Sprecher klingen demnach die beiden Wörter *patte* (‚Bein') und *pâte* (‚Teig') anders. Das zweite Wort hat ein lang gezogenes und tieferes [a].

Es werden weiterhin das Trema (*le tréma*) an Vokalen (z. B. *ë*) und die Cedille (*cédille*) ç benutzt. Das Trema zeigt an, dass zwei benachbarte Vokale unabhängig voneinander ausgesprochen werden. Zum Beispiel unterscheidet man das einsilbige Wort *air* [ɛr] ‚Luft' von dem zweisilbigen *haïr* [a.ir] ‚hassen'. Die Cedille zeigt an, dass das *c* vor den drei Lauten *a*, *u* und *o* wie [s] und eben nicht, wie es normalerweise der Fall ist, als [k] ausgesprochen werden soll. So werden *ça* ‚das' und *façon* ‚Art' wie [sa] und [fasõ] ausgesprochen, während *car* ‚Bus' und *flacon* ‚Flasche' mit [k] ausgesprochen werden: [kar] bzw. [flakõ].

Das französische Schriftsystem verfügt durch diese Kombinationen von Diakritika und Buchstaben über insgesamt 39 Schriftzeichen. Man könnte annehmen, dass diese Zahl ausreicht, um die 36 Laute des Französischen angemessen darzustellen. Aus historischen Gründen ist das allerdings nicht der Fall. Die Beziehung zwischen Buchstaben und Lauten ist im Französischen ziemlich komplex und erlaubt keine Eins-zu-eins-Entsprechung. Häufig wird ein einziger Laut durch verschiedene Buchstaben oder Buchstabenkombinationen dar-

Faux amis* oder *falsche Freunde

Falsche Freunde gibt es leider auch in der Sprache. Dabei handelt es sich jedoch um Wortpaare verschiedener Sprachen, die ähnlich aussehen, aber dennoch eine unterschiedliche Bedeutung haben. Aufgrund dieser vermeintlichen Nähe kann es schnell zu Fehlern kommen:

Französisch	Deutsch
batterie ‚Schlagzeug; Akku'	*Batterie*
clavier ‚Tastatur'	*Klavier*
coffre ‚Kofferraum'	*Koffer*
figure ‚Gesicht'	*Figur*
glace ‚Eis, Spiegel'	*Glas*
gymnase ‚Turnhalle'	*Gymnasium*
infusion ‚Aufguss, Kräutertee'	*Infusion*
pile ‚Stapel, Batterie'	*Pille*
serviette ‚Handtuch'	*Serviette*
veste ‚Jacke'	*Weste*

gestellt. Umgekehrt kann auch ein einzelner Buchstabe verschiedene Laute wiedergeben. Für die Nasalvokale im Franzö-

Schwierigkeiten für Deutschlerner: Schreiben und Lesen

Französisch kennt keine Großschreibung für Substantive, und die strengen deutschen Kommaregeln sind dem Französischen unbekannt. Kommata werden dort eher nach der Satzmelodie gesetzt.

Auch die Aussprache von bestimmten Buchstaben, die ebenfalls im Deutschen vorkommen, ist in den beiden Sprachen etwas anders, was leicht zu Verwechslungen beim Lesen führen und eine falsche Aussprache herbeiführen kann. Dazu gehören folgende Buchstaben:

- *j* ist im Französischen [ʒ] wie im deutschen Wort *Gara**ge**.*
- *w* ist im Fanzösischen meistens [w] wie im englischen Wort ***w**hisky*, manchmal jedoch [v] wie in ***w**agon* (dt. ***W**agen*).
- *v* ist im Französischen immer [v] wie im deutschen Wort ***W**agen*, aber nie [f] wie im deutschen Wort ***V**ogel.*
- *sp* wird im Französischen immer wie in *auspacken*, also [sp], und nicht wie in *Beispiel* ausgesprochen.
- *st* ist im Französischen immer [st] und nicht [ʃt] wie manchmal im Deutschen.
- *ch* ist im Französischen meistens [ʃ] wie im deutschen Wort *Kirsche.* Die Unterscheidung zwischen [ʃ] wie in *Tisch* und [ç] wie in *ich* braucht viel Übung für französischsprachige Deutschlerner.
- *s* wird im Französischen am Wortanfang nie [z], sondern [s] ausgesprochen (*sauce* [sos] ,Sauce', nicht wie dt. [zosə]). Im Deutschen kann es deshalb wie [sos] ausgesprochen werden.

Im Französischen wird das *e* am Wortende generell nicht ausgesprochen („stummes e") und dient unter anderem dazu, lautlose Konsonanten hörbar zu machen (z. B. *grand – grande* [grɑ̃ | grɑ̃d] ,groß – große'). Daraus entsteht eine besondere Schwierigkeit für Deutschlerner, die wortfinalen e im Deutschen als unbetontes Schwa [ə] in eigener Silbe auszusprechen (z. B. kann *Klasse* wie [klas] anstatt [klasə] ausgesprochen werden).

Der Vokalbuchstabe *u* wird zumeist als [y] wie in *fünf* ausgesprochen und nicht wie das deutsche [u] wie in *Uhr.* Geht dem französischen *u* allerdings ein *o* unmittelbar voraus und bildet somit die Kombination *ou*, dann wird es ähnlich wie ein deutsches [u] ausgesprochen. Eine typische Schwierigkeit für den frankophonen Deutschlerner, die aus diesem Unterschied resultiert, zeigt sich in dieser kleinen Geschichte: Ein französischer Student fragte seinen deutschen Kommilitonen, ob er ihm nicht seinen „Ü-ü" leihen könne. Der deutsche Student wusste im ersten Moment allerdings überhaupt nicht, was der Austauschstudent von ihm wollte. Einen „Ü-ü"? Es hat einen Moment gedauert, bis der Deutsche verstanden hatte, dass sein frankophoner Kommilitone lediglich seine „Uhu"-Klebstofftube haben wollte. Für den Franzosen war die Aussprache „Ü-ü" logisch: Orthografisches *u* wird [y], also „ü", ausgesprochen, und das orthografische *h* wird nicht gehaucht ausgesprochen.

Andere Buchstabenkombinationen wie *ui* (wie in *cuire* [kɥir] ,kochen', ausgesprochen mit dem Gleitlaut als [ɥi] und nicht wie dt. [ui]), *oi* (wie in *croire* [krwar] ,glauben', ausgesprochen als [wa]) und *ie* (wie in *pied* [pje] ,Fuß', ausgesprochen als [je], nicht wie dt. [iː]) können für Deutschlerner ebenfalls Probleme darstellen. Die deutschen Diphthonge wie *eu* [ɔi] (*heute*), *au* [aʊ] (*auch*) und *ei* [ai] (*Pein*) entsprechen keineswegs der französischen Aussprache (*eu* wird wie „ö", [ø] oder [œ], *au* wird wie „o", [o] und *ei* wie „ä", [ɛ], ausgesprochen), was zu Verwechslungen beim Lesen führen kann.

Verschiedene Schreibweisen eines einzelnen Lautes

Nasalvokal [ɛ̃]: *en* (*chien* ‚Hund'), *in* (*cinq* ‚fünf'), *im* (*imposer* ‚auferlegen'), *ain* (*main* ‚Hand'), *aim* (*faim* ‚Hunger'), *yn* (*syntaxe* ‚Syntax'), *ym* (*thym* ‚Thymian'), *ein* (*frein* ‚Bremse'); im Standardfranzösischen, wo [ɛ̃] und [œ̃] für viele Sprecher zusammenfallen, können wir auch *un* (*brun* ‚Braun') und *um* (*parfum* ‚Parfüm') hinzufügen.

Laut [o]: *eau* (*peau* ‚Haut'), *o* (*pot* ‚Topf'), *au* (*pauvre* ‚arm'), *ô* (*tôt* ‚früh')

Andererseits können verschiedene Laute mit demselben Buchstaben, allein oder in Kombination dargestellt werden, zum Beispiel *c*:

- [s] wie in *cerise* [səriz] (‚Kirsche')
- als *ç* mit Cedille kann es vor *o*, *a* und *u* den Wert [s] behalten
- [k] wie in *cure* [kyr] (‚Kur')
- [g] wie in *second* [səgõ] (‚zweiter')
- zusammen mit *h* bekommt es oft den Wert [ʃ], wie in *chat* [ʃa] (‚Katze'), oder [k], wie in *archéologie* [arkeoloʒi] (‚Archäologie')
- in Wörtern wie in *franc* [frɑ̃] (ehemalige frz. Währung) wird *c* nicht ausgesprochen

sischen kann beispielsweise kein einzelner Buchstabe stehen. Wie in der Randspalte für [ɛ̃] zu sehen, können diese Laute nur durch einen Vokalbuchstaben in Kombination mit einem *n* oder *m* dargestellt werden. Man mag jetzt denken, dass das Deutsche in dieser Hinsicht viel einfacher sei. Zu einem gewissen Grad ist es auch so. Allerdings darf man nicht außer Acht lassen, dass im Deutschen an vielen Stellen ebenfalls keine Eins-zu-eins-Beziehung vorliegt. Zum Beispiel steht der Buchstabe *s* für die Laute [s] (*das*), [z] (*Saal*) und in *st* [ʃ] (*stellen*).

Eine weitere Besonderheit in der französischen Rechtschreibung sind die geschriebenen, aber unausgesprochenen Buchstaben. Am Wortende bleiben einzelne Konsonantenbuchstaben normalerweise unausgesprochen, wie in *pas* [pa] ‚Schritt', *deux* [dø] ‚zwei', *et* [e] ‚und', *toit* [twa] ‚Dach', *doigt* [dwa] ‚Finger', *pied* [pje] ‚Fuß', *cerf* [sɛr] ‚Hirsch'. Die wortfinalen Buchstaben *c*, *q* und *l* werden zumeist ausgesprochen, wie in *sac* [sak] ‚Tasche', *cinq* [sɛ̃k] ‚fünf', *fil* [fil] ‚Faden', aber es gibt Ausnahmen, zum Beispiel *persil* [pɛrsi] ‚Petersilie'. Das *r* ist normalerweise auch lautlos nach einem *e* in mehrsilbigen Wörtern (*donner* [done] ‚geben', *voler* [vole] ‚fliegen'), aber nicht in Einsilbern (*fer* [fɛr] ‚Eisen', *ver* [vɛr] ‚Wurm'). Auch die Pluralmarkierungen wie *-s* werden meist nicht ausgesprochen, wenn die betreffenden Wörter am Ende eines Satzes oder vor einer Pause stehen: *petits* [pəti] ‚klein', *toits* [twa] ‚Dächer', *doigts* [dwa] ‚Finger', *pieds* [pje] ‚Füße', *cerfs* [sɛr] ‚Hirsche', *Euros* [øro] ‚Euros'. Wenn den Wörtern aber ein Wort folgt, das mit einem Vokal anfängt, entsteht manchmal eine Liaison, wodurch bei den erwähnten Beispielen das lautlose Plural-*s* plötzlich wieder zum Vorschein kommt und hörbar wird. In einer ähnlichen Weise werden lautlose Konsonanten oft auch bei der Femininbildung ausgesprochen, was insbesondere bei Adjektiven der Fall ist: Es entstehen die Alternationen zwischen *petit – petite* [pəti | pətit] ‚klein – kleine' oder *grand – grande* [grɑ̃ | grɑ̃d] ‚groß – große'.

Besonderheiten: Liaison

Die Liaison ist ein besonderes Phänomen im Französischen, bei dem normalerweise unausgesprochene Konsonanten am Wortende ausgesprochen werden. Zumeist geschieht dies vor Wörtern, die mit einem Vokal beginnen. Dabei spielen verschiedene Faktoren eine Rolle: der folgende Laut, der Stil (je gewählter die Sprache, desto häufiger die Liaison) und ob das folgende Wort in demselben Satzglied steht (dann ist die Liaison wahrscheinlicher). Manchmal muss die Liaison stattfinden, wie in *les amants* [le**z**amã] ‚die Liebenden' oder *vous avez* [vu**z**ave] ‚Sie haben'. Der jeweils fett gedruckte Liaisonkonsonant ist in beiden Fällen [z]. Einige weitere Beispiele für obligatorische Liaison sind:

Adjektiv + Nomen (*petit-**t**-avion* ‚kleines Flugzeug')
Personalpronomen + Verb (*ils-**z**-ont* ‚sie haben')

Mit kurzen und häufig verwendeten Adjektiven, die vor den Nomen stehen können (*petit* ‚klein', *grand* ‚groß', *bon* ‚gut', *vieux* ‚alt', *beau* ‚schön'), ist die Liaison sehr gängig.

Pataquès
bezeichnet eine „falsche" Liaison, die auch Muttersprachler manchmal machen. *(Cet éventail est-il à vous?) »il n'est point-z-à vous, il n'est pas-t-à vous, je ne sais pas-t-à qu'est-ce«* [ʒənəsɛ*patakɛs*] ‚(Gehört dieser Fächer Ihnen?) Er gehört Ihnen nicht, Ihnen auch nicht, ich weiß nicht, wem er gehört.'

Beispiele für Pataquès mit falscher z-Liaison:

quatre officiers Norm:	[katzɔfisje] [katrɔfisje]	‚vier Offiziere'
huit épreuves Norm:	[ɥizeprœv] [ɥiteprœv]	‚acht Aufgaben'
neuf œufs Norm:	[nœfzø] [nœfø]	‚neun Eier'

Aber es gibt auch Kontexte, in denen die Liaison verboten ist, zum Beispiel zwischen Nomen und Verben wie im Satz *Les hommes aiment …* [lezɔmɛm] ‚Die Männer lieben …'. Wenn nach *hommes* allerdings eine Konjunktion wie *et* ‚und' steht, ist die Liaison wiederum möglich: *les hommes et les femmes* [lezɔ**mz**elefam] ‚die Männer und Frauen'. Die Liaison ist auch verboten, wenn das Adjektiv nach dem Nomen positioniert ist: *un étudiant américain* ‚ein amerikanischer Student'). Wenn allerdings das Nomen im Plural steht, ist die Liaison möglich: *les-z-étudiants-z-américains.*

Schwierigkeiten für Deutschlerner: Liaison

Im Gegensatz zum Französischen gibt es im Deutschen keine Liaison oder Verkettung zwischen den Wörtern. Deutsche Wörter mit einem Vokal am Anfang haben einen harten Vokaleinsatz im Anlaut, den sogenannten Knacklaut [ʔ]. Das kann zu Schwierigkeiten für Deutschlerner führen, da sie zunächst Probleme damit haben, die Wörter nicht zu verbinden (z. B. [das ʔauto] und nicht [das-z-auto]). Später kann es zudem vorkommen, dass Lerner die Knacklaute viel zu oft produzieren (auch um teilweise das gehauchte [h] auszugleichen) und dadurch eine „abgehackte" Aussprache aufweisen.

14.4 Grammatik

Grammatisches Geschlecht und Kasus

Sonne und Mond

Genusunterscheidung:
Deutsch:
die Sonne (f) – *der Mond* (m)
Französisch:
le soleil (m) – *la lune* (f)
Spanisch: *el sol* (m) – *la luna* (f)
Italienisch: *il sole* (m) – *la luna* (f)

Keine Genusunterscheidung:
Englisch: *the sun* – *the moon*
Ungarisch: *a nap* – *a hold*
Türkisch: *güneş* – *ay*

Ist die Sonne eigentlich weiblich oder männlich? Und wie verhält es sich mit dem Mond? Während wir auf Deutsch ***die** Sonne* und ***der** Mond* sagen, sagen die Franzosen ***der** Sonne* (***le** soleil*) und ***die** Mond* (***la** lune*). Übrigens, wir sagen ***das** Geschlecht*, aber die Franzosen sagen ***der** Geschlecht* (***le** genre*). Und um Sonne oder Mond zu sehen, schauen wir durch ***das** Fenster* oder durch ***das** Fernrohr*, aber die Franzosen schauen durch ***die** Fenster* (***la** fenêtre*) und durch ***der** Fernrohr* (***le** télescope*). Woher kommt es, dass die Artikel für die gleichen Wörter nicht übereinstimmen? Es hat damit zu tun, dass es hier nicht um das biologische Geschlecht geht, sondern um die grammatische Verortung des Wortes. Und diese Verortung ist in den einzelnen Sprachen zumeist willkürlich gewählt. Für den Unterschied zwischen dem Französischen und Deutschen ist zudem wichtig, dass es im Französischen lediglich zwei grammatische Geschlechter gibt, nur Maskulinum und Femininum. Aus diesem Grunde besteht überhaupt keine Möglichkeit, dass im Französischen ***das** Mädchen* durch ***das** Fenster* oder ***das** Fernrohr* blickt, denn das grammatische Geschlecht Neutrum existiert im Französischen nicht.

Schwankendes Genus

Ist Ihnen schon einmal aufgefallen, dass es im Deutschen Substantive gibt, deren Genus schwankt? Während der eine Sprecher *die E-Mail* sagt, sagt der andere Sprecher *das E-Mail*. Zum Teil sind die Schwankungen regional begründbar. Die Hamburger bestellen sich *eine Cola*, wohingegen sich die Wiener *ein Cola* (Neutrum) bestellen. Der Schwabe sagt *der Butter* und der Berliner *die Butter*. Weitere Wörter mit Genusschwankungen sind:

Bonbon, der oder *das*
Gischt, der oder *die*
Joghurt, der oder *das*
Klunker, die oder *der*
Poster, der oder *das*
Soda, die oder *das*

Zudem gibt es Substantive, die je nach Genus eine unterschiedliche Bedeutung haben:
der Erbe vs. *das Erbe*
der Gehalt vs. *das Gehalt*
der See vs. *die See*

Auch hier gibt es für das Französische schöne Beispiele:
le livre (‚Buch') vs. *la livre* (‚Pfund')
le manche (‚Stiel') vs. *la manche* (‚Ärmel')
le voile (‚Schleier') vs. *la voile* (‚Segel')

Haben Sie in dem vorherigen Abschnitt einmal darauf geachtet, wie oft wir wirklich das Wort *der* vor dem Wort *Mond* haben? Wir haben nun die ganze Zeit über *der*, *die*, *das* geredet und dabei gesagt, es hieße *der Mond*, aber Deutschlerner müssen sich auch mit *dem Mond* und *den Mond* auseinandersetzen. Natürlich ist das Wort *Mond* maskulin, die Veränderungen des Artikels *der* erfolgen lediglich zur Kennzeichnung der „Funktion" des Wortes im Satz. In einem Satz wie *Der Mond ist aufgegangen* hat das Satzglied *der Mond* die Funktion des Subjekts und steht im Nominativ (Wer oder was ist aufgegangen? – *der Mond*), während in dem Satz *Die Frau betrachtet den Mond* das Satzglied *den Mond* die Funktion des Objekts hat und im Akkusativ steht (Wen oder was sieht die Frau? – *den Mond*). Das sind die typischen Fälle für Subjekt und Objekt im Deutschen.

Das Französische verfügt selbstverständlich ebenfalls über die Satzfunktionen Subjekt und Objekt. Abweichend vom Deutschen gibt es aber keine Kasusendungen am französischen Nomen. *La lune* kommt somit unverändert als Subjekt (wie in *La lune s'est levée* ‚Der Mond ist aufgegangen') und als Objekt (wie in *La femme regarde la lune* ‚Die Frau betrachtet den Mond') vor. Ein damit verbundener weiterer Unterschied wird deutlich, wenn man sich das Verhalten von Adjektiven anschaut. Betrachten Sie dafür einmal die folgenden deutschen Beispiele und achten Sie darauf, wie sich die Adjektive *schön* und *groß* in den unterschiedlichen Positionen verhalten: *Der schöne, große Mond* ist aufgegangen und *Die Frau betrachtet den schönen, großen Mond.* Vergleichen Sie damit nun die entsprechenden französischen Adjektive *belle* ‚schön.FEMININ' und *grande* ‚groß.FEMININ' und ihr Verhalten in den französischen Varianten der beiden Sätze *La belle, grande lune s'est levée* und *La femme regarde la belle, grande lune.*

Es ist deutlich zu erkennen, dass die französischen Adjektive unverändert bleiben, egal ob sie zum Subjekt oder zum Objekt gehören, während sich die deutschen Adjektive an den jeweiligen Kasus anpassen. Außerdem kennt das Französische die starke und schwache Flexion der deutschen Adjektive nicht.

Schwierigkeiten für Deutschlerner: Genus und Kasus

Das Erlernen des Genussystems ist für den Deutschlerner, nicht nur für den frankophonen, sondern für jeden Lerner mit einer anderen Muttersprache, sehr anspruchsvoll. Besonders schwierig ist für den frankophonen Lerner der Umstand, dass ein feminines Nomen im Französischen nicht automatisch feminin im Deutschen ist, wie man am französischen *la lune* (fem.) und deutschen *der Mond* (mask.) sehen kann. Zudem verfügt die französische Sprache nur über zwei grammatische Geschlechter, Femininum und Maskulinum, während im Deutschen mit dem Neutrum noch ein drittes Geschlecht hinzukommt.

Das Anwenden der richtigen Artikel wird zudem noch durch das Kasussystem erschwert. Im Französischen stimmt das begleitende Adjektiv lediglich hinsichtlich Genus und Numerus überein: *Eric a acheté un journal allemand* (mask.) *et une revue allemande* (fem.) ‚Eric kaufte eine deutsche Zeitung und eine deutsche Zeitschrift' und *Eric lit des journaux allemands et des revues allemandes* ‚Eric liest deutsche Zeitungen und deutsche Zeitschriften'.

Eine weitere Schwierigkeit für den Deutschlerner besteht darin, dass die deutsche Wortstellung sehr flexibel ist. Im Französischen hingegen lassen sich die Wortgruppen nicht ohne Weiteres umstellen. Wenn man *Un grand homme voit la petite femme* sagt, ist es der Mann, der die Frau sieht. Aber wenn man *La petite femme voit un grand homme* sagt, ist es automatisch die Frau, die den Mann sieht.

Bei frankophonen Deutschlernern kann es folglich sehr leicht zu Fehlern bei der Verwendung des richtigen Artikels kommen: Einerseits weil das grammatische Geschlecht in den beiden Sprachen unterschiedlich ist, andererseits weil das Deutsche Kasuskongruenz verlangt. Die falsche Verwendung des Artikels wirkt sich auch auf die Verwendung von begleitenden Adjektiven aus, deren grammatische Übereinstimmung dann ebenfalls nicht korrekt ist. Zudem muss der Deutschlerner darauf achten, dass nicht das erste Substantiv im Satz automatisch das Subjekt darstellt. Er muss genau darauf achten, welchen Kasus die Nominalgruppe trägt, denn nur, wenn sie im Nominativ steht, handelt es sich auch um das Subjekt. Gerade beim Folgen von Gesprächen oder beim schnellen Lesen kann es dadurch zu Missinterpretationen kommen.

Französische Fragen

Bei einer Intonationsfrage wie *Peter kauft ein Buch?* bzw. *Pierre achète un livre?* stehen die Wörter in derselben Reihenfolge wie in einem Aussagesatz. Es handelt sich bei dieser Frage um eine sogenannte *Entscheidungsfrage*, da man auf sie mit *ja* oder *nein* antworten kann. Dass wir eine Frage vor uns haben, wird nur durch die Satzmelodie, auch Intonation genannt, hörbar: Der Sprecher hat am Ende des Satzes eine steigende Satzmelodie. Beim Aussagesatz hingegen fällt die Satzmelodie zum Ende hin ab. Im Französischen gehört die Intonationsfrage der gesprochenen Sprache an und stellt dort den häufigsten Fragetyp dar. Im Deutschen gehört die Intonationsfrage zwar auch der gesprochenen Sprache an, allerdings dient sie hier zumeist der Nachfrage und drückt dabei Überraschung, Verwunderung bzw. Erstaunen aus.

Verrückte französische Zahlen?

Was ergibt vier mal zwanzig plus zehn plus neun? Der schnelle Rechner kommt sofort auf neunundneunzig. Im Standardfranzösischen lautet die Zahl 99 aber wirklich *quatre-vingt-dix-neuf* ‚vier-zwanzig-zehn-neun'.

Die Basis bildet also das Dezimal- und das Zwanzigersystem (das sogenannte Vigesimalsystem). Die Mischung aus beiden Systemen wird allerdings nur für Zahlen zwischen 60 und 99 verwendet. Die Zählweise im Vigesimalsystem, die das Französische bis heute teilweise beibehält, wird häufig keltischen Einflüssen zugeschrieben.

Mit diesem Wissen laden wir Sie nun ein zu überlegen, wie die folgenden Zahlen im Französischen gebildet werden: 75, 87, 93 und 98? Die Lösung finden Sie am Ende dieses Kapitels. 📖

Ein weiterer Fragetyp sind die sogenannten *Ergänzungsfragen*. Dabei handelt es sich um Fragen, die sich auf einen Teil des Satzes beziehen. Ein typisches Beispiel hierfür ist die Äußerung *Was kauft Peter?* Man verwendet ein Fragewort (*was*), das am Satzanfang steht, während das konjugierte Verb *kauft* in der zweiten Position steht. Bei Fragen mit nachgestelltem Fragewort wird das Fragewort nicht an den Satzanfang gestellt, sondern es steht im Satzinneren oder am Satzende, beispielsweise in *Peter kauft was?*. Während es sich bei der ersten Frage (*Was kauft Peter?*) um eine normale Ergänzungsfrage handelt, ist die Frage mit nachgestelltem Fragewort eine sogenannte *Echofrage*. Im Französischen ist es allerdings so, dass eine Frage mit nachgestelltem Fragewort eine normale Ergänzungsfrage darstellt. Möchte ein französischsprachiger Sprecher fragen, was Peter kauft, so fragt er typischerweise *Pierre achète quoi?*. Er lässt also das Fragepronomen (hier: *quoi*) an der Stelle, an der eigentlich das direkte Objekt stehen würde, und setzt es nicht an den Satzanfang wie im Deutschen.

Natürlich verfügt das Französische auch über die Möglichkeit der Nachfrage. Interessanterweise verwenden die französischsprachigen Sprecher für die Echofrage ebenfalls *Pierre achète quoi?*. Aber woher weiß man nun, ob es sich um eine normale Ergänzungsfrage oder um eine Echofrage handelt? Obwohl die beiden Fragen die gleiche Wortstellung haben, unterscheiden sie sich hinsichtlich ihrer Satzmelodie. Während die Ergänzungsfrage eine fallende Intonation hat, ist die Echofrage dadurch charakterisiert, dass ihre Melodie zum Satzende hin ansteigt.

Schwierigkeiten für Deutschlerner: Fragesätze

Im Französischen werden Fragen mit nachgestelltem Fragewort sehr häufig verwendet. Sie stellen eine Variante der Ergänzungsfrage dar: *Pierre achète quoi?* ‚Peter kauft was?'. Im Deutschen haben sie eine ganz andere Funktion. Sie dienen der überraschten Nachfrage, sind also sogenannte Echofragen (z. B. *Peter kauft WAS? Er sollte sich doch eine neue Hose kaufen!*). Man muss folglich damit rechnen, dass französischsprachige Muttersprachler vermehrt Fragen stellen, die für deutschsprachige Sprecher wie Echofragen klingen, letztendlich aber nur neutrale Ergänzungsfragen ausdrücken sollen.

Spaltsätze

Das Deutsche hat die Möglichkeit, bestimmte Bedeutungsunterschiede durch Betonung zu signalisieren. Ein Beispiel: *Hat Stephanie dem Peter das Buch gebeben? Nein, MARIA hat Peter das Buch gegeben.* Hier wird eine starke Betonung auf *Maria* gesetzt, um auszudrücken, dass Maria und nicht Stephanie das Buch verschenkt hat. Im Gegensatz dazu verfügt das Französische nicht über die Möglichkeit, wichtige Information mittels der Betonung besonders hervorzuheben. Nehmen wir an, es ist bekannt, dass Maria Peter ein Buch gegeben hat. Will nun ein Sprecher A wissen, ob es eine Zeitung war, die Maria dem Peter gegeben hat, so kann der Sprecher B nicht – wie es im Deutschen möglich wäre – mit *Le LIVRE Marie a donné à Pierre (Das BUCH hat Maria Peter gegeben)* antworten, um die falsche Annahme des Sprechers A richtigzustellen. In diesem Satz steht das Objekt *le livre* ‚das Buch' am Satzanfang, um es besonders hervorzuheben. Denn die Voranstellung eines solcherart hervorgehobenen Elements ist im Französischen ungrammatisch (zumindest in dem Französisch, das in der Schule unterrichtet wird). Das Französische benötigt einen anderen Mechanismus, um die Kontrastivität auszudrücken. Dabei greift es auf den sogenannten Spaltsatz zurück. Sprecher B kann also antworten *C'est le livre que Maria a donné à Pierre* (‚Es ist das Buch, das Maria Peter gegeben hat'). Ein Spaltsatz zeichnet sich dadurch aus, dass ein Hauptsatz (*Maria gab dem Peter das Buch*) in einen Nebensatz (..., *das Maria Peter gegeben hat*) und einen Hauptsatz (*Es ist das Buch*) aufgespalten wird.

Besonderheiten für Deutschlerner: Spaltsätze

Dadurch, dass die Verwendung des Satzakzentes (d. h. die stärkste Betonung in einem Satz) im Französischen nicht der Freiheit des Deutschen entspricht, kann es dazu kommen, dass frankophone Deutschsprecher einen komplexeren Satzbau verwenden als nötig. Während der deutsche Sprecher im Satz *Maria gab dem Peter das Buch* lediglich den kontrastiven Akzent auf *Buch* positionieren muss, um auszudrücken, dass es das Buch und nicht die Zeitschrift war, muss der französische Sprecher einen Spaltsatz wie *Es war das Buch, das Maria dem Peter gab* verwenden. Wenn der frankophone Deutschsprecher einen Spaltsatz verwendet, so ist dies folglich richtig, denn diese Konstruktion existiert im Deutschen mit der gleichen Funktion.

Hilfsverben und Kongruenz der Partizipien

Im Deutschen können die Verben *sein*, *haben* und *werden* Hilfsverben sein, die dann zusammen mit den infiniten Formen eines zweiten Verbs (einem Infinitiv wie *nehmen* oder dem Partizip II wie *genommen*) das mehrteilige Prädikat bilden (*habe genommen*, *wird nehmen*). Das Französische verfügt ebenfalls über die Hilfsverben *sein* und *haben*: *être* und *avoir*. Allerdings gibt es wichtige Unterschiede zwischen den beiden Sprachen. Einen grundlegenden Überblick gibt Tabelle 14.3. Es ist zu sehen, dass die Verwendung von *haben* und *sein* in den beiden Sprachen bei vielen Verbgruppen gleich ist. Die Vergangenheitsform von intransitiven Verben, also Verben wie *tanzen* und *schlafen* (*Peter schläft*, *Maria tanzt* / *Pierre dort*, *Marie danse*), wird in beiden Sprachen mit *haben* gebildet (*Peter* ***hat*** *geschlafen*, *Maria* ***hat*** *getanzt* / *Pierre* ***a*** *dormi*, *Marie* ***a*** *dansé*). Genauso verhält es sich mit transitiven Verben (*Peter küsst Maria*, *Peter* ***hat*** *Maria geküsst* / *Pierre embrasse Marie*, *Pierre* ***a*** *embrassé Marie*). Verben der Bewegung oder des Verweilens wie *abfahren*, *ankommen* oder auch *bleiben*, verwenden in beiden Sprachen *sein* zur Bildung des Perfekts: *Peter* ***ist*** *angekommen* / *Pierre* ***est*** *arrivé*.

Klare Unterschiede gibt es aber bei den reflexiven Verben und bei Verben der Bewegungsart. Während das Perfekt reflexiver Verben im Deutschen mit *haben* gebildet wird (*sie* ***hat*** *sich* ***beeilt***, *sie* ***hat*** *sich* ***gewaschen***, *sie* ***haben*** *sich* ***verletzt***) wird das *Passé composé* dieser Verben im Französischen mit *sein*, also mit *être*, gebildet (*elle s'****est hâtée***, *elle s'****est lavée***, *ils se* ***sont blessés***). Bei den Verben der Bewegungsart, also bei Verben wie *rennen*, *(zu Fuß) gehen* und *springen*, die Auskunft darüber geben, in welcher Art und Weise sich jemand fortbewegt, ist es umgekehrt. Während sie im Französischen mit *avoir* gebildet werden (*j'****ai*** *couru*, *j'****ai*** *marché*, *j'****ai*** *sauté*), wird im Deutschen *sein* verwendet (*ich* ***bin*** *gerannt*, *ich* ***bin*** *gegangen*, *ich* ***bin*** *gesprungen*).

Tabelle 14.3: Die Hilfsverben für die Perfektbildung

	Beispielverben	**Deutsch**	**Französisch**
intransitive Verben	tanzen, schlafen	haben	avoir (haben)
transitive Verben	küssen, sehen	haben	avoir (haben)
reflexive Verben	sich waschen	haben	être (sein)
Verben der Bewegungsart	rennen, (zu Fuß) gehen, springen	sein	avoir (haben)
Verben der Bewegungs-richtung	(ab)fahren, ankommen, bleiben	sein	être (sein)
Verben, die eine Zustands-änderung ausdrücken	aufwachen, einschlafen, sterben	sein	(keine einheitliche Gruppe)
Verben der Position	stehen, sitzen, liegen	haben (Norddt.) sein (Süddt., Schweiz, Österreich)	(keine einheitliche Gruppe)

Neben der richtigen Verwendung des Hilfsverbs muss der Deutschlerner einen weiteren Unterschied zwischen dem Französischen und dem Deutschen bei der Perfektform beachten. Wollen wir im Deutschen die Vergangenheit eines Satzes bilden, so ist es uns egal, welches grammatische Geschlecht das Objekt des Satzes hat oder ob es im Singular oder Plural steht. Wenn wir ein Objekt wie *die CD* nun durch ein Pronomen ersetzen wollen, dann sagen wir *Peter hat sie gesucht*. Verwenden wir ein sächliches Nomen, so sagen wir *Peter hat es (das Foto) gesucht*. Sucht Peter nun mehrere Fotos, so lautet der Satz *Peter hat sie (die Fotos) gesucht*. Wir sehen also, dass das Verb *suchen* in allen Sätzen dieselbe Form hat: Es lautet stets *gesucht*. Im Französischen bleibt das Partizip II nicht immer gleich. Oft muss man es hinsichtlich Genus und Numerus (Singular/Plural) anpassen. Das ist der Fall, wenn das direkte Objekt dem Verb vorangeht. Bilden wir nun parallele französische Sätze: *Pierre a* ***pris des photos*** (feminin, Plural) *et il a* ***montré les photos*** *à Marie* ‚Peter hat Fotos gemacht und die Fotos Maria gezeigt'. In diesem Satz sind die Partizipien *pris* und *montré* unverändert, da das direkte Objekt *des photos* den Verben folgt. Geht das Objekt dem Verb aber als Relativpronomen oder als klitisches Pronomen voraus, so muss das Partizip damit hinsichtlich Numerus und Genus kongruieren: *Tu as vu* ***les photos qu'****il a* ***prises****? – Oui, il me* ***les*** *a* ***montrées*** ‚Hast Du die Fotos gesehen, die er gemacht hat? – Ja, er hat sie mir gezeigt'. Das Partizip *pris* wird abgeändert zu *prises*, und das Partizip *montré* wird abgeändert zu *montrées*, wobei jeweils das letzte *s* die Plural- und das *e* die Genuskongruenz ausdrückt.

Schwierigkeiten für Deutschlerner: Hilfsverben und Kongruenz

Die richtige Auswahl der Hilfsverben für die Vergangenheitsform können Deutschlerner grob anhand der Verbklassen lernen. Dabei müssen sie besonders auf die sich unterscheidenden Klassen achten (z. B. reflexive Verben wie *sich konzentrieren*). Komplizierter wird die Situation bei Verben, die sich nicht eins zu eins übersetzen lassen und bei denen man daher auf die entsprechende Form achten muss. Dazu gehören Verben wie *sich schämen*, deren Bedeutung im Französischen anders ausgedrückt werden (*avoir honte* ‚Scham haben') und dort dann bei der Vergangenheitsbildung dem Verb *avoir* ‚haben' folgen: *Il a eu honte* ‚Er hat sich geschämt'. Auch muss man darauf achten, dass die Vergangenheit eines so gebräuchlichen Verbs wie *sein* in beiden Sprachen unterschiedlich gebildet wird. Während im Deutschen das Vollverb *sein* auf das Hilfsverb *sein* zurückgreift (*er ist gewesen*), muss im Französischen *avoir* verwendet werden (*il a été*).

Zudem muss der französischsprachige Deutschlerner wissen, dass das Partizip II im Deutschen bei der Perfektbildung nicht abgeändert wird – unabhängig von Geschlecht und Zahl der beteiligten Satzglieder (*er hat sie mir gezeigt* vs. *il me les a montrées*). Einige Partizipien II können im Deutschen jedoch wie Adjektive als Attribute gebraucht werden und müssen dann auch dementsprechend angepasst werden: *der geprüfte Schüler, die verblühte Rose*.

14.5 Wortschatz und Sprachverwendung

Zum Schluss sollen noch einige interessante und bemerkenswerte Aspekte des Wortschatzes und der Sprachverwendung sowie ein paar Unterschiede und Abweichungen der beiden Sprachen erwähnt werden. Ihnen ist vielleicht aufgefallen, dass wir Sie stets gesiezt haben. Wir haben also die 3. Person Plural verwendet und die Anredeformen großgeschrieben. Hätten wir den Text jedoch auf Französisch geschrieben, so hätten wir für die Anrede die 2. Person Plural verwenden müssen, also statt *Haben Sie das bemerkt?* hätten wir *Est-ce que* ***vous*** *avez remarqué ça?* ‚Habt Ihr das bemerkt?' schreiben müssen. Im Deutschen wird das *ihr* heutzutage nur für die Anrede von Personengruppen verwendet. Gegenüber Einzelpersonen wurde das *Ihr* vor allem im Mittelalter verwendet. Einen weiteren Unterschied in der Anrede gibt es auch bei dem Gebrauch von Artikeln. Während man im Deutschen eine Gruppe mehrerer Personen typischerweise ohne Artikel anspricht, wie *Kinder, wir müssen los!*, wird im Französischen meist der Artikel verwendet, sodass die entsprechende Übersetzung des deutschen Satzes lautet: *Il faut partir,* ***les*** *enfants*.

Schwierigkeiten beim Besitzanzeigen

Im Französischen sagt man *Je me lave* ***les*** *mains* ‚Ich wasche mir **die** Hände', aber nie *Je me lave* ***mes*** *mains* ‚Ich wasche mir **meine** Hände'. Insgesamt gilt die Verwendung des Possessivpronomens (wie *meine*) als weniger elegant und wird vermieden, falls die Zugehörigkeit des Körperteils aus dem Kontext klar erkennbar ist. Im Deutschen kann man den Artikel zwar problemlos verwenden (*Ich wasche mir die Hände*), aber der Gebrauch des Possessivpronomens ist typisch (z. B. *Ich habe mir meinen Arm gebrochen, Die Verletzung an meiner Hand ist gut geheilt*).

Im Abschnitt zur Grammatik haben wir bereits kurz über das 20er-Zählsystem im Französischen gesprochen. Es gibt allerdings auch noch einen weiteren Unterschied, der die Zahlen betrifft. Wenn wir in Deutschland ein Dutzend Bio-Eier kaufen, werden wir anschließend genau zwölf Eier haben. Bei der entsprechenden französischen Übersetzung *une douzaine* weiß man allerdings nicht genau, ob es wirklich zwölf Eier sind. Es können auch 11 oder 13 sein. Die Bedeutung der numerischen Angabe ist weniger genau als im Deutschen. Allerdings kann man im Französischen per Analogie systematisch weitere Zahlenangaben bilden: *une dizaine* (±10), *une vingtaine* (±20), *une cinquantaine* (±50), *une centaine* (±100) usw. Das ist im Deutschen nicht möglich: **ein Zehner Bio-Eier*, **ein Hunderter Leute* ... Um auszudrücken, dass wir eine Gruppe von ca. 100 Leuten vor uns haben, muss man im Deutschen beispielsweise *etwa* oder *ungefähr* verwenden.

Dafür erlaubt das Deutsche aber wiederum Unterscheidungen, die im Französischen nur mit besonderem sprachlichem Aufwand zu machen sind. Formulierungen wie *das zweitälteste Kind* oder *der drittgrößte Schüler* können im Französischen nur mit Umschreibungen bzw. genaueren Erklärungen ausgedrückt werden: *le second enfant par rang d'âge* ‚das zweite Kind, was das Alter betrifft' bzw. *le troisième élève par rang de taille* ‚der dritte Schüler, was die Größe betrifft'.

Abschließend möchten wir noch kurz auf einen Unterschied eingehen, der die Möglichkeit zur Wortbildung betrifft. Während die Wortbildung im Deutschen scheinbar keine Grenzen kennt (man denke nur an *Donaudampfschifffahrtskapitänskajüte*), ist sie im Französischen beschränkter (und man müsste das deutsche Wort mit einem vollständigen Satz wortwörtlich übersetzen: *la cabine de capitaine d'un bateau à vapeur qui navigue sur le Danube*). Diese Kreativität des Deutschen zeigt sich ebenfalls bei der Bildung neuer Floskeln. *Auf Wiedersehen* beispielsweise ist jedem bekannt. Und wenn man kurz nachdenkt, fällt einem schnell eine analog dazu gebildete Abschiedsfloskel für das Telefonieren ein: *Auf Wiederhören*. Zwar hat *Auf Wiedersehen* mit *Au revoir* ein entsprechendes französisches Gegenstück, aber den subtilen Bedeutungsunterschied von *Auf Wiederhören* kann man nicht so einfach im Französischen finden. Viele Wörterbücher geben deswegen lediglich *Au revoir* an. Eine wortwörtliche Übersetzung wäre *Au ré-entendre*. Aber sie ist nur von uns ausgedacht – und vermutlich würde sie auch kein Französischsprecher ohne Weiteres verstehen. Zum Schluss können wir uns im Deutschen mit einem herzlichen *Auf Wiederlesen!* verabschieden. Da wir uns nicht trauen, *Au relire* zu sagen, verabschieden wir uns von den französischsprechenden Lesern einfach mit einem herzlichen *Au revoir!*.

Idiomatische Wendungen im Vergleich

dt.: Luftschlösser bauen
frz.: constuire des châteaux en Espagne (‚Schlösser in Spanien bauen')

dt.: jemanden durch den Kakao ziehen
frz.: casser du sucre sur le dos de quelqu'un (‚Zucker auf dem Rücken von jemandem zerschlagen')

dt.: seinen Senf dazu geben
frz.: ajouter son grain de sel (‚sein Salzkorn dazugeben')

dt.: einen Frosch im Hals haben
frz.: avoir un chat dans la gorge (‚eine Katze im Hals haben')

dt.: jemandem einen Bären aufbinden
frz.: mener quelqu'un en bateau (‚jemanden im Boot führen/mitnehmen')

Bei idiomatischen Wendungen handelt es sich um einen festen Ausdruck, bei dem man die Gesamtbedeutung nicht aus der Bedeutung der Einzelelemente ableiten kann und auch kein Einzelelement austauschen kann, da sonst die spezielle Bedeutung verloren geht. Letzteres ist leicht zu erkennen, wenn man einfach mal die deutsche Übersetzung der französischen Redensarten verwendet. Wie reagieren die Gesprächspartner, wenn man sein Salzkorn zu etwas geben möchte?

Lösung

75: *soixante-quinze* ‚sechzig-fünfzehn', 87: *quatre-vingt-sept* ‚vier-zwanzig-sieben', 93: *quatre-vingt-treize* ‚vier-zwanzig-dreizehn', 98: *quatre-vingt-dix-huit* ‚vier-zwanzig-zehn-acht'

Quellen und weiterführende Literatur

Abschnitt „Sprecher und Sprachverbreitung“: OIF (2007). La Francophonie dans le monde 2006–2007. Sous la direction de Christian Valentin. Editions Nathan, Paris (http://www.francophonie.org/IMG/pdf/La_francophonie_dans_le_monde_2006-2007.pdf ; Zugriff 1.4.2012); sowie folgende Texte von Jacques Leclerc: http://www.tlfq.ulaval.ca/axl/francophonie/francophonie.htm (Zugriff 1.4.2012), http://www.tlfq.ulaval.ca/axl/francophonie/OIF-francophones-est2005.htm (Zugriff 1.4.2012), http://www.francophonie.org/IMG/pdf/Synthese-Langue-Francaise-2010.pdf (Zugriff 1.4.2012), http://en.wikipedia.org/wiki/List_of_countries_where_French_is_an_official_language (Zugriff 1.4.2012).

Die Information zum Status der französischen Sprache entstammt Walter (1998, S. 122), *The World Factbook* (2011) (https://www.cia.gov/library/publications/the-world-factbook/index.html; Zugriff 1.4.2012) sowie http://en.wikipedia.org/wiki/List_of_international_organisations_which_have_French_as_an_official_language (Zugriff 1.4.2012).

Der Abschnitt zur Geschichte basiert auf Walter (1988, S. 114–119; 1994; 1998), Informationen zur Adjektivstellung gibt es in Sleeman und Perridon (2011).

Die offiziellen und detaillierten Unterrichtsprogramme an französischen Schulen (von 2007 und 2010) können unter folgenden Seiten angesehen werden (Zugriff 1.4.2012): http://www.education.gouv.fr/bo/2007/hs9/default.htm (Grundschule) http://www.education.gouv.fr/bo/2007/hs10/default.htm (Gymnasium 1) http://www.education.gouv.fr/cid52376/mene1010854a.html (Gymnasium 2).

Das Gesetz zum Unterrichten von Regionalsprachen ist auf http://fr.wikipedia.org/wiki/Loi_Deixonne (Zugriff 1.4.2012) beschrieben.

Im Abschnitt „Aussprache und Schrift“ haben wir uns zum Thema Vokale, Konsonanten und Akzent besonders gestützt auf Feuillet (1993, S. 42 ff, S. 55), Valdman (1976, S. 39), Petit (1998), Eliasson und Tubielewicz-Mattsson (1993) sowie Delattre (1969). Tranel (1987, S. 228 f.) bietet eine Auswahl an Wörtern mit *h aspiré* im Französischen. Die Details zu den Schwierigkeiten für Deutschlerner basieren auf Petit (1998); weitere Informationen können bei Darcy, Peperkamp und Dupoux (2007) sowie Dupoux et al. (1997) nachgelesen werden.

Französische Zungenbrecher finden sich unter dem Link http://www.heilpaedagogik-info.de (Zugriff 29.3.2012), eine Liste der internationalen Zungenbrechern unter http://www.heilpaedagogik-info.de/kindergedichte-zungenbrecher/sprueche-deutsch-und-englisch-lustige-zungenbrecher/720-internationale-zungenbrecher-tongue-twister.html#fr.

Details zum französischen Alphabet liefert Tranel (1987, S. 9). Auch der Abschnitt zur Liaison basiert auf Tranel (1987). Das „Pataquès“-Beispiel mit falscher Liaison befindet sich bei ihm auf Seite 169.

Das grammatische Geschlecht und Kasus behandeln Kalverkämper (1979), Klein und Kleineidam (1999, S. 20) sowie Samel (2000, S. 55 ff.), französische Fragen Klein und Kleineidam (1999, S. 191, S. 193). Für die Darstellung und Beispiele der Spaltsätze haben wir Ayres-Bennett, Carruthers und Temple (2001, 248 ff.) sowie Rowlett (2006, S. 182 ff.) benutzt.

Weiterführende Information zur Satzbetonung, Satzmelodie und Intonation finden sich in Delattre (1966), Di Cristo (1998), Feldhausen und Delais-Roussarie (2012), Martin (1987) und Post (2000).

Die idiomatischen Wendungen stammen aus Blum und Salas (1989), die Definition ist Bußmann (1990, S. 320) entnommen.

Beispiele zu Hilfsverben und Kongruenz der Partizipien entstammen Klein und Kleineidam (1999, S. 116 ff., S. 257), wobei wir sie stellenweise modifiziert haben. Weitere Informationen stammen aus dem Duden, Band 4. Zum Wortschatz und zur Sprachverwendung siehe Grimm und Grimm (1800, S. 1463 f.) sowie Segebrecht (1991), Klein und Kleineidam (1991, S. 44) sowie Barnier, Delage und Niemann (1974).

Rowlett (2006) trifft eine interessante Unterscheidung zwischen dem modernen Französisch (ModF, *modern French*), der in der Schule unterrichteten konservativen Varietät, und dem zeitgenössischen Französisch (ConF, *contemporary French*), der innovativeren Umgangssprache, die zumeist zu Hause erlernt wird (Rowlett 2006: 9). Er erwähnt, dass Beispiele, in denen ein kontrastiv fokussiertes Element vorangestellt ist (*Le livre Marie a donné a Paul* ‚Das Buch hat Maria Paul gegeben‘), durchaus in der gehobenen Variante des modernen Französisch vorkommen (Rowlett 2006, S. 182).

Zur Verwendung des deutschen Partizip II als Adjektiv (wie etwa in *der geprüfte Schüler*) siehe Duden, Band 4 (1995, S. 189 f.).

Literatur

Ayres-Bennett W, Carruthers J, Temple R (2001) Problems and perspectives: Studies in the modern French language. Longman, London

Barnier J, Delage E, Niemann R-F (1974) Les mots allemands. Hachette, Paris

Blum G, Salas N (1989) Les idiomatics: français-allemand. Editions du Seuil, Paris

Bußmann H (1990) Lexikon der Sprachwissenschaft. Kröner, Stuttgart

Darcy I, Peperkamp S, Dupoux E (2007) Bilinguals play by the rules. Perceptual compensation for assimilation in late L2-learners. In Cole J, Hualde JI (Hrsg) Laboratory Phonology 9. De Gruyter, Berlin. 411–442

Delattre P (1966) Les dix intonations de base en français. *French Review* 40: 1–14

Delattre P (1969) An acoustic and articulatory study of vowel reduction in four languages. *International Review of Applied Linguistics in Language Teaching* 7: 295–325

Di Cristo A (1998) Intonation in French. In Hirst D, Di Cristo A (Hrsg) Intonation systems: A survey of twenty languages. Cambridge University Press, Cambridge. 195–218

Duden (1995) Grammatik der deutschen Gegenwartssprache. Band 4. Dudenverlag, Mannheim

Dupoux E, Pallier C, Sebastián-Gallés N, Mehler J (1997) A destressing „deafness" in French? *Journal of Memory and Language* 36: 406–421

Eliasson S, Tubielewicz-Mattsson D (1993) Cognitive processing of phonological ambiguity in second-language learning. *International Journal of Psycholinguistics* 9: 159–175

Feldhausen I, Delais-Roussarie E (2012) La structuration prosodique et les relations syntaxe/prosodie dans le discours politique. Actes de la conférence conjointe JEP-TALN-RECITAL 2012. Band 1: JEP; S. 9–16; <http://www.jeptaln2012.org/actes/JEP2012/pdf/JEP2012002.pdf> (Zugriff 9.3.2013)

Feuillet J (1993) Grammaire structurale de l'Allemand. Lang, Bern

Grimm J, Grimm W (1800) Deutsches Wörterbuch. Band 2. Hirzel, Leipzig

Kalverkämper H (1979) Die Frauen und die Sprache. *Linguistische Berichte* 62: 55–71

Klein H-W, Kleineidam H (1999) Grammatik des heutigen Französisch. Neubearbeitung. Klett, Stuttgart

Martin P (1987) Prosodic and rhythmic structures in French. *Linguistics* 25: 925–949

Petit J (1998) Natürlicher Spracherwerb des Deutschen im französischen Schulwesen. *Beiträge zur Fremdsprachenvermittlung* 33: 76–137

Post B (2000) Tonal and phrasal structures in French intonation. Holland Academic Graphics, The Hague

Rowlett P (2006) The syntax of French. Cambridge University Press, Cambridge

Samel I (2000) Einführung in die feministische Sprachwissenschaft. Schmidt, Berlin

Segebrecht W (1991) Vom DU und vom SIE in Sprache und Dichtung. Zu neuen und alten Konventionen. In Kretzenbacher HL, Segebrecht W (Hrsg) Vom Sie zum Du – mehr als eine neue Konvention? Luchterhand, Hamburg. 79–133

Sleeman P, Perridon H (2011) The noun phrase in Romance and Germanic structure, variation, and change. Benjamins, Amsterdam

The World Factbook (2011) Central Intelligence Agency, Washington, DC
Tranel B (1987) The sounds of French. An introduction. Cambridge University Press, Cambridge
Valdman A (1976) Introduction to French phonology and morphology. Newbury House Publishers, Rowley, MA
Walter H (1988) Le Français dans tous les sens. Laffont, Paris
Walter H (1994) L'aventure des langues en occident. Laffont, Paris
Walter H (1998) Le français d'ici, de là, de là-bas. Lattès, Paris

Für ausführliche Kommentare zu einer früheren Version des Kapitels möchten wir Bettina Feldhausen, Izarbe García Sánchez, Tatjana Lein, Nina Nanula, Petra Sleeman und Jeanette Thulke danken. Besonders hervorheben möchten wir auch die Arbeit von Joan Borrás-Comes (Barcelona), der uns dankenswerterweise die Europakarte erstellt hat.

15 Das Italienische und das Rumänische

Günther Grewendorf
und Eva-Maria Remberger

In diesem Kapitel stellen wir Ihnen die beiden romanischen Sprachen Italienisch und Rumänisch vor. In den 1960er Jahren gehörten die Italiener zu den größten Einwanderergruppen in Deutschland. So kommt es, dass die Bundesrepublik heute nach Argentinien das Land mit den meisten Italienern außerhalb Italiens ist. Heute dagegen kommen die meisten Einwanderer, die eine romanische Sprache zur Muttersprache haben, aus Rumänien. Beide Sprachen gehören zu den sogenannten ostromanischen Sprachen; die anderen in diesem Buch besprochenen romanischen Sprachen (Französisch, Spanisch und Portugiesisch) sind westromanische.

Für Abschnitt 15.1 ist Günther Grewendorf verantwortlich, für Abschnitt 15.2 Eva-Maria Remberger.

15.1 Das Italienische

15.1.1 Einleitung zum Italienischen

Freunden der Oper ist das Italienische aus der Musik bekannt. Kulinarische Besonderheiten der italienischen Halbinsel wie Carpaccio, Gnocchi verdi, Gelato al cioccolato, Tagliatelle al radicchio oder Zabaione werden von den meisten Nichtitalienern geschätzt, nur die wenigsten von ihnen können sie jedoch richtig aussprechen. Dasselbe gilt für die Automarke Lamborghini, den Dichter Giovanni Boccaccio (1313–1375), den Fußballspieler Alberto Gilardino oder den Liedermacher Piero Ciampi. Bevor wir uns in Abschnitt 15.1.3 ansehen, wie man diese Wörter ausspricht, wollen wir zunächst auf die Geschichte und Verbreitung dieser romanischen Sprache eingehen.

15.1.2 Allgemeines zur italienischen Sprache

Geschichte und Verbreitung

Im Gegensatz zu anderen romanischen Sprachen wie Französisch oder Spanisch, die sich aufgrund politischer und sozialer Entwicklungen schon ab dem 9. bzw. 11. Jahrhundert als Nationalsprachen herausbildeten (Kapitel 14 und 16), ist die italienische Nationalsprache eher das Resultat normativer Impulse. Es gab also Befürworter einer Einheitssprache, die sich um die Etablierung einer solchen bemühten. Damit ist ihre Entstehung durchaus vergleichbar mit unserer deutschen Standardsprache (Kapitel 3). Das trifft auch auf die Dialektsituation zu. Die heutige italienische Hochsprache beruht auf dem Toskanisch-Florentinischen vor allem des 14. Jahrhunderts. Sie formierte sich erst im 19. Jahrhundert zu einer italienischen Einheitssprache.

Die „Kleie-Akademie"

In den Jahren 1582 und 1583 gründeten fünf Florentiner Gelehrte die „Kleie-Akademie", die Accademia della Crusca. Die Kleie ist das, was nach dem Sieben des Mehles übrigbleibt. Genau das wollten die fünf Florentiner: die Spreu vom Weizen trennen, also die italienische Sprache reinhalten und fördern. Deswegen nannten sie ihre Treffen *cruscate* ‚Kleietreffen', sich selbst scherzhaft *crusconi*. Die Academia gab das erste Wörterbuch der italienischen Sprache heraus und gilt als älteste Sprachgesellschaft.

Die Debatte darüber, wie sich die italienische Hochsprache entwickelt hat, ist bis ins 19. Jahrhundert Gegenstand zahlreicher Kontroversen. Der Unterschied zwischen der lateinischen Schriftsprache und der in zahlreichen regionalen Varianten auftretenden, vorwiegend gesprochen verwendeten vulgärlateinischen Volkssprache hat die Entwicklung des Italienischen über Jahrhunderte geprägt. Die Accademia della Crusca – die Akademie „zur Rettung und Pflege der italienischen Sprache" – schlägt eine Periodisierung vor, nach der sich im 7. und 8. Jahrhundert protoromanische Sprachformen herausbildeten, die auf das Vulgärlateinische zurückgehen.

Im 13. Jahrhundert bildete sich das Altitalienische als eine verschriftlichte Form frühromanischer Dialekte heraus. Dadurch reduzierten sich zwar die Unterschiede zwischen gesprochener und geschriebener Sprache, der Existenz vielfältiger regionaler Varietäten tat das jedoch keinen Abbruch.

Dante Alighieri, Kapelle San Brizio, Dom von Orvieto

Der bekannteste Dichter des Italienischen, Dante Alighieri (1265–1321), bemühte sich, aus den ihm bekannten 14 vorwiegend nördlichen und mittelitalienischen Varietäten der Volkssprache nach dem Vorbild des Lateinischen eine italienische Hochsprache zu entwickeln. Dabei orientierte er sich an der Sprache der ökonomisch und kulturell dominierenden Region von Florenz – allerdings ohne großen Erfolg. Eine überregionale, kulturelle identitätsstiftende Volkssprache war bis zum Beginn des 19. Jahrhunderts nicht vorhanden. Erst im 19. Jahrhundert initiierte der berühmte Schriftsteller Alessandro Manzoni (*I Promessi Sposi*, dt. *Die Brautleute*) eine durch die Aufklärung inspirierte Sprachreform. Sie propagierte einerseits das Florentinisch-Toskanische, andererseits den lebendigen Sprachgebrauch als Grundlage einer sprachlichen Normierung und überwand die existierende Differenz zwischen geschriebener und gesprochener Sprache. Sie brachte Italien im Laufe des 19. Jahrhunderts eine einheitliche Nationalsprache, wobei wohl noch zu Zeiten der italienischen Einigung (1861) die Zahl der Sprecher des Italienischen bei nicht mehr als zehn Prozent lag.

Sprecher und Sprachsituation

Heute wird Italienisch in Italien, San Marino und dem Vatikan von ca. 60 Millionen Menschen gesprochen. Etwa eine Dreiviertelmillion der in Italien lebenden Italiener spricht andere Muttersprachen. Außerhalb Italiens gibt es italienischsprachige Bevölkerungsgruppen als Resultat politischer Integration dialektsprachiger Regionen in der Schweiz (Tessin), in Kroatien (Istrien), auf Korsika sowie auf Malta, wo das Italienische bis 1934 eine offizielle Landessprache war. Sprecher des Italienischen finden sich auch in den ehemaligen Kolonien Eritrea, Äthiopien und Somalia. Aufgrund von Migration (zwischen 1876 und 1976 ca. 26 Millionen italienische Auswanderer) existieren italienische Sprachkolonien in Nord- und Südamerika, in Australien sowie in Deutschland, Frankreich, Großbritannien und Skandinavien.

Die Gemeinschaft der Italiener in Deutschland (Italo-tedeschi), auch Italo-Deutsche oder Deutschitaliener genannt, besteht aus ethnisch italienischen Migranten in Deutschland und ihren Nachkommen und ist heute eine der größten und ältesten Zuwanderergemeinden in Deutschland (Platz 4). Die meisten Italiener, die sich im Laufe der Zeit in Deutschland niederließen, verließen ihre Heimat aus Gründen der Arbeit. In Deutschland leben derzeit knapp 650 000 italienische Staatsangehörige; damit ist die Bundesrepublik nach Argentinien das Land mit den meisten italienischen Staatsangehörigen außerhalb Italiens.

Bekannte Deutschitaliener

Bedeutende italienische Gemeinden gibt es in München, Stuttgart, Frankfurt am Main und in der Region Rhein-Ruhr. Bekannte Deutschitaliener sind der Schauspieler Mario Adorf, der Fußballer Bruno Labbadia und der Journalist Giovanni di Lorenzo.

15.1.3 Schrift und Aussprache

Das Schriftbild des Italienischen gibt die Aussprache zwar vergleichsweise gut, aber nicht ganz genau wieder. Einige Buchstabenkombinationen, mit deren Aussprache insbesondere deutsche Sprecher besondere Schwierigkeiten haben, sind:

(a) In den Folgen *g* + *e* und *g* + *i* wird das *g* wie eine Folge von *d* und stimmhaftem *sch* gesprochen, also als *dsch* wie in *Jeans* [ʤ]. Beispiele: *gelato* ‚Eiscreme' = *dschelato*, *Gilardino* = *dschilardino* (italienischer Fußballspieler).

(b) In den Folge *c*+*e* und *c*+*i* wird das *c* wie eine Folge von *t* und stimmlosem *sch* gesprochen, also als *tsch* wie in *Tschechien* [ʧ]. Beispiele: *cena* ‚Abendessen' = *tschena*, *cinque* ‚fünf' = *tschinkue*.

(a) und (b) lassen sich zu folgender Ausspracheregel zusammenfassen: *g* und *c* werden vor *a*, *o* und *u* wie [g] und [k] ausgesprochen, vor *e* und *i* wie [ʤ] bzw. [ʧ]. Diese Regel gilt in gleicher Weise für die Doppelkonsonanten *gg* und *cc*. Auch die Folge *sc* wird vor *a*, *o* und *u* als *sk* ausgesprochen. Beispiel: *scambio* ‚Austausch' = *skambio*.

Es ist nützlich, drei Ausnahmen zu dieser Regel zu kennen:

1. Werden *g* bzw. *c* von einem *h* gefolgt, so bewirkt letzteres (das nicht ausgesprochen wird), dass der Effekt von *e* und *i* neutralisiert wird; *ghi* bzw. *ghe* werden also als *gi* bzw. *ge* ausgesprochen (und nicht als [ʤ]) und *chi* bzw. *che* werden als *ki* bzw. *ke* ausgesprochen und nicht als [ʧ]. Beispiele: *Spaghetti* = *Spagetti*, *Ghinea* = *Ginea*, *chiacchierata* ‚Plauderei' = *kiakkierata*, *che* ‚dass' = *ke*.
2. Folgt auf die Buchstabenfolge *gi* bzw. *ci* ein Vokal, dann wird das *i* nicht gesprochen, *g* und *c* werden aber nach wie vor als [ʤ] bzw. [ʧ] ausgesprochen. Beispiele: *Gianni* = *dschanni* (und nicht *dschianni*), *cioccolato* = *tschokkolato* (und nicht *tschiokkolato*), *Boccaccio* = *bokkatscho* (und nicht *bokkatschio*), *Lago Maggiore* = *maddschore* (und nicht *maddschiore*).
3. Die Folge *sc* wird vor *e* bzw. *i* als stimmloses *sch*, also [ʃ], ausgesprochen wie im deutschen Wort *Schule*. Beispiele: *scena* ‚Szene' = *schena*, *sciarpa* ‚Schal' = *scharpa* (wie das deutsche Wort *Schärpe*).

(c) Die Folge *gn* wird (wie der französische *Cognac*) ausgesprochen als *nj* [ɲ]. Die *Signora* im *bagno* (‚Bad') wird also ausgesprochen als *sinjora* im *banjo* und die berühmten *gnocchi* werden ausgesprochen als *njokki* (nicht *njotschi*; hier greift also wieder die erste Ausnahme zur obigen Ausspracheregel: Ein *h* hinter dem *c* lässt die Aussprache zu *k* werden).

(d) Die Folge *gli* wird im Wortinneren (und am Anfang des Artikels *gli*) ausgesprochen wie die Lautfolge *lj* [ʎ], wie man sie auch in dem Wort *brillant* findet. Der italienische Sohn ist also der *figlio* = *filjo*.

(e) Das *z* hat im Italienischen zwei unterschiedliche Aussprachen. Es kann ausgesprochen werden wie die Folge von einem *d* und einem stimmhaften *s* (ein *s* wie es im deutschen Wort *Kreise* vorkommt): [dz]. Beispiel: *zero* ‚null' = *dzero*. Es kann aber auch wie die Folge von einem *t* und einem stimmlosen *s* ausgesprochen werden (wie im deutschen Wort *Zeit*): [ts]. Beispiel: *tazza* ‚Tasse' = *tattsa*).

(f) Ein besonderes Problem für den deutschen Sprecher bildet die Aussprache der sogenannten italienischen „Langkonsonanten", die es im Deutschen nicht gibt. Denn doppelt geschriebene Konsonanten wie das *tt* in *Otto* werden im Deutschen als kurze Konsonanten ausgesprochen. Die Doppelschreibung markiert nur, dass der vorangehende Vokal kurz gesprochen wird (Kapitel 3). Ganz anders im Italienischen: Hier können fast alle Konsonanten „gelängt" vorkommen. Der Ausspracheunterschied zwischen dem Deutschen und dem Italienischen lässt sich an dem deutschen Vornamen *Otto* und dem italienischen Zahlwort *otto* ‚acht' demonstrieren. Ersterer wird als [ɔto], letzteres als [ɔtto] ausgesprochen. Das *t* klingt also viel länger. Das wiederum hat Auswirkungen auf die Bedeutung: Im Italienischen ist die Längung von Konsonanten bedeutungsunterscheidend. Man vergleiche hierzu *eco* ‚Echo' vs. *ecco* ‚da, hier', *fato* [fa:to] ‚Schicksal' vs. *fatto* [fatto] ‚gemacht'.

(g) Ein häufiger Fehler deutscher Muttersprachler besteht darin, dass sie eine (ihnen meist nicht bewusste) Lautregel des Deutschen auf das Italienische übertragen, was in einem „deutschen Akzent" resultiert. Die Laute *p, t* und *k* werden am deutschen Wortanfang behaucht, also als p^h, t^h und k^h ausgesprochen: *Tor* = t^h*or*, *Peter* = p^h*eter*, *Karte* = k^h*arte*. Diese Regel existiert weder im Italienischen noch im Französischen (Kapitel 14), sodass man im Italienischen ausspricht: *populo* ‚Volk' = *populo* (und nicht p^h*opulo*, wie man oft bei deutschen Muttersprachlern hört), *a più tardi* ‚bis später' = *a pju tardi* (und nicht *a pju* t^h*ardi*), *casa* ‚Haus' = *kasa* (und nicht k^h*asa*).

Aus welchen Lauten besteht nun das Italienische? Die Menge der bedeutungsunterscheidenden Laute (Phoneme) des Italienischen ermitteln Sprachwissenschaftler, wie in anderen Sprachen auch, durch sogenannte Minimalpaare. Das sind zwei Wörter, bei denen eine Lautänderung an ein und derselben Stelle einen Bedeutungsunterschied zur Folge hat, wie im Deutschen *mein* vs. *Bein* oder *Blick* vs. *Block*. In diesem Sinne sind *ecco* und *eco*, die wir oben bereits kennen gelernt haben, ein Minimalpaar.

Die Vokalphoneme des Italienischen umfassen die sieben Vokale der folgenden Übersicht. Manche lassen sich in Minimalpaaren gegenüberstellen wie *atto* [a] ‚Handlung' vs. *etto* [ɛ] ‚100 Gramm' (das *e* wird hier ausgesprochen wie das deutsche *Bett*), *venti* [e] ‚zwanzig' (ausgesprochen wie das deutsche *Beet*) vs. *venti* [ɛ] ‚Winde', *pozzo* [o] ‚Brunnen' vs. *puzzo* [u] ‚Gestank', *fitto* [i] ‚dicht' vs. *fatto* [a] ‚Tatsache'. Der Vokal [ɔ] ist wie im Deutschen in *Lotte*, der Vokal [o] wie im Deutschen in *Boot*.

[i] [u]
[e] [o]
[ɛ] [ɔ]
[a]

Zur Betonung ist zu sagen, dass im Italienischen der Wortakzent auf dem Vokal der letzten Silbe eines Wortes liegen kann, wie in *città* ‚Stadt'. Allerdings wird in den meisten Fällen die vorletzte Silbe eines Wortes betont, etwa wie in *sorella* ‚Schwester'. Es gibt aber auch Wörter, bei denen der Akzent auf der drittletzten Silbe liegt wie in *telefono* ‚Telefon'. Bezieht man finite Verben in die Betrachtung ein, so kann man sogar einen Akzent auf der viertletzten Silbe beobachten: *Telefonano* ‚sie telefonieren'.

Deutsch sprechen wie die Italiener

Ein Sprachkurs mit Augenzwinkern in sechs Schritten:

1. Endet ein Wort mit einem Konsonanten, hängen Sie grundsätzlich ein *e* an. Beispiel: *Chefe* statt *Chef.*
2. Stehen *-en* oder *-er* am Wortende, lassen Sie das *n* oder das *r* weg. Beispiel: *laufe, Ärge.*
3. Steht ein *ch* am Anfang oder Ende eines Wortes, wird es wie *sch*, steht es in der Mitte, wird es wie *k* ausgesprochen. Beispiel: *ische* für *ich, Mikaele Schumaker.*
4. Sprechen Sie nie ein *H* am Anfang eines Wortes. Beispiel: *Unde* für *Hund, Ondurase* für *Honduras.*
5. Vertauschen Sie *der* und *die. Das* entfällt ganz. Beispiel: *die Auto, der Frau.*
6. Sagen Sie nach jedem Satz: *ä.*

Sie können jetzt also auf Italienischdeutsch sagen: *Die Auto von Mikaele Schumake fährte langsame alse die Onda vone meine Chefe, ä!*

Schwierigkeiten für Deutschlerner: Aussprache

Ein besonderes Ausspracheproblem für italienische Deutschlerner stellt die Tatsache dar, dass italienische Wörter in der Regel nicht auf Konsonanten enden (Ausnahmen sind z. B. Präpositionen). Italienische Muttersprachler tendieren daher dazu, an deutsche Wörter, die auf einen Konsonanten enden, einen Vokal anzuhängen. Ein Wort wie Tag sprechen sie als [ta:ge], was in den Ohren eines deutschen Muttersprachlers fast wie „Tage" klingt. Außerdem behauchen sie den anlautenden *t*-Laut nicht. Weitere Probleme bildet die Aussprache der Umlaute *ö* und *ü* sowie die Unterscheidung zwischen dem *ich*- und dem *ach*-Laut.

15.1.4 Wörter

Flexion

Das Italienische ist wie das Lateinische, das Deutsche und viele weitere Sprachen, die in diesem Buch besprochen werden, eine flektierende Sprache. Das heißt, grammatische Kennzeichnungen werden deutlich gemacht, indem ein Wort abgewandelt wird (z. B. *ein Kind – viele Kinde**r***). Das Italienische weist aber nicht mehr denselben Formenreichtum auf wie das Lateinische. Dies gilt vor allem für die Markierung von Fällen bei Substantiven. Während das Lateinische den Kasus durch Flexionsendungen markiert, verwendet das Italienische Präpositionen, um Genitiv und Dativ auszudrücken. Im Lateinischen könnte man also sagen *domus sororis* ‚das Haus der Schwester' (*soror, -oris*: ‚die Schwester', wobei *soror* in den Genitiv gesetzt wird). Im Italienischen hieße es *la casa* ***della*** *sorella. Sorella* bleibt unverändert, und die Besitzanzeige erfolgt durch die Präposition *della*.

Darüber hinaus verfügt das Italienische offensichtlich, anders als das Lateinische, über Artikel; es heißt also *la casa* und nicht einfach nur *domus*.

Bei den Substantiven werden drei Deklinationsklassen unterschieden: die o-Deklination wie *il libro* ‚das Buch', die a-Deklination wie *la casa* ‚das Haus' und die e-Deklination wie *il dottore* ‚der Doktor' (Tabelle 15.1).

Tabelle 15.1: Singular- und Pluralmarkierung bei Substantiven

Singular	Plural	Genus
-o	*-i*	Maskulinum
-a	*-e*	Femininum
-e	*-i*	Maskulinum oder Femininum

Der bestimmte Artikel im Italienischen geht auf das lateinische Demonstrativpronomen *ille* zurück. Die italienischen definiten (bestimmten) Artikel verhalten sich hinsichtlich Geschlecht und Numerus genauso wie die Nomen, die sie begleiten. Bezogen auf die Beispiele oben heißt es also im Plural *i libri, le case, i dottori*. Die männlichen Artikelformen gehören der o-Deklination, die weiblichen der a-Deklination an.

Dieses einfache Schema wird allerdings dadurch verkompliziert, dass der bestimmte Artikel im Maskulinum Kurzformen aufweist. Denn eigentlich ist der Artikel *il* im Singular und *i* im Plural nur eine Variante einer anderen Form, nämlich eine Kurzform von *lo* im Singular, *gli* im Plural (Tabelle 15.2).

Tabelle 15.2: Singular- und Pluralmarkierung bei Artikelwörtern

Genus	Singular	Plural
Maskulinum	volle Form: *l-o* Kurzform: *il*	volle Form: *gl-i* Kurzform: *i*
Femininum	*l-a*	*l-e*

Ob im Maskulinum die volle Form (*lo studente* ‚der Student') oder die Kurzform (*il ponte* ‚die Brücke') gewählt wird, hängt davon ob, mit welchem Laut das folgende Wort beginnt.

Die volle Form steht, wenn das folgende Wort entweder mit einem Vokal beginnt oder mit dem Laut [j] (im Schriftbild: *i, j, y*). Eine weitere Möglichkeit ist der Start mit dem Laut [s], gefolgt von einem Konsonanten, zum Beispiel *p*. Oder aber das Wort beginnt mit den Lauten [ts] bzw. [dz] (im Schriftbild: *z-*) oder dem *sch*-Laut (im Schriftbild *sci-*, *sce-*). Beginnt das nächste Wort mit einem Vokal, wie im folgenden Beispiel *anno*, dann fällt das *o* im Artikel *lo* weg:

l'anno ‚das Jahr' (vor Vokal)
lo Jonio ‚das Ionische Meer' (vor [j])
lo zio ‚der Onkel' (vor [ts])
lo zaino ‚der Rucksack' (vor [dz])
lo specchio ‚der Spiegel' (vor [s], gefolgt von einem Konsonanten)
lo sci ‚der Ski' (vor *sch*-Laut)

Eine weitere Komplikation kommt dadurch zustande, dass der bestimmte Artikel mit den Präpositionen *di, a, da, in* und *su* zu einem Wort verschmilzt. Dies ist für die Präpositionen *di* und *in* in Tabelle 15.3 illustriert.

Vergleichbares kennen wir im Deutschen bei den Zusammenziehungen *beim* (*bei* + *dem*), *zur* (*zu* + *der*), *ins* (*in* + *das*).

An dem italienischen Sprichwort in der Randspalte lassen sich gleich drei dieser Bildungsregeln für den definiten Artikel veranschaulichen.

Gli occhi sono lo specchio dell'anima.
‚Die Augen sind der Spiegel der Seele.'

Die o-Deklination im Singular und Plural sieht zusammen mit dem jeweiligen Artikel also aus wie in Tabelle 15.4, zur Verdeutlichung zusammen mit dem Lateinischen dargestellt.

Tabelle 15.3: Präposition-Artikel-Verschmelzung

Artikelform	verschmolzen mit *di*	verschmolzen mit *in*
il	*del*	*nel*
lo	*dello*	*nello*
i	*dei*	*nei*
gli	*degli*	*negli*
la	*della*	*nella*
le	*delle*	*nelle*

Tabelle 15.4: Die o-Deklination

Singular			
Kasus	**deutsch**	**lateinisch**	**italienisch**
Nominativ	‚das Buch'	*liber*	*il libro*
Genitiv	‚des Buches'	*libri*	*del (= di + il) libro*
Dativ	‚dem Buche'	*libro*	*al (= a + il) libro*
Akkusativ	‚das Buch'	*librum*	*il libro*
Plural			
Kasus	**deutsch**	**lateinisch**	**italienisch**
Nominativ	‚die Bücher'	*libri*	*i libri*
Genitiv	‚der Bücher'	*librorum*	*dei (= di + i) libri*
Dativ	‚den Büchern'	*libris*	*ai (= a + i) libri*
Akkusativ	‚die Bücher'	*libros*	*i libri*

Nun zu den italienischen Verben. Das italienische Verb besteht aus einem Stamm und einer Endung, wobei die Endung nochmals in mehrere Elemente unterteilt werden kann, die Informationen über die Zeitform, den Modus, die Person und den Numerus liefern. Hier gibt es einen deutlichen Unterschied zum Lateinischen: Für einige Zeitformen, die im Lateinischen durch Flexion gebildet werden, nutzt das Italienische zusammengesetzte Formen, die wir auch im Deutschen kennen. Dies gilt zum Beispiel für das Perfekt, das im Italienischen, wie im Deutschen, durch die Kombination aus Hilfsverb (*avere* = ‚haben' oder *essere* = ‚sein') und Partizip II gebildet wird. Zudem gilt es für das Passiv, das mit dem Hilfsverb *essere* ‚sein' oder dem Verb *venire* ‚kommen' plus Partizip II gebildet wird. Hierbei gilt eine Besonderheit. Nur bei der Bildung mit dem Hilfsverb *essere* (und im Passiv bei *venire*) wird das Partizip hinsichtlich Geschlecht und Zahl mit dem Bezugswort abgestimmt (Tabelle 15.5).

Ein kleiner Junge müsste also *sono cresciuto* sagen, ein kleines Mädchen dagegen *sono cresciuta*. (Nach unseren Ausspra-

Tabelle 15.5: Formen des Verbs

	lateinisch	**italienisch**	**deutsch**
Perfekt	*cantavi* *crevi*	*ho cantato* *sono cresciuto/a* (m/f)	‚ich habe gesungen' ‚ich bin gewachsen'
Konjunktiv Plusquamperfekt	*cantavissem*	*avessi cantato*	‚ich hätte gesungen'
Präsens Passiv	*cantatur*	*è/viene cantato/a* (m/f)	‚wird gesungen'

cheregeln wissen Sie inzwischen, dass es *kreschuto* bzw. *kreschuta* heißt.)

Der Imperativ wird je nach Konjugationsklasse mit der 2. oder 3. Person (*-i* bzw. *-a*) gebildet: *legg-i* ‚lies!', *legg-e-te* ‚lest!', *ascolt-a* ‚höre!', *ascolt-a-te* ‚hört!'. Italienisch nutzt ebenso wie alle anderen romanischen Sprachen (Kapitel 14, Abschnitt 15.2 und Kapitel 16), aber auch wie das Polnische (Kapitel 4) und manche deutsche Dialekte, wie etwa das Bairische, sogenannte Klitika. Dabei handelt es sich um „schwache", da unbetonte Wörter, die sich immer an einen „Gastgeber" anlehnen müssen. Sogenannte klitische Pronomina werden nun an den Imperativ angefügt: *ascolta-mi* ‚hör mir zu', *ascoltate-mi* ‚hört mir zu'. Ein bekanntes Beispiel stammt aus dem Song *Lasciatemi cantare* von Toto Cutugno: *lasciate-mi* ‚lasst mich (singen)', sprich: *laschatemi.* Wir kommen auf Klitika später noch einmal zu sprechen.

Eine im Vergleich zum Deutschen unerwartete Besonderheit liefert das Italienische, was den negierten Imperativ der 2. Person Singular betrifft. Dieser wird nicht etwa mit der eben dargestellten Imperativform plus der Verneinung *non* ‚nicht' gebildet. Statt der Imperativform tritt hier vielmehr die Infinitivform auf: *Non dire la verità!* ‚Sag nicht die Wahrheit!'.

Der negierte Imperativ

Der negierte Imperativ (*Tu's nicht!*) wird im Italienischen auf ungewöhnliche Art und Weise gebildet, nämlich mit dem Infinitiv. Da fällt einem doch gleich der berühmte Song des Liedermachers Fred Buscaglione ein, in dem der vermeintlich untreue Ehemann seine Frau, die ihn zu Hause mit dem Gewehr erwartet, anfleht:

Teresa, ti prego, ***non scherzare*** *col fucile!*

‚Theresa, ich bitte dich, mach keine (wörtlich: nicht machen) Scherze mit dem Gewehr!'

Wortbildung

Im Italienischen tauchen Wortbildungsphänomene auf, die wir auch aus dem Deutschen kennen. Wörter können von einer Wortart zu einer anderen überwechseln, indem entsprechende Affixe angehängt werden. So wird zum Beispiel aus dem Adjektiv *furbo* ‚schlau' und dem Affix *-izi* das Nomen *furbizia* ‚Schlauheit', aus dem Verb *ringraziare* ‚danken' und dem Affix *-ment-* das Nomen *ringraziamento* ‚Dank', aus dem Nomen *buccia* ‚Schale' und dem Affix *s-* ‚nicht' das Verb *sbucciare* ‚schälen', aus dem Nomen *giovane* ‚junger Mensch' und dem Affix *-il-* das Adjektiv *giovanile* ‚jugendlich'.

Das Italienische verfügt über zahlreiche Möglichkeiten, negative Sachverhalte, Größenverhältnisse und emotionale Einstellungen innerhalb von Wörtern auszudrücken. Die Präfixe *in-*, *s-*, *non-* ‚nicht', *senza-* ‚ohne', *dis-*, *mal-* ‚schlecht' beispielsweise dienen dem Ausdruck der Negativität, wie in *inabitato* ‚unbewohnt', *sfiducia* ‚Misstrauen', *non fumatore* ‚Nichtraucher', *senzadio* (*senza-* ,ohne', *dio* ,Gott, Gottloser'), *disapprovare* ,missbilligen', *maleducato* ,schlecht erzogen'.

Mit den Suffixen *-in-*, *-ett-*, *-ell-*, *-ucci-*, *-ott-* werden Diminutive gebildet, also Verkleinerungsformen. So entsteht aus dem Nomen *bacio* ,Kuss' und dem Suffix *-in-* das Küsschen *bacino*. Aus dem Jungen *ragazzo* und dem Affix *-ett-* entsteht der kleine Junge *ragazzetto*. Aus dem Baum *albero* und dem Affix *-ell-* wird das Bäumchen *alberello*. Aus dem Hasen *lepro* wird durch Hinzufügung des Affixes *-ott-* der junge Hase *leprotto*.

Aus: *Der Leopard*

„Und dann will ich kein Geschrei in meinem Haus, in meinem Zimmer, in meinem Bett! Nichts mit diesen ,das wirst du tun' und ,das wirst du nicht tun'. Die Entscheidung liegt bei mir. Und ich habe schon entschieden zu einer Zeit, da du es dir noch nicht hast träumen lassen. Genug jetzt!"

Er, der Geschrei hasste, schrie jetzt selber mit so viel Atem, als der ungeheure Brustkasten hergab. In dem Glauben, er habe einen Tisch vor sich, schlug er mit der Faust aus aller Kraft auf das eigene Knie, tat sich weh und wurde nun auch ruhig.

Die Fürstin war erschreckt, sie winselte leise wie ein bedrohtes Schlosshündchen. „Schlafen wir jetzt! Morgen gehe ich zur Jagd und muß früh aufstehen. Genug jetzt! Was entschieden ist, ist entschieden. Gute Nacht, Stelluccia."

Die Bedeutung des Suffixes *-ucci-* unterscheidet sich von den bisher illustrierten Diminutivsuffixen. Dieses Suffix drückt aus, dass etwas schmächtig, schwach, kümmerlich oder dürftig ist (bisweilen auch in einem abwertenden Sinne). So kann aus der Katze *gatto* das jämmerliche Kätzchen *gattuccio* werden und aus einem Hotel *albergo* das kleine schäbige Hotel *alberguccio*. Dieses Suffix kann auch an Namen angehängt werden wie zum Beispiel in dem Roman *Il Gattopardo* (*Der Leopard*) von Giuseppe Tomasi di Lampedusa, in dem der Fürst Don Fabrizio in einem Moment äußerster Ungehaltenheit über seine Gattin Maria Stella diese *Stelluccia* nennt.

Das Suffix *-on-* signalisiert Größe wie etwa in dem Wort *pancione* ,dicker Bauch', das aus *pancia* ,Bauch' hervorgeht, oder in dem Wort *mangione* ,Vielfraß', das vom Verb *mangiare* ,essen' abgeleitet ist. Eindeutig pejorativ, also abwertend, sind die Suffixe *-acci-* und *-astr-*. So wird aus dem Wort *parola* das Schimpfwort *parolaccia* und aus dem Jungen *ragazzo* der Lausejunge *ragazzaccio*. Das Suffix *-astr-* ist nur bei Personenbezeichnungen üblich und macht aus dem Politiker *politico* den korrupten Politiker *politicastro*.

Bei der Komposition wird aus mehreren Wörtern ein neues Wort gebildet. Dabei werden im Italienischen häufig auch Satzgliedteile mit fester Bedeutung (z. B. *ferro da stiro* ,Bügeleisen' oder *coltello da pane* ,Brotmesser') zu den Komposita gezählt, weil ihnen im Deutschen oft Komposita entsprechen. Bei strenger Auffassung werden dagegen nur Wörter wie *tagliacarte* ,Brieföffner', das aus *tagliare* ,schneiden' und *carta* ,Papier' gebildet ist, als Komposita aufgefasst. Die durch Komposition gebildeten Wörter sind im Italienischen vor allem Nomina und Adjektive. Komplexe Nomina entstehen beispielsweise durch Zusammenfügung zweier Nomina wie in dem Wort *capostazione* ,Bahnhofsvorsteher', das aus *capo* ,chef' und *stazione* ,Bahnhof' gebildet wird, oder durch die Zusammenfügung eines Nomens und eines Adjektivs wie in dem Kompositum *mezzanotte* ,Mitternacht', das aus dem Adjektiv *mezzo* ,halb' und dem Nomen *notte* ,Nacht' gebildet wird. Auch Verben und Nomina können zu Komposita verbunden werden, wie in dem Wort *lavastoviglie* ,Geschirrspülmaschine', das aus dem Nomen *stoviglie* ,Geschirr' und dem Verb *lavare* ,waschen' gebildet ist, oder in *cantautore* ‚Liedermacher' aus dem Verb *cantare* ‚singen' und dem Nomen *autore* ‚Autor'.

Adjektivkomposita entstehen durch die Zusammenfügung zweier Adjektive. Dabei werden Wahrnehmungsqualitäten bezeichnet, die unterschiedliche Werte derselben Sinneskategorie wie Farbe, Licht oder Geschmack darstellen. Beispiele dafür sind die Komposita *bianconero* ‚schwarz-weiß' aus *bianco* ‚weiß' und *nero* ‚schwarz' sowie *agrodolce* ‚süßsauer' aus *agro* ‚sauer' und *dolce* ‚süß'.

Fußball
Die Fußballmannschaft von Juventus Turin wird wegen der Farbe ihres Trikots in Italien auch *i bianconeri* ‚die Schwarzweißen' genannt.

Schwierigkeiten für Deutschlerner: Flexion und Wortbildung

Wie für alle Nichtmuttersprachler sind die unvorhersehbaren Formen des grammatischen Geschlechts – wieso heißt es *der Mond*, aber *la luna*? – für Italiener, die Deutsch lernen, eine Hürde. Ein weiterer Stolperstein sind die Formen des Genus, insbesondere die Unterscheidung zwischen Maskulin und Neutrum, das heißt der Unterschied zwischen *das Kind*, *des Kindes*, *dem Kind* und *der Mann*, *des Mannes*, *dem Mann*. Italienische Deutschlerner umgehen dieses Problem häufig, indem sie sich in die Femininform retten (*die Mann*).

Auch die Pluralflexion bei Nomina bringt für italienische Deutschlerner große Schwierigkeiten mit sich (das betrifft z. B. die Unterschiede zwischen *Die Männer spielen Fußball*, *das Spiel der Männer* und *Den Männern gefällt das Spiel*).

Im Bereich der Wortbildung ist die Bildung deutscher Komposita für italienische Muttersprachler ein Problem, wie für viele andere auch. Statt Komposita werden häufig Bildungen mit Adjektiven (*winterlicher Tag* statt *Wintertag*) oder mit der Präposition *von* verwendet (*Präsident von der Universität* statt *Universitätspräsident*).

15.1.5 Satzbau

Das Italienische ist eine SVO-Sprache: Im Normalfall steht das Subjekt vor den Verben, und diese stehen vor den Objekten:

Subjekt	**Verb**	————	**Objekte**	————
Lo studente	***dava***	*al*	*camariere*	*10 Euro.*
der Student	gab	an-den	Kellner	10 Euro

Die Reihenfolge scheint dieselbe zu sein wie in der deutschen Übersetzung des Satzes. Die Übereinstimmung ist aber in gewissem Sinne zufällig, denn der deutsche Hauptsatz folgt dem Muster V2 + SOV, wie in Kapitel 3 gezeigt wurde. Die Reihenfolge in der deutschen Übersetzung ist also wie folgt einzuordnen:

——**V2**——			
Der Student ***gab***	|	*dem Kellner*	*10 Euro.*

Man sieht den Unterschied beispielsweise, wenn man zwei Verben verwendet. Das zweite Verb steht dann im Deutschen in der SOV-Reihenfolge am Satzende:

——V2——			——SOV——		
			——**Objekte**——		**Verb**
Der Student	***hat***	|	*dem Kellner*	*10 Euro*	***gegeben.***

Im Italienischen hingegen reiht sich ein zweites Verb in die SVO-Reihenfolge ein:

–**Subjekt**–	**Verben**	——**Objekte**——		
Lo studente	***ha dato***	*al*	*camariere*	*10 Euro.*
der Student	hat gegeben	an-den	Kellner	10 Euro

So war die anfängliche Ähnlichkeit der Sätze nur ein Zufall. Der richtige Vergleich zwischen den beiden Sprachen ist, dass das Italienische die SVO-Reihenfolge, das Deutsche hingegen die Reihenfolge V2 + SOV verwendet.

In der Bildung von Ergänzungsfragen (W-Fragen) allerdings verwenden auch andere Sprachen, etwa das Englische, die V2-Struktur. Dabei steht das Fragewort am Satzanfang vor dem finiten Verb (hier im Englischen ein Hilfsverb):

——V2——		——SVO——		
		Subjekt	**Verb**	**Objekt**
What ***has***	|	*the student*	***given***	*to the waiter?*

Dies gilt auch für das Italienische, wobei hier zusätzlich das Subjekt ans Satzende gestellt wird:

——V2——			——SVO(S)——		
			Verb	**Objekt**	**Subjekt**
Che cosa	***ha***	|	***dato***	*al camariere*	*lo studente?*
was	hat		gegeben	an-den Kellner	der Student

Übrigens ist das Lateinische, die Mutter aller romanischen Sprachen, eine SOV-Sprache (Lateinisch: SOV, Deutsch: V2 + SOV), während alle zeitgenössischen romanischen Sprachen SVO sind, wie das Italienische.

Eine wichtige Eigenschaft des Italienischen besteht in der Möglichkeit, die „normale" Subjektposition leer zu lassen. Es heißt also

Ho incontrato Gianni a Roma (wörtlich: _ habe getroffen Gianni in Rom) oder
Hanno chiamato il medico (wörtlich: _ haben.3.PERS.PL gerufen den Arzt) bzw. sogar nur
Piove (wörtlich: _ regnet, nicht: es regnet).

Man nennt diese Eigenschaft, dass das Subjektpronomen auch weggelassen werden kann, Pro-Drop-Eigenschaft (oder auch Null-Subjekt-Eigenschaft) und zählt Italienisch daher zu diesen Pro-Drop-Sprachen. Dazu gehören die meisten romanischen Sprachen, wobei das Französische eine prominente Ausnahme ist. Das Deutsche erlaubt es nur im sogenannten unpersönlichen Passiv, das Subjekt leer zu lassen: *Heute wird nicht gearbeitet.* Das Deutsche ist daher keine Pro-Drop-Sprache wie das Italienische.

Wir haben bereits gesehen, dass das Partizip II mit dem Subjekt übereinstimmt, wenn das Perfekt mit *essere* gebildet wird: *Molti studenti **sono** arrivati* (‚Viele Studenten sind angekommen'); nicht jedoch beim Hilfsverb *avere* wie in *Molti studenti **hanno** telefonato* (‚Viele Studenten haben telefoniert'). Das direkte Objekt dagegen zeigt nun keine Übereinstimmung mit dem Partizip II: *Lo studente ha ordinat**o** tre pizze* (‚Der Student hat drei Pizzen bestellt'); es heißt also nicht: **Lo studente ha ordinat**e** tre pizze.* Diese Situation ändert sich, wenn man klitische Objekte betrachtet. Das sind verkürzte, schwache Formen, die sich immer an ein anderes Wort anlehnen müssen. Die klitischen Pronomina in finiten Sätzen des Italienischen lehnen sich „proklitisch" an das finite Verb an, wie die folgenden Beispiele zeigen, das heißt, sie „wandern" vor das finite Verb: Der Satz *Giorgio ammira i giocatori della Juve* (wörtlich: ‚Giorgio bewundert die Spieler von Juve') lautet mit Klitikon dann allerdings: *Giorgio **li** ammira* (wörtlich: ‚Giorgio **sie** bewundert'). Oder folgendes Beispiel: *Giorgio ha dato il libro a Piero* (wörtlich: ‚Giorgio hat gegeben das Buch an Piero'). Wenn man nun beide Objekte pronominalisiert, also in Pronomen verwandelt, ergibt sich folgende Wortstellung: *Giorgio **glie-lo** ha dato* (wörtlich: ‚Giorgio **ihm-es** hat gegeben').

Interessant ist nun, dass ein direktes Objekt im Italienischen (wie auch im Französischen) dann Übereinstimmung mit dem Partizip II auslöst, wenn es durch ein klitisches Pronomen repräsentiert ist: *Lo studente ha lett**o** i libri di Lampedusa* (wörtlich: ‚Der Student hat gelesen die Bücher von Lampedusa'). Hier passt sich *letto* also weder an das Subjekt noch an das Objekt an. Aber: *Lo studente li ha lett**i*** (wörtlich: ‚Der Student sie hat **gelesene**'), das heißt, genauso wie im Französischen passt sich *letto* dem Objekt an, das als schwaches Pronomen vor dem Verb steht – da es *li* heißt, also ein männlicher Plural ist, muss es auch *letti* heißen. Dies ist ähnlich im folgenden Beispiel:

Lo studente ha visto la bella donna (wörtlich: ‚Der Student hat gesehen die schöne Frau'), aber: *Lo studente l'ha vist**a***. Im Französischen würde im ersten Fall stehen: *L'étudiant a vu la belle femme*, im zweiten Fall: *L'étudiant l'a vu**e*** (wörtlich: ‚Der Student sie hat **gesehene**').

Ein weiterer interessanter Punkt betrifft die Negation: Wird ein finiter Satz – also ein Satz mit einem finiten Verb – des Italienischen negiert, so geht die Negation dem finiten Verb voran, und zwar mitsamt allen klitischen Pronomina: *Lo studente **non l' ha** vista* (wörtlich: ‚Der Student **nicht sie-hat** gesehen'). Man vergleiche die ganz andere Satzstellung im Deutschen: *Der Student **hat sie nicht** gesehen.*

Eine Eigenschaft, die die italienische Negation zwar nicht mit dem Standarddeutschen, wohl aber mit einigen deutschen Dialekten gemeinsam hat, ist das Phänomen der sogenannten *Negationsharmonie* (die auch in Kapitel 4 beschrieben wird). Im Standarddeutschen hebt eine doppelte Negation die Verneinung auf, sodass ein Satz wie *Nie hat Hans nicht geraucht* bedeutet, dass Hans immer geraucht hat. Im Bairischen können dagegen mehrere Negationen im Satz vorkommen, ohne dass die Verneinung davon berührt ist. Das heißt, die zur Satznegation hinzukommenden negativen Elemente „harmonieren" mit dieser, anstatt sie nochmal zu negieren. Ein Satz wie der in der Randspalte bedeutet im Bairischen, dass ich nirgendwo jemanden gesehen habe.

Ähnlich wie im Bairischen verhält es sich nun mit der Negation im Italienischen. Auch hier heben sich mehrere Negationselemente gegenseitig nicht auf, sodass ein Satz wie in der Randspalte bedeutet, dass ich nie jemanden gesehen habe.

Verneinung im Bairischen

I	hob	nirgends	neamd	net	gseng.
ich	habe	nirgends	niemanden	nicht	gesehen

‚Ich habe nirgendwo jemanden gesehen.'

Verneinung im Italienischen

Non	ho	mai	visto	nessuno.
nicht	ich habe	nie	gesehen	niemanden

‚Ich habe nie jemanden gesehen.'

Mit diesen südländischen Gemeinsamkeiten hört es jedoch sofort auf, wenn man Adjektive betrachtet. Wie im Deutschen stimmt ein Adjektiv vor dem Nomen in Genus und Numerus mit dem Nomen, das es modifiziert, überein (*una bell**a** casa* ‚ein schönes Haus'). Das Adjektiv als Prädikat zeigt ebenfalls Übereinstimmung mit dem Subjekt, was wir vom Deutschen so nicht kennen: *La cas**a** è bell**a*** ‚Das Haus ist schön'. Adjektive können bisweilen auch rechts statt links von ihrem Bezugsnomen stehen, wobei sich allerdings in manchen Fällen die Bedeutung ändert. Dies zeigt sich beispielsweise an den beiden Sprichwörtern in der Randspalte.

Sprichwörter

Gallina	vecchia	fa	buon	brodo.
eine.Henne	alte (an Jahren)	macht	eine.gute	Suppe

Mai	lasciare	la vecchia	strada	per	quella	nuova.
niemals	verlassen	die alte (vertraute)	Straße	für	die	neue (unbekannte)

Ob das Adjektiv vor oder nach dem Nomen steht, unterliegt im Italienischen komplizierten Regeln. Sind Adjektive zum Beispiel durch eine Ergänzung oder eine adverbiale Bestimmung erweitert, müssen sie nach ihrem Bezugswort stehen wie in *un ragazzo molto bello* (wörtlich: ‚ein Junge sehr schöner'). Bei mehrdeutigen Adjektiven kann die Stellung einen Bedeutungsunterschied mit sich bringen. So ist *un vecchio amico* ein alter (d. h. langjähriger) Freund, während *un amico vecchio* ein aufgrund seines hohen Lebensalters alter Freund ist. Auch in anderen Fällen spielt die Bedeutung des Adjektivs eine Rolle bei seiner Stellung vor oder nach dem Nomen.

Es wurde bereits darauf hingewiesen, dass das Italienische wie das Deutsche (anders als das Lateinische) über bestimmte Artikel (z. B. *il* ‚der', *la* ‚die') und unbestimmte Artikel (z. B. *un* ‚ein', *una* ‚eine') verfügt. Deren Formvarianten sind davon abhängig, mit welchem Laut das folgende Wort beginnt – das haben wir oben schon geklärt. Dabei spielt es nun keine Rolle, ob das folgende Wort das Bezugsnomen oder ein Adjektiv beim Nomen ist. Es heißt also *lo studente* ‚der Student', aber *il piccolo studente* ‚der kleine Student'.

Für die Aussprache des definiten Artikels ist also seine Position im nominalen Gefüge relevant. So können dem bestimmten Artikel bestimmte Wörter vorangehen, wie *tutto* ‚ganz' in *tutto il mondo* ‚die ganze Welt', *tutto l'anno* ‚das ganze Jahr' oder *tutte le donne* ‚alle Frauen'. Auch *entrambi* ‚beide' kann dem Artikel vorangehen: *Entrambi i ragazzi* ‚beide Jungen'. In diesem Zusammenhang ist außerdem zu beachten, dass besitzanzeigende Pronomina im Italienischen – im Gegensatz zum Deutschen – den definiten Artikel verlangen (mit entsprechenden Konsequenzen für die Form des Artikels). Man vergleiche *lo studente* ‚der Student' vs. *il mio studente* ‚mein Student', *gli studenti* ‚die Studenten' vs. *i miei studenti* ‚meine Studenten'.

Der bestimmte Artikel fehlt beim Possessivpronomen übrigens nur bei bestimmten Verwandtschaftsbezeichnungen im Singular, die nicht in einer verniedlichenden Form stehen und kein Attribut bei sich haben: *mia sorella* ‚meine Schwester', aber *le mie sorelle* ‚meine Schwestern', *la mia sorellina* ‚mein Schwesterchen', *la mia bella sorella* ‚meine schöne Schwester'.

Noch ein Sprichwort
Ogni santo vuole la sua candela.
'Jeder Heilige will seine eigene Kerze.'

Auch hier passt wieder ein italienisches Sprichwort (siehe Randspalte).

Possessivpronomina treten auch mit dem unbestimmten Artikel auf, was im Deutschen meist mit dem Genitiv oder einem Präpositionalausdruck wiedergegeben wird: *Un mio studente* ist im Deutschen *einer meiner Studenten* oder *ein Student von mir.*

Schwierigkeiten für Deutschlerner: Wortstellung

Die Verbzweitstellung bereitet italienischen Deutschlernern besondere Schwierigkeiten. Wenn sie einfache Aussagesätze bilden, in denen dem finiten Verb ein Nichtsubjekt vorangeht, schieben sie das Verb häufig zu weit nach hinten. Das führt dann zu einer Stellung der Art „Adverbialbestimmung-S-V" statt „Adverbialbestimmung-V-S". Ein Beispiel: *Jeden Mittag Salvatore betet* statt *Jeden Mittag betet Salvatore.* In Nebensätzen, die mit *dass, ob, weil, wenn* etc. eingeleitet werden, setzen Deutschlerner das finite Verb in der Regel (wie im Italienischen) nicht in die finale Position. Sie sagen also *weil Salvatore betet jeden Mittag* statt *weil Salvatore jeden Mittag betet.* Ähnliche Probleme bereitet ihnen die Stellung der Negation (z. B. *Salvatore nicht betet jeden Mittag*).

Eine weitere Schwierigkeit betrifft die Stellung der Adjektive innerhalb der Nominalgruppe. Adjektive werden gerne fälschlicherweise an das Nomen angehängt. Diese Konstruktion ist durch den italienischen Fußballtrainer Giovanni Trapattoni sehr berühmt geworden. In einem legendären Auftritt vor der Presse (*Ich habe fertig!*) kritisierte er Teile seiner Mannschaft als unfähig, indem er sagte: „... In diese Spiel es waren zwei, drei oder vier Spieler, die waren schwach **wie eine Flasche leer!**"

15.1.6 Satz und Diskurs

Die italienische Wortstellung wird davon beeinflusst, welche Funktion ein Satz hat: Sätze, in denen Fragen, Befehle oder Behauptungen formuliert werden, unterscheiden sich also auch in ihrer Wortstellung voneinander. Aber es gibt noch weitere Phänomene: Ob in Sätzen bekannte oder neue Informationen verlautbart werden, ob bestimmte Sachverhalte betont werden sollen – das alles beeinflusst die Wortstellung, die aber natürlich mit den grammatikalischen Gesetzen des Italienischen übereinstimmen muss.

So wird ein kontrastiver Fokus im Italienischen in der Regel an den Satzanfang gestellt. Wenn man sagen möchte, dass man das Buch dem Gianni gegeben hat und nicht dem Marco, dann sagt man im Italienischen: *A GIANNI ho dato il libro (non a Marco)* (wörtlich: ‚Dem Gianni (ich)-habe gegeben das Buch (nicht dem Marco)').

Ein kontrastiver Fokus auf einem Satzglied kann auch in einem sogenannten Spaltsatz ausgedrückt werden. Dabei wird das hervorgehobene Element in einen Satz mit *essere* ‚sein' an den Satzanfang gestellt: ***È il mio denaro** che voleva, non il mio amore* ‚**Es ist mein Geld**, das er wollte, nicht meine Liebe' (siehe zur Wichtigkeit dieser Konstruktion für das Französische Kapitel 14).

Es gibt aber nun im Italienischen eine Satzkonstruktion, die speziell dazu dient, sich auf bereits bekannte Dinge zu beziehen und über diese neue Information zu liefern. Diese Konstruktion kann man in etwa paraphrasieren als „was x betrifft, so ...". Auch im Deutschen gibt es eine spezielle Konstruktion dieser Art. Man nennt diese Konstruktion Linksversetzung: *Den Studenten aus München, den habe ich gestern in der Bibliothek gesehen.* Ein wesentliches Merkmal solcher Sätze im Deutschen besteht darin, dass das linksversetzte Satzglied (*Den Studenten aus München*) durch ein Pronomen (= *den*) im folgenden Satz wieder aufgenommen wird.

Im Italienischen heißt die entsprechende Konstruktion klitische Linksversetzung, da die Wiederaufnahme eines nach links gestellten Satzgliedes (bei direkten Objekten) durch ein klitisches Pronomen erfolgt: *Il libro, Gianni l'**ha** venduto ieri al mercato delle pulci* (wörtlich: ‚Das Buch Gianni **es-hat** verkauft gestern auf dem Flohmarkt'). Diese Konstruktion findet sich übrigens auch in anderen Sprachen, zum Beispiel im Spanischen, im Französischen und den meisten anderen romanischen Sprachen.

Quellen und weiterführende Literatur zum Italienischen

Die Grundlage für die allgemeinen Informationen zur italienischen Sprache, ihrer Geschichte, zur Sprachsituation und das Basiswissen zur Grammatik stammen aus Blasco Ferrer (1994), Kattenbusch (1999), Vincent (1988) sowie aus Langenscheidts Handwörterbuch (Giovanelli und Frenzel 1994) und dem Wikipedia-Eintrag *Italienische Sprache*. Die augenzwinkernde Aussprachehilfe für das Deutsche „auf Italienisch" entstammt einem Artikel in der *ZEIT*: www.zeit.de/1999/29/Small-Talk-Munition. Spezielleres zur Morphologie (vor allem zur Flexion) geht auf Schwarze (1988) und Möller (1978) zurück, zur Wortbildung auf Spinner und Juffs (2006), bestimmte morphosyntaktische Grundlagen finden sich in Vanelli (1988). Die Besonderheiten der Wortstellung (Syntax) stammen aus Schwarze (1988) und wiederum aus Möller (1978); außerdem aus Salvi (2004), Leonini (2003) und Matteini (2007). Weitere Syntaxquellen – auch im Vergleich zum Deutschen – und Darstellungen zum Diskurs finden sich in Grewendorf (1989; 2008) und Benincà, Salvi und Frison (1988). Wichtige grammatiktheoretische Arbeiten sind Burzio (1986),

Cinque (2010) und Rizzi (1997). Die Literaturliste befindet sich am Kapitelende.

Den Auftritt von Trapattoni kann man sich unter: http://www.clipfish.de/special/zoom-in/video/2972597/ich-habe-fertig-trapattonis-wutrede-nochmal-zum-70/ ansehen.

Das Bild von Dante Alighieri ist hier mit der Erlaubnis von akg / De Agostini Picture Lib. reproduziert.

15.2 Das Rumänische

15.2.1 Einleitung

Berühmte Rumänen

Mihai Eminescu (1850–1889), Dichter

Ion Luca Caragiale (1852–1912), Dramatiker

Ion Creangă (1839–1889), Schriftsteller)

Carmen Sylva (1843–1926), Dichterin, eigentlich Elisabeth zu Wied, Königin von Rumänien

Constantin Brâncuşi (1876–1957), Bildhauer

George Enescu (1881–1955), Komponist

Mircea Eliade (1907–1986), Philosoph

Eugen Ionescu (1909–1994), Dramatiker

Emil Cioran (1911–1995), Kulturkritiker

Sergiu Celibidache (1912–1996), Dirigent

Ana Blandiana (geb. 1942), Schriftstellerin

und leider auch

Nicolae Ceauşescu (1918–1989), Diktator

Jeder kennt einen ganz bestimmten Rumänen, auch wenn er eigentlich von Bram Stoker erdacht, von Francis Ford Coppola und davor und danach von vielen anderen als Motiv verfilmt und damit für immer in die Literatur- und Filmgeschichte eingeführt wurde: Dracula! Dracula geht auf eine historische Figur zurück, den Woiwoden Vlad III. (1431–1476, „Woiwode" ist ein slawischer Herrschertitel). Dieser war dadurch bekannt, dass er auf besonders grausame Weise mit seinen Feinden umging, und wurde daher *Vlad Ţepeş* genannt (*Vlad* ‚der Pfähler'). Einen weiteren Beinamen hat er von seinem Vater, einem Mitglied des Drachenordens, geerbt, und da *drac* im Rumänischen neben ‚Drache' nun vor allem ‚Teufel' bedeutet, ließ sich dieser Name schließlich literarisch besonders gut verwenden: *Graf Dracula*. Bereits hier sieht man eine Besonderheit des Rumänischen, das als einzige romanische Sprache den bestimmten Artikel an das Wort anhängt: *drac* ‚Teufel' – *drac**ul*** ‚**der** Teufel'.

Das Schloss Bran in Siebenbürgen kann man noch heute als Dracula-Schloss besuchen, obwohl es Vlad Ţepeş wahrscheinlich nie betreten hat. Siebenbürgen heißt auf Rumänisch übrigens *Ardeal* (was aus dem Ungarischen kommt) oder *Transsilvania*, in beiden Fällen das ‚Land jenseits der Wälder', womit die Karpaten gemeint sind. Die Geschichte Transsylvaniens ist eng mit der deutschen Kultur verbunden, siedelten doch seit dem 12. Jahrhundert die aus dem Mittelrheinischen und Moselfränkischen eingewanderten Siebenbürger Sachsen in dem Gebiet. Später sind noch weitere deutschsprachige Bevölkerungsgruppen dazugekommen, sodass das Deutsche dauerhaft ein wichtiger Bestandteil der rumänischen Kulturlandschaft werden konnte. Und so haben viele rumänische Orte mindestens zwei Namen (meist kommt noch ein ungarischer hinzu): Dracula ist in *Sighişoara* geboren, zu Deutsch Schäßburg; das Schloss *Bran* heißt auf Deutsch Törzburg; Siebenbürgen umfasst ‚sieben Burgen', das heißt neben Schäßburg auch noch Hermannstadt (rumänisch *Sibiu*), Kronstadt (*Braşov*),

Mediasch (*Mediaş*), Klausenburg (*Cluj*), Bistritz (*Bistriţa*) und Mühlbach (*Sebeş*).

Auch heute noch ist Rumänien ein durch Mehrsprachigkeit geprägter Vielvölkerstaat. Mehr als ein Dutzend historische Sprachminderheiten finden sich in dem Land: neben den bereits genannten Deutschen, die mittlerweile durch Abwanderung in die Bundesrepublik in ihrer Zahl sehr reduziert sind, die Gruppe der Ungarn, Ukrainer, Türken und Tataren, Griechen, Serben, Armenier, Lipovaner, Slowaken und Tschechen, Bulgaren, Mazedonier, Ruthenier und schließlich die Roma.

Rumänien ist ein Vielvölkerstaat mit mehr als einem Dutzend Minderheitensprachen. Die historischen deutschsprachigen Sprachminderheiten sind (u.a.) die Siebenbürger Sachsen und die Banater Schwaben.

15.2.2 Allgemeines zur rumänischen Sprache: Klassifizierung und Sprachverbreitung

Dass die rumänische Sprache (*limba română*) zu den romanischen Sprachen gehört, erkennt man an ihrem Namen: *Român* ‚rumänisch' kommt vom lateinischen *romanus*. Das Rumänische gehört, zusammen mit dem Italienischen, zu den sogenannten ostromanischen Sprachen, die sich durch einige Gemeinsamkeiten auszeichnen. Dennoch ist Rumänisch aufgrund seiner eigenen und in vielen Punkten dunklen Sprachgeschichte unter den romanischen Sprachen eine besondere Sprache, hat sie doch, weit im Osten, umringt und stark beeinflusst von anderen Sprachen und isoliert vom Rest der romanischsprachigen Welt, dennoch überlebt. Viele Sonderentwicklungen hat das Rumänische mit den ihm geografisch und kulturell naheliegenden Sprachen gemeinsam, so dem Griechischen, dem Albanischen oder auch dem Bulgarischen, mit denen zusammen es zum sogenannten „Balkansprachbund" gehört.

Das Rumänische wird weiter unterteilt in das Dakorumänische, zu dem das Standardrumänische gehört, das nur noch mit sehr wenigen Sprecherinnen und Sprechern vertretene Istrorumänische (in Istrien), das Meglenorumänische (vor allem in Griechenland und Mazedonien) und das Aromunische (vor allem in Griechenland, Mazedonien, Bulgarien und Albanien). Die letzten drei müssen sich sehr früh (etwa ab dem 10. Jahrhundert) von der dakorumänischen Gruppe abgespalten haben.

Im Folgenden wird nur das Standardrumänische besprochen werden, das zum Dakorumänischen gehört und sich wiederum in die Untermundarten Muntenisch, Moldauisch, die Dialekte des Banat, der Crişana (des Kreischgebiets) und der Maramureş aufgliedern lässt. (Dako-)Rumänisch wird heute hauptsächlich in Rumänien selbst gesprochen, außerdem in der Republik Moldau, als Minderheitensprache auch in Ungarn, Serbien, Bulgarien und der Ukraine. Die Angaben zu

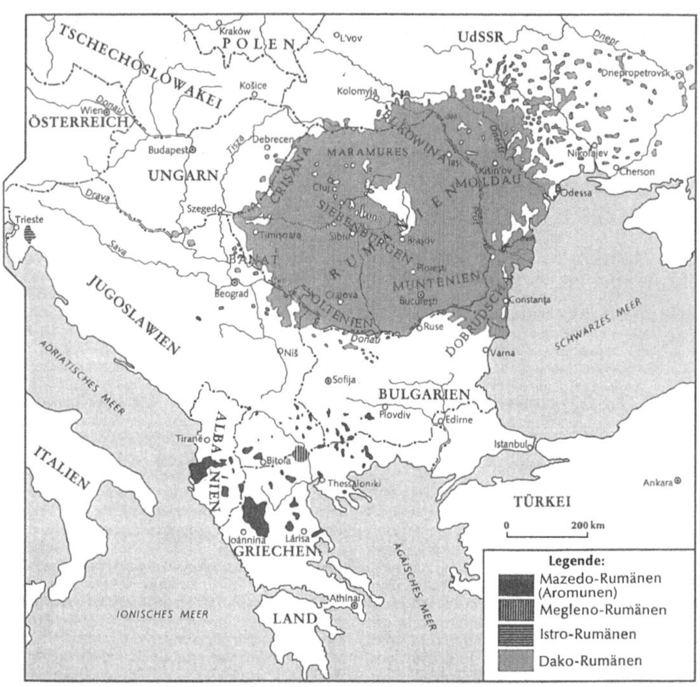

Abbildung 15.1 Die Rumänen in Südosteuropa und ihre Dialekte. (Metzeltin, Holtus und Schmitt 1989, S. XXIII, Karte 4)

Sprecherzahlen der rumänischen Sprachgruppe liegen bei bis zu 30 Millionen.

Geschichte

Von der Entstehungsgeschichte des Rumänischen weiß man so gut wie nichts, da das erste überlieferte Dokument erst aus dem Jahre 1521, also vom Anfang des 16. Jahrhunderts stammt (vorher gab es nur das vereinzelte Auftauchen von rumänischen Wörtern in anderssprachigen Texten): Es handelt sich um einen Brief in kyrillischer Schrift des Bojaren Neacşu an den deutschen Bürgermeister von Kronstadt, um ihn vor bevorstehenden Türkeneinfällen zu warnen (Bojaren waren adlige Großgrundbesitzer). Hinsichtlich der ersten Sprachzeugnisse des Rumänischen von „Altrumänisch" zu sprechen, wie es manchmal getan wird, ist daher unangebracht. Vielmehr handelt es sich hier um Zeugnisse des Frühneurumänischen, während alles Wissen über ältere Sprachstufen des Rumänischen im Dunkeln liegt und auf Rekonstruktion beruht.

Typisch rumänische Eigennamen spiegeln die lateinisch-slawische Kultur wider

Häufig wird man in Rumänien auf Träger latinisierender Namen treffen, etwa die männlichen Namen *Traian*, *Ovidiu* (der römische Dichter Ovid ist in der Verbannung am Schwarzen Meer in der heutigen rumänischen Hafenstadt Costanţa gestorben) und *Octavian* sowie die weiblichen Namen *Aurelia* und *Adriana*, aber auch slawische Namen, etwa männlich *Radu*, *Mircea*, *Vasile* und *Bogdan* sowie weiblich *Ileana* und *Rodica*.

Fest steht zumindest, dass das Lateinische mit der römischen Eroberung Dakiens und Moesiens durch Trajan auf das heutige Gebiet des Balkans kam. Die Herrschaft der Römer war relativ kurz (107–274 n. Chr.), aber offensichtlich intensiv, was die Latinisierung des Gebiets und der eroberten Völker betrifft. Die heutigen Forscher streiten sich darüber, ob nach Abzug der Römer auf dem heutigen Gebiet Rumäniens nördlich der Donau eine lateinisch-romanische Kontinuität anzunehmen ist (wobei es dort so gut wie keine alten donaulateinischen Ortsnamen gibt) oder ob der Landstrich von den Romanen (so nannte man die Einwohner des ehemaligen Römischen Reiches, die eine umgangssprachliche Varietät des Lateinischen bzw. eine Vorgängerversion der romanischen Sprachen sprachen) völlig verlassen wurde und diese dann schließlich aus romanisierten Gebieten südlich der Donau wieder eingewandert sind. Wahrscheinlich liegt eine Mischung von beiden Thesen der Wahrheit am nächsten, denn die rumänische Sprache ist stark durch eine Hirten- und Nomadenkultur (die „Transhumanz") geprägt und weniger durch Stadtkulturen, wie es für die übrigen romanischen Sprachen der Fall ist. Sehr wichtig für den Charakter des Rumänischen ist der Einfluss fremder Sprachen, hier vor allem des seit dem 6. Jahrhundert präsenten Slawischen, aber auch des Ungarischen, Griechischen, Türkischen und Deutschen. Im 19. Jahrhundert kam es aber auch zu einer starken Re-Romanisierung des Rumänischen, was sich besonders in einer massiven Integration französischer Lehnwörter äußerte.

Französische Lehnwörter im Rumänischen
Einige Beispiele von vielen: *deja* ‚schon', *garaj* ‚Garage', *ambasadă* ‚Botschaft', *şosea* ‚Chausee, Landstraße', *a discuta* ‚diskutieren'.

Deutsch und Rumänisch
Die deutsche Sprache gehört zur rumänischen Kultur, auch wenn manche der in Teilen deutschsprachigen Gebiete erst später zu Rumänien gekommen sind (etwa Siebenbürgen) oder nicht mehr zu Rumänien gehören (etwa die nördliche Bukowina). In den Siebenbürger Städten gibt es deutsche Schulen und Gymnasien, die längst von mehr Rumänen als Deutschen besucht werden, und in der Hauptstadt Bukarest kann man das Goethe-Kolleg besuchen, ein deutschsprachiges Gymnasium. Das Deutsche gilt als Kultursprache und wird von vielen gebildeten Rumänen gesprochen. Der rumänische Nationaldichter Mihail Eminescu hat sogar drei Jahre lang (1871–1874) in Berlin studiert, das dortige rumänische Kulturinstitut ist nach ihm benannt. Viele der Rumäniendeutschen sind nach dem Fall Ceauşescus nach Deutschland ausgewandert, ebenso sind mit der Aufnahme Rumäniens in die EU viele Rumänischsprecher der unterschiedlichsten Schichten nach Deutschland gekommen; die Zahl der Rumänen in Deutschland beträgt ca. 300 000.

15.2.3 Schrift und Aussprache

Rumänisch wurde vor 1860 auch und vor allem in kyrillischer Schrift (neben der lateinischen Schrift) geschrieben, in der heutigen Republik Moldau zu Zeiten der Sowjetunion sogar bis 1989. Das für das Rumänische verwendete lateinische Alphabet sieht heute so aus:

Aa Ăă Bb Cc Dd Ee Ff Gg Hh Ii Îî (Ââ) Jj Ll Mm Nn Oo Pp Rr Ss Şş Tt Ţţ Uu Vv Xx Zz

Buchstaben mit Diakritika im Rumänischen

Ăă, Ââ, Îî, Şş, Ţţ. Diese Buchstaben werden anders ausgesprochen als *a, i, s* und *t* im Rumänischen und im Deutschen.

Îî und *Ââ* stehen für denselben Vokal, werden aber je nach geltender Orthografie unterschiedlich eingesetzt (siehe unten). *Qq, Ww* und *Yy* werden nur in Fremdwörtern gebraucht.

Tabelle 15.6 zeigt das rumänische Vokalsystem. Die Orthografie dazu ist, wenn vom Deutschen abweichend, in Schreibschrift angegeben.

Tabelle 15.6: Die rumänischen Vokale in Laut- und Schreibschrift (nur eine Angabe bei identischen Zeichen)

Klang Lippen	**hell** ungerundet	**mittel** ungerundet	**dunkel** gerundet
Mund weiter geschlossen	i	[ɨ] *î* (*â*)	u
	e	[ə] *ă*	o
Mund offener		a	

Das rumänische Vokalsystem ist regelmäßig und symmetrisch: Es beinhaltet insgesamt sieben Vokale; es weist keine Nasalvokale und bei [e] und [o] auch keine Unterscheidung in gespannte und ungespannte Vokale auf (wie im Deutschen z. B. zwischen dem *e*-Laut in *bette* vs. *bete* oder dem *i*-Laut in *Mitte* vs. *Miete*); die hellen und mittleren Vokale sind immer ungerundet (d. h., es gibt z. B. nie das gerundete Gegenstück zu *i* und *e*, nämlich *ü* und *ö*, wie es im Deutschen mit *gut* vs. *Güte* und *rot* vs. *Röte* möglich wäre), während die dunklen Vokale, also *o* und *u*, immer gerundet sind. Besonders allerdings ist die Serie der drei ungerundeten Zentralvokale, das heißt neben dem [a] noch ein [ə] und ein [ɨ]. Der Buchstabe *ă* steht für den Schwa-Laut, allerdings kommt dieser im Rumänischen auch in betonten Silben vor und wird etwas offener ausgesprochen als das deutsche Schwa, nämlich eher so wie das *-er* in *Redner* als das *-e* in *Gabe*. Was die Buchstaben *â* und *î* betrifft, entsprechen diese dem gleichen Laut, nämlich [ɨ]. Dieser Laut hört sich ähnlich wie ein kurzes *ü* an, allerdings sitzt der Laut nicht vorn, sondern in der Mitte des Mundes, und die Lippen werden dabei nicht gerundet.

Die Verwendung des einen oder anderen Buchstabens wurde zu unterschiedlichen Zeiten unterschiedlich gehandhabt, wobei die Schreibung mit *â* einer sogenannten etymologisierenden Orthografie (also einer Schreibweise, die der Aussprache des eigentlichen Herkunftswortes näher ist) entspricht, wie an dem Wort *Român* (statt *Romîn*) und seinen Ableitungen erkennbar. Formen des Verbs ‚sein' werden auch etymologisierend mit *u* geschrieben, also *sunt* (wie ursprünglich Lateinisch *sunt* ‚sie sind', im Rumänischen aber ausgesprochen als [sɨnt]), manchmal aber auch mit *î*, nämlich *sînt* für ‚sie sind'. Weitere Formen des Verbs ‚sein' weisen ebenfalls besondere Schreibweisen bzw. Aussprachen auf: Bei *este* ‚er/sie/es ist', *era* ‚er/sie/es war' etc. wird jedes Mal vor dem *e* noch ein [j] ausgesprochen, also eigentlich *jeste*, *jera* etc.

Hat das Rumänische nun wenige Vokale, verfügt es jedoch über vier Gleitlaute, also Vokale, die zusammen mit einem Vollvokal in ein und derselben Silbe ausgesprochen werden, nämlich [j], [e̯], [o̯] und [w]. Das ergibt eine große Anzahl von Diphthongen und auch Triphthongen, wie in ***oaie*** ‚Schaf' (ausgesprochen als *oaje* [o̯aje]), ***vreau*** ‚ich will' (ausgesprochen als [vre̯aw], *eau* ist also nie wie im Französischen als *o* zu lesen!) oder auch ***iei*** ‚du nimmst' (ausgesprochen als *jej* [jej]).

Schwierigkeiten für Deutschlerner: Aussprache

Rumänischsprachige Lerner des Deutschen haben Schwierigkeiten bei der Unterscheidung der Aussprache eines Vokals als lang oder kurz. Schwere Wortpaare dürften also die folgenden darstellen: *trenne – Träne, Hölle – Höhle, Ratte – Rate, Hütte – Hüte* usw. Zudem hat das Rumänische zwar ein Schwa, dieses entspricht aber von seiner Funktion und seiner Aussprache her nicht dem deutschen Schwa, sodass hier Schwierigkeiten bei der Unterscheidung von [ə] und [ɐ] auftreten können, etwa bei Wortpaaren wie *Fische* vs. *Fischer*.

Das Rumänische hat 20 Konsonanten und vier Gleitlaute, die in Tabelle 15.7 zusammengestellt sind. Zudem sind viele Konsonanten aus Gründen des Wortaufbaus durch ein nachfolgendes finales *i* gekennzeichnet, das nicht silbenbildend ist und von seiner Verteilung und Realisierung her fast als eigener Laut bezeichnet werden könnte, wie *trei feciori* [trej fetʃorʲ] ‚drei Mädchen'. Wie dieses Beispiel auch zeigt, werden genauso wie im Italienischen *c* vor *i* und *e* als Affrikaten [tʃ] ausgesprochen, ebenso *g* vor *e* und *i* als [dʒ], wie *ger* [dʒer] ‚Frost'. Soll gekennzeichnet werden, dass es sich nicht um eine Affrikate handelt, bedarf es, wie im Italienischen (siehe oben), eines diakritischen Buchstabens *h*, wie ***gheţar*** [getsar] ‚Gletscher'. Den deutschen Buchstaben *sch* entspricht das rumänische *ş*,

Rumänische Zungenbrecher

şase saşi în şase saci
‚sechs Siebenbürger Sachsen in sechs Säcken'

Capra crapă piatra-n patru; crăpa-i-ar capul caprei cum a crăpat piatra-n patru.
‚Die Ziege bricht den Stein in vier (Stücke); der Kopf der Ziege soll in vier (Stücke) zerbrechen, so wie sie den Stein in vier (Stücke) zerbrochen hat'.

Tabelle 15.7: Die Konsonanten des Rumänischen in Laut- und Schreibschrift (nur eine Angabe bei identischen Zeichen)

artikuliert mit	Unterlippe		vorderer Zunge		hinterer Zunge			
artkuliert an	Oberlippe	oberen Schneidezähnen	Zahndamm	etwas dahinter	Gaumen vorn	Gaumen hinten	Stimmbändern	Stimmton
Verschlusslaute	p		t			[k] *c, ch*		stimmlos
	b		d			g		stimmhaft
Nasale	m		n					stimmhaft
Reibelaute		f	s	[ʃ] *ş*			h	stimmlos
		v	z	[ʒ] *j*				stimmhaft
Affrikaten			[ts] *ţ*	[ʧ] *ce, ci*				stimmlos
				[ʤ] *ge, gi*				stimmhaft
l und *r*			l					stimmhaft
			r					stimmhaft
Gleitlaute	[w] *u*				[j] *i*			stimmhaft
	[o̯] *o*				[e̯] *e*			stimmhaft

das *ţ* steht vergleichbar für die deutsche Lautverbindung [ts]. Zudem gibt es im Rumänischen zwei weitere Reibelaute, ein stimmhaftes *s*, geschrieben *z*, z. B. *zece* [zetʃe] ‚zehn', und die stimmhafte Entsprechung zu *sch*, nämlich [ʒ], geschrieben *j*, wie in französischen Lehnwörtern des Deutschen, etwa *Garage*, auf Rumänisch – ebenso ein Lehnwort aus dem Französischen – *garaj* [garaʒ]. Ähnlich wie das Deutsche hat das Rumänische ein [h], etwa in *hoţ* ‚Dieb' (das in manchen Fällen, so im Wortinneren, aber auch wie *ch* ausgesprochen wird).

Schwierigkeiten für Deutschlerner: Orthografie

Problematisch für rumänische Deutschlerner könnten die Buchstaben *z* und *j* sein, die im Rumänischen ja jeweils für andere Laute als im Deutschen stehen (nämlich für ein stimmhaftes *s* [z] und für ein [ʒ]). Die rumänischen Entsprechungen der deutschen Lautung (d. h. die Entsprechungen von [ts] und [j]) werden dagegen jeweils *ţ* und *i* geschrieben. Weitere Schreibschwierigkeiten ergeben sich bei *ei* und *ie*, die im Rumänischen die Diphthonge [ej] und [je] bezeichnen würden.

15.2.4 Formenlehre

Rumänisches Sprichwort

*Ap**a** trece, pietr**ele** rămân.*
‚**Das** Wasser fließt vorbei, aber **die** Steine bleiben.'

Das Rumänische verfügt wie alle romanischen Sprachen über bestimmte und unbestimmte Artikel. Eine typologische Besonderheit des Rumänischen ist, dass es den definiten Artikel ans Wortende anhängt (Ähnliches finden wir z. B. im Schwedischen, aber auch im Bulgarischen und Albanischen; Kapitel 9 und 17): Es heißt also *un om* ‚ein Mann', *un câine* ‚ein Hund', aber *om**ul*** ‚der Mann', *câine**le*** ‚der Hund'. Ebenso ergeht es dem femininen Artikel, wobei hier im Singular eine Verschmelzung mit der Deklinationsendung erfolgt: *O casă* ‚ein Haus', aber *cas**a*** ‚das Haus' – die Unterscheidung zwischen *a* [a] und *ă* [ə] ist also auch in der Flexion relevant. Im Plural heißt es *oameni* ‚Männer', *case* ‚Häuser', aber *oamenii* ‚die Männer', *casele* ‚die Häuser'. Zudem steht der Artikel auch bei Substantiven, die durch ein besitzanzeigendes Fürwort begleitet werden. Letztere zeigen Übereinstimmung wie im Italienischen, sind aber im Gegensatz zum Italienischen ebenfalls nachgestellt: *Priete**nul** meu* ‚mein Freund' (eigentlich ‚Freund-der meiner'), *priete**na** mea* ‚meine Freundin' (eigentlich ‚Freundin-die meine').

Eine weitere Besonderheit des Rumänischen ist, dass es über ein Neutrum verfügt. Dieses Neutrum ist aber, anders als im Deutschen, eher ein Zwittergenus (rumänisch wird es „ambigen", also in etwa ‚beidgeschlechtlich', genannt), denn im Singular ist es maskulin und im Plural feminin, also *un om* ‚ein Mann' – *doi oameni* ‚zwei Männer' (mask.), *o femeie* ‚eine Frau' – *două femei* ‚zwei Frauen' (fem.), aber *un dulap* ‚ein Schrank' – *două dulapuri* ‚zwei Schränke' (neutr.). Die Kardinalzahl für ‚zwei' hat eine maskuline und eine feminine Form, woran man sieht, dass das Neutrum Plural eigentlich ein Femininum ist. Das sogenannte Neutrum ist im Rumänischen sehr häufig und gilt auch für viele Wörter, die neu in die Sprache kommen. Etwa ein Drittel aller Substantive gehört dazu, und viele Lehnwörter werden in diese Klasse integriert, zum Beispiel *un sandviş* ‚ein Sandwich' – *două sandvişuri* ‚zwei Sandwichs', *un fax* ‚ein Fax' – *două faxuri* ‚zwei Faxe'.

Das Rumänische ist die einzige romanische Sprache, die eine Form des Genitivs bzw. Dativs bewahrt hat: Beide Fälle sind im Rumänischen zusammengefallen und meistens nur noch (ähnlich wie die deutschen Kasus) am Artikel zu erkennen. Außerdem gibt es im Rumänischen einen Vokativ. Die Deklination des Rumänischen sieht auf den ersten Blick sehr unregelmäßig aus, dabei sind die Prozesse, die zu den vielen Variationen geführt haben, eigentlich sehr regelhaft. In Tabelle 15.8 wird eine Auswahl aus den Paradigmen für die Flexion von Nomina gezeigt, jeweils zusammen mit dem damit übereinstimmenden Adjektiv.

Tabelle 15.8: Deklinationsmuster *un prieten bun* ‚ein guter Freund' – *o prietenă bună* ‚eine gute Freundin'

Singular				
Kasus	**mit unbestimmtem Artikel**		**mit bestimmtem Artikel**	
	maskulin	**feminin**	**maskulin**	**feminin**
Nominativ/Akkusativ	*un prieten bun*	*o prietenă bună*	*prietenul bun*	*prietena bună*
Genitiv/Dativ	*unui prieten bun*	*unei prietene bune*	*prietenului bun*	*prietenei bune*
Vokativ	*prietene!*	*prietenă!*	*prietenule!*	
Plural				
Kasus	**mit unbestimmtem Artikel**		**mit bestimmtem Artikel**	
	maskulin	**feminin**	**maskulin**	**feminin**
Nominativ/Akkustiv	*nişte prieteni buni*	*nişte prietene bune*	*prietenii buni*	*prietenele bune*
Genitiv/Dativ	*unor prieteni buni*	*unor prietene bune*	*prietenilor buni*	*prietenelor bune*
Vokativ	*prieteni!*	*prietene!*	*prietenilor!*	*prietenelor!*

Zusätzlich zu den vor allem in den artikulierten Formen erkennbaren Kasusendungen hat das Rumänische auch noch einen Possessivartikel, der immer dann erscheint, wenn das besitzbezeichnende Nomen nicht definit ist, und der mit diesem übereinstimmt: *un prieten al familiei* ‚ein Freund der Familie' (‚Freund' ist indefinit und männlich, daher der Possessivartikel in der männlichen Form im Singular: *al*), *o prietenă a familiei* ‚eine Freundin der Familie' (‚Freundin' ist indefinit und weiblich, daher der Possessivartikel in der weiblichen Form im Singular: *a*). Außerdem markiert das Rumänische, ähnlich wie das Spanische, manche direkte Objekte, ganz besonders zum Beispiel individualisierte direkte Objekte, die für eine bestimmte Person stehen, mit einer Präposition (*pe*): Es heißt also *Am văzut câinele* ‚Ich habe den Hund gesehen', aber *L-am văzut* **pe** *băiatul tău* ‚Ich habe deinen Freund gesehen'. Wie man an diesen Beispielen sehen kann, wird im Fall dieses sogenannten präpositionalen Akkusativs auch eine Doppelung des Objekts durch ein unbetontes Pronomen notwendig. Man sagt also eigentlich ‚ich habe **ihn** gesehen „*pe*" deinen Freund'.

Zahlen sind im Rumänischen auch besonders, denn im Grunde genommen zählen die Rumänen ein bisschen wie die Deutschen, zumindest zwischen 13 und 20: 19 ist auf Rumänisch *nouăsprezece*, also eigentlich ‚neun-über-zehn', 18 ist *optsprezece* ‚acht-über-zehn', 17 ist *şaptesprezece* ‚sieben-über-zehn' usw. bis elf. Das ist für eine romanische Sprache zumindest nach der Zahl 17 ungewöhnlich (vgl. hierzu das Italienische mit *diciassette*, *diciotto* ... also genau umgekehrt ‚zehn-sieben', ‚zehn-acht' etc.). Die Zehnerreihe wird dann, wie im Deutschen, umgedreht: *Douăzeci* ist ‚zwei-zehn', also 20, *treizeci* ist ‚drei-zehn', also 30, usw. Das Material für die Grundzahlwörter eins bis zehn selbst stammt aus dem Lateinischen, *unu (un/o), doi (două), trei, patru, cinci, şase, şapte, opt, nouă, zece*, bis auf das Wort für ‚hundert', welches slawisch ist: *sută*.

Schwierigkeiten für Deutschlerner: Flexion

Obwohl das rumänische Deklinations- und Konjugationssystem viele Unregelmäßigkeiten aufweist und dadurch eigentlich dem Deutschen in seiner Komplexität ähnlich ist, gelten auch für rumänische Lernerinnen und Lerner des Deutschen ähnliche Schwierigkeiten wie für andere „Romanen" auch: Woher weiß man, wann im Deutschen welcher Artikel benutzt wird? Welche Pluralbildung gilt für welche Nomina? Welcher Kasus steht nach welcher Präposition?

In der Flexion der Verben verfügt das Rumänische über fünf Konjugationen, die auch alle sehr unregelmäßig erscheinen, was aber zum größten Teil wie bei den Substantiven auf lautliche Prozesse zurückgeht. Im Grunde genommen gibt es im Rumänischen nur wenige wirklich unregelmäßige Verben, *a fi* ‚sein', *a avea* ‚haben', *a da* ‚geben', *a sta* ‚stehen', *a bea* ‚trinken', *a vrea* ‚wollen', *a lua* ‚nehmen' und *a şti* ‚wissen' (vor den Infinitiv wird in der Nennform immer die Partikel *a* gesetzt). Einen Überblick über das Verbalparadigma liefert Tabelle 15.9. (Da das Rumänische wie die meisten anderen romanischen Sprachen außer dem Französischen leere Subjekte erlaubt, können die dazugehörigen Personalpronomina weggelassen werden.)

Das Rumänische hat ebenfalls, wie das Italienische, ein zusammengesetztes Perfekt entwickelt, allerdings wird dieses in der Grundform immer mit reduzierten Formen des Hilfsverbs ‚haben' gebildet, auch im Passiv (zusammen mit dem Partizip *fost* ‚gewesen'): *a **cântat*** ‚er hat gesungen', *a **mers*** ‚er ist gegangen' (wörtlich: ‚(er-)hat gegangen'), *a fost **văzut*** ‚er ist gesehen worden' (wörtlich: ‚(er-)hat gewesen gesehen'). Weitere analytische Formen des Rumänischen betreffen den Konditional, *ar **cânta*** ‚er würde singen'. Anders als die anderen romanischen Sprachen hat das Rumänische neben der synthetischen Per-

Tabelle 15.9: Konjugationsmuster (die betonten Vokale sind fett markiert)

	*a cânt**a*** ‚singen'	*a vede**a*** ‚sehen'	*a tr**e**ce* ‚vorübergehen'	*a dorm**i*** ‚schlafen'	*a ur**î*** ‚hassen'
1. P. Sg.	*(eu) c**â**nt*	*(eu) v**ă**d*	*(eu) tr**e**c*	*(eu) d**o**rm*	*(eu) ur**ă**sc*
2. P. Sg.	*(tu) c**â**nţi*	*(tu) v**e**zi*	*(tu) tr**e**ci*	*(tu) d**o**rmi*	*(tu) ur**ă**şti*
3. P. Sg.	*(el/ea) c**â**ntă*	*(el/ea) v**e**de*	*(el/ea) tr**e**ce*	*(el/ea) d**oa**rme*	*(el/ea) ur**ă**şte*
1. P. Pl.	*(noi) cânt**ă**m*	*(noi) ved**e**m*	*(noi) trec**e**m*	*(noi) dorm**i**m*	*(noi) ur**â**m*
2. P. Pl.	*(voi) cânt**a**ţi*	*(voi) ved**e**ţi*	*(voi) trec**e**ţi*	*(voi) dorm**i**ţi*	*(voi) ur**â**ţi*
3. P. Pl.	*(ei/ele) c**â**nţă*	*(ei/ele) v**ă**d*	*(ei/ele) tr**e**c*	*(ei/ele) d**o**rm*	*(ei/ele) ur**ă**sc*

fektform, *cântă*, noch eine synthetische Form für das Plusquamperfekt: *cântase* ‚er hatte gesungen'. In komplexeren Formen, in denen ein weiteres Hilfsverb auftaucht, ist dieses dann unveränderlich und lautet *fi*, eine Form des Verbs ‚sein': *ar fi cântat* ‚er hätte gesungen' (Konditional II), aber auch ‚er wird wohl gesungen haben', *va fi cântat* ‚er wird gesungen haben' (Futur II), *o/va fi cântând* ‚er wird wohl singen'. Wie man an den letztgenannten Formen sieht, besteht das rumänische Futur ebenfalls aus einer zusammengesetzten Form, das verwendete Hilfsverb erscheint hier als reduzierte Form von *a vrea* ‚wollen': *va cânta* (mit *va* als verkürzter, aber noch flektierbarer Form von ‚wollen' + Infinitiv) oder auch *o să cânte* (mit *o* als einer erstarrten, nicht mehr flektierbaren Form von ‚wollen' + dem durch die Partikel *să* eingeleiteten Konjunktiv), beides ‚er wird singen'.

In der letztgenannten Form taucht ein rumänischer Konjunktiv auf, *cânte*, für den es nur in der 3. Person besondere Verbalformen gibt, die aber immer in Verbindung mit der Konjunktivpartikel *să* stehen. Dieser Konjunktiv wird auch in all denjenigen Formen verwendet, wo das Rumänische (z. B. auch das Griechische; Kapitel 18) den in anderen romanischen Sprachen üblichen Infinitiv zu vermeiden sucht: Statt ‚er will singen' sagt man auf Rumänisch nämlich in etwa ‚er will, dass er singt', *vrea să cânte*. Eine weitere Spezialität ist das sogenannte *Supin*. Dies ist eine infinite Form, die es im Lateinischen einmal gab und die in ihrer Funktion einen Zweck ausdrückt, im Rumänischen gebildet durch die Präposition *de* + Partizip. Sie wird in Konstruktionen verwendet wie *asta e greu de făcut* ‚dies ist schwer zu machen' oder *apă de băut* ‚Trinkwasser' (also eigentlich ‚Wasser, das zum Trinken da ist').

15.2.5 Wortstellung

Das Rumänische erlaubt, wie die meisten der anderen romanischen Sprachen auch, leere Subjekte. Es ist in seiner Wortstellung zwar grundsätzlich SVO, aber ähnlich frei wie das Spanische, das heißt, es erlaubt auch viel häufiger Subjekte, die nach dem Verb stehen, als etwa das Italienische. Ein Beispiel: *[a răsturnat]*$_V$ *[pisica]*$_S$ *[paharul]*$_O$ ‚die Katze hat das Glas umgeschmissen' (wörtlich: ‚hat umgeschmissen Katze-die Glas-das'). Wie das Italienische verfügt das Rumänische über eine Reihe von klitischen (unbetonten und sich an Verbformen angliedernden) Pronomina, die Satzglieder ersetzen und – noch öfter als im Italienischen – verdoppeln können oder müssen: ***l-a** răsturnat pisica* (wörtlich: ‚es-hat umgeschmissen Katze-die'), *paharul **l-a** răsturnat pisica* (wörtlich: ‚Glas-das es-hat umgeschmissen Katze-die'). Eine solche Doppelung mit klitischem Pronomen hatten wir bereits bei dem oben stehenden Beispiel für den präpositionalen Akkusativ gesehen.

In zusammengesetzten Zeiten erscheint das Objektklitikon für die 3. Person Feminin, *o*, das auch für die neutrale Bedeutung ‚das' stehen kann, erstaunlicherweise als Ausnahme an einer anderen Position als alle anderen Klitika, nämlich hinter dem Partizip statt vor dem finiten Verb: *Am văzut o pisică* ‚Ich habe eine Katze gesehen' – *Am văzut-***o** ‚Ich habe sie gesehen' (wörtlich: ‚(Ich-)habe gesehen-**sie**').

Schwierigkeiten für Deutschlerner: Satzbau

Für rumänische Deutschlerner gibt es einige schwierige Hürden im Satzbau zu überwinden: Zum einen gibt es im Deutschen ja unzählige Infinitivkonstruktionen, deren Entsprechungen im Rumänischen mit meist konjunktivischen Sätzen ausgedrückt werden. Dann hat das Rumänische zwar auch ‚sein' als Hilfsverb, dies ist aber an bestimmte Verbalparadigmen gebunden, sodass bei der Wahl des richtigen Hilfsverbs im Perfekt, das ja im Deutschen von der Verbklasse abhängt, Unsicherheiten entstehen können. Ähnlich wie die anderen romanischsprachigen Lerner des Deutschen (außer den Französischsprechern) wird ein rumänischer Muttersprachler in vielen Fällen auch die Subjektpronomina einfach weglassen, die ja im Deutschen obligatorisch sind. Das Rumänische kennt in finiten Sätzen keine Verbendstellung und ist natürlich auch keine V2-Sprache, sodass die unterschiedliche Verbstellung des Deutschen im Haupt- und Nebensatz sowie die jeweilige Position der anderen Satzglieder schwierig zu erlernen sind.

15.2.6 Wortschatz und Fragen der Bedeutung

Der rumänische Grundwortschatz besteht zu 60 Prozent aus Wörtern, die aus dem Lateinischen ererbt oder aus romanischen Sprachen entlehnt wurden. Neben dem Lateinischen sind andere wichtige Bestandteile das Slawische, das Türkische (z. B. *dulap* ‚Schrank', *chibrit* ‚Zündholz'), das Ungarische (*oraş* ‚Stadt', *neam* ‚Volk'), das Griechische (*drum* ‚Weg', *folos* ‚Nutzen'), das Deutsche und im Zuge der Re-Romanisierung des 19. Jahrhunderts, wie gesagt, auch die anderen romanischen Sprachen, vor allem das Französische. Slawische Lehnwörter dringen bereits ab dem 8. Jahrhundert ins Rumänische ein. Das betrifft viele Begriffe des Basiswortschatzes, zum Beispiel *iad* ‚Hölle', *a plăti* ‚zahlen', *scump* ‚teuer', *a munci* ‚arbeiten', *vreme* ‚Zeit, Wetter' und *nevastă* ‚Ehefrau'; sogar das Wort für ‚Liebe' und ‚lieben', nämlich *dragoste* und *a iubi*, und das Wort für ‚ja', *da*, sind slawischen Ursprungs. Einfluss hat das Slawische auch als Ausdrucksmittel der orthodoxen Kirche. Manchmal werden auch nur die Bedeutungen aus dem Slawischen entlehnt, beispielsweise die Bedeutung ‚Welt' für das aus dem Lateinischen stammende *lume*, das eigentlich nur ‚Licht' bedeutete. Der Anteil des Slawischen am rumänischen Grund-

Welchem deutschen Wort könnten die folgenden rumänischen Lehnwörter jeweils entsprechen?

şnur, bormaşină, şniţel

Die Lösung finden Sie am Ende des Kapitels. 🕮[1]

wortschatz beträgt ca. 20 Prozent. 2,47 Prozent des rumänischen Grundwortschatzes sind deutsch: *Bere* ‚Bier' (angepasst an das gleichlautende rumänische Wort für ‚Getränk'), *şurub* ‚Schraube', *crenvurşt* ‚Frankfurter/Wiener Würstchen' (eigentlich ‚eine Wurst, die gerne zusammen mit Meerrettich – süddeutsch Kren – gegessen wird') etc.

Was die Wortbildung betrifft, haben auch hier viele fremdsprachliche Einflüsse Eingang ins Rumänische gefunden. Viele Affixe stammen natürlich aus dem Lateinischen, doch in manchen Fällen werden diese auch später noch durch Lehnwörter aus den anderen romanischen Sprachen, die ähnlichen Mustern folgen, numerisch verstärkt. Ein typisch rumänisches Suffix ist *-esc* (siehe auch die Familiennamen berühmter Rumänen), dessen Herkunft umstritten ist. Das Slawische hat unter anderem die Suffixe *-că* (*o nemţoaică* ‚eine Deutsche'), *-iţă* (*o mioriţă* ‚ein Schäfchen'), *-ean* (*un ardelean* ‚ein Siebenbürger') und das Negationspräfix *ne-* (*nefăcut* ‚ungemacht') beigesteuert. Aus dem Ungarischen stammt unter anderem das Suffix, *-ău* (*mâncău* ‚Vielfraß'), aus dem Türkischen das Suffix *-giu* (*geamgiu* ‚Glaser') und aus dem Griechischen das Suffix *-isi* (*a economisi* ‚sparen').

Zum Schluss noch ein paar Worte zu Höflichkeitsformen im Rumänischen: Das Rumänische hat ein dreistufiges Höflichkeitssystem (im Gegensatz zum zweistufigen deutschen System, in dem man nur zwischen *du* und *Sie* unterscheidet). Die höfliche Anrede ist *dumneavoastră* (wörtlich: ‚eure Herrschaft'; auch für mehrere Personen, mit dem Verb in der 2. Person Plural), die familiäre ist *tu* ‚du', aber es gibt noch eine Zwischenform, nämlich *dumneata,* eigentlich ‚deine Herrschaft' (nur für eine Person, mit dem Verb in der 2. Person Singular).

Falsche Freunde

rumänisch		deutsch
cald	‚warm'	*kalt*
prost	‚dumm'	*Prost!*
da	‚ja'	*da*
concurs	‚Wettbewerb'	*Konkurs*

Ein falscher Freund im romanischsprachigen Zusammenhang ist auch die häufige Präposition *la* ‚zu', die zum Beispiel von Italienisch-, Spanisch- oder auch Französischsprechern mit dem bestimmten weiblichen Artikel *la* verwechselt werden kann. Dabei steht *la* aber eben gerade nicht für den bestimmten Artikel (der ja im Rumänischen nachgestellt ist!), sondern für Entsprechungen der Präposition *a* (ital./span.) bzw. *à* (frz.). Hört man auf Rumänisch also *la casa*, heißt das eben nicht ‚das Haus' (ital./span. *la casa*, im Rumänischen aber *casa*), sondern ‚zu Hause, nach Hause' (eigentlich ‚zu dem Haus'). Und entsprechend dem deutschen ‚Auf Wiedersehen!' (frz. *Au revoir!*, ital. *Arrivederci!*) verabschiedet man sich auf Rumänisch mit *La revedere!*

Textbeispiel (Anfang des Gedichts *Revedere* von Mihail Eminescu (1850–1889))

Man beachte die drei Vokativformen in den ersten beiden Zeilen: *codrule* ‚oh Wald', *codruţule* ‚oh Wäldchen' mit dem (lateinischen) Diminutivsuffix *-uţ* sowie das slawische Lehnwort *drag* für ‚lieb', wieder im Diminutiv, *drăguţule*, also eigentlich ‚oh du kleiner Lieber'; *ce mai faci*, eigentlich ‚was machst du so', ist die rumänische Formel für *Wie geht es dir?*; das Wort *vreme* für ‚Zeit' ist aus dem Slawischen entlehnt ebenso wie die Bedeutung ‚Welt' für *lume*. Man sieht auch sehr schön, dass das Hilfsverb im rumänischen Perfekt immer ‚haben' ist, also *am văzut* ‚ich habe gesehen', *a trecut* ‚es ist (wörtlich: hat) vorbeigegangen', *am depărtat* ‚ich bin (wörtlich: habe) abgereist', *am îmblat* ‚ich habe durchlaufen').

Codrule, codruţule,	‚Wald, mein alter Traumgeselle,
Ce mai faci, drăguţule,	Stehst du noch auf deiner Stelle?
Că de când nu ne-am văzut	Seit wir uns zuletzt gesehn,
Multă vreme a trecut	Ist so mancherlei geschehn;
Şi de când m-am depărtat,	Seit ich dich, mein Freund, verlassen,
Multă lume am îmblat.	Schlug ich mich durch viele Straßen!'
(…)	(…)

Lösung

📖[1]
şnur – ‚Schnur'
bormaşină – ‚Bohrmaschine'
şniţel – ‚Schnitzel'

Quellen und weiterführende Literatur zum Rumänischen

Die Informationen zu den Sprecherzahlen und den deutsch-rumänischen Kulturverbindungen stammen in Teilen aus dem im Internet abrufbaren Sprachensteckbrief Rumänisch (Granser o. J.). Die Angaben zur Klassifizierung und Aufteilung des Standardrumänischen in Dialekte beruhen unter anderem auf Iliescu (2003); hinsichtlich der Zugehörigkeit des Rumänischen zum Balkansprachbund siehe Solta (1980). Der Einfluss anderer Sprachen auf das Rumänische wird in Ernst (1998) dargestellt; zu den verschiedenen Minderheitensprachen in Rumänien (siehe auch die Einleitung) bietet der Sammelband von Fabritius (2006) detaillierte Darstellungen in vielen Einzelkapiteln. Zur Geschichte des Rumänischen geben Frâncu (1995), Puşcariu (1997) und Sala (1998) Auskunft; zur historischen Schichtung des Wortschatzes siehe Alkire und Rosen (2010). Zum rumänischen Lautsystem kann man sich im Überblick bei Iliescu (2003), im Detail bei Chitoran (2002) sowie Gregor-Chiriţă (1991) informieren. Aus diesen Quellen stammen auch die meisten Angaben zu Schrift und Aussprache. Informationen zur Formenlehre finden sich zum Teil in Iliescu (2003), aber auch Costăchescu und Iliescu (1994) sowie in den in der „Literatur" genannten allgemeinen Sprachlehrwerken und Grammatiken. Zum Satzbau und der Wortstellung im romanischen Vergleich siehe Giurgea und Remberger (2012) sowie die in der „Literatur" genannten Grammatiken. Die Angaben zum Wortschatz (Lexikon) und Fragen der Bedeutung lassen sich am Besten in Tiktin (1986/1988/1989) und anhand der in der „Literatur" genannten Wörterbücher überprüfen. Informationen zur Struktur des rumänischen Wortschatzes finden sich sowohl in Granser (o. J.) als auch in Alkire und Rosen (2010). Zur Verwendung der Höflichkeitsformen siehe Beyrer, Bochmann und Bronsert (1987). Ein Lehrbuch zum Rumänischen auf Rumänisch stellt, neben vielen anderen, Albu und Bunget (1996) dar, ein neueres Lehrwerk auf Deutsch ist Salzer (2007). Ein sehr gutes Handwörterbuch ist Lăzărescu (o. J.), einen Überblick über den Grundwortschatz mit den wichtigsten Flexionstabellen bietet Costăchescu und Iliescu (1994); das wichtigste rumänisch-deutsche Großwörterbuch, das auf Deutsch veröffentlicht wurde und über die Herkunft der rumänischen Wörter Auskunft gibt, ist Tiktin (1986/1988/1989).

Eine auf Deutsch verfasste Grammatik zum Nachschlagen ist Beyrer, Bochmann und Bronsert (1987), neben Engel et al. (1993). Die neueste Lernergrammatik zum Rumänischen auf Deutsch ist Iliescu und Popovici (2013). Kontrastive Betrachtungen Rumänisch-Deutsch, auch mit Hinweisen zu Lernerschwierigkeiten, findet man in Stănescu (2010) (Überblicksartikel), Engel et al. (1993) (Grammatik) sowie Gregor-Chiriţă (1991) (Lautsystem).

Das zitierte Gedicht *Revedere* von Mihai Eminescu folgt in Text und Übersetzung der folgenden Ausgabe: Mihai Eminescu: Poezii. Gedichte. România Press: Bukarest 2007 [Antologia Lirică Orfeu 11].

Die Karte der Rumänen in Südosteuropa und ihrer Dialekte ist mit der Erlaubnis von De Gruyter reproduziert (Metzeltin, Holtus und Schmitt 1989, S.XXIII, Karte 4).

Literatur (Italienisch und Rumänisch)

Albu M, Bunget I (1996) Limba Română – Limbă străină. Editură didactică şi pedagogică, Bukarest

Alkire T, Rosen C (2010) History and structure of Romanian: An overview. In Alkire T, Rosen C (Hrsg) Romance languages: A historical introduction. Cambridge University Press, Cambridge. 252–286

Benincà P, Salvi G, Frison L (1988) L ordine degli elementi della frase e le costruzioni marcate. In Grande grammatica italiana di consultazione. Band 1: La frase. I sintagmi nominale e preposizionale, a cura di Lorenzo Renzi. Il Mulino, Bologna. 115–225

Beyrer A, Bochmann K, Bronsert S (1987) Grammatik der rumänischen Sprache der Gegenwart. Verlag Enzyklopädie, Leipzig

Blasco Ferrer E (1994) Handbuch der italienischen Sprachwissenschaft. Schmidt, Berlin

Burzio L (1986) Italian syntax. Reidel, Dordrecht

Chitoran I (2002) The phonology of Romanian: A constraint based approach. De Gruyter, Berlin

Cinque G (2010) The syntax of adjectives. MIT Press, Cambridge, MA

Costăchescu A, Iliescu M (1994) Vocabularul minimal al limbii Române curente cu indicaţii gramaticale complete tradus în Germană, Franceză, Italiană, Spaniolă. Demiurg, Bukarest

Engel U, Isbăşescu M, Stănescu S, Nicolae O (1993) Kontrastive Grammatik Deutsch-Rumänisch. 2 Bände. Groos, Heidelberg

Ernst G (1998) Kontrastive Untersuchungen I: Rumänisch und andere Sprachen. In Holtus G et al. (Hrsg) Lexikon der Romanistischen Linguistik. Band 7: Kontakt, Migration und Kunstsprachen. 757–778

Fabritius A (2006) (Hrsg) The continent of Romania. *Plural: Culture & Civilization* 27/1. The Romanian Cultural Institute/Institutul Cultural Român, Bukarest

Francu C (1995) Rumänisch. In Holtus G. et al. (Hrsg) Lexikon der Romanistischen Linguistik. Die einzelnen romanischen Sprachen und Sprachgebiete vom Mittelalter bis zur Renaissance. Band 2.2. Niemeyer, Tübingen. 1–32

Giovanelli P, Frenzel W (1994) Langenscheidts Handwörterbuch Italienisch Teil I, Italienisch-Deutsch. Berlin

Giurgea I, Remberger E (2012) Zur informationsstrukturellen Konfiguration und Variation postverbaler Subjekte in den romanischen Null-Subjekt-Sprachen. *Zeitschrift für Sprachwissenschaft* 31: 43–99

Granser T (o. J.) Sprachensteckbrief Rumänisch. Eine Information des Bundesministeriums für Unterricht, Kunst, Kultur. Referat für Migration und Schule. http://www.sprachensteckbriefe.at/fileadmin/sprachensteckbriefe/pdf/Rumaenisch.pdf (Zugriff 25.2.2013)

Gregor-Chiriţă, G (1991) Das Lautsystem des Deutschen und Rumänischen. Groos, Heidelberg

Grewendorf G (1989) Ergativity in German. Foris, Dordrecht

Grewendorf G (2008) The left clausal periphery: Clitic left dislocation in Italian and left dislocation in German. In Shaer B, Cook P, Frey W, Maienborn C (Hrsg) Dislocated elements in discourse: Syntactic, semantic, and pragmatic perspectives. Routledge, London. 49–94

Iliescu M (2003) Rumänisch. In Roelcke T (Hrsg) Ein sprachtypologisches Handbuch der europäischen Sprachen in Geschichte und Gegenwart. De Gruyter, Berlin/New York. 530–571

Iliescu M, Popovici V (2013) Rumänische Grammatik. Buske, Hamburg

Kattenbusch D (1999) Grundlagen der italienischen Sprachwissenschaft. Haus des Buches Lindner, Regensburg

Lăzărescu I (o. J.) Dicţionar German Român, Român German. Orizonturi, Bukarest

Leonini C (2003) Problemi di acquisizione del tedesco L2 da parte di parlanti con L1 italiana: La posizione di V. Annali dell'Università degli Studi di Siena

Matteini S (2007) On the morphosyntactic acquisition of the German DP by Italian adult L2-learners: Possessive constructions, noun placement and inflectional morphology on nominal modifiers. Ph. D. thesis. Universität Florenz

Metzeltin M, Holtus G, Schmitt C (1989) Lexikon der Romanistischen Linguistik. Band III. Tübingen, Niemeyer

Möller F (1978) Proverbi italiani – Italienische Sprichwörter. dtv, München

Puşcariu S (1997) Die rumänische Sprache, ihr Wesen und ihre volkliche Prägung. Grai şi Suflet – Cultura Naţională, Bukarest

Rizzi L (1997) The fine structure of the left periphery. In Haegeman L (Hrsg) Elements of grammar. Kluwer, Dordrecht. 281–337

Sala M (1998) De la latină la româna. Univers enciclopedic, Bukarest

Salvi G (1988a) Italienisch: Syntax. In Holtus G, Metzeltin M, Schmitt C (Hrsg) Lexikon der Romanistischen Linguistik. Band IV. 112–132

Salvi G (1988b) La frase semplice. In Renzi L, Salvi G, Cardinaletti A (Hrsg) Grande grammatica italiana di consultazione. Band I: La frase. I sintagmi nominale e preposizionale, a cura di Lorenzo Renzi. Il Mulino, Bologna. 29–113

Salvi G, Vanelli L (2004) Nuova grammatica italiana. Il Mulino, Bologna

Salzer J (2007) Lehrbuch der rumänischen Sprache. Buske, Hamburg

Schwarze C (1988) Grammatik der italienischen Sprache. Niemeyer, Tübingen

Solta G R (1980) Einführung in die Balkanlinguistik mit besonderer Berücksichtigung des Substrats und des Balkanlateinischen. Wissenschaftliche Buchgesellschaft, Darmstadt

Spinner P, Juffs A (2006) Acquisition of L2 gender: Locating the source of the problem. *Proceeding of Generative Approaches to Language Acquisition* 1: 333–344

Stammerjohann H (1988) Italienisch: Phonetik und Phonemik. In Holtus G, Metzeltin M, Schmitt C (Hrsg) Lexikon der Romanistischen Linguistik. Band IV. 1–13

Stănescu S (2010) Kontrastive Analyse Rumänisch-Deutsch. In Krumm H-J (Hrsg) Deutsch als Fremd- und Zweitsprache. Ein internationales Handbuch. Band 1. 667–673

Tiktin H (1986/1988/1989) Rumänisch-deutsches Wörterbuch. 2. überarbeitete und ergänzte Aufl. von Paul Miron. 3 Bände. Harrasowitz, Wiesbaden

Vanelli L (1988) Italienisch: Morphosyntax. In Holtus G, Metzeltin M, Schmitt C (Hrsg) Lexikon der Romanistischen Linguistik. Band IV. 94–112

Vincent N (1988) Italian. In Harris M, Vincent N (Hrsg) The Romance languages. Croom Helm, London. 279–313

16 Das Spanische und das Portugiesische

Georg A. Kaiser

16.1 Einleitung

España es diferente – unter diesem Motto („Spanien ist anders") führte Spanien in den 1950er und 1960er Jahren, also zur Zeit der Franco-Militärdiktatur, eine Kampagne zur Ankurbelung des ausländischen Tourismus. Spanien war damals nicht nur wegen des Fehlens demokratischer Rechte anders (als die meisten westeuropäischen Länder), sondern auch wegen seiner stark agrarisch geprägten Wirtschaft und Lebensweise. Heute ist Spanien ein moderner Industriestaat, Mitglied der Europäischen Union und eines der beliebtesten Urlaubsländer deutscher und anderer ausländischer Touristen. Dass Spanien aber immer noch anders ist, merken diejenigen, die sich außerhalb der Touristenzentren bewegen. Abgesehen etwa von den deutlich späteren Essenszeiten, die in ganz Spanien gelten, bemerkt man sehr schnell, dass es auch innerhalb Spaniens unterschiedliche Kulturen und Bräuche sowie sprachliche Unterschiede gibt. So wird man etwa bei einem Besuch in Andalusien sehr schnell frustriert feststellen, dass das Spanischlernen zu Hause nur von mäßigem Erfolg gekrönt war, da man die einheimischen Sprecher kaum versteht. Ein ähnliches Frustrationserlebnis kann einem in Katalonien widerfahren, wenn man auf eine auf Spanisch gestellte Frage eine Antwort auf Katalanisch erhält. Hintergrund solcher möglichen Erlebnisse ist die Tatsache, dass es in Spanien Dialekte gibt, die stark von der spanischen Hochsprache abweichen und schwer zu verstehen sind, und dass in einem großen Teil Spaniens neben dem Spanischen noch andere Regionalsprachen gesprochen werden, die in Konkurrenz zum Spanischen stehen und von vielen Einheimischen nicht selten bevorzugt werden.

Bekannte Persönlichkeiten: Musik, Film und Sport

An berühmten spanisch- oder portugiesischsprachigen Persönlichkeiten gibt es keinen Mangel. Jeder Schüler wird in der Lage sein, gleich mehrere zu nennen. Am bekanntesten dürften Popstars oder Schauspieler sein, wie die kolumbianischen Musiker Juanes und Shakira oder die spanischen Hollywoodschauspieler Antonio Banderas und Penélope Cruz. Bekannt sind natürlich auch die zahlreichen Fußballspieler, von denen viele in der Fußballbundesliga spielen oder gespielt haben, zum Beispiel der Spanier Raúl oder der in Deutschland eingebürgerte Brasilianer Cacao. Viele werden auch die Formel-1-Fahrer Ayrton Senna aus Brasilien, der 1994 beim Großen Preis von San Marino tödlich verunglückte, und Fernando Alonso aus Spanien oder den spanischen Tennisspieler Rafael Nadal kennen.

Im Nachbarland Portugal ist diese Situation grundlegend anders. Zwar gibt es in kulturell-historischer Hinsicht viele Gemeinsamkeiten mit Spanien – auch Portugal war bis vor Kurzem stark agrarisch geprägt, und auch dort herrschte in der Mitte des 20. Jahrhunderts eine Militärdiktatur –, in sprachlicher Hinsicht ist Portugal jedoch weitgehend homogen. Es ist eines der sprachlich homogensten Länder Europas überhaupt: Es werden weder andere Regionalsprachen gespro-

Bekannte Persönlichkeiten: Politik

Zu den bekanntesten Politikern gehören der kubanische Revolutionsführer Fidel Castro und dessen 1967 in Bolivien ermordeter Weggefährte Che Guevara. Bekannt dürften auch die Arbeiterführer Lula da Silva oder Evo Morales sein, die in ihren Ländern Brasilien und Bolivien Staatspräsidenten wurden, oder der Portugiese José Manuel Barroso, der langjährige Präsident der Europäischen Kommission.

Bekannte Persönlichkeiten: Kunst und Literatur

Aus dem Bereich der Kunst und Literatur sollte den meisten Schülern der Spanier Miguel de Cervantes als Autor der Ritterromanparodie *Don Quijote de la Mancha* ein Begriff sein. Bemerkenswert ist die große Anzahl spanisch- und portugiesischsprachiger Literaturnobelpreisträger, wie Gabriel García Márquez (Kolumbien, 1982), Octavio Paz (Mexiko, 1990), José Saramago (Portugal, 1998) oder Mario Vargas Llosa (Peru, 2010). Weltberühmt sind auch Maler wie die Spanier Francisco de Goya und Pablo Picasso.

chen, noch gibt es im Portugiesischen eine besondere dialektale Variation.

Bekanntlich hängt die heutige große Bedeutung des Spanischen und Portugiesischen weniger mit den beiden Ländern zusammen, in denen diese Sprachen entstanden sind. Sie geht vielmehr darauf zurück, dass Spanien und Portugal im ausgehenden Mittelalter und in der frühen Neuzeit führende Weltmächte waren, die große Gebiete außerhalb Europas kolonialisierten und damit die Grundlage für die gewaltige Ausbreitung ihrer beiden Landessprachen legten.

16.2 Allgemeines zur spanischen und zur portugiesischen Sprache

Verbreitung und Klassifizierung des Spanischen und Portugiesischen

Spanisch (*español* oder *castellano*) und Portugiesisch (*português*) gehören zu den am meisten gesprochenen Sprachen der Welt. Die Anzahl der muttersprachlichen Sprecher des Spanischen wird aktuell auf über 450 Millionen geschätzt. Damit nimmt das Spanische nach dem Mandarin-Chinesischen (etwa eine Milliarde Sprecher) und dem Englischen (ca. 500 Millionen Sprecher) den dritten Platz der am meisten gesprochenen Sprachen der Welt ein. Das Portugiesische wird heutzutage von ca. 250 Millionen Sprechern gesprochen und liegt damit je nach Statistik auf dem sechsten oder siebten Platz.

Die meisten Spanisch- und Portugiesischsprecher leben in Lateinamerika und in der Karibik. Spanisch wird außerdem in weiten Teilen der USA gesprochen. Die Gruppe der Spanischsprecher bildet dort mit ca. 40 bis 50 Millionen Sprechern die größte nicht englischsprachige Bevölkerungsgruppe. Die spanischsprachige Bevölkerung setzt sich zum einen aus Nachfahren der spanischen Kolonisatoren des 18. Jahrhunderts zusammen, die in den ursprünglich zum spanischen Kolonialreich gehörenden Südstaaten der USA siedelten. Zum anderen handelt es sich um Flüchtlinge und Arbeitssuchende aus Lateinamerika und der Karibik, die im 20. Jahrhundert in die USA eingewandert sind. Aufgrund der andauernden Zuwanderung und relativ hohen Geburtenrate nimmt die Zahl der Spanischsprecher in den USA weiterhin stetig zu. Es wird geschätzt, dass sich diese Zahl in den nächsten 50 Jahren mehr als verdoppeln wird, wodurch die USA zum größten spanischsprachigen Land der Erde werden würden.

Außerhalb Amerikas und Spaniens gibt es nur wenige Regionen, in denen Spanisch als Muttersprache gesprochen wird. Hierzu gehören Gibraltar und die Städte Ceuta und Melilla an der marokkanischen Mittelmeerküste, die zu Spanien gehören, sowie die ehemaligen spanischen Kolonien Äquatorialguinea und die Philippinen.

Spanisch ist aber nicht nur aufgrund seiner Sprecherzahl und Verbreitung bedeutend, sondern auch, weil es mittlerweile mit ca. 14 Millionen Lernenden nach dem Englischen die weltweit am häufigsten erworbene Fremdsprache ist. Auch in Europa, wo das Spanische gemessen an der Zahl der Muttersprachler eine eher geringe Bedeutung hat, wird es mittlerweile als Zweitsprache häufiger als Französisch oder Deutsch gelernt und nimmt nach dem Englischen die zweite Position ein.

Das Spanische im Kontakt mit anderen Sprachen

In zahlreichen spanischsprachigen Ländern ist für viele das Spanische nicht die (einzige) Muttersprache. In Spanien selbst leben etwa 40 Prozent der Bevölkerung in einer bilingualen Region und sprechen neben dem Spanischen unter anderem Katalanisch, Galicisch oder Baskisch. In den Ländern Lateinamerikas sprechen viele Menschen neben dem Spanischen eine indigene Sprache als erste oder zweite Muttersprache, unter anderem Guarani in Paraguay, Quechua oder Aymara in Peru und Bolivien, Nahuatl in Mexiko sowie unterschiedliche Mayasprachen in Mittelamerika.

Verglichen mit der großen Verbreitung ist die dialektale Aufspaltung des Spanischen sehr gering. In groben Zügen lassen sich zwei große Dialektgruppen unterscheiden, deren Entstehung historisch bedingt ist: Eine ältere Varietät wird in Nord- und Zentralspanien gesprochen, vor allem in Kastilien (weshalb das Spanische auch *castellano*, „Kastilisch", genannt wird) und eine später entstandene Gruppe der „neuen Dialekte", die im Süden Spaniens, unter anderem in Andalusien, gesprochen wird und auf deren Grundlage das kanarische und amerikanische Spanisch entstanden sind. Die Unterschiede zwischen beiden Dialektgruppen liegen vor allem in der Aussprache: So unterscheiden Sprecher des in Andalusien sowie in Lateinamerika gesprochenen Spanischen meist nicht zwischen den Reibelauten [s] und [θ] (dem stimmlosen *th*), sondern sprechen diese entweder eher als [s] oder eher als [θ] aus (man spricht hier von *seseo* oder *ceceo*). Außerdem verwenden sie statt des standardspanischen Lautes [ʎ] – der sich so anhört wie *lj* in *Ljubljana* – den Laut [j] (das nennt man *yeísmo*). Das lateinamerikanische Spanisch nutzt andere Anredeformen und hat zahlreiche Wörter aus den indigenen Sprachen übernommen. Trotz dieser dialektalen Unterschiede wird in allen spanischsprachigen Ländern bislang an einer einheitlichen Orthografie festgehalten, die sich an der kastilischen Norm orientiert.

Die dialektale Gliederung des Portugiesischen ist ebenfalls nicht sehr stark ausgeprägt und verläuft vor allem zwischen dem Portugiesischen Portugals und dem Brasiliens, dem einzigen portugiesischsprachigen Land Lateinamerikas. Abgesehen von Unterschieden in der Aussprache gibt es Abweichungen im Wortschatz und in einigen Bereichen der Grammatik. Innerhalb der beiden Länder ist die dialektale Variation kaum der Rede wert. Das nördlich von Portugal in Spanien gesprochene Galicische ist linguistisch gesehen ein Dialekt des Portugiesischen, der seit 1978 in der autonomen Provinz Galicien den Status einer von zwei Amtssprachen hat; die andere ist das

Der millionste „Gastarbeiter"

Am 10. September 1964 wurde in Westdeutschland der millionste „Gastarbeiter", ausgewählt von den deutschen Behörden, am Kölner Bahnhof Deutz begrüßt. Es war der Portugiese Armando Rodriguez de Sá. Seit den 1950er Jahren kamen im Zuge des wirtschaftlichen Aufschwungs verstärkt Arbeitsimmigranten aus Süd- und Südosteuropa in die Bundesrepublik Deutschland. Auch in der DDR gab es „Gastarbeiter". Sie wurden dort „Vertragsarbeiter" genannt und kamen im Rahmen der „sozialistischen Bruderhilfe" in die DDR. Nach den Vietnamesen bildeten hier Arbeiter aus sozialistisch regierten spanisch- oder portugiesischsprachigen Ländern, insbesondere aus Kuba sowie aus Angola und Mosambik, die größte Gruppe.

Die iberoromanischbasierten Kreolsprachen

Kreolsprachen sind typischerweise in einer Situation wie der des Kolonialismus entstanden, in der es notwendig und üblich war, sich mithilfe rudimentärer Verkehrssprachen, sogenannter Pidgins, zu verständigen. Die Sprachen, die sich in dieser Situation als Muttersprachen herausgebildet haben, werden als *Kreolsprachen* bezeichnet. Es handelt sich hierbei um voll ausgebildete Sprachen, die im Bereich des Wortschatzes in der Regel viele Elemente aus den Sprachen der Kolonisatoren aufgenommen haben, sich aber im Bereich der Grammatik deutlich von diesen Sprachen unterscheiden.

Die folgende Übersicht listet die wichtigsten iberoromanischbasierten Kreolsprachen auf. Es gibt deutlich mehr portugiesischbasierte als spanischbasierte Kreolsprachen. Die bekannteste dieser Sprachen dürfte Kabuverdianu sein, das von der kapverdischen Sängerin Cesária Évora gesungen wurde. Das auf den Karibikinseln Aruba, Bonaire und Curaçao gesprochene Papiamentu (oder Papiamento) zeichnet sich dadurch aus, dass es sowohl vom Spanischen als auch Portugiesischen (sowie vom Niederländischen) lexikalisch stark beeinflusst worden ist.

Spanische. Auch für die portugiesischsprachigen Länder gibt es eine einheitliche Orthografie, die 1990 in einem Abkommen der portugiesischsprachigen Länder vereinbart wurde.

Außer auf der Iberischen Halbinsel und in Brasilien wird Portugiesisch noch in einigen der ehemaligen Kolonien Portugals gesprochen. In Afrika sind das vor allem Angola und Mosambik, in denen eine kleine Oberschicht Portugiesisch spricht. In den ehemaligen portugiesischen Kolonien Guinea-Bissau, São Tomé und Príncipe und auf den Kapverdischen Inseln ist Portugiesisch zwar auch Amtssprache, aber die Bevölkerung spricht hauptsächlich auf dem Portugiesischen basierende Kreolsprachen. In Asien wird Portugiesisch noch von einem kleinen Teil der Bevölkerung in Macau, das 1999 von Portugal an China zurückgegeben wurde, in Osttimor, das 2002 nach einer 27-jährigen Besetzung durch Indonesien unabhängig wurde, und im indischen Goa gesprochen. Die heutige Bedeutung des Portugiesischen hängt somit primär von der ökonomischen und weltpolitischen Rolle Brasiliens ab. Brasilien hat in den letzten Jahren nicht nur einen großen wirtschaftlichen Aufschwung erfahren, sondern auch politisch an Bedeutung gewonnen und steht zunehmend im Mittelpunkt einer großen Öffentlichkeit: 2013 als Gast der Frankfurter Buchmesse, 2014 als Gastgeber der Fußballweltmeisterschaft und 2016 als Ausrichter der Olympischen Sommerspiele in Rio de Janeiro.

Im Gegensatz zum Spanischen tritt das Portugiesische als Fremdsprache kaum in Erscheinung. An deutschen Schulen wird es nur selten angeboten, und auch an deutschen Universitäten rangiert es hinsichtlich der Anzahl der Sprachkurse romanischer Sprachen deutlich hinter dem Französischen, Spanischen und Italienischen.

Nun zur Klassifizierung des Spanischen und Portugiesischen. Beide Sprachen gehören ebenso wie die in diesem Buch dargestellten Sprachen Französisch, Italienisch und Rumä-

primäre lexikalische Gebersprache	Sprache	Land
Spanisch	Chabacano	Philippinen
	Palenquero	Kolumbien
Portugiesisch	Kabuverdianu	Kapverdische Inseln
	Sãotomense/Forro und Principense	São Tomé und Príncipe
	Kriôl	Guinea-Bissau
	Annobonense/Fa d'Ambu	Äquatorialguinea
	Papia Kristang	Malaysia (Malacca)
Spanisch und Portugiesisch	Papiamentu	Aruba, Bonaire und Curaçao

nisch zu den romanischen Sprachen und somit zu denjenigen Sprachen, die auf dem Gebiet des ehemaligen Römischen Reiches aus dem gesprochenen Latein entstanden sind. Die romanischen Sprachen weisen viele Gemeinsamkeiten in allen Bereichen der Grammatik sowie vor allem im Wortschatz auf (Tabelle 16.1).

Noch größer sind die Gemeinsamkeiten zwischen dem Spanischen und Portugiesischen, die zusammen mit dem Katalanischen zu den iberoromanischen Sprachen gezählt werden. Die Gemeinsamkeiten sind so groß, dass es ohne Weiteres möglich ist, sich in der jeweils anderen Sprache einigermaßen verständlich zu machen – vor allem dann, wenn man die regelmäßigen Unterschiede in der Aussprache und die „falschen Freunde" berücksichtigt.

„Falsche Freunde" sind Wörter, die in zwei Sprachen gleich aussehen, aber eine unterschiedliche Bedeutung haben. Im Bereich der iberoromanischen Sprachen sind solche falschen Freunde nicht nur zwischen dem Spanischen und Portugiesischen zu beobachten, sondern auch innerhalb der beiden Sprachen, vor allem zwischen den europäischen und amerikanischen Varietäten (Tabelle 16.2).

Die Geschichte des Spanischen und Portugiesischen beginnt mit der Eroberung der Iberischen Halbinsel durch die Römer in Verbindung mit dem Zweiten Punischen Krieg (218–201 v. Chr.). Dabei trafen die Römer, die die Halbinsel nach der phönizischen Bezeichnung *itsephantim* (‚Hase') *Hispania* benannten, auf zahlreiche Volksstämme: an der Mittelmeerküste und im Süden auf die Iberer und Tartessianer, im Westen, dem Gebiet des heutigen Portugals, auf die Lusitanier, im Zentrum auf die Keltiberer und im Norden auf die Basken. Mit Ausnahme des Baskischen sind alle Sprachen dieser Volks-

Erhalt und Verlust von Anlaut-*f* in den iberoromanischen Sprachen

Sehr viele Wörter, die im Spanischen mit einem – heute nicht mehr gesprochenen – *h* am Wortanfang geschrieben werden, beginnen in den übrigen iberoromanischen Sprachen mit *f*, wie es im Lateinischen der Fall war. Viele Sprachwissenschaftler führen diesen Unterschied auf den Einfluss des Baskischen zurück, von dem angenommen wird, dass es keine *f*-anlautenden Wörter kannte. Für diese Annahme spricht unter anderem, dass in den anderen iberoromanischen Sprachen, die nicht durch das Baskische beeinflusst worden sind, das lateinische Anlaut-*f* erhalten geblieben ist.

Die Wörter für ‚machen', ‚Eisen', ‚Feige', ‚Sohn', ‚Blatt':
im Lateinischen mit *f*: *facere, ferru(m), ficu(m), filiu(m), folia(m)*,
im Spanischen mit *h*: *hacer, hierro, higo, hijo, hoja*,
im Portugiesischen mit *f*: *fazer, ferro, figo, filho, folha*,
im Katalanischen mit *f*: *fer, ferro, figa, fill, fulla*.

Tabelle 16.1: Einige Ähnlichkeiten im Wortschatz romanischer Sprachen

lateinisch	*illu(m) hominem*	*illu(m) caelu(m)*	*illa(m) terra(m)*	*civitate(m)*	*novu(m)*	*cantamus*
portugiesisch	*o homem*	*o ceo*	*a terra*	*cidade*	*novo*	*cantamos*
spanisch	*el hombre*	*el cielo*	*la tierra*	*ciudad*	*nuevo*	*cantamos*
katalanisch	*l'home*	*el cel*	*la terra*	*ciutat*	*nou*	*cantem*
okzitanisch	*l'ome*	*lou cèu*	*la terro*	*ciéuta*	*nòu*	*cantan*
französisch	*l'homme*	*le ciel*	*la terre*	*cité*	*neuf*	*nous chantons*
rätoromanisch	*l'òm*	*l tschil*	*la terra*	*tschité*	*nü*	*nos chantúng*
italienisch	*l'uomo*	*il cielo*	*la terra*	*città*	*nuovo*	*cantiamo*
sardisch	*s'òmine*	*(su) chèlu*	*(sa) terra*	*(zittade)*	*nou*	*cantamus*
rumänisch	*omul*	*cerul*	*țara*	*cetate*	*nou*	*cântăm*
deutsch	‚der Mensch'	‚der Himmel'	‚die Erde'	‚Stadt'	‚neu'	‚wir singen'

Tabelle 16.2: Falsche Freunde im Spanischen und Portugiesischen

1. Spanisch und Portugiesisch	**Bedeutung im Spanischen**	**Bedeutung im Portugiesischen**
span. *año*/port. *anho*	‚Jahr'	‚Lamm'
span./port. *aula*	‚Unterrichtsraum'	‚Unterricht'
span./port. *bolsa*	‚Tüte, Beutel'	‚Handtasche, Stipendium'
span. *embarazada*/port. *embaraçada*	‚schwanger'	‚verlegen, gehemmt'
span./port. *presunto*	‚Verdächtiger'	‚Schinken'
span. *sótano*/port. *sótão*	‚Keller'	‚Dachboden'
2. Europäisches und südamerikanisches Spanisch	**Bedeutung im europäischen Spanisch**	**Bedeutung im südamerikanischen Spanisch**
coger	‚nehmen'	‚Geschlechtsverkehr' (vulgär)
factura	‚Rechnung'	‚kleiner Kuchen, Gebäck'
3. Europäisches und brasilianisches Portugiesisch	**Bedeutung im europäischen Portugiesisch**	**Bedeutung im brasilianischen Portugiesisch**
fato	‚Anzug'	‚Tatsache'
rapariga	‚Mädchen'	‚Prostituierte'

stämme im Zuge der römischen Eroberung ausgestorben. Allerdings haben die Sprachen dieser Völker Einflüsse auf die entstehenden iberoromanischen Sprachen ausgeübt und ihnen besondere Merkmale gegeben. Eine markante Entwicklung des Spanischen, für die ein solcher Einfluss geltend gemacht wird, ist der weitgehende Verlust des *f*-Anlautes in Erbwörtern aus dem Lateinischen (siehe Randspalte auf der vorigen Seite).

Einen anderen wichtigen Einfluss auf die Entwicklung der romanischen Sprachen übten diejenigen Völker aus, die sich nach dem Ende des Römischen Reiches in bereits romanisierten Gebieten niederließen und die dort gesprochenen romanischen Mundarten übernahmen. Für die Iberische Halbinsel sind hier vor allem die germanischen Volksstämme der Sueben, die sich im Norden ansiedelten, und der Westgoten zu nennen, die ab 460 n. Chr. ihr westgotisches Reich mit dem Zentrum Toledo errichteten. Im Jahre 711 wurde deren Herr-

Arabismen in den romanischen Sprachen

Viele Sprachen in Europa haben im Mittelalter zahlreiche Wörter, insbesondere wissenschaftliche Fachbegriffe, aus dem Arabischen entlehnt. Im Spanischen und Portugiesischen sind aufgrund des jahrhundertelangen Kontakts besonders viele Wörter entlehnt worden. Besonders interessant ist hierbei, dass bei den meisten dieser Entlehnungen der arabische Artikel *a(l)* mit übernommen wurde. Bei den arabischen Lehnwörtern in anderen romanischen Sprachen ist der Artikel hingegen meist nicht erhalten geblieben, wie die folgenden Beispiele illustrieren.

spanisch	**portugiesisch**	**französisch**	**italienisch**	**deutsch**
azúcar	*açúcar*	*sucre*	*zucchero*	‚Zucker'
almacén	*armazém*	*magasin*	*magazzino*	‚Geschäft, Lager'
arroz	*arroz*	*riz*	*riso*	‚Reis'
azafrán	*açafrão*	*safran*	*zafferano*	‚Safran'
algodón	*algodão*	*coton*	*cotone*	‚Baumwolle'
aduana	*alfândega*	*douane*	*dogana*	‚Zoll'

schaft durch den Einfall der Araber beendet, die fast acht Jahrhunderte auf der Iberischen Halbinsel blieben. Aus dieser Zeit stammen zahlreiche Wörter, die in die iberoromanischen Sprachen entlehnt wurden. Beispiele dafür sieht man in der Randspalte und in der Tabelle am Ende der vorigen Seite.

Als entscheidender Faktor für die Herausbildung der iberoromanischen Sprachen und ihrer Dialekte gilt die *Reconquista*, das heißt die vom Norden der Iberischen Halbinsel ausgehende Wiedereroberung durch die Christen. Sie verlief in drei Zügen, wodurch die Halbinsel eine politisch-sprachliche Gliederung erfahren hat, die bis heute weitgehend erhalten geblieben ist: im Westen das Galicisch-Portugiesische, in der Mitte das Spanisch-Kastilische und im Osten das Katalanische. Aufgrund politischer Entwicklungen wurden später Galicien und der größte Teil Kataloniens (und auch des Baskenlandes) an Kastilien angeschlossen und bilden heute einen Teil des spanischen Staates. Portugal, das sich bereits 1139 als Königreich herausbildete, ist – abgesehen von einer kurzen Zeit der spanischen Besetzung von 1580 bis 1640 – ein selbstständiger Staat innerhalb der bereits 1245 festgelegten Grenzen.

Schicksalhaft für die weitere Entwicklung des Spanischen (und in der Folge auch des Portugiesischen) ist das Jahr 1492. Es markiert nicht nur das Ende der Reconquista durch die Rückeroberung Granadas, des letzten noch verbliebenen Kalifats der Araber, durch die Christen, sondern gleichzeitig auch den Beginn der Kolonialisierung Amerikas durch die dortige Ankunft von Kolumbus. Somit werden mit dem Sieg über die muslimischen Besatzer die Bewohner der Iberischen Halbinsel selbst zu Eroberern und zu Unterdrückern anderer Völker und deren Sprachen, während ihre beiden Sprachen eine enorme Ausbreitung erfahren. Bemerkenswert ist, dass im Jahr 1492 auch die erste, von Antonio de Nebrija verfasste Grammatik des Spanischen entsteht, die auch die Funktion hatte, die Verbreitung des Spanischen zu unterstützen. Im gleichen Jahr erlassen die „katholischen Könige" Isabella I. von Kastilien und Ferdinand II. von Aragón außerdem ein Edikt, alle Juden, die sich nicht taufen lassen, aus Spanien zu vertreiben, was fünf Jahre später Manuel I. auch in Portugal durchsetzt. Dies führt zur Emigration Tausender von Juden aus diesen beiden Ländern nach Nordafrika sowie Südost- und Westeuropa und zur Herausbildung einer besonderen Varietät des Spanischen, dem *Judenspanischen*.

Das Judenspanische (auch Sephardisch oder Ladino)

Das Judenspanische, die Sprache der im ausgehenden 15. Jahrhundert von der Iberischen Halbinsel vertriebenen Juden, weist einige archaische Eigenschaften auf, die aus dem mittelalterlichen Spanischen stammen. So ist in einigen Varietäten Südosteuropas das initiale *f-* erhalten geblieben: *fechizo* (statt spanisch *hechizo* ‚Zauber') oder *firir* (statt spanisch *herir* ‚verletzen'). Gleichzeitig sind im Judenspanischen auch innovative Entwicklungen zu verzeichnen. Hierzu gehört unter anderem die Einfügung von [g] vor dem Diphthong [we]: *güeso* (statt spanisch *hueso* ‚Knochen') oder *rugüeda* (statt spanisch *rueda* ‚Rad'). (Wie das *ü* in diesen Wörtern jeweils ausgesprochen wird, erfahren Sie im Text. Nur so viel: Es handelt sich nicht um ein „deutsches" *ü*.) Das Judenspanische ist insbesondere aufgrund des durch die Nationalsozialisten begangenen Völkermordes in Europa weitgehend verschwunden und wird heute fast nur noch in Israel gesprochen.

16.3 Schrift und Aussprache

Die Schrift im Spanischen und Portugiesischen

Das spanische Alphabet

Aa	*Bb*	*Cc*	*Dd*	*Ee*
Ff	*Gg*	*Hh*	*Ii*	*Jj*
Kk	*Ll*	*Mm*	*Nn*	*Ññ*
Oo	*Pp*	*Qq*	*Rr*	*Ss*
Tt	*Uu*	*Vv*	*Ww*	*Xx*
Yy	*Zz*			

Wie alle romanischen Sprachen verwenden Spanisch und Portugiesisch das lateinische Alphabet. Allerdings existieren einige zusätzliche Zeichen, und es gibt im Vergleich zum Deutschen einige Unterschiede in der Verwendung der Buchstaben. Die deutschen Umlaute *ä*, *ö* und *ü* sowie das Sonderzeichen *ß* gibt es nicht als eigene Buchstaben. Allerdings kann im Spanischen – und bis vor Kurzem auch im Portugiesischen – in bestimmten Kontexten der Buchstabe *u* durch ein Trema markiert werden. Dies ist dann der Fall, wenn es zwischen den Buchstaben *g* und *e* oder *i* steht und ausgesprochen werden soll, zum Beispiel in ***pingüino*** [piŋguino] ‚Pinguin' – ohne das Trema müsste das Wort [piŋgino] lauten. Der einzige aus deutscher Sicht ungewöhnliche Buchstabe im spanischen Alphabet ist *ñ*. Er wird [ɲ] – ähnlich wie im deutschen Wort *Champagner* – gesprochen und kommt hauptsächlich im Wortinneren vor, wie ***año*** ‚Jahr'. Bisweilen (z. B. im spanischen Scrabble-Spiel) werden auch *ch*, *ll* und manchmal auch *rr* als eigenständige Buchstaben des spanischen Alphabets aufgeführt, da sie besondere Laute bezeichnen. Laut Beschluss der Real Academia Española, der spanischen Sprachakademie, werden diese Doppelbuchstaben aber seit 2010 nicht mehr als eigene Buchstaben des spanischen Alphabets angesehen.

Sowohl im Spanischen als auch Portugiesischen sind die Buchstaben *k* und *w* sehr selten (im Portugiesischen außerdem *y*) und kommen nur in Ortsnamen oder Fremdwörtern vor: ***Kuwait/Koweit*** oder ***whisky***. Bisweilen werden diese Wörter auch an die spanische oder portugiesische Schreibweise angepasst: span. ***güisqui***, port. ***uísque*** ‚Whisky').

Das portugiesische Alphabet

Aa	*Bb*	*Cc*	*Dd*	*Ee*
Ff	*Gg*	*Hh*	*Ii*	*Jj*
Kk	*Ll*	*Mm*	*Nn*	*Oo*
Pp	*Qq*	*Rr*	*Ss*	*Tt*
Uu	*Vv*	*Ww*	*Xx*	*Yy*
Zz				

Das portugiesische Alphabet kennt im Vergleich zum Deutschen keine zusätzlichen Buchstaben. Allerdings gibt es als zusätzliche Zeichen die Cedille (ç) und die Tilde (~). Erstere wird verwendet, um zu markieren, dass der Buchstabe *c* vor *a*, *o* und *u* nicht als [k] gesprochen wird: *pouco* [poku] ‚wenig' vs. *poço* [posu] ‚Brunnen'. Die Tilde kann zur Markierung der nasalen Aussprache der Vokale *a* und *o* dienen: *ladrão* [ladɾãu] ‚Dieb', *ladrões* [ladɾõis] ‚Diebe'.

Im Unterschied zum Deutschen werden im Spanischen und Portugiesischen außerdem Akzentzeichen zur Kennzeichnung der Betonung eines Wortes verwendet. In beiden Sprachen wird der Akut (´) gesetzt, wenn ein Wort von der regelmäßigen Betonung abweicht. Gemäß dieser Regeln, die hier nur angedeutet werden können, wird im Spanischen ein vokalisch auslautendes Wort auf der vorletzten Silbe und ein Wort, das mit einem Konsonanten endet (außer auf *-s* oder *-n*), auf der letzten Silbe betont. Im Portugiesischen wird in Wörtern, die auf *a*, *e* oder *o* enden, die vorletzte Silbe und in Wörtern, die auf *i*, *u* oder konsonantisch (außer auf *-s* oder *-m*) auslauten, die letzte Silbe betont: ***casa*** ‚Haus' vs. ***hotel*** ‚Hotel'. Folglich erhalten Wörter wie ***sábado*** ‚Samstag' oder ***difícil*** ‚schwer', die eine von diesen Regeln abweichende Betonung aufweisen, einen Akut. Alternativ verwendet das Portugiesische auch den Zirkumflex (^): *português* ‚portugiesisch'. Außerdem wird im Portugiesischen zur Markierung von zusammengezogenen Wörtern der Gravis gesetzt: *à* = Präposition *a* + Artikel *a*.

Die Aussprache des Spanischen

PUES, SEÑOR DRACULA, MÖGEN SIE UNSERE ESPANISCHE BEINE?
ICH STEHE AUF HÄLSE, ABER ...

Trotz der weitgehenden Übereinstimmung zwischen spanischem und deutschem Alphabet weicht die Aussprache der jeweiligen Laute, vor allem der Konsonanten, in beiden Sprachen teilweise stark voneinander ab. Kennt man allerdings die Aussprache und die entsprechenden Regeln, ist die spanische Orthografie sehr regelmäßig und einfach. Die Buchstaben *b* und *v* (sowie *w*) werden im Spanischen meist identisch ausgesprochen, und zwar am Wortanfang oder nach einem Nasal als Verschlusslaut [b] (z. B. ***bajo*** [**b**axo] ‚niedrig', ***enviar*** [em**b**jar] ‚senden') und ansonsten als Reibelaut [β] (***abajo*** [a**β**axo] ‚unten', ***avión*** [a**β**iɔn] ‚Flugzeug'). Für *d* gilt fast die gleiche Regel, nur mit dem Unterschied, dass auch nach einem *l*-Laut (also [l] oder [ʎ]) der Laut als Verschlusslaut ([d]) und nicht als Reibelaut ([**ð**]) realisiert wird: ***andar*** [an**d**ar] ‚gehen', ***aldea*** [al**d**ea] ‚Dorf' vs. ***adelante*** [a**ð**elante] ‚vor(wärts)'. Der Buchstabe *c* wird normalerweise als [k] ausgesprochen und nur vor den Vokalen *e* und *i* als stimmloser Reibelaut [θ] artikuliert: ***casa*** [**k**asa] ‚Haus', ***cosa*** [**k**osa] ‚Sache' vs. ***cera*** [**θ**eɾa] ‚Wachs', ***cinco*** [**θ**iŋko] ‚fünf'. Die Buchstaben *s* und *z* werden immer als stimmlose Reibelaute realisiert: ***casa*** [ka**s**a] ‚Haus' und ***caza*** [ka**θ**a] ‚Jagd'. Die Buchstabenkombination *ch* steht für die Affrikate [tʃ]: ***mucho*** [mu**tʃ**o] ‚viel'. Der Buchstabe *g* wird am Wortanfang und nach einem Nasal als Verschlusslaut ([g]) und ansonsten als stimmhafter Reibelaut ([ɣ]) realisiert: ***gana*** [**g**ana] ‚Lust' oder ***engaño*** [eŋ**g**aɲo] ‚Betrug' vs. ***pagano*** [pa**ɣ**ano] ‚Heide'. Vor *e* und *i* wird *g* allerdings stets als Reibelaut, und zwar wie der deutsche *ach*-Laut ([x]), gesprochen (***página*** [pa**x**ina] ‚Seite'), während *j* immer als [x] realisiert wird: ***ajo*** [a**x**o] ‚Knoblauch'. Der Buchstabe *h* bleibt immer stumm (***hotel*** [ɔtɛl] ‚Hotel'), und *k* und *qu* werden stets als [k] artikuliert. Der Buchstabe *l* wird wie im Deutschen gesprochen, es sei denn, er tritt in der Kombination mit einem weiteren *l* auf, wo er je nach Dialekt meist als [ʎ] oder [j] realisiert wird (siehe oben). Die Aussprache der Nasale *m* und *n* kann wie im Deutschen als [m] und [n] erfolgen. Allerdings wird *n* immer an den folgenden Konsonanten angepasst, sodass er beispielsweise auch als *m* realisiert werden kann: *inventar* [i**m**bentar] ‚erfinden'. Die Aussprache von *p* und *t* entspricht weitgehend der des Deutschen, allerdings ohne die im Deutschen übliche Behauchung (*Aspiration*). Der Buchstabe *r* wird im Spanischen „gerollt", also stets mit der Zungenspitze artikuliert (siehe Randspalte). Der Buchstabe *x* wird meist als [ks] bzw. [ɣs] (*éxito* [e**ɣ**sito] ‚Erfolg') oder [s] (*excesivo* [e**s**θesiβo] ‚übermäßig') gesprochen, und *y* wird außer im Wörtchen *y* [i] ‚und' stets als [j] realisiert: *yo* [**j**o].

Das „rollende" *r*

Den meisten deutschsprachigen Muttersprachlern bereitet die Aussprache des spanischen (oder portugiesischen) *r*-Lautes große Schwierigkeiten. Anders als im (Standard-)Deutschen wird er nicht am hinteren Gaumen mithilfe des Zäpfchens ([ʁ]), sondern als Zungenspitzenlaut realisiert. Im Deutschen existiert dieser Laut nur in regionalen Varietäten sowie in der Bühnensprache. Da es sich bei dem Zungenspitzen-*r* um einen deutlich wahrnehmbaren Laut handelt, fällt ein Sprecher, der diesen Laut nicht beherrscht, sehr schnell als Nichtmuttersprachler auf. Im Spanischen wird die Realisierung des *r*-Lautes dadurch erschwert, dass ein Unterschied zwischen einem einfach geschlagenen *r* ([ɾ]) und einem mehrfach gerollten *r* ([r]) gemacht wird, der eine wortbedeutungsunterscheidende Funktion hat: *pero* [peɾo] ‚aber' vs. *perro* [pero] ‚Hund'.

Betrachten wir nun das Vokalsystem des Spanischen in Tabelle 16.3, das vor allem durch seine Einfachheit auffällt, da es nur fünf Vokale mit einer bedeutungsunterscheidenden Funktion kennt: [a], [e], [i], [o], [u].

Tabelle 16.3: Vokale des Spanischen (Laut- und Schreibschrift sind identisch)

Klang	**hell**	**mittel**	**dunkel**
Mund weiter geschlossen	i		u
	e		o
Mund offener		a	

Zusätzlich zu den einfachen Vokalen kennt das Spanische viele Diphthonge, das heißt Kombinationen von einem Gleitlaut und einem Vokal, die innerhalb einer Silbe realisiert werden: *rueda* [r**we**ða] ‚Rad', *deuda* [de**wða**] ‚Schuld'. Im Gegensatz zum Deutschen gibt es im Spanischen auch den seltenen Fall des Triphthongs, bei dem zwei Gleitlaute innerhalb einer Silbe zusammen mit einem Vokal auftreten: *buey* [b**wej**] ‚Ochse'.

Komplexer ist das spanische Konsonantensystem. Hervorzuheben ist hier die bereits erwähnte besondere Verwendung der stimmhaften Verschlusslaute [b], [d] und [g], die in Abhängigkeit vom lautlichen Kontext als Reibelaute [β], [ð] und [ɣ] artikuliert werden. Für deutschsprachige Lerner des Spanischen sind diese Reibelaute, die das Deutsche nicht kennt, und ihre besondere Verwendung nicht leicht zu erlernen. Ein weiteres Problem stellt für viele deutsche Muttersprachler oft das Erlernen des spanischen *r*-Lautes dar (siehe Randspalte).

Schwierig für deutschsprachige Lerner ist auch der stimmlose Reibelaut [θ] (ähnlich dem englischen *th*-Laut), da er im Standardspanischen mit [s] (gesprochen wie dem Deutschen *ß/ss*) alterniert. Wie bereits erwähnt, wird in den Varietäten Andalusiens und Lateinamerikas diese Unterscheidung ebenso wenig gemacht wie zwischen [ʎ] und [j]. Folglich kommen in diesen Varietäten die Laute [θ] und [ʎ] nicht vor – anders als im Standardspanischen, dessen Lautinventar in Tabelle 16.4

Tabelle 16.4: Die spanischen Konsonanten in Lautschrift [...] und die häufigste Variante in Schreibschrift (nur eine Angabe bei identischen Zeichen)

artikuliert mit	Unterlippe		Zunge				Stimmton
artikuliert an	Oberlippe	oberen Schneide-zähnen	zwischen den Zähnen	Zahndamm	dahinter	hinterer Gaumen	
Verschluss-laute	p			t		[k] c	stimmlos
	[b] b, v			d		g	stimmhaft
Reibelaute		f	[θ] z	s		[x] j	stimmlos
	[ß] b,v		[ð] d			[ɣ] g	stimmhaft
Affrikaten					[tʃ] ch		stimmlos
Nasale	m			n	[ɲ] ñ		stimmhaft
l und *r*				l [ɾ] r [r] rr	[ʎ] ll		stimmhaft
Gleitlaute	[w] uV*				[j] iV**		

* „[w] uV" bedeutet, dass es als [w] ausgesprochen wird, wenn ein *u* vor einem Vokal steht.
** „[j] iV" bedeutet, dass es als [j] ausgesprochen wird, wenn ein *i* vor einem Vokal steht.

illustriert wird. Hinzu kommt, dass die Sequenz [tʃ], orthografisch *ch*, als eine *Affrikate*, also ein komplexer Laut mit einem Verschluss und einem Reibegeräusch, aufgefasst wird. Die Laute, für die das Deutsche keine direkte Entsprechung hat, sind in der Tabelle schattiert.

Die Aussprache des Portugiesischen

Das Lautsystem des Portugiesischen ist äußerst komplex und kann hier nur stark verkürzt dargestellt werden. Wie bei der Beschreibung des spanischen Lautsystems wenden wir uns zunächst der Aussprache der einzelnen Buchstaben des Alphabets zu. Hier gibt es einige prinzipielle Gemeinsamkeiten mit dem Spanischen. So hat sich wie im Spanischen bei *c* und *g* die ursprüngliche Aussprache aus dem Lateinischen als [k] und [g] immer dann erhalten, wenn sie nicht vor *e* oder *i* erscheinen. Vor *e* oder *i* hingegen wurde die Aussprache im Portugiesischen zu einem stimmlosen [s] (für *c*) bzw. einem stimmhaften *sch*-Laut [ʒ] (für *g*): ***c**asa* [**k**azɐ] ‚Haus', ***c**oisa* [**k**oizɐ] ‚Sache' vs. ***c**era* [**s**eɾɐ] ‚Wachs', ***c**inco* [**s**ĩŋku] ‚fünf' bzw. ***g**ana* [**g**anɐ] ‚Lust' vs. *pá**g**ina* [pa**ʒ**inɐ] ‚Seite'.

Weitere Gemeinsamkeiten mit dem Spanischen bestehen darin, dass der Buchstabe *k* meist auch als [k] artikuliert wird und dass das *h* immer stumm bleibt. In der Kombination mit *c*, *l* und *n* dient das *h* allerdings zur Kennzeichnung einer besonderen Aussprache: *ch* für [ʃ] (***ch**á* [**ʃ**a] ‚Tee'), *lh* für [ʎ] (*fi**lh**o* [fi**ʎ**u]

‚Sohn'), *nh* für [ɲ] (*vinho* [viɲu] ‚Wein'). Die Buchstaben *b*, *d*, *p* und *t* stehen wie im Deutschen für die entsprechenden stimmhaften und stimmlosen Verschlusslaute (allerdings ohne Aspiration). Bei *g* ist noch zu konstatieren, dass es in Verbindung mit *u* vor *a* als [gw] gesprochen wird: ***guarda*** [**gw**ardɐ] ‚Wächter'. Und *qu* vor *a* steht für die stimmlose Entsprechung, während *qu* ansonsten als [k] artikuliert wird: ***quarto*** [**kw**aɾtu] ‚Zimmer' vs. ***queijo*** [**k**eiʒu] ‚Käse'. Der Buchstabe *j* repräsentiert immer den stimmhaften Reibelaut [ʒ]: ***já*** [ʒa] ‚schon'. Die Buchstaben *f*, *v* sowie *s*, *z* werden als stimmlose bzw. stimmhafte Reibelaute gesprochen: ***fila*** [**f**ilɐ] ‚Reihe', ***vila*** [**v**ilɐ] ‚Villa' bzw. ***saco*** [**s**aku] ‚Sack', *casa* [ka**z**ɐ] ‚Haus', ***zurzir*** [**z**uɾ**z**iɾ] ‚auspeitschen'.

Wenden wir uns nun dem portugiesischen Vokalsystem zu (Tabelle 16.5), das sich durch ein reichhaltiges Inventar auszeichnet, wodurch der Eindruck einer „weichen" Sprache entsteht. Abgesehen von sieben bis neun Vokalen besitzt das Portugiesische fünf Nasalvokale und darüber hinaus eine große Anzahl an normalen und nasalen Diphthongen. Es ist damit neben dem Französischen die einzige romanische Sprache, die über ein klar ausgeprägtes System von Nasalvokalen verfügt. Die Nasalvokale sind in der Tabelle schattiert, da sie keine Entsprechung im Deutschen haben. Die Notierung *N* bei der Rechtschreibung zeigt an, welchen Nasalvokalen ein Nasalkonsonant folgen muss.

Tabelle 16.5: Die portugiesischen Vokale in Laut- und Schreibschrift (nur eine Angabe bei identischen Zeichen)

Klang	**hell**		**mittel**		**dunkel**		
Lippen		nasal		nasal		nasal	
Mund weiter geschlossen	i	[ĩ] iN			u	[ũ] uN	
	[e] e	[ẽ] eN			o	[õ] õ	normal (gespannt)
	[ɛ] é		[ə] e [ɐ] a	[ɐ̃] ã	[ɔ] ó		reduziert (ungespannt)
Mund offener			[a] ã				

Wie im Französischen geht der Ursprung der Nasalvokale auf die frühromanische Zeit zurück. Die Vokale wurden nasaliert, wenn sie vor einem Nasalkonsonanten auftraten; später fiel der Nasalkonsonant teilweise weg, aber die Nasalierung blieb erhalten (siehe hierzu Kapitel 14). Dass die Nasalvokale eine bedeutungsunterscheidende Funktion haben können, zeigen die folgenden Beispielpaare, in denen ein Nasalvokal mit einem normalen Vokal kontrastiert: *vi* [vi] ‚ich sah' vs. *vim* [vĩ] ‚ich kam', *seda* [sedɐ] ‚Seide' vs. *senda* [sẽdɐ] ‚Pfad', *lá* [la] ‚dort' vs. *lã* [lɐ̃] ‚Wolle', *lobo* [lobu] ‚Wolf' vs. *lombo* [lõbu] ‚Rücken', *mudo* [mudu] ‚stumm' vs. *mundo* [mũdu] ‚Welt'. Die nasalen Diphthonge sind Kombinationen von einem Gleitlaut mit einem Nasalvokal innerhalb einer Silbe, die auch mit normalen Diphthongen kontrastieren können: *pau* [pɐw] ‚Holz' vs. *pão* [pɐ̃w] ‚Brot'.

Sehr auffällig ist im Portugiesischen außerdem die Behandlung der unbetonten Vokale. Hier kommt es teilweise zur Reduktion, was ebenfalls stark zum Eindruck des „weichen" und eher gedämpften Klanges des Portugiesischen beiträgt: *fala* [falɐ] ‚(er) spricht', *falo* [falu] ‚(ich) spreche', *fale* [falə]/[fali] ‚sprechen Sie/sprich'.

Im Bereich des Konsonantensystems (Tabelle 16.6) gibt es ähnlich wie im Spanischen Besonderheiten bei der Aussprache des *r*-Lautes. Diese sind rechts in der Marginalspalte ausgeführt. Eine weitere Besonderheit ist die Tendenz, das *l* am Wortende dunkel auszusprechen, das heißt mit hinten angehobener Zunge. Im brasilianischen Portugiesischen führt dies sogar dazu, dass das *l* in der Aussprache einem Vokal ähnlich wird und fast wie ein [u] gesprochen wird. So heißt im Portugiesischen das Land Brasilien entweder [bɾɐziɫ] oder [bɾɐziw].

Auffallend ist im Vergleich mit dem Deutschen oder Spanischen außerdem, dass das Portugiesische keine Affrikaten kennt, also keine Kombinationen von Verschluss- und Reibelaut, wie beispielsweise [pf] im deutschen ***Pf**erd*. Allerdings gibt es in Brasilien eine sehr starke und auffällige Tendenz dazu, die

Besonderheiten der Aussprache von *r* im Portugiesischen

Das Portugiesische unterscheidet ähnlich wie das Spanische zwischen einem einfach geschlagenen und einem mehrfach gerollten *r*: *caro* [kaɾu] ‚teuer' vs. *carro* [karu] ‚Auto'. Dieser Unterschied tritt allerdings nur noch in Teilen des iberischen Portugiesischen auf. Standardmäßig wird heute in Portugal das doppelt gerollte *r* ähnlich wie im Deutschen als Zäpfchen-*r* realisiert: *carro* [kaʀu]. In Brasilien wird dieses *r* noch weiter zurückverlagert, sodass der Laut vergleichbar ist mit einem Laut, der zwischen dem deutschen *ach*-Laut und einem deutschen *h*-Laut angesiedelt ist: *carro* [kaχu]/[kahu]. Diese Aussprache tritt auch im Anlaut auf. So nennen die Brasilianer ihre *cidade maravilhosa*, ihre ‚wunderbare Stadt' am Zuckerhut, kurz [χiu] oder [hiu].

Tabelle 16.6: Die portugiesischen Konsonanten in Lautschrift und die häufigste Variante in Schreibschrift (nur eine Angabe bei identischen Zeichen*)

artikuliert mit	Unterlippe		Zunge				Stimmton
artikuliert an	Oberlippe	oberen Schneide-zähnen	Zahndamm	dahinter	hinterer Gaumen	Zäpfchen	
Verschluss-laute	p		t		[k] c		stimmlos
	b		d		g		stimmhaft
Reibelaute		f	[s] s	[ʃ] ch			stimmlos
		v	[z] z	[ʒ] j			stimmhaft
Nasale	m		n	[ɲ] nh			stimmhaft
l und *r*			l [ɾ] r	[ʎ] lh		[ʀ] rr	
Gleitlaute	[w] uV			[j] iV			

* Wir geben dennoch „[s] s" und „[z] z" an, um deutlich zu machen, dass im Portugiesischen (wie im Spanischen) *s* als [s] ausgesprochen wird, also wie im Deutschen *ß*; das Portugiesische *z* wird als [z] ausgesprochen, also wie im Deutschen *s*.

Aussprache der Verschlusslaute [t] und [d] dem folgenden Laut [i] anzugleichen, sodass sie zu [tʃ] und [dʒ] werden. Das lässt sich schön an den Bezeichnungen für *Guten Tag* und *Gute Nacht* illustrieren: *bom dia* [bõ **dʒ**iɐ] und *boa noite* [boɐ noj**tʃ**i] (statt in Portugal [bõ **d**iɐ] und [boɐ noj**t**ə]).

Schwierigkeiten für Deutschlerner: Rechtschreibung und Aussprache

Fehlleistungen können durch negativen Transfer aus dem Spanischen oder Portugiesischen hervorgerufen werden. Für sehr viele Spanischsprachige stellt die Unterscheidung von [b] und [v] ein großes Problem dar, da sie den Unterschied nicht aus ihrer Muttersprache kennen. Es gibt also im Spanischen zwischen *beso* ‚Kuss' und *vaso* ‚Glas' keinen Unterschied im Anlaut: [beso], [baso]. So kann es schon passieren, dass ein Spanischsprechender in einem deutschen Lokal *Bein* [baɪn] anstatt *Wein* [vaɪn] bestellt. Entsprechend schwer tun sich Spanischsprechende mit der korrekten Wiedergabe der beiden Laute in der Schrift. Nicht wenige Sprecher schwanken auch beim Schreiben des Spanischen zwischen dem Gebrauch von *b* oder *v*, sodass man durchaus die Schreibweise *vanco* statt *banco* ‚Bank' antreffen kann.

Bei der Aussprache des *r*-Lautes behalten viele Muttersprachler des Spanischen und Portugiesischen die Aussprache als gerolltes *r* bei, das von dem heute allgemein üblichen deutschen Zäpfchen-*r* ([ʁ]) abweicht. Brasilianische Sprecher haben darüber hinaus besondere Schwierigkeiten, da im brasilianischen Portugiesischen das *r* im Wortanlaut als [h] realisiert werden kann. So kann es durchaus zu Missverständnissen kommen, wenn ein Brasilianer etwa beim Besuch einer deutschen Stadt von einem Taxifahrer in die *Rosenstraße* gefahren werden möchte und der Taxifahrer vergeblich nach einer *Hosenstraße* sucht.

Eine andere Schwierigkeit, die Spanisch- und Portugiesischsprecher mit der Aussprache des Deutschen haben, betrifft die Artikulation bestimmter Konsonantengruppen, bei denen in beiden Sprachen „Stützvokale" existieren. So ist das lateinische Wort für ‚Schule' (*schola*) zu spanisch *escuela* und portugiesisch *escola* geworden. Daher ist häufig zu beobachten, dass diese Sprecher bei der Artikulation von Wörtern des Deutschen, die mit einer komplexen Konsonantengruppe beginnen, einen solchen Stützvokal hinzufügen: „Ich **e**spreche Deutsch."

16.4 Grammatik

Das grammatische Geschlecht

Spanisch und Portugiesisch kennen nur zwei Formen des grammatischen Geschlechts (Genus): Maskulinum und Femininum. Das Genus wird am Artikel gekennzeichnet, und zwar

Genusunterschiede zwischen Spanisch und Portugiesisch

Zahlreiche spanische und portugiesische Wörter, die den gleichen (lateinischen) Ursprung haben, weisen unterschiedliches Genus auf:

spanisch	portugiesisch	deutsch
el color (maskulin)	*a cor* (feminin)	‚die Farbe'
el árbol (maskulin)	*a árvore* (feminin)	‚der Baum'
la leche (feminin)	*o leite* (maskulin)	‚die Milch'
la nariz (feminin)	*o nariz* (maskulin)	‚die Nase'
la samba (feminin)	*o samba* (maskulin)	‚der Samba'

– im Unterschied zum Deutschen – sowohl im Singular als auch im Plural (span. *el – la, los – las*, port. *o – a, os – as*). Es ist auch häufig an den Endungen der Nomina erkennbar. Als Faustregel gilt, dass *o*-auslautende Wörter maskulin sind, während Nomina, die auf *a* enden, ein feminines Genus aufweisen. In einigen Fällen dienen Auslautvokale auch dazu, ein maskulines Nomen von einem femininen Nomen zu unterscheiden (span. ***hijo*** – ***hija***, port. ***filho*** – ***filha*** ‚Sohn – Tochter').

Ausnahmen von der erwähnten Faustregel bilden einige wenige feminine Wörter, die aus der lateinischen *u*-Deklination abgeleitet sind und das feminine Genus erhalten haben: span. *la **mano*** ‚die Hand' (< lateinisch *manus* (fem.)); port. *a **tribo*** ‚Stamm' (< lateinisch *tribus* (fem.)). Auch einige Kurzwörter, die auf *-o* enden, sind feminin, da sie sich aus femininen Vollwörtern ableiten: span. *la foto* (< *la fotografía*), port. *a foto* (< *a fotografia*) ‚Foto(grafie)'. Unter den auf *-a* auslautenden Nomina gibt es eine beträchtliche Anzahl von Ausnahmen bezüglich der oben genannten Genusregeln: span. *el día*, port. *o dia* ‚der Tag', span. *el mapa*, port. *o mapa* ‚die Karte', span. *el problema*, port. *o problema* ‚das Problem' (siehe auch Kapitel 14).

Neutrum im Spanischen
Das Spanische besitzt zwar keine Substantive mit neutralem Genus wie das Deutsche (vgl. *das Kind*), es kennt aber sehr wohl einen neutralen Artikel, der unter anderem gebraucht wird, um aus Verben oder Adjektiven Substantive zu bilden (z. B. *lo **imposible*** ‚das Unmögliche'). Außerdem wird er verwendet, um abstraktere Eigenschaften zu bezeichnen (*el bueno* ‚der Gute' vs. *lo bueno* ‚das Gute').

Besonderheiten bei den Hilfsverben und im Verbalbereich

Für deutsche Spanisch- und Portugiesischlerner ist die Tatsache problematisch, dass es in beiden Sprachen für das Hilfsverb ‚sein' zwei verschiedene Wörter gibt: *ser* und *estar*. Der Unterschied ist ein aspektueller. *Ser* drückt eher eine Eigenschaft oder eine Tatsache aus, während *estar* eher einen Zustand beschreibt: span. *María es médica*, port. *A Maria é médica* ‚Maria ist Ärztin' vs. span. *María está enferma*, port. *A Maria está doente* ‚Maria ist krank'. Während die Ausübung eines Berufs als feststehende Eigenschaft angesehen wird, ist eine Krankheit ein Zustand, der normalerweise wieder vorübergeht. Das Hilfsverb *estar* wird auch dazu verwendet, um in Verbindung mit einem Vollverb die Verlaufsform auszudrücken, also die Tatsache, dass man gerade dabei ist, etwas zu tun: span. *Estoy esperando el tren*, port. *Estou a esperar o comboio* bzw. *Estou esperando o trem* ‚ich warte auf den Zug'. In der normalen deutschen Übersetzung kommt der Verlaufsvorgang nicht zum Ausdruck. Hierzu müsste man etwa das Adverb *gerade* hinzufügen.

Schwierigkeiten für Deutschlerner: Hilfsverben

Anders als das Deutsche und die meisten romanischen Sprachen unterscheiden das Spanische und Portugiesische im Perfekt nicht zwischen den Hilfsverben *haben* und *sein*, sondern greifen nur auf das Hilfsverb *haben* zurück: span. *haber*, port. *ter*. So wird in der Übersetzung der beiden deutsche Sätze *Ich habe Bücher gekauft* und *Ich bin angekommen* das gleiche Hilfsverb verwendet: span. *He comprado libros* und *He llegado*, port. *Tenho comprado livros* und *Tenho chegado*. Für portugiesische und spanische Deutschlerner bedeutet das, dass sie lernen müssen, wann im Deutschen das jeweilige Hilfsverb *haben* oder *sein* verwendet wird.

Zu der im Kasten genannten Perfektbildung mit *haben* gibt es eine zweite Art, ein Perfekt zu bilden, die im Spanischen *Indefinido* und im Portugiesischen *Pretérito Perfeito Simples* genannt wird. So kann der deutsche Satz *Er hat ein Buch gekauft* auf zwei unterschiedliche Weisen übersetzt werden: span. *(Él) ha comprado un libro* oder *(Él) compró un libro*, port. *(Ele) tem comprado um livro* oder *(Ele) comprou um livro*. Beide Übersetzungen weisen jeweils subtile Bedeutungsunterschiede auf, die sich vor allem auf den Zeitpunkt des Abschlusses der Handlung oder deren Wiederholung beziehen. Die Bedeutungsunterschiede stimmen in den beiden Sprachen nicht überein und variieren außerdem sehr stark dialektal innerhalb der beiden Sprachen.

Im Portugiesischen gibt es flektierte Infinitive.

Eine besonders markante Eigenschaft des Portugiesischen ist die Tatsache, dass Infinitive flektiert, das heißt gebeugt werden können. Man spricht hier vom *flektierten* oder *persönlichen Infinitiv*. Die Verwendung dieses Infinitivs ist unter bestimmten – teilweise sehr komplexen – Bedingungen möglich, die hier nicht diskutiert werden können. Zur Illustration soll folgender Beispielsatz genügen: *É incrível nós ainda não saber**mos** a decisão* ‚Es ist unglaublich, dass wir die Entscheidung immer noch nicht kennen'. Die wörtliche Übersetzung des Satzes lautet: ‚(Es) ist unglaublich, wir noch nicht kennen die Entscheidung.' Das Besondere an dieser Konstruktion besteht darin, dass das Verb des infiniten Satzteils *saber* ‚wissen' eine Flexionsendung (*-mos*) aufweist, die die 1. Person Plural markiert. Außerdem enthält der infinite Satzteil ein Subjekt (*nós* ‚wir'). In vielen Sprachen – auch im Deutschen – müsste dieser Satzteil durch eine unterordnende Konjunktion eingeleitet werden und ein finites Verb enthalten. Diese Möglichkeit kennt das Portugiesische selbstverständlich auch: *É incrível que nós ainda não saibamos a decisão*. Sie kann alternativ zur Konstruktion mit einem flektierten Infinitiv verwendet werden.

Eine weitere auffällige Eigenschaft des Portugiesischen aus dem Verbalbereich ist die besondere Art der Bejahung. Im Spanischen und in den allermeisten anderen romanischen Sprachen benutzt man die Bejahungspartikel (span. *sí*, frz. *oui*, ital. *sì*), um eine Zustimmung auszudrücken. Diese Möglichkeit besteht im Portugiesischen auch. Im Regelfall greift man bei einer Bejahung jedoch nicht auf das Wörtchen *sim* zurück, sondern nimmt das Verb des Fragesatzes in der entsprechenden Form wieder auf:

Compraste o livro? – Comprei.
‚Hast du das Buch gekauft?' – ‚Ja' (wörtlich: ‚(Ich) habe gekauft')

Nur in einigen Sonderfällen wird nicht die Verbform, sondern das im Fragesatz auftretende Adverb aufgegriffen:

Já compraste o livro? – Já.
‚Hast du schon das Buch gekauft?' – ‚Ja.' (wörtlich: ‚Schon.')

Eine typische Eigenschaft des Spanischen und Portugiesischen betrifft die Verwendung der Subjektpronomina. Wie die meisten romanischen Sprachen – Französisch ist hier eine Ausnahme – verfügen beide Sprachen über die sogenannte *Null-Subjekt-Eigenschaft*. Sie können in einem Satz wie ***Wir** kaufen ein Buch* das Subjektpronomen *wir* auslassen: span. *Compramos un libro*, port. *Compramos um livro*. Es wird nur verwendet, wenn der Sprecher es betonen möchte oder unklar ist, über wen gesprochen wird: span. ***Nosotros** compramos un libro*, port. ***Nós** compramos um livro*.

Der Grund für diese Möglichkeit der Subjektauslassung liegt unter anderem darin, dass Informationen, die in anderen Sprachen durch das Subjektpronomen ausgedrückt werden, im Spanischen und Portugiesischen über das Verb vermittelt werden können. So steckt in der Endung *-mos* der Verbform *compramos* die Information, dass wir es mit einem Subjekt der 1. Person Plural zu tun haben. Man spricht in diesem Fall von einer *reichen Verbflexion*. Es sei hier mit dem Blick auf das Deutsche darauf hingewiesen, dass eine reiche Verbflexion nicht notwendigerweise automatisch das Auslassen von Subjektpronomina erlaubt: Das Deutsche besitzt durchaus eine reiche Verbflexion, in der durch die Endung das Subjekt angezeigt wird (*kauf**e**, kauf**st**, kauf**t*** etc.), dennoch erlaubt es in der Regel nicht das Auslassen des Subjektpronomens, wie die Ungrammatikalität des Satzes *Kaufen ein Buch* belegt.

Eine Folge dieser Null-Subjekt-Eigenschaft besteht darin, dass diese Sprachen keine unpersönlichen Pronomina kennen. Konstruktionen mit einem „Wetterverb", wie ***Es** regnet*, oder andere unpersönliche Konstruktionen wie ***Es** gibt ein Gewitter*, müssen ohne Subjektpronomen ausgedrückt werden:

span. *Está lloviendo*, port. *Está a chover* oder *Está chovendo* und span. *Hay una tormenta*, port. *Há uma trovoada*.

Schwierigkeiten für Deutschlerner: Auslassung des Subjekts

Eine Schwierigkeit für spanisch- oder portugiesischsprachige Lerner des Deutschen stellt der Erwerb des korrekten Gebrauchs des Subjektpronomens dar, da anders als in ihrer Muttersprache das Subjektpronomen im Deutschen generell ausgedrückt werden muss. So kann es vor allem zu Beginn des Erwerbs häufig zu fehlerhaften Subjektauslassungen kommen. Besondere Schwierigkeiten bereitet der Erwerb der unpersönlichen Verben, für die es im Spanischen und Portugiesischen keine Entsprechungen gibt. So passiert es häufig, dass ein Satz wie *Gestern gab es ein Gewitter* ohne das Wörtchen *es* realisiert wird. Besonders problematisch ist die Tatsache, dass man im – umgangssprachlichen – Deutschen das Subjektpronomen weglassen kann, wenn es in der Anfangsposition steht (man nennt das *topic drop*): Es ist möglich zu sagen *Komme gleich wieder*, aber nicht *Gleich komme wieder*. Für Sprecher einer Sprache, in der das Subjektpronomen generell weggelassen werden kann, ist es relativ schwierig, diese besonderen Auslassungsregeln zu erkennen.

Wie alle romanischen Sprachen haben auch das Spanische und das Portugiesische eine besondere Klasse von Objektpronomina herausgebildet, die es im Lateinischen nicht gegeben hat. Diese Pronomina können nicht betont werden und müssen immer zusammen mit einer Verbform auftreten. In der Fachliteratur werden sie als ***klitische Pronomina*** bezeichnet (siehe auch Kapitel 9, 14 und 15). Während in den meisten romanischen Sprachen diese Pronomina fast ausnahmslos vor dem Verb stehen, wenn dieses gebeugt ist, ist das Portugiesische in dieser Hinsicht recht kompliziert.

Vergleichen wir den Satz *Ich sehe dich* in unseren beiden Sprachen: Im Spanischen lautet er *(Yo)* ***te*** *veo* mit dem klitischen Objektpronomen *te* ‚dich' unmittelbar vor dem Verb. Im iberischen Portugiesisch hingegen steht in diesem Fall das Pronomen ***nach*** dem Verb: *(Eu) vejo-****te***. Ist der Satz allerdings ein Fragesatz oder negiert, erscheint das Pronomen vor dem Verb: *Quando* ***te*** *vejo de novo?* ‚Wann sehe ich dich wieder?' oder *(Eu) não* ***te*** *vejo* ‚Ich sehe dich nicht'. In diesen Fällen ent-

Ai, se eu te pego

Das ist der Titel eines 2011 weltweit bekannt gewordenen Diskohits aus Brasilien. Der Text ist zwar wenig anspruchsvoll, aber es lassen sich daran sehr gut einige Besonderheiten des brasilianischen Portugiesischen illustrieren.

Der Text zeigt einerseits, dass im brasilianischen Portugiesisch das Subjektpronomen wesentlich häufiger gebraucht wird als im iberischen Portugiesisch oder im Spanischen: Nur in einem Fall, im letzten Satz *tomei coragem* (wörtlich: ‚fasste Mut') fehlt das Subjektpronomen, in den anderen Sätzen (*você me mata* und *se eu te pego*) wird es verwendet, was im iberischen Portugiesisch oder Spanischen eher ungewöhnlich wäre. Damit illustriert dieser Unterschied die Tendenz im brasilianischen Portugiesisch, Subjektpronomina zunehmend zu setzen und damit allmählich die Null-Subjekt-Eigenschaft zu verlieren. Andererseits zeigt der Liedtext aber auch, dass das brasilianische Portugiesisch noch eine Eigenschaft besitzt, die als typisch für Null-Subjekt-Sprachen angesehen wird, nämlich die Möglichkeit der freien Stellung des Subjekts hinter das Verb: *E passou a menina mais linda* (wörtlich: ‚Und kam vorbei das Mädchen mehr schön').

Nossa, nossa, *assim você me mata.* *Ai se eu te pego,* *ai ai se eu te pego.*	‚Heilige Maria, heilige Maria, so bringst du mich um. Ach, wenn ich dich kriege, ach, ach, wenn ich dich kriege.
Delícia, delícia, *assim você me mata.* *Ai se eu te pego,* *ai ai se eu te pego.*	(Welch) Wonne, (welch) Wonne, so bringst du mich um. Ach, wenn ich dich kriege, ach, ach, wenn ich dich kriege.
Sábado na balada. *A galera começou a dançar* *e passou a menina mais linda.* *Tomei coragem e comecei a falar.*	Samstag in der Disko. Die Leute fingen an zu tanzen und das schönste Mädchen kam vorbei. Ich fasste Mut und begann (sie) anzusprechen.'

spricht die Stellung der des Spanischen: *¿Cuándo* ***te*** *veo de nuevo?* oder *(Yo) no* ***te*** *veo*. Das brasilianische Portugiesische verhält sich wie das Spanische und stellt das klitische Objektpronomen immer vor das Verb: *(Eu)* ***te*** *vejo*, *Quando* ***te*** *vejo de novo?*, *(Eu) não* ***te*** *vejo*. Allerdings kann im brasilianischen Portugiesisch auch das betonte Pronomen (*você* ‚du') als Objektpronomen verwendet werden. In diesem Fall muss das Pronomen nach dem Verb stehen: *(Eu) vejo* ***você*** ‚Ich sehe dich', *Quando vejo* ***você*** *de novo?* ‚Wann sehe ich dich wieder?', *(Eu) não vejo* ***você*** ‚Ich sehe dich nicht'.

Eine besondere Erwähnung verdient das Pronomen *se* ‚sich', da es sehr viele unterschiedliche Funktionen ausüben kann (siehe die Beispiele in der Randspalte). Einerseits dient es als normales Reflexivpronomen: span. *María se lava*, port. *A Maria lava-se* ‚Maria wäscht sich'. Andererseits kann es ein *reflexives Passiv* bilden: span. *El libro se publicó el año pasado*, port. *O livro publicou-se no ano pasado* ‚Das Buch wurde im vergangenen Jahr veröffentlicht' (wörtlich: ‚Das Buch veröffentlichte sich im vergangenen Jahr').

Im Spanischen wird der Gebrauch von *se* dadurch noch komplizierter, dass es auch als indirektes Objektpronomen fungieren kann. Dies ist in einem Satz wie *Ich kaufe es ihm morgen* der Fall, in dem das indirekte Objektpronomen *le* ‚ihm' durch *se* ersetzt werden muss. Der Satz heißt also nicht *(Yo) le lo compro mañana*, sondern er muss lauten: *(Yo)* ***se*** *lo compro mañana* (wörtlich: ‚Ich sich es kaufe morgen').

Im Bereich der Verwendung der klitischen Objektpronomina weisen das Spanische und Portugiesische noch zahlreiche weitere Besonderheiten auf, die hier nicht im Einzelnen behandelt werden können. Die bekannteste Besonderheit ist der sogenannte *leísmo*, der vor allem im kastilischen Spanischen weit verbreitet ist (siehe die Randspalte auf der folgenden Seite). Eine Besonderheit des brasilianischen Portugiesisch besteht darin, die Objektpronomina auszulassen, wenn aus dem Kontext der Bezug hergestellt werden kann.

„Man spricht Deutsch"

Dem unpersönlichen *se* begegnet man auf Reisen durch ein spanisch- oder portugiesischsprachiges Land immer wieder. So kann man oft auf Schildern lesen: span. *Aquí se habla alemán*, port. *Aqui fala-se alemão*. Wörtlich übersetzt heißt es: ‚Hier spricht sich Deutsch' und gemeint ist, dass hier Deutsch gesprochen wird, genauer gesagt, dass es hier jemanden geben soll, der des Deutschen mächtig ist. Das Gleiche gilt auch für Schilder wie: span. *Se alquila apartamento/Aluga-se apartamento* ‚Wohnung zu vermieten'.

Besonderheiten beim Ausdruck der Subjekt- und Objektrolle

Wie alle romanischen Sprachen haben das Spanische und Portugiesische die Nominalflexion, die im Lateinischen sehr ausgeprägt war, verloren. Während man im Lateinischen je nach Kasus unterschiedliche Formen für ein Nomen hatte, kennen das Spanische und Portugiesische nur noch eine Form: span. *mujer*, port. *mulher* ‚Frau' vs. lat. *mulier* ‚die Frau' (Nominativ), *mulieris* ‚der Frau' (Genitiv), *mulieri* ‚der Frau' (Dativ) etc. Aus diesem Grund können im Spanischen und Portugiesischen die

„Verwechslung“ des Pronomens im Spanischen

Eine besondere Eigenschaft des kastilischen Spanisch im Bereich des Pronominagebrauchs ist die Ersetzung des maskulinen Akkusativpronomens der 3. Person Singular *lo* durch das Dativpronomen *le*. Ein Satz *Ich kenne ihn* lautet demzufolge nicht *(Yo)* ***lo*** *conozco*, sondern *(Yo)* ***le*** *conozco*. Im Grunde handelt es sich hier um ein ähnliches Phänomen wie die Kasusverwechslung im Deutschen, die in vielen Dialekten zu beobachten ist (vgl. das Berlinerische *Ick liebe dir*). Im (kastilischen) Spanischen wird die „Verwechslung“ in der Regel nur dann gemacht, wenn sich das Pronomen auf eine männliche Person bezieht. So ergibt sich das folgende System, das als *leísmo* (*de persona*) bezeichnet wird und auch von der Akademiegrammatik als korrekt anerkannt ist:

> *Le conozco* ‚Ich kenne ihn‘ (*le* = männliche Person) (wörtlich: ‚Ich kenne ihm‘)
> *La conozco* ‚Ich kenne sie‘ (*la* = weibliche Person)
> *Lo conozco* ‚Ich kenne ihn/es‘ (*lo* = Tier bzw. Gegenstand oder Sachverhalt)

Diese im kastilischen Spanisch sehr weit verbreitete Form des *leísmo* hat zur Folge, dass die Sprecher unterscheiden, ob das Bezugsobjekt menschlich ist oder nicht.

Subjekt- und Objektrolle nicht mehr durch Endungen unterschieden werden und müssen auf andere Weise ausgedrückt werden. Dies geschieht unter anderem dadurch, dass die normale Wortstellung in einem Aussagesatz die Folge Subjekt – Verb – Objekt ist. Allerdings kann in beiden Sprachen von dieser Grundwortstellung relativ problemlos abgewichen werden. Dies ist in bestimmten Konstruktionen, zum Beispiel in Sätzen mit bestimmten Verben wie *ankommen*, der Fall, in denen das Subjekt in der Regel postverbal steht: span. *Llegó* ***el tren***, port. *Chegou* ***o comboio/o trem*** ‚Der Zug ist angekommen‘.

Das Spanische kennt noch ein weiteres besonderes Mittel zur Markierung der Objekte. Während wie in allen anderen romanischen Sprachen das nominale Dativobjekt mit einer Präposition (*a* im Spanischen und im Portugiesischen) markiert wird, kann im Spanischen auch das Akkusativobjekt mit *a* gekennzeichnet werden. Dies ist dann der Fall, wenn das Objekt *menschlich* ist. Nichtmenschliche Akkusativobjekte werden hingegen nicht markiert. So ergibt sich folgender Unterschied: *Veo* ***a*** *la mujer* ‚Ich sehe die Frau‘ (und nicht: *Veo la mujer*) vs. *Veo la mesa* ‚Ich sehe den Tisch‘ (und nicht: *Veo a la mesa*). Die menschlichen Objekte sind somit im Spanischen besonders herausgehoben und setzen sich von den übrigen direkten Objekten sowie von den Subjekten ab. Darüber hinaus besitzt das Spanische einen zusätzlichen Mechanismus zur Kennzeichnung indirekter Objekte. Dies geschieht durch die gleichzeitige Verwendung der unbetonten Pronomina. So heißt der Satz *Ich gebe der Frau das Buch* auf Spanisch: *(Yo)* ***le*** *doy el libro a la mujer* (wörtlich: ‚Ich ihr gebe das Buch der Frau‘). Das heißt, parallel zum Dativobjekt *der Frau* wird auch das klitische Dativpronomen *le* verwendet, das Dativobjekt wird sozusagen doppelt ausgedrückt.

16.5 Wortschatz

Abschließend soll noch kurz auf einige Aspekte im Bereich des Wortschatzes eingegangen werden. Wie bereits erwähnt, gibt es zwischen dem Spanischen und Portugiesischen gerade hier sehr viele Gemeinsamkeiten. Generell wird davon ausgegangen, dass der Wortschatz beider Sprachen konservativer ist als etwa der des Französischen. Ein bekanntes Beispiel ist das Wort für *essen*. Es lautet im Spanischen und Portugiesischen *comer* und stammt vom lateinischen *comedere* ‚aufessen‘ ab. Im größten Teil der Romania hat sich allerdings ein anderes Wort für *essen* durchgesetzt, nämlich *manducare*, das eigentlich ‚kauen‘ bedeutete und im Französischen zu *manger* und im Italienischen zu *mangiare* wurde. Es wird angenommen, dass es sich hier um eine Neuerung handelt, die im Inneren des Römischen Reiches entstanden und nicht bis auf die Iberische Halbinsel gelangt ist. Diese Annahme wird dadurch bestätigt, dass sich einige dieser älteren Wortschatzelemente des Spanischen und Portugiesischen auch im Wortschatz der balkanromanischen Sprachen, insbesondere des Rumänischen, und somit am anderen Rand der Romania wiederfinden. Zur Illustration mögen hier die Wörter für *bitten* und *Stute* genügen. Sie stammen im Spanischen und Portugiesischen von den lateinischen Wörtern *rogare* und *equa* ab: span. *rogar, yegua*, port. *rogar, égua*. Auch im Rumänischen haben diese Wörter den gleichen Ursprung: *ruga, iapă*. Im größten Teil der übrigen Romania haben sich jedoch andere lateinische Wörter durchgesetzt: für *bitten* eine Intensivform, nämlich *precari* ‚betend anrufen', und für *Stute* die jeweils feminine Form von *caballus* ‚Ackergaul' oder *jumentum* ‚Lasttier': frz. *prier, jument*, ital. *pregare, cavalla* bzw. *giumenta*.

Seltener sind Neuerungen im spanischen und portugiesischen Wortschatz. Hierzu gehört das bereits im Zusammenhang mit der Genusmarkierung erwähnte Wort für *Nase*: span./port. *nariz*. Es stammt in beiden Sprachen von *naricae*, einem Wort aus dem umgangssprachlichen Latein. In der übrigen Romania hat sich hingegen weitgehend die stilistisch höher stehende und ältere Form des lateinischen *nasus* durchgesetzt: frz. *nez*, ital. *naso*. Zwei weitere gemeinsame Neuerungen in beiden Sprachen sind die Wörter für *(ver)suchen* und *warm*. Auch hier sind im Rest der Romania die stilistisch höher stehenden, konservativeren Wortformen erhalten geblieben (*aspicere, calidus*), während sich im Spanischen und Portugiesischen neuere Formen des umgangssprachlichen Lateins durchgesetzt haben: *captare* und *calente*. Das erste Wort ist in beiden iberoromanischen Sprachen zu *catar* geworden und hat zudem eine Bedeutungsverschiebung erfahren (von ‚anschauen' zu ‚suchen'). Das zweite Wort ist im Spanischen zu *caliente* und im Portugiesischen zu *quente* geworden.

Eine andere Neuerung, die auch in den Bereich des Wortschatzes fällt, ist die Entwicklung von *a gente* im Portugiesischen. Hier ist zu beobachten, dass dieser Ausdruck, der eigentlich ‚die Leute' bedeutet, sehr häufig statt des Pronomens *nós* ‚wir' – in Verbindung mit der Verbform der 3. Person Singular – verwendet wird. So wird im Portugiesischen ein Satz wie ‚Wir lernen Deutsch' häufig nicht mit *Nós aprendemos alemão* ausgedrückt, sondern vielmehr mit *A gente aprende alemão*.

Quellen und weiterführende Literatur

Die Informationen zur Verbreitung und Klassifizierung des Spanischen (und Portugiesischen) basieren hauptsächlich auf Kapitel 1 in Kabatek und Pusch (2011). Dort findet sich eine Übersicht über alle spanischsprachigen Länder mit detaillierten Sprecherzahlen (siehe auch Kapitel 1 in Schäfer-Prieß und Schöntag (2012) mit zusätzlichen Informationen zu den portugiesischsprachigen Ländern). Hilfreiche Angaben zum Spanischen liefern auch das *Handbuch Spanisch* (Born et al. 2012) und das *Handbook of Hispanic Linguistic* (Hualde, Olarrea und O'-Rourke (2012), die Einführungen von Berschin, Fernández-Sevilla und Felixberger (2012), Dietrich und Noll (2012) sowie Hualde et al. (2010). Angaben zum Portugiesischen gibt es in Born (2008). Informationen über die iberoromanischbasierten Kreolsprachen finden sich unter anderem in Bartens (1995). Der Wortschatzvergleich der romanischen Sprachen stammt aus Kuen (1950, S. 103). Für Informationen über die Geschichte des Spanischen und Portugiesischen ist der „Klassiker" Tagliavini (1998) immer noch eine der wichtigsten Quellen. Hilfreich sind auch Bollée und Neumann-Holzschuh (2003), Born et al. (2012), Bossong (2008), Dietrich und Noll (2012), Hualde, Olarrea und O'Rourke (2012), Penny (2000) sowie Schäfer-Prieß und Schöntag (2012). Die Darstellung in den Abschnitten „Schrift und Aussprache" sowie „Grammatik" stützt sich ebenfalls größtenteils auf diese Arbeiten. Hinzugezogen wurden noch die Einzeldarstellungen des Spanischen und Portugiesischen von Green (1988) und Parkinson (1988) sowie Mateus und d'Andrade (2000). Die Darstellung des Wortschatzes orientiert sich an Rohlfs (1971) und Colón Doménech (2002). Zur Frage nach der vermeintlichen Einfachheit des Spanischen sowie der Charakterisierung des Portugiesischen als eine eher „weiche" Sprache sei auf Gauger (1981) und Berschin (2008) verwiesen. Für eine vertiefende Betrachtung der hier vorgestellten Sprachen kann die sehr fundierte kontrastive Darstellung von Schäfer-Prieß und Schöntag (2012) empfohlen werden.

Literatur

Bartens A (1995) Die iberoromanisch-basierten Kreolsprachen. Ansätze der linguistischen Beschreibung. Lang, Frankfurt/Main

Berschin H, Fernández-Sevilla J, Felixberger J (2012) Die spanische Sprache. Verbreitung, Geschichte, Struktur. 4. Aufl. Olm, Hildesheim

Berschin H (2008) Hartes Spanisch, weiches Portugiesisch, rohes oder süßes Deutsch? Vom Reden über Sprachen. In Blaikner-Hohenwart G et al. (Hrsg) Ladinometria. Festschrift für Hans Goebl zum 65. Geburtstag. Band 2. Universität Salzburg, Salzburg. 89–102

Bollée A, Neumann-Holzschuh I (2003) Spanische Sprachgeschichte. Klett, Stuttgart

Born J (2008) Lusophonie. Geschichte, Gegenwart und Zukunft einer Weltsprache. *Grenzgänge* 31/32: 8–24

Born J, Laferl CF, Larsson-Folger R, Pöll B (Hrsg) (2012) Handbuch Spanisch. Spanien und Hispanoamerika. Sprache – Literatur – Kultur. Schmidt, Berlin

Bossong G (2008) Die romanischen Sprachen. Eine vergleichende Einführung. Buske, Hamburg

Colón Doménech G (2002) Para la historia del léxico español (I). Edición preparada por Albert Soler y Núria Mañé. Arco Libro, Madrid

Dietrich W, Noll V (2012) Einführung in die spanische Sprachwissenschaft. Ein Lehr- und Arbeitsbuch. 6. Aufl. Schmidt, Berlin

Gauger H-M (1981) Das Spanische – eine leichte Sprache. In Pöckl W (Hrsg) Europäische Mehrsprachigkeit. Festschrift zum 70. Geburtstag von Mario Wandruszka. Niemeyer, Tübingen. 225–247

Green JN (1988) Spanish. In Harris M, Vincent N (Hrsg) The Romance languages. Routledge, London. 79–130
Hualde JI, Olarrea A, Escobar AM, Travis CE (2010) Introducción a la lingüística hispánica. 2. Aufl. Cambridge University Press, Cambridge
Hualde JI, Olarrea A, O'Rourke E (Hrsg) (2012) The handbook of Hispanic linguistics. Blackwell, Malden
Kabatek J, Pusch CD (2011) Spanische Sprachwissenschaft. Eine Einführung. 2. Aufl. Narr, Tübingen
Kuen H (1950) Die sprachlichen Verhältnisse auf der Pyrenäenhalbinsel. *Zeitschrift für romanische Philologie* 66: 95–125
Mateus MH, d'Andrade E (2000) The phonology of Portuguese. Oxford University Press, Oxford
Parkinson S (1988) Portuguese. In Harris M, Vincent N (Hrsg) The Romance languages. Routledge, London. 131–169
Penny R (2000) Variation and change in Spanish. Cambridge University Press, Cambridge
Rohlfs G (1971) Romanische Sprachgeographie. Geschichte und Grundlagen, Aspekte und Probleme mit dem Versuch eines Sprachatlas der romanischen Sprachen. Beck, München
Schäfer-Prieß B, Schöntag R (2012) Spanisch/Portugiesisch kontrastiv. de Gruyter, Berlin
Tagliavini C (1998) Einführung in die romanische Philologie. 2. Aufl. Francke, Basel

17 Das Albanische

Dalina Kallulli

17.1 Einleitung

Bevor wir im nächsten Kapitel zur Wiege der europäischen Zivilisation in Griechenland kommen, werfen wir, unterwegs dorthin, in diesem Kapitel einen Blick auf die Sprache des weniger bekannten Albaniens. Es war Teil des Römischen Reiches, seine Sprache erhielt sich aber trotz der Besetzung durch die Römer. Nach dem Mittelalter bis kurz vor dem Ersten Weltkrieg war es unter türkischer (osmanischer) Herrschaft, weshalb das Albanische heute zahlreiche türkische Lehnwörter hat. Durch Kontakt mit den Nachbarländern weist es auch viele Lehnwörter aus den anderen Balkansprachen auf.

An die geografische Lage von Albanien, nordwestlich von Griechenland entlang der Mittelmeerküste gelegen, können Sie sich anhand der Karte in Kapitel 15 (Abbildung 15.1) erinnern.

Noch zur neueren Geschichte Albaniens: Nach dem Ersten Weltkrieg gab es politische Wirren, die damit endeten, dass Albanien ein autoritär regiertes Königreich wurde. Im Zweiten Weltkrieg war es von Italien und dann von Deutschland besetzt. Danach wurde Albanien kommunistisch, lehnte sich dabei zunächst an Titos Jugoslawien an, dann an die Sowjetunion und später an China. Seit Beginn der 1990er Jahre ist es eine Demokratie. Im Jahr 2009 trat Albanien der NATO bei und beantragte nach längeren Vorgesprächen die Aufnahme in die Europäische Union. Zur Zeit der Verfassung dieses Buches (2013) ist Albanien ein potenzieller Beitrittskandidat, eine Vorstufe der Beitrittskandidaten.

Albanien hat eine Tradition der Toleranz der Religionen untereinander, die sich auch in zahlreichen interreligiösen Ehen niederschlug. Vor dem Zweiten Weltkrieg waren etwa 70 Prozent der Bevölkerung Muslime (aus osmanischer Zeit) und 30 Prozent Christen. 1967 wurde Albanien mit einem kompletten Religionsverbot unter der kommunistischen Regierung das erste atheistische Land überhaupt. Seit 1990 gibt es wieder Religionsfreiheit. Die Feiertage umfassen heute das islamische Opferfest und das Ende des Ramadan ebenso wie das christliche Ostern und Weihnachten.

Albanien, Land der Adler

Albanien wird von seinen Bewohnern mit dem Namen *Shqipëri* bezeichnet. Dieses Wort hört sich für uns so ähnlich an, wie wenn man im Deutschen *schtschiperi* mit Betonung auf der letzten Silbe sagen würde. Es wird gemeinhin als „Land der Adler" interpretiert. Der Adler, der auch als Emblem auf der albanischen Nationalflagge zu sehen ist, heißt auf Albanisch *shqiponjë* oder *shqipe*. Die Sprache wird *shqip* (oder *gjuha shqipe*) genannt. Die Flagge hat im Original einen roten Hintergrund.

17.2 Allgemeines zur albanischen Sprache und ihrer Geschichte

Das albanische Wort *motër* ist dem deutschen *Mutter* (engl. *mother*, lat. *mater*) ähnlich, hat allerdings einen Bedeutungswandel erfahren und bedeutet heute ‚Schwester'. Auch Zahlwörter wie *dy* ‚zwei', *tre/tri* ‚drei', *katër* ‚vier' (lat. *quattuor*), *qind* ‚einhundert' (lat. *centum*) deuten auf den indoeuropäischen Ursprung des Albanischen hin.

In den meisten Gebieten des Römischen Reiches, in denen Latein gesprochen wurde, entwickelten sich aus dem Vulgärlatein neue Sprachen: die romanischen Sprachen wie Französisch, Italienisch und Spanisch (Kapitel 14 bis 16). Die Vorgängersprache des Albanischen überlebte allerdings die römische Besatzung (ähnlich wie das Baskische und wie das Britannische, die Vorgängersprache des Walisischen und Bretonischen).

Einer der Anführer im Krieg gegen die Osmanen war Gjergj Kastrioti Skanderbeg, der als ein Nationalheld der Albaner gilt. Er war ein Feudalerbe, desertierte von den Elitetruppen des osmanischen Reiches und konvertierte zum Katholizismus. Er erklärte einen heiligen Krieg gegen das Osmanische Reich, den er von 1442 bis zu seinem Tod 1468 führte.

Die Zugehörigkeit des Albanischen zur indoeuropäischen Sprachfamilie wurde 1854 von dem Linguisten Franz Bopp nachgewiesen. Das indoeuropäische Erbe zeigt sich unter anderem in einigen Wörtern, die nicht aus anderen Sprachen entlehnt wurden und Verwandtschaften erkennen lassen, wie in der Randspalte gezeigt.

Das Albanische stellt dabei einen eigenen Zweig der indoeuropäischen Sprachfamilie dar. Es ist – ähnlich wie das Griechische oder das Armenische – von seinem Ursprung her mit keiner anderen der lebenden indoeuropäischen Sprachen besonders eng verwandt. Es gibt unterschiedliche Vermutungen zu den Vorgängersprachen des Albanischen. Unserer Einschätzung nach ist es gut möglich, dass das Albanische auf eine antike Sprache zurückgeht, die von griechischen und römischen Historikern nicht dokumentiert wurde. Während der römischen Besatzung übernahm es zahlreiche Lehnwörter (etwa 600) aus dem Lateinischen.

Im Hochmittelalter erscheinen die ersten Dokumente, die Albanien erwähnen. Über die Gebiete, in denen die Albaner bis zu dieser Zeit ansässig waren, ist wenig bekannt. Im 15. Jahrhundert kämpfte Albanien erfolglos gegen die Osmanen, die das Land 1478 vollständig besetzten. Die Mehrheit der albanischen Bevölkerung, die in den albanischen Gebieten verblieb, konvertierte zum Islam. Dies brachte gewisse Vorteile mit sich, da viele Albaner auf diese Weise prominente Positionen in der osmanischen Verwaltung erlangten. Nach 500 Jahren osmanischer Herrschaft wurde am 28. November 1912 ein unabhängiges Albanien ausgerufen. Infolge dieser Geschichte weist das Albanische viele türkische Lehnwörter auf.

Durch intensive Kontakte hat das Albanische gemeinsame sprachliche Merkmale mit den anderen Sprachgruppen auf dem Balkan entwickelt. Die Sprachen, zu denen auch südslawische Sprachen (Kapitel 9), Griechisch (Kapitel 18) und Rumänisch (Kapitel 15) gehören, werden von Sprachwissenschaftlern als „Balkansprachbund" zusammengefasst. Trotz all dieser Einflüsse besitzt das Albanische insgesamt einen recht eigenständigen Wortschatz.

Albanisch hat knapp 7,6 Millionen Sprecher, wobei Albanien und der Kosovo das zentrale Sprachgebiet repräsentieren. Kleinere Sprechergruppen leben aber auch im angrenzenden Makedonien, Montenegro und Griechenland; in Süditalien (Sizilien eingeschlossen) gibt es ebenfalls seit mehreren Jahrhunderten albanischsprachige Minderheiten, die aus Griechenland eingewandert sind.

Das Albanische ist stark dialektal aufgefächert, wobei traditionell zwei Hauptvarietäten, nämlich Ghegisch und Toskisch, unterschieden werden. Der Fluss Shkumbin in Albanien wird als geografische Grenze zwischen den beiden Dialekten angesetzt; Ghegisch wird nördlich davon gesprochen, Toskisch südlich. Dementsprechend findet man in Makedonien, Montenegro, dem Kosovo und in Nordalbanien ghegische Dialekte, in Südalbanien, Griechenland und Italien dagegen toskische Dialekte.

Das moderne Standardalbanisch (oder „literarisches Albanisch") basiert auf dem toskischen Dialekt. Die ersten geschriebenen Zeugnisse stammen aus dem Jahr 1462 (Ghegisch) bzw. 1500 (Toskisch). Das älteste bekannte literarische Schriftstück ist ein gedrucktes Buch aus dem Jahr 1555, *Meshari* (das „Missale", also das Messbuch aus der katholischen Liturgie) von Gjon Buzuku. 1635 schrieb Frang Bardhi das erste lateinisch-albanische Wörterbuch. Im 17. Jahrhundert verfassten katholische Geistliche auch längere Werke theologischen Inhalts auf Albanisch.

Bekannte Persönlichkeiten

Welche berühmten Persönlichkeiten aus Albanien und dem Kosovo könnten Ihre Schülerinnen und Schüler kennen? Vielleicht die seliggesprochene Friedensnobelpreisträgerin Mutter Theresa, möglicherweise auch Ismail Kadare, den Autor, der mehrmals für den Literaturnobelpreis nominiert war, oder den Popstar Rita Ora sowie Edmond Kapllani, den Fußballer beim FSV Frankfurt. Aber auch Muhammad Ali Pasha, der als der Gründer des modernen Ägypten angesehen wird, und die Brüder Jim und John Belushi waren albanischer Herkunft.

17.3 Schrift und Aussprache

Das moderne albanische Alphabet basiert auf dem lateinischen Alphabet. Wie im Englischen und vielen anderen Schriftsystemen mit lateinischen Buchstaben (aber nicht im Deutschen) wird die gemäßigte Kleinschreibung verwendet: Großbuchstaben werden außer am Satzanfang nur am Beginn von Eigennamen und bei Pronomina (z. B. in Briefen) als Zeichen der Höflichkeit und besonderer Ehrerbietung verwendet.

Wie in der Randspalte gezeigt, wurden den lateinischen Buchstaben die Buchstaben *ë* und *ç* sowie neun Kombinationen aus zwei Buchstaben hinzugefügt (in der Randspalte fettgedruckt). Das albanische Alphabet besteht aus insgesamt 36 Zeichen. Sie repräsentieren die sieben Vokale und 29 Konsonanten des Albanischen.

Das albanische Alphabet

Aa	*Bb*	*Cc*	***Çç***	*Dd*
Dhdh	*Ee*	***Ëë***	*Ff*	*Gg*
Gjgj	*Hh*	*Ii*	*Jj*	*Kk*
Ll	***LLll***	*Mm*	*Nn*	***Njnj***
Oo	*Pp*	*Qq*	*Rr*	***Rrrr***
Ss	***Shsh***	*Tt*	*Thth*	*Uu*
Vv	*Xx*	***Xhxh***	*Yy*	*Zz*
Zhzh				

Konsonanten

Eine für Lerner erfreuliche Eigenschaft der albanischen Schrift stellt die eindeutige Korrespondenz zwischen Buchstaben und Lauten dar, die es in der Regel relativ gut erlaubt, Rückschlüsse von der Schreibung auf die Aussprache (und umgekehrt) zu treffen. Viele der Laute und ihre Schreibung sind dem Deutschen ähnlich, so die Nasale (*m*, *n*), der Gleitlaut *j*, das *l*

Albanische Zungenbrecher

Kupa me kapak, kupa pa kapak.
‚Tasse mit Deckel, Tasse ohne Deckel.'

Polli pula e Lleshit në kaçile t'leshit.
‚Die Henne von Lleshi legte ein Ei in einen Wollkorb.'

E shes thesin, s'e shes thesin.
‚Ich verkaufe den Sack, ich verkaufe den Sack nicht.'

und das *h*, die stimmhaften Verschlusslaute (*b, d, g*), die stimmlosen Verschlusslaute (*p, t, k*) und die Reibelaute (*f, v*), wobei *v* immer stimmhaft wie in *Vase* ausgesprochen wird. Auf diese dem Deutschen weitgehend entsprechenden Laute gehen wir im Folgenden nicht näher ein.

Tabelle 17.1 zeigt die Reibelaute *s, z, sh* und *zs* sowie die Affrikaten *c, x, ç* und *xh*. Affrikaten sind in der Lautlehre komplexe Laute, die aus einem Reibelaut und einem Verschlusslaut bestehen. Wir ignorieren Affrikaten in diesem Buch oft und behandeln sie als Abfolgen von Reibe- und Verschlusslauten, da die Gründe für die Annahme komplexer Laute oft recht indirekt sind. Im Deutschen gehören etwa *pf* wie in *Pflaume* oder *tsch* wie in *tschüss* zu diesen Affrikaten.

Deutsches *z*: ein Buchstabe für einen komplexen Laut aus Reibe- und Verschlusslaut: [ts]. Das Albanische hat drei solche Buchstaben: *c* für [ts], *x* für die stimmhafte Entsprechung [dz] und *ç* für [tʃ].

Manchmal werden die Affrikaten auch mit nur einem Buchstaben geschrieben, wie im Deutschen das *z* [ts] in *Ziel*. In diesem Fall hat man auch das Gefühl, dass es nur ein Laut ist, weil man es als einen einzigen Buchstaben kennt. Im Albanischen gibt es drei mit nur einem Buchstaben geschriebene Affrikaten, wie Tabelle 17.1 zeigt. Die Laute in Tabelle 17.1 kommen (bis auf [dz]) auch im Deutschen vor, aber sie werden im Albanischen anders geschrieben. Dabei hat das Albanische immer jeweils einen stimmlosen Laut und einen entsprechenden stimmhaften Laut, den wir in der Zeile direkt darunter aufführen. Das [dz], eine stimmhafte Variante des deutschen *z* [ts], führen wir hier mit auf, um diese Symmetrie zu zeigen.

Tabelle 17.1: Eine Reihe von einander ähnlichen Reibelauten und Affrikaten des Albanischen, die fast alle auch im Deutschen vorkommen

albanischer Buchstabe	deutscher Buchstabe	Lautschrift	albanisches Beispiel	Aussprache wie in
s	ß/ss	[s]	***supë*** ‚Suppe'	Sessel
z	s	[z]	***zog*** ‚Vogel'	Vase
sh	sch	[ʃ]	***shok*** ‚Freund'	**Sch**irm
zh	(nur Fremdwörter)	[ʒ]	***zhurmë*** ‚Lärm'	Gara**g**e
c	z	[ts]	***cak*** ‚Grenze'	**Z**unge
x	–	[dz]	***xixëllonjë*** ‚Glühwürmchen'	stimmhaftes *z* [ts]
ç	tsch	[tʃ]	***çantë*** ‚Tasche'	Ma**tsch**
xh	dsch	[dʒ]	***xham*** ‚Glas'	**Dsch**ungel

Eine Reihe von anderen Lauten des Albanischen könnte man aus dem Englischen, aus Fremdwörtern oder aus deutschen Dialekten kennen. Diese sind in Tabelle 17.2 gezeigt.

Tabelle 17.2: Konsonanten des Albanischen, die man anderweitig kennen könnte

albanischer Buchstabe	Lautschrift	albanisches Beispiel	Aussprache
th	[θ]	***them*** ‚sagen'	engl. ***think***
dh	[ð]	***dhomë*** ‚Zimmer'	engl. ***that***
nj	[ɲ]	***njoh*** ‚kennen'	*Cognac*
ll	[ʟ]	***llampë*** ‚Lampe'	dunkles *l*, wie in der kölnischen Aussprache des *l* in *Köln*
rr	[r]	***rroba*** ‚Kleidung'	gerolltes *r* wie im Bairischen

Des Weiteren gibt es im Albanischen einen zweiten *r*-Laut ([ɾ]), der aus einem einfachen Schlag der Zungenspitze besteht (Tabelle 17.3). Es ist wichtig, sich zu vergegenwärtigen, dass die beiden *r*-Laute bedeutungsunterscheidende Funktion haben, wie man in dem Beispiel in der Randspalte gut erkennen kann (z. B. *ruaj* ‚ich bewache' vs. *rruaj* ‚ich rasiere'), was für die Sprecher des Deutschen ungewohnt ist, nicht jedoch für diejenigen, die Spanisch beherrschen (Kapitel 16). Zwei weitere Konsonanten sind aus Sicht des Deutschen recht ungewöhnlich: zwei Verschlusslaute, die am harten Gaumen gesprochen werden (*q* [c] und *gj* [ɟ]) (Tabelle 17.3). Im Deutschen gibt es einen dort ausgesprochenen Reibelaut, den *ich*-Laut, wie er in ***ich*** oder ***echt*** vorkommt. Wenn man die Stelle, an der das Reibegeräusch erzeugt wird, ganz verschließt, hat man den Verschlusslaut *q* [c]. Die stimmhafte Variante davon ist *gj* [ɟ].

rroba **und *llampë***

Das Albanische hat Wörter, die am Anfang mit doppeltem *r* und mit doppeltem *l* geschrieben werden! Das liegt daran, dass es zwei *r* und zwei *l* im Lautsystem gibt. Jeweils eines wird einfach geschrieben, das andere doppelt. Das *r* in *ruaj* ‚ich bewache' wird mit einem einfachen Schlag der Zungenspitze ausgesprochen. Das *r* in *rruaj* ‚ich rasiere' ist ein rollendes *r*. Das ll in *llampë* ‚Lampe' wird dunkel ausgesprochen, eine Art *l* mit Klangeinfärbung eines *a*.

Tabelle 17.3: Weitere Konsonanten des Albanischen

albanischer Buchstabe	Lautschrift	albanisches Beispiel	Beschreibung der Aussprache
r	[ɾ]	***revistë*** ‚Zeitschrift'	einfacher Schlag der Zungenspitze
q	[c]	***qen*** ‚Hund'	stimmloser Verschluss am harten Gaumen
gj	[ɟ]	***gjuhë*** ‚Sprache'	stimmhafter Verschluss am harten Gaumen

Tabelle 17.4 zeigt die Vokale des Albanischen.

Die ersten fünf Vokale, *a*, *e*, *i*, *o* und *u*, sind mit dem Deutschen in Laut und Schrift vergleichbar. Das Deutsche unterscheidet für die meisten Vokale drei Versionen: normal, lang

Tabelle 17.4: Vokale des Albanischen

Buchstabe	Lautschrift	albanisches Beispiel	Aussprache wie in
a	[a]	***arrë*** ‚Nuss'	**a**cht
e	[ɛ]	***emër*** ‚Name'	**e**cht
i	[i]	***ibrik*** ‚Teekessel'	**i**hn
o	[ɔ]	***oriz*** ‚Reis'	**o**b
u	[u]	***urë*** ‚Brücke'	t**u**n
y	[y]	***ky*** ‚dieser'	deutsches *ü*: **ü**ber
ë	[ə] „Schwa"	***ëndërr*** ‚Traum'	Lamp**e**

und reduziert. Im Albanischen findet sich jeweils nur eine Version: bei *i* und *u* die normale (gespannte) Version, bei *e* und *o* die reduzierten (ungespannten) Versionen [ɛ] und [ɔ]. Dazu kommt das deutsche *ü*, das im Albanischen *y* geschrieben wird.

Was steckt hinter *ë*?

Schließlich steht *ë* für einen Vokallaut [ə], „Schwa" genannt, der in der Aussprache auch im Deutschen existiert. In der deutschen Schrift wird er aber zusammen mit anderen *e*-Lauten als *e* wiedergegeben, wie in *Kann**e***, oder dreimal in *g**e**wog**e**n**e***. Im Albanischen kann dieser Vokal auch betont sein, im Deutschen nicht.

Die Aussprache des betonten *ë* gibt oft Aufschluss über die geografische Herkunft des Sprechers. Sie kann von einem nasalierten, *o*-ähnlichen Vokal (wie im französischen Wort *bon*) in den ghegischsprechenden Gegenden bis zu einem *a*-ähnlichen Vokal (wie im englischen *pat*) in einigen südöstlichen toskischsprechenden Regionen reichen. Der Vergleich mit dem deutschen Schwa in *Kann**e*** im vorherigen Absatz bezieht sich auf das Standardalbanische.

Im Deutschen ist bei der Aussprache der Diphthonge *ei* [aɪ], *au* [aʊ] und *eu* [ɔɪ] jeweils der erste Vokal „stark" ausgesprochen, der zweite Vokal schwach. Im Albanischen gibt es Diphthonge, bei denen es andersherum ist.

Neben den einfachen Vokalen treten in vielen Wörtern Vokalfolgen auf. Von diesen sind *ie*, *ua*, *ye* und *ue* Diphthonge, das heißt, die beiden Vokale gehören zu derselben Silbe, wie im Deutschen *ei* [aɪ], *au* [aʊ] und *eu* [ɔɪ]. In den deutschen Diphthongen kann man erspüren, dass der erste Vokal der Vokalfolge der „stärkere" in der Aussprache ist. Das ist im Albanischen auch so, allerdings nur in der letzten Silbe eines Wortes, wie in *për**zie**j* ‚ich mische', *gr**ua*** ‚Frau', *ars**ye*** ‚Grund'. In anderen Silben sind beide Vokale gleich „stark" bzw. ist der zweite Teil sogar etwas „stärker", wie in ***die**llor* ‚sonnengleich', ***bua**llicë* ‚Büffelkuh', *kr**ye**neç* ‚unbeugsam'. Eine Ausnahme ist der Diphthong *ue*, bei dem stets der erste Vokal der „stärkere" ist.

Die Betonung liegt typischerweise auf dem Stamm eines Wortes, nicht auf der Flexionsendung, und zwar auf der letzten Silbe des Stammes, es sei denn, der Stamm endet auf *e* oder *o*; in diesem Fall wird die vorletzte Silbe betont. So sind beispielsweise *adet* und *adet-in* die Nominativ- und Akkusativformen des Substantivs für ‚Gewohnheit', und beide sind auf der letzten Silbe des Stammes betont: *a.**det***, *a.**det**-in*. (Der Punkt innerhalb der Wörter zeigt dabei eine Silbengrenze an.) Andererseits endet der Stamm von *hole* ‚Schaukel' auf *e*, sodass hier die vorletzte Silbe betont wird: ***ho.**le*. Dies bleibt auch so, wenn die Akkusativendung angehängt wird: ***ho.**le-n*. Unter Betonung sowie in manchen anderen Fällen werden die Vokale etwas länger ausgesprochen.

Ghegisch (aber nicht Toskisch) besitzt außerdem eine Reihe von nasalen Vokalen.

Schwierigkeiten für Deutschlerner: Aussprache

Obwohl albanische Lerner im Allgemeinen gute Voraussetzungen für den Erwerb der Aussprache des Deutschen haben, sind einige deutsche Laute für sie problematisch, insbesondere diejenigen, die es im Albanischen nicht gibt. Bei den Konsonanten sind dies der *ich*-Laut und der *ach*-Laut.

Bei den Vokalen steht dem einfachen albanischen Vokalsystem das komplexe deutsche System gegenüber. So gibt es im Albanischen das deutsche *ö* nicht, das wohl durch den nächstähnlichen Laut *ë* [ə] ersetzt wird. Außerdem ist die Unterscheidung zwischen langen deutschen Vokalen wie in *bloß* und kurzen reduzierten wie in *Boss* kaum wahrzunehmen und daher schwer zu lernen. Auch die deutschen Doppelkonsonanten und ihre Aussprache bereiten Albanischsprechern Schwierigkeiten, da sie ein Zeichen für einen vorherigen reduzierten Vokal sind. In dem Zusammenhang gibt es auch einen Unterschied zwischen dem deutschen *h*, das nach Vokalen oft nur deren Länge anzeigt (*Lohn*, *Kahn* etc.), und dem albanischen *h*, das immer als [h] ausgesprochen wird. Hier wird beim Lernen des Deutschen zunächst den albanischen Gewohnheiten gefolgt. Schießlich können die unterschiedlichen Betonungsmuster im Albanischen und Deutschen Deutschlernern Probleme bereiten, da ein Albanischsprecher zunächst auch im Deutschen den albanischen Regeln folgen wird. In dem deutschen Wort *A.mei.se* beispielsweise ist die erste Silbe betont, der albanische Deutschlerner aber wird nach den albanischen Regeln die vorletzte, also die zweite Silbe betonen.

17.4 Wörter

Ähnlich wie im Deutschen sind Adverbien, Präpositionen und Konjunktionen im Albanischen unflektierbar, das heißt, sie verändern ihre Form nicht (wenn man im Deutschen von der Verschmelzung von Präposition und Artikel absieht, wie in *von* + *dem* = *vom*). Substantive, Pronomina, Artikel, Adjektive und Verben werden dagegen gebeugt.

Flexion der Substantive

Wie im Deutschen wird bei den Substantiven das Genus unterschieden, wobei die meisten Substantive zu den Feminina oder Maskulina gehören. Die Klasse der Nomen, die inhärent Neutra sind, ist sehr klein. Zwei Beispiele sind *kryet* ‚Kopf' und *ballët* ‚Stirn', wobei zu letzterem bereits eine maskuline Form besteht. Zusätzliche Neutra entstehen, wenn von einem Verb oder einem Adjektiv ein Substantiv abgeleitet wird (z. B. *të folurit* ‚das Sprechen', *të ecurit* ‚das Gehen', *të ftohtët* ‚die Kälte', *të verdhët* ‚die Gelben'). Anders als im Deutschen (z. B. *das Mädchen*) können sich Neutra im Albanischen niemals auf belebte Objekte beziehen. In der Regel enden Substantive mit maskulinem Genus auf einem Konsonanten (z. B. *zog* ‚Vogel', *mal* ‚Berg'), Substantive mit femininem Genus auf einem Vokal (z. B. *vajzë* ‚Mädchen', *mace* ‚Katze'). Ausnahmen gibt es jedoch auch hier (z. B. *mi* ‚Maus' (mask.)).

Albanische Substantive werden außerdem hinsichtlich Kasus und Numerus flektiert. Stellt die Pluralbildung der Substantive im Deutschen bereits eine große Herausforderung für Lerner dar, so ist festzuhalten, dass Albanisch dem in nichts nachsteht – eher sogar als noch komplexer gelten kann. So findet man Pluralbildung mittels Suffixen (z. B. *mur-e* ‚Mauern', *lis-a* ‚Eichen', *nip-ër* ‚Neffen'), mittels Lautveränderung im Stamm (z. B. *dash/desh* ‚Widder', *mik/miq* ‚Freunde', *zog/zogj* ‚Vögel') oder einer Kombination aus beidem (z. B. *breg/brigj-e* ‚Ufer', *kunat/kunet-ër* ‚Schwager'). Aber auch sogenannte Nullformen, in denen sich das Wort überhaupt nicht ändert (wie *der/die Lehrer*), sind belegt (z. B. *sy* ‚Auge(n)').

Der unbestimmte Artikel steht wie im Deutschen vor dem Nomen. Der bestimmte Artikel wird hinten an das Nomen angehängt.

Eine wichtige Unterscheidung bei den Substantiven ist die zwischen den unbestimmten, also indefiniten Verwendungen (analog zu *ein Mädchen*), und den bestimmten (definiten) Formen (analog zu *das Mädchen*). Bei der indefiniten Form gibt es einen vorangestellten unbestimmten Artikel (*një*; z. B. *një vajzë* ‚ein Mädchen'), der unveränderlich ist und dieselbe Form hat wie das Zahlwort für ‚eins'. Der bestimmte Artikel wird als Suffix am Substantiv realisiert, wie in *vajz-a* ‚das Mädchen'). Das Suffix zeigt je nach Genus, Numerus und Kasus unterschiedliche Formen.

Ähnlich dem, was man in einigen deutschen Dialekten beobachten kann, treten Eigennamen in der Regel mit Artikel auf – im Albanischen in Form eines Artikelsuffixes: *Agim-i* ‚der Agim'.

Zwischen einem Nomen und einem folgenden besitzanzeigenden Genitiv tritt ein sogenannter *Gelenkartikel* auf:

*libr-**i*** ***i*** *An-ës*
Buch-das MASK.SG Anna-die.GEN
‚Annas Buch'

*fletorj-**a*** ***e*** *An-ës*
Heft-das FEM.SG Anna-die.GEN
‚Annas Heft'

Der Gelenkartikel hat unterschiedliche Formen je nach Kasus und Genus des Nomens und unterscheidet sich außerdem für indefinite und definite Formen. Er findet sich auch zwischen Nomen und manchen Adjektiven sowie Possessivpronomen.

Flexion der Adjektive

Anders als im Deutschen folgen die albanischen Adjektive dem Nomen. Wie im Deutschen kongruieren sie aber mit dem Nomen im Hinblick auf Numerus (Singular/Plural) und Genus (Maskulinum/Femininum). Eine Kasusmarkierung erhalten sie nicht. Wie bereits erwähnt, tritt bei einer Teilklasse der Adjektive der oben erwähnte Gelenkartikel auf. Ob ein Adjektiv einen solchen Gelenkartikel fordert, muss man als Albanischlerner auswendig lernen. Das lässt sich nicht aus der Bedeutung des Adjektivs herleiten; dementsprechend wird in den Wörterbüchern vermerkt, ob das Adjektiv mit Gelenkartikel auftritt – diese Adjektive sind mit *i/e* markiert. Das folgende Beispiel zeigt eine Erweiterung des Substantivs für ‚Buch' um ein Adjektiv und einen Genitiv. Dementsprechend tritt der Gelenkartikel doppelt auf.

Libr-i	*i*	*vjetër*	*i*	*Ben-i-t*	*ishte*	*grisur.*
Buch-das	MASK.SG	alt.MASK.SG	MASK.SG	Ben-der-GEN	war	zerrissen

‚Bens altes Buch war zerrissen.'

Die Steigerung der Adjektive sei hier auch erwähnt, weil im Albanischen der Komparativ (z. B. *größer*) und der Superlativ (z. B. *am größten*) auf interessante, jedoch subtile Weise voneinander unterschieden werden. Beide Formen werden mittels des vorangestellten Adverbs *më* ‚mehr' gebildet. Dass es sich bei dem folgenden Satz um einen Komparativ handelt, erkennt man einerseits an der Nennung des Vergleichsobjekts (in unserem Beispiel ist es eine Person mit Namen Skënder), andererseits aber auch daran, dass hier kein Artikelsuffix am Adjektiv (wie im Deutschen, *der Fleißigste*) auftritt.

Agim-i	*është*	***më***	*i*	*zellshëm*	*se*	*Skënder-i.*
Agim-der	ist	mehr	MASK.SG	fleißig	als	Skënder-der

‚Agim ist fleißiger als Skënder.'

Warum ist nun im Albanischen ein Artikelsuffix nötig, um den Superlativ zu bilden? Mit dem Superlativ werden Personen oder Objekte gekennzeichnet, die alle anderen in der besagten Eigenschaft übertreffen und deshalb eindeutig identifiziert werden können (z. B. *der fleißigste Schüler in meiner Klasse*). Deshalb tritt im Deutschen beim Superlativ auch immer der bestimmte Artikel auf (*der fleißigste Schüler, am (= an dem) fleißigsten*). Im Albanischen ist dies dann entsprechend das Artikelsuffix. Es kann an das Substantiv angehängt werden (wie im ersten Beispiel) oder an das Adjektiv (wie im zweiten Beispiel), wobei das Adjektiv in diesem Fall vor dem Substantiv steht:

Agim-i	*është*	*nxënës-**i***	***më***	*i*	*zellshëm*	*në*	*klasën*	*tonë.*
Agim-der	ist	Schüler-der	mehr	MASK.SG	fleißig	in	Klasse	unsere

‚Agim ist der fleißigste Schüler in unserer Klasse.'

Agim-i	*është*	***më***	*i*	*zellshëm-**i***	*nxënës*	*në*	*klasën*	*tonë.*
Agim-der	ist	mehr	MASK.SG	fleißig-der	Schüler	in	Klasse	unsere

‚Agim ist der fleißigste Schüler in unserer Klasse'

Diese Bildungsweise des Superlativs ist dem Spanischen ähnlich (z. B. *el más trabajador alumno*; wörtlich: ‚der mehr fleißige Schüler' = ‚der fleißigste Schüler').

Flexion der Verben

Die Verbkonjugation des Albanischen zeigt einige Parallelen zu der des Deutschen. In der Regel werden Verbformen mit Suffixen gebildet. Andererseits sind die Formen der Hilfsverben *jam* ‚sein' und *kam* ‚haben' ganz unregelmäßig. Auch gibt es eine Reihe von unregelmäßigen Verben, die einen Lautwechsel in der Stammform des Verbs aufweisen (ähnlich *werfen/wirf/warf/geworfen*), was die beiden folgenden Beispiele illustrieren.

flas	‚ich spreche'	*fle*	‚ich schlafe'
flisni	‚ihr sprecht'	*flini*	‚ihr schlaft'
fol	‚sprich!'	*fli*	‚schlafe!'
folur	‚gesprochen'	*fjetur*	‚geschlafen'

Anregung: Sammeln Sie mit Ihren Schülern eine Liste der unregelmäßigen Verben im Deutschen und Albanischen. Stellen Sie gegenüber, inwieweit Verben aus beiden Sprachen, die sich in ihrer Bedeutung entsprechen, gleichermaßen regelmäßig oder unregelmäßig flektieren. Erwartungsgemäß sollte es starke Überlappungen geben, da es sich in der Regel um sehr häufig vorkommende Verben handelt (z. B. *sprechen*).

Das albanische Verbalsystem ist insgesamt komplexer als das Deutsche, da es mehr Tempus- und Moduskategorien aufweist. Beim Tempus unterscheidet es neben Präsens, Futur, Imperfekt, Perfekt und Plusquamperfekt noch den *Aorist* – eine weitere Vergangenheitsform (siehe unten). Beim Modus unterscheidet es zusätzlich zu den bekannten Kategorien des Indikativs, Konjunktivs und Imperativs noch den *Optativ* und *Admirativ* (siehe unten). Hinzu kommt, dass die Verben nicht einheitlich flektieren, sondern unterschiedlichen Konjugationsklassen angehören, was auch in vielen anderen indoeuropäischen Sprachen anzutreffen ist. Diese Konjugationsklassen bestimmen sich aus den Endungen für Person und Numerus; bezieht man noch die verschiedenen Muster des Lautwechsels im Verbstamm einiger Verben mit ein, ergeben sich weitere Unterklassen.

Das Imperfekt bezeichnet nicht abgeschlossene Handlungen oder Ereignisse der Vergangenheit (z. B. *punoja* ‚ich arbeitete'). Typischerweise werden damit Begleitumstände oder Hintergrundinformationen etc. zu Ereignissen in der Vergan genheit ausgedrückt. Der Aorist bezeichnet dagegen abgeschlossene Handlungen oder Ereignisse in der Vergangenheit. Im Unterschied dazu bezieht sich das Perfekt auf vergangene Ereignisse, die einen Bezug zur Gegenwart haben. Gebildet wird es mit dem Hilfsverb *kam* ‚haben' und dem Partizip Perfekt des Verbs: *kam pun-uar* ‚ich habe gearbeitet', *ke pun-uar* ‚du hast gearbeitet'. Primäre Zeichen des Konjunktivs sind die Partikel *të* sowie in einzelnen Fällen besondere Endungen. In seiner Verwendung unterscheidet sich der albanische Konjunktiv teilweise deutlich von der im Deutschen. Ein zentraler Unterschied besteht darin, dass der Konjunktiv die Funktion des fehlenden Infinitivs im Standardalbanischen übernimmt. Einen Infinitiv (*gehen, fahren*) gibt es nicht, weswegen hier der Konjunktiv eingesetzt wird. Das hat zur Folge, dass dieser im Albanischen in Kontexten auftritt, in denen er aus der Perspektive des Deutschen überhaupt nicht erwartet würde, etwa nach Verben wie ‚müssen' oder ‚versuchen'. Teilweise kann sogar noch eine Konjunktion (*që*) hinzutreten:

Duhet	*të*	*shko-sh.*
müssen.3.SG	KONJ	gehen-KONJ.2.SG

‚Du musst gehen.'

Tentoi	*(që)*	*të*	*vij-ë.*
versuchen.AOR.3.SG	dass	KONJ	kommen-KONJ.3.SG

‚Er versuchte zu kommen.'

Der Konjunktiv wird auch bei der Bildung weiterer Tempus- und Modusformen herangezogen. Das Futur wird durch die Kombination von *do* (3. Person Singular Präsens des Hilfsverbs *dua* ‚wollen') mit dem Konjunktiv Präsens des Verbs gebildet: *do të punoj* ‚ich werde arbeiten', *do të punosh* ‚du wirst arbeiten'. Kombiniert man *do* mit dem Konjunktiv Imperfekt, so erhält man eine Verbform, die häufig in Bedingungsgefügen auftritt und dort die mögliche Konsequenz einer Bedingung bezeichnet; in traditionellen Grammatiken wird diese Form mitunter *Konditional* genannt. Das Futur wird man verwenden, wenn die angedeutete Konsequenz sicher ist:

Nesër	*do*	*të*	*bjerë*	*shi.*
morgen	FUT	KONJ	fallen.3.SG.KONJ	Regen

‚Morgen wird es regnen.'

Po	*ta*	*fitosh*	*garën,*	*do*	*të*	*të*	*bëj*
wenn	KONJ.sie	gewinnen.2.SG	Rennen.das	FUT	KONJ	dir	machen.2.SG

dhuratë.
Geschenk
‚Wenn du das Rennen gewinnst, werde ich dich beschenken.'

Po	të	merrje	pjesë	nesër,	do	(të)	gëzohesha.
wenn	KONJ	nehmen.2.SG.VER	Teil	morgen	FUT	KONJ	sich freuen.1.SG.VER

‚Wenn du morgen teilnehmen würdest, würde ich mich freuen.'

Ergänzt man den Konjunktiv mit der Partikel *le*, erhält man den *Jussiv*. Diese Form kann zum Ausdruck von Befehlen oder Aufforderungen verwendet werden und ergänzt dann den Imperativ (der nur für die 2. Person existiert); häufiger ist diese Konstruktion jedoch, wenn Gleichgültigkeit gegenüber Ereignissen ausgedrückt werden soll wie im folgenden Beispiel:

Le	*t'i*	*rrisin*	*taksat!*
JUSSIV	KONJ.sie	erhöhen.3.PL.KONJ	Steuern

‚Sollen sie doch die Steuern erhöhen!'

Optativ im Albanischen

Albanisch verfügt über eine Verbform, mit der ein Wunsch ausgedrückt wird:

puno-fsha	‚ich möge arbeiten'
puno-fsh	‚du mögest arbeiten'
puno-ftë	‚er/sie möge arbeiten'

Der Optativ drückt einen Wunsch aus und kann dabei auch für eine Verwünschung verwendet werden (etwa *Mögest du in der Hölle schmoren*). Während die allermeisten Sprachen in Europa hierfür keine besondere Verbform aufweisen, sondern beispielsweise den Konjunktiv in dieser Funktion verwenden, sticht das Albanische durch die Verwendung einer eigenständigen Verbform hervor, wie sie in der Randspalte für *punoj* ‚arbeiten' illustriert ist. Der Optativ ist dabei auf Hauptsätze beschränkt; einleitend kann die Konjunktion *që* hinzugefügt werden (z. B. *Që rro-fsh!* ‚Dass du lange leben mögest!').

Admirativ im Albanischen

Eine Flexionsform, mit der ein Sprecher Erstaunen oder Zweifel ausdrücken kann:

punua-ka	‚er arbeitet?!' (im Sinne von: Arbeitet er etwa?)	Präsens
punua-kësh	‚er arbeitete?!'	Imperfekt
pas-ka punuar	‚er hat gearbeitet?!'	Perfekt

Eine besonders interessante Verbkategorie im Albanischen ist der *Admirativ*, der benutzt wird, um Erstaunen, Zweifel oder eine abweichende Meinung seitens des Sprechers auszudrücken. Die Bildungsweise des Admirativs ist für Linguisten insofern bemerkenswert, als das Hilfsverb *kam* ‚haben' quasi als Suffix an die Partizipkurzform des Verbs angehängt wird. In der Randspalte werden einige Formen gezeigt.

Wenn man beispielsweise nicht erwartet, dass jemand gut tanzen kann, wird man sein Erstaunen darüber mit dem Admirativ (ADM) ausdrücken:

Ti	*kërce-**ke***	*shumë*	*mirë!*
du	tanzen-ADM.2.SG	sehr	gut

‚Du tanzt sehr gut!' [als überraschte Feststellung]

Auch Schlussfolgerungen, die man aus Begleitumständen zieht, werden mit dem Admirativ gekennzeichnet, beispielsweise wenn man wie im folgenden Beispiel aus der Tatsache, dass man zur üblichen Essenszeit keinen Essensgeruch wahrnimmt, schließt, dass es kein warmes Essen gibt:

Sot	*pas-**kemi***	*drekë*	*të*	*ftohtë!*
heute	haben-ADM.1.PL	Essen	FEM.AKK	kalt

‚Heute haben wir wohl kaltes Essen!'

Aber auch die Wiedergabe von Gerüchten, die man im Deutschen typischerweise mit *sollen* einleitet, erfolgt mit dem Admirativ:

President-i	*dash-**ka***	*makina*	*të*	*shpejta!*
Präsident-der	lieben-ADM.3.SG	Autos	FEM.AKK	schnell

‚Der Präsident soll schnelle Autos lieben!'

Das Albanische hat keinen Aktiv-Passiv-Kontrast, wie wir ihn vom Deutschen her kennen, sondern unterscheidet aktive von nichtaktiven Formen. Dass Linguisten für die nichtaktiven Verbformen (INAKT) den Begriff „Passiv" vermeiden, hat mit dem deutlich anderen Gebrauch der Formen zu tun. Einige Beispiele mögen dies verdeutlichen. Zwar weisen diese Verbformen auch klare Passivfunktion auf, was das folgende Beispielpaar verdeutlicht:

Ben-i	*lan*	*këmish-ën.*
Ben-der	waschen.3.SG	Hemd-das.AKK

‚Ben wäscht das Hemd.'

Këmish-a	***lah-et***	*nga*	*Ben-i.*
Hemd-das	waschen-3.SG.INAKT	von	Ben-der

‚Das Hemd wird von Ben gewaschen.'

Allerdings wird diese Verbform auch in Strukturen verwendet, in denen im Deutschen nicht das Passiv, sondern das Reflexivpronomen (z. B. *sich*) gebräuchlich ist.

Ben-i	***lah-et.***
Ben-der	waschen-3.SG.INAKT

‚Ben wäscht sich.'

Schließlich wird die nichtaktive Verbform zur Beschreibung von Situationen verwendet, in denen etwas spontan geschieht und nicht willentlich durch einen Menschen oder ein Tier herbeigeführt wird. Das folgende Beispiel hat eine solche Lesart:

Dritar-ja	***u***	*kris*	*nga*	*presion-i.*
Fenster-das	INAKT	brach	von/durch	Druck-der

‚Das Fenster brach durch den Druck.'

Pronomen

Objektklitika im Albanischen
Ähnlich wie Spanisch und Italienisch verfügt auch Albanisch über kurze Pronomenformen, die Klitika:

	Singular	Plural
‚mich/mir, uns'	*më*	*na*
‚dich/dir, euch'	*të*	*ju*
‚ihn/sie, sie'	*e*	*i*
‚ihm/ihr, ‚ihnen'	*i*	*u*

Die Pronomen im Albanischen funktionieren von der Art her ähnlich wie im Spanischen und im Italienischen. Im Akkusativ und Dativ werden sie oft durch Kurzformen ausgedrückt, die feste Positionen zum Verb einnehmen und als „klitische Pronomen" bzw. *Klitika* einzustufen sind. Wie die Übersicht in der Randspalte zeigt, gibt es in der 1. und 2. Person keinen Unterschied zwischen Akkusativ und Dativ, aber in der 3. Person werden die beiden Kasus unterschieden. Auf die genaue Stellung der Klitika zum Verb kommen wir später noch einmal zurück.

Wo im Deutschen ein Subjektpronomen stehen würde, kann das Pronomen im Albanischen, wie im Spanischen und Italienischen, einfach wegfallen. Für den Hörer ist aus der Form des konjugierten Verbs erschließbar, wer gemeint ist. Andere Pronomen kommen vor allem dann zum Einsatz, wenn sie betont sind, wie in ‚nicht *ich*, sondern *er*'. Hierfür gibt es *Personalpronomen* in der 1. und 2. Person im Singular und Plural (z. B. *unë* ‚ich' *mua* ‚mein/mir/mich', *meje* ‚ich.ABLATIV'). In der 3. Person werden (wie im Lateinischen) Demonstrativpronomen verwendet (z. B. *ai* ‚er', *ajo* ‚sie', *atij* ‚sein/ihm', *asaj* ‚ihr').

Was meint der Albaner, wenn er sagt: *lulj-a e saj* (wörtlich: ‚Blume die ihr'?)

Possessivpronomen werden nachgestellt und verlangen die definite Form des Substantivs und den Gelenkartikel: *zog-u i tij* heißt wörtlich übersetzt ‚Vogel der sein'. Im Deutschen ist die Reihenfolge *sein Vogel*, und der Artikel kann nicht gleichzeitig mit dem Possessivpronomen vorkommen. Man kann nicht sagen **der sein Vogel* oder **sein der Vogel.*

Präpositionen

Wie im Deutschen gibt es bei den albanischen Präpositionen einfache Formen (z. B. *mbi* ‚auf', *me* ‚mit', *në* ‚in/bei', *nën* ‚unter', *pa* ‚ohne', *prej* ‚durch/von', *nga* ‚durch/von', *te(k)* ‚bei', *për* ‚für'). Es gibt jedoch auch einige von Nomen oder Adverbien abgeleitete und komplexe Formen wie *përmbi* ‚oben auf', *nëpër* ‚durch', *përveç* ‚außer', *sipas* ‚gemäß'. Eine erstaunliche Eigenschaft des Albanischen ist, dass manche Präpositionen ausschließlich den Nominativ verlangen: *nga* ‚durch/von' und *te(k)* ‚bei'. *Bei der Schule* ist also im Albanischen nicht möglich; es muss immer *bei die Schule* heißen.

Schwierigkeiten für Deutschlerner: Wortstruktur

Da im Albanischen die Subjektpronomen weggelassen werden können, kommt es mitunter vor, dass Albanischsprecher dies auch auf das Deutsche übertragen und Subjektpronomen weglassen, was im Deutschen in der Regel nicht möglich ist, z. B. *Glaube, sie kommt später* oder *Geht nach Hause* statt *Er geht nach Hause*.

Auch der Unterschied zwischen starker und schwacher Adjektivflexion ist für Albanischsprecher schwierig.

Ein spezielles mögliches Problem betrifft die Benutzung der höflichen Anrede *Sie*; da im Albanischen für die höfliche Anrede die 2. Person Plural verwendet wird, neigen Albanischsprecher dazu, dasselbe im Deutschen zu tun (z. B. *Ihr sagtet, dass* … statt *Sie sagten, dass* …).

Wortbildung

Wie so viele andere Sprachen Europas verwendet das Albanische keine Komposita, die in ihrer Komplexität an die im Deutschen heranreichen. Es gibt zwar zweigliedrige Komposita, aber die Reihenfolge der Elemente ist gegenüber dem Deutschen vertauscht, wie die folgenden Beispiele zeigen:

vaj-gur	Öl-Stein	‚Erdöl'
marrë-veshje	genommen-(im)Ohr	‚Vereinbarung, Vertrag'
bashkë-short	gemeinsam-Los	‚Ehegatte'

Es gibt auch eine häufige Art von Nominalkomposita, die in zwei Wörtern getrennt geschrieben werden, wie in den ersten beiden der folgenden Beispiele. Das zweite Glied steht dabei zumeist im Ablativ. Häufiger werden deutsche Komposita im Albanischen durch komplexe Satzglieder wiedergegeben, wie das dritte und das vierte Beispiel zeigen:

mish pule	Fleisch Huhn	‚Hühnerfleisch'
bojë flokësh	Farbe Haare	‚Haarfarbe'
bukë e zezë	Brot dunkel	‚Schwarzbrot'
libër për fëmijë	Buch für Kinder	‚Kinderbuch'

Daher sollte es nicht überraschen, wenn Personen mit albanischer Muttersprache bei deutschen Komposita gelegentlich die Übersicht verlieren.

Als weitere Wortbildungsmittel existieren im Albanischen Präfixe und Suffixe zur Herleitung neuer Wörter. Diese können wie im Deutschen zum Beispiel aus Verben Substantive und aus Adjektiven Verben ableiten oder aber die Bedeutung eines Wortes abändern. Hier eine kleine Auswahl von Präfixen:

mos-	*mos-besim*	‚misstrauen'	←	*besim*	‚trauen'
	mos-pëlqim	‚nicht mögen'		*pëlqim*	‚mögen'
sh-/zh-/ç-	*sh-palos*	‚entfalten'		*palos*	‚falten'
	zh-dukem	‚verschwinden'		*dukem*	‚erscheinen'
	ç-armatos	‚entwaffnen'		*armatos*	‚bewaffnen'
mbi-	*mbi-vlerësoj*	‚überschätzen'		*vlerësoj*	‚schätzen'
	mbi-ngarkoj	‚überladen'		*ngarkoj*	‚beladen'
pa-	*pa-larë*	‚ungewaschen'		*larë*	‚gewaschen'
	pa-vlefshëm	‚ungültig'		*vlefshëm*	‚gültig'

Wir zeigen hier nur eine kleine Auswahl der zahlreichen Suffixe, über die das Albanische verfügt:

-i	*bukur-i*	‚Schönheit'	*bukur*	‚schön'
	pasur-i	‚Reichtum'	*pasur*	‚reich'
-ri/-ëri	*trim-ëri*	‚Tapferkeit'	*trim*	‚tapfer'
-si/-ësi	*aftë-si*	‚Fähigkeit'	*aftë*	‚fähig'
-tar/-ëtar	*luftë-tar*	‚Krieger'	*luftë*	‚Krieg'
-ës, -ues	*hap-ës*	‚Öffner'	*hap*	‚öffnen'
	mës-ues	‚Lehrer'	*mësoj*	‚lehren'

17.5 Sätze

Wortstellung

Auch wenn es im Albanischen eine Präferenz für die Abfolge Subjekt – Verb – Objekt (SVO) gibt, ist die Wortstellung relativ frei und unterliegt nur wenigen Beschränkungen. So kann das Subjekt vor dem Verb stehen oder ihm folgen; auch die Abfolge von direktem und indirektem Objekt ist beliebig. Adverbien können an verschiedenen Positionen im Satz eingefügt werden. Es gibt überdies keinen Unterschied in der Wortstellung von Haupt- und Nebensatz, wie er sich im Deutschen hinsichtlich der Stellung des flektierten Verbs manifestiert.

Die folgenden Beispiele verdeutlichen die Wortstellungsfreiheit im Albanischen. So kann ein Adverbial wie *am Samstag* an sehr unterschiedlichen Positionen im Satz auftreten. Im folgenden Satz gibt es nur die Beschränkung, dass die Konjunktivpartikel *të* und das flektierte Verb nicht getrennt werden können:

(*Të*	*shtunën*)	*Ben-i*	(*të shtunën*)	***duhet***	(*të shtunën*)	***të***	***punojë***	(*të shtunën*).
(am	Samstag)	Ben-der	(a.S.)	muss	(a.S.)	KONJ	arbeitet	(a.S.)

‚Ben muss am Samstag arbeiten.'

Wie bereits erwähnt, fällt ein Subjektpronomen im albanischen Satz oft weg (*Gehe jetzt zur Schule* statt *Ich gehe jetzt zur Schule*). Wenn es jedoch vorhanden ist, kann es dem Verb optional entweder vorausgehen oder folgen.

Ein für die albanische Satzstruktur wichtiger Aspekt ist die sogenannte *Doppelung durch Klitika*. Hierbei werden indirekte Objekte (im Dativ) immer und direkte Objekte (im Akkusativ) in bestimmten Fällen ein zweites Mal im Satz erwähnt, nämlich durch die oben erwähnten Kurzformen der Pronomina (Klitika). Daraus entstehen für deutsche Ohren ungewöhnliche Sätze, die etwa so lauten würden: *Hans hat* ***Maria ihr*** *einen Brief geschrieben*. Das folgende Beispielpaar illustriert die Verdoppelung bei einem Dativobjekt. Wie das zweite Beispiel belegt, werden auch die Langformen der Dativpronomen durch ein Klitikon verdoppelt:

Ben-i	***i***	*dha*	***Merit***	*një*	*trëndafil.*
Ben-der	ihr	gab	Maria	eine	Rose

‚Ben gab Maria eine Rose.'

Ben-i	***i***	*dha*	***asaj***	*një*	*trëndafil.*
Ben-der	ihr	gab	ihr	eine	Rose

‚Ben gab ihr eine Rose.'

Die Klitika stehen bei konjugierten Verben immer vor dem Verb. Werden bei einem Verb wie *geben* das direkte Objekt und das indirekte Objekt durch ein Klitikon verdoppelt, stehen die Klitika zusammen in einer festen Reihenfolge: Dativ vor Akkusativ. Im folgenden Satz wird außerdem das Akkusativklitikon *e* in der Kombination mit dem Dativklitikon *i* zu *a*.

Ben-i	*i-a*	*dha*	*Merit*	*trëndafil-in.*
Ben-der	ihr-es	gab	Maria	Rose-die.AKK

‚Ben gab Maria die Rose.'

Wenn beide Objekte bereits im Diskurs vorerwähnt sind, werden die Langformen der Pronomen in der Regel weggelassen; die Klitika können jedoch nicht weggelassen werden:

*Beni **i-a** dha.*
‚Ben gab es ihr.'

Zu einem Albaner gesprochen: *Öffne-es!* Zu mehreren Albanern: *Öffne-es-t!* (statt *Öffne-t-es!*).

Eine besondere Stellung nehmen die Klitika beim Imperativ ein. Ähnlich dem Französischen werden die Klitika hier nachgestellt. Ungewöhnlich ist jedoch die Tatsache, dass die Klitika beim Imperativ Plural zwischen Verbstamm und Pluralendung eingefügt werden:

hap-e	öffnen-es	‚öffne es!'
hap-e-ni	öffnen-es-PL	‚öffnet es!'

Eine feste Abfolge besteht auch bei anderen „kleinen" Wörtern. So gilt die Abfolge *do* (Futur) < *të* (Konjunktiv) < Objektklitik < Verb. Auch die Negationspartikeln, auf die wir noch zu sprechen kommen, ordnen sich in dieser Reihenfolge ein, wenngleich sie etwas mehr Stellungsmöglichkeiten zwischen den anderen Partikeln haben.

Schwierigkeiten für Deutschlerner: Wortstellung

Obwohl das Deutsche wie das Albanische eine gewisse Flexibilität in der Wortstellung zeigt, gibt es wichtige Unterschiede dabei. Das Albanische orientiert sich an dem Grundschema SVO, das Deutsche im Hauptsatz an dem Schema V2 + SOV. So entspricht der SVO-Satz *Ben geht einkaufen* beiden Mustern, da er ebenfalls ein V2-Satz ist. Aber Albanisch erlaubt auch Satzglieder vor dem Subjekt, sodass hier im Deutschen *Morgen Ben geht einkaufen* zu erwarten ist, was nicht dem deutschen V2-Schema entspricht. Die SOV-Stellung für Nebensätze im Deutschen kann dabei ein besonderes Problem darstellen, da ein Muttersprachler des Albanischen davon ausgehen wird, dass Nebensätze genau wie Hauptsätze gebaut sind. Er könnte also sagen: *Maria sagt, dass Ben geht einkaufen.* Ebenso sind die Stellungen von trennbaren und untrennbaren deutschen Verben für Albanischsprecher schwierig, da dieses Phänomen im Albanischen nicht existiert. Sie werden also Schwierigkeiten mit dem folgenden Unterschied haben: ein-kaufen: *Ben kauft morgen ein*; er-finden: *Ben er-findet etwas.*

Satzeinbettung

Das Albanische besitzt zwei verschiedene unterordnende Konjunktionen, *që* und *se*, die beide ‚dass' bedeuten. Während *që* sowohl Indikativ- als auch Konjunktivsätze einleiten kann, können *se* nur Sätze im Indikativ folgen.

Die Reihenfolge der Satzglieder ist im Nebensatz dieselbe wie im Hauptsatz. Zu Beginn von Abschnitt 17.5 haben wir die Stellungsmöglichkeiten im Hauptsatz mit einem Beispiel illustriert. Im folgenden Beispiel sieht man, dass die Stellungsmöglichkeiten dieselben sind, wenn dieser Satz unter *sagen* eingebettet ist:

Maria *tha* *se*
Maria sagte dass

(të shtunën) *Ben-i* *(të shtunën)* *duhet* *(të shtunën)* *të* *punoj-ë* *(të shtunën)*.
(am Samstag) Ben-der (a.S.) muss (a.S.) KONJ arbeitet (a.S.)

‚Maria sagte, dass Ben am Samstag arbeiten muss.'

Wie bereits oben angedeutet, ist die Andersartigkeit der Satzeinbettung im Albanischen von der zentralen Rolle des Konjunktivs bestimmt. Ist im Deutschen der Konjunktiv vor allem bei indirekter Rede oder in Konditionalsätzen wichtig, so gibt es im Albanischen mehr Kontexte, in denen der Konjunktiv gewählt werden muss. So steht der Konjunktiv beispielsweise auch bei bestimmten Relativsätzen (vorzugsweise vom Typ *jemanden suchen, der ...*):

Kërkoj *dikë* *që* *të* *më* *ndihmoj-ë.*
suchen.1.SG jemand dass KONJ mich helfen-3.SG.KONJ
‚Ich suche jemanden, der mir hilft/helfen würde.'

Weitere Besonderheiten der Grammatik

Zur Negation im Albanischen ist zweierlei anzumerken: Zum einen hat das Albanische gleich vier Partikeln zur Verneinung, nämlich *pa, mos, nuk* und *s'*. *Nuk* und *s'* treten an den gleichen Stellen im Satz auf und unterscheiden sich von *pa* und *mos*. *Pa* dient ausschließlich zur Verneinung von Partizipien und Adjektiven. Es ist daher dem deutschen Präfix *un-* ähnlich: *larë* ‚gewaschen' → *pa-larë* ‚ungewaschen'. *Mos* tritt bei allen anderen unflektierten Verben auf, darüber hinaus in direkter Verbindung mit Konjunktiv, Imperativ und Optativ. *Nuk* bzw. *s'* werden in allen anderen Fällen verwendet. Das folgende Beispielpaar illustriert die Verteilung: Im ersten Beispiel steht die Negation vor dem flektierten Modalverb, es wird *nuk* gewählt. Im zweiten Beispiel steht die Negation direkt bei der Konjunktivpartikel *të*; in diesem Fall wird *mos* gewählt. Wie in vielen anderen Sprachen ergeben sich aus der Stellung der Negation unterschiedliche Lesarten (siehe Polnisch; Kapitel 4).

Nuk *duhet* *t-a* *ketë* *ditur.*
nicht müssen.3.SG KONJ-es hat gewusst
‚Es muss nicht sein, dass sie/er es gewusst hat.'

Duhet *të* ***mos*** *e* *ketë* *ditur.*
müssen 3.SG KONJ nicht es hat gewusst
‚Es muss so sein, dass sie/er es nicht gewusst hat.'

Vergleichen Sie die Herkunftssprachen der Schülerinnen und Schüler in Ihrer Klasse daraufhin, ob sie mehrfache Negation zulassen: Kann man *Niemand nicht sah niemanden* in der Sprache (in irgendeiner Reihenfolge der Wörter) sagen? Im Deutschen geht das nicht, auch nicht in der dem Deutschen besser entsprechenden Reihenfolge *Niemand sah nicht niemanden*. Im Albanischen ist das möglich. Vielleicht haben Sie aber einen Schüler in der Klasse, der bairisch spricht? Betrachten Sie dazu auch das bairische Beispiel in der Randspalte von Abschnitt 15.1.5.

Des Weiteren gehört Albanisch zu den Sprachen mit mehrfacher Verneinung. Die albanischen Entsprechungen zu den negativen Adverbien wie *niemand* oder *nirgendwo* verlangen immer, dass zusätzlich das Verb negiert wird; aber auch andere Elemente sind davon betroffen. Sehr schön lässt sich dies an dem folgenden Beispiel erkennen. Neben der Negation am Verb löst das Subjekt *askush* ‚niemand' auch aus, dass die anderen Adverbien und das unbestimmte Objektpronomen in einer verneinten Form auftreten (z. B. *asnjëherë* ‚niemals' anstelle von *ndonjëherë* ‚jemals'):

Askush ***nuk*** *pa* *asnjëherë* *askënd* *askërkund.*
niemand nicht sah niemals niemanden nirgendwo
‚Niemand sah jemals irgendwo jemanden.'

17.6 Wortschatz

Die einzelnen Varietäten des Albanischen unterscheiden sich im Wortschatz. Beispielsweise haben die albanischen Dialekte, die in Italien oder Griechenland gesprochen werden, viele italienische bzw. griechische Wörter übernommen.

	Albanien	Kosovo
mal	‚Berg'	‚Wald'
bjeshkë	‚Gebirgswiese'	‚Berg'
patëllxhan	‚Aubergine'	‚Tomate'
mik	‚Freund'	‚Freund, Schwager'
shoque	‚Freund'	‚Ehefrau'
verdhë	‚gelb'	‚grün'
preferoj	‚vorziehen'	‚empfehlen'

Bemerkenswert sind die albanischen Zahlwörter. Zum einen hat das Albanische wie andere Balkansprachen eine besondere Bildungsweise für die Zahlen von 11 bis 19 entwickelt, und zwar wird das entsprechende Einerzahlwort mit *mbë-dhjetë* (wörtlich: ‚auf-zehn') kombiniert, z. B. *një-mbë-dhjetë* ‚elf' (wörtlich: ‚eins-auf-zehn'). Zum anderen gibt es im Albanischen Reste eines alten Zahlwortsystems mit 20er-Basis. So ist 20 *një-zet* (wörtlich: ‚eins-zwanzig') und 40 *dy-zet* (wörtlich: ‚zwei-zwanzig). In einigen Dialekten gibt es auch noch die Formen *tre-zet* für 60 (‚drei-zwanzig') und *katër-zet* für 80 (‚vierzwanzig'). Letzteres kennen wir auch aus dem Französischen (*quatre-vingt*).

Quellen und weiterführende Literatur

Zur Geschichte des Albanischen siehe Matzinger (2009) und Schumacher (2009), zu den Sprecherzahlen Gordon (2005). Zur Schrift, Aussprache und Grammatik siehe Bevington (1974), Newmark, Hubbard und Prifti (1982), Demiraj (1986), Buchholz und Fiedler (1987), Kallulli (1995; 2007), Pani (2006) sowie Trommer (2013).

Die albanische Flagge ist mit Erlaubnis von Fotolia reproduziert.

Literatur

Bevington GL (1974) Albanian phonology. Harrassowitz, Wiesbaden

Buchholz O, Fiedler W (1987) Albanische Grammatik. VEB, Leipzig

Demiraj S (1986) Gramatikë Historike e Gjuhës Shqipe. [Historische Grammatik des Albanischen.] Shtëpia Botuese „8 Nëntori", Tiranë

Gordon RG, Jr. (Hrsg) (2005) Ethnologue: Languages of the world. 15. Aufl. SIL International, Dallas, TX

Kallulli D (1995) Clitics in Albanian. University of Trondheim Working Papers in Linguistics 24

Kallulli D (2007) Rethinking the passive/anticausative distinction. *Linguistic Inquiry* 38: 770–780

Matzinger J (2009) Die Albaner als Nachkommen der Illyrer aus der Sicht der historischen Sprachwissenschaft. In Schmitt OJ, Frantz EA (Hrsg) Albanische Geschichte: Stand und Perspektiven der Forschung. Oldenbourg, München

Newmark LD, Hubbard P, Prifti P (1982) Standard Albanian: A reference grammar for students. Stanford University Press, Stanford

Pani P (2006) Some differences between varieties of Albanian with special reference to Kosovo. *International Journal of the Sociology of Languages* 178: 55–73

Schumacher S (2009) Lehnbeziehungen zwischen Protoalbanisch und balkanischem Latein bzw. Romanisch. In Schmitt OJ, Frantz EA (Hrsg) Albanische Geschichte: Stand und Perspektiven der Forschung. Oldenbourg, München

Trommer J (2013) Stress uniformity in Albanian: Morphological arguments for cyclicity. *Linguistic Inquiry* 44: 109–143

18 Das Griechische

Stavros Skopeteas

18.1 Einleitung

Ein Sprichwort

mi'lai	*ka'litera*	*'opios*	*mi'lai*	*telef'teos*
spricht	besser	wer	spricht	Letzter

‚Am besten spricht derjenige, der als Letzter das Wort nimmt.'

Griechisch (*elini'ka*) gehört zu den indoeuropäischen Sprachen, ist aber mit keiner der anderen indoeuropäischen Sprachen enger verwandt. Es wird dem „Balkansprachbund" zugerechnet, einer Sprachgruppe, die einige gemeinsame sprachliche Merkmale herausgebildet hat und zu der neben Griechisch verschiedene südslawische Sprachen, Rumänisch und Albanisch gehören (Kapitel 9, Kapitel 15 und Kapitel 17). Griechisch ist Amtssprache in Griechenland und – neben Türkisch – in Zypern.

Die Relevanz des Altgriechischen für das deutsche (und darüber hinaus für das europäische) Bildungssystem hat zu der paradoxen Situation geführt, dass die Bezeichnung „Griechisch" für das Altgriechische verwendet wird, während die gegenwärtig gesprochene Sprache als „Neugriechisch" bezeichnet wird. Wenn man heute also eine Grammatik des „Griechischen" in der Buchhandlung sucht, wird man wahrscheinlich eine Grammatik der Sprache der klassischen Texte des 5. und 4. Jahrhunderts v. Chr. bekommen, wie die *Griechische Grammatik* von Hans Zinsmeister (2006). Um eine Grammatik der heutigen Sprache zu finden, müsste man jedoch nach „Neugriechisch" suchen und würde so zum Beispiel auf die *Grammatik des Neugriechischen* von Hans Ruge (2001) stoßen. Neugriechisch hat natürlich einen historischen Bezug zum Altgriechischen, jedoch hat es sich durch den Sprachwandel so weit vom Altgriechischen entfernt, dass Sokrates einen Sprachkurs benötigen würde, um die neugriechische Übersetzung der platonischen Dialoge verstehen zu können. Ebenso braucht ein griechischer Muttersprachler heute etwa drei Jahre Altgriechischunterricht in der Schule, um die platonischen Dialoge im Originaltext lesen und verstehen zu können. Ein einfaches Beispiel aus dem Altgriechischen, nämlich folgendes Zitat von Sokrates aus dem Jahr 399 v. Chr., das er zu seiner Verteidigung äußerte, kann dies verdeutlichen:

Altgriechisch:	*hà*	*mè:*	*oîda*	*oudè*	*oíomai*	*eidénai*
	die	nicht	weiß	nicht	glaube	wissen

‚Ich glaube nicht, dass ich weiß, was ich nicht weiß.'
(Plato, Apologie des Sokrates, 21.d)

Im Neugriechischen würde das Zitat wie folgt lauten:

Neugriechisch:	*'osa*	*ðen*	*'ksero*	*ðen*	*no'mizo*	*'oti*	*ta*	*'ksero*
	welche	nicht	weiß	nicht	glaube	dass	sie	weiß

‚Ich glaube nicht, dass ich weiß, was ich nicht weiß.'

Neugriechisch weist – trotz der Tatsache, dass der Sprachwandel vom Altgriechischen zum Neugriechischen zu einer Reduktion des Formenbestands geführt hat – immer noch einen beachtlichen Formenreichtum auf; erwartungsgemäß bereitet jedoch die Flexion des Neugriechischen weniger Probleme als die des Altgriechischen. Das Altgriechische spielt für die moderne Sprache noch eine gewisse Rolle, da altgriechische Formen teilweise als Entlehnungen aus anderen europäischen Sprachen wieder in die Sprache integriert oder sprachintern zur Bezeichnung neuer Konzepte „wiederbelebt" wurden (z. B. *leofo'rio* ‚Bus' < *leós* ‚Leute' + *fer-*/*for-* ‚tragen').

Beispiele aus der Silbenschrift Linear B

<pa-te> ≈ *pántes* ‚alle' oder *paté:r* ‚Vater'

<ta-to-mo> ≈ *stat*^{h}*mós* ‚Stall'

<ti-ri-po-de> ≈ *tripodes* ‚Dreifüßler'

Das Griechische gehört zu den Sprachen mit einer sehr langen Schrifttradition. Allgemein bekannt ist, dass die Griechen die Konsonantenschrift der Phönizier übernommen und diese durch Umdeutung von Konsonantenzeichen und Hinzufügung von Vokalzeichen zum ersten Alphabet der Welt entwickelt haben. Alle westlichen Alphabete inklusive des lateinischen und kyrillischen Alphabets gehen auf das griechische Alphabet zurück. Weniger bekannt ist jedoch, dass die Griechen zuvor schon ein anderes Schriftsystem genutzt haben, nämlich das sogenannte „Linear B", eine Silbenschrift, die im Mykenischen Reich von ca. 1375 bis 1200 v. Chr. (auf Kreta und Teilen des griechischen Festlandes) verwendet wurde; auf Zypern war eine ähnliche Silbenschrift von 800 bis 200 v. Chr. im Gebrauch.

Das Griechische ist eine sehr wichtige Verkehrssprache im östlichen Mittelmeerraum gewesen – mit vielfältigen Sprachkontakten. Es weist viele Lehnwörter aus den romanischen Sprachen (insbesondere Italienisch und Französisch), den südslawischen Sprachen, dem Türkischen sowie in neuerer Zeit aus dem Englischen auf.

18.2 Allgemeines zur griechischen Sprache

Geschichte

Griechische Sprachgeschichte und illustrative Ereignisse

Altgriechisch (15.–4. Jh. v. Chr.):

14. Jh. v. Chr.	älteste Inschriften in Linear B
399 v. Chr.	Sokrates verteidigt sich vor dem Gericht der Athener Republik

Hellenistische Koine (3. Jh. v. Chr.–3. Jh. n. Chr.):

3. Jh. n. Chr.	*Aethiopica*, Roman von Heliodorus über die abenteuerliche Liebesgeschichte von Chariklea und Theagenes

Mittelgriechisch (4.–15. Jh. n. Chr.):

610 n. Chr.	Griechisch wird Amtssprache des Byzantinischen Reiches

Neugriechisch (ab dem 15 Jh. n. Chr.):

1544 n. Chr.	Veröffentlichung der ältesten Grammatik der neugriechischen Volkssprache (von N. Sophianos)
1976 n. Chr	die gesprochene Sprache wird Amtssprache Griechenlands

Wie bereits angedeutet, sind die ältesten griechischen Schriftdokumente in der Silbenschrift Linear B verfasst. Die älteste Inschrift im griechischen Alphabet wird auf das Ende des 8. Jahrhunderts v. Chr. datiert, vermehrt sind Inschriften jedoch erst ab der Mitte des 1. Jahrtausends v. Chr. belegt. Außer Inschriften sind auch literarische Werke erhalten, wobei die homerischen Epen (8. Jahrhundert v. Chr.) zu den ältesten Werken zählen.

Die Variante des Altgriechischen, die in der Schule unterrichtet wird, ist der attische Dialekt der klassischen Zeit. Das Attische ist die Mundart der Athener Bürger und genoss aufgrund der besonderen Rolle Athens ein hohes Ansehen. Im 5. Jahrhundert v. Chr. entwickelte sich das Attische zu einer angesehenen Literatursprache.

In der postklassischen Zeit (ab dem 3. Jahrhundert v. Chr.) werden die altgriechischen Dialekte durch die *Koine* (vom griechischen *koine:* ‚gemeinsam'), eine überdialektale Standardsprache, verdrängt. Die Koine ist aus der Mischung der altgriechischen Dialekte unter besonderer Rolle des Attischen entstanden und hat sich im östlichen Mittelmeerraum (Kleinasien, Ägypten, Syrien) und im Nahen Osten (Mesopotamien, Iran) verbreitet.

Mit der Gründung des Oströmischen Reiches im 4. Jahrhundert n. Chr. beginnt die byzantinische Ära, die bis zum Fall des byzantinischen Imperiums im 15. Jahrhundert n. Chr. dauert. Für diese Phase der griechischen Sprachgeschichte wird der Terminus „Mittelgriechisch" verwendet. Während bis zum 6. Jahrhundert n. Chr. noch Latein offizielle Sprache des Oströmischen Reiches ist, erhält das Griechische ab dem 6. Jahrhundert diese Funktion. Die Sprache der Verwaltung und der gebildeten Kreise ist an den Vorbildern des klassischen Altertums orientiert und entfernt sich somit immer mehr von der Umgangssprache, der „byzantinischen Koine". Nach der Einwanderung verschiedener Völker (unter anderem Langobarden im Westen, Slawen und Bulgaren im Norden, Araber im Süden) ab dem 7. Jahrhundert n. Chr. kommt es zum engen Sprachkontakt mit diesen Völkern.

Im 15. Jahrhundert fällt ein großer Teil des Byzantinischen Reiches unter die Herrschaft der Osmanen, die bis ins 19. Jahrhundert fortbesteht. Dann entsteht der griechische Staat. Das gesprochene Griechische splittert sich in dieser Zeit in viele Dialekte auf, die, abgesehen von einigen isolierten Dialekten, graduell ineinanderübergehen. Die offizielle Sprache im neu gegründeten Staat ist ein archaisches Griechisch (die *kaθa'revusa* ‚Reinsprache'), das von der gesprochenen Sprache ziemlich stark abweicht. Nach langjährigen Konflikten setzt sich 1976 eine auf dem gesprochenen Neugriechischen basierende Varietät als Sprachnorm in der Schulausbildung und im öffentlichen Raum durch. Diese Sprachvarietät des Griechischen – auch „neugriechische Koine" oder „Dimotiki" (Volkssprache) genannt – beruht auf dem in der Hauptstadt gesprochenen Griechischen und besitzt größtenteils Eigenschaften der südlichen und westlichen griechischen Dialekte.

Sprecher und Sprachsituation

Die Bevölkerung Griechenlands zählt heute ca. 11 Millionen Einwohner und die griechisch-zypriotische Bevölkerung der Republik Zypern ca. 700 000 Einwohner. Griechischsprachige Minderheiten gibt es weiterhin in der Türkei, am Schwarzen Meer (Türkei, Georgien und Ukraine), in den benachbarten Ländern der Balkanhalbinsel, in verschiedenen westeuropäischen Ländern sowie in den Vereinigten Staaten und Australien. Die griechische Diaspora wird aktuell auf über vier Millionen Griechen geschätzt.

Die Zuwanderung von Griechen nach Deutschland ist schon seit dem 17. Jahrhundert belegt. Die bedeutendste Migrationswelle entwickelte sich in den 1960er Jahren nach dem Abschluss eines Anwerbevertrags der Bundesrepublik Deutschland mit Griechenland im März 1960. Heute leben in Deutschland 375 000 Bürger mit griechischem Migrationshintergrund (d. h. mit derzeitiger oder früherer griechischer Staatsangehörigkeit), davon die meisten in Nordrhein-Westfalen (119 000), Baden-Wüttemberg (90 000) und Bayern (74 000). Der Anteil der griechischen Schüler an den ausländischen Schülern liegt bei 3,5 Prozent.

18.3 Schrift und Aussprache

Schon bei den Beispielen in Abschnitt 18.1 kann man sehen, dass sich die griechische Aussprache geändert hat. Altgriechisch hatte z. B. lexikalische Töne, d. h. bestimmte Silben wurden stets mit einer bestimmten Melodie ausgesprochen, manchmal fallend wie in *mè* ‚nicht', manchmal steigend wie in *eidénai* ‚wissen' und manchmal steigend-und-fallend wie in *oîda* ‚weiß'. Das Neugriechische hat keine Töne sondern Wortbetonung. Diese wird hier durch das Zeichen ' am Anfang der betonten Silbe von mehrsilbigen Wörten dargestellt, z. B. *'ksero* ‚weiß' (auf der ersten Silbe betont) oder auch *kse'ro* ‚trocken' (auf der zweiten Silbe betont).

Eine griechische Schülerin sagt: [de 'rafɛ mu 'sainɛ 'tasɛ 'stɛlɛn]. Was könnte das heißen? Am Ende dieses Abschnitts werden Sie die Eigenschaften des Griechischen verstehen, die dabei ins Deutsche übertragen wurden.

Die Lösung finden Sie am Ende dieses Kapitels. 🕮[1]

Die neugriechischen Beispiele werden in diesem Kapitel oben und auch weiter unten wieder in einer Umschrift dargestellt, die sich an der Lautschrift anlehnt und die Laute, die auch in der Schrift abgebildet werden, wiedergibt. Die Umschrift wählt etwas einfachere Zeichen, beispielswese *e* und *o* statt [ɛ] und [ɔ], verwendet aber auch Symbole der Lautschrift wie *θ* und *ð*, die aus dem Englischen bekannten „th-Laute". Die Umschrift wird *kursiv* angegeben. Die genauere Anwendung der Lautschrift wird in eckigen Klammern dargestellt.

Gelegentlich wird gesagt, dass das Griechische wie ein unverständliches Spanisch klingt. Dieser Eindruck beruht auf den Ähnlichkeiten der Lautsysteme: Wie das Spanische weist das Griechische keinen Knacklaut auf, der im Deutschen im Wortanlaut realisiert wird, wenn dort kein anderer Konsonant steht (z. B. *Eis*: [ʔaɪs]); ebenso werden die stimmlosen Verschlusslaute [p, t, k] nicht behaucht. Somit vermitteln Griechisch und Spanisch einen „weichen" akustischen Eindruck. Weiterhin haben beide Sprachen drei charakteristische Laute, die im Standarddeutschen nicht vorhanden sind: Das (wie im Bairischen) gerollte [r] sowie die Reibelaute [θ] (engl. *thin*) und [ð] (engl. *then*).

Die griechische Schrift ist in einigen Teilen leicht zu lesen. Dies gilt für alle Buchstaben, die auch Teil des lateinischen Alphabets sind, also die Großbuchstaben *K*, *T*, *M*, *N*, *A*, *O*, *E* und *I*.

Griechische Buchstaben, die indirekt in das Lateinische eingegangen sind

MAMA	*μαμά*
KIMONO	*κιμονό*
BOMBA	*βόμβα*
ΠΑΠΑΣ	*παπάς*
ΘΕΜΑ	*θέμα*
ΤΑΜΠΟΥ	*ταμπού*

Können Sie das entschlüsseln? Die Lösung finden Sie im nebenstehenden Fließtext.

Diese Zeichen wurden von den Römern indirekt über das Etruskische aus westgriechischen Alphabetvarianten übernommen. Man benötigt deshalb keine Kenntnisse der griechischen Schrift, um Wörter wie *MAMA* oder *KIMONO* zu lesen (und zu verstehen). Dagegen unterscheiden sich die jeweiligen Kleinbuchstaben von den Entsprechungen im lateinischen Alphabet. Für Verwirrung sorgen die Buchstaben, die in beiden Alphabeten einen unterschiedlichen Lautwert aufweisen. Zum Beispiel bezeichnet *B* den Reibelaut [v] und nicht den Verschlusslaut [b], das heißt, die Aussprache des Wortes *BOMBA* ist nicht ['bɔmba], sondern ['vɔmva] ‚Bombe'. Weiterhin sind

Das griechische Alphabet
(mit Aussprache in Lautschrift)

Α α [a]	*Β β* [v]	*Γ γ* [ʝ/ɣ]	*Δ δ* [ð]
Ε ε [ɛ]	*Ζ ζ* [z]	*Η η* [i]	*Θ θ* [θ]
Ι ι [i]	*Κ κ* [c/k]	*Λ λ* [l]	*Μ μ* [m]
Ν ν [n]	*Ξ ξ* [ks]	*Ο ο* [ɔ]	*Π π* [p]
Ρ ρ [r]	*Σ σ* [s]	*Τ τ* [t]	*Υ υ* [i]
Φ φ [f]	*Χ χ* [ç/x]	*Ψ ψ* [ps]	*Ω ω* [ɔ]

viele Buchstaben des Griechischen im lateinischen Alphabet nicht vorhanden, zum Beispiel *Π* für [p], also *ΠΑΠΑΣ* [papas] ‚Papst oder Pope' (zur Betonung dieses Wortes siehe unten). Schließlich gibt es noch die Buchstabenklasse der Laute, die im Deutschen nicht vorhanden sind. Der Buchstabe *Θ* steht für den Reibelaut [θ], also ['θɛma] ‚Thema', gesprochen wie im englischen ***thin***. Eine besondere Eigenschaft der neugriechischen Aussprache des Alphabets sind Kombinationen von zwei Buchstaben für einen Laut. So wird beispielsweise [b] als *ΜΠ* und [u] als *ΟΥ* geschrieben, das heißt, das Wort ‚Tabu' schreibt sich *ΤΑΜΠΟΥ*. In der Randspalte finden Sie eine Liste der einfachen Buchstaben, jeweils mit der Aussprache in Lautschrift in eckigen Klammern dazu.

Das Vokalsystem des Griechischen umfasst fünf Vokale, die alle im Deutschen vorhanden sind. Wie Tabelle 18.1 illustriert, gibt es viele unterschiedliche Schreibweisen für die einzelnen Vokale. Die alternativen Schreibweisen kommen dadurch zustande, dass sich die Schrift nicht an den Lautwandel der letzten 25 Jahrhunderte angepasst hat. So haben Lautverschiebungen dazu geführt, dass der geschlossene Kurzvokal [o] *ο* und der offene Langvokal [ɔː] *ω* des klassischen Griechischen zwischen dem 2. Jahrhundert v. Chr. und dem 2. Jahrhundert n. Chr. zusammengefallen sind, sodass diese beiden Buchstaben seit ca. 2000 Jahren denselben Lautwert haben. Viele Diphthonge des Altgriechischen haben sich zu einfachen Lauten gewandelt – ein Phänomen, das man auch in einigen deutschen Dialekten beobachten kann (z. B. standardsprachlich ***Bein/kein*** [aɪ] vs. dialektal ***Been/keen*** [eː]). Das Ergebnis dieser Prozesse ist die Entstehung von Buchstabenfolgen, die für einfache Laute stehen.

Tabelle 18.1: Vokale des Griechischen in Laut- und Schreibschrift

Klang	hell	mittel	dunkel
Mund weiter geschlossen	[i] ι, η, υ, ει, οι, ηι		[u] ου
	[ɛ] ε, αι		[ɔ] ο, ω
Mund offener		[a] α	

Die griechischen Konsonanten sind in Tabelle 18.2 dargestellt. Neben [θ] und [ð] gibt es einen weiteren Reibelaut ohne Entsprechung im Deutschen, nämlich [ɣ], das stimmhafte Gegenstück zum *ach*-Laut [x]. Griechisch unterscheidet nicht zwischen den stimmlosen Reibelauten [s] (am Zahndamm) und [ʃ] (etwas dahinter) bzw. zwischen den entsprechenden stimmhaften Varianten [z] und [ʒ] oder den entsprechenden Affrikaten [ts] vs. [tʃ] oder [dz] vs. [dʒ]. Das bedeutet, der ehemalige Bundeskanzler heißt auf Griechisch ['srɛdɛr], also mit *s* statt mit *sch* am Anfang; [dzip] mit *d* und danach einem *s* wie in

Sonne bezeichnet ‚Jeep', und ['zugla] ‚Dschungel' würde auch nur mit einem stimmhaften *s* ausgesprochen.

Die Konsonanten, die am Gaumen artikuliert werden, weisen einen Kontrast zwischen einer vorderen und einer hinteren Artikulation auf, die an die *ich-ach*-Alternation im Deutschen erinnert: *dich* [diç] (am harten Gaumen) vs. *Dach* [dax] (hinten am weichen Gaumen). Während jedoch im Deutschen die Wahl der Konsonanten vom vorausgehenden Laut abhängt, ist sie im Griechischen vom folgenden Laut abhängig. Überdies hat das Griechische diesen Kontrast nicht nur für [x] sondern auch für [k], [g] und [ɣ], sodass deren Lautvarianten ins Spiel kommen, die im Deutschen nicht auftreten, nämlich [c], [ɟ] und [ʝ]. [c] kann man sich als zum harten (also vorderen) Gaumen verschobenes [k] vorstellen. Dieser Laut klingt etwa so wie *kü*. [ɟ] ist analog dazu ein nach vorn verschobenes [g] (*gy*). [ʝ] ist die stimmhafte Form von [ç]. Die vorderen Laute [c], [ɟ], [ç] und [ʝ] werden vor den vorderen (hellen) Vokalen [i] und [ɛ] gewählt, in allen anderen Fällen die entsprechenden hinteren Laute [k], [g], [x] und [ɣ]: ['cina] ‚China' vs. ['kafkasos] ‚Kaukasus', ['ɟɛisa] ‚Geisha' vs. ['gana] ‚Ghana', [çi'li] ‚Chile' vs. [xa'li] ‚Teppich' und ['ʝirɔs] ‚Gyros' vs. ['ɣata] ‚Katze'.

Griechische Zungenbrecher

Μια πάπια μα πια πάπια; Μια πάπια με παπιά.
mja 'papja ma pja 'papja? mja 'papja me pa'pja.
‚Eine Ente, aber welche Ente? Eine Ente mit Entchen.'

Generell werden Wortgrenzen im Griechischen lautlich nicht so deutlich abgegrenzt wie im Deutschen. So sind Silben oft über Wortgrenzen hinweg organisiert, idealerweise der Sequenz Konsonant-Vokal entsprechend. So wird [ti**n** 'ana] ‚die Anna' als [ti.'na.na] realisiert (wobei der Punkt für die Silbengrenze steht). Aufeinanderfolgende Vokale werden an den Wortgrenzen oft vereinfacht. Zwei identische Vokale werden häufig als ein einziger Vokal realisiert, zum Beispiel wird [θ**aa**ɣa'pisɔ] ‚ich werde lieben' als [θ**a**ɣa'pisɔ] realisiert. Wenn die Vokale unterschiedlich sind, dann wird ein Vokal nach der Hierarchie a > ɔ > u > i > ε gewählt, zum Beispiel wird [θ**a** '**ɛ**rθi]

Tabelle 18.2: Konsonanten des Griechischen in Laut- und Schreibschrift (Lautvarianten in Klammern)

artikuliert mit	beiden Lippen	Lippe an Zähnen	Zunge zwischen Zähnen	Zunge an Zahndamm	Zunge an Gaumen	
Verschlusslaute	[p] π [b] μπ			[t] τ [d] ντ	([c] κ) ([ɟ] γκ, γγ)	[k] κ [g] γκ, γγ
Nasale	[m] μ			[n] ν		([ŋ] ν)
Reibelaute		[f] φ [v] β	[θ] θ [ð] δ	[s] σ [z] ζ	([ç] χ) ([ʝ] γ)	[x] χ [ɣ] γ
Affrikaten				[ts] τς [dz] τζ		
l und *r*				[l] λ [r] ρ	([ʎ] λ)	

‚er wird kommen' als ['θarθi] ausgesprochen und [tɔ'ipɛs] ‚du sagtest es' als ['tɔpɛs].

Insbesondere an den Wortgrenzen wird die Aussprache der Laute von ihrer Umgebung beeinflusst. So wird der Nasal *n* im

Schwierigkeiten für Deutschlerner: Lautsystem und Schrift

In der Aussprache werden erwartungsgemäß die Laute des Deutschen, die im Griechischen nicht auftreten, durch ähnliche Laute in der Muttersprache ersetzt. Da Griechisch kein [h] hat, wird der Hauchlaut [h] des Deutschen durch einen anderen stimmlosen Reibelaut ersetzt, [x] oder [ç], je nach dem nachfolgenden Laut (z. B. ['çɛnçɛn] für *Hähnchen* oder ['xarɛ] für *Haare*). Die Unterscheidung zwischen den beiden stimmlosen *s*-Lauten, nämlich [s] und [ʃ], ist im Griechischen nicht vorhanden, sodass beispielsweise *Tasse* und *Tasche* in gleicher Weise als ['tasɛ] ausgesprochen werden.

Das griechische Vokalsystem besteht aus fünf Vokalen und unterscheidet nicht zwischen verschiedenen Vokallängen (also lang oder kurz). Dementsprechend stellt der Erwerb des relativ komplexen deutschen Vokalsystems eine Hürde dar: ['stɛlɛn] wäre eine mögliche Aussprache für *stehlen* und *stellen*, [stat] wäre eine mögliche Aussprache für *Staat* und *Stadt*, ['ratɛn] könnte für *Raten* oder *Ratten*, [vɛlt] für *Welt* und *wählt* und ['mitɛ] für *Mitte* und *Miete* vorkommen. Im Griechischen fehlt der unbetonte *e*-Vokal (das Schwa); deshalb verwenden griechische Deutschlerner häufig den halb offenen hellen Vokal [ɛ], beispielsweise ['mitɛ] anstatt ['mitə]. Ebenso unterscheidet Griechisch nicht zwischen gerundeten und ungerundeten hellen Vokalen, grob gesprochen also nicht zwischen *ö* und *e* oder *ü* und *i*. So verwenden die Deutschlerner häufig ungerundete Vokale anstelle der gerundeten, zum Beispiel ['ɛfnɛn] für *öffnen*, ['misɛn] (oder auch gelegentlich ['musɛn]) für *müssen* usw.

Charakteristisch für griechische Muttersprachler ist auch, dass sie die Knacklaute im Deutschen nicht aussprechen. Dadurch fällt es ihnen schwer, Wortgrenzen zu identifizieren, die ja der Knacklaut anzeigt. Verschärft wird das Problem, weil Deutschlerner häufig die Silben nach dem Muster „Konsonant-Vokal" realisieren, sodass zum Beispiel *guten Abend* eher wie *gute Nabend* ['gu.tɛ.'na.bent] klingt. Weiterhin werden häufig benachbarte Laute angeglichen: Die Realisierung [dɛm man] könnte für den Akkusativ *den Mann* vorkommen, wobei das auslautende *n* an das nachfolgende *m* angeglichen wird. Solche Veränderungen können auch im Wortinneren vorkommen, zum Beispiel ['mamfrɛd] für *Manfred*.

Anders als im Deutschen weisen längere griechische Wörter keine Nebenbetonung auf. Im Griechischen ist genau eine Silbe besonders prominent und wird betont. Deshalb kann man mitunter beobachten, dass griechische Muttersprachler bei der Aussprache von deutschen Komposita die Nebenbetonung ignorieren und das ganze Wort als eine Einheit mit einer einzigen betonten Silbe realisieren, etwa [xaupt'banxɔf] für *HAUPTbahnhof*, [grund'sulɛ] für *GRUNDschule*.

Da Griechisch ein anderes Alphabet als Deutsch hat, kann es bei Lernern, die die griechische Schrift beherrschen, zu Verwechslungen bei Buchstaben mit unterschiedlichem Lautwert kommen: So entspricht der Großbuchstabe *P* einem [p] im Deutschen und einem [r] im Griechischen, während der Kleinbuchstabe *v* einem [v] im Deutschen und einem [n] im Griechischen entspricht. Die Großschreibung von Substantiven bereitet mitunter auch Probleme (z. B. *mama* statt *Mama*). Weitere Rechtschreibfehler können auftreten, weil die Schreiber sich strikt an den Lauten orientieren. So fehlt manchmal die Doppelkonsonantschreibung bei *wan* (statt *wann*) oder *komen* (statt *kommen*).

Eine Reihe von Rechtschreibfehlern ist auf die Unterschiede im Lautsystem der beiden Sprachen zurückzuführen, beispielsweise bei Vokaldistinktionen, die im Griechischen nicht vorhanden sind (z. B. *Zimmermedchen* für *Zimmermädchen* oder *Gurtel* für *Gürtel*).

Wortauslaut als [m] ausgesprochen, wenn ein Laut folgt, der mit den Lippen artikuliert wird, also [p], [b] oder [m]. So heißt es [t**in** 'ana] ‚die Anna', aber [t**im** ba'nana] ‚die Banane' und [t**im** ma'ria] ‚die Maria'. Weiterhin werden die stimmlosen Konsonanten [p], [t] und [k] durch die entsprechenden stimmhaften ersetzt, wenn sie einem Nasal im Wortauslaut folgen, zum Beispiel Nominativ [ɔ '**p**ɛtrɔs] ‚der Petros', aber Akkusativ [tɔm '**b**ɛtrɔ] ‚den Petros'; Nominativ [ɔ '**t**imɔs] ‚der Timos', aber Akkusativ [tɔn '**d**imɔ] ‚den Timos'; Nominativ [ɔ '**k**ɔstas] ‚der Kostas', aber Akkusativ [tɔn '**g**osta] ‚den Kostas'. Allerdings sind auch Aussprachen wie [ti ba'nana], [ti ma'ria], [tɔ '**b**ɛtrɔ], [tɔ '**d**imɔ] und [tɔ '**g**osta] möglich; hier ist der auslautende Nasal entfallen.

Jedes mehrsilbige Wort hat genau eine betonte Silbe, die mit besonderer Intensität und Dauer ausgesprochen wird. In der Kleinschrift wird ein Akzentzeichen gesetzt, das die betonte Silbe des Wortes auszeichnet (z. B. *μαμά, κιμονό, παπάς*). In einer Reihe von Wörtern hat die Betonung eine bedeutungsunterscheidende Funktion: So hat das Wort *ΠΑΠΑΣ* ‚Papst oder Pope' zwei mögliche Aussprachen: *Πάπας* ['papas] und *παπάς* [pa'pas]. Die erste Form bedeutet ‚Papst' und die zweite ‚Pope'.

18.4 Wörter

Ableitung und Komposition

Die griechische Wortbildung ist uns in zweierlei Hinsicht vertraut. Zum einen findet man alle Wortbildungsoptionen (Ableitung und Komposition), die es im Deutschen gibt, auch wenn die Komposition eine geringere Rolle spielt. Zum anderen haben eine Reihe von griechischen Wortbildungselementen über Entlehnungen aus dem Altgriechischen Einzug in die deutsche Sprache gehalten und werden vor allem bei der Bildung von Fachwörtern immer wieder eingesetzt (z. B. *anti-*, *anthropo-*, *chemo-*, *biblio-*, *dermato-*, *mikro-*, *-phil*).

Das Griechische verfügt über eine Vielzahl von Endungen zur Ableitung neuer Wörter. Die Endungen wie *-as* und *-ieris* werden für die Bildung von Berufsbezeichnungen verwendet (z. B. *ja'urti* ‚Joghurt' → *jaur'tas* ‚Joghurtverkäufer', *'porta* ‚Tür' → *por'tieris* ‚Türsteher'); die Endungen wie -*'io* und -*'ia* werden für die Bildung von Ortsbezeichnungen verwendet (z. B. *'farmako* ‚Medikament' → *farma'kio* ‚Apotheke', *po'tami* ‚Fluss' → *pota'mia* ‚Ort um den Fluss'). Weiterhin wird eine Reihe von Endungen für die Bildung von Adjektiven verwendet, etwa *-i'kos* (z. B. *pe'ði* ‚Kind'→ *peði'kos* ‚kindlich') oder *-inos* (z. B. *'ksilo* ‚Holz' → *'ksilinos* ‚hölzern'). Adverbien werden durch die

Endung *-a* gebildet (z. B. *ka'los* ‚gut (Adj.)‘ → *ka'la* ‚gut (Adv.)‘ oder *'aðikos* ‚ungerecht‘ → *'aðika* ‚ungerechterweise‘).

Ein Zungenbrecher

Ο τζίτζιρας, ο μίτζιρας, ο τζιτζιμιτζιχότζιρας
o 'dzidziras o 'midziras o dzidzimidzi'xodziras

ανέβηκε στην τζιτζιριά, στη μιτζιριά, στη τζιτζιμιτζιχοτζιριά,
a'nevike stin dzidzi'ria sti midzi'ria sti dzidzimidzixodzi'ria

να φάει τα τζίτζιρα, τα μίτζιρα, τα τζιτζιμιτζιχότζιρα.
na 'fai ta 'dzidzira ta 'midzira ta dzidzimidzi'xodzira

‚Der Dzidzirer, der Midzirer, der Dzidzimidzichodzirer ist auf die Dzidzirei, die Midzirei, die Dzidzimidzichodzirei aufgestiegen, um die Dzidzirel, die Midzirel, die Dzidzimidzichodzirel zu essen.‘

Der Zungenbrecher in der Randspalte illustriert die Möglichkeiten der griechischen Wortbildung. Die Stämme *'dzidzir-*, *'midzir-*, und *dzidzimidzi'xodzir-* gibt es im Griechischen nicht, sie kommen ausschließlich in diesem Zungenbrecher vor. Die Wortbildung mit dem Suffix *-as* wird als Person, mit dem Suffix *-'ia* als Ortschaft und mit dem Suffix *-a* (Neutrum, Plural, Nominativ/Akkusativ) als Gegenstände im Plural interpretiert. Durch den Kontext vermutet man, dass die Ortschaften Bäume und die Gegenstände Früchte sind – diese Interpretation ist jedoch nicht zwingend (vgl. die deutsche Übersetzung).

Die Komposition betrifft die Zusammensetzung verschiedener Wörter zu einem neuen komplexen Wort. Griechische Komposita gehören verschiedenen Wortarten an, zum Beispiel Substantive wie *aɣrio-'ɣuruno* ‚Wildschwein‘ aus dem Adjektiv *'aɣrio* ‚wild‘ und dem Substantiv *ɣu'runi* ‚Schwein‘, Adjektive wie *palio-mo'ðitikos* ‚altmodisch‘ aus dem Adjektiv *pa-'lios* ‚alt‘ und dem Substantiv *'moða* ‚Mode‘ und Verben wie *xrono-tri'vo* ‚ich verschwende Zeit‘ aus dem Substantiv *'xronos* ‚Zeit‘ und dem Verb *'trivo* ‚reiben‘.

Wörter bilden auf Griechisch

Das Griechische erlaubt eine Art der Wortbildung, die im Deutschen unüblich ist: Dabei werden Wörter derselben Art zusammengesetzt. Aus den Substantiven *ma'xeri* ‚Messer‘ und *pi'runi* ‚Gabel‘ bildet man das Kompositum *maxero-'piruno* ‚Besteck‘ (wörtlich: ‚Messergabel‘). Aus den Substantiven *'laði* ‚Öl‘ und *'ksiði* ‚Essig‘ bildet man das Kompositum *la'ðo-ksiðo* (wörtlich: ‚Ölessig‘), das ein beliebtes griechisches Salatdressing aus einer Öl-Essig-Mischung bezeichnet. Aus den Adjektiven *ɣli'kos* ‚süß‘ und *ksi'nos* ‚sauer‘ bildet man *ɣli'ko-ksinos* ‚süß-sauer‘. Aus den Verben *pi'jeno* ‚ich gehe‘ und *'erxome* ‚ich komme‘ bildet man das zusammengesetzte Verb *pijeno-'erxome*. Können Sie erraten, was dieses Verb bedeutet?

Die Lösung finden Sie am Ende dieses Kapitels. 🕮[2]

Zusammengesetzte Nomina und Verben können im Griechischen genauso wie im Deutschen mithilfe von Präpositionen gebildet werden, zum Beispiel *iper-paraɣo'ɣi* ‚Überproduktion‘ aus der altgriechischen Präposition *i'per* ‚über‘ (altgriechische Aussprache *hypér*) und dem Substantiv *paraɣo'ɣi* ‚Produktion‘. Wie im Deutschen findet man auch komplexe Wörter, deren Bedeutung heute nicht mehr transparent ist. So setzt sich das Verb *meta-'strefo* ‚umkehren‘ aus dem Verbstamm *'strefo* ‚kehren‘ und der Präposition *me'ta* ‚nach‘ zusammen; das Verb *kata-'strefo* ‚zerstören‘ ist mit der Präposition *ka'ta* ‚nach unten‘ gebildet.

Wie bereits für einige andere Sprachen in diesem Buch angemerkt wurde, werden viele Komposita des Deutschen durch mehrere Wörter wiedergegeben; nur in einigen Fällen findet man Entsprechungen zwischen deutschen und griechischen Komposita (z. B. *ɣrafomixa'ni* ‚Schreibmaschine‘). In der

Zusammensetzen auf Griechisch und Deutsch

'mavro pso'mi	‚schwarzes Brot'	*Schwarzbrot*
xi'mos 'milo	‚Saft Apfel'	*Apfelsaft*
'xroma ma'lion	‚Farbe der Haare'	*Haarfarbe*
pedi'ko vi'vlio	‚kindliches Buch'	*Kinderbuch*

Randspalte finden sich einige Beispiele für die phrasale Wiedergabe deutscher Komposita.

Eine auffällige Eigenschaft des griechischen Sprachgebrauchs ist die Häufigkeit, mit der Verkleinerungsformen auftreten. Daneben verfügt das Griechische aber auch über Vergrößerungsformen, zum Beispiel *afto'kinito* ‚Auto' → *aftokini't-aki* ‚kleines Auto' und *aftokini't-ara* ‚großes Auto' bzw. *pe'ði* ‚Kind' → *pe'ð-aki* ‚kleines Kind' und *'peð-aros* ‚großes Kind'. Verkleinerungsformen im Sprachgebrauch bezeichnen nicht unbedingt, dass der bezeichnete Gegenstand klein ist, sondern sie können ein Ausdruck der Höflichkeit gegenüber dem Hörer sein. Mit der folgenden Äußerung sagt der Käufer nichts über die Größe der Quittung aus, sondern unterstreicht seine höfliche Mahnung:

min	*kse'xasete*	*tin*	*apoði'ksula*	*sas*
nicht	vergessen.2.PL	die	kleine.Quittung	von.Ihnen

‚Vergessen Sie Ihre kleine Quittung nicht.'

Schwierigkeiten für Deutschlerner: Wortbildung

Eine häufige Fehlerquelle ist die Verwendung von komplexen Ausdrücken in Fällen, in denen man im Deutschen eher ein Kompositum verwenden würde. Griechische Muttersprachler würden *Salat mit Tomaten* statt *Tomatensalat* oder *Haus für die Ferien* statt *Ferienhaus* sagen.

Im Sprachgebrauch kann es vorkommen, dass Verkleinerungsformen häufiger verwendet werden, als dies deutsche Muttersprachler tun würden, etwa *Kannst du mir dein Heftchen ausleihen?* oder *Mein Brüderchen geht in die erste Klasse*.

Flexion

Genauso wie Deutsch verfügt Griechisch über eine reichhaltige Flexion: Substantive, Adjektive, Artikel, Pronomina und Verben erscheinen in unterschiedlichen Formen, die verschiedene Flexionskategorien ausdrücken. Substantive, Adjektive, Artikel und Pronomina flektieren nach Kasus, Numerus und Genus; Verben flektieren für Person/Numerus, Tempus, Aspekt, Modus und Aktiv/Passiv.

Das Griechische hat wie das Deutsche zwei Numeruskategorien, nämlich Singular und Plural, sowie drei Genuskategorien, Maskulinum, Femininum und Neutrum. Obwohl die

Genuskategorien die gleichen sind, ist die Genuszuweisung in beiden Sprachen nicht identisch. Abgesehen von menschlichen Wesen, deren grammatisches Geschlecht in der Regel dem tatsächlichen Geschlecht entspricht (*'θios* ‚Onkel' ist ein Maskulinum, aber *'θia* ‚Tante' ist ein Femininum), ist das der meisten Substantive willkürlich und deshalb oft anders als im Deutschen. So ist *Mond* im Deutschen ein Maskulinum, *se'lini* ‚Mond' im Griechischen jedoch ein Femininum; *Tisch* ist ein Maskulinum, *tra'pezi* ‚Tisch' ein Neutrum; *Dach* ist ein Neutrum, *'steji* ‚Dach' dagegen ein Femininum.

Wie man Kostas anspricht

Der Vokativ wird ausschließlich zur Adressierung des Hörers verwendet; einen Mann mit dem Namen *Kostas* wird man mit *Kosta* anreden. Bei den meisten Namen ist es so einfach wie beim Beispiel *Kostas*. Wie würden Sie also die Schüler *Janis*, *Jorgos* und *Dimitris* ansprechen?

Die Lösung finden Sie am Ende dieses Kapitels. 🕮[3]

Neugriechisch unterscheidet vier Kasusformen, nämlich Nominativ, Akkusativ, Genitiv und Vokativ. Die folgenden Beispiele illustrieren die Markierung von Kasus und Numerus bei Substantiven, Adjektiven und Artikeln durch die jeweiligen Endungen; in einigen Fällen verändert sich auch die Wortbetonung. Bei Artikeln und Adjektiven ist überdies die Genuskongruenz erkennbar (vgl. das Maskulinum *'anθropos* ‚Mensch' mit dem Neutrum *pe'ði* ‚Kind').

Tabelle 18.3: Kasus und Numerus

Singular, Maskulinum			
Nominativ	*'en-**as***	*ka'l-**os***	*'anθrop-**os***
	ein	guter	Mensch
Akkusativ	*'en-**an***	*ka'l-**o***	*'anθrop-**o***
	einen	guten	Menschen
Genitiv	*e'n-**os***	*ka'l-**u***	*an'θrop-**u***
	eines	guten	Menschen
Vokativ		*ka'l-**e***	*'anθrop-**e***
		guter	Mensch
Plural, Maskulinum			
Nominativ	*'ðio*	*ka'l-**i***	*'anθrop-**i***
	zwei	gute	Menschen
Singular, Neutrum			
Nominativ	*'en-**a***	*ka'l-**o***	*pe'ð-**i***
	ein	gutes	Kind

Anders als im Deutschen wird in der Adjektivdeklination nicht unterschieden, ob das Adjektiv als Attribut (z.B. *o ka'**los** 'anθropos* ‚der gute Mensch') oder als Prädikat (*o 'anθropos 'ine ka'**los*** ‚der Mensch ist gut') verwendet wird.

Vielleicht ist schon aufgefallen, dass fast alle griechischen männlichen Namen auf *-s* enden (z. B. *'kostas*, *'janis*, *'petros*, *ði'mitris*). Das ist so, weil die meisten maskulinen Nomina im Nominativ auf *-s* enden. Dieses *-s* fehlt bei den meisten betreffenden Substantiven in den anderen Fällen. Abgesehen von wenigen solchen allgemeingültigen Regeln sind die Kasusendungen jedoch je nach Deklinationsklasse unterschiedlich. So hat das Substantiv *'anθropos* die Genitivform *an'θrop-**u***, aber das Substantiv *'onoma* ‚Name' die Genitivform *o'noma-**tos***. Ähnlich wie im Lateinischen muss man also wissen, für welche Substantivklasse welche spezifischen Endungen gelten.

Die Verbflexion wird durch Endungen und in einigen Fällen auch durch die Betonung realisiert. Die Kategorien Person/ Numerus unterscheiden – genauso wie im Deutschen – zwischen der 1., der 2. und der 3. Person in Singular und Plural. Allerdings sind die Endungen nicht einheitlich, sondern die Verben zeigen je nach Konjugationsklasse unterschiedliche Formen (z. B. 2. Person Plural Präsens *'ɣraf-ete* ‚ihr schreibt', *bo'r-ite* ‚ihr könnt', *aɣa'p-ate* ‚ihr liebt'). Im Kontrast zum Deutschen kann man im Griechischen die Person des Subjekts eindeutig an der Verbendung erkennen.

Griechisch konjugieren: Präsens Aktiv des Verbs *ðia'vazo* ‚lesen'

Person	Verbform
1. sg	*ðia'vaz-**o***
2. sg	*ðia'vaz-**is***
3. sg	*ðia'vaz-**i***
1. pl	*ðia'vaz-**ume***
2. pl	*ðia'vaz-**ete***
3. pl	*ðia'vaz-**une***

Für das Verständnis des griechischen Tempussystems sollte man sich vergegenwärtigen, dass im Griechischen eine Unterscheidung wichtig ist, die im Deutschen keine Rolle spielt, aber allen Sprechern einer slawischen Sprache bekannt ist: Bei den griechischen Verbformen wird konsequent zwischen perfektivem und imperfektivem Aspekt unterschieden. Beim perfektiven Aspekt liegt die Betrachterperspektive auf der Gesamthandlung, die als abgeschlossenes Einzelereignis verstanden wird (z. B. *in einer Woche sieben Bücher lesen*). Beim imperfektiven Aspekt wird die Handlung aus ihrem Inneren heraus betrachtet, entweder als im Verlauf befindlich (vgl. umgangssprachlich *am Lesen sein*) oder als wiederholte oder habituelle Tätigkeit (z. B. *jeden Tag ein Buch lesen*). Diese Aspektunterscheidung findet sich nun in den verschiedenen Zeitbezügen. So gibt es eine perfektive Form für die Vergangenheit, „Aorist" genannt (z. B. *'ðiavasa* ‚ich las'), und eine imperfektive Form, Imperfekt genannt (*'ðiavaza* ‚ich las'). Dieselbe Unterscheidung wird ebenso beim Futur gemacht, das heißt, wenn die Handlung zeitlich in der nachfolgenden Woche lokalisiert wäre, würde man die Formen *θa ðia'vaso* ‚ich werde lesen' (perfektives Futur) bzw. *θa ðia'vazo* ‚ich werde lesen' (imperfektives Futur) benutzen. Als weitere Zeitformen treten im Griechischen noch Präsens, Perfekt und Plusquamperfekt auf.

Die Kategorie Modus umfasst den Indikativ, den Subjunktiv und den Imperativ. Eine besondere Rolle spielt der Subjunktiv, der beim Ausdruck von Wünschen oder Aufforderungen verwendet wird. Im Neugriechischen wird er durch die Partikeln *na* (bei Aufforderungen) und *as* (bei Wünschen) gebildet, die mit perfektiven oder imperfektiven Verbformen kombiniert werden. So kann ein griechischer Lehrer seinem Schüler empfehlen:

na/as	*ðia'vasi*	*ef'ta*	*vi'vlia*
SUBJUNKTIV	liest.er (PERFEKTIV)	sieben	Bücher

'Er soll sieben Bücher lesen!'
'Ich hoffe, dass er sieben Bücher lesen wird!'

na/as	*ðia'vazi*	*'ena*	*vi'vlio*	*'kaθe*	*'mera*
SUBJUNKTIV	liest.er (IMPERFEKTIV)	ein	Buch	jeder	Tag

'Er soll ein Buch pro Tag lesen!'
'Ich hoffe, dass er ein Buch pro Tag lesen wird!'

Mediopassiv Präsens für *ðia'vazo* 'lesen'

PERSON	Verbform
1.SG	*ðia'vaz-**ome***
2.SG	*ðia'vaz-**ese***
3.SG	*ðia'vaz-**ete***
1.PL	*ðiava'z-**omaste***
2.PL	*ðia'vaz-**este***
3.PL	*ðia'vaz-**onde***

Anders als das Deutsche unterscheidet Neugriechisch nicht Aktiv und Passiv, sondern Aktiv und „Mediopassiv". Das Mediopassiv ist durch spezifische Verbendungen gekennzeichnet. Die nicht aktiven Formen des griechischen Verbs heißen „Mediopassiv" und nicht „Passiv", weil sie ein ganzes Spektrum unterschiedlicher Lesarten aufweisen, die über rein passive Verwendungen hinausgehen. Die Form *ksi'rizete* ist die mediopassive Form des Verbs 'rasieren'; diese Form bedeutet entweder 'er wird rasiert' (Passiv) oder 'er rasiert sich' (Reflexiv). Die mediopassive Form *xti'piunde* des Verbs 'schlagen' lässt im folgenden Satz ebenfalls mehrere Interpretationen zu:

o	*'janis*	*ke*	*o*	*'kostas*	*xti'piunde*
der	Janis	und	der	Kostas	schlagen.MEDIOPASSIV.3.PL

'Janis und Kostas werden (von einer dritten Person) geschlagen.'
'Janis und Kostas schlagen sich (jeder schlägt sich selber).'
'Janis und Kostas schlagen einander.'

Häufig wird das griechische Mediopassiv verwendet, wenn derjenige, der die Handlung durchführt, gar nicht genannt wird:

to	*vi'vlio*	*ðia'vaz**ete***	*'efkola*
das	Buch	lesen.MEDIOPASSIV.3.SG	leicht

'Das Buch liest sich leicht.'

Die mediopassiven Formen kommen auch bei Verben vor, die keine entsprechende aktive Form haben, jedoch als aktive Verben verwendet werden. Solche Verben nennt man *Deponentien*. So wird das Verb *'erxome* 'ich komme' wie ein mediopassives Verb konjugiert, obwohl es keine mediopassive Bedeutung hat (und es kein aktives Verb *'erxo* gibt).

Schwierigkeiten für Deutschlerner: Flexion

Da die Genuszuweisung im Deutschen und Griechischen weitgehend willkürlich ist und sich oftmals nicht entspricht, ist die Verwendung des korrekten Genus für griechische Deutschlerner ein großes Problem. Gelegentlich lassen sich in diesem Zusammenhang Interferenzen aus der Muttersprache beobachten, wie *das Stirn* statt *die Stirn* (griech. *ˈmetopo* ‚Stirn' (Neutrum)).

Ein häufiger Fehler ist es, Verben nur unvollständig zu beugen, wie *Moni tanz mit* statt *Moni tanzt mit* oder *kein Salat* statt *keinen Salat*. Da zudem die Flexion der Adjektive im Griechischen in allen Verwendungen im Satzbau identisch ist, stellt die Unterscheidung der starken und schwachen Flexion deutscher Adjektive eine Herausforderung dar. So kann es vorkommen, dass griechische Deutschlerner die stark flektierten Formen verallgemeinern, wie *das anderes kleines Fisch*. Ebenso ist zu beobachten, dass griechische Deutschlerner auch Adjektive flektieren, die als Prädikate verwendet werden, wie *dieses Haus ist gutes*.

18.5 Sätze

Die griechische Wortstellung ist relativ flexibel, das heißt, man kann die Satzglieder in unterschiedlichen Reihenfolgen anordnen, je nachdem, welcher Teil der Äußerung hervorgehoben werden soll. Anders als im Deutschen gibt es keine Beschränkung für die Stellung des Verbs; das Verb kann an der ersten oder zweiten Position im Satz stehen, aber auch weiter hinten im Satz.

Freie Wortstellung im Griechischen

ˈðiavase o ˈjanis
las.er der Janis
‚Janis las.'

o ˈjanis ˈðiavase
der Janis las.er

ˈsimera o ˈjanis ˈðiavase
heute der Janis las.er
‚Heute las Janis.'

Eine Besonderheit, die das Neugriechische mit anderen Sprachen des Balkansprachbundes teilt, ist die Wiederholung von definiten Objekten durch klitische Pronomen („Doppelung durch ein Klitikon"). Diese Doppelung kommt besonders häufig vor, wenn das Objekt vor dem Verb steht:

to viˈvlio ***to*** *ˈðiavasa*
das Buch dieses las.ich
‚Ich las das Buch.'

Würde man *to* in diesem Beispiel weglassen, ergäbe sich eine Hervorhebung des Objekts mit der Lesart ‚Ich las das BUCH' (im Gegensatz zu anderen Objekten, die man lesen kann). Wenn das Objekt nach dem Verb erscheint, wird es normalerweise nicht gedoppelt: *ˈðiavasa to viˈvlio* (las.ich das Buch). In diesem Satz kann entweder das ‚Buch' oder die Handlung ‚lesen' hervorgehoben werden – je nachdem, auf welchem Satzglied die Betonung liegt. Doppelt man bei dieser Satzstellung das Objekt, entfällt die Möglichkeit, das Objekt zu betonen und somit hervorzuheben:

to *ˈðiavasa to viˈvlio*
dieses las.ich das Buch
‚Ich las das Buch.'

Wie bereits dargelegt wurde, kann die Person des Subjekts in der Regel aus der Verbform hergeleitet werden. Personalpronomina wie *ich* oder *du* werden daher meist weggelassen, außer wenn aus dem Kontext nicht erschließbar ist, worauf sich die Personenendung am Verb bezieht oder wenn das Subjekt hervorgehoben werden soll. Das folgende Beispiel wird man im Griechischen nur äußern, wenn man die Betonung auf das Subjekt legen möchte, beispielsweise als Abgrenzung von anderen möglichen Subjektbezeichnungen:

e'ɣo	*'ðiavasa*	*to*	*vi'vlio*
ich	las.ich	das	Buch

‚ICH las das Buch (… und kein anderer).'

Das Neugriechische hat keinen Dativ; der Verlust des Dativs ist ebenfalls kennzeichnend für den Balkansprachbund. Der Dativ des Altgriechischen wurde während der mittelgriechischen Ära in den südgriechischen Dialekten durch den Genitiv sowie in den nordgriechischen Dialekten durch den Akkusativ ersetzt. So verwenden die Sprecher der südlichen Dialektgruppe (z. B. aus Athen) das Verb *'ðino* ‚geben' mit dem Satzrahmen *Ich gebe des Mannes das Buch*, während die Sprecher der nördlichen Dialektgruppe (z. B. aus Thessaloniki) das Verb mit dem Satzrahmen *Ich gebe den Mann das Buch* verwenden. Der Cartoon in der Randspalte zeigt dazu eine Alltagsszene aus dem Familienleben einer nordgriechischen Familie aus der Perspektive eines Besuchers aus dem Süden.

na	*se*	*'kano*	*kefte'ðakia*
SUBJUNKTIV	du.AKK	mache.ich	Fleischbällchen

‚Soll ich für dich Fleischbällchen machen?' (nordgriechische Dialekte)
‚Soll ich dich zu Fleischbällchen machen?' (südgriechische Dialekte)

Das Fehlen des Dativs macht sich beim Kasusgebrauch noch in anderer Weise bemerkbar. Anders als das Deutsche unterscheidet das Griechische bei Präpositionen nicht zwischen Ortswechsel (Akkusativ: *auf den Tisch stellen*) und statischer Lokalisierung (Dativ: *auf dem Tisch stehen*), da die meisten Präpositionen immer mit dem Akkusativ auftreten. So kann man *ta maka'ronia 'ine s-to tra'pezi* (die Spaghetti sind auf-den Tisch) ‚Die Spaghetti sind auf dem Tisch' sagen, genauso wie *'evala ta maka'ronia s-to tra'pezi* (stellte die Spaghetti auf-den Tisch) ‚Ich stellte die Spaghetti auf den Tisch'.

Neugriechisch gehört – anders als Deutsch und Altgriechisch – zu den Sprachen mit Negationsharmonie, das heißt, Verneinungswörter müssen mit einem Ausdruck der Verneinung am Verb harmonieren. Wenn man also ein Verneinungswort wie *niemand* verwendet, dann muss die Verneinung durch die Partikel *ðe* ‚nicht' wiederholt werden:

ka'nenas	***ðe***	*me*	*'xtipise*
niemand	nicht	mich	schlug.er

‚Niemand hat mich geschlagen.'

Wenn man diese Partikel nicht verwendet, erhält man die gegensätzliche Bedeutung, nämlich einen affirmativen Satz:

o	*ka'nenas*	*me*	*'xtipise*
der	Niemand	mich	schlug.er

‚Der Niemand hat mich geschlagen.'

Die Nominalgruppe des Griechischen weist einige Unterschiede zum Deutschen auf. Im Standarddeutschen werden Eigennamen ohne Artikel verwendet. Im Griechischen werden sie dagegen genauso wie Gattungsnomina („ein Hund") behandelt. So sind je nach Kennzeichnung indefinite Artikel wie im ersten Beispiel und definite Artikel wie im zweiten Beispiel möglich:

'enas	*'janis*	*'irθe*
ein	Janis	kam.er

‚Eine Person mit dem Namen Janis kam.'

o	*'janis*	*'irθe*
der	Janis	kam.er

‚Janis kam.'

Der Artikel entfällt allerdings, wenn der Eigenname als Prädikat verwendet wird:

me	*'lene*	*'jani*
mich	nennen.sie	Janis

‚Ich heiße Janis.'

Eine Besonderheit des Griechischen ist, dass der definite Artikel innerhalb der Nominalgruppe wiederholt werden kann, wie im zweiten folgenden Beispiel. Dabei wird das Wort, das zwischen den Artikeln steht, hervorgehoben, im zweiten folgenden Beispiel also das Adjektiv.

'ðiavasa	*to*	*'kokino*	*vi'vlio*
las.ich	das	rote	Buch

'Ich las das rote Buch.'

Gleichnamige Leute unterscheiden – auf Griechisch

Wenn man zwischen Mitgliedern derselben Familie unterscheiden möchte, kann man den definiten Artikel vor dem Nachnamen wiederholen, etwa *o 'jorgos o papan'ðreu* (der Jorgos der Papandreou) ‚JORGOS Papandreou' (nicht ein anderer Papandreou, z. B. Andreas).

ˈðiavasa	*to*	*ˈkokino*	***to***	*viˈvlio*
las.ich	das	rote	das	Buch

‚Ich las das ROTE Buch' (nicht das schwarze Buch).

Der Besitzer wird im Deutschen durch ein Possessivpronomen ausgedrückt, das den Artikel ersetzt (z. B. *mein Buch*). Im Griechischen dagegen wird das Pronomen nachgestellt, wie in *to viˈvlio mu* (das Buch mein) ‚mein Buch'. Diese Pronomina sind nicht betonbar. Wenn man nun den Besitzer hervorheben möchte, muss man zu diesem Zweck ein zusätzliches Adjektiv verwenden, das den Hauptakzent der Nominalgruppe trägt, wie in dem Beispiel auf der nächsten Seite.

Schwierigkeiten für Deutschlerner: Satzbau

Die deutsche Wortstellung hat restriktive Regeln für die Stellung des Verbs; insbesondere die Verbzweitregel (Kapitel 3) in Hauptsätzen stellt eine Herausforderung für viele Lerner dar, nicht nur für griechische Muttersprachler. Da man im Griechischen mehrere Satzglieder vor das finite Verb setzen darf, kommt es zu entsprechenden Übertragungen aus dem Griechischen (z. B. *Danach das Kind war sehr traurig* statt *Danach war das Kind sehr traurig* oder *Morgen Janis wird nach München fahren* statt *Morgen wird Janis nach München fahren*). Eine Äußerung wie *Kam Janis gestern nach Hause* muss auch nicht als Frage gemeint sein.

Auch die Endstellung des Verbs im deutschen Nebensatz bereitet Probleme. Hier sind ebenfalls Interferenzen aus dem Griechischen beobachtbar, wenn das Verb wie im Griechischen unmittelbar hinter die einleitende Konjunktion gesetzt wird (z. B. *als war ich klein* statt *als ich klein war*). Ebenso kann es vorkommen, dass Infinitive, Partizipien oder verbale Partikeln im Hauptsatz nicht ans Ende geschoben werden (z. B. *Ich bin gefahren mit meiner Mutter* statt *Ich bin mit meiner Mutter gefahren* oder *Dann anriefen sie den Bürgermeister* statt *Dann riefen sie den Bürgermeister an*).

Das Neugriechische hat keinen Dativ, jedoch lernen griechische Schüler den Dativ im Altgriechischunterricht kennen. Die Verwendung des Dativs im Deutschen bleibt jedoch häufig eine Schwierigkeit für griechische Muttersprachler, die sich in Fehlern beim Ausdruck von indirekten Objekten zeigt (z. B. *Ich schicke Sie meine Lösungen* statt *Ich schicke Ihnen meine Lösungen*) oder bei Verben, die ein Dativargument haben (z. B. *Hilf ihn!* statt *Hilf ihm!*), sowie beim präpositionalen Dativ (z. B. *zufrieden mit Ihre E-Mail* statt *mit Ihrer E-Mail zufrieden* oder *fahre mit meine Vater* statt *fahre mit meinem Vater*).

Die wichtigste Interferenz in der Nominalgruppe stellt die Verwendung des definiten Artikels bei Eigennamen dar (z. B. *Der Kostas kommt morgen Abend* statt *Kostas kommt morgen Abend*), was allerdings je nach Sprachregion in Deutschland nicht besonders auffällt. Des Weiteren kann man beobachten, dass anstelle des Possessivpronomens ein nachgestelltes Pronomen mit Präposition verwendet wird (z. B. *Das Heft von mir ist grün* statt *Mein Heft ist grün*).

Daneben ist die Anwendung der doppelten Verneinung ein häufiger Fehler griechischer Muttersprachler beim Gebrauch des Deutschen. Sie können schon ahnen, was ein griechischer Muttersprachler mit folgender Äußerungen meint:

Kein Eis habe ich nicht gegessen.
Niemand kann nicht deutsche Flexion lernen.
Die Lösung finden Sie am Ende dieses Kapitels. 🕮[4]

to ***ði'ko*** *mu* *vi'vlio*
das eigene mein Buch
‚MEIN Buch' (nicht das eines anderen)

18.6 Wortschatz und Sprachverwendung

Der griechische Wortschatz spiegelt die jahrhundertelange Geschichte des Sprachkontakts zwischen den Sprachen im östlichen Mittelmeerraum wider. Schon im Altgriechischen kann man Auswirkungen des Kontakts mit den Sprachen der Thraker, der Phrygier sowie mit verschiedenen semitischen Sprachen durch Entlehnungen von Wörtern erkennen. Später kommt der Kontakt mit romanischen Sprachen hinzu, zunächst mit dem Lateinischen im Altertum und in der Folge mit dem Italienischen und Französischen in der mittelgriechischen Ära. Außerdem hatte das Griechische in dieser Zeit mit dem Arabischen Kontakt. In den letzten Jahrhunderten ist der Austausch mit dem Türkischen, dem Albanischen und den slawischen Sprachen auf dem Südbalkan sowie der Kontakt zum Italienischen, Englischen und Französischen intensiv.

„Echte Freunde" (Entlehnungen aus anderen Sprachen):

Französisch:	*ble* (< *bleu*) ‚blau', *pal'to* (< *paletot*) ‚Mantel', *su'kse* (< *succès*) ‚Erfolg'
Englisch:	*'sori* (< *sorry*), *'θriler* (< *thriller*), *sorts* (< *shorts*), *tse'kap* (< *check-up*)
Italienisch:	*ba'leto* (< *balletto*) ‚Ballett', *'prova dzene'rale* (< *prova generale*) ‚Generalprobe'

„Falsche Freunde" (Wörter, die im Deutschen bekannt klingen, aber etwas anderes bedeuten):

Akribie	*a'krivia*	‚Teuerung'
Apotheke	*apo'θiki*	‚Lager'
Aroma	*'aroma*	‚Aroma, Parfüm'
Bibliothek	*vivio'θiki*	‚Bibliothek/Bücherregal'
Diplom	*'ðiploma*	‚amtliche Urkunde, z. B. Führerschein'
Epoche	*epo'xi*	‚Ära, Jahreszeit'
Idiot	*i'ðiotis*	‚Privatperson'
Katalog	*ka'taloγos*	‚Verzeichnis, z. B. Speisekarte'
Kosmos	*'kosmos*	‚Welt, Leute'

Im Zuge verschiedener Purismuswellen im 19. und 20. Jahrhundert gab es das Bestreben, Lehnwörter durch Wortformen aus Stämmen griechischen Ursprungs zu ersetzen. Diese Bemühungen führten zur Entwicklung unterschiedlicher Sprachregister, die unter anderem den alltäglichen Sprachgebrauch von der Schriftsprache unterscheiden. So lautet die alltagssprachliche Bezeichnung für Aufzüge *asan'ser*, eine Entlehnung aus dem Französischen (*ascenseur*). Alternativ gibt es die Bezeichnung *an-elkis-'tiras*, die aus dem Präfix *ana-* ‚auf-', dem Verb *'elko* ‚ziehen' und der Endung *-tiras*, die für Instrumentbezeichnungen verwendet wird, gebildet wurde.

Im Unterschied zum Deutschen unterscheidet Griechisch bei Präpositionen nicht so spezifisch zwischen verschiedenen Regionen. Die *an*-Region (*am Tisch*) und die *auf*-Region (*auf dem Tisch*) werden durch die allgemeinere Präposition *se* wiedergegeben (in Kombination mit dem definiten Artikel zu *s-* verkürzt):

o	*'janis*	*'ine*	*s-to*	*tra'pezi*
der	Janis	ist	an-dem	Tisch

‚Janis ist am Tisch.'

ta	*maka'ronia*	*'ine*	*s-to*	*tra'pezi*
die	Spaghetti	sind	auf-dem	Tisch

‚Die Spaghetti sind auf dem Tisch.'

In den meisten Fällen kann man erschließen, welche Raumregion gemeint ist. Wenn dies nicht gut möglich ist, kann ein Ad-

Schwierigkeiten für Deutschlerner: Wortschatz

Falsche Annahmen über die Ähnlichkeit des deutschen und griechischen Wortschatzes können dazu führen, dass Deutschlerner griechische Wörter als vermeintlich deutsche verwenden (z. B. *arbeitet als Kamariera in einem großen Hotel* statt *arbeitet als Dienstmädchen in einem großen Hotel*). Ähnliches kann man im Fachwortschatz beobachten (z. B. *Ich studiere Glossologie* statt *Ich studiere Sprachwissenschaft*).

Was könnte ein griechischer Muttersprachler mit dem folgenden Satz meinen?

Kannst Du uns bitte einen Uso aus der Apotheke holen?

Die Lösung finden Sie am Ende dieses Kapitels. 📖[5]

Eine weitere Schwierigkeit besteht in griechischen Wörtern, die mehrere Bedeutungen im Deutschen haben. So heißen sowohl *Finger* als auch *Zehen* auf Griechisch *'ðaktila*; das griechische Verb *'pleno* entspricht den deutschen Verben ‚waschen' und ‚putzen'. In diesem Sinne sind Sätze wie *Ich wasche meine Zähne* oder *Meine Finger tun wegen der langen Wanderung weh* nachvollziehbare Interferenzen eines griechischen Deutschlerners.

Weiterhin bereitet die Wahl der Präpositionen im Deutschen einige Lernschwierigkeiten. Im Bereich der lokalen Präpositionen ist die Tatsache, dass Griechisch nicht zwischen statischer Lokalisierung und Ortswechsel unterscheidet, eine Fehlerquelle (z. B. *gehen in Athen* statt *gehen nach Athen*) sowie Fehler bei der Wahl von Dativ vs. Akkusativ abhängig von der Raumrelation. Darüber hinaus verwendet Griechisch vier einfache Präpositionen, nämlich *se* ‚in/an/auf', *a'po* ‚von/durch', *ja* ‚für/nach/um' und *me* ‚mit' für eine Vielzahl von Bedeutungsrelationen. Dies hat eine Reihe von Fehlern in der Verwendung von deutschen Präpositionen zur Folge (z. B. *Ich warte für dich* statt *Ich warte auf dich*). Ähnliche Fehler können bei der Verwendung von Konjunktionen auftreten, zum Beispiel die Verallgemeinerung der Konjunktion *wenn* für alle temporalen Nebensätze, die der Verwendung der griechischen Konjunktion *'otan* ‚wenn/als' entspricht (z. B. *Wenn sie aufbrachen, war der Sohn sehr froh* statt *Als sie aufbrachen, war der Sohn sehr froh*).

verb (z. B. ˈ*pano* ‚oben') zur Verdeutlichung hinzugefügt werden:

o	ˈ*janis*	ˈ*ine*	ˈ***pano***	*s-to*	*traˈpezi*
der	Janis	ist	oben	an-dem	Tisch

‚Janis ist auf dem Tisch.'

Eine charakteristische Eigenschaft des Sprachgebrauchs ist die Bildung von Höflichkeitsformen. Diese bildet man im Griechischen mit der 2. Person Plural, das heißt, der Ausdruck ˈ*θelete* ˈ*tsai?* (‚möchtet Tee') kann entweder für eine Vielzahl von Hörern verwendet werden (‚Möchtet Ihr Tee?') oder auch für die Höflichkeitsanrede eines einzigen Hörers (‚Möchten Sie Tee?'). Eine Höflichkeitsform in der 3. Person Singular entspricht im Griechischen einer altertümlichen Anrede gegenüber Adeligen:

ˈ*θeli*	ˈ*tsai*	*i*	*aˈftu*	*eksoˈxotis?*
möchte.er	Tee	die	von.ihm	Exzellenz

wörtlich: ‚Möchte seine Exzellenz Tee?'

Lösungen

[1]
‚Der Affe muss eine Tasche/Tasse stellen/stehlen.'

[2]
(Ich gehe und komme.) ‚Ich gehe hin und her'.

[3]
ˈ*jani!* ˈ*jorgo! ðiˈmitri!*

[4]
‚Ich habe kein Eis gegessen' und ‚Niemand kann die deutsche Flexion lernen'.

[5]
Wenn dieser Satz von einem Sprecher mit griechischer Muttersprache verwendet wird, bedeutet er wahrscheinlich ‚Kannst Du uns bitte einen Uso aus dem Lager holen?'.

Quellen und weiterführende Literatur

Für weitere Informationen zur griechischen Sprachgeschichte sind Horrocks (1997), Jannaris (1897) sowie Browning (1983) über das Mittel- und Neugriechische zu empfehlen. Die Angaben über die Linear B stammen aus dem Buch von Miller (1994), das auch weitere ausführliche Informationen über die Schriftsysteme der altgriechischen Antike beinhaltet. Eine Grammatik der Sprache der klassischen Texte (5. und 4. Jahrhundert v. Chr.) bietet Zinsmeister (2006). Die Grammatik des Neugriechischen behandelt unter anderem Ruge (2001).

Bevölkerungsangaben: Die Einwohnerzahl Griechenlands stammt von Angaben der *Hellenic Statistical Authority* für die Gesamtbevölkerung im Jahr 2009; die Angaben für Zypern entstammen dem Zensus 2008 (siehe Republic of Cyprus 2009, S. 12). Die Anzahl der Griechen in der Diaspora sind Schätzungen des griechischen Außenministeriums (General Secretariat for Greeks Abroad). Die Zahlen der deutschen Bürger mit griechischem Migrationshintergrund sind Angaben des Statistischen Bundesamtes (2010, S. 116 f.). Insbesondere zur Geschichte der griechischen Migration und zur Konstituierung einer griechischen Gemeinschaft in Deutschland siehe Nikolaidis (2006, S. 146 ff.), zu griechischen Kindern in deutschen Schulen siehe Aberkane (2008).

Eine ausführliche Grammatik des Griechischen finden Sie bei Holton, Mackridge und Philippaki-Warburton (2004). Über die kontrastiven Forschungen Deutsch-Griechisch – auch im Hinblick auf den Spracherwerb des Deutschen von Muttersprachlern des Griechischen – finden Sie eine Zusammenfassung und weiterführende Literaturhinweise in Winters-Ohle (2001).

Das phonologische System des Altgriechischen wird in Allen (1987, S. 79) und Sturtevant (1968) behandelt. Für eine ausführlichere Darstellung der neugriechischen Phonologie können Sie die Grammatik von Holton, Mackridge und Philippaki-Warburton (2004) nachschlagen.

Die Beispiele zum Schrifterwerb stammen von Berkenmeier (1997); einige weitere zitierte Beispiele von Interferenzen Griechisch-Deutsch entstammen Alexiadis (2008), Benholz (1990), Spiropoulou (2003) und Vallianatos-Grapengeter (2006).

Literatur

Aberkane C (2008) Eine Betrachtung multiethnischer Sozialgruppen an Schulen im Düsseldorfer Stadtgebiet aus gruppenpsychologischer Perspektive. Dissertation, Universität Duisburg-Essen

Alexiadis G (2008) Zwischensprachliche Interferenzerscheinungen innerhalb der kontrastiven Linguistik und der Neurolinguistik am Beispiel Deutsch-Neugriechisch. Dissertation, Universität Augsburg

Allen SW (1987) Vox Graeca: A guide to the pronunciation of classical Greek. 3. Aufl. Cambridge University Press, Cambridge

Benholz C (1990) Präpositionen im Deutschen und Neugriechischen: Ein Sprachvergleich und Untersuchungen zum schriftlichen Übersetzen griechischer Migrantenkinder. Essen

Berkenmeier A (1997) Kognitive Prozesse beim Zweitschrifterwerb: Zweitalphabetisierung griechisch-deutsch-bilingualer Kinder im Deutschen. Lang, Frankfurt

Browning R (1983) Medieval and modern Greek. 2. Aufl. Cambridge University Press, Cambridge

Holton D, Mackridge P, Philippaki-Warburton I (2004) Greek: An essential grammar of the modern language. Routledge, London

Horrocks G (1997) Greek: A history of the language and its speakers. Longman, London/New York

Jannaris AN (1897) An historical Greek grammar chiefly of the Attic dialect. As written and spoken from classical antiquity down to the present time; founded upon the ancient texts, inscriptions, papyri and present popular Greek. London [Nachdruck 1968. Olms, Hildesheim]

Miller DG (1994) Ancient scripts and phonological knowledge. Benjamins, Amsterdam

Nikolaidis A (2006) Die griechische Community in Deutschland: Von transnationaler Migration zu transnationaler Diaspora; eine Studie zum Paradigmenwechsel am Fall der griechischen studentischen Community in Bochum. Dissertation, Universität Bochum

Republic of Cyprus (2009) Demographic report 2008. Republic of Cyprus, Statistical Service, Nicosia

Ruge H (2001) Grammatik des Neugriechischen. Lautlehre, Formenlehre, Syntax. Romiosini, Köln

Spiropoulou PP (2003) Fehler im Tertiärsprachunterricht. In Hufeisen B, Neuner G (Hrsg) Mehrsprachigkeitskonzept – Tertiärsprachenlernen – Deutsch nach Englisch. Europarat/Europäisches Fremdsprachenzentrum

Statistisches Bundesamt (2010) Bevölkerung und Erwerbstätigkeit: Bevölkerung mit Migrationshintergrund, Ergebnisse des Mikrozensus 2009, Fachserie 1, Reihe 2.2. Statistisches Bundesamt, Wiesbaden

Sturtevant EH (1968) The pronunciation of Greek and Latin. 2. Aufl. Bouma s Boekhuis, Groningen

Vallianatos-Grapengeter IM (2006) Das „griechische Sommerloch" im Deutschunterricht – Überbrückung durch E-Mail-Betreuung. In Schäffer DD, Adamopoulou M (Hrsg) Akten der dritten internationalen Konferenz des Comenius-Netzwerks DAF-SÜDOST in Athen-Griechenland, 08.–09. September 2006. Epinoia, Pallini. 199–208

Winters-Ohle E (2001) Kontrastive Analysen Deutsch-Griechisch: Eine Übersicht. In Helbig GG, Götze L, Henrici G, Krumm H-J (Hrsg) Deutsch als Fremdsprache: Ein internationales Handbuch. De Gruyter, Berlin/New York. 416–422

Zinsmeister H (2006) Griechische Grammatik. Teil 1: Griechische Laut- und Formenlehre. Universitätsverlag Winter, Heidelberg

Glossar

Einträge und Querverweise sind durch KAPITÄLCHEN markiert. Aus Gründen der Lesbarkeit sind in den Erklärungen nicht alle im Glossar nachschlagbaren Begriffe hervorgehoben. Der Pfeil → verweist auf einen anderen Eintrag im Glossar. Einer kurzen Darstellung einiger relevanter Sprachfamilien in Teil 1 folgen Begriffe der Sprachbeschreibung in Teil 2.

Das Glossar orientiert sich an H. Bußmanns *Lexikon der Sprachwissenschaft*, an D. Crystals *A dictionary of language* und an der *Duden Grammatik*. Es zielt auf die verständliche Beschreibung von Wesentlichem ab, nicht auf wissenschaftliche Vollständigkeit.

1. Sprachfamilien, die für Gruppierungen innerhalb dieses Buches relevant sind

GERMANISCHE SPRACHEN: Sprachen, die sich aus den Sprachen der Germanenstämme in Mitteleuropa und dem südlichen Skandinavien entwickelt haben. In diesem Buch sind davon das Deutsche und das Englische (westgermanisch) beschrieben, die auch zahlenmäßig die stärksten sind. Die Zuwanderung aus den jeweiligen Ländern war nicht groß genug für die Aufnahme anderer germanischer Sprachen in diesem Buch. Dazu gehören das Niederländische (auch westgermanisch) und die nordgermanischen (auch skandinavischen) Sprachen, unter anderem Dänisch, Schwedisch und Norwegisch. Südgermanisch gibt es nicht, und die ostgermanischen Völker, zu denen die Goten gehörten, sind ausgestorben.

INDOEUROPÄISCHE SPRACHEN (AUCH INDOGERMANISCH): Man nimmt aufgrund bestimmter Ähnlichkeiten an, dass diese sehr große Zahl von Sprachen und Sprachfamilien auf eine gemeinsame Ursprungssprache zurückgehen. Die in diesem Buch behandelten indoeuropäischen Sprachen sind, in Europa, die GERMANISCHEN SPRACHEN Deutsch und Englisch, die SLAWISCHEN SPRACHEN Polnisch, Tschechisch, Bosnisch/Kroatisch/Serbisch, Bulgarisch, Russisch und Ukrainisch, die ROMANISCHEN SPRACHEN Französisch, Italienisch, Rumänisch, Spanisch und Portugiesisch, sowie das Albanische, das Griechische und (INDOIRANISCH) das Romani; des Weiteren, außerhalb Europas, die INDOIRANISCHEN Sprachen Persisch, Kurdisch und Hindi-Urdu.

INDOIRANISCHE SPRACHEN: Diese Sprachfamilie umfasst in diesem Buch das Persische und das Kurdische (Iranische Sprachen) sowie das Hindi-Urdu und das Romani (Indoarische Sprachen). Es ist ein Zweig der indoeuropäischen Sprachfamilie. Man sieht die Verbindung zu Europa im Zusammenhang mit nomadischen Stämmen, die sich selbst *Arier* nannten und sich aus den Steppen des heutigen Russlands um ca. 2000 v. Chr. südlich ausbreiteten. Sie sind die Vorfahren der heutigen Iraner und Kurden. In Indien unterwarfen sie die einheimische Bevölkerung, und aus der Vermischung entwickelten sich die Kultur und Religion der Hindus und die altindische Sprache (Sanskrit). Das Romani gehört insofern dazu, als die Vorfahren der in Europa lebenden Sinti und Roma vor mehr als 1.000 Jahren aus Indien auswanderten und ihre Sprache sich viele Züge dieser Herkunft erhalten hat.

OSTASIATISCHE SPRACHEN: Unter diesen Begriff, der keine Sprachfamilie, sondern nur eine geografische Region zusammenfasst, fallen in diesem Buch das Vietnamesische, das Chinesische, das Japanische und das Koreanische. Hinsichtlich der historischen Verwandtschaft unter diesen Sprachen ist vieles unklar.

ROMANISCHE SPRACHEN: Hierzu gehören die Sprachen, die sich unter dem Einfluss des gesprochenen Lateins der Spätantike in den von den Römern eroberten Gebieten (einschließlich Italien) entwickelt haben. In diesem Buch sind die Sprachen mit den meisten Sprechern beschrieben: das Spanische, das Portugiesische, das Französische (westromanisch) sowie das Italienische und das Rumänische (ostromanisch).

Slawische Sprachen: Sprachfamilie in Mittel-, Ost- und Südosteuropa, die auf eine gemeinsame Ursprungssprache zurückgeführt wird. Diejenigen mit den meisten Sprechern sind in diesem Buch beschrieben: das Polnische und das Tschechische (westslawisch), das Bosnische/Kroatische/Serbische und das Bulgarische (südslawisch) und das Russische und das Ukrainische (ostslawisch).

Semitische Sprachen: Von dieser Sprachfamilie aus dem Vorderen Orient werden in diesem Buch das Arabische und das Hebräische beschrieben. Das Arabische hat sich im 7. und 8. Jahrhundert n. Chr. zusammen mit dem Islam über den Norden Afrikas ausgebreitet. Das Hebräische entwickelte sich zur Zeit des 1. Testaments im 1. vorchristlichen Jahrtausend, starb ca. 200 n. Chr. nach der Vertreibung der jüdischen Oberschicht durch die römischen Besatzer aus, wurde im 19. Jahrhundert wiederbelebt und ist heute eine der beiden Amtssprachen Israels; die andere ist das Arabische.

Turksprachen: Sprachfamilie, aus der in diesem Buch das Türkische beschrieben wird.

2. Begriffe der Sprachbeschreibung

Ablativ: Kasus, der in manchen Sprachen Angaben zur Art und Weise, der Trennung und/oder der Zeit kodiert. Kommt beispielsweise im Türkischen und im Hindi-Urdu vor.

Ableitung → Derivation

Accent aigu → Akut

Accent circonflexe → Zirkumflex

Accent grave → Gravis

Ach-Laut: Aussprache von *ch* nach dunklen Vokalen wie in *ach*, *Buch* und *doch*; in Lautschrift [x]. Siehe auch *Ich*-Laut.

Adjektiv: Wortart; Beispiele sind *groß*, *schön*, *bunt*. Adjektive stehen beim Nomen (*große Häuser*) oder als Prädikat nach der Kopula (*die Häuser sind groß*) und können gesteigert werden (*groß*, *größer*, *am größten*).

Admirativ: Seltene Verbform, die Erstaunen ausdrückt, was mit Bewunderung oder mit Zweifel kombiniert sein kann. *Sie ist schön* mit Admirativ drückt in etwa aus: *Ich staune, wie schön sie ist* oder *Ist sie nicht schön!* Kommt im Albanischen vor.

Adverb (Pl. Adverbien): Wortart; Beispiele sind *oft*, *hier*, *abends*. Adverbien stehen typischerweise beim Verb und machen Angaben zum verbalen Geschehen oder zur Sprechereinstellung dazu (Satzadverbien). Im Deutschen können viele Adjektive auch als Adverbien verwendet werden (z. B. *schnell*: *ein schnelles Auto*, *es fährt schnell*).

Adverbial: Klasse von Satzgliedern, die typischerweise beim Verb stehen und Angaben zum verbalen Geschehen oder zur Sprechereinstellung dazu machen (z. B. *mit Vorsicht*, *wegen des Wetters*, *oft*, *hier*, *abends*). Umfassen die Adverbien, können aber auch aus mehreren Wörtern bestehen.

Affix: Vor- oder Nachsilbe, die zur Bedeutung beiträgt, wie *ver-* in *ver-laufen* (Präfix) oder *-er* und *-n* in *Lehr-er-n* (Suffixe). Affixe können neue Wörter bilden wie in *ver-laufen* und *Lehr-er* (Derivation) oder nur andere Formen desselben Wortes wie den Dativ in *Lehrer-n* (Flexion). Sie müssen nicht in jedem Fall eine eigene Silbe bilden.

Affrikate: Folge aus Verschluss- und Reibelaut, die in der linguistischen Theorie als ein komplexer Laut eingestuft wird, im Deutschen etwa bei *pf* [pf], *tsch* [tʃ] und *z* [ts], wobei nur *z* die Einheit in der Orthografie durch die Verwendung eines einzigen Buchstabens für die Lautfolge widerspiegelt. Die linguistischen Gründe für die Annahme von Affrikaten sind oft indirekt und zumeist nicht relevant in diesem Buch. Darum werden Affrikaten in einigen Kapiteln nicht als eigene Laute aufgeführt, sondern als normale Folge von Verschluss- und Reibelaut behandelt.

Akkusativ: Kasus des direkten Objekts, das im Passiv zum Satzsubjekt mit Nominativ wird (*Peter isst* ***den Kuchen***, ***Der Kuchen*** *wird von Peter gegessen*). Das Akkusativobjekt wird erfragt durch „wen oder was?". Der Akkusativ kommt auch bei Präpositionen vor (z. B. *auf den Wagen*).

Aktiv: Im Gegensatz zum Passiv die einfache Darstellung eines Geschehens, in der typischerweise der Handelnde im Subjekt des Satzes dargestellt wird (z. B. *Der Gärtner lieferte die Äpfel gestern*).

Akut: Das Zeichen ´ auf einem Buchstaben, beispielsweise in *á*, *é* oder *ó*. Ähnliche Zeichen sind Gravis und Zirkumflex.

Akzent: (a) Betonte Silbe; (b) durch die Satzmelodie hervorgehobene Silbe; (c) siehe Akut, Gravis und Zirkumflex; (d) Aussprache und Lautsystem einer zunächst gelernten Muttersprache beeinflussen die Aussprache einer später im Leben gelernten weiteren Sprache, deren Eigenschaften dadurch nur unvollständig erworben werden.

Alternation: Systematische Variation zwischen zwei Formen. Ein Beispiel ist die Kasusalternation zwischen Dativ (Ortsangabe) und Akkusativ (Richtungsangabe) bei *auf dem Teppich stehen* und *auf den Teppich stellen*. Ein anderes Beispiel ist die Aussprachealternation des Stammes in *Siebe* [siːb-ə] und *Sieb* [siːp] durch die Auslautverhärtung.

Angleichung: Übernahme einer Eigenschaft eines Lautes durch einen benachbarten Laut (fachsprachlich: *Assimilation*) nach den Regeln des Lautsystems einer Sprache.

Anlaut: Erster Laut eines Wortes (z. B. [g] in *gehen*).

Aorist: Aus dem Griechischen stammender Begriff für eine Verbform, deren Bedeutung entweder dem lateinischen Perfekt oder dem perfektiven Aspekt ähnlich ist.

Arbitrarität: Die Eigenschaft sprachlicher Zeichen, nichts gemeinsam zu haben mit dem, was sie bezeichnen. So hat weder die Lautfolge [baʊm] noch die Buchstabenfolge *Baum* eine besondere Beziehung zu Bäumen. Einschränkungen der Arbitrarität gibt es durch Ikonizität.

Artikel: Wortart; Beispiele sind *der* (bestimmter Artikel), *ein* (unbestimmter Artikel) und *dieser* (demonstrativer Artikel). Artikel bilden mit einem Nomen (*der Tisch*) oder einer Kombination aus Adjektiv und Nomen (*der große Tisch*) ein Satzglied.

Artikulation: Aussprache, Produktion der Sprachlaute mithilfe der Stimmbänder, der Zunge, der Lippen und des weichen Gaumens.

Artikulieren: Sprachlaute mit dem Mund produzieren.

Aspekt: Verbmarkierung, die abgeschlossene Handlungen (perfektiv) und unvollendete Handlungen (imperfektiv) kennzeichnet; kommt unter anderem in slawischen Sprachen (Glossar Teil 1) vor.

Aspiriert → Behaucht

Attribut: Ausdruck, der beim Nomen steht und zu demselben Satzglied wie das Nomen gehört, etwa Adjektive beim Nomen (*ein kleines Haus*) oder Relativsätze (*ein Haus, das klein ist*).

Attributiv: Als Attribut beim Nomen stehend.

Attrition: Verfall der Beherrschung einer Sprache, beispielsweise nach vielen Jahren im Ausland.

Augmentativa: Spiegelbildlich zu häufig existierenden Verkleinerungsformen (Diminutiva) (z. B. im Deutschen *-lein* in *Tisch-lein*) gibt es beispielsweise im Bosnischen/Kroatischen/Serbischen und im Griechischen eine Vergrößerungsform, die durch eine Endung gebildet wird. *Tisch* mit Augmentativ heißt also ‚großer Tisch'.

Auslaut: Letzter Laut eines Wortes (z. B. [n] in *gehen*).

Auslautverhärtung: Ausspracheregel des Deutschen und mancher anderer Sprachen, durch die Reibe- und Verschlusslaute am Wortende stets stimmlos sind (z. B. *brave* [braːvə], aber *brav* [braːf]; Letzteres ist stimmlos am Wortende).

Balkansprachbund: Albanisch, Bulgarisch, Rumänisch und Griechisch (sowie zwei verwandte Dialekte) zeigen strukturelle Gemeinsamkeiten trotz unterschiedlicher Sprachgeschichten.

Behaucht: Ausgesprochen mit einem Luftstoß nach der Verschlusslösung, häufig bei stimmlosen Verschlusslauten. Wenn Sie die Hand mit etwas Abstand vor Ihren Mund halten, während Sie *Peter* sagen, spüren Sie die Aspiration des *p* als Lufthauch an Ihren Fingern. Die deutschen stimmlosen Verschlusslaute *p*, *t* und *k* sind am Wortanfang aspiriert. In anderen Sprachen, wie dem Französischen, sind sie nicht aspiriert. In manchen Sprachen, wie dem Hindi-Urdu, sind nichtaspirierte [p, t, k] und aspirierte [pʰ, tʰ, kʰ] separate Konsonanten.

BESTIMMER ARTIKEL (DEFINITER ARTIKEL): Im Deutschen die Formen des Artikels *der/die/das*; dient zur Bezeichnung einer bestimmten, dem Hörer bekannten Person (*der Leher*) oder eines bestimmten Gegenstands (*die Tafel*). Siehe auch UNBESTIMMTER ARTIKEL.

BILINGUAL: Zweisprachig, zwei Muttersprachen sprechend.

BUCHSTABENSCHRIFT: Schrift, die dem Ideal folgt, Zeichen für Laute zu verwenden, wie das Deutsche. Unterschieden von SILBENSCHRIFT, LOGOGRAFIE.

CASUS OBLIQUUS: Vom Verb abhängige Kasus wie Dativ, Akkusativ und Ablativ; Gegensatz CASUS RECTUS.

CASUS RECTUS: Nominativ; Gegensatz CASUS OBLIQUUS.

CEDILLE: Zeichen, das dem *c* hinzugefügt wird (ç). Es markiert beispielsweise im Französischen die Aussprache [s] wie in fa*çon* [fasõ] ‚Art' im Gegensatz zur Aussprache von *c* als [k] wie in *flacon* [flakõ] ‚Flasche'.

CODE-MIXING: Wird oft synonym zu CODE-SWITCHING verwendet.

CODE-SWITCHING: Wechsel der Sprache innerhalb des Satzes oder innerhalb der Unterhaltung.

DATIV: Kasus, der beim Verb einen Mitspieler des beschriebenen Geschehens markiert, der typischerweise die verbale Handlung erlebt, ohne sie absichtlich auszulösen. Erfragt durch „wem?" (*Der Peter hilft* ***der Maria***). Der Dativ kommt auch bei Präpositionen vor (z. B. *auf dem Wagen*).

DEFINIT → BESTIMMTER ARTIKEL

DEFINITHEIT: Bezug auf eine bestimmte Person (oder einen bestimmten Gegenstand). Wird im Deutschen durch den BESTIMMTEN (definiten) ARTIKEL ausgedrückt, wie in *das Klassenzimmer*.

DEHNUNGS-*H*: Schreibung von *h* nach einem Vokal im Deutschen, um anzuzeigen, dass der Vokal in der Aussprache lang ist (z. B. in *Zahn* und *kühl*).

DEKLINATION: FLEXION von Artikeln, Adjektiven und Nomen im Satzglied in Bezug auf KASUS, NUMERUS und GENUS.

DEKLINATIONSKLASSE: Klasse von Nomen, die mit den selben Endungen flektiert werden.

DEMONSTRATIVER ARTIKEL: Artikel, der auf in der Situation Gegebenes oder Vorerwähntes verweist (z. B. *diese* in *diese Aufgabe*).

DEMONSTRATIVPRONOMEN: Pronomen wie *dieser/diese/dieses*, das auf in der Situation Gegebenes oder Vorerwähntes verweist.

DEPONENS (PL. DEPONENTIEN oder DEPONENTIA): Bestimmte Verben, die in passiver Form, aber mit aktiver Bedeutung vorkommen, insbesondere im Lateinischen und Griechischen.

DERIVATION: Bildung eines Wortes mit einer anderen Wortbedeutung. Im Deutschen wird hierzu eine Endung (SUFFIX) oder eine Vorsilbe (PRÄFIX) verwendet (z. B. aus *prüf(en)*: *Prüf-er* und *über-prüf(en)*). Steht im Gegensatz zu FLEXION, bei der eine Wortform, aber nicht ein Wort mit eigener Wortbedeutung gebildet wird (*prüf(en)* → *prüf-st*; *Tisch* → *Tisch-e*).

DIAKRITIKUM (PL. DIAKRITIKA) → DIAKRITISCHES ZEICHEN

DIAKRITISCHES ZEICHEN: Zusatz an einem Schriftzeichen, beispielsweise zwei Punkte über einem Vokal (TREMA) in *ä*, *ö* und *ü* im Deutschen.

DIALEKT: Dialekte sind vollwertige mündliche Kommunikationssysteme mit einem eigenen Lautsystem und eigenem Satzbau. Sie werden in vielen Zweigen der Linguistik, die Grammatik als Eigenschaft mündlicher Kommunikationssysteme untersuchen, als gleichwertig zu Sprachen betrachtet. Sprachen haben typischerweise außerdem einen offiziellen Status als offizielle Sprache eines Landes oder einer Region und oft eine Verschriftlichung und schriftliche Tradition. Siehe auch STANDARDSPRACHE.

DIGLOSSIE: Stabile Form gesellschaftlicher Zweisprachigkeit mit einer als niedriger und einer als höher angesehenen Varietät, von der die erste von Geburt an gelernt und vor allem im Alltag verwendet und die zweite oft erst in der Schule gelernt und als Schriftsprache gebraucht wird. Kommt in der deutschsprachigen Schweiz (Schwyzertütsch vs. deutsche Standardsprache) und in den arabischen Ländern (regionale Umgangssprachen vs. klassisches Arabisch) vor.

DIMINUIERUNG/DIMINUTION: Bildung des DIMINUTIVS.

Diminutiv(um): Verkleinerungsform. Im Deutschen mit *-chen/-lein* gebildet wie in *Bild-chen, Tisch-lein.*

Diphthong: Folge zweier Vokallaute in derselben Silbe. Solche Folgen sind oft stark beschränkt. Im Deutschen gibt es nur drei Diphthonge: [aɪ] wie in *ein*, [aʊ] wie in *Haus* und [ɔɪ] wie in *Häuser.*

Direktes Objekt: Akkusativobjekt.

Diskurs: Größere Texteinheit, die über den Satz hinausgeht.

Doppelkonsonantschreibung: Zeigt im Deutschen einen vorangehenden reduzierten (ungespannten) Vokal an und wird dabei nicht lang ausgesprochen (z. B. *tt* in *bitte* [bitə]). Es gibt viele Sprachen, in denen ein Doppelkonsonant auch tatsächlich lang ausgesprochen wird (z. B. im Italienischen: *fato* [faːto] ‚Schicksal' und *fatto* [fatto] ‚gemacht').

Doppelung durch ein Klitikon: Ausdruck eines Satzgliedes gleichzeitig in normaler Form und durch ein entsprechendes Klitikon (z. B. span. *(Yo)* ***le*** *doy el libro* ***a la mujer,*** wörtlich: ‚(Ich) **ihr** gebe das Buch **der Frau**', übersetzt: ‚Ich gebe der Frau das Buch').

Doppelvokalschreibung: Im Deutschen Schreibung von *oo, ee* und *aa*, um einen langen normalen Vokal anzuzeigen.

Dual: Während das Deutsche Singular und Plural in vielen Endungen unterscheidet, gibt es Sprachen mit einer Dreigliederung in Singular, Dual und Plural. So wie Singular für „eines" steht, steht Dual für „zwei"; Plural steht dann für drei oder mehr. Kommt im Arabischen und im Slowenischen vor.

Dunkler Vokal: Vokal wie *o* oder *u*, der einen dunklen Klangeindruck vermittelt. Artikuliert werden dunkle Vokale mit einer Zungenstellung, deren höchster Punkt relativ weit hinten im Mund liegt. Die Lippenrundung bei *o* und *u* trägt auch zu deren dunklem Klang bei. Siehe auch Heller Vokal.

Dunkles *l* [ɫ]: Das Anheben der hinteren Zunge bei ansonsten normaler Aussprache des *l* verleiht diesem *l* seinen dunklen Klang. Im Albanischen sind normales *l* und dunkles *ll* unterschiedliche Konsonanten.

Durativ: Eigenschaft eines Geschehens als andauernd (z. B. *brennen*) im Gegensatz zu punktuell (z. B. *verbrennen*). Siehe auch Verlaufsform.

Echofrage: Fragesatz mit oft untypischer Form, der um die Wiederholung oder Klärung des vorher Gesagten bittet, z. B. (*Ich habe Grissini gekauft.*) *Du hast WAS gekauft?*

Einzahl → Singular

Ejektiv: Wenn wir die Luft anhalten, verschließen wir die Luftröhre mit den Stimmbändern. Laute mit der sekundären Eigenschaft, ejektiv zu sein, werden gleichzeitig mit solch einem Verschluss der Stimmbänder produziert, der dann oft gleichzeitig mit der Verschlusslösung im Mund gelöst wird.

Entlehnung → Lehnwort

Entscheidungsfrage (Ja-nein-Frage): Erfordert *Ja* oder *Nein* als Antwort. Wird je nach Sprache durch Wortstellung (z. B. Verberststellung im Deutschen, *Kommst du morgen?*), durch Intonation (z. B. Französisch) oder anders markiert.

Erbsprache (Heritage language): Sprache der Eltern, die man zu Hause lernt, die aber nicht die Sprache der Umgebung ist. Eine Erbsprache kann auch unvollständig erworben sein, da Kinder sich an der Sprache der Gleichaltrigen orientieren. Der Begriff wird beispielsweise für das Deutsch von Einwanderern in den USA verwendet; dort gibt es einige Gemeinden, in denen das Deutsche über mehrere Generationen noch gesprochen wird.

Ergänzungsfrage (W-Frage): Frage nach einem Satzteil mit einem Fragewort (z. B. *Was siehst du?*).

Ergativität: Markierung des Subjekts eines transitiven Verbs mit einem Kasus (Ergativ), mit dem das finite Verb nicht übereinstimmt. Oft trägt in diesem Fall das Objekt einen Kasus, mit dem das finite Verb übereinstimmt.

Ergativsprache: Sprache mit Ergativität.

Erstsprache: Eine oder mehrere Sprachen, die am Anfang des Lebens gelernt wird oder werden.

Ethnonym: Bezeichnung einer ethnischen Gruppe, die Tradition und Kultur teilen.

Etymologisch: Die Herkunft betreffend.

EVIDENTIALITÄT: Andeutung der Informationsquelle im Satz. Im Deutschen können Adverbien wie *angeblich* oder eine bestimmte Verwendung der MODALVERBEN dies leisten, etwa in *Er soll das schon einmal gemacht haben* (= man sagt das), *Er muss das schon einmal gemacht haben* (= man kann das erschließen).

FALSCHE FREUNDE: Wörter zweier Sprachen, die ähnlich klingen, aber unterschiedliche Bedeutungen haben. So ist beispielsweise *Menü* im Deutschen eine Speisefolge, aber *menu* im Englischen ist die ‚Speisekarte'.

FEMININ → GRAMMATISCHES GESCHLECHT

FINITER SATZ: Satz mit einem FINITEN VERB (z. B. (*Sie glaubt,*) ***dass sie das kann***), im Gegensatz zu Sätzen mit Infinitiv (z. B. (*Sie glaubt,*) ***das zu können***).

FINITES VERB: Konjugiertes, gebeugtes Verb; das Verb, das mit dem Subjekt übereinstimmt. In *Ich habe geschlafen* ist *habe* das finite Verb (*du hast geschlafen, er hat geschlafen*). Das finite Verb zeigt auch Tempus an und kann Konjunktiv- oder Imperativformen annehmen. Ein Subjekt im Nominativ hat normalerweise ein damit übereinstimmendes finites Verb.

FLEKTIEREN: beugen, Flexionsendungen anhängen oder die Form entsprechend verändern (wie z. B. in *sie sagt – sie sagte, er schwimmt – er schwamm*). Siehe auch FLEXION.

FLEKTIERENDE SPRACHE: Etwas vereinfacht ausgedrückt, eine Sprache wie das Deutsche, in der oft nur eine Endung zur Markierung einer grammatischen Form eines Wortes verwendet wird; dies kann man mit agglutinierenden Sprachen wie dem Türkischen vergleichen, in denen für jede Information eine zusätzliche eigene Endung angehängt wird, und mit ISOLIERENDEN SPRACHEN wie dem Chinesischen, in denen gar keine Endungen angehängt werden. Die Klassifikation ist von Wilhelm von Humboldt und August Wilhelm Schlegel.

FLEXION: Veränderung der Wortform zum Anzeigen von Numerus, Genus, Kasus (DEKLINATION), Tempus, Modus, Übereinstimmung mit dem Subjekt (KONJUGATION) und ähnlichen grammatischen Eigenschaften (*Gabel, Gabel-n; leg-en, leg-st*). Unterschieden von DERIVATION, bei der ein neues Wort mit einer anderen Wortbedeutung abgeleitet wird (z. B. *lehr(en) → Lehr-er*).

FOKUS: Meist durch Betonung angezeigte stärkere Gewichtung eines Satzteiles. *Wer mag Eis? MARIA mag Eis. // Was mag Maria? Maria mag EIS.* Das Satzglied in Großbuchstaben ist jeweils der Fokus des Satzes. Oft ist der Fokus die neue Information eines Satzes.

FOKUSSIEREN: Zum FOKUS machen.

FRAGEPARTIKEL: Kurzes Wort, das in manchen Sprachen eine Frage (typischerweise eine Entscheidungsfrage) als solche markiert (z. B. im Türkischen nachgestelltes *-mi* in Entscheidungsfragen).

FRAGEPRONOMEN: Fragewort wie *wer, was* oder *wann*, das nicht mit einem Nomen steht.

FRAGESATZ: Satz, der eine Frage ausdrückt und dazu oft auf sprachspezifische Weise markiert ist, z. B. *Was siehst du*, mit einem vorangestellten Fragewort. Siehe auch FRAGEPARTIKEL.

FRAGEWORT (W-WORT): Im Deutschen ein Wort wie *wer, was, wann, welches* oder *wessen* (***welches/wessen*** *Buch*).

FREMDWORT: Aus einer anderen Sprache übernommenes Wort, das sich dem neuen Sprachsystem nicht völlig angepasst hat (z. B. dt. *Garage* [garaʒə] mit [ʒ], das nur in Fremdwörtern im Deutschen vorkommt).

FUGENELEMENT: Zumeist in KOMPOSITA auftretendes Element zwischen den beiden Teilen, das keine Bedeutung zu tragen scheint (z. B. das *-n* in *Sonne-n-schein* und das -e in *Reib-e-laut*).

FUNKTIONSWÖRTER: Meist kurze und unbetonte Wörter wie Artikel, Partikeln und Konjunktionen, die eher eine Funktion im Satz als einen Inhalt haben und die meist einer Wortart mit wenigen Vertretern angehören. Stehen im Gegensatz zu INHALTSWÖRTERN.

FUTUR: Tempusform für Ereignisse in der Zukunft, im Deutschen mit *werden* gebildet (z. B. *Ich werde sie besuchen*).

FUTUR II: Tempusform, die besagt, dass man zu einem zukünftigen Zeitpunkt etwas bereits abgeschlossen haben wird; im Deutschen aus Futur und Perfekt zusammengesetzt (z. B. *Am Dienstag werde ich das Kapitel gelesen haben*).

GAUMEN: Teil des Oberkiefers („oben im Mund") hinter dem ZAHNDAMM, deren vorderer Teil (harter Gaumen) knochig und unbeweglich ist und deren hinterer Teil (weicher Gaumen), an dem das ZÄPFCHEN hängt, bewegt werden kann. Im Deutschen wird etwa das Reibegeräusch von *ch* in *ich* mit der Zunge am harten Gaumen erzeugt, während der Verschluss bei den Lauten *k* und *g* mit der hinteren Zunge am weichen Gaumen gebildet wird. Wird der weiche Gaumen am hinteren Ende gesenkt, so ermöglicht dies dahinter einen Luftstrom nach oben durch die Nase. Siehe auch NASALER KONSONANT, NASALER VOKAL.

GEBEUGTES VERB → FINITES VERB

GELENKARTIKEL: Artikelwort, das zwischen dem Nomen und einem besitzanzeigenden Genitiv (und zwischen dem Nomen und manchen Adjektiven) steht. Kommt im Albanischen vor.

GENERISCH: Allgemein, allgemeingültig. Beispielsweise ist der Satz *Löwen sind schnell* generisch, nicht aber der Satz *Der Löwe brüllte*.

GENITIV: Besitzkasus, zumeist beim Nomen (***Peters** Fahrrad, das Fahrrad **des Direktors***) aber auch bei einigen wenigen Verben (***der Toten** gedenken*) und Präpositionen (*trotz* **des Widerstandes**) im Deutschen. Erfragt durch „wessen?".

GENITIVATTRIBUT: Genitiv beim Nomen.

GENITIVUS PARTITIVUS: Genitiv, der damit verbunden ist, dass es nur um einen Teil dessen, was im genitivmarkierten Ausdruck beschrieben ist, geht. Kommt im Russischen vor.

GENUS (PL. GENERA) → GRAMMATISCHES GESCHLECHT

GERUNDETER VOKAL: Vokal, der mit Rundung der Lippen artikuliert wird, wie *o*, *u*, *ö* und *ü*, nicht aber *a*, *e* und *i*. Lippenrundung trägt zu einem dunkleren Klang bei. Siehe auch HELLER VOKAL, DUNKLER VOKAL, HELLER GERUNDETER VOKAL.

GESCHLOSSEN: Relative Mundöffnung bei Vokalen wie *i* und *u*. Eigentlich werden diese Vokale mit einer relativ hohen Zungenstellung relativ zum Gaumen ausgesprochen, die aber durch einen relativ geschlossenen Mund unterstützt wird. Siehe auch HOHER VOKAL.

GESPALTENE ERGATIVITÄT: ERGATIVITÄT in nur einem Teil der Grammatik einer Sprache.

GESPANNT: Begriff, der in der Sprachwissenschaft für Vokale verwendet wird, die im vorliegenden Buch auch „normal" genannt werden, wie die Vokale *o* und *i* in dem Wort *Phonologie* [fonologi:]. Das Gegenteil ist UNGESPANNT oder (in diesem Buch) REDUZIERT. Solche Vokale finden sich in *Bonn* [bɔn] und *Kinn* [kɪn].

GLEITLAUT: Die häufigsten Gleitlaute sind [j] und [w], wobei das [j] dem *i* sehr ähnlich ist und das [w] dem *u*. Der Gleitlaut erscheint vor (oder nach) dem Vokal derselben Silbe (z. B. davor in *ja.gen*, *jung*).

GRAMMATISCHES GESCHLECHT: Unterscheidung zwischen maskulin, feminin und gegebenenfalls neutrum als einer inhärenten grammatischen Eigenschaft von Nomen, die zwar meist mit dem natürlichen Geschlecht übereinstimmt (*der Mann*, *die Frau*, *das Kind*), aber auch abweichen kann (*das Mädchen*) und in vielen Fällen unmotiviert ist (*der Baum*, *die Tanne*).

GRAVIS: Das Zeichen ` auf einem Buchstaben. Im Französischen beispielsweise markiert er auf e wie in è zumeist die Aussprache [ɛ] (z. B. *problème* [pʀoblɛm] ‚Problem').

HELLER VOKAL: Vokal wie *i* oder e, der einen hellen Klangeindruck vermittelt. Artikuliert werden helle Vokale mit einer Zungenwölbung, deren höchster Punkt relativ weit vorn im Mund liegt. Die Abwesenheit von Lippenrundung unterstützt den hellen Klang von *i* und e insofern, als Lippenrundung zu einem dunkleren Klang führt. Siehe auch DUNKLER VOKAL.

HELLER GERUNDETER VOKAL: *ö* [ø] und *ü* [y] (ungespannt [œ] und [ʏ]) sind hell und gerundet. *ö* wird mit der Zungenposition von *e* ausgesprochen, *ü* mit der Zungenstellung von *i*, beide zusätzlich mit Lippenrundung. Viele Sprachen haben *i*, *e*, *o*, *u*, aber nicht *ö* und *ü*, ebenso manche Dialekte des Deutschen in früheren Stufen ihrer Entwicklung (*Minga* für *München*, *Tibinga* statt *Tübingen*, *jiddisch* statt *jüdisch*). *ö* und *ü* kombinieren die hell klingende vordere Zungenstellung mit der dunkler klingenden Lippenrundung. Siehe auch HELLER VOKAL, DUNKLER VOKAL.

HILFSVERB: Verb, dessen Beitrag zum Satz darin liegt, zusammem mit einem anderen Verb ein Passiv zu bilden, ein Tempus auszudrücken oder eine andere Bedeutungskomponente hinzuzufügen. Im Deutschen insbesondere *haben*, *sein* und *werden*.

HOCHSPRACHE → STANDARDSPRACHE

HÖFLICHKEITSFORM: Sprachlicher Ausdruck des Respekts gegenüber dem Gesprächspartner (z. B. *Sie* im Gegensatz zu *du*).

HOHER VOKAL: Einer der Vokale *i*, *u* und *ü*. Diese werden mit einer relativ hohen Wölbung der Zunge ausgesprochen, die von einem relativ geschlossenen Mund (angehobenen Unterkiefer) noch weiter angehoben wird. Im Gegensatz dazu ist *a* ist ein TIEFER VOKAL und *e*, *o* und *ö* sind Vokale, die weder hoch noch tief sind. Siehe auch GESCHLOSSEN.

HONORIFIZIERUNG: Sprachlicher Ausdruck des Respekts gegenüber einer im Satz bezeichneten Person, im Unterschied zu sprachlichen Ausdrücken der Höflichkeit, also des Respekts gegenüber dem Gesprächspartner.

ICH-LAUT: Aussprache von *ch* nach HELLEN VOKALEN wie in *ich*, *echt*, *möchte*, in Lautschrift [ç]. Siehe auch *ACH*-LAUT.

IDIOMATISCHE WENDUNG: Komplexer Ausdruck mit einer eigenen Gesamtbedeutung (z. B. *reinen Wein einschenken*, *die Leviten lesen*).

IKONIZITÄT: Ähnlichkeit zwischen einem sprachlichen Zeichen und dem von ihm Bezeichneten. Der Normalfall ist die ARBITRARITÄT.

IMPERATIV: Verbform, die eine an die 2. Person gerichtete Aufforderung ausdrückt (z. B. *Komm (du) bitte her*). Abgegrenzt von JUSSIV.

IMPERATIVSÄTZE: Sätze mit einer imperativen Verbform.

IMPERFEKTIVER ASPEKT: Verbform, die unvollendete Handlungen beschreibt, vor allem in slawischen Sprachen; steht im Gegensatz zum PERFEKTIVEN ASPEKT.

INDEFINIT → UNBESTIMMTER ARTIKEL

INDEFINITHEIT: Darstellung einer Person oder eines Gegenstands als dem Hörer noch nicht bekannt. Kann durch einen UNBESTIMMTEN ARTIKEL ausgedrückt werden. Steht im Kontrast zu DEFINITHEIT.

INDEFINITPRONOMEN: Pronomen mit nicht bestimmtem Bezug (z. B. *jemand*, *etwas*).

INDIKATIV: Die nicht mit KONJUNKTIV (I/II) oder IMPERATIV markierte, normale Form des finiten Verbs in Aussagesätzen und Fragen (z. B. steht *singen* im Indikativ in *Maria singt*).

INDIREKTE REDE: Beispielsweise *Peter sagt, dass es Zeit ist* im Gegensatz zur direkten Rede *Peter sagt*: *„Es ist Zeit"*.

INFERENTIAL: Eine Klasse der Markierung von EVIDENTIALITÄT an einem Satz, die anzeigt, dass man das Beschriebene aus anderem Wissen erschließen kann. Im Deutschen mit einer speziellen Verwendung von *müssen* darstellbar, zum Beispiel wenn es klingelt: *Das muss Peter sein*.

INFINITIV: Im Deutschen die nicht gebeugten Verbformen mit *-en* wie *lauf-en* und *zu laufen*.

INHALTSWÖRTER: Wörter mit einem Inhalt (im Gegensatz zu einer Funktion) wie Substantive, Verben und Adjektive. Steht im Gegensatz zu FUNKTIONSWÖRTER. Mit dem Unterschied geht auch einher, dass es z. B. viele verschiedene Substantive gibt, aber z. B. vergleichsweise wenige Artikel.

INHÄRENTER VOKAL: Besonderheit der indischen Devanagari-Schrift, die erfordert, dass jeder Konsonant mit einem folgenden Vokal dazu geschrieben wird. Das *a* steht entweder für *a* oder wird nicht ausgesprochen (dann ist es der inhärente Vokal). Beispielsweise spricht man in Indien *Yoga* eigentlich *Yog* und den Namen der Schrift *Devnaagri*. Die zusätzlichen *a* sind nur geschrieben, nicht gesprochen.

INKLUSIVES UND EXKLUSIVES *WIR*: Das deutsche *wir* bezeichnet eine Gruppe, die den Sprecher einschließt, das deutsche *ihr* eine Gruppe, die den Hörer einschließt. Ist sowohl der Sprecher als auch der Hörer in der Gruppe, wird im Deutschen auch *wir* verwendet. Manche Sprachen haben hierfür ein separates Pronomen, das inklusive *wir* (inklusiv: einschließend). Das andere *wir*-Pronomen kann dann nur verwendet werden, wenn der Hörer nicht in der Gruppe ist (exklusiv: ausschließend).

INSTRUMENTAL(KASUS): Kasus für das bei einer Handlung verwendete Instrument (z. B. ein Werkzeug beim Reparieren, aber auch Geld beim Bezahlen). Im Deutschen durch die Präposition *mit* ausgedrückt.

INTERFERENZ: Im Kontext des Spracherwerbs oder Sprachenlernens, die Beeinträchtigung durch eine andere Sprache, deren Eigenschaften fälschlicherweise auf die zu lernende Sprache übertragen werden.

INTERJEKTION: Ausdrücke wie *Au!*, *Ach!*, *Hm*, die außerhalb der Grammatik stehen.

INTERROGATIVPRONOMEN → FRAGEPRONOMEN

INTONATION: Satzmelodie.
INTONATIONSFRAGE: Frage, die nur durch die Satzmelodie als Frage gekennzeichnet ist.
INTRANSITIVES VERB: Verb ohne ein direktes (Akkusativ-)Objekt (z. B. *telefonieren, schlafen*).
IPA: Steht sowohl für die International Phonetic Association als auch für das von ihr herausgegebene und betreute International Phonetic Alphabet, das bis heute immer wieder aktualisiert wird. Siehe auch LAUTSCHRIFT.
ISOLIERENDE SPRACHE: Sprache, in der keine Endungen für die Markierung unterschiedlicher Formen (FLEXION) verwendet werden, sondern die Verbindung der Satzteile nur über die Reihenfolge im Satz ausgedrückt wird. Vietnamesisch und Chinesisch sind Beispiele isolierender Sprachen.
JA-NEIN-FRAGE → ENTSCHEIDUNGSFRAGE
JARGON: Nur von bestimmten Gruppen verwendete Ausdrucksweisen, denen es an Allgemeinverständlichkeit mangelt.
JUSSIV: Verbform der Aufforderung, die anders als der IMPERATIV nicht an die 2. Person gerichtet ist. Im Deutschen gibt es eine ähnliche Verwendung des Konjunktivs I: *(Wenn dann alle da sind,) nehme sich jeder einen Zettel und schreibe seinen Namen darauf.*
KASUS: Markierung von Nominalgruppen, im Deutschen durch Nominativ, Genitiv, Dativ oder Akkusativ.
KLASSIFIKATOR: PARTIKEL, die hilft, ein Nomen mit einem Zahlwort zu kombinieren; kommt unter anderem in ostasiatischen Sprachen häufig vor. Ein deutsches Beispiel ist der Klassifikator *Kopf* in *drei Kopf Salat*.
KLITIKON (PL. KLITIKA): Zumeist kurzes Wort, das sich an ein anderes Wort vorn oder hinten anhängt (z. B. in der deutschen Umgangssprache *-de* in *kennst-de den?*). Sind in vielen anderen Sprachen Teil der geschriebenen Sprache (z. B. im Italienischen *-mi* ‚mir' in *ascolta-mi* ‚hör mir zu'). Siehe auch DOPPELUNG DURCH EIN KLITIKON.
KLITISCH: Durch ein KLITIKON ausgedrückt.
KNACKLAUT: Mit den Stimmbändern gebildeter Laut [ʔ], ein Knacken im Kehlkopf. Im Deutschen wird er bei auf Vokal beginnenden Wörtern automatisch gebildet, so in *Oma* [ʔoːma] und *Auto* [ʔaʊto]; wortintern unterscheiden sich z. B. *Beate* [beʔatə] und *Beatriz* [beatris]. In manchen Sprachen ist [ʔ] ein regulärer eigener Konsonant.
KOGNATE: Wörter mit ähnlicher Form und Bedeutung in zwei Sprachen aufgrund ihrer historischen Verwandtschaft (z. B. dt. *Haus* und engl. *house*).
KOMITATIV: Satzglied, das ausdrückt, dass etwas mit jemandem zusammen unternommen wird (z. B. *mit Peter* in *Maria ging mit Peter ins Kino*).
KOMPARATIV: Steigerungsform des Adjektivs, die einen Vergleich herstellt (z. B. *schwerer*). Siehe auch SUPERLATIV.
KOMPOSITUM (PL. KOMPOSITA): Aus zwei Wörtern zusammengesetzes Wort (z. B. *Apfel-saft*).
KOMPOSITION: Bildung von Komposita (siehe KOMPOSITUM).
KONDITIONAL(-SATZ): Verbform (oder Satzform), die einen Sachverhalt als bedingt (oder Bedingung) darstellt. Der typische Konditionalsatz ist der *Wenn*-Satz eines *Wenn-dann*-Gefüges (z. B. *Wenn es regnen würde, dann würde ich zu Hause bleiben*). Konditionale Verbformen aus anderen Sprachen werden im Deutschen mit *würde* oder Konjunktiv II übersetzt.
KONGRUENZ: Übereinstimmung unterschiedlicher Satzteile in Bezug auf grammatische Merkmale (z. B. zwischen Subjekt und finitem Verb).
KONGRUIEREN: Übereinstimmen in Bezug auf grammatische Merkmale.
KONJUGATION: (a) Flektieren von Verben; (b) Klasse von Verben, die dieselben Flexionsendungen aufweisen.
KONJUGIERTES VERB → FINITES VERB
KONJUNKTION: Wortart; Beispiele sind *dass, weil* (UNTERORDNENDE KONJUNKTIONEN), *und, oder, aber* (nebenordnende Konjunktionen). Konjunktionen leiten einen Satz ein und verbinden ihn mit einem anderen, oft vorangehenden Satz (Ich lese, ***weil** mir das Spaß macht*).
KONJUNKTIV: Form des finiten Verbs, die zu einer anderen Satzbedeutung als der normalen Aussage führt. Im Deutschen kann dies ein Bericht einer Aussage sein (*Peter sei noch nicht angekommen*) oder eine Aufforderung (*Jeder nehme sich einen Ball!*), hier jeweils mit Konjunktiv I,

oder eine Aussage über ein als unmöglich dargestelltes Geschehen (*Sie würde anrufen, wenn sie schon in Berlin wäre*), mit Konjunktiv II.

KONSONANT: Laut, der mit einer Verengung oder einem vollkommenen Verschluss des Luftstromes im Mund artikuliert wird. Beispiele sind *p, f, n* und *l*. Siehe auch VOKAL.

KONSONANTENSCHRIFT: Schrift, in der nur die Konsonanten mit Buchstabenzeichen dargestellt werden, während die Vokale nicht oder mit DIAKRITISCHEN ZEICHEN an den Konsonanten geschrieben werden. Das Arabische hat eine Konsonantenschrift.

KONTAKT ZWEIER SPRACHEN: Überlappen der Sprechergruppen, sodass manche Personen beide Sprachen sprechen. Die Sprachen beeinflussen sich dabei gegenseitig, so wie wir in Deutschland Wörter aus dem Englischen übernehmen und Redewendungen übertragen.

KONTRASTIV: Zu einem anderen Element im Kontrast, also Gegensatz, stehend.

KONTRASTIVER FOKUS: Hervorhebung durch Betonung, die markiert, dass der Satz auf das Genannte, und nicht ein anderes mögliches Element, zutrifft. In *Den PFEFFER möchte ich haben, nicht das Salz* trägt *den Pfeffer* kontrastiven Fokus.

KONVERB: Verb in einer Form, die ihm einen Gebrauch als Adverbial zu einem anderen Verb erlaubt. Der Begriff ist in der deutschen Grammatik nicht üblich, aber Konverben sind ähnlich dem adverbialen PARTIZIP I (z. B. *Ein Lied pfeifend rührte er die Soße an*).

KONVERGENZ: Angleichung zweier in Kontakt stehender Sprachen in Bezug auf eine oder mehrere Eigenschaften.

KOPFFINAL: Linguisten postulieren, dass in jedem komplexen Ausdruck einer seiner Teile besonders zentral ist: Das ist der Kopf des komplexen Ausdrucks. In deutschen Komposita wie *Reisebus* oder *Busreise* beispielsweise ist das rechte Wort besonders bestimmend für die Bedeutung: Ein Reise*bus* ist ein *Bus* (und nicht eine Reise), während eine Bus*reise* eine *Reise* ist (und nicht ein Bus). Hier wird das rechte Element als Kopf identifiziert. Da in solchen Komposita der Kopf am Ende, also final, steht, werden sie kopffinal genannt. Siehe auch KOPFINITIAL.

KOPFINITIAL: In einem Ausdruck, der mit einer Präposition beginnt (z. B. *unter dem Sofa*) wird die Präposition *unter* als das bestimmende Element des Ausdrucks, als sein Kopf identifiziert. Da die Präposition am Anfang des Ausdrucks, also initial, steht, sind solche Ausdrücke in der linguistischen Analyse kopfinitial. Siehe auch KOPFFINAL.

KOPULA: Verb wie im Deutschen *sein* in *Peter ist zufrieden*, das Subjekt und Prädikat verbindet.

KOPULASÄTZE: Sätze, deren Verb eine KOPULA ist.

KREOLSPRACHEN: Im Kontext plötzlichen Sprachkontakts, etwa auch in der Kolonialgeschichte, entstanden oft zunächst Pidginsprachen ohne feste Grammatik als Mischung beider Sprachen. Wenn spätere Generationen in dieser Pidginsprache aufwuchsen, entstand in ihnen eine neue Sprache mit einer regulären Grammatik, die Kreolsprache.

KYRILLISCHE SCHRIFT: Schrift, die in manchen slawischen Sprachen verwendet wird, in diesem Buch dem Bosnischen/Kroatischen/Serbischen (neben der lateinischen Schrift), dem Bulgarischen, dem Russischen, dem Ukrainischen, sowie auch in kyrillisch schreibenden Ländern von den (nichtslawischen) Minderheiten der Kurden und neuerdings von den Romani. Eine Schriftprobe: Das Wort für ‚Milch' ist im Russischen молоко (*moloko*).

LATEINISCHES ALPHABET: Außer *j, u, w, ä, ö* und *ü* sind die Buchstaben unserer Schrift die des lateinischen Alphabets der Spätantike. Bis ins frühe Mittelalter hat man allerdings nur Großbuchstaben geschrieben.

LAUTSCHRIFT: Die in diesem Buch verwendete IPA-Lautschrift ist eine internationale Konvention, die die Aussprache von Sprachlauten unabhängig von der Sprache angeben kann. Siehe auch IPA.

LAUTSYSTEM: Jede Sprache verwendet bestimmte Laute und hat Gesetzmäßigkeiten der Aussprache, wie sie sich in Nachbarschaft gegenseitig beeinflussen und verändern, wie sie in Silben organisiert sind, wie Wörter betont werden und wie die Organisation in Silben und die Betonung wiederum die Laute beeinflussen können.

LEERES SUBJEKT → NULL-SUBJEKT-EIGENSCHAFT

LEHNWORT: Aus einer anderen Sprache übernommenes Wort. (Im engeren Sinne des Wortes nur dann, wenn es kein FREMDWORT ist.)

Leichtes Verb: Verb mit einer relativ unspezifischen Bedeutung (z. B. *machen*, *nehmen*).

Liaison: Am Wortende sonst nicht ausgesprochene Konsonanten (*les trucs* [le tryk] ‚die Sachen') können im Französischen dennoch in Verbindung mit einem folgenden Wort ausgesprochen werden (*les amants* [lezamã] ‚die Liebenden'), wenn dieses mit Vokal beginnt und die beiden Wörter in einer engen Verbindung im Satzbau stehen.

Ligatur: Verbindung zweier oder mehrerer Buchstaben zu einem neuen Buchstaben (z. B. von *o* und *e* zu *œ*).

Lingua franca: Vermittlungssprache in Gemeinschaften, in denen mehrere Sprachen gesprochen werden.

Linguistic savants: Personen mit einer geistigen Behinderung und einer Inselbegabung für Sprachen.

Linksversetzung: Ein links vom Satz stehender Ausdruck wird durch ein Pronomen im Satz wieder aufgegriffen; beispielsweise ist *den Peter* linksversetzt in *den Peter, den mag ich*.

Logografie: Schreibung, die nicht die Laute, sondern die Wörter oder Morpheme (also bedeutungstragende Elemente) mit je einem Zeichen versieht, wie die Schrift des Chinesischen.

Lokalangabe: Ortsangabe.

Lokativ: Ortskasus. Z. B. bedeutet das türkische Wort für *Wand* im Lokativ ‚an oder bei der Wand'.

Maskulin → Grammatisches Geschlecht

Massenterme: Substantive, die nicht zählbar sind, wie *Mehl*, *Öl* (**zwei Mehl*).

Mediopassiv: Passivform im Sanskrit und Griechischen, die eine breitere Verwendungsweise als das Passiv anderer Sprachen aufweist.

Mehrsprachig: Mehrere Sprachen als Muttersprachen sprechend.

Mehrzahl → Plural

Minimalpaar: Vergleich zweier Wörter oder Sätze, die sich nur in einer Hinsicht unterscheiden. Oft verwendet, um bedeutungsunterscheidende Laute (Phoneme) zu bestimmen (*Lache* vs. *Lasche* zeigt, dass der Unterschied zwischen *ch* [x] und *sch* [ʃ] im Deutschen bedeutungsunterscheidend ist).

Modalverb: Hierzu gehören zum Beispiel *können*, *mögen*, *dürfen*, *sollen* und *müssen*. Sie spezifizieren normalerweise Fähigkeiten, Möglichkeiten oder Notwendigkeiten. Siehe auch Evidentialität.

Modus, Verbmodus: Flexion für Indikativ, Konjunktiv und Imperativ am finiten Verb.

Monolingual: Eine Sprache sprechend. Steht im Gegensatz zu bilingual und zu mehrsprachig.

Monosyllabische Sprache: Sprache, in der jedes Morphem eine Silbe ist.

Morphem: Im einfachsten Fall die kleinste bedeutungstragende Einheit. In dem Wort *Prüf-er-in* gibt es die angezeigten drei Morpheme. In einem abstrakteren Verständnis muss ein Morphem nicht unbedingt Bedeutung tragen, wenn man andere Gründe hat, es abzutrennen. So möchte man *Preisel-beere* wie angezeigt in zwei Morpheme aufteilen, obwohl *Preisel* für sich genommen keine Bedeutung hat.

Morphologie: Aufbau von Wörtern aus Morphemen und deren Untersuchung.

Mundöffnung bei Vokalen: Die Grade der Mundöffnung bei den Vokaltabellen in diesem Buch reflektieren eigentlich die Höhe der Zungenwölbung bei Vokalen, die durch die von außen besser spürbare Mundöffnung unterstützt wird. Siehe Hoher Vokal und Tiefer Vokal.

Murmelvokal → Schwa

Muttersprache: Eine oder mehrere Sprachen, mit denen man aufwächst.

Nasaler Konsonant: Im Deutschen *m*, *n* und *ng* [ŋ]. Alle anderen Konsonanten werden über den Luftstrom durch den Mund gebildet, wobei der Luftstrom durch die Nase ganz oder teilweise blockiert ist. Die nasalen Konsonanten allerdings verschließen den Mund für den Luftstrom (mit *m* an den Lippen, *n* am Zahndamm etc.) und lassen die Luft durch die Nase ausströmen. Man kann dies leicht ausprobieren, indem man sich beim Sprechen von *nnnn* die Nase zuhält. Siehe auch Nasaler Vokal.

Nasaler Vokal: Normale Vokale lassen die Luft aus dem Mund strömen, wobei wenig oder keine Luft durch die Nase strömt. Die Stellung der Zunge und Lippen sowie die Öffnung des Mundes bestimmen, ob *a*, *e* oder *u* ausgesprochen wird. Luftstrom durch den Mund ist daher wichtig. Bei nasalen Vokalen wie dem *ẽ* im frz. *fin* [fɛ̃] ‚Ende' kommt systematisch Luftstrom durch die Nase hinzu. Zu den Sprachen mit nasalen Vokalen gehören neben dem Französischen das Polnische und das Portugiesische. Siehe auch NASALER KONSONANT.

NEBENSATZ: Von einem anderen Satz abhängiger Satz. In vielen Sprachen haben Nebensätze andere Formen als Hauptsätze. Beispielsweise ist *dass wir gehen* ein Nebensatz in *Sie wollte, **dass wir gehen***.

NEGATION: Verneinung.

NEGATIONSHARMONIE: Eigenschaft einer Sprache, bei der mehrere negierte Elemente im Satz stehen können, die insgesamt als nur eine Verneinung verstanden werden. Existiert im Bairischen: *I hob neamd net gseng* (wörtlich: ‚Ich habe niemand nicht gesehen', d. h. ‚Ich habe niemanden gesehen').

NEGATIONSWÖRTER: Wörter, die Verneinung ausdrücken (z. B. *nicht, niemand, kein*).

NENNFORM (ZITIERFORM): Form eines flektierbaren Wortes, mit der man das Wort benennt oder in einem Wörterbuch aufführt.

NOMEN (SUBSTANTIV, HAUPTWORT): Wortart; Beispiele sind *Baum, Haus, Wolke*. Nomen sind oft der Kern eines SATZGLIEDES (*ein Lehrer*), können aber auch als PRÄDIKAT nach einer KOPULA stehen (*Peter ist Lehrer*). Im Deutschen werden Nomen großgeschrieben.

NOMINAL: Auf Nomen bezogen.

NOMINALGRUPPE: Kasusmarkiertes Satzglied mit einem Nomen (z. B. *ein Schüler, das neue Buch*).

NOMINALISIERUNG: Umformung eines Verbs in ein Nomen (z. B. des Verbs *trink(en)* in die Nomen das *Getränk* und das *Trinken*).

NOMINALSATZ: Satz ohne Verb. Im Deutschen sagen wir *Peter ist Lehrer* oder *Peter ist aufmerksam*. In manchen Sprachen kann das verbindende *ist* weggelassen werden.

NOMINATIV: Kasus des Subjekts, das mit dem finiten Verb übereinstimmt. Erfragt durch „wer oder was?" (z. B. steht *Der Peter* im Nominativ in ***Der Peter** isst den Kuchen*).

NORMALER VOKAL: In diesem Buch verwendeter Begriff, der in Abgrenzung zu den REDUZIERTEN Vokalen mit schwächer ausgeprägten Zungen- und Lippenmanövern zur Erzeugung des Vokalklanges verwendet wird. Die Lautschrift verwendet lateinische Buchstaben für die normalen Vokale [a, e, i, o, u] und spezielle Symbole für die reduzierten Vokale [ɛ, ɪ, ɔ, ʊ]. In der Sprachwissenschaft werden [e, i, o, u] GESPANNT und [ɛ, ɪ, ɔ, ʊ] UNGESPANNT genannt. Das [a] im Deutschen kann als unbestimmt in dieser Hinsicht verstanden werden, es ist also je nach Wort ein normaler oder ein reduzierter Vokal. (Die Sprachwissenschaft klassifiziert [a] als ungespannt.)

NULL-SUBJEKT-EIGENSCHAFT: Eigenschaft einer Sprache, die es erlaubt, das Subjekt unausgesprochen zu lassen, wie im Italienischen oder Türkischen (ital. *andiamo* ‚wir gehen/gehen wir'). Das Deutsche hat diese Eigenschaft nicht.

NUMERUS: Unterscheidung zwischen SINGULAR (Einzahl) und PLURAL (Mehrzahl).

OBJEKT: Vom Verb gefordertes oder gewähltes Satzglied, im Deutschen das Akkusativobjekt (*etwas essen*), das Dativobjekt (*jemandem helfen*) und das Präpositionalobjekt (*mit jemandem sprechen*), neben sehr seltenen Genitivobjekten (*der Toten gedenken*).

OBJEKTMARKER: Wird im Persischen an das Objekt angehängt, falls dieses spezifisch ist, sich also auf eine spezifische Person oder ein spezifisches Ding bezieht.

OFFEN: Relative Mundöffnung bei Vokalen wie *a*. Eigentlich ist für diese Vokale charakteristisch, dass die Zunge relativ niedrig und weit vom Gaumen ist, der Lufstrom also besonders ungehindert im Mund fließt. Dies wird bei der Artikulation durch eine weitere Öffnung des Mundes unterstützt. Siehe auch TIEFER VOKAL.

OPTATIV: Seltene Verbform, die einen erfüllbaren Wunsch ausdrückt. *Es wird gut* mit Optativ drückt aus: *Möge es gut werden!* Kommt im Albanischen vor.

ORTHOGRAFIE: Schreibschrift, Rechtschreibung.

PALATALISIEREN: Mit einem *j*-ähnlichen Zusatz in der Aussprache versehen.

PARADIGMA: Gesamtheit der Wortformen in einer Deklinations- oder Konjugationstabelle.

PARTIKEL: Sammelbezeichnung für kurze Wörter ohne Endungen, die nicht einer der gängigen Wortklassen angehören. Im Deutschen gehören dazu Gradpartikeln (*nur, sogar*), Modalpartikeln (*wohl, denn*), Negationspartikeln (*nicht*), Steigerungspartikeln (*sehr*), Antwortpartikeln (*ja, nein*) und Vergleichspartikeln (*wie, als*).

PARTIKELVERBEN: Die Entsprechung TRENNBARER deutscher VERBEN im Englischen und anderen Sprachen. Die Partikel ist dabei von vorneherein vom Verb getrennt (z. B. *aufwachen, sie wacht auf*, engl. *she wakes up*).

PARTITIV: Einen Teil von etwas bezeichnend.

PARTITIVER GENITIV → GENITIVUS PARTITIVUS

PARTIZIP I: Im Deutschen mit *-end* gebildete nichtfinite Verbform (z. B. *les-end* von *les-en*). Wird im Deutschen wie ein Adjektiv beim Nomen gebraucht (*eine pass-end-e Formulierung*) oder wie ein Adverb beim Verb (*sie sagte es treff-end*). Im Englischen entspricht dies der *ing*-Form, die außerdem mit *to be* die VERLAUFSFORM bildet (*Mary is read-ing*).

PARTIZIP II: im Deutschen oft mit *ge-...-t / ge-...-en* gebildete, nichtfinite Verbform (z. B. *ge-leg-t, ge-les-en*). Kann beim Nomen stehen (*ein von vielen gelesenes Buch*), bildet mit *haben/sein* das Perfekt (*gelesen haben*) und mit *werden* das Passiv (*gelesen werden*).

PARTIZIP PERFEKT → PARTIZIP II

PASSIV: Im Deutschen typischerweise mit *werden* gebildete Darstellung des Verbgeschehens, in der der Handelnde nicht genannt werden muss und das Satzglied, das sonst Akkusativobjekt wäre, als Subjekt erscheint (z. B. *Die Äpfel wurden gestern schon geliefert*). Siehe auch AKTIV.

PATAQUÈS: Falsch angewandte LIAISON, bei der der hinzugefügte Konsonant gar nicht unausgesprochen im Wort vorhanden ist (z. B. *neuf œufs* [nœf**z**ø] statt [nœfø] ‚neun Eier').

PERFEKT: Vergangenheitsform, die im Deutschen mit *haben/sein* + Partizip II gebildet wird. Sie beschreibt einen Vorgang als in der Vergangenheit abgeschlossen, aber eventuell in die Gegenwart hineinwirkend (z. B. *Ich habe eine Mail geschrieben*).

PERFEKTAUXILIAR: Hilfsverb, das zur Bildung des Perfekts verwendet wird, etwa im Englischen *have* (*to have gone*), im Deutschen *haben* oder *sein* (*gearbeitet haben, gelaufen sein*).

PERFEKTIVER ASPEKT: Verbform, die abgeschlossene Handlungen beschreibt, vor allem in slawischen Sprachen; steht im Gegensatz zum IMPERFEKTIVEN ASPEKT.

PERSON: 1. Person umfasst den Sprecher und kann auch den Hörer umfassen (*ich, wir*); 2. Person umfasst den Hörer und kann nicht den Sprecher umfassen (*du, ihr*); 3. Person umfasst weder Sprecher noch Hörer (*er, sie, es*; Plural *sie*).

PERSONALPRONOMEN: Klasse von Pronomen, die sich auf den Sprecher (*ich, wir*), den Hörer (*du, ihr*) oder Andere (*er, sie, es; sie*) beziehen. Siehe auch PERSON.

PHARYNGAL: Rachenlaut, gebildet durch die Verschiebung der Zunge nach hinten an die Rückwand des Mundraumes (Rachenrückwand), wo eine Verengung erzeugt wird.

PHARYNGALISIERT: Laute mit der sekundären Eigenschaft, dass zusätzlich die Zunge nach hinten in die Nähe der Rachenrückwand geschoben wird.

PHONEM: Bedeutungsunterscheidender Laut. Im Deutschen gehören dazu etwa [s], [ʃ], [t] und [d]. Die Ersetzung einer dieser Laute durch einen anderen kann ein neues Wort mit einer anderen Bedeutung ergeben (z. B. *danken* vs. *tanken*). Der Unterschied zwischen *ICH*-LAUT [ç] und *ACH*-LAUT [x] hingegen kann nicht bedeutungsunterscheidend sein; beide gehören daher zu demselben Phonem.

PHONETIK: Untersuchung der Artikulation, Akustik und Wahrnehmung sprachlicher Laute.

PHONOLOGIE: Das LAUTSYSTEM und dessen Untersuchung.

PHONOLOGISCH: Das LAUTSYSTEM betreffend.

PIDGIN → KREOLSPRACHEN

PLURAL: Mehrzahl (z. B. *die Bäume* im Gegensatz zum SINGULAR *der Baum*). Die Unterscheidung zwischen Singular und Plural ist der NUMERUS.

PLURIZENTRISCHE SPRACHE: Sprache, die in mehreren Ländern jeweils eine Standardvarietät entwickelt hat.

PLUSQUAMPERFEKT: Tempuskategorie der vollendeten Vergangenheit, die im Deutschen mit *war/hatte* gebildet wird (z. B. *Peter war in Berlin gewesen*).

POLYPHON (Musik): Viel- oder mehrstimmig.

POSSESSIV: Besitzanzeigend.

POSSESSIVPRONOMEN: Besitzanzeigendes Pronomen (z. B. *mein, dein, sein, ihr*).

POSTPOSITION: wie PRÄPOSITION, steht aber nicht vor, sondern nach dem Nomen. Im Deutschen gibt es einige wenige (z. B. *wegen* in *Annas wegen*).

PRÄDIKAT: Auf das Subjekt bezogener Teil des Satzes; besteht aus einem oder mehreren Verben oder aus einer KOPULA und einem Adjektiv oder Nomen.

PRÄFIGIERUNG: Hinzufügung eines PRÄFIXES.

PRÄFIX: Vorsilbe (z. B. *ent-* in *entlaufen*).

PRÄPOSITION: Wortart; Beispiele sind *in, an, auf, mit, wegen*. Präpositionen bilden mit einer folgenden NOMINALGRUPPE (*das Sofa*) ein SATZGLIED (*wegen des Sofas*). Sie weisen dabei der Nominalgruppe KASUS zu, im vorliegenden Beispiel den GENITIV.

PRÄPOSITIV: Kasus, der nur mit PRÄPOSITIONEN verwendet wird.

PRÄSENS: Tempusform des Verbs, die für die Gegenwart verwendet wird.

PRÄSUPPOSITION: Erfordernis an die Unterhaltungssituation, die viele Ausdrücke mit sich bringen, um Sinn zu ergeben. So erfordert (präsupponiert) der Ausdruck *die Schülerin*, der sich auf eine bestimmte Schülerin bezieht, dass die Unterhaltungssituation eine solche eindeutig erkennbare Schülerin vorgibt.

PRÄTERITUM: Vergangenheitsform des Verbs, die den beschriebenen Vorgang als in der Vergangenheit abgeschlossen darstellt (z. B. *Ich schrieb eine Mail*).

PRO-DROP-EIGENSCHAFT → NULL-SUBJEKT-EIGENSCHAFT

PROKLITISCH: Sich als KLITIKON vorne an ein Wort anhängend.

PRONOMEN: Wortart; Beispiele sind *du* (Personalpronomen), *dein* (Possessivpronomen), *dieses* (Demonstrativpronomen), *sich* (Reflexivpronomen).

PROTO(-SPRACHE): Meist rekonstruierte und nicht schriftlich überlieferte Vorgängersprache.

R-VOKALISIERUNG: Aussprache des *r* als Vokal am Wortende im Deutschen (z. B. in *Tier* [tiːɐ]).

REDUPLIKATION: Bildung eines anderen Wortes oder einer anderen Wortform durch Verdoppelung des Wortes oder eines Teiles davon. Im Vietnamesischen beispielsweise heißt *đêm* ‚Nacht' und *đêm đêm* ‚jede Nacht'.

REDUZIERT: Begriff, der in diesem Buch oft für UNGESPANNTE Vokale (so der fachsprachliche Ausdruck) verwendet wird. So ist das *i* in *Kinn* [kɪn] reduziert, während das *i* in *kinetisch* [kineːtɪʃ] normal (also nicht reduziert) ist und das *i* in *Kino* [kiːno] normal und außerdem unter Betonung gelängt ist. Reduzierte Vokale sind in dem Sinne reduziert, als sie mit reduzierter Bemühung artikuliert sind, die jeweils charakteristische Zungen- und Lippenposition eines Vokals einzunehmen. Der Begriff „reduziert" harmoniert auch mit dem Längeneindruck zumindest im deutschen Vokalsystem, da alle reduzierten Vokale bis auf [ɛ] auch in ihrer Länge reduziert erscheinen und von dem folgenden Konsonanten gleichsam abgeschnitten werden. Dies findet sich ähnlich in manchen anderen Sprachen; allerdings gibt es je nach Sprache auch einzelne lange ungespannte Vokale. Reduzierte Vokale werden im Deutschen oft in der Orthografie angezeigt durch folgenden Doppelkonsonanten oder *ck* oder *tz*, sofern nicht sowieso zwei Konsonanten darauf folgen (z. B. *Tritt, nicken, kitzeln, nisten*).

REFLEXIVES PASSIV: Manche Sprachen (nicht das Deutsche) erlauben es, Sätze wie ‚das Buch wurde veröffentlicht' mit einem Reflexivpronomen (dt. *sich*) auszudrücken wie in ‚das Buch veröffentlichte sich'.

REFLEXIVES VERB: Verb mit einem Reflexivpronomen (z. B. *sich beeilen* oder *sich waschen*).

REFLEXIVPRONOMEN: Rückbezügliches Pronomen wie im Deutschen *sich* (z. B. *Peter bereitet sich vor*).

REIBELAUTE: Typische Vertreter sind *s, f, v, sch* [ʃ] und *ch* [ç]/[x]. Der Luftstrom im Mund wird durch eine Verengung gepresst, die mit der Zunge oder mit den Lippen gebildet wird. Dadurch entsteht ein Reibegeräusch.

REKONSTRUKTION: Hypothesenbildung zu den Wortformen einer Vorgängersprache aufgrund existierender Formen in heute noch gesprochenen Sprachen.

RELATIVPRONOMEN → RELATIVSATZ

RELATIVSATZ (ROLLE DES RELATIVPRONOMENS): Sagen wir, ich behaupte über die Kanne: *Ich habe die gekauft*. Dabei bezieht sich *die* auf die Kanne. Der Relativsatz nimmt jetzt dieses *die* als Relativpronomen, stellt es nach vorn (*die ich gekauft habe*) und schlüpft zum Nomen *Kanne* in dasselbe Satzglied (*die Kanne, die ich gekauft habe (ist schön)*). Der Relativsatz sagt also etwas über die Kanne aus; dies ist über das Relativpronomen (hier: *die*) vermittelt, das sich an den Anfang des Relativsatzes verschiebt. In diesem Beispiel ist das Relativpromen das Akkusativobjekt des Relativsatzes. Es kann aber jedes beliebige Satzglied aus dem Relativsatz sein.

RENARRATIV: Evidentialitätskategorie im Bulgarischen, die ausdrückt, dass man über die Handlung vom Hörensagen weiß.

RESUMPTIVPRONOMEN: wiederaufgreifendes Pronomen, vor allem in Relativsätzen; kann im Deutschen zur Verständlichkeit bei Satzverschachtelungen eingesetzt werden (z. B. *die Kanne, die Peter leugnet, dass er* ***sie*** *geklaut hat*). Im Hebräischen sind sie normale Bestandteile des Relativsatzes.

RETROFLEX: Mit nach oben zurückgebogener Zungenspitze artikuliert.

RHEMA → THEMA

ROMANIA: Gebiete Europas, in denen ROMANISCHE SPRACHEN (Glossar Teil 1) gesprochen werden. (In einer anderen Bedeutung ist *România* auch die Bezeichnung für ‚Rumänien' im Rumänischen.)

SATZADVERBIEN: Klasse von Adverbien, die nicht das verbale Geschehen genauer beschreiben, sondern dessen Einschätzung durch den Sprecher (z. B. *hoffentlich* in *Hoffentlich ist sie schon angekommen*).

SATZAKZENT: Stärkste Betonung im Satz.

SATZGLIED: Das Subjekt, die Objekte und freie Angaben sind jeweils Satzglieder. Sie haben entweder (a) die Form von kasusmarkierten Pronomen oder NOMINALGRUPPEN (Subjekt, Dativobjekt, Akkusativobjekt) oder sind (b) durch eine vorangehende PRÄPOSITION oder eine nachstehende POSTPOSITION erweitert oder sind (c) Adverbien oder (d) Nebensätze.

SATZMELODIE: Die systematischen Anteile der Veränderungen der Stimmhöhe bei der Aussprache eines Satzes. Beispielsweise kann ein Anstieg am Satzende im Deutschen eine fragende Absicht des Sprechers ausdrücken.

SATZTYPEN: Aussagesatz, Entscheidungsfrage, Ergänzungsfrage, Hauptsatz, Nebensatz etc.

SCHWA: Der Laut [ə], der etwa am Ende von *Säge* [zɛ:gə] vorkommt. Er liegt in der Mitte des Vokalraumes, zwischen hell und dunkel, zwischen geschlossen und offen.

SEGMENTE: Linguistischer Ausdruck für Laute (Konsonanten oder Vokale).

SEMANTIK: Sprachliche Bedeutungen und deren Untersuchung.

SILBE: Einheit der Silbentrennung in der Rechtschreibung, aber auch des Lautsystems, meist mit einem VOKAL oder DIPHTHONG im Kern und sprachspezifischen Gesetzmäßigkeiten über die umgebenden Konsonanten. Das Wort *Ba.na.ne* hat die drei angezeigten Silben, das Wort *Strumpf* hat eine Silbe mit vielen Konsonanten.

SILBENKERN: Normalerweise ein Vokal oder Diphthong, aber etwa in *Riegel* [ri:gl̩] liegen auch zwei Aussprachesilben vor, und der Silbenkern der zweiten Silbe ist das [l̩].

SILBENSCHRIFT: Schrift, die Zeichen für Silben verwendet.

SINGTEST: Auf stimmhaften Lauten kann man eine Melodie produzieren: *nnnn...nnnn...nnnn...nnnn...nnnn* (tief ... mittel ... hoch ... mittel ... tief). Auf stimmlosen Lauten geht das nicht: *ffff...ffff...ffff...ffff...ffff*. Probieren Sie es aus. (Stimmhaftigkeit ist die Vibration der Stimmbänder, wobei schnellere Vibration einen höheren Ton erzeugt. Bei stimmlosen Lauten vibrieren die Stimmbänder nicht.)

SINGULAR: Einzahl (z. B. *das Haus*) im Gegensatz zum PLURAL (*die Häuser*). Die Unterscheidung zwischen Singular und Plural ist der NUMERUS.

SOV-SPRACHEN: Sprachen mit einem Satzbauplan S(ubjekt) – O(bjekt) – V(erb).

SOZIATIV: Mit dem INSTRUMENTAL eng verwandter Kasus, der Begleitung oder Zusammensein ausdrückt (im Deutschen beides durch die Präposition *mit* ausgedrückt).

SOZIOLEKT: Sprachvarietät, die für eine soziale Gruppe charakteristisch ist.

SPALTSATZ: Konstruktion der Hervorhebung, im Englischen etwa *It was John who bought the cake.*

STAMM: Der Teil eines Wortes, an den Endungen der FLEXION angehängt werden.

STANDARDSPRACHE: Im Gegensatz zu Dialekten die überregionale Sprache einer Sprachgemeinschaft (z. B. das Deutsche), die sich durch Bücher, Zeitungen und andere Medien entwickelt und vereinheitlicht und zumeist in den Bildungsinstitutionen zugrunde gelegt wird. Siehe auch DIALEKT.

STARKE UND SCHWACHE VERBEN: Klassifikation von Verben in germanischen Sprachen. Starke Verben bilden das Präteritum mit einer Vokalveränderung (Ablaut) im Stamm (*springen, sprang*), schwache Verben durch die Endung *-te* (*legen, leg-te*).

STERN *: Zeigt an, dass ein Beispiel ungrammatisch, also in der Sprache nicht wohlgeformt ist (z. B. *ich gehe*, aber nicht **geh ich-e*) (siehe auch UNGRAMMATISCH). Wird in anderen Zusammenhängen auch verwendet, um eine historisch rekonstruierte Form als solche zu markieren (siehe REKONSTRUKTION).

STIMMBÄNDER: Symmetrische Struktur aus weichem Gewebe im Kehlkopf, die mit Muskeln genau kontrolliert wird. Sie verschließen den Luftstrom, wenn wir die Luft anhalten. Bei stimmhaften Lauten lassen sie ein wenig Luft hindurch, und die durchströmende Luft bringt sie zum Vibrieren.

STIMMHAFT: Mit Vibration der STIMMBÄNDER im Kehlkopf artikulierte Laute. Dazu gehören im Normalfall die VOKALE, die GLEITLAUTE, die NASALEN KONSONANTEN, *l* und *r*, einige REIBELAUTE wie das *v* in *Vase* oder das *s* in *Dose* und einige VERSCHLUSSLAUTE wie *b*, *d* und *g*. Die Vibration der Stimmbänder lässt sich mit dem Finger am Adamsapfel erspüren. Siehe auch STIMMLOS und SINGTEST.

STIMMLOS: Ohne Vibration der Stimmbänder artikulierte Laute. Dazu gehören einige Reibelaute wie das [s] in *Buße*, das *f* in *Fisch* und das *sch* in *Schaf*, sowie einige Verschlusslaute wie *p*, *t* und *k*. Auch AFFRIKATEN können stimmlos oder stimmhaft sein. Siehe auch STIMMHAFT.

SUBJEKT: Satzglied im Nominativ, mit dem das finite Verb übereinstimmt (mit der Ausnahme von ERGATIVEN SPRACHEN). Das Subjekt drückt oft den Handelnden des Geschehens aus.

SUBJUNKTIV → KONJUNKTIV

SUBSTANTIV → NOMEN

SUBSTANTIVGRUPPE → NOMINALGRUPPE

SUFFIX: Nachsilbe, Endung: z. B. *-st* in *lehr-st*, *-er* in *Lehr-er*.

SUPERLATIV: Steigerungsform, die den höchsten Grad ausdrückt (z. B. *am schwersten*). Siehe auch KOMPARATIV.

SVO-SPRACHEN: Sprachen mit einem Satzbauplan in der Reihenfolge S(ubjekt) – V(erb) – O(bjekt).

SYNONYME: Ganz oder annähernd gleichbedeutende Ausdrücke.

SYNTAX: Satzbau und dessen Untersuchung.

SYNTHETISCHE FORM: Durch Flexion gebildete Form in einem Wort (wie das deutsche PRÄTERITUM *leg-te*), im Gegensatz zu analytischen Formen, die aus mehreren Wörtern gebildet werden (wie das deutsche PERFEKT *hat gelegt*).

TEMPORALE NEBENSÄTZE: Nebensätze, die die Beschreibung einer Zeit zum Hauptsatz hinzufügen, beispielsweise der *als*-Satz in *Sie wachte auf,* ***als es hell wurde***.

TEMPUS (PL. TEMPORA): Grammatische Spezifizierung am finiten Verb, die die Zeit des beschriebenen Geschehens relativ zur Zeit des Sprechens einordnet.

THEMA: In der Unterteilung eines Satzes in Thema und Rhema ist das Thema der Teil, über den etwas ausgesagt wird, das Rhema ist das, was darüber ausgesagt wird. Siehe auch TOPIK.

TIEFER VOKAL: Vokal wie *a*, der mit tief im Mund liegender Zunge und unterstützend größerer Öffnung des Mundes (also tieferem Unterkiefer) ausgesprochen wird. Siehe auch OFFEN.

TILDE: Das Zeichen ~. Auf einem Vokal kann es die Nasalität des Vokals markieren, sowohl in der IPA-Lautschrift als auch in der Schreibschrift mancher Sprachen wie dem Portugiesischen.

TON → TONSPRACHE

TONSANDHI: In Tonsprachen, systematische Veränderung der Töne eines Wortes durch einen Ton (oder die Töne) eines benachbarten Wortes.

TONSPRACHE: Sprache wie das Chinesische, bei der die Melodie (Stimmhöhe) auf den einzelnen Wörtern wortunterscheidende Funktion hat.

TOPIK: Im Japanischen kann ein Satzglied mit dem Suffix *-wa* als das Satzglied markiert werden, über das der Satz etwas aussagt. Ähnlich kann man sagen, dass der Satz *Peter kauft Äpfel* etwas über Peter aussagt (und nicht so sehr über Äpfel). Somit ist *Peter* das Topik des Satzes. Man kann das hervorheben mit der Formulierung *Was Peter betrifft, er kauft Äpfel*.

TRANSITIVES VERB: Verb mit einem direkten (Akkusativ-)Objekt (z. B. *mögen*).

TRANSLITERATION: Eine eindeutige Übertragung aus einem Schriftsystem in ein anderes.

TREMA: Zwei Punkte auf dem Vokal. Im Deutschen zeigt es bei *ä, ö* und *ü* an, dass es sich um HELLE VOKALE handelt, im Französischen beispielsweise, dass der Vokal getrennt von einem vorherigen Vokal gesprochen wird (z. B. *haïr* [a.ir] ‚hassen'), mit Silbengrenze zwischen den beiden Vokalen.

TRENNBARES VERB: Verb, dessen Vorsilbe nicht mitgenommen wird, wenn der übrige Teil sich in die VERBZWEITSTELLUNG verschiebt. So ist *aufwachen* getrennt in *Sie wacht auf.* Nicht alle Vorsilben werden abgetrennt (z. B. in *Sie erwacht*).

TRIPHTHONG: Während ein DIPHTHONG eine Folge von zwei Vokalen in einer Silbe ist, ist der seltene Triphthong eine Folge von drei Vokalen in einer Silbe. Er kommt im Rumänischen und im Spanischen vor.

UMLAUTE: Die Buchstaben *ä, ö, ü* (und *äu*) im Deutschen (siehe auch TREMA). In der Sprachwissenschaft bezeichnet *Umlaut* auch einen Prozess der Lautangleichung im Mittelalter, der mit diesen Buchstaben zu tun hat.

UNBESTIMMTER ARTIKEL (INDEFINITER ARTIKEL): Im Deutschen die Formen des Artikels *ein* (*ein Schüler*); dient dazu, über eine Person oder einen Gegenstand zu reden, der dem Hörer nicht oder noch nicht bekannt ist und auch dem Sprecher nicht bekannt sein muss.

UNGERUNDET: Ohne Rundung der Lippen artikuliert. Siehe auch GERUNDET.

UNGESPANNT → REDUZIERT

UNGRAMMATISCH: Von den Mitgliedern einer Sprachgemeinschaft intuitiv als nicht akzeptabel beurteilt. Dies wird in der Linguistik mit einem STERN * notiert.

UNPERSÖNLICHE KONSTRUKTION: Konstruktion ohne ein gehaltvolles Subjekt (z. B. *Es regnet*).

UNTERORDNENDE KONJUNKTION: Leitet einen Nebensatz ein (z. B. *dass, weil, wenn, obwohl*).

V2-SPRACHE → VERBZWEITSPRACHE

V2-STELLUNG → VERBZWEITSTELLUNG

VARIETÄT: Allgemeiner Begriff für Sprachen, Dialekte, Soziolekte oder andere Ausprägungen einer gemeinsamen Sprache einer Sprechergemeinschaft.

VERB: Wortart; Beispiele sind *laufen, glänzen, wollen, sein*. Verben bilden bestimmte Formen, neben INFINITIV und PARTIZIP I und II auch die KONJUGIERTEN Formen des FINITEN VERBS. Verben spielen eine zentrale Rolle im Satzbau.

VERB-FRAMED: Sprachen, bei denen Verben eher die Richtung als die Art und Weise einer Bewegung angeben. Im Türkischen beispielsweise beschreibt das Verb *çıkmak*, dass jemand sich aus dem Raum hinaus bewegt. Dafür lässt *çıkmak* offen, ob die Person dabei geht, rennt, stampft oder hüpft.

VERBALASPEKT → ASPEKT

VERBALSUBSTANTIV: Wortbildung, bei der aus einem Verb ein Substantiv gebildet wird, das sich auf die Handlung oder den Vorgang bezieht (z. B. *Aufführung* von *aufführen*).

VERBGEFÜGE: Kombination aus einem Satzglied und einem Verb mit einer allgemeinen Bedeutung, wobei die Kombination eine eigene Bedeutung annimmt (z. B. *zur Aufführung bringen* = aufführen).

VERBZWEITSPRACHE: Sprache, die im normalen Hauptsatz die VERBZWEITSTELLUNG verwendet, also die Stellung des finiten Verbs nach einem Satzglied, das nicht das Subjekt sein muss. Die GERMANISCHEN SPRACHEN (Glossar Teil 1) einschließlich des Deutschen, aber mit Ausnahme des Englischen sind Verbzweitsprachen. Ansonsten sind Verbzweitsprachen selten unter den Sprachen der Welt.

VERBZWEITSTELLUNG: Stellung des finiten Verbs nach einem flexibel wählbaren Satzglied am Satzanfang. Beispiele: *[den Peter] mag_{FINIT} ich. [Ich] mag_{FINIT} den Peter.*

VERKEHRSFORM: Ausprägung einer Sprache für den offiziellen Gebrauch.

VERKEHRSSPRACHE: Sprache (z. B. Englisch, Französisch, Russisch, Deutsch), in der Gesetze, Abkommen und politische Dokumente von internationaler Geltung abgefasst werden.

VERLAUFSFORM: Während im Deutschen *Er spielt Tennis* bedeuten kann, dass er gerade Tennis spielt oder dass er allgemein öfters Tennis spielt, kann die Verlaufsform (z. B. im Englischen *He is playing tennis*) nur heißen, dass er gerade Tennis spielt. Siehe auch DURATIV.

VERSCHLUSSLAUTE: Typische Vertreter sind *p, t, k, b, d* und *g*. Der Luftstrom im Mund wird durch einen Verschluss, der mit der Zunge oder mit den Lippen gebildet wird, vollständig unterbrochen.

VERWANDTSCHAFT VON SPRACHEN: Zurückgehen mehrerer Sprachen auf eine gemeinsame Vorgängersprache, aus der sie sich entwickelt und Ähnlichkeiten in Wortschatz und Grammatik erhalten haben.

VOKAL: Laut, der ohne eine Behinderung des Luftstromes im Mund produziert wird. Beispiele sind *a, e, i, o* und *u*. Die Klangqualität der Vokale resultiert aus der Stellung der Zunge und der Stellung der Lippen, die die Resonanzeigenschaften des Mundraumes beeinflussen.

VOKALHARMONIE: In Sprachen wie dem Türkischen mit Vokalharmonie gleichen sich die Vokale eines Suffixes an den vorangehenden Vokal an, und zwar in Bezug auf bestimmte Eigenschaften wie hell vs. dunkel.

VOKALISIERT: In einen Vokal umgewandelt. Kommt insbesondere bei *l* und *r* vor. Siehe zum Deutschen *R*-VOKALISIERUNG.

VOKATIV: Kasus für die Anrede des Hörers.

VOLLVERB: Verb, das kein HILFSVERB und kein MODALVERB ist.

W-FRAGE → ERGÄNZUNGSFRAGE

W-WORT → FRAGEWORT

WORTAKZENT: Die am stärksten betonte Silbe eines Wortes. In dem deutschen Wort *Banane* trägt die zweite Silbe *-na-* den Wortakzent.

WORTARTEN: Die wichtigsten Wortarten wurden bereits im 2. oder 1. Jahrhundert vor Chr. von Dionysios Thrax unterschieden: Nomen, Verben, Adjektive, Präpositionen, Artikel, Pronomen und Konjunktionen.

WORTBILDUNG: Bildung neuer Wörter durch KOMPOSITION, DERIVATION oder andere Bildungsmuster. Grenzt die FLEXION als Bildung unterschiedlicher Formen von demselben Wort aus.

WURZEL: Der „Kern" eines Verbs, Nomens oder Adjektivs. Beispielsweise ist *lehr* die gemeinsame Wurzel von *lehr-en, Lehr-er* und *ge-lehr-t*.

ZAHLWORT: *Eins, zwei, drei* etc.

ZAHNDAMM: Der Wulst hinter den oberen Schneidezähnen, bevor der GAUMEN sich steil nach oben erstreckt. Er kann mit der Zunge leicht erspürt werden. Einige Laute werden am Zahndamm artikuliert, so der Verschluss von *t* und *n* und das Reibegeräusch von *s*.

ZÄPFCHEN: Der Teil im hinteren Mund, der beim Gurgeln vibriert. Das Zäpfchen hängt vom weichen GAUMEN herunter.

ZÄPFCHEN-*R*: Als Standardaussprache des deutschen *r* eingeordneter stimmhafter Reibelaut mit der hinteren Zunge am ZÄPFCHEN. In der Lautschrift [ʁ], in diesem Buch aber (wie in vielen Wörterbüchern) zu [r] vereinfacht.

ZIRKUMFLEX: Das Zeichen ^ auf einem Buchstaben, wie in *â, ê* oder *ô*. Der Zirkumflex ist beispielsweise in der Orthografie des Französischen ein Längungszeichen, das auf allen Vokalen vorkommen kann.

ZUNGENSPITZEN-*R*: Die Zungenspitze wird gegen den ZAHNDAMM gehalten und vibriert in der ausströmenden Luft. Dies ist die typische Aussprache von *r* in Teilen Bayerns, Österreichs und der Schweiz. In der Lautschrift [r]. Siehe auch ZÄPFCHEN-*R*.

ZWEITSPRACHERWERB: Erwerb einer Sprache nach dem muttersprachlichen Spracherwerb.

Symbole der IPA-Lautschrift

1. Die IPA-Lautschrift in ihrer Anwendung auf das Deutsche

Konsonanten

b, d, f, g, h, j, k, l, m, n, p, r, t: Lautschrift wie Schreibschrift, z. B. *Lamm* [lam].

Weitere Konsonanten:

Schreibschrift	Lautschrift	Beispiele	Kommentar
ch	[ç] oder [x]	*ich* [ɪç], *ach* [ax]	helles [ç] nach hellem Vokal, dunkles [x] nach dunklem Vokal
ng	[ŋ] oder [ŋg]	*Fang* [faŋ], *Fango* [faŋgo]	*g* ausgesprochen vor Vollvokal (nicht Schwa)
s	[z]	*Muse* [mu:zə], *sechs* [zɛks]	Lautschrift wie engl. *z* in *zoo* [zu:]
ss/ß	[s]	*Muße* [mu:sə], *Klasse* [klasə] (*Sex* [sɛks])	Lautschrift wie engl. *s* in *Sue* [su:]
sch	[ʃ]	*schaden* [ʃa:dn]	auch bei *st* und *sp*: *Stadt* [ʃtat], *Spiel* [ʃpi:l]
v	[v] oder [f]	*Vase* [va:zə], *Vogel* [fo:gl]	folgt keiner Regel
w	[v]	*wann* [van]	[v] Lippe an Zähne, anders als engl. [w], dies mit beiden Lippen
x	[ks]	*Axt* [akst]	
z	[ts]	*Zebra* [tse:bra]	

Vokale

a, e, i, o, u: Lautschrift wie Schreibschrift, aber unter Betonung gelängt zu [a:, e:, i:, o:, u:] (z. B. *Bahn* [ba:n], *Beet* [be:t], *bieten* [bi:tn], *Bohne*, [bo:nə], *gut* [gu:t]). Reduzierte Versionen [a, ɛ, ɪ, ɔ, ʊ] (z. B. *Bann* [ban], *Bett* [bɛt], *bitten* [bɪtn], *Bonn* [bɔn], *bunt* [bʊnt]).
Doppelvokalschreibung, *ie*-Schreibung und Dehnungs-*h* sind Zeichen für Länge.
Doppelkonsonantschreibung, *ck* und *tz* sind Zeichen für vorangehenden reduzierten Vokal.
ä: reduzierter Vokal [ɛ], mit gelängter Version [ɛ:] (z. B. *fällen* [fɛln], *Pfähle* [pfɛ:lə]).
ö, ü: normal [ø, y], (z. B. *Flötist* [fløtɪst], *püriert* [pyri:rt]) unter Betonung gelängt zu [ø:, y:] (z. B. *Höhle* [hø:lə], *fühle* [fy:lə]); reduziert [œ, ʏ] (z. B. *Hölle* [hœlə], *fülle* [fʏlə]).
Ganz leichtes Schwa: In Schreibschrift *e*, in Lautschrift [ə] (z. B. *gelegen* [gəle:gən]).
Vokalisierte Variante von *r* ist [ɐ] wie in *Tier* [ti:ɐ], *Feder* [fe:dɐ].

Betonung
Die betonte Silbe eines mehrsilbigen Wortes kann durch einen hochgestellten Strich vor dieser Silbe markiert werden: ['ananas], [ba'na:nə], [vita'mi:n].

2. Gesamtübersicht des International Phonetic Alphabet der International Phonetic Association in der Version von 2005

THE INTERNATIONAL PHONETIC ALPHABET (revised to 2005)

CONSONANTS (PULMONIC)

	Bilabial	Labiodental	Dental	Alveolar	Postalveolar	Retroflex	Palatal	Velar	Uvular	Pharyngeal	Glottal
Plosive	p b			t d		ʈ ɖ	c ɟ	k ɡ	q ɢ		ʔ
Nasal	m	ɱ		n		ɳ	ɲ	ŋ	ɴ		
Trill	ʙ			r					ʀ		
Tap or Flap		ⱱ		ɾ		ɽ					
Fricative	ɸ β	f v	θ ð	s z	ʃ ʒ	ʂ ʐ	ç ʝ	x ɣ	χ ʁ	ħ ʕ	h ɦ
Lateral fricative				ɬ ɮ							
Approximant		ʋ		ɹ		ɻ	j	ɰ			
Lateral approximant				l		ɭ	ʎ	ʟ			

Where symbols appear in pairs, the one to the right represents a voiced consonant. Shaded areas denote articulations judged impossible.

CONSONANTS (NON-PULMONIC)

Clicks		Voiced implosives		Ejectives	
ʘ	Bilabial	ɓ	Bilabial	ʼ	Examples:
ǀ	Dental	ɗ	Dental/alveolar	pʼ	Bilabial
ǃ	(Post)alveolar	ʄ	Palatal	tʼ	Dental/alveolar
ǂ	Palatoalveolar	ɠ	Velar	kʼ	Velar
ǁ	Alveolar lateral	ʛ	Uvular	sʼ	Alveolar fricative

VOWELS

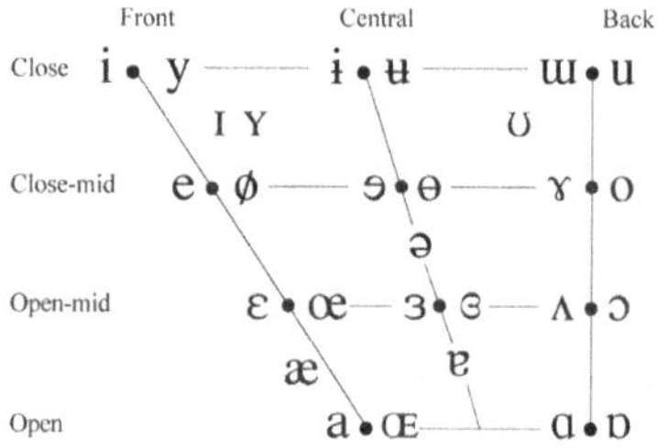

	Front	Central	Back
Close	i • y	ɨ • ʉ	ɯ • u
	ɪ ʏ		ʊ
Close-mid	e • ø	ɘ • ɵ	ɤ • o
		ə	
Open-mid	ɛ • œ	ɜ • ɞ	ʌ • ɔ
	æ	ɐ	
Open	a • ɶ		ɑ • ɒ

Where symbols appear in pairs, the one to the right represents a rounded vowel.

OTHER SYMBOLS

- ʍ Voiceless labial-velar fricative
- w Voiced labial-velar approximant
- ɥ Voiced labial-palatal approximant
- ʜ Voiceless epiglottal fricative
- ʢ Voiced epiglottal fricative
- ʡ Epiglottal plosive
- ɕ ʑ Alveolo-palatal fricatives
- ɺ Voiced alveolar lateral flap
- ɧ Simultaneous ʃ and x

Affricates and double articulations can be represented by two symbols joined by a tie bar if necessary. k͡p t͡s

SUPRASEGMENTALS

- ˈ Primary stress
- ˌ Secondary stress ˌfoʊnəˈtɪʃən
- ː Long eː
- ˑ Half-long eˑ
- ˘ Extra-short ĕ
- | Minor (foot) group
- ‖ Major (intonation) group
- . Syllable break ɹi.ækt
- ‿ Linking (absence of a break)

TONES AND WORD ACCENTS

LEVEL		CONTOUR	
e̋ or ˥	Extra high	ě or ˩˥	Rising
é ˦	High	ê ˥˩	Falling
ē ˧	Mid	e᷄ ˦˥	High rising
è ˨	Low	e᷅ ˩˨	Low rising
ȅ ˩	Extra low	e᷈ ˧˦˧	Rising-falling
ꜜ	Downstep	↗	Global rise
ꜛ	Upstep	↘	Global fall

DIACRITICS Diacritics may be placed above a symbol with a descender, e.g. ŋ̊

◌̥	Voiceless	n̥ d̥	◌̤	Breathy voiced	b̤ a̤	◌̪	Dental	t̪ d̪
◌̬	Voiced	s̬ t̬	◌̰	Creaky voiced	b̰ a̰	◌̺	Apical	t̺ d̺
ʰ	Aspirated	tʰ dʰ	◌̼	Linguolabial	t̼ d̼	◌̻	Laminal	t̻ d̻
◌̹	More rounded	ɔ̹	ʷ	Labialized	tʷ dʷ	◌̃	Nasalized	ẽ
◌̜	Less rounded	ɔ̜	ʲ	Palatalized	tʲ dʲ	ⁿ	Nasal release	dⁿ
◌̟	Advanced	u̟	ˠ	Velarized	tˠ dˠ	ˡ	Lateral release	dˡ
◌̠	Retracted	e̠	ˤ	Pharyngealized	tˤ dˤ	◌̚	No audible release	d̚
◌̈	Centralized	ë	◌̴	Velarized or pharyngealized ɫ				
◌̽	Mid-centralized	e̽	◌̝	Raised	e̝		(ɹ̝ = voiced alveolar fricative)	
◌̩	Syllabic	n̩	◌̞	Lowered	e̞		(β̞ = voiced bilabial approximant)	
◌̯	Non-syllabic	e̯	◌̘	Advanced Tongue Root	e̘			
˞	Rhoticity	ɚ a˞	◌̙	Retracted Tongue Root	e̙			

Index

Kursiv gedruckte Seitenzahlen im Index verweisen auf einen Eintrag im Glossar. **Fettgedruckte** Seitenzahlen bei einer Sprache verweisen auf ein Kapitel zu dieser Sprache.

Die Seitenzahlen verweisen auf den Anfang von Ausführungen. Wenn die Diskussion über mehrere Seiten beim Thema des Stichwortes bleibt, sind die weiteren Seiten nicht im Index aufgeführt.

Wir weisen hier auf die Stichwörter *Bilder*, *Cartoons*, *Falsche Freunde*, *Gedichte*, *Rätsel*, *Sprichwörter* und *Zungenbrecher*, sowie *Schwierigkeiten für Deutschlerner* hin.

Bei den sprachbeschreibenden Einträgen sind die betreffenden Sprachen mit den Seitenzahlen angegeben. Die Abkürzungen dabei sind dieselben wie in den Kapiteln:

alb.	albanisch	hebr.	hebräisch	port.	portugiesisch
arab.	arabisch	hin.-u.	hindi-urdu	rom.	romani
BKS	Bosn./Kroat./Serbisch	ital.	italienisch	rum.	rumänisch
bulg.	bulgarisch	jap.	japanisch	russ.	russisch
chin.	chinesisch	kor.	koreanisch	span.	spanisch
dt.	deutsch	kurd.	kurdisch	tsch.	tschechisch
engl.	englisch	lat.	lateinisch	türk.	türkisch
frz.	französisch	pers.	persisch	ukr.	ukrainisch
gr.	griechisch	poln.	polnisch	viet.	vietnamesisch

Suchen Sie bitte im Zweifelsfall auch nach Oberbegriffen zu dem von Ihnen gesuchten Begriff. Die sprachbeschreibenden Begriffe sind öfters unter Oberbegriffen zusammengefasst, sodass auch Sprachvergleiche mit Hilfe des Index möglich sind.

The manufacturer's authorised representative in the EU is Springer Nature Customer Service Centre GmbH, Europaplatz 3, 69115 Heidelberg, Germany. If you have any concerns regarding our products, please contact ProductSafety@springernature.com

Printed and bound by CPI Group (UK) Ltd, Croydon, CR0 4YY
01/05/2026
02101055-0008